·华东交通大学教材（专著）基金资助项目·

曾明生 / 主编

铁道法治学导论

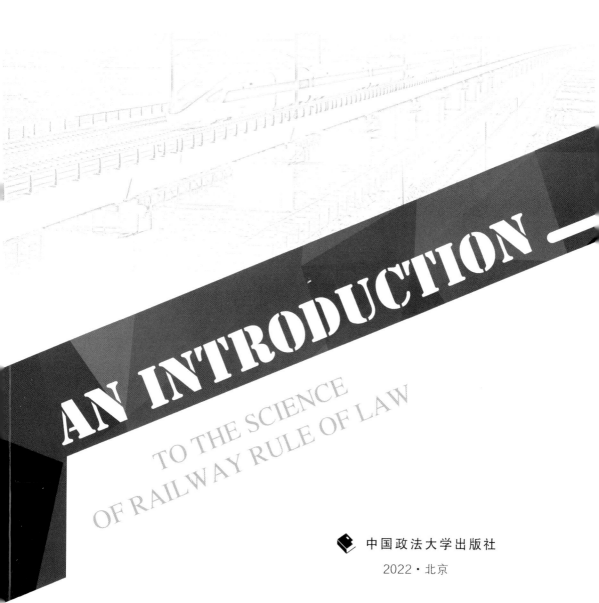

AN INTRODUCTION

TO THE SCIENCE
OF RAILWAY RULE OF LAW

中国政法大学出版社

2022·北京

图书在版编目（ＣＩＰ）数据

铁道法治学导论/曾明生主编. —北京：中国政法大学出版社，2022.5
ISBN 978-7-5764-0430-2

Ⅰ.①铁… Ⅱ.①曾… Ⅲ.①铁路法－研究 Ⅳ.①D912.296.04

中国版本图书馆 CIP 数据核字(2022)第 089700 号

出　版　者	中国政法大学出版社
地　　　址	北京市海淀区西土城路 25 号
邮寄地址	北京 100088 信箱 8034 分箱　邮编 100088
网　　　址	http://www.cuplpress.com (网络实名：中国政法大学出版社)
电　　　话	010-58908285(总编室) 58908433 (编辑部) 58908334(邮购部)
承　　　印	固安华明印业有限公司
开　　　本	720mm×960mm　1/16
印　　　张	40.25
字　　　数	650 千字
版　　　次	2022 年 5 月第 1 版
印　　　次	2022 年 5 月第 1 次印刷
定　　　价	169.00 元

　　曾明生教授携其同仁、研究生共同完成的垦荒之作——《铁道法治学导论》行将付梓，邀我作序。实实在在地说，对"法治学"这一新兴学科，我研之甚少；对铁道学更是彻头彻尾的门外汉。进而，对作为铁道学与法治学的边缘学科的"铁道法治学"，我其实并无多少发言权。然而，明生是我的法学硕士开门弟子，时至今日，他早已成长为一方知名教授了。既然今日之他仍然至希获得当年导师的支持，我便欣然决定勉力序之。

　　正如明生在"绪言"中所说，本书原题名为《铁路法治研究——铁路法治学引论》，而我一向主张，除非特别必须，否则不必为有关著述添加副标题。因为两标题易致重复啰嗦，冲淡了主题不说，还会令主题失却其一针见血性；此外，简明扼要的标题也"上口好记"，容易令读者印象深刻。当然，我也明白，之前明生之所以没有直接将本书命题为《铁路法治学导论》，或许是心生"低调"出书以更加"名正言顺"的顾虑。

　　但在我看来，既要在荆天棘地的荒原中开垦出一片熟地，总需要承前与启后者等诸多学人的多代接力，方才可望最终耕耘出青葱沃原。而华东交通大学铁路法治研究院作为交通运输与法学的交叉研究机构，首挑此一拓荒重担，实在责无旁贷。而况，当今中国，全面推进法治中国，建设法治强国，已经成为实现中华民族伟大复兴中国梦的核心战略要素。惟其如此，早在2017年5月3日，习近平总书记在考察中国政法大学时，就曾一针见血地指出，我国目前的法学教育和研究的主要问题正在于"学科结构不尽合理，法学学科体系、课程体系不够完善。社会亟需的新兴学科开设不足，法学学科同其他学科交叉融合还不够"。为解决此一问题，2019年，中国法学会会长王晨也提出了加强"法治学"等新兴学科建设的明确口号。

实际上，我们也知道，新兴学科的构建，并不仅仅基于领袖或领导者们的指示或号召。恰恰相反，习总书记和王晨会长等之所以会提出创建新兴学科、交叉学科的口号，实乃顺应扶摇直上的时代跃迁与急遽发展的社会需要之举。质言之，社会不仅仅是法律的真正塑模者，还是法学的真正塑模者。就此意义看，作为工程技术学与社会科学的边缘学科的铁道法治学，不仅是传统法学针对现代社会日新月异的时代诉求的积极回应，而且是对现代"法治学"分支学科的创新构建。

据考证，我国的第一部《铁道学》，于1948年龙门联合书局出版，作者是倪超。全书共10章，包括交通概论、定线、土工、隧道工程、桥梁与涵洞、轨道建筑、轨道联接及交叉、车站设计、保安设备、铁路管理。显而易见的是，这部《铁道学》主要论述的是铁路工程建设，虽然也涵括了"铁路管理"的内容，但总体看，该书在性质上仍属工程技术学类著述。

而从中文角度看，铁道与铁路，可谓同义词。若说有何不同，也只在前者比后者可能更书面化一些而已。但据我所知，国内的大专院校，包括技校，设铁道专业者，大多偏重研习"铁路建设"；设铁路专业者，则偏重研习铁路的"运行与管理"。就此意义看，铁道与铁路，似乎略有不同。

但本书之所以宜更名为《铁道法治学导论》，主要缘由在于：其一，本书研讨的内容不仅关涉到铁路运行管理，也关联到了铁路建设管理。就此意义看，对本书的铁道、铁路，宜做同义且广义的理解，即本书论及的铁道、铁路，均包涉铁路建设管理与铁路运行管理等多方面。其二，以更书面化、而非口语化的语词概定书名，多少有助于强化作品之书卷气。其三，"研究"类著述，主要是针对特定课题所做的专项研究，而本书却是按总论、分论之篇、章、节、目的学科体例结构，就关涉"铁道法治学"的集成课题所做的体系性探究，虽然仅属起步性初探，仍不失为一部导引学人们就此迈入"铁道法治"学域之轨的抛砖引玉之作。故而，在我看来，直接以《铁道法治学导论》命名本书，不仅是对本书内容与形式的总体肯定；也是对参与编著本书的全体编者、作者的学术气魄的嘉许与首肯；还是对未来有志参与此项学科探究的启后学者的无声鼓动与呼唤。故而，"高调"一点也罢……

许是我的"凡此种种"，令明生打消了顾虑，他最终决定接受我的建议，将本书更名为《铁道法治学导论》了。

然而，书名作为著述的外在形式固然重要，但较之"形式"更为关键的究竟还是作品的"内容"。而论及本书的内容，似有必要先从法治、法治学谈起。先从字面上看，法治与法制，可谓一动一静。与"法治"相比，"法制"犹如一幅壁画——无论画作多么优美生动，也无论画工如何涂抹调适，此画自始至终是静态的、平面的，犹如社会生活的横向剖面。"法治"则不然，"法治"是纵向的、动态的、历史的；是腾挪动跃、起伏不平的社会运行治理"过程体"。因而，若称"法制"为二维面的话；"法治"则是含空间、时间元素及人为"能动"要素的多维体。

论及法治，古希腊哲学领袖亚里士多德，可谓世上系统证立"法治"思想的第一人。亚里士多德在其《政治学》一书中指出，"法治应包含两重意义：已成立的法律获得普遍的服从，而大家所服从的法律又应该是本身制定得良好的法律。"〔1〕由此可见，在亚里士多德的视界里，"法治"起码涵括两大要素，即法律的威权性与良善性。法律的威权性表现为法律至上、法治优于人治；法律的良善性则强调立法主体的正当性、立法目的的正当性，同时强调"法"应当具有"善"的品格，即"法治之法应以善为其终极追求"。

今天，有国内学者在承继与借鉴亚里士多德法治思想的基础上，提出了当今的"法治"精神，实乃"良法善治"。〔2〕然而，何谓"法治之法"应予终极追求的"善"？应当说，不同历史阶段、不同国家的人各有其不同的内涵释定。我的理解是，从终极意义看，"法治"应予终极追求的"善"，便是"以人为本"的法治根本目标。"以人为本"就是要以"人"为"根本"。即：与国家、社会乃至法制本身相比，人才是最根本的、是第一位的。因为，我们绝非为国家而设置国家、也不是为社会而建立社会。人类之所以要设置国家、构建社会并订立法制，只是为了令所有人之为"人"者，能在国家保护伞的荫庇与协调下获得最大限度的自由与福荫；能获得最大限度的人性张扬及人生价值的实现，等等。有鉴于此，无论是良法还是善治，乃至整个法治学，都应遵循"以人为本"这一终极目标而设置有关研究宗旨、研究范畴与对象、任务，等等。

再回到铁道法治学上来看。众所周知，改革开放以来，无论是铁道建设，还是铁路运行，已经成为我国国民经济生活、政治生活、家庭生活的重大组成部分。据悉，截至 2020 年 12 月，我国铁路营业里程已达 14.6 万公里，其中高铁

---

〔1〕 ［古希腊］亚里士多德：《政治学》，吴寿彭译，商务印书馆 1965 年版，第 199 页。

〔2〕 参见杨宗科："论法治学的创建及其学科范围"，载《法律科学（西北政法大学学报）》2020年第 5 期，第 66 页。

3.8 万公里，居全世界第一。2020 年 8 月，国家铁路集团有限公司出台了《新时代交通强国铁路先行规划纲要》。纲要明确，到 2035 年，全国铁路网运营里程将达到 20 万公里左右，其中高铁 7 万公里左右 。由此可见，运行中的铁路环境，俨然已成特殊的"移动公共走廊"。毫不夸张地说，在中国大地上，每天均有数千万的高铁及普通班列上的乘客、包括工作在列车上的铁路员工们，生活、工作在此特定的"移动小社区"之中。漫道我国现在还开通了多条通往国外的国际班列，如中俄、中越、中朝、中蒙、中哈、中欧班列，等等。故而，窃以为，铁道法治学的研究任务乃在：如何在此建设或行进的移动环境之中，实现最大限度的良法善治？从而令整个铁道社会环境步入"法治铁道"并推促"以人为本"的终极目标的最终实现。

实践表明，良法善治的最大课题乃在"良法"的制订与完善、"良法"的施行人员素质、施行保障、施行监督等。[1]而"稳定性"乃法律的基本品格，可稳定性的"副产品"又同时带来了"滞后性"的负效应。故而囿于"稳定性"的局限，"良法"的颁行实效乃至修订时间、尺度等，均会产生难以把控的问题。以我国突飞猛进的多条高铁的同时开通及车内法秩序的维系与稳定举例，便可见一斑。

2018 年 8 月 21 日，在从济南开往北京的 G334 次列车上，当事男子孙某在某女乘客上车前，先行霸坐了该女乘客的座位。女乘客上车后，孙某继续"霸座"，并拒绝了列车长、乘警的再三劝说，称自己"无法起身，不能归还座位"。乘务人员只好把女乘客安排到商务车厢去就座。此事件后，孙某自己只是以一纸"道歉信"了却此事。2018 年 8 月 23 日，济南铁路局方面尚称"涉事男乘客的行为属于道德问题，不构成违法行为"。次日，在民意汹汹的推促之下，中国铁路济南局集团有限公司方才表示，孙某的行为已构成治安行政违法，被处以治安罚款 200 元，并在一定期限内限制其购票乘坐火车。

此一高铁霸座事件之后，尽管全国各地的官媒、自媒均异口同声地口诛笔伐此类"车霸"行为，不少"霸座"行为人还被科以治安行政处罚。然而，诸如此类的"车霸"行为似乎并未受到有效遏阻，继后，多条高铁上仍然不时爆出各色"车霸"行为。诸此种种，不免令人反思：看来，我国绳禁铁路车霸的有关铁路法制确有程度不一的"滞后性"和"低效性"，才会导致高铁上的车霸如

---

〔1〕 参见杨宗科："论法治学的创建及其学科范围"，载《法律科学（西北政法大学学报）》2020 年第 5 期，第 69~70 页。

此横行霸道、禁而不绝？除立法完善外，在此禁而不绝的"移动小社区"中，作为执法者的列车乘务人员、警务人员，今后能否综合采取其他法外补救措施？诸此种种，看来均属铁道法治应当逐一探究的法治践行课题之一。

然而，诸此个案，其实只是凸显出铁路法治的表象问题，就深层次意义看，铁道法治学研究的本质，应为如何发掘出在此"移动走廊"实现良法善治的基本规律、施治方略与技术手段等。然而，社会规律的探寻，不仅需要卷帙浩繁的理论研究打基础，还须巨量的实证调研结果的归纳与演绎；更须经年累月的经验积累与知识积淀，以升华出可资抽象出"规律"的理论来。可见，如此浩繁且长期的工作，绝非一两辈人的付出与努力便可完成。

惟其如此，我们无比欣慰地看到，呈现在读者面前的、尚处于补白新作的本书，虽有其青涩和遗缺的一面，但仍可称其乃为"铁道法治学"的学科建设作出了引领性贡献的力作。归总起来看，全书的主要亮点如下：（1）作为一门学科，本书开设并论述了较为完整、规范的铁道法治学研究的基本范畴。各不同范畴之间，也有一定有机联系，全书因而被融会贯通为"一体"。（2）本书融入了一定的铁路建设、铁路运行、铁路监管"场景"来说法论范。而诸此空间、时间与人的能动、被动、互动作用及反作用的融入，令本书的多维"法治"性更强，使其更具"铁道法治"的表现张力与论证功力。（3）从知识体系上看，本书既非单纯的法理学，又非单纯的民法、商法、刑法等部门法学，甚至并非单纯的法学，而是综合了法理学、部门实体法学、部门程序法学、犯罪学、政策学、治理学、法哲学、铁道学等有关学科知识的集成研究成果。（4）分论篇中的每一章，作者均增加了典型案例的摘引、解剖与分析，从而达到了"以法制论法治"的效果；（5）最后，作者还以附录的形式，展示了若干有关铁路法治建设的调研报告，进而，为中国的铁道法治如何走向良法善治，蹚出了一条不妨长年跟踪的实证调研之路。

当然，如前所述，本书难免存在若干缺憾。主要表现在：第一，虽然本书的铁路"场景性"较强，但总体看，本书仍存在"重制轻治"，即重法制、轻法治研究的状况。从理论上讲，铁道法治学中，铁道"法制"只是研究的出发点，"法治"才是研究的归宿点。故而，研究的重点，理当向"法治"倾斜。否则，法治学将无异于一般法学。良法善治须有"良法"，故而如何废弃"滞后法"、完善"低效法"十分重要。然本书中，对铁路"法制"的论述较多；分论篇中的各章节，虽然均设有专门的"目"来探究立法、司法、执法"完善"问题，但立论较多，论证较少，个别章节对立法完善问题之证立可谓"浅尝辄止"。第二，对有关法治问题做类型化梳理、反思不够。良法还需要善治。如何实现善治？在中国的"移动公共走廊"中，如何以契合公平正义原则且高效的铁路法治来治理铁路公共环境？进而，在维系"移动小社区"法秩序的过程中，究竟发生了哪些可类型化为"法治"问题的弊况？针对诸此弊象，有何解困良策？该对策于"铁道法治"而言，又有何勘置抽象为"一般法则"的正价值？诸此种种，本书系统述评不够。

话虽如此，如前所述，法治学不仅是新兴学科，它本身还属法学与治理学的交叉学科；而铁道学恐怕也可谓工程学与技术学的交叉学科。而当今与日俱进的社会跃迁，更是致使各类学科既不断整合、分化，又在此过程中不断衍生出更多的融合性学科、分支性学科直至交叉学科。铁道法治学便是这样的多重融合、分化、再融合、再分化而出的新兴边缘学科，其攻坚难度可想而知。惟其如此，对华东交通大学铁路法治研究院的学人们竟有如此筚路蓝缕、以启山林的学术勇气，我们不禁肃然起敬。为此，我们有理由相信：今日他等之抛砖，必将引来他日琳琅满目之美玉。

是为序。

屈学武[*]
谨识于北京和平里寓所
2021 年 11 月 29 日

---

[*] 中国社科会科学院法学研究所研究员、博士生导师。

目 录
CONTENTS

❖ 上 篇 总 论 ❖

◈ **下篇　分　论** ◈

绪　言

一、命题的由来

法治是一种良法之治，是一种与人治相对立的治国方略。法治已成为我国倡导的社会主义核心价值观之一。在我国，法治观念越来越深入人心。而且，我国铁路事业蓬勃发展，特别是我国高铁发展近些年突飞猛进，铁路领域的法治问题、法治实践和法治理论的创新与发展问题，逐渐凸显出来。这些问题已经无法在铁路和法律制度（法制）的层面完全解释和解决。这涉及铁路和法治的诸多关联问题。"铁路法治"的命题与问题，应运而生。早在 1998 年，我国铁道部门已有人专门撰文探讨"铁路法治"问题。[1] 近些年，我国有关单位已举办"铁路法治问题"研讨会、"推进铁路法治建设"培训班，也已成立"铁路法治研究院"等专业研究机构。那么，何谓"铁路法治"？如何运用"铁路法治"理论和法治思维来保障铁路交通事业更加安全、更加便捷、更加健康地发展，值得我们深入研究。[2] 本书的书名原初为《铁路法治研究——铁路法治学引论》。后来综合考虑，宜把书名修改为《铁道法治学导论》。[3] 因此，本书中的铁路法治，亦指铁道法治。铁道法治学，是广义的铁路法治学。

二、研究的意义、思路与方法

（一）研究意义

1. 学术价值：（1）在前人相关研究的基础上，探讨铁路法治的基本范畴，在铁路法治基础理论领域开展拓荒式的部门法研究。我国法学界以往有关铁路的

---

[1] 参见朱赤汇："加强铁路法治探讨"，载《法学杂志》1998 年第 4 期，第 50~51 页。

[2] 参见曾明生："铁路法治的基本范畴及其理论体系论纲"，载《铁道警察学院学报》2021 年第 4 期，第 5 页。

[3] 特别感谢恩师屈学武教授的宝贵建议。

法律问题研究，大多集中在铁路法领域或者铁路安全保障领域，其他相关领域的研究不仅较少而且分散，其内容基本上属于应用对策的研究，铁路法治的基础理论研究极为鲜见。（2）本书试图在研讨铁路法治基本范畴的基础上，构建铁路法治的学科理论体系，使其理论朝着系统化、专业化的方向发展。我国铁路法治领域当前只有铁路法这一小学科，而其他相关内容零散分布于其他学科之中，缺乏关联铁路法的系统化、综合性的铁路法治学科。我们认为，我国有必要创建铁道法治学（或铁路法治学）学科，构建新时代中国特色铁路法治理论体系。[1]关于创建法治学学科的问题，不仅有专家学者的倡议，而且有中央领导人的指示。2019年10月，中国法学会举办的"学习贯彻习近平总书记全面依法治国新理念新思想新战略论坛"开幕式上，中共中央政治局委员、全国人大常委会副委员长、中国法学会会长王晨同志在讲话中明确提出加强"法治学"等新兴学科建设。张文显教授也提出："法学学术体系应破除旧有体系封闭、保守及参照系不确定等弊端，致力于构建以法律学、法治学、法理学三位一体的法学学术新体系。"[2]之后，西北政法大学校长杨宗科教授进一步研讨推进创建法治学学科，其撰文指出创建法治学的必然性和必要性以及学科范围。[3]而铁道法治学（或铁路法治学）学科，正是对法治学学科的进一步拓展和延伸。本书正是对铁道法治学（或铁路法治学）的导论或者雏形的一种初步探索。

2. 应用价值：（1）有利于更好地指导涉及铁路的立法、守法、执法、司法和法律监督的实践活动；（2）有利于通过指导实践进而更好地强化铁路安全、铁路事业的法治保障；（3）有利于促进我国交通强国战略的实施和法治文明的发展。目前铁路交通专业学生略知铁路法的知识，但却明显缺乏系统化、综合性的铁路法治的知识，因而其知识结构和能力难以与时俱进地适应法治国家、法治

---

〔1〕 我国构建铁路法治学的学科理论体系，具有必要性，也有可行性。其必要性主要表现在如下三点：其一，构建铁路法治学学科体系，是大力促进铁路法治研究体系化、专业化发展的需要。其二，构建铁路法治学学科体系，强化铁路法治研究，是适应我国铁路交通快速发展的需要。其三，构建铁路法治学学科体系，是促进我国铁路法治研究走向世界甚至引领世界的需要。另外，我国构建铁路法治学学科体系，还具有可行性。其理由主要如下：第一，具备较好的铁路法治研究的物质基础。第二，具备丰富的铁路法治实践的研究素材。第三，铁路法治的研究队伍日益壮大，铁路法治研究成果逐渐丰硕。第四，具有良好的可资借鉴的模式和经验。第五，这是对我国正在创建的法治学学科的进一步延伸和发展。

〔2〕 参见张文显："在新的历史起点上推进中国特色法学体系构建"，载《中国社会科学》2019年第10期，第34~35页。

〔3〕 参见杨宗科："论法治学的创建及其学科范围"，载《法律科学（西北政法大学学报）》2020年第5期，第61页。

政府和法治社会的发展，也难以与时俱进地适应铁路交通（包括轨道交通）迅猛发展中安全秩序法治保障的需要。为了更好地培养适应新科技革命所带来的新经济业态、新生活方式、新运营模式需要的、具有强烈本土化意识和国际视野的铁路交通专业人才和铁路法治人才，本书可以提供一定的知识参考。

（二）研究思路

本书分为上篇（总论）和下篇（分论）两部分。

总论设置四章，分别研讨铁路法治的基本环节与范畴、铁路法治的基本类型与维度、铁路法治的基本原则、铁路法治的历史发展。其中对铁路法治的基本范畴展开研究和分析，由此为全书的理论研究提供新的表达工具和分析手段。首先讨论铁路法治的五大基本环节范畴，体现铁路法治的动态特征。其次探讨三大类型范畴（铁路民商经济法治[1]、铁路行政法治和铁路刑事法治），因此提供三个分析维度。再其次，对铁路法治的两大基本原则范畴展开研讨。最后，从历史角度，从古至今，回顾国内外铁路法制（治）的发展历程。总论部分，从时空概念和范围展现铁路法治立体式的铁路风景和法治图像。这为分论部分的内容拉开了法治叙事的宏大帷幕。

分论部分共有八章（即第五章至第十二章），分别对两大领域（铁路建设领域和铁路运输领域）的民商经济法治问题、三大领域（铁路建设领域和铁路运输领域及铁路监管领域）的行政法治问题、三大领域的刑事法治问题展开研究。需要指出的是，为了突出重点而没有必要单独讨论铁路监管领域的民商经济法治问题，[2]所以只在第五章和第六章分别对铁路建设领域和铁路运输领域的民商经济法治问题进行探究。考虑到在分论中，因区分"铁路民商经济法治"、"铁路行政法治"和"铁路刑事法治"三大部分，且每一部分又展开铁路建设领域和铁路运输领域的论述，在"章标题"中，若反复出现同一领域的表述，则容易产生混乱的错觉。为了简洁和减少错乱感，特将分论中的"章标题"作出简化处理。即："研究（一）"、"研究（二）"和"研究（三）"。但是为了强调逻辑层次，仍然保留了"节标题"的完整性。

---

〔1〕　原本考虑的是铁路民事法治，感谢北京交通大学张长青教授的质疑和提醒。注意民商法和经济法的区别是必要的，虽然三分法的分类只是相对而言，但是考虑到铁路法的综合性，适度考虑民商法和经济法的组合运用可能更好。因此，借鉴学界已有"民商经济法治""民商经济法学院"的称谓，特将"铁路民事法治"调整为"铁路民商经济法治"。

〔2〕　有人甚至可能会认为并不存在铁路监管领域的民商经济法治问题。本书认为，它存在于广义上的铁路民商经济法治问题中，而在狭义的认识中是没有的。

另外，分论各章之后均专门设置了典型案例部分，这有利于加强该章理论与相关实际的联系。此外，本书还收录附录1-7。这主要是考虑到两个调研报告的内容，直接与铁路法治相关，对铁路检察院和铁路法院历年情况的统计既有史料价值又有可能助力于发现规律的意义，而关于高铁安全法治保障研究、地铁水灾事故防范问题研究，则是综合民事、行政和刑事的一体化的铁道专题研讨（在一定意义上可略微弥补法治三分法的缺憾），因此一并将其纳入。

本书试图开创性地对中国铁路法治进行系统化的研究，努力使其体现三个特点：（1）理论的前沿性；（2）内容和体例的新颖性；（3）民事、行政、刑事领域的一体化研究的系统性。其中注重两个"有机结合"：理论与实践（案例）的有机结合、程序法与实体法的有机结合。

（三）研究方法

1. 哲学思辨的方法以及理论联系实际的方法。在哲学思辨上，例如，对铁路法治的基本范畴的学理分析和讨论，涉及价值论范畴（公正与秩序、自由与安全、平等与效率）的问题。另外，铁路法治理论研究的根本目的是指导铁路法治实践（包括立法、司法和执法等）。因此，在书中结合一些案例进行研讨是非常必要的。

2. 历史考察的方法。为了从国内外铁路法治的历史演变中发现历史的发展规律，吸取必要的经验教训，为今后铁路法治的发展找准方向，对此需要运用历史考察的方法。

3. 实证调查方法。本书从多学科视角开展交叉研究和系统化探讨，同时引入大数据实证研究方法和抽样调查法，使其定性研究与定量研究相结合、规范研究与实证研究相结合，实现我国在该研究领域的多视角和实证方法上的创新运用。

铁道法治学导论

总　论

第一章

铁路法治的基本环节与范畴

　　铁路法治（铁道法治）是由"铁路"（铁道）和"法治"结合而生的有关铁路法治建设的有机系统。它是指涉及铁路（铁道）的法治理论及其相关实践。而且，铁路法治（铁道法治），也是指采用相对完善的法律制度，运用规范有效的施治手段，调控和推动铁路建设、铁路运输、铁路监管领域法秩序的高效且良性运作之治。对这里的"法"应做广义理解，即其既包括严格意义的"法律"，也涵括能绳禁铁路建设、运输、监管领域的法令性文件及其他规章制度等。铁路法治（铁道法治）的基本环节，与法治的基本环节相对应。其中涉及铁路立法、铁路守法、铁路执法、铁路司法和铁路法律监督。这些基本环节是铁路法治研究无法逾越的范畴，属于法治运行的范畴。铁路法治（铁道法治）的基本范畴，是指人的思维在对铁路法治（铁道法治）的本质概括的反映中，处于主要地位的种类内容。它们对认识和实现铁路法治（铁道法治）具有提纲挈领的作用。其内容包括三级四组 30 个基本范畴（见图 1），[1]它们相互联系，有机统一。这些范畴具有概括性和稳定性，但其内涵和外延是发展变化的。其中铁路法治（系

---

　　[1]　铁路法治的范畴，通常会有根基性的一级范畴。没有根基，就没有生命。没有其根基性的范畴，就谈不上铁路法治。由此衍生出铁路法治的二级范畴（主干性的二级范畴、关键性的范畴），然后继续发展出主要分支性的范畴（三级范畴）和次要分支性的范畴（四级范畴），开枝散叶。其中铁路法治的基本范畴，仅限于根基性的一级范畴、根基性的二级范畴（价值论范畴）、主干性的二级范畴以及主要分支性的范畴（三级范畴）。其中一级范畴：铁路、法律与法治（离开"铁路"、"法律"与"法治"中的任何一个，"铁路法治"都无法谈起）；二级范畴：铁路法、铁路法治以及二级根基价值论范畴（即公正与秩序、自由与安全、平等与效率）；三级范畴 A 组有 5 个（即铁路立法权、铁路执法权、铁路司法权、铁路法律监督权、铁路法律责任）；三级范畴 B 组也有 5 个（即安全权、自由权、公民监督权、铁路守法义务、铁路法律关系）；三级范畴 C 组有 4 个（即铁路法治的基本原则、铁路民商经济法治、铁路行政法治、铁路刑事法治）；三级范畴 D 组也有 5 个（即铁路立法、铁路守法、铁路执法、铁路司法和铁路法律监督）。其中详细论证，参见曾明生："铁路法治的基本范畴及其理论体系论纲"，载《铁道警察学院学报》2021 年第 4 期，第 10 页。在本章图 1 中，"铁路民事法治"是从"大民事法"的角度来认识，这是当时笔者的最初认识，特此予以保留。

统）是相关范畴的工作系统，是铁路法治（铁道法治）理论体系的研究对象。铁路法治（铁道法治）的基本范畴的理论体系，可以逐步朝着构建铁路法治学（铁道法治学）的学科理论体系的方向发展。[1] 铁道法治学（广义的铁路法治学），是一门研究铁道法治（广义的铁路法治）的基本规律及其法治理论的社会科学。它包含铁路法学，是综合"铁道学、法治学和铁路法学"的有机体。它不仅要研究铁路法本身以及铁路法治的工作系统，而且要研究铁路法治（铁道法治）的基本运行规律及其基本理论。[2] 本书所称"铁路法治"，是从广义而言的，基本上与"铁道法治"同义。本章先从法治运行环节的范畴角度展开讨论，为后续章节图景的探究提供分析工具和理论铺垫。

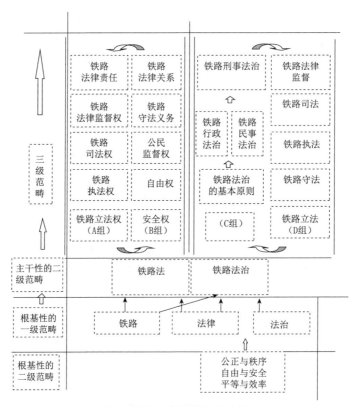

图1　铁路法治的基本范畴体系

〔1〕　参见曾明生："铁路法治的基本范畴及其理论体系论纲"，载《铁道警察学院学报》2021年第4期，第12页。

〔2〕　特别感谢恩师屈学武教授高屋建瓴的指导意见。这里增补了关于铁道法治和铁道法治学的部分内容。

第一节　铁路立法

以下拟从铁路立法的界定与分类、铁路民商经济立法、铁路行政立法和铁路刑事立法几方面进行研讨。

一、铁路立法的界定与分类

（一）铁路立法的界定

通常认为，立法是由特定主体依据一定职权和程序，运用一定技术制定、认可和变动法律规范的活动。[1] 因此，铁路立法，是由特定主体依据法定职权和程序，运用一定技术制定、认可和变动铁路法律规范的活动。

其中铁路立法的权力主体应当享有铁路立法权。一般认为，立法权是指立法机关制定、修改和废止法律法规规章的权力。一方面，立法机关自己制定法律法规规章，另一方面，立法机关授权有关机关制定法规规章等。[2] 因此，铁路立法权，是指有立法权的机关依法制定、修改和废止有关铁路的法律法规规章的权力。享有铁路立法权的主体，包括全国人大及其常委会、国务院及其有关部委、具有法定立法权的地方人大及其地方政府等。

铁路立法的基本原则，大致包括依法治路原则和铁路法益保护原则。这两者也是铁路法治的基本原则（后文专门探讨），不仅铁路立法中应当遵循，而且也要在其他环节中坚持。如此才能更好地实现铁路法治的共同目的。

（二）铁路立法的分类

根据立法调整的不同法律关系，可以把铁路立法分为铁路民商经济立法、铁路行政立法和铁路刑事立法。其中铁路法律关系，是以铁路法为基本前提，在铁路领域调整人们行为的过程中产生的特殊的权利义务关系。它是以国家强制力来保障铁路领域正常的法律关系，当其正常的法律关系受到破坏时，国家将动用强制力进行矫正或者恢复。

依据立法调整的不同的铁路对象，可以把铁路立法分为有关高速铁路的立法、有关普速铁路的立法和有关地铁的立法等。

根据立法调整的铁路内容的不同，可以把铁路立法分为有关铁路安全的立

---

[1] 参见张文显主编：《法理学》（第五版），高等教育出版社 2018 年版，第 226~227 页。
[2] 参见葛洪义主编：《法理学》，中国政法大学出版社 1999 年版，第 277、293 页。

法、有关军队驻铁道部门军事代表的立法和其他有关铁路的立法。

以上分类是相对的，它们统一于铁路法律法规规章的体系之中。例如，《中华人民共和国铁路法》（以下简称《铁路法》）中既包括民商经济法律条款，也包括行政法律条款和刑事法律条款。

二、铁路民商经济立法

铁路民商经济立法，是由特定的主体，依据法定职权和程序，运用一定技术，制定、认可和变动铁路民商经济法律规范，调整铁路民商经济法律关系的活动。其中涉及铁路法中的法定民事权利与民事义务规定，主要涉及安全权、自由权、平等权以及民事守法义务等。

第一，安全权的铁路民事法律保护。安全权具体包括乘客及其相关人员的生命安全权、健康安全权、财产安全权等。侵犯安全权的行为有：在火车站或列车上出售过期的、变质的食品或食品中含有对身体有害的物质，出售伪劣产品以及其他危害铁路公共安全的侵权行为等。这些行为可能致使乘客及其相关人员的人身安全、财产安全受到损害。

第二，自由权和平等权的铁路民商经济法律保护。它是法律规定或认可并保障公民依照自己意愿进行活动的权利。我国宪法确认公民享有广泛的自由权。其中主要包括人身自由（出行自由）、言论自由、出版自由、集会自由、结社自由、游行示威自由、宗教信仰自由、居住自由、通信自由、科学研究自由、文艺创作自由和其他文化活动自由、婚姻自由等。自由是相对纪律与义务而言的，没有绝对的自由权。行使自由权不能超出法律允许的范围，不得损害国家的、社会的、集体的利益和其他公民的合法的自由和权利。在铁路领域的乘车安检、人脸识别问题、霸座问题以及货物安检通关问题，既涉及是否遵守铁路旅客运输合同、铁路货物运输合同的规定，又涉及自由权的限制问题。关于平等权，既涉及公民平等的购票权问题，又涉及反垄断的问题等。

第三，民事守法义务的规定。这不等同于合同约定的义务，而是法定的义务。为了保障权利的实现，应当规定守法义务。例如，《铁路法》规定因铁路行车事故及其他铁路运营事故致人伤亡的，铁路运输企业通常应当承担赔偿责任，第69条规定铁路运输企业违法多收费用的，应退还付款人。又如，违反《铁路安全管理条例》造成铁路运输企业或者其他单位、个人财产损失的，依法承担民事责任。还如，《铁路货物运输合同实施细则》对托运人的义务、承运人的义务、收货人的义务作了具体的规定。

对于我国铁路民商经济立法具体情况的评论，将在本书第四章第二节述及。

三、铁路行政立法

铁路行政立法，是由特定的主体，依据法定职权和程序，运用一定技术，制定、认可和变动铁路行政法律规范，调整铁路行政法律关系的活动。其中涉及铁路法中的行政管理职权与职责义务的规定，也涉及安全权、自由权以及行政守法义务等。

第一，安全权的铁路行政法律保护。铁路安全权，包括铁路乘客及其相关人员的生命安全权、健康安全权、财产安全权等。侵犯铁路安全权的违法行为有：破坏铁路安全的恐怖主义违法行为、在火车站或列车上违法携带危险物品或者其他违禁物品、违反铁路道口安全管理规定的以及其他危害铁路公共安全管理秩序的违法行为等。这些行为可能致使乘客及其他相关人员的人身安全、财产安全受到损害。

第二，自由权的铁路行政法律保护。铁路自由权，也是法定或认可并保障公民依照自己意愿进行活动的权利。我国宪法确认公民享有广泛的自由权。但是行使自由权不能超出法律允许的范围，不得损害国家的、社会的、集体的利益和其他公民的合法的自由和权利。铁路领域的乘车安检、人脸识别问题、霸座问题以及危险品运输问题，不仅涉及民法上的自由权，还涉及铁路安全的行政管理职权与职责问题，涉及对自由权的限制和约束问题。

第三，行政守法义务的规定。它们数量庞大，常见于铁路法规规章之中，特别是体现在有关铁路安全的法规规章方面。例如，《铁路安全管理条例》就有近20条行政责任条款。《高速铁路安全防护管理办法》中虽没有设置"法律责任"专章的规定，但其中有40余条（"应当……"）的行政守法义务条文。

对于我国铁路行政立法具体情况的评论，将在本书第四章第二节述及。

四、铁路刑事立法

铁路刑事立法，是由特定的主体，依据法定职权和程序，运用一定技术，制定、认可和变动铁路刑事法律规范，调整铁路刑事法律关系的活动。其中仍然涉及铁路法中的安全权、自由权的法律保障以及刑事条款守法义务等内容。

第一，安全权的铁路刑事法律保护。刑事法是民事法和行政法的保障法。铁路安全运营、乘客安全出行和安全返程，货物和财产安全，不仅需要民事法律保护，也要行政法律保护，更要刑事法律保障。侵犯铁路安全权的犯罪行为有：破坏铁路安全的恐怖主义犯罪行为，在火车站或列车上出售有毒有害产品或者伪劣产品且情节严重的以及其他危害铁路公共安全的犯罪行为等。这些行为可能致使乘客及其相关人员的人身安全、财产安全受到严重损害。

第二，自由权的铁路刑事法律保护。我国法定的自由权允许的范围，不得损害国家的、社会的、集体的利益和其他公民的合法的自由和权利。因此，为了安全要限制一定的自由，为了公平也要限制一定的自由。铁路领域的乘车安检、人脸识别问题以及霸座问题情节严重而引发犯罪的，应当依法追究刑事责任。对于倒卖车票行为，侵害公平自由购票选择权以及破坏正常购票秩序，构成犯罪的，也要依法追究刑事责任。为了预防和打击恐怖主义犯罪，需要牺牲一定的公民自由。这些都涉及自由权的限制问题。

第三，刑事条款守法义务的规定。这些规定主要是由刑事责任条款来体现的。我国刑法中主要有禁止破坏交通工具、禁止破坏交通设施、禁止违规发生铁路运营安全事故以及禁止违规发生工程重大安全事故等刑法规定。在我国《铁路法》中曾经有十余条附属刑法条文，《铁路法（修订草案）》将其高度归纳为一个刑事条款。铁路法规规章中通常也有一个附属刑法的条款。

对于我国铁路刑事立法具体情况的评论，也将在本书第四章第二节述及。

第二节 铁路守法

以下从铁路守法的界定与分类、铁路民事守法、铁路行政守法和铁路刑事守法几方面进行探讨。

一、铁路守法的界定与分类

（一）铁路守法的界定

守法，也被称为法的遵守，是指一切国家机关及其工作人员、政党、社会团体、企事业单位和全体公民，自觉遵守法律的规定，将法律的要求转化为自己的行为，从而使法律得以实现。它包括正确行使权利、积极履行义务和遵守禁令等。[1] 因此，铁路守法，是指与铁路相关的守法行为，也是指单位和公民自觉遵守铁路法规，将铁路法规的要求转化为自己的行为，使铁路法规得以实现的行为。

----

[1] 参见张文显主编：《法理学》（第五版），高等教育出版社2018年版，第255页。

实际上，铁路守法的行为是履行守法义务的行为。《中华人民共和国宪法》（以下简称《宪法》）第 53 条中规定的守法义务是公民的基本义务之一。正常社会中的任一理性公民都有宪法上的守法义务。[1] 这里铁路守法义务，是指与铁路有关的守法义务的统称，是"与铁路有关的权利"的对称。它也是宪法上的守法义务在铁路领域的具体化。即使从特殊守法角度来看，虽有依法行使职权的一面，但也有履行职责（义务）的另一面。

（二）铁路守法的分类

依据守法涉及的不同法律关系领域，可以把铁路守法分为铁路民事（领域的）守法、铁路行政（领域的）守法和铁路刑事（领域的）守法。

根据守法涉及的不同铁路工作领域，可以把铁路守法分为铁路建设领域的守法、铁路运输领域的守法和铁路监管领域的守法。有关铁路维修、养护的部分，可以根据最密切联系的情况，将其归入铁路建设领域或者铁路运输领域。

依据守法涉及的不同铁路，可以将铁路守法分为高速铁路上的守法、普速铁路上的守法和地铁上的守法等。

根据守法的积极性程度，可以把铁路守法分为积极的铁路守法和消极的铁路守法。

依据守法者是否享有法定职权并依法办事，可以把铁路守法分为普通的铁路守法和特殊的铁路守法（依法的铁路执法和依法的铁路司法等）。

二、铁路民事守法

铁路民事（法律关系）领域的守法，可简称为铁路民事守法。在铁路民事活动中，如在铁路建设和铁路运输中，签订合同、履行合同，约定权利义务，违约应当承担违约责任等。这些行为虽然是合同双方平等自愿约定的，但仍然要遵守《中华人民共和国民法典》（以下简称《民法典》）合同条款的规定，属于合法的约定行为。因此，它们也是守法行为。即使有的违约行为人依据合同承担了相应的违约责任，只要其没有违法，其行为也仍然属于合法行为的范畴。但是，既违约又违法甚至犯罪的除外。

铁路民事守法，是与铁路民事违法（铁路民事侵权）相对应的。对于铁路民事违法行为，应当依法承担民事法律责任。若铁路民事违法行为越少，则表明

---

[1]　参见汪雄："宪法第五十三条中守法义务的证成"，载《北京行政学院学报》2019 年第 4 期，第 114 页。

铁路民事守法行为就越多。

三、铁路行政守法

铁路行政（法律关系）领域的守法，可简称为铁路行政守法。例如，在铁路行政执法中，涉及执法者守法和执法对象的守法问题。执法者（依法执法）的守法行为，属于特殊的铁路守法行为。铁路执法对象的守法问题，通常涉及的是普通的铁路守法问题。

与铁路行政守法相对应的是铁路行政违法。对于铁路行政违法行为，应当依法承担行政法律责任。若铁路行政违法行为越少，则表明其铁路行政守法行为就越多。

四、铁路刑事守法

铁路刑事（法律关系）领域的守法，可简称为铁路刑事守法。在铁路刑事领域的正当防卫行为，依法进行的铁路反恐行为，以及因认同并忠诚于铁路法规而守法的行为，属于积极的铁路守法的范畴。而因迫于无奈或因恐惧铁路刑事惩罚而守法的行为，则属于消极的铁路守法的范畴。其守法状况，可从违法犯罪的情况来观察。违法犯罪越多，则表明其守法状况就越差。

与铁路刑事守法相对应的是铁路刑事违法（犯罪）。对于铁路刑事违法的，应当依法承担刑事法律责任。因年龄等因素使其刑事责任能力受限而不构成犯罪的，依法追究其行政法律责任或者民事法律责任。

第三节　铁路执法

下文拟从铁路执法的界定与分类、铁路监管行政执法、铁路口岸海关行政执法、铁路公安行政执法、地铁执法部门行政执法等方面进行研讨。

一、铁路执法的界定与分类

（一）铁路执法的界定

其中执法是指行政执法，是指行政主体依照法定程序及有关实体法的规定，对具体事件进行处理并直接影响相对人权利义务的具体行政法律行为，也是国家行政机关在执行法律时所采取的具体办法和步骤。[1]那么，铁路执法，是指铁

---

〔1〕　参见张文显主编：《法理学》（第五版），高等教育出版社 2018 年版，第 247~248 页。

路行政主体依照法定程序及有关实体法规定，对有关铁路的具体事件进行处理并直接影响相对人权利义务的具体行政法律行为。[1]

铁路执法的行政主体应当依法享有一定的执法权。这里的执法权，特指行政执法权。因此铁路执法权，是指有关铁路的行政执法权。其中包括铁路监管部门行政执法权、铁路口岸海关行政执法权、铁路公安行政执法权、地铁执法部门行政执法权等。这是根据执法权力主体的不同而划分的。

（二）铁路执法的分类

根据执法主体的不同，可以把铁路执法分为铁路监管部门行政执法、铁路口岸海关行政执法、铁路公安行政执法、地铁执法部门行政执法等。

依据执法活动发生的不同领域，可以把铁路执法分为铁路建设领域的执法、铁路运输领域的执法和铁路监管领域的执法。有关铁路维修、养护的部分，也可根据最密切联系的情况，将其归入铁路建设领域或者铁路运输领域。

根据是否由数个执法单位联合执法，可以把铁路执法分为铁路监管部门与其他部门的联合执法和铁路监管部门的单独执法。

依据执法主体广狭含义范围的不同，可以把铁路执法分为狭义的铁路执法、中义的铁路执法和广义的铁路执法。前述所指铁路监管部门、铁路口岸海关和铁路公安机关的行政执法，属于狭义的铁路执法；在狭义的铁路执法的基础上，又包括地铁执法部门行政执法，则是中义的铁路执法。而广义的铁路执法，可以包括铁路行政执法（中义的铁路执法）、铁路民事执行和铁路刑事执行。

二、铁路监管部门行政执法

铁路监管部门的行政执法，也可简称为铁监部门行政执法，通常区别于铁路公安行政执法。其中铁路监管部门，是指国务院铁路行业监督管理部门及其设立的铁路监督管理机构的统称。当前我国国务院铁路行业监督管理部门，是指国家铁路局。其主要职责包括：（1）起草铁路监督管理的法律法规规章草案，参与研究铁路发展规划、政策和体制改革工作，组织拟订铁路技术标准并监督实施；（2）负责拟订规范铁路运输和工程建设市场秩序政策措施并组织实施，监督铁路运输服务质量与铁路企业承担国家规定的公益性运输任务情况；（3）负责铁路安全生产监督管理，制定铁路运输安全、工程质量安全和设备质量安全监督管

---

[1] 参见曾明生："铁路法治的基本范畴及其理论体系论纲"，载《铁道警察学院学报》2021年第4期，第10页。

理办法并组织实施，组织实施依法设定的行政许可，组织或参与铁路生产安全事故调查处理；（4）负责组织监测分析铁路运行情况，开展铁路行业统计工作；（5）负责开展政府间有关铁路的国际交流与合作；（6）承办国务院及交通运输部交办的其他事项。据此可见，国家铁路局享有关于铁路的部分立法权、监督管理权和组织实施权等。

关于国务院铁路行业监督管理部门设立的铁路监督管理机构，实际上是指地区铁路监督管理局（或督察室）。目前我国有 8 个地区铁路监督管理局（督察室）：沈阳铁路监督管理局、上海铁路监督管理局、广州铁路监督管理局、成都铁路监督管理局、武汉铁路监督管理局、西安铁路监督管理局、兰州铁路监督管理局、北京铁路督察室。铁路监督管理机构负责其管界内的相关铁路监督管理工作。其主要职责包括：（1）监督管理铁路运输安全、铁路工程质量安全、铁路运输设备产品质量安全；（2）监督有关铁路法律法规、规章制度和标准规范执行情况，负责铁路行政执法监察工作，受理相关举报和投诉，组织查处有关铁路的违法违规行为等。由此可见，地区铁路监督管理局（督察室）享有明显的铁路执法权（监督管理权、行政处罚权等）。

三、铁路口岸海关行政执法

我国海关是国家出入境监督管理机关，实行垂直管理体制，在组织机构上分为三个层次。其中第一层次：海关总署；第二层次：海关总署广东分署、海关总署驻天津特派员办事处与海关总署驻上海特派员办事处、42 个直属海关和 2 所海关学校；第三层次：各直属海关下辖的 562 个隶属海关机构。隶属海关由直属海关领导，向直属海关负责；直属海关由海关总署领导，向海关总署负责。

其中直属海关的主要职责：（1）对关区通关作业实施运行管理；（2）实施关区集中审单，组织和指导隶属海关开展接单审核、征收税费、查验和放行等通关作业；（3）组织实施对各类海关监管场所、进出境货物与运输工具的实际监控；（4）组织实施贸易管制措施、税收征管、保税与加工贸易海关监管、企业分类管理和知识产权进出境保护；（5）组织开展关区调查、稽查与侦查业务；（6）按规定权限与程序办理各项业务审核、审批、转报和注册备案手续；（7）组织开展关区贸易统计、业务统计与统计分析工作；（8）开展对外执法协调和行政纠纷、争议的处理；（9）开展对关区各项业务的执法检查、监督和评估。

而铁路口岸海关，是特指设置了铁路运输类海关监管作业场所的海关机关。

其中铁路运输类海关监管作业场所，包括铁路口岸货运监管区、铁路集装箱中心站海关监管场所、公铁联运智能港项目区内建立海关监管场所（铁路货栈类监管场所）等。那么，铁路口岸海关行政执法，是特指铁路口岸海关依法对铁路货物出入境监督管理、查验和放行等通关作业中的行政执法活动。

由上可见，铁路口岸海关依法享有一定的铁路执法权（铁路货运监管权、行政处罚权等）。

四、铁路公安行政执法

铁路公安机关通常是指担负维护铁路公共安全职责的公安机关的统称。现在我国公安部铁路公安局的前身是原铁道部公安局，在铁道部被撤销、中国国家铁路集团公司挂牌成立后，原铁道部公安局转隶公安部更名为铁路公安局，作为公安部内设机构。公安部铁路公安局垂直管理所属铁路公安局和铁路公安处。目前在各地共设置有 18 个铁路公安局、下辖 72 个铁路公安处。

铁路公安行政执法，是指铁路公安机关在有关铁路安全工作中的行政执法活动。铁路公安机关依法享有铁路安全管理权和行政处罚权等行政执法权。

五、地铁执法部门的行政执法

地铁执法部门的行政执法，包括地铁公安机关及其他相关执法机构的行政执法，是指地铁公安机关及其他相关执法机构（如依法依规成立的地铁行政执法大队、依法依规接受有关执法单位委托行使行政执法权的地铁运营管理办公室等），在有关地铁安全管理工作或者轨道交通管理工作中的行政执法活动。

地铁公安机关，通常负责地铁交通经营单位、路线、站区（点）及地铁上盖物业等单位的治安管理工作；负责地铁线路、车辆及站区（点）各类刑事案件的调查处理和侦破工作；负责地铁交通范围内的突发事件处置和安全保卫工作；指导、监督、检查地铁交通范围内各单位的消防工作等。

其他相关执法机构，也可依法享有对地下铁道或轨道交通的安全管理权和行政处罚权等行政执法权。据报道，2014 年 7 月 23 日起，上海地铁行政执法大队正式成立，执法大队依据《上海市轨道交通管理条例》的规定开展日常的执法工作。覆盖运营全时段，随机在上海地铁全网络内的各线路车站，针对地铁"四乱"（设摊兜售、乞讨、卖艺、黑广告）、逃票、冒用他人证件、使用各类伪造证件等违法违规行为，依法开展执法工作。[1] 另据报道，深圳市司法局按照《深圳市行政执法主体公告管理规定》，对深圳市交通运输局委托深圳市地铁运营管理办公室行政执法公告进行审查，认为合法合规，经市政府批准，于2020年7月17日将委托处罚的职责和权限、主要执法依据等事项进行了公告。即，根据《中华人民共和国行政处罚法》（以下简称《行政处罚法》）、《深圳市城市轨道交通运营管理办法》的有关规定，深圳市交通运输局委托深圳市地铁运营管理办公室行使在城市轨道交通及相关综合交通枢纽内，对危害运营安全、扰乱运营秩序及损坏城市轨道交通设施等行为的行政处罚职权（委托期限自2020年9月1日起至2025年8月31日止）。[2]

第四节　铁路司法

以下将从铁路司法的界定与分类、铁路民事司法、铁路行政诉讼和铁路刑事司法四方面展开研讨。

一、铁路司法的界定与分类

（一）铁路司法的界定

司法，又称法的适用，通常是指国家司法机关及其司法人员依照法定职权和程序，具体运用法律处理案件的专门活动。[3] 因此，铁路司法，通常是指铁路检察院和铁路法院依照法定职权和程序，具体运用法律处理案件的专门活动。而最狭义的铁路司法，仅指铁路法院的司法活动。

其中铁路检察院和铁路法院行使的是铁路司法权。司法权，是特定的国家机关依据法定职权和程序，将相关法律适用于具体案件的活动而享有的权力。狭义的司法权，包括检察权和审判权。因此，铁路检察院和铁路法院行使的铁路司法权，属于狭义的铁路司法权。因为最狭义的司法权，仅指审判权。而广义的司法权，不仅包括检察权和审判权，而且包括刑事侦查权、刑事执行权等。其中最狭义的铁路司法权，仅指铁路法院的审判权；而广义的铁路司法权，包括铁路公检

---

[1] 参见蓝添、徐慧莉："上海地铁今起成立行政执法大队"，载 http://www.shmetro.com/node49/201407/con113775.htm，最后访问日期：2021年9月10日。

[2] 参见"深圳市司法局关于深圳市交通运输局委托深圳市地铁运营管理办公室行政执法的公告"，载《深圳市人民政府公报》2020年第32期。

[3] 参见沈宗灵主编：《法理学》，北京大学出版社1999年版，第461页。

法的司法权。因此，广义的铁路司法权的运用，对应的就是广义的铁路司法。

（二）铁路司法的分类

根据司法涉及的不同法律关系领域，可以把铁路司法分为铁路民事司法、铁路行政诉讼和铁路刑事司法。

依据司法涉及的不同铁路工作领域，可以把铁路司法分为有关铁路建设的司法、有关铁路运输的司法和有关铁路监管的司法。

根据司法涉及的不同铁路对象，可以把铁路司法分为有关高速铁路的司法、有关普速铁路的司法和有关地铁的司法等。

依据司法含义的范围大小，可以把铁路司法分为广义的铁路司法、狭义的铁路司法和最狭义的铁路司法。

二、铁路民事司法

铁路民事司法是指调整铁路民商经济法律关系的司法，也是指铁路民事诉讼中的司法活动。例如，中欧班列民事纠纷案件，选择诉讼方式，适用民事法律（甚至适用外国法律）的活动。又如，某工贸有限责任公司与铁科铁建新技术中心因技术合作开发合同纠纷、宋某某与铁路局集团有限公司以及铁路信息科技有限责任公司因滥用市场支配地位纠纷引发的民事诉讼等。还如，铁路旅客列车晚点的法律问题、铁路旅客人身伤害限额赔偿的法律问题、铁路旅客意外伤害强制保险制度的法律问题等涉及的铁路民事裁判问题。

对此本书第六章将有比较细致的讨论。

三、铁路行政诉讼

铁路行政诉讼，是指调整铁路行政法律关系的诉讼活动。其中的司法活动，相对于铁路民事司法和铁路刑事司法而言，也可被称为铁路行事司法。如铁路行政公益诉讼，调整铁路行政法律关系的法律适用问题。其中涉及狭义的铁路行政诉讼和广义的铁路行政诉讼。

根据 2017 年《中华人民共和国行政诉讼法》（以下简称《行政诉讼法》）第 18 条第 2 款规定："经最高人民法院批准，高级人民法院可以根据审判工作的实际情况，确定若干人民法院跨行政区域管辖行政案件。"2018 年《最高人民法院关于适用〈中华人民共和国行政诉讼法〉的解释》第 3 条第 2 款规定，铁路运输法院等专门人民法院审理行政案件，应当执行行政诉讼法第 18 条第 2 款的规定。这为铁路运输法院集中管辖行政案件作出顶层设计与制度安排，为铁路运输法院的改革发展指明方向，确立目标，创设新的发展机遇。近些年来，西安、兰州、南昌、广州和上海等地铁路运输两级法院依据最高人民法院批复，已经开始集中管辖行政案件。

因此，铁路法院受理的与铁路无关的普通行政诉讼，不属于铁路行政诉讼，而是一般的行政诉讼。这是一种狭义的关于铁路行政诉讼的认识。而广义的铁路行政诉讼，则包括一切在铁路法院受理的行政诉讼。

四、铁路刑事司法

它是指调整铁路刑事法律关系的司法，也指有关铁路刑事诉讼中的司法活动。如涉及倒卖车票案的一审二审刑事裁判活动。2021 年 5 月 29 日，笔者在中国裁判文书网搜索案由"倒卖车票、船票罪"，共检索到 129 篇文书；其中中级人民法院的 9 件，基层人民法院的 120 件；其中文书类型：判决书 123 件，裁定书 4 件，决定书 2 件。同日，笔者在 12309 中国检察网搜索罪名"倒卖车票、船票罪"，共检索到 0 篇文书；搜索罪名"倒卖车票罪"，共检索到 1 篇文书；搜索罪名"倒卖车票"，共检索到 7 篇文书。另外，同日，笔者在中国裁判文书网搜索案由"铁路运营安全事故罪"，共检索到 9 篇文书；其中中级人民法院的 3 件，基层人民法院的 6 件；其中文书类型：判决书 6 件，裁定书 3 件。而笔者在 12309 中国检察网搜索罪名"铁路运营安全事故罪"，共检索到 0 篇文书；搜索罪名"铁路运营安全事故"，共检索到 1 篇文书。

上述情况只是表明，我国当前两大法律权威网站有关铁路刑事罪名刑事司法文书公开的大致情况。

第五节 铁路法律监督

下文拟从铁路法律监督的界定与分类、铁路民事法律监督、铁路行政法律监督和铁路刑事法律监督四方面来讨论。

一、铁路法律监督的界定与分类

（一）铁路法律监督的界定

其中法律监督，涉及谁对谁的合法性进行监督。亦即，其中涉及法律监督主体、法律监督对象和法律监督内容。[1]因此，铁路法律监督，是指监督主体对监督对象有关铁路领域的行为的合法性进行监督。铁路法律监督主体，包括国家机关、社会组织、人民群众。而且，铁路法律监督对象也包括国家机关、社会组织和公民。铁路法律监督内容，是指对国家机关、社会组织和公民有关铁路领域的行为的合法性的监督。这里涉及权力的制约监督和权利的制约监督两个方面。若只涉及其中一个方面，则是狭义的铁路法律监督。

通常认为，法律监督体系是指由国家机关的法律监督和社会力量的法律监督组成的有机整体。其中国家机关的法律监督包括国家权力机关的监督（尤其是最高国家权力机关的监督）、行政机关的监督、司法机关的监督（包括审判机关的监督和检察机关的监督）等。[2]还要注意的是，国家机关的法律监督应包括监察委员会的法律监督等。我国宪法将检察机关定位为国家法律监督机关。检察权的全部权能在性质上都应当统一于法律监督权。[3]后来检察改革，成立各级监察委员会，检察机关反贪渎犯罪的侦查权转由监察委员会接管。这些都涉及国家机关的法律监督权力问题。而其中社会力量的法律监督，即社会监督，包括社会组织的监督、社会舆论的监督和人民群众的监督。[4]学界通常把执政党的机关的法律监督归入社会组织的监督。这是值得商榷的，因为它可能弱化党的机关的监督地位或者低估其监督权力的作用。执政党的机关的法律监督，应当属于广义的国家机关的法律监督。[5]而社会力量的法律监督，主要是运用权利制约权力。这涉及公民监督权的内容。而这里从权力角度考察的铁路法律监督权，是特指国家机关依法享有的制约与监督有关铁路执法权、铁路司法权的权力。值得指出，国家机关的法律监督权与执法权、司法权有着密切的关联，甚至有所交叉，但是必须注意，铁路执法权与铁路司法权形成的权力制约与权力监督，并不能替代全部的国家机关的铁路法律监督权。因为还有铁路立法权的权力制约与监督。通过权力的制约监督和权利的制约监督两方面来实现铁路法律监督，也就是通过运用铁路法律监督权和公民监督权来实现铁路法律监督。

---

〔1〕　参见沈宗灵主编：《法理学》，北京大学出版社 1999 年版，第 574～576 页。

〔2〕　参见沈宗灵主编：《法理学》，北京大学出版社 1999 年版，第 582～590 页。

〔3〕　参见石少侠："我国检察机关的法律监督一元论——对检察权权能的法律监督权解析"，载《法制与社会发展》2006 年第 5 期，第 23 页。

〔4〕　参见沈宗灵主编：《法理学》，北京大学出版社 1999 年版，第 590～596 页。

〔5〕　参见曾明生："铁路法治的基本范畴及其理论体系论纲"，载《铁道警察学院学报》2021 年第 4 期，第 8 页。

（二）铁路法律监督的分类

依据法律监督涉及不同的法律关系及其发生的不同领域，可以把铁路法律监督分为铁路民事法律监督、铁路行政法律监督和铁路刑事法律监督。

根据法律监督发生的不同领域，可以把铁路法律监督分为铁路建设领域的法律监督、铁路运输领域的法律监督和铁路监管领域的法律监督。

根据涉及不同的铁路对象，可以把铁路法律监督分为有关高速铁路工作的法律监督、有关普速铁路工作的法律监督和有关地铁工作的法律监督等。

二、铁路民事法律监督

铁路民事法律监督，是指有关监督主体依法对铁路民事案件合法性的监督。这是狭义的铁路民事法律监督。而广义的铁路民事法律监督，是指有关监督主体依法对铁路民商经济立法、铁路民事守法、铁路民事司法、铁路民事执行的合法性的监督。其中可以通过运用铁路法律监督权（权力）和公民监督权（权利）来实现铁路法律监督。其中涉及的公民监督，由公民依法通过批评建议、举报和控告等方式，监督有关铁路民商经济立法、铁路民事守法、铁路民事司法、铁路民事执行的活动。我国宪法规定，公民对于任何国家机关和国家工作人员，有批评建议的权利，而且对于任何国家机关和国家工作人员的违法失职行为，有向有关国家机关提出申诉、控告或者检举的权利。

三、铁路行政法律监督

铁路行政法律监督，是指有关监督主体依法对铁路行政案件合法性的监督。这是狭义的铁路行政法律监督。而广义的铁路行政法律监督，是指有关监督主体依法对铁路行政立法、铁路行政守法、铁路行政执法、铁路行政诉讼的合法性的监督。其中也可通过运用铁路法律监督权和公民监督权来实现铁路法律监督。其中涉及的公民监督，是由公民依法通过批评建议、举报和控告等方式，监督有关铁路行政立法、铁路行政守法、铁路行政执法、铁路行政诉讼的活动。其监督力度和效果受制于多方面的因素。其中包括监督主体的监督能力和监督机制以及监督对象的情况等。值得注意的是，要区分铁路行政法律监督与铁路行政执法。例如，铁路监管部门对铁路企业的监督检查行为，属于铁路行政执法行为；而上级监管部门对下级监管部门行为的合法性的监督，既是一种铁路行政执法行为，又是一种铁路行政法律监督行为。

四、铁路刑事法律监督

铁路刑事法律监督，是指有关监督主体依法对铁路刑事案件合法性的监督。这是狭义的铁路刑事法律监督。而广义的铁路刑事法律监督，是指有关监督主体依法对铁路刑事立法、铁路刑事守法、铁路刑事司法、铁路刑事执行的合法性的监督。其中仍然要通过运用铁路法律监督权（权力）和公民监督权（权利）来实现铁路法律监督。其中涉及的公民监督，是由公民依法通过批评建议、举报和控告等方式，监督有关铁路刑事立法、铁路刑事守法、铁路刑事司法、铁路刑事执行的活动。例如，在《铁路安全管理条例》中就有检举和报告的规定。其中关于损坏或者非法占用铁路设施设备、铁路标志、铁路用地而影响铁路安全的行为，可能涉及铁路刑事犯罪。若对此检举和报告的，则属于一种铁路刑事法律监督行为。但是，如果只是民事侵权行为而不构成犯罪的，那么该检举和报告的行为，实际上是一种铁路民事法律监督行为。

另外，还要注意铁路刑事法律监督与铁路刑事司法的区分。铁路基层法院对有关铁路刑事案件的初审（一审）裁判活动，属于铁路刑事司法；而铁路中级法院对有关铁路刑事案件的二审裁判或者再审活动，则既是铁路刑事法律监督的行为，又属于铁路刑事司法的范畴。

第二章
铁路法治的基本类型与维度

法治有民商经济法治[1]、行政法治和刑事法治之分，所以铁路法治（铁道法治）可以相应地被划分为铁路民商经济法治、铁路行政法治和铁路刑事法治。这就是铁路法治的三大基本类型。本章从类型范畴的角度，对铁路法治展开三个维度的探讨。

第一节　铁路民商经济法治

以下从铁路民商经济法治的界定与分类、铁路建设领域的民商经济法治和铁路运输领域的民商经济法治等方面进行讨论。

一、铁路民商经济法治的界定与分类

（一）铁路民商经济法治的界定

民商经济法治是法治在民商经济领域的具体化，是法治不可缺少的重要组成部分。正如有学者指出，《民法典》编纂工作的完成，绝不代表着民事法治的进展就大功告成，这部法典不但为自身未来的发展预留了足够的空间，也为与民事法治有关的法律、行政法规乃至司法解释的发展预留了足够的空间。而且，这一

---

〔1〕　参见龙卫球："规则嬗变与市场经济：中国民商经济法治建设三十年"，载《私法研究》2009年第1期，第107~153页。另外，有人认为，民商经济法治是国家法治生活中举足轻重的组成部分，既是对日常生活无所不包的"细故"，又是事关人民群众切身利益的"大事"。《中国民商经济法治（2002~2016）》中收录"法治蓝皮书"2002~2006年民商经济法治中堪称精品的文章。这些报告大致呈现了21世纪以来中国民商经济法治的发展脉络，其中已为现实所验证的洞见至今仍具有启发性，而当时指出的部分问题至今仍具有警示意义。具体内容参见田禾、吕艳滨主编：《中国民商经济法治（2002~2016）》，社会科学文献出版社2017年版，第1~523页。

编纂工作的完成，为民族复兴提供了更加完备的民事法治保障。[1]另外，也有学者认为，除了民事法治之外，还有商事法治、经济法治、知识产权法治等。而且，它们组合在一起，可以形成民商经济法治。[2]因此，可以认为，铁路民商经济法治，是铁路法治在民商经济领域的具体化，也是与铁路有关的民商经济法治，是铁路法治不可或缺的重要组成部分。[3]

从法治运行的环节和系统结构可知，铁路民商经济法治，包括铁路民商经济立法、铁路民事守法、铁路民事司法、铁路民事执行、铁路民事法律监督等内容。[4]这些不同环节和内容形成一个有机动态系统。而且，它与其外部环境发生作用。

研究铁路民商经济法治，对促进铁路民商经济法治理论与实践的进步以及为民族复兴提供更好的民经济法治保障，都具有重要的意义。

（二）铁路民商经济法治的分类

对事物的理论分类，其实是一种理论上的物体解剖。如此有利于从不同角度或者深入物体内部展开研究分析，从而有利于更好地把握事物的现象和本质。

依据铁路民商经济法治涉及的不同铁路对象，可以将其分为有关高速铁路的民商经济法治、有关普速铁路的民商经济法治和有关地铁的民商经济法治等。

依据铁路民商经济法治涉及铁路工作领域的不同，可以将其分为铁路建设领域的民商经济法治和铁路运输领域的民商经济法治等。这里从狭义上来说，铁路监督管理机关和部门（暂且统称为铁路监管单位，包括铁路监管部门、铁路口岸海关和铁路公安机关）及其工作人员的日常生活和民事活动，通常由道德和民事法律调整，不宜将其作为铁路监管领域的民商经济法治问题单独进行研究。一是铁路监管单位属于行政机关单位，铁路监管单位的监管行为通常属

---

〔1〕　参见王轶：“为民族复兴提供更加完备的民事法治保障（人民要论）”，载《人民日报》2020年6月19日，第9版。

〔2〕　参见田禾、吕艳滨主编：《中国民商经济法治（2002~2016）》，社会科学文献出版社2017年版，第1~523页。

〔3〕　参见曾明生：“铁路法治的基本范畴及其理论体系论纲”，载《铁道警察学院学报》2021年第4期，第9页。

〔4〕　这里，对于铁路民商经济法治涉及的五大环节（立法、守法、司法、裁判执行、法律监督），延展开来，因此涉及铁路民商经济立法问题。至于其中铁路民事守法、铁路民事司法、铁路民事执行、铁路民事法律监督等内容中的"民事"，仍然采取大民事法的概念。因为目前我国并没有确立"经济诉讼"的类型，其中一些经济纠纷采取民事诉讼的方式，所以存在与此相应的民事裁判的执行及其监督等。后文相关部分，均从这个意义上来认识和探讨。

于行政执法行为，在行政监管领域正常工作情况下通常由行政法律来调整（若涉及职务犯罪则由刑事法律来调整）；二是铁路监管单位及其工作人员的日常生活和民事活动，不宜单独作为铁路监管领域的法治问题来进行研究，而是应当突出铁路法治问题的研究重点。因此，铁路监管领域的民商经济法治问题，至多是从广义角度来认识的。但是，对此本书持狭义的立场，据此不对其单独探讨。

另外，有关铁路设备设施维修、养护的民事法律问题，可以将其分属铁路建设领域或者铁路运输领域进行研究。铁路建设阶段的工具维修、设备养护等问题，属于铁路建设范畴。而在铁路正式运营阶段发生的工具维修、设备养护等问题，则属于铁路运输领域。在铁路试运行阶段，需要进行多个项目测试，检验是否具备开通运营条件。因此，严格而言这时不应将其纳入铁路运输阶段，而是更宜将其归入铁路建设阶段的范畴。

二、铁路建设领域的民商经济法治

铁路建设领域的民商经济法治，可以简称为铁建民商经济法治。从法治运行环节与系统结构看，铁建民商经济法治可以衍生出铁建民商经济立法、铁建民事守法、铁建民事司法、铁建民事执行、铁建民事法律监督。[1]

因此，铁建民商经济法治的研究，可以涉及铁路发展规划、铁路建设主体、铁路建设标准、铁路建设投资、铁路道口建设等法治问题（包括立法问题），特别是铁路建设中的社会资本或者外商投资的制度问题。其中可以研讨民营控股铁路（如杭绍台铁路）企业和外商投资建设经营铁路的法律原则、主体、范围、方式和管理，以及海外投资建设经营铁路的法律问题等。另外，还要探讨铁路建设用地民事法律问题、铁建领域知识产权民事法律保护等。对此，本书将在第五章详细讨论。

三、铁路运输领域的民商经济法治

铁路运输领域的民商经济法治，可以简称为铁运民商经济法治。从法治运行环节和系统结构看，铁运民商经济法治也可以衍生出铁运民商经济立法、铁运民

---

[1] 参见曾明生："铁路法治的基本范畴及其理论体系论纲"，载《铁道警察学院学报》2021年第4期，第10~11页。

事守法、铁运民事司法、铁运民事执行、铁运民事法律监督。[1]此外，还可以发展出中欧班列（运输）民商经济立法、中欧班列（运输）民事守法、中欧班列（运输）民事司法、中欧班列（运输）民事执行、中欧班列（运输）民事法律监督等范畴。

因此，对铁运民商经济法治的研究，其中可以涉及铁路运输立法问题、铁路旅客运输合同、铁路行李包裹运输合同、铁路货物运输合同法律问题。而且，其中可以重点关注铁路货物运输中的损害赔偿问题、铁路货物运输中保险与保价运输问题、多式联运合同问题、中欧班列货物运输立法问题和法律适用问题等。尤其是要重点探讨铁路交通事故民事法律问题（包括铁路交通事故损害赔偿的归责原则、免责事由、赔偿原则及赔偿数额），以及铁运领域知识产权民事法律保护问题等。对此，本书第六章将有较为详细的讨论。

第二节　铁路行政法治

下文拟从铁路行政法治的界定与分类、铁路建设领域的行政法治、铁路运输领域的行政法治、铁路监管领域的行政法治等方面进行研讨。

一、铁路行政法治的界定与分类

（一）铁路行政法治的界定

行政法治是法治在行政领域的具体化，也是法治的基本组成部分。有学者指出，行政法治的要求：一是行政权力的取得必须有法律的设定；二是行政权力的运用必须合法；三是违法行政必须承担法律责任。其中将行政权严格置于法律约束之下，正是依法行政的本质要求。这种法治秩序的关键在于行政机关，对行政机关职权法定、依法立法、依法行政和依法裁判四方面的要求，是行政法治的核心内容。[2]那么，铁路行政法治就是与铁路有关的行政法治，也是铁路法治在行政领域的具体化，是铁路法治的基本组成部分。[3]

---

〔1〕参见曾明生："铁路法治的基本范畴及其理论体系论纲"，载《铁道警察学院学报》2021年第4期，第11页。

〔2〕参见何海波："行政法治，我们还有多远"，载《政法论坛（中国政法大学学报）》2013年第6期，第25~43页。

〔3〕参见曾明生："铁路法治的基本范畴及其理论体系论纲"，载《铁道警察学院学报》2021年第4期，第9页。

从法治运行的环节与系统结构可知铁路行政法治包括铁路行政立法、铁路行政守法、铁路行政执法、铁路行政诉讼、铁路行政法律监督等。这些不同环节和内容也形成一个有机动态的法治系统，并且与外部环境发生一定的作用。

其中值得指出的是，铁路行政法律监督也是铁路行政法治不可缺少的重要组成部分，是后盾和保障。研究铁路行政法治，对促进铁路行政法治理论与实践的进步以及为民族复兴提供更好的行政法治保障，都具有重要的历史意义和现实价值。

（二）铁路行政法治的分类

依据铁路行政法治涉及的不同铁路对象，也可将其分为有关高速铁路的行政法治、有关普速铁路的行政法治和有关地铁的行政法治等。

此外，依据铁路行政法治涉及铁路工作领域的不同，其可被分为铁路建设领域的行政法治、铁路运输领域的行政法治、铁路监管领域的行政法治。这三大行政法治，都是涉铁执法单位依法行政和法治政府建设的重要内容。即使铁路口岸海关的检查检疫部门、口岸监管部门等机构才会与铁路执法相关，海关也仍然是涉铁的执法单位。

二、铁路建设领域的行政法治

铁路建设领域的行政法治，可以简称为铁建行政法治。从法治运行环节和系统结构看，铁建行政法治也可以衍生出铁建行政立法、铁建行政守法、铁建行政执法、铁建行政诉讼（铁建行政裁判与执行）、铁建行政法律监督。[1]

因此，对铁建行政法治的研究，其中可以涉及铁路用地管理的法治问题，包括铁路建设用地征收的法治问题（涉及立法问题、司法问题等）。例如，渝怀铁路项目征收房屋案、清理整治站前违法建设案。另外，还要研讨民营控股铁路建设用地的行政执法问题、民营控股铁路建设工程质量的行政执法问题、铁路建设领域知识产权行政法律保护问题等。对此将在本书第七章详细讨论。

三、铁路运输领域的行政法治

铁路运输领域的行政法治，可以简称为铁运行政法治。从法治运行环节与系统结构看，铁运行政法治也可以衍生出铁运行政立法、铁运行政守法、铁运行政

---

〔1〕 参见曾明生："铁路法治的基本范畴及其理论体系论纲"，载《铁道警察学院学报》2021年第4期，第11页。

执法、铁运行政诉讼（铁运行政裁判与执行）、铁运行政法律监督。[1]此外，还可以发展出中欧班列（运输）行政立法、中欧班列（运输）行政守法、中欧班列（运输）行政执法、中欧班列（运输）行政诉讼（行政裁判与执行）、中欧班列（运输）行政法律监督，以及高铁运营中公共安全行政立法保障、行政执法保障、行政诉讼法律保障等范畴。

因此，对铁运行政法治的研究，其中可以涉及铁运行政立法问题、铁路运输市场准入法律规制问题[2]，包括其市场准入法律规制的必要性、市场准入法律制度的构成、国外铁路运输市场准入的法律制度、铁路运输市场准入法律规制的完善。特别是要研讨铁路运输安全行政法律保护问题，其中包括铁路运输安全行政立法、铁路运输安全行政执法、铁路运输安全保护的行政诉讼等。例如，刘某萌诉上海铁路公安局案。另外，仍然有必要对铁运领域知识产权行政法律保护问题展开讨论，如"班列购"商标注册案。对此，本书将在第八章进行探讨。

四、铁路监管领域的行政法治

铁路监管领域的行政法治，可以简称为铁监行政法治。从法治运行环节和系统结构看，铁监行政法治也可以衍生出铁监行政立法、铁监行政守法、铁监行政执法、铁监行政诉讼（裁判与执行）、铁监行政法律监督。[3]其中铁监行政守法，涉及铁监行政立法的遵守问题，既包括积极守法，又包括消极守法，还包括不守法的问题。而因不守法可能引发铁监行政处罚（行政执法），进而可能引发铁监行政诉讼（裁判与执行）乃至铁监行政法律监督。

因此，对铁监行政法治的研究，其中也可以涉及铁路监管领域的行政立法、铁路监管领域的行政执法与行政诉讼等内容。例如，关于赤某公司诉沈阳铁路监管局案的讨论。特别需要注意的是，关于铁路反恐标准的制定与实施问题的研究。其中探讨铁路反恐标准的制定和实施方面的成绩与不足，并且提出对策建议。例如，建议邀请相关职能部门和专门行业参与铁路反恐怖标准的编制并完善

---

〔1〕 参见曾明生："铁路法治的基本范畴及其理论体系论纲"，载《铁道警察学院学报》2021年第4期，第11页。

〔2〕 有人可能会认为，该内容应纳入铁路民商经济法治的部分研讨。我们认为，虽然这涉及经济法的因素，但是本书对其市场准入的内容侧重从行政许可角度来考查，因此将之纳入行政法治的范畴来讨论也是合理的。

〔3〕 参见曾明生："铁路法治的基本范畴及其理论体系论纲"，载《铁道警察学院学报》2021年第4期，第11页。

其配套法规，加强与学术研究机构的交流和合作，增强铁路公安机关管理与监督的能力，力求进一步推进铁路反恐怖防范标准的落实，实现铁路反恐怖防范工作的科学化、规范化和法治化。[1]

对此，本书将在第九章进行论述。

第三节　铁路刑事法治

以下从铁路刑事法治的界定与分类、铁路建设领域的刑事法治、铁路运输领域的刑事法治、铁路监管领域的刑事法治等方面展开讨论。

一、铁路刑事法治的界定与分类

（一）铁路刑事法治的界定

与前述铁路民商经济法治、铁路行政法治相对应，铁路法治中存在铁路刑事法治。它既是铁路法治在刑事领域的具体化，也是刑事法治在铁路领域的具体体现与运用，又是铁路法治的后盾与保障。[2]

从法治运行的环节与系统结构可知，铁路刑事法治包括铁路刑事立法、铁路刑事守法、铁路刑事司法、铁路刑事执行、铁路刑事法律监督等，这些不同环节和内容也会形成一个有机动态系统（即铁路刑事法治系统）。这是一个分支系统，是相对于法治系统乃至铁路法治系统明显要小的系统。而且，它与其外部环境发生一定的作用。

研究铁路刑事法治，对促进铁路刑事法治理论与实践的进步以及为民族复兴提供更好的刑事法治保障，都具有不容漠视的重要意义。

（二）铁路刑事法治的分类

依据铁路刑事法治涉及的不同铁路对象，可将其分为有关高速铁路的刑事法治、有关普速铁路的刑事法治和有关地铁的刑事法治等。

另外，依据铁路刑事法治涉及铁路工作的不同领域，其可以被分为铁路建设领域的刑事法治、铁路运输领域的刑事法治、铁路监管领域的刑事法治。

---

[1] 参见刘卫等："我国铁路反恐怖防范标准的实施问题探讨"，载《铁道警察学院学报》2021年第1期，第9~10页。

[2] 参见曾明生："铁路法治的基本范畴及其理论体系论纲"，载《铁道警察学院学报》2021年第4期，第9页。

二、铁路建设领域的刑事法治

铁路建设领域涉及的刑事法治，可以简称为铁建刑事法治。从法治运行环节与系统结构看，铁建刑事法治可以衍生出铁建刑事立法、铁建刑事守法、铁建刑事司法、铁建刑事执行、铁建刑事法律监督。[1] 其中铁建刑事守法，涉及铁建刑事立法的遵守问题，既包括积极守法，又包括消极守法，还包括不守法的问题。而因不守法可能引发铁建刑事司法，进而引发铁建刑事执行和铁建刑事法律监督等。

据此，对铁建刑事法治的研究，其中可以涉及铁建领域的刑事立法问题、铁建领域的刑事司法问题、铁建领域公共安全刑事法律保护问题（包括反恐问题）等。其中包括铁建领域故意犯罪和过失犯罪的刑法规制问题，特别是讨论司法认定中的疑难问题，包括研讨有关铁建领域典型的破坏交通设施案、铁建领域特大涉铁团伙盗窃案等。另外，还有必要研讨铁建领域知识产权刑事法律保护问题等。本书对此将于第十章进行论述。

三、铁路运输领域的刑事法治

铁路运输领域涉及的刑事法治，可以简称为铁运刑事法治。从法治运行环节和系统结构来分析，铁运刑事法治亦可衍生出铁运刑事立法、铁运刑事守法、铁运刑事司法、铁运刑事执行、铁运刑事法律监督。[2] 此外，还可以发展出中欧班列（运输）刑事立法、中欧班列（运输）刑事守法、中欧班列（运输）刑事司法、中欧班列（运输）刑事执行、中欧班列（运输）刑事法律监督，以及高铁运营中公共安全刑事立法保障、刑事执法保障、刑事司法保障等范畴。

因此，对铁运刑事法治的研究，涉及铁运刑事立法问题、铁运票务犯罪问题（如刘某福倒卖车票案）、铁运公共安全刑事法律保护问题（包括铁运领域的反恐问题，如昆明火车站恐怖袭击案）。另外，仍然有必要讨论铁运领域知识产权刑事法律保护问题（包括铁运领域知识产权刑事立法、刑事司法等）。对此，我们在本书第十一章进行探讨。

---

[1] 参见曾明生："铁路法治的基本范畴及其理论体系论纲"，载《铁道警察学院学报》2021年第4期，第11页。

[2] 参见曾明生："铁路法治的基本范畴及其理论体系论纲"，载《铁道警察学院学报》2021年第4期，第11页。

四、铁路监管领域的刑事法治

与之前表述类似，铁路监管领域涉及的刑事法治，也可以简称为铁监刑事法治。从法治运行环节与系统结构看，铁监刑事法治还可以衍生出铁监刑事立法、铁监刑事守法、铁监刑事司法、铁监刑事执行、铁监刑事法律监督。[1] 其中铁监刑事守法，涉及铁监刑事立法的遵守问题，可包括积极守法，也可包括消极守法，还包括不守法的问题。而因不守法可能引发铁监刑事司法，进而引发铁监刑事执行和铁监刑事法律监督等。

因此，对铁监刑事法治的研究，其中可以涉及铁监刑事立法问题、铁监领域职务犯罪预防与惩治问题（如张某光受贿案）、铁监领域的反恐问题（涉及立法问题、司法问题、执法问题等）、我国铁监领域反恐措施的完善问题等。其中包括对有关铁监领域犯罪现象、犯罪原因和犯罪对策的研讨。对此，本书将于第十二章进行讨论。

---

〔1〕 参见曾明生："铁路法治的基本范畴及其理论体系论纲"，载《铁道警察学院学报》2021 年第 4 期，第 11 页。

    铁路法治系统的正常运行，需要追求一定的价值目的，完成一定的使命，在其各个环节和不同类型维度中，不可各行其是和自娱自乐，而是应当遵循一定的法律原则，才能更好地实现其共同的目标（公正与秩序的统一[1]）。法律原则本身存在与否，这是一个有争议的问题。有的学者否认或者不重视法律原则的存在及其作用，而又有许多学者非常重视法律原则的存在及其作用。其实，从法理角度看，法律原则不仅存在，而且是法理的重要载体。无论从客观经验层面看，还是从理论逻辑层面看，法律原则通常都是一个法律体系不可或缺的部分。[2]另外，对于法律原则的定义，法学界也有不同认识。但是，通常认为，法律原则是法律的基础性的原理或者为其他法的要素提供基础或本源的综合性原理或出发点。一般认为，法律原则的作用是法律规则不能替代的。其主要表现在三点：一是法律原则为法律规则提供基础或出发点，法律原则对立法具有指导意义，对法律规则的解释也有指导作用；二是法律原则可直接作为审判的依据；三是法律原则可作为疑难案件的断案依据，纠正有时因严格执法可能导致的不公正的偏差。而且，法律原则可以分为基本原则和具体原则。[3]其中基本原则，是指法律本身所具有的、贯穿法律始终的、必须获得普遍遵循的全局性、根本性的准则。[4]它体现法律的根本价值，是整个法律活动的指导思想和出发点，构成法律体系的神经中枢。[5]因此，我们认为，铁路法治的基本原则，是指铁路法治

---

    [1] 此处公正包括个人安全、自由、平等和效率等。参见李步云主编：《法理学》，经济科学出版社2000年版，第61页。另外，美国学者E·博登海默也认为，法律是秩序与正义的综合体。参见［美］E·博登海默：《法理学：法律哲学与法律方法》，邓正来译，中国政法大学出版社1998年版，第321~325页。

    [2] 参见张文显主编：《法理学》（第五版），高等教育出版社2018年版，第120页。

    [3] 参见张文显主编：《法理学》（第五版），高等教育出版社2018年版，第120~122页。

    [4] 参见张明楷：《刑法学》（第五版），法律出版社2016年版，第43页。

    [5] 参见张文显主编：《法理学》（第五版），高等教育出版社2018年版，第122页。

运行系统本身所具有的、贯穿铁路法治始终的、必须获得普遍遵循的全局性、根本性的准则。其中体现铁路法治的根本价值，是整个铁路法治活动的指导思想和出发点，构成铁路法治体系的神经中枢。有鉴于此，铁路法治的基本原则，主要包括如下两大基本原则：依法治路原则和铁路法益保护原则。

第一节 依法治路原则

以下将从依法治路原则的基本内容及其实现路径来展开。

一、依法治路原则的基本内容

（一）政策和宪法根据：依法治国

1997 年，党的十五大报告明确提出"依法治国，建设社会主义法治国家"的伟大目标。而且报告指出，依法治国，就是广大人民群众在党的领导下，依照宪法和法律规定，通过各种途径和形式管理国家事务，管理经济文化事业，管理社会事务，保证国家各项工作都依法进行，逐步实现社会主义民主的制度化、法律化，使这种制度和法律不因领导人的改变而改变，不因领导人看法和注意力的改变而改变。

据此可知，依法治国，就是依照体现人民意志和社会发展规律的宪法法律而不是依照个人意志和主张来治理国家。亦即，它要求国家政治、经济运作、社会各方面的活动都依照宪法法律进行，而不受任何个人意志的干预、阻碍或破坏。

报告还指出，依法治国，是中国共产党领导人民治理国家的基本方略，也是发展社会主义市场经济的客观需要，又是社会文明进步的重要标志，更是国家长治久安的重要保障。其中依法治国是要把坚持党的领导、发扬人民民主与严格依法办事统一起来，从制度与法律上保证党的基本路线与基本方针的贯彻实施，保证党始终发挥总揽全局和协调各方的领导核心作用。[1]

其中，依法治国的主体是中国共产党领导下的广大人民群众；而依法治国的本质则是否定人治，确立宪法法律（作为一个有机整体）至上的权威地位，即崇尚宪法法律在国家政治、经济和社会生活中的权威，使社会主义民主制度和法

---

[1] 参见江泽民："高举邓小平理论伟大旗帜，把建设有中国特色社会主义事业全面推向二十一世纪——在中国共产党第十五次全国代表大会上的报告（1997 年 9 月 12 日）"，载《求是》1997 年第 18 期，第 15 页。

律不因领导人的改变而改变，不因领导人看法和注意力的改变而改变。还有，依法治国的根本目的是保证人民依法充分行使当家作主的权利，维护人民当家作主的地位。特别是，全国人大在 1999 年，就已将"实行依法治国，建设社会主义法治国家"的方略和目标载入我国《宪法》第 5 条第 1 款之中。

另外，2014 年 10 月十八届四中全会通过了《中共中央关于全面推进依法治国若干重大问题的决定》，对全面推进依法治国作出全面的战略部署。2017 年 10 月，为了加强党对法治中国建设的统一领导，习近平在党的十九大报告中提出成立中央全面依法治国领导小组。2018 年 3 月，中共中央印发《深化党和国家机构改革方案》，组建中央全面依法治国委员会，其办公室设在司法部。需要指出的是，全面推进依法治国基本方略的新方针是："科学立法，严格执法，公正司法，全民守法。"我们认为，全面推进依法治国不仅对立法、执法、司法和守法提出了明确要求，而且还可以再考虑增加"全民监督"的要求。如此可以依法治理国家的各方面各行业以及各地方各层级各单位等事务。

由此可见，依法治国的基本方略，为我国依法治路原则提供了党的政策依据、国家宪法根据以及目标指南。

（二）核心精神：法治原则

当代世界，对法治原则的理解充满了争议。有学者认为，法治原则是指实现法治目标所需要运用的手段（原则）或者所需要具备的基本要素。沿循其变迁史可以看到，法治原则具有普遍性，但受制于现实社会语境的差异而具有相对的特殊性。[1]还有学者认为，法治原则是指实现法治目标所应遵循的一系列原则，并且指出我国需要履行的十大社会主义法治原则。其中包括民主原则、人权原则、自由原则、平等原则、法律至上原则、依法行政原则、司法独立与司法公正原则、权力的制约与监督原则、秩序原则以及党的领导原则。[2]也有人认为，法治原则是指以法治本身作为原则，以厉行法治（依法治国，建设法治国家）作为原则。[3]这是狭义的观点（即一个原则说）。相对而言，前述有关法治原则是指一系列原则的观点，是一种广义的立场（即系列原则说）。

（三）依法治路原则是依法治国和法治原则的具体体现

1. 依法治路原则是依法治国的具体体现和必然要求。正如因依法治国而要

---

〔1〕　参见严海良："作为法治要素的法治原则"，载《金陵法律评论》2015 年第 1 期，第 143 页。

〔2〕　参见刘海年："略论社会主义法治原则"，载《中国法学》1998 年第 1 期，第 7~13 页。

〔3〕　参见张文显主编：《法理学》（第五版），高等教育出版社 2018 年版，第 415 页。

求依法治省、依法治市、依法治县、依法治校一样，依法治路原则是依据宪法法律（包括法规规章）治理铁路领域的相关活动应当遵守的基本原则。因为铁路行业和领域属于国家行业和领域的重要组成部分，无论是地上铁道还是地下铁道，它们涉及的企业、行政监管部门和单位的执法活动以及相关的司法活动等，都应当依法进行。这是依法治国方略在铁路行业和领域的贯彻落实。

2. 依法治路原则也是法治原则的具体体现

对广义的法治原则而言，依法治路原则也是法治原则（法律至上原则、民主原则、人权原则、自由原则、平等原则等）在铁路行业和领域的具体体现。即使就狭义的法治原则而言，以厉行法治（依法治国，建设社会主义法治国家）作为方略原则，依法治路原则也是该方略原则在铁路行业和领域的具体运用和落实。

二、依法治路原则的实现路径

有学者型大法官指出，全面推进依法治国的实现路径涉及诸多方面，覆盖依法执政、科学立法、依法行政、公正司法和全民守法等多个领域。当前，要在"全面推进"上狠下功夫。[1] 因此，在依法治路原则的实现方面，也应全面推进，狠抓落实。

积极全面实现依法执政。必须把依法治国基本方略同依法执政基本方式统一起来，把党总揽全局、协调各方同人大、政府、政协、审判机关和检察机关依法依章履行职能、开展工作统一起来，把党领导人民制定与实施宪法法律同党坚持在宪法法律范围内活动统一起来。

积极全面提高铁路法治领域的立法质量。在全面推进依法治国背景下，铁路法治领域要按照建设中国特色社会主义法治体系（涉及铁路法治体系）的部署，坚持铁路法治体系中铁路立法先行，充分发挥铁路立法的引领和推动作用，抓住提高铁路立法质量这个关键。通过加强党对铁路立法工作的领导，充分发挥国家权力机关在铁路立法工作中的主导作用。通过优化铁路立法体制机制，增强铁路立法的民主性和科学性，优化铁路立法程序，使铁路立法更具系统性、针对性与可操作性。[2]

积极全面实施宪法法律（特别是铁路法）。要完善铁路执法司法的体制机

---

[1] 参见江必新："全面推进依法治国的使命、原则与路径"，载《求是》2016年第20期，第48页。
[2] 参见江必新："全面推进依法治国的使命、原则与路径"，载《求是》2016年第20期，第48页。

制，在确保铁路执法司法权有效行使的同时，强化对铁路执法司法权的有效监督，排除权力、人情、关系和利益对铁路执法司法的干扰，有效防止铁路执法司法人员被相对人和当事人所"俘获"的现象，建立科学严格的铁路执法司法追责机制，防止铁路执法司法权滥用、误用和怠用。[1]

积极全面规范涉及铁路公权力行为。通过完善宪法法律实施和监督的体制、机制和程序，给涉及铁路的国家机关安上"紧箍咒"，使其在制度的笼子里，积极有效规范行使，为基本人权、个人和组织合法权益上好"安全阀"与"防卫盾"。涉及铁路的国家机关及其工作人员要率先垂范和尊法守法，尤其应抓住领导干部这个"关键少数"。

积极全面提高铁路司法的公信力。提高铁路司法公信力，不仅要强调铁路司法的公正与高效，而且要在维护铁路司法权威和提升铁路司法公信上发力。一要通过提供制度、体制和机制保障，依法有效排除地方保护主义及其他因素的干扰；二要创新监督管理方式，建立和完善责任追究机制，防止铁路审判权的滥用和误用。[2]

积极全面统筹铁路法治的推进力量。要调动广大人民群众积极参与铁路法治建设，深刻认识和准确把握权利义务责任三者协调统一的关系。要正确处理公共利益和个人利益的关系，在依法维护公共利益的同时，依法保护个人权利。如何具体依法保护合法权益和平衡利益的问题，将在下一节铁路法益保护原则中探讨。

第二节　铁路法益保护原则

下文拟从铁路法益保护原则的基本内容及其实现路径来讨论。

一、铁路法益保护原则的基本内容

（一）铁路法益

1. 法益。学界对法益的定义也有不同认识。但是通常认为，法益是指法律上要保护的利益。我们认为，法益的定义，必须与宪法法律相关，与公民、社会或者国家的利益相关，而且可能被违法犯罪行为所侵害或威胁。[3] 因此，法益

---

〔1〕　参见江必新："全面推进依法治国的使命、原则与路径"，载《求是》2016年第20期，第48页。
〔2〕　参见江必新："全面推进依法治国的使命、原则与路径"，载《求是》2016年第20期，第48页。
〔3〕　参见张明楷：《刑法学》（第五版），法律出版社2016年版，第62~63页。

的内容通常可以从宪法法律中直接发现或者间接推知。它包括国家法益（如国家安全）、社会法益（如社会秩序）和个人法益（如公民人身权利、民主权利以及财产权利）等。

2. 铁路法益。它是指法律上保护的与铁路相关的各种利益。亦即，依法保护铁路行业、铁路领域和铁路事业发展中涉及的各方合法利益。依据有关法律可知，其中包括铁路建设工程质量安全、铁路专用设备质量安全、铁路线路安全、铁路运营安全、铁路车票购票秩序、铁路运输正常秩序、铁路军事运输秩序、铁路治安秩序、高铁安全防护管理秩序、传染病防治秩序、铁路企业的合法权益、旅客人身和财产安全等。其中也涉及国家法益（如国家军事安全、国防安全）、社会法益（如社会秩序、公共安全）和个人法益（如公民人身权利、民主权利以及财产权利）。

（二）法益保护

1. 法益保护的含义。

对法益保护的理解，可以从不同角度来区分其广义和狭义的认识。从法律角度看，广义的法益保护，是指各种法律共同保护的利益受到法律保护。其中包括民事法律保护、行政法律保护和刑事法律保护；而狭义的法益保护，是指某一部门法的法益保护。从法益角度看，广义的法益保护，是指各种法益受到法律保护；而狭义的法益保护，是指某一具体的法益受到法律保护。另外，也可从刑法学角度看，广义的刑法法益保护，是指社会秩序的法益和人权自由的法益受到刑法保护，是社会秩序保护（保护机能）和人权保障（保障机能）的统一，有人称之为刑法的目的和任务；而狭义的刑法法益保护，一般是指社会秩序的保护（保护机能），是相对于人权保障（保障机能）而言的。[1]本书主要是从广义角度来讨论。

2. 法益保护与社会秩序保护、人权保障的关系。

有学者认为，刑法对被害人利益的保护是刑法对个人利益的保护，它和刑法对国家利益、社会利益的保护一同属于刑法的社会保护机能，而刑法的人权保障机能则表现为刑法对被告人权利的保障和刑法对全体公民的个人自由权利的保障。[2]值得指出的是，这属于狭义的人权保障机能的观点。而人权保障机能有

---

[1] 参见张明楷：《刑法学》（第五版），法律出版社 2016 年版，第 22~23 页。

[2] 参见陈兴良：《当代中国刑法新视界》（第二版），中国人民大学出版社 2007 年版，第 209~210、233 页。

广义、中义和狭义之分。广义的人权保障机能包括对犯罪人人权的依法保护，同时又包括对被害人及广大守法公民人权的保护。然而，把刑法对被害人利益的保护从"刑法的社会保护机能"的阵营转移到"人权保障"中来，这种能够涵括对犯罪嫌疑人、被告人、罪犯和被害人甚至被害人近亲属的个人人权的保障机能，是一种中义的人权保障机能。[1]

那么，若从狭义上理解（刑法的）法益保护，则它仅指社会秩序的保护（保护机能），它与人权保障（保障机能）是对称关系。关于人权保障、社会保护（两个机能性目的[2]）之间的关系，国内外法学界素有争论。通常认为，在任何社会，人权保障与社会保护都应当相互协调，从而在更大程度上实现刑法机能。但在现实生活中，两者不可避免地存在冲突，此时何者优先，国内外学界及实务界众说纷纭。其中大致有如下观点：（1）个人本位说；（2）国家本位说；（3）折衷说。折衷说又可分为：①衡平基础上的保护优先说；②平行基础上的保障优先说；③并重说；④综合考虑说；⑤并重基础上的倾斜说；⑥总体并重基础上的保障优先说。[3]

我们更赞同"总体并重基础上的保障优先说"。刑法在保障国家行使刑罚权以惩罚犯罪、维护秩序的同时，假若它和保障人权的机能性目的发生冲突，通过人权保障机能一般优先的实现，充分保障犯罪嫌疑人、被告人和犯罪人合法权益，兼顾被害人利益保护，使刑法奠定牢固的社会正义基础，获得社会伦理支持，才能具有强大的生命力、震慑力与感召力，从而为合理的现实政治提供有效的服务。这才是刑法为现实政治服务的更好方式。也只有尽力兼顾人权保障和社会保护的两个机能性目的之实现的刑法，才是更高程度正义的刑法，才能获得民众的广泛认同并确立公民对刑法的忠诚信念，也才能更有效地教育公民自觉遵守法律，最终树立法律至上的权威。从《中华人民共和国刑法》（以下简称《刑法》）第2条的规定可以看出刑法任务是保护法益，而且是既保护犯罪嫌疑人、被告人和罪犯的合法权益，又保护社会公众和国家的合法权益。

若从广义角度理解法益保护，先从刑法学角度看，则广义的法益保护，是指社会秩序保护和人权保障的统一，这是刑法的目的和任务。其中社会秩序保护和

---

〔1〕　参见曾明生："试论人权保障一般优先"，载《中国社会科学院研究生院学报》2008年第4期，第63页。

〔2〕　机能性目的，特指以客观的刑法机能作为目标性基础而生成的那些刑法目的。参见曾明生：《刑法目的论》，中国政法大学出版社2009年版，第243页。

〔3〕　参见曾明生：《刑法目的论》，中国政法大学出版社2009年版，第245～250页。

人权保障是对立统一关系，它们与广义的法益保护又是被包含与包含的关系。再从法益角度看，广义的法益保护，是指各种法益受到法律保护，不仅社会秩序的法益受到法律保护，而且人权法益也要受到法律保障。从法律角度看，广义的法益保护，是指各种法律共同保护的利益受到法律保护。其中包括宪法对社会秩序和自由人权的保护，也包括铁路法对社会秩序和公民自由权利的保护，还包括刑事法对社会秩序与公民自由人权的保障。本书主要就是从这一广义方面来研讨的。

需要指出的是，我们应当最大限度地发挥法律的积极机能，并将其消极机能控制在最低的限度，由此努力充分实现保障人权与保护社会的机能性目的，使各种法益获得充分保护，力求实现价值性目的[1]中秩序与正义的更高程度的统一。

（三）铁路法益保护原则

铁路法益保护原则，是指铁路法益应当受到法律保护的重要原则。它在铁路法治领域，是一个贯穿法治运行始终的、全局性和根本性的原则。

1. 铁路法益保护原则是宪法权益保护原则在铁路法治领域的具体化。宪法权益保护原则，是宪法中的人民主权原则、尊重和保障人权原则、民主集中制原则、权力监督与制约原则、党的领导原则等几个基本原则的统称。其中涉及人民当家作主的权利、公民的人权、民主决策权、监督权、党的领导权等权利与权力的保护或保障。因为宪法是根本法，所以铁路法治涉及的其他法律不得违反宪法中有关权益保护的规定。这就是铁路法益保护原则确立的宪法基础。

2. 铁路法益保护原则也是相关实体法和程序法的法益保护原则（或机能性的目的）在铁路法治领域的体现。

其一，铁路法益保护原则是民法、行政法和刑法的法益保护原则（或机能性的目的）在铁路法治领域的具体化。法益保护原则是否是民法、行政法和刑法的基本原则？法学界对此有不同的认识。然而，我国《民法典》第1条目的条款规定："为了保护民事主体的合法权益……维护社会和经济秩序……根据宪法，制定本法。"第3条又明确规定："民事主体的人身权利、财产权利以及其他合法权益受法律保护，任何组织或者个人不得侵犯。"而且，我国《行政处罚法》第1条规定："为了……维护公共利益和社会秩序，保护公民、法人或者其他组织的

---

〔1〕 价值性目的，特指以刑法的价值（如正义、秩序）作为目标性基础而生成的刑法目的，即刑法理想。它与机能性目的相对应。参见曾明生：《刑法目的论》，中国政法大学出版社2009年版，第236页。

合法权益，根据宪法，制定本法。"由此可见，《民法典》第 3 条就是有关民事法益保护原则的明确规定。其第 1 条也是有关民事法益保护的目的性条款。《行政处罚法》第 1 条与此类似，也是有关法益保护的目的性规定。另外，我国刑法学界有学者强调刑法的法益保护原则，可也仍有不同意见。但是必须看到，我国《刑法》第 2 条规定刑法的任务是"用刑罚同一切犯罪行为作斗争，以保卫国家安全，保卫人民民主专政的政权和社会主义制度，保护国有财产和劳动群众集体所有的财产，保护公民私人所有的财产，保护公民的人身权利、民主权利和其他权利，维护社会秩序、经济秩序，保障社会主义建设事业的顺利进行。"这是明确的刑法法益保护的任务条款（机能性的目的条款）。因此，在铁路法治领域涉及的相关实体法中离不开相关目的与原则的要求，否则就会有损法制的统一。

其二，铁路法益保护原则也是《中华人民共和国民事诉讼法》（以下简称《民事诉讼法》）、《行政诉讼法》和《中华人民共和国刑事诉讼法》（以下简称《刑事诉讼法》）的法益保护原则（或机能性的目的）在铁路法治程序领域的体现。也许有人会认为，我国三大诉讼法中没有法益保护原则。但是，我们认为，我国三大诉讼法中均存在保护法益的任务性规定或者目的性条款的规定（这些类似于机能性的目的、原则性的目的）。例如，我国《民事诉讼法》第 2 条明确规定："保护当事人行使诉讼权利，……保护当事人的合法权益，……维护社会秩序、经济秩序，保障社会主义建设事业顺利进行。"我国《行政诉讼法》第 1 条明确规定："为保证人民法院公正、及时审理行政案件，解决行政争议，保护公民、法人和其他组织的合法权益，监督行政机关依法行使职权，根据宪法，制定本法。"另外，我国《刑事诉讼法》第 1 条规定："为了……保障国家安全和社会公共安全，维护社会主义社会秩序，根据宪法，制定本法。"而且该法第 2 条明定刑事诉讼法的任务是"……维护社会主义法制，尊重和保障人权，保护公民的人身权利、财产权利、民主权利和其他权利，保障社会主义建设事业的顺利进行。"据此可见，否定程序法的法益保护目的或原则是不符合实际情况的。而在铁路法治领域的程序中离不开三大诉讼法的运用，由此必然要体现三大诉讼法中相关目的与原则的要求。

二、铁路法益保护原则的实现路径

实现铁路法益的保护，需要在法治运行的各个环节把关落实，才能更好地、充分地保护各种法益。

（一）立法环节

在铁路立法中，无论是铁路民商经济立法、铁路行政立法还是铁路刑事立法，或者无论是有关高速铁路、普速铁路的立法还是有关地铁的立法，都要依据宪法法律保护合法权益。特别是，为了强化对铁路安全权和自由权的保护，需要加强和完善铁路民商经济立法保护、铁路行政立法保护和铁路刑事立法保护。

加强和完善相关立法，保护铁路旅客及其相关人员的生命安全权、健康安全权、财产安全权。依法惩治在火车站或列车上出售过期的、变质的食品或食品中含有对身体有害物质的行为，依法惩治出售其他伪劣产品的行为以及其他危害铁路公共安全的侵权行为。其中包括依法打击破坏铁路安全的恐怖主义违法行为、在火车站或列车上违法携带危险物品或者其他违禁物品，违反铁路道口安全管理规定的以及其他危害铁路公共安全管理秩序的违法行为。而且要依法惩治破坏铁路安全的恐怖主义犯罪行为，在火车站或列车上出售有毒有害产品或者伪劣产品且情节严重的以及其他危害铁路公共安全的犯罪行为。

加强和完善相关立法，保护铁路旅客及其相关人员的自由权，其中主要包括人身自由（出行自由）、言论自由、通信自由等。铁路领域的乘车安检、人脸识别问题、霸座问题以及货物安检通关问题，涉及是否遵守铁路旅客运输合同、铁路货物运输合同的规定，涉及自由权的限制问题。其中情节严重而构成犯罪的，应当依法追究刑事责任。对于倒卖车票行为，侵害公平自由购票选择权以及正常购票秩序，构成犯罪的，也要依法追究刑事责任。

总之，立法保护是执法保护、司法保护和依法监督的前提与基础。铁路法应当在现有的基础上进一步确立铁路法益保护原则，进一步完善铁路立法。对此在相关章节将具体讨论。

（二）守法环节

在铁路守法方面，无论是铁路民事（领域的）守法、铁路行政（领域的）守法还是铁路刑事（领域的）守法，或者无论是铁路建设领域、铁路运输领域还是铁路监管领域的守法，或者无论是高速铁路上的守法、普速铁路上的守法还是地铁上的守法，都要求全民守法，遵守其守法的义务。

权利义务是相对而言的，相辅相成的。若无人履行义务，则何来享受权利？若无人依法执法、无人依法司法、无人依法监督，则如何达成执法保护、司法保护？据此，重视和加强铁路守法的宣传教育，也是加强铁路法益保护的重要途径。

（三）执法环节

在铁路执法方面，无论是铁路监管部门行政执法、铁路口岸海关行政执法、铁路公安行政执法还是地铁执法部门的行政执法，无论是铁路建设领域、铁路运输领域还是铁路监管领域的执法，无论是联合执法还是单独执法，都要依法办事、依法行政、依法执法。

其中，依法行使铁路执法权，包括依法行使监督管理权和行政处罚权。国家铁路局应当依法行使监督管理权和组织实施权等权力。地区铁路监督管理局（督察室）要依法监督管理铁路运输安全工作、铁路工程质量安全工作、铁路运输设备产品质量安全工作，依法监督有关铁路的法律法规规章制度和标准规范执行情况，依法负责铁路行政执法监察工作，依法受理相关举报与投诉，依法组织查处有关铁路的违法违规行为等。

另外，铁路口岸海关也要依法开展对铁路货物出入境监督管理、查验和放行等通关作业中的行政执法活动。铁路口岸海关要依法行使铁路执法权（铁路货运监管权和行政处罚权）。而且，铁路公安机关在有关铁路安全工作的行政执法活动中，也要依法行使铁路安全管理权和行政处罚权。

总之，铁路执法机关要依法行政，严格执法，承担和完成铁路执法保护的使命。执法保护环节是铁路法益保护的重中之重，是实现铁路法益保护的主要环节和途径之一。

（四）司法环节

在铁路司法方面，无论是铁路民事司法、铁路行政诉讼还是铁路刑事司法，或者无论是有关铁路建设、铁路运输还是有关铁路监管的司法，或者无论是有关高速铁路、普速铁路还是有关地铁的司法，都应当依法通过公正司法来保护法益。其中涉及适用民事法律的铁路民事司法活动、适用行政法律的铁路行政诉讼以及适用刑事法律的铁路刑事司法活动，如涉及倒卖车票案的刑事裁判活动。其中可能涉及究竟是否构成犯罪？罪与非罪的界限如何把握？究竟是一般违法行为还是犯罪行为？采用行政处罚还是刑事处罚？这些既涉及司法保护的问题，又涉及行政法律保护和刑事法律保护的问题。

司法保护环节也是铁路法益保护的重点环节，是实现铁路法益保护的主要途径之一。

（五）法律监督环节

在铁路法律监督方面，无论是铁路民事法律监督、铁路行政法律监督还是铁路刑事法律监督，或者无论是铁路建设领域、铁路运输领域还是铁路监管领域的法律监督，或者无论是有关高速铁路工作的法律监督、有关普速铁路工作的法律监督还是有关地铁工作的法律监督，都必须依法进行。

其中涉及依法对铁路民事案件、铁路行政案件和铁路刑事案件合法性的监督。其中涉及的公民监督，由公民依法通过批评建议、举报和控告等方式，监督有关铁路立法、铁路守法、铁路司法、铁路执法的活动。

这是铁路法益保护原则涉及环节最多的一个重要部分。这也是其中难点之所在。如此通过依法监督来保护法益，其实现法益保护的程度，取决于多种主客观的因素。一般认为，法律监督越有效，法律监督的法益保护作用就越大。

综上所述，依法治路原则和铁路法益保护原则是相互关联而又有所区别的两大基本原则。它们共同肩负着维护铁路法治系统中的秩序与公正的重大使命。

通常认为，在西方发达国家，铁路运输的发展历程已历经一个由兴盛到衰退、又从衰退到重新崛起的过程。其中 1825 年～1860 年是铁路开创期。为适应资本主义工业化的需要，这段时期全球有 25 个国家的铁路运营，共建成铁路 19.4 万公里。接着，1860 年～1920 年为铁路运输发展期（被称为铁路的"黄金时代"）。其中有 60 多个国家的铁路运营，共修建铁路 84 万公里。到 1920 年底，世界铁路总营业里程已达 127 万公里，工业发达国家铁路网已初具规模。然后，1920 年～1970 年是铁路走向成熟和衰退期。[1] 因公路、航空和管道等现代化运输方式相继兴起，铁路运输受到各方面竞争，故而其逐渐失去垄断地位。西方发达国家铁路运量普遍下降，运营普遍亏损。美、英、德、法、意等国大量封闭拆除铁路，不少国家不得不将铁路收归国有。二战后，苏联和第三世界国家铁路有所发展。在非洲和中东地区，以及其他正在进行工业化的发展中国家，铁路建设方兴未艾，这一时期又有 28 个国家新开辟了铁路运营。到 1970 年为止，全世界铁路的营业里程为 127.9 万公里。[2]

自 1970 年后，世界铁路获得振兴发展的机遇，铁路运输又开始在世界范围内重新崛起。铁路运输出现新变化，其主要集中于货运、客运等方面。在货运方面，除发挥中长途大宗物资运输优势，还有跨国甚至跨洲的大陆桥运输优势。[3] 在城际客运方面，高铁快速发展，从而使有轨交通方式速度快、容量大、时间准和事故少的优点充分发挥出来。另外，铁路还有运能大、污染小的优点。而且，

---

〔1〕 参见张长青、郑翔：《铁路法研究》，北京交通大学出版社 2012 年版，第 30 页。

〔2〕 参见张长青、郑翔：《铁路法研究》，北京交通大学出版社 2012 年版，第 30 页。

〔3〕 大陆桥（Land bridge），通常是指连接两个海洋之间的陆上通道，是横贯大陆的、以铁路为骨干的、避开海上绕道运输的便捷运输大通道。其主要功能是方便开展海陆联运，缩短运输里程。参见张建卫："新亚欧大陆桥运营管理及发展的研究"，载《铁道运输与经济》2014 年第 6 期，第 2 页。

现代科技为铁路重新崛起创造了条件。城市快速列车、重载单元列车和集装箱多式联运的发展，使铁路具有新的优势。因此，铁路得到快速发展，更多的运量由公路转向铁路，城市客运由公共电车、汽车转向有轨铁路运输。[1]

各国铁路客运发展的共同趋势是高速、大密度、扩编或采用双层客车。在货运方面，集中化、单元化和大宗货物运输重载化是各国铁路发展的共同趋势。但是，现代铁路列车的性能已趋于能源和维护费用的极限。旅客列车的速度受到安全的约束，货物列车的重量也已达到桥梁和线路的荷载极限。因为铁路的软件革命，改进管理与控制，可使铁路的技术设备发挥更高效能，从而使铁路取得新的发展。[2]

必须指出的是，铁路事业的发展，离不开铁路法制（治）的保障。铁路事业的发展史，其中也交织着铁路法制发展史。其中铁路法律制度建设，主要涉及的是立法问题，而铁路法治不仅涉及动态的法治，还涉及依法治国的方略和法律运行中法律至上的价值与追求问题。在不倡导和不实行法治的年代与国家，其铁路世界中只可能有铁路法律制度和人治而无铁路法治可言。以下拟按铁路民商经济法制（治）、铁路行政法制（治）和铁路刑事法制（治）类型范畴的分类来探讨，采取先国外而后国内的顺序。鉴于其中涉及铁路经济法的内容，与通常的民商法有所差异，又与行政法有所区别，但又不宜将其单独设置一种经济法治类型，[3]考虑到经济法领域的经济纠纷案件，有的采用民事诉讼或仲裁而非行政诉讼方式处理问题，因此本书将其纳入民商经济法制（治）领域。而对经济纠纷案件选择行政复议和行政诉讼处理问题的，则可将其纳入行政法制（治）领域来探讨。本章对这些研讨基本都是宏大叙事、只求宏观脉络的初步探索，所以对其中诸多的内容从略。

第一节　西方和苏俄铁路法制（治）的历史发展

以下从西方和苏俄铁路民商经济法制（治）、行政法制（治）和刑事法制（治）的历史发展等方面来进行初步的讨论。

---

〔1〕 参见张长青、郑翔：《铁路法研究》，北京交通大学出版社 2012 年版，第 31 页。

〔2〕 参见张长青、郑翔：《铁路法研究》，北京交通大学出版社 2012 年版，第 31~32 页。

〔3〕 我国学界对于应否独立设置经济诉讼的类型存在激烈的争论。参见颜运秋："经济诉讼理论的经济法思维"，载《山东警察学院学报》2006 年第 4 期，第 41 页。

一、西方和苏俄铁路民商经济法制（治）的历史发展

通常认为，西方发达国家的法律大致分属大陆法系或者英美法系。而苏联和俄罗斯的法律，与大陆法系的法律虽然接近但仍有诸多不同。因此，这里拟从大陆法系、英美法系和苏俄法律等三部分来探讨。

（一）大陆法系的情况

下文着重对德国、法国和日本等代表性国家的情况加以初步讨论。

1. 德国铁路民商经济法制（治）的发展历史。德国第一条铁路是 1835 年通车的纽伦堡至菲尔特铁路。[1] 而其第一部铁路法是 1838 年《普鲁士铁路运输企业法》，其中规定了有关铁路运输及其责任的内容，包括"铁路公司所运输的人及物，或因转运之事故对别的人及物造成损害，应负赔偿责任。容易致人损害的企业虽企业主无过失，亦不得以无过失为由免除赔偿责任"。[2] 后来，1949 年通过的《联邦德国基本法》以宪法条文形式，对有关铁路建设和经营的立法权和所有权等问题作出规定，并在 1993 年对其进行部分修正。同年还通过《联邦铁路通法》（BGBI）等。[3]

在 20 世纪初，德国铁路网已基本形成。二战后其路网规模大为缩小。1964 年德国铁路部门提出铁路网扩建改造计划，对既有线进行为期多年的现代化改造。1971 年汉诺威至维尔茨堡高速铁路的开工建设，由此拉开德国高铁建设的序幕。[4] 德国 1979 年试制成第一辆 ICE（Inter City Express）机车；1982 年德国高速铁路计划开始实施；1985 年首次试车，以时速 317 公里打破德国铁路 150 年来的记录，1988 年创造时速 406.9 公里的记录。然而，德国实用性的高铁直到 20 世纪 90 年代初才开始修建，1991 年曼海姆至斯图加特线建成通车；1992 年汉诺威至维尔茨堡线建成通车，1992 年德国铁路以 29 亿马克购买 60 列 ICE 列车。其中 41 列运行于第六号高速铁路，分别连接汉堡、法兰克福和斯图加特，运行时速 280 公里。后来，德国泛欧高铁和第三期高铁陆续建成，实现了高铁国际直

---

[1] 参见吴建藩："德国铁路的发展"，载《德国研究》1995 年第 2 期，第 21 页。

[2] 参见姜伟、朱秋菱："关于铁路运输人身损害赔偿纠纷案件中几个问题的思考"，载《法律适用》2010 年第 4 期，第 31 页。

[3] 参见何璧主编：《铁路改革立法规范》，中国铁道出版社 1999 年版，第 65～67、69 页。

[4] 参见"德国铁路"，载 http://www.nra.gov.cn/xwzx/zlzx/gwgk/202105/t20210517_185690.shtml，最后访问日期：2021 年 8 月 10 日。

通运输。[1] 1994 年，原西德联邦铁路与东德国营铁路合并，成立德国铁路股份公司，并通过"Netz 21"（21 世纪路网发展规划）的基本方案，对基础设施和通信信号设备进行改造升级。[2]

需要指出，德国综合运输体系发达，但各种运输方式承担的运量不够合理。公路运输超负荷，而铁路、水运优势尚未充分发挥。为了发挥铁路和水运的优势，保护生态环境，德国采用了一系列措施引导公路运量向铁路和水运转移。其中在 1992 年~2012 年国家运输规划中对铁路和水运的投资占 54%，首次超过对公路的投资；采用宣传、调节税费的方法，引导人们更多地选择铁路和水运；提高汽车环保水平和安全性能，限制载重汽车重量；在全国建立若干货物配载中心并网络化，对长途载重汽车实行配额控制；在人口密集城市对私人汽车采取限线路和征收高额停车费的现实办法等。[3]

而且，根据 2006 年德国铁路法修正案的规定，应保障列车运营公司平等使用德国铁路网的基础设施，其为私有铁路运营商提供了诸多的法律依据。根据该修正案，任何曾经在德国参与合作的铁路运营商和任何提供铁路服务的公司，都有权使用德国铁路，其基础设施、独立的地方和地区性客运网除外。该修正案同样适用于国际性铁路团体，即建立在不同欧盟成员国的至少两个不同铁路运营公司，其商业行为包括成员国之间的国际铁路运输服务。尽管如此，曾作为德铁运营垄断者的德国铁路公司（DB）仍占主导地位。据统计，当时私人公司只占德国铁路运输 10%左右的份额。[4] 目前，私人公司占德国铁路运输份额有所增加。据德国电视台 NTV 新闻 2021 年 3 月 19 日报道，DB Cargo 控制着德国大约一半的铁路货运量。但是铁路货运市场份额从 2019 年的 19%下降到 2020 年的 17.5%。[5]

另外，德国曾经为推进铁路改革，由国会与政府通过了一系列有关铁路改革

---

[1] 参见顿小红："从世界高速铁路发展看我国高速铁路建设"，载《现代商贸工业》2007 年 6 期，第 22~23 页。

[2] 参见"德国铁路"，载 http://www.nra.gov.cn/xwzx/zlzx/gwgk/202105/t20210517_185690.shtml，最后访问日期：2021 年 8 月 10 日。

[3] 参见张长青、郑翔：《铁路法研究》，北京交通大学出版社 2012 年版，第 37 页。

[4] 参见《中国铁路》2006 年第 9 期资讯。转引自张长青、郑翔：《铁路法研究》，北京交通大学出版社 2012 年版，第 38 页。

[5] 参见"德国铁路运输占货运市场份额下降"，载 http://de.mofcom.gov.cn/article/jmxw/202104/20210403050497.shtml，最后访问日期：2021 年 10 月 2 日。

的法律，其中包括修改《联邦德国基本法》[1]和制定《铁路新秩序法》（1994年）。《铁路新秩序法》是实现铁路改革所需一系列法律的总称。其中主要包括《联邦铁路合并与重组法》《德国铁路股份公司组建法》《联邦对铁路交通运输管制法》《联邦铁路线路扩建法》《短途客运地方化法》《乡镇公共交通筹资法》等。[2]它们的颁行不仅为铁路改革规定了目标、任务和实施步骤，也为铁路重组、政企分开、建设投资的财政保障、线路维修的财政来源、旧债务的处理、公务员与退休人员的管理和医疗保障、铁路管理机构与政府管制及铁路公司的权限等一系列问题作了原则规定，为铁路改革奠定了坚实的法律基础。[3]

还要指出的是，前述铁路法除了铁路民商经济法制内容，还会涉及铁路行政法制内容，甚至涉及刑事法制内容。而对于铁路民商经济法治还可能涉及守法、司法、裁判的执行和法律监督等内容。对此有待将来补充研讨，此处从略。

2. 法国铁路民商经济法制（治）的发展历史。1826年10月，法国建成第一条铁路（圣埃蒂安—安泰基矿山铁路）。[4]法国第一条主干线巴黎至乐佩克铁路于1837年开通。[5]而且，法国是世界上继日本之后第二个拥有高铁的国家，1976年第一条高铁TGV东南线（巴黎—里昂）开工建设并于1981年开通运营。法国政府对高速铁路的支持政策，促进了其高铁的快速发展。[6]1982年法国政府颁布的《法国国内运输方针法》（LOTI）规定，法国铁路公司是一家"大型国有工商企业，目的是遵循公用事业原则，经营、治理和发展法国国家铁路网"，实行集中管理体制。国家与法铁公司通过计划合同界定政府和企业的关系，由于法国铁路长期实行政企合一管理体制，因而存在各种矛盾，使铁路经营陷入困境。[7]

---

〔1〕 参见何璧主编：《铁路改革立法规范》，中国铁道出版社1999年版，第65~67页。

〔2〕 参见郑国华等："国外以立法促进铁路改革的经验与启示"，载《中国铁路》2001年第11期，第45页。

〔3〕 参见谭克虎、彭光良："国外铁路管制改革及其启示"，载《当代财经》2006年第1期，第30页。

〔4〕 中国铁道科学研究院科学技术信息研究所："法国铁路"，载http://www.nra.gov.cn/xwzx/zlzx/jytddt/201309/t20130917_2576.shtml，最后访问日期：2021年10月2日。也有人认为，法国第一条铁路是在1832年开始修建的。参见孙有才："法国铁路管理体制对河北城际铁路建设与管理的启示"，载《科技与创新》2015年第6期，第4页。

〔5〕 参见［英］克里斯蒂安·沃尔玛尔：《铁路改变世界》，刘姞译，上海人民出版社2019年版，第17页。

〔6〕 参见张超、谭克虎："法国政府对高速铁路支持政策研究及启示"，载《铁道经济研究》2014年第4期，第36页。

〔7〕 参见郑国华等："国外以立法促进铁路改革的经验与启示"，载《中国铁路》2001年第11期，第45~46页。

运营公司（SNCF）背负了大量的历史债务，到 1997 年其债务总额已接近 2000 亿法郎，公司运营困难。此时 SNCF 已无力承担高额的高铁建设费用。[1]

1997 年颁布《改革铁路运输业的政令》，对法国铁路的管理体制实行重大改革。其中主要通过组建路网公司，使法铁公司原承担的国家铁路网建设责任分离出来，公司承担的职能相应调整为主要承担客货运输经营责任。通过修改《法国国内运输方针法》，进一步明确政府与法铁公司各自职能。以立法方式推进和保障铁路改革的进行。[2] 法国高铁的建运机制是典型的"建运分离"模式，即高铁的建设与运营分属 2 个不同法人，建设法人和运营法人之间是契约关系。同时，运营公司（SNCF）还负责高铁的维护工作。而且，根据相关法令的规定，法国高铁的融资方式，主要有完全自筹、SNCF 发行的债券与贷款，以及政府公共补贴加自筹等方式。[3] 在高铁发展过程中，法国高铁资金来源不断发生变化。

以 1997 年的法国铁路改革为界，可将其融资模式划分为两个阶段。1997 年前，法国高铁资金来源以 SNCF 为主，筹资渠道相对较少；1997 年后，法国高铁建设资金来源以政府为主，筹资渠道呈多元化趋势。[4] 到 2007 年，法国已形成 5 大干线辐射网络。[5] 后来，2018 年又进行铁路改革。[6] 马克龙表示，这次改革是一次深刻的转变，意味着法国的铁路系统将进入新的篇章，国铁将拥有一切能够成功的王牌，它一直都很清楚如何才能获胜，在过去的 80 年里，它也知道如何应对挑战。[7]

另外，其中对于法国铁路民商经济法治也会涉及守法、司法、裁判的执行和法律监督等内容。对此也有待将来补充研讨，此处从略。

［1］ 参见张超、谭克虎："法国政府对高速铁路支持政策研究及启示"，载《铁道经济研究》2014 年第 4 期，第 39 页。

［2］ 参见郑国华等："国外以立法促进铁路改革的经验与启示"，载《中国铁路》2001 年第 11 期，第 46 页。

［3］ 参见孙有才："法国铁路管理体制对河北城际铁路建设与管理的启示"，载《科技与创新》2015 年第 6 期，第 5 页。

［4］ 参见张超、谭克虎："法国政府对高速铁路支持政策研究及启示"，载《铁道经济研究》2014 年第 4 期，第 38 页。

［5］ 参见孙有才："法国铁路管理体制对河北城际铁路建设与管理的启示"，载《科技与创新》2015 年第 6 期，第 4 页。

［6］ 参见龚鸣："法国铁路改革之路不平坦"，载《人民日报》2018 年 4 月 27 日，第 22 版。

［7］ 参见汤鑫编译："千呼万唤始出来 法国正式颁布铁路改革法案"，载 https://world.huanqiu.com/article/qCaKrnKqVkd，最后访问日期：2021 年 10 月 2 日。

　　3. 日本铁路民商经济法制（治）的发展历史。日本第一条铁路是 1872 年 10 月通车的东京新桥至横滨樱木町铁路。[1] 有学者认为，在不同的经济发展时期，日本铁路发展一直强调立法先行。[2] 而我们认为，其立法先行应是指日本推行法治之后的事。[3] 因为日本铁路史上第一部法律是 1892 年公布的《铁路铺设法》，而这是发生在其首条铁路通车 20 年后的故事。这部法律是当时铁路国有化方针的法律化。1900 年，政府还颁布《私设铁路法》和《铁路营业法》，由此扩大政府监督的范围。1906 年日俄战争之时，因军事需求和经济不景气，运量减少，经营不稳定和股价低迷，私有铁路在客观上也要求政府扶持。因此日本出台《铁路国有法》。[4] 在 1906 年至 1907 年间，日本 17 家私营铁路被国有化，除一些市郊线路外，所有日本铁路都实行国有化。因收购私营铁路，多数是短距离，一般限于地方运输，而《私设铁路法》是针对"官私并行"或"私主官从"时代的遗留问题，为建设干线铁路而制定的。对私铁来说，因企业家资格、线路结构、运输运转上的规定过于严格，妨碍其发展。政府根据当时的政策（确立铁路国有，允许给私设铁路一定的条件），于 1910 年公布了《轻便铁路法》，从而开始鼓励民间资本兴建铁路的时代（1910 年~1914 年）。[5]

　　后来，1922 年《铁路铺设法》被全面修正，主要在于促进地方线路的建设和干线铁路的改良，推动铁路网的建设。1948 年日本第三次国会通过了《国有铁路法》。国有铁路财政受政府的严格监督，其业务执行情况在运输大臣的监督之下。因私有铁路在运费等费用方面实施公平合理的决定，因此根据 1949 年制定的《运输省设置法》，设置了运输审议会。这是参考美国州际交通委员会设置的。在美国它是行使委员会，而在日本却是运输大臣的咨询机构，因此它有一定的局限性。[6]

　　日本国土面积不大，人口密度高，资源相对匮乏。"二战"以后，随着其经济发展，客观需要一种速度快、能力大和节约资源的运输工具来满足日益增长的

---

　　[1]　参见［英］克里斯蒂安·沃尔玛尔：《铁路改变世界》，刘媺译，上海人民出版社 2019 年版，第 155 页。

　　[2]　参见张长青、郑翔：《铁路法研究》，北京交通大学出版社 2012 年版，第 53 页。

　　[3]　有人指出，以 1889 年《明治宪法》的颁布为标志，日本法律已完成从封建法律向资产阶级法律的变革，以司法独立为契机，日本迅速完成了法制现代化转型。参见王雅琴："法曹三者：日本法治的三大支柱"，载《学习时报》2014 年 11 月 10 日，第 A2 版。

　　[4]　参见张长青、郑翔：《铁路法研究》，北京交通大学出版社 2012 年版，第 54 页。

　　[5]　参见张长青、郑翔：《铁路法研究》，北京交通大学出版社 2012 年版，第 54 页。

　　[6]　参见张长青、郑翔：《铁路法研究》，北京交通大学出版社 2012 年版，第 54 页。

运输需求，因此日本选择了建设高速铁路。1964 年 7 月，日本建成并开通世界第一条高速铁路（东京至大阪的高铁），最高时速达 210 公里；[1] 为保障新干线正常运行，同年 6 月颁行《关于妨碍新干线铁路列车运行安全行为的处分特例法》；1969 年还制定了《国有铁路财政再建特别措施法》。

而且，1970 年立法机关又制定了《全国新干线铁路整备法》。东海道新干线东京至大阪及其延长线山阳新干线大阪至博多间，是根据日本《国有铁路法》决定的重要工程，由运输大臣批准建设的。后来的新干线是根据《全国新干线铁路整备法》修建的。新干线的建设资金主要来自国铁贷款，部分来自国家融资和利息补贴。法律规定新干线建设，由国家决定新干线的起点、终点和行使方式、装备计划、建设费用、设计最高时速等，向建设主体发布建设指示，建设主体经与运营主体协商，制定施工实施计划和方法，经运输大臣批准后方可施工。日本国铁民营化后，仍由国家和地方政府按 2:1 比例负担新干线的建设资金。新干线设施由国家（日本铁路建设公团）所有，日本铁路公司集团各公司租赁经营，租赁收入作为下一条新干线建设的资金使用。[2]

1977 年立法机关修正《运价法》，运价从原来法定转为运输大臣认可制。但是国铁经营再建计划并未达到预期目标。于是，政府于 1979 年 12 月在内阁会议上讨论了国铁再建方针，并于 1980 年 12 月颁布《国有铁路再建促进特别措施法》。该法要求实施和制定经营改善计划，废止地方交通线，明确政府的援助措施。[3]

之后，为保障国有铁路改革的顺利进行，1986 年日本同时颁行《国有铁路改革法》《铁路企业法》《铁路清算事业团法》《客运铁路股份公司和货运铁路股份公司组建法》《新干线铁路保有机构法》《新干线铁路设施转让法》《鼓励日本国铁职员退职及促进国铁清算事业团职员再就业的特别措施法》等相关法律，其中将国铁企业重组方案、关联各方的权责利界定、改革成本及遗留问题的解决等一系列重大决策，直接用法律形式加以规范。其中《国有铁路改革法》是日本铁路民营化改革的基本规范。[4] 这些法律的基本内容包括：其一，重组日本铁

---

[1] 参见卢存岳："世界各国竞相发展高速铁路"，载《瞭望》1994 年第 26 期，第 49 页。
[2] 参见张长青、郑翔：《铁路法研究》，北京交通大学出版社 2012 年版，第 54 页。
[3] 参见张长青、郑翔：《铁路法研究》，北京交通大学出版社 2012 年版，第 55 页。
[4] 参见张长青、郑翔：《铁路法研究》，北京交通大学出版社 2012 年版，第 55 页。

路，将国铁一分为七。[1]其二，政府给予政策扶持。其三，成立评审委员会，负责对铁路改革问题的评价和审查。其四，大力改造铁路设施，在改造费用方面实行多方负担的原则。其五，鼓励新公司开展多种经营，并且在税收、用地、人员安置等方面给予大力支持。其六，在运价方面，废止原《运价法》，实行新的运价体制。[2]

另外，日本的企业法律制度规定股份公司法人（即株式会社）和公共法人。前者是完全商业化经营的，以追逐利润最大化为唯一目标，适用于商法；后者大多要承担一些公益性职能，政府目标的影响较大，适用于特殊法。日本国铁重组前属于公共法人，适用于特殊法；而私营铁路则适用于商法。国铁民营化之后，将原来适用于国铁的《国有铁路法》和适用于私营铁路的《地方铁路法》废止，新颁行《铁路事业法》，重新规定了三种类型的铁路企业，即上下一体经营管理的、单纯从事运输活动的、单纯从事基础设施经营管理的。政府对所有类型的铁路企业实行统一法制、统一政策和统一监管，从法律制度上完成了日本国铁从公共法人向股份公司的根本性转变。[3]

还有，为了进一步推进铁路建设，日本政府实施多种补助制度。例如，1986年开始建立特定城市铁路建设基金制度。除国家的财政支出外，1991年还设立了特殊法人铁路建设基金。此外日本开发银行制定了无息贷款制度等，对旅客车站设施建设给予支援。[4]

还要指出的是，国铁时代根据《铁路铺设法》，新线由国铁及日本铁路建设公团建设，完工后由国铁公司运营。新线建设的款项由国家融资或补贴利息，或

---

〔1〕　其中组建 JR 铁路集团，按地域分为 6 家客运公司，并成立了 1 家全国统一运行、向客运公司租借线路的货运公司。这些新公司最初是国家全额出资的特殊公司，但被要求尽早出售股份，向纯粹的民营公司转化。改革赋予铁路公司独立的经营自主权，使新公司直接面对市场自主经营、自负盈亏，增强了公司领导的责任感，取得了良好的经营效果。《国有铁路改革法》废除原有法律，新成立的 JR 铁路集团 7 家公司和其他铁路企业一同受《铁路事业法》制约，《铁路事业法》内容与原《地方铁路法》相似。民营化后，JR 集团公司与日本普通企业一样，确立以利润最大化为原则的市场主体地位，对外投资从严格限定在与运输业务相关的领域转变为无任何限制，经营业务只需按规定获得执照即可准入。因铁路建设和运营的安全问题对社会影响极大，国家对铁路安全检查监督在民营化前后都发挥重要作用。参见张长青、郑翔：《铁路法研究》，北京交通大学出版社 2012 年版，第 55 页。

〔2〕　原《运价法》更多地强调了铁路的公益性，而新的运价体制则比较适应铁路企业经营的特点，强调铁路的企业性。通过调整运价，铁路公司收益比改革前大大增加，同时还赋予铁路公司可根据市场需要降低运价以吸引旅客的权限。参见张长青、郑翔：《铁路法研究》，北京交通大学出版社 2012 年版，第 56 页。

〔3〕　参见张长青、郑翔：《铁路法研究》，北京交通大学出版社 2012 年版，第 56 页。

〔4〕　参见张长青、郑翔：《铁路法研究》，北京交通大学出版社 2012 年版，第 57 页。

投入补助金，但大部分依靠贷款；民营化后废除了《铁路铺设法》，国家对新线建设不再干预，各铁路公司根据自己的需要决策，但实际上日本铁路主干网络已形成，新线建设基本没有进行。国铁时代的既有线改造由国家投入补助金，但基本也由国家贷款形成。实现民营化后，对于JR集团实现高速化、与新干线直通运行和车辆现代化等提高竞争力的投资，以及地铁、大城市近郊铁路和地方中小民营铁路的建设投资，运输省和地方政府都给予财政支持，提供同等补助或无息贷款，以减轻各铁路公司的经营负担。[1]

总之，通常认为，日本铁路法律法规体系（表4-1）包括两部分：由国会通过的法律、由运输省（2001年后改为国土交通省）通过的省令。日本自1900年颁布《铁路营业法》以来，已有40多部铁路法律、300多件省令和施行细则，因此已构成了比较完备的铁路法体系。其中在铁路建设方面，有《全国新干线铁路整备法》《城市铁路整备促进特别对策法》《新干线铁路设施转让法》《铁路铺设法》等；在铁路改革方面，有《国有铁路改革法》及一系列配套法律；在企业行为规范方面，有《铁路企业法》《运输设施整备事业团法》《客运铁路股份公司和货运铁路股份公司组建法》《铁路建设公团法》等。[2]日本铁路省令属于行政法规。其中省令涵盖了铁路行业监管的主要内容，包括《铁路运输规程》《铁路事业监察规则》《铁路事故报告规则》《关于确保行车安全的省令》等。铁路设施设备技术标准，也由省令规定，而且过去一直规定得很细，如对车辆检修周期有具体的时间规定。但2003年以后情况有所改变，政府只规定安全质量要求，具体指标（称实施基准）由企业确定。[3]

表4-1 日本铁路法基本体系[4]

分类	法律	省令
改革法	《国有铁路改革法》	《国有铁路改革法实施细则》
企业法	《铁路营业法》	
	《铁路企业法》	

---

[1] 参见张长青、郑翔：《铁路法研究》，北京交通大学出版社2012年版，第57页。

[2] 参见张长青、郑翔：《铁路法研究》，北京交通大学出版社2012年版，第52页。

[3] 参见中国铁路法律制度框架考察团："日本和加拿大铁路法律制度建设"，载《中国铁路》2006年第5期，第54~57页。

[4] 参见张长青、郑翔：《铁路法研究》，北京交通大学出版社2012年版，第53页。

分类	法律	省令
企业法	《客运铁路股份公司和货运铁路股份公司相关法律》	
	《运输设施整备事业团法》	
	《关于处理日本国铁清算事业团债务等法律》	
	《铁路建设公团法》	
	《国有铁路法》	
	《地方铁路法》	
运输合同法		《铁路运输规程》
行业管理法	《关于妨碍新干线铁路列车运行安全行为的处分特例法》	《关于调整经营稳定基金的经营管理方式方面的省令》
铁路建设法	《全国新干线铁路整备法》	《铁路事业监察规则》
	《城市铁路整备促进特别对策法》	《铁路事故报告规则》
	《新干线铁路设施转让法》	《关于确保行车安全的省令》
	《铁路铺设法》	
劳动法	《鼓励日本国铁职员退职及促进国铁清算事业团职员再就业的特别措施法》	

另外，关于其中日本铁路民商经济法治，涉及铁路守法、司法、裁判的执行、法律监督等内容。对此有待将来补充，此处亦从略。

（二）英美法系的情况

1. 英国铁路民商经济法制（治）的发展历史。英国是世界上第一条铁路的诞生地。1825 年 9 月 27 日，英国第一条铁路（斯托克顿至达林顿铁路）通车。在铁路发展初期，英国铁路通常是由众多的私人小企业建设和经营的。从 19 世纪 50 年代起，英国铁路得到迅速发展，到 1890 年已形成总长 3.2 万公里的全国性路网。早在 1842 年，英国就已经通过《铁路管制法》，后经过 1868 年、1871 年、1889 年等多次修订。[1] 还有 1844 年《铁路法》，旨在遏制 19 世纪 40 年代

---

〔1〕　参见何璧主编：《铁路改革立法规范》，中国铁道出版社 1999 年版，第 237 页。

铁路私人建设的无序状态，并试图在一定年限后将铁路收归国有。[1]第一条地铁于1863年也在伦敦建成。[2]1905年又颁布《铁路火灾法》[3]，其中涉及铁路安全和责任的规定。后来，1921年英国颁布了《运输法》，要求众多独立的小企业合并。[4]1948年对铁路实行国有化改造，建立英国国有铁路公司（BR），内部实行5个地区局（东区、中区、苏格兰区、南区和西区）为主的管理体制。英国国有铁路建立时，拥有2万英里营业里程，65万职工。1974年颁布的《铁路法》规定铁路客运作为普遍服务义务，亏损由政府补贴来维持。因铁路在运输市场中的份额越来越少，亏损日益加大，到实施"网运分离"（即组建国铁路网公司和若干客运公司、货运公司，实行分类管理[5]）之前的1992年，当年亏损达1.64亿英镑。[6]

但是，1992年《铁路的新机遇》白皮书[7]提出可通过设置一种权责互补的双重管制体系，以实现对铁路部门的管制。英国政府决定对铁路垄断行业进行私有化改革。1993年《铁路法》（Railways Act 1993）的通过标志着私有化改革的开始。该法长达近250页，有150多节和11个图表。其主要条款包括如下六方面：其一，明确铁路货运和行包运输由私营企业经营。其二，为使私营企业顺利进入铁路运输领域，政府在财政税收等方面实行优惠政策，并进行铁路体制改革，将其划分为线路和运营两部分。其三，明确线路公司由政府经营，负责制定运行时刻表，投资和维护运转信号系统，协调运行中的问题。[8]其四，建立运

〔1〕 参见刘佳："试析英国《1844年铁路法案》的背景及其影响"，首都师范大学2009年硕士学位论文，第7~8页。

〔2〕 参见[英]克里斯蒂安·沃尔玛尔：《铁路改变世界》，刘媺译，上海人民出版社2019年版，第139页。

〔3〕 参见何璧主编：《铁路改革立法规范》，中国铁道出版社1999年版，第275页。

〔4〕 参见中国铁路财会改革赴英考察团："英国铁路管理体制改革"，载《铁道经济研究》1994年第2期，第37页。

〔5〕 "网运分离"模式是指把具有自然垄断性的国家铁路网基础设施与具有市场竞争性的铁路客货运输分离，组建国家铁路路网公司和若干个客运公司、货运公司，实行分类管理。

〔6〕 参见张长青、郑翔：《铁路法研究》，北京交通大学出版社2012年版，第39页。

〔7〕 "White Paper: New Opportunities for the Railway"，载 https://www. railwaysarchive. co. uk/documents/DoT WP001. pdf, 1992. 最后访问日期：2012年6月30日。

〔8〕 其中线路公司收入主要来自两方面：一是专营旅客运输业的经营者缴纳的线路使用费，其标准根据旅客列车公里边际成本加其他合理费用构成，因此各公司可能标准不一；二是通过出租线路给出价高的铁路运营者，从而获得租赁收入。这些收入主要用于投资和维护线路支出，不足部分由政府补贴，但政府要求公司改善经营，以逐步减少政府对线路公司的财政投入，使线路公司自我发展。参见张长青、郑翔：《铁路法研究》，北京交通大学出版社2012年版，第39页。

输市场新秩序。根据法律规定，所有私营企业，包括外国企业，如果愿意从事运输生产活动，都可向政府提出申请，经批准后，即可与线路公司签订租赁线路运营的合约。其五，确立政府与铁路企业的新型关系。其六，建立铁路监管办公室（Office of Rail Regulator，ORR）和铁路客运特许办公室（Office of Passenger Rail Franchising，OPRF），行使各种法定权利和职责。[1]

依据国有铁路私有化改革方案的有关规定，1994 年拥有线路和相关基础设施的 Rantrack 公司，与原英国国有铁路公司（British Rail）实行分离，同时英国国有铁路公司重组其运营业务，并依据地理区域和服务范围，将其客货等多项业务分解为 100 个左右的独立企业，以便日后出售或采用竞标方式运营。[2] 1996 年 Railtrack 公司股票上市，同年移动设备租赁公司及轨道更新与基础设施维护公司也相继被出售。1997 年全部客运竞标运营。至此英国国有铁路私有化改革方案基本完成，铁路私有化运营全面展开。[3]

在实行私有化和网运分离改革后，英国原国有铁路公司形成 25 个拥有客运合同的运营公司、3 个移动设备租赁公司、1 个路网公司、4 个主要货运公司。因路网公司的特殊作用和地位，线路质量提升、线路安全保障等直接受政府管制，政府为此成立铁路管制办公室作为管制机构之一，负责颁发网络经营许可证，核准线路使用权，监督路网公司投资水平和财产处置行为，评估列车运行线路质量和绩效，监督路网公司及时维修和更新基础设施，确保网络整体功能的发挥。政府还成立铁路客运特许办公室，主要负责审批客运特许经营权，确定政府对每一客运公司的补贴，制定列车装备要求和客运服务水准。[4]

英国铁路改革后，各公司真正成了"无上级"的自主经营公司。为保证各公司沿着正确轨道运行，英国制定了严格的行业监管制度，但是英国铁路改革仍然存在不足。其路网的运行机制不如以前灵活，特别是遇到严重事故或线路大修要绕道行驶时，因涉及客运公司和轨道公司、机辆租赁公司及总监的关系，协调非常困难。英国铁路当时每天处理 3 万多份的经济合同纠纷。此外，其中对基础

---

〔1〕　参见张长青、郑翔：《铁路法研究》，北京交通大学出版社 2012 年版，第 39~40 页。

〔2〕　有观点认为，1993 年英国政府颁布铁路改革法令，将英国铁路分割为 120 家私人公司，主要有轨道公司、25 家本地客运公司、1 家国际客运公司、4 家本地货运服务公司、1 家国际列车营运公司、2 家邮包运送公司、3 家铁路车辆出租公司、13 家基建维修保养及轨道翻新公司、7 家铁路车辆维修保养公司、50 多家支援及服务公司。参见南昌铁路局考察团："英、法铁路改革考察"，载《中国铁路》1999 年第 8 期，第 39 页。

〔3〕　参见张长青、郑翔：《铁路法研究》，北京交通大学出版社 2012 年版，第 40 页。

〔4〕　参见张长青、郑翔：《铁路法研究》，北京交通大学出版社 2012 年版，第 40 页。

设施的投资和改进的动力不足，渠道似有不畅，从添乘机车看，英国铁路线路状况不如法铁。正点率也有问题。[1]

需要指出，2001年初，Railtrack公司累计负债已达33亿英镑，同年10月宣布破产并被政府接管，其股票交易也随即被停牌。随后接管英国路网资源的公司是Network Rail公司。该公司成立于2002年3月，是一个私有有限责任公司。2002年10月，该公司接管了英国的铁路基础设施，被政府要求提高铁路运输效率以及安全性和可靠性。[2]但是，后来为加强政府对铁路行业的宏观管理，2002年英国政府正式成立铁路战略管理局（Strategic Rail Authority，SRA），其全面接管铁路客运特许办公室（OPRF）的职能，而且兼并铁路监管办公室（ORR）的部分职能。该管理局负责铁路客运特许经营权的发放、规划铁路发展战略、发放政府补贴等工作。该管理局内部设客运特许管理部、货运部等10个部门。铁路战略管理局与铁路管制办公室之间应是一种相互协调的关系，它们具有相同的法定目标和不同的权利。[3]该管理局成立以来，在强化对铁路安全监管、减少客运公司数量和延长特许经营期限等方面做了大量工作。然而，因该机构属性仍不明，不属于政府机构而行使部分政府职能，在协调管理铁路行业全局工作方面仍有很大困难。因此，英国决定将其撤销，在运输部设立铁路集团（Rail Group）以进一步加强政府对铁路的管理。

还要指出的是，2005年修改的《铁路法》的主要条款，就包括正式撤销铁路战略管理局，合并经济和安全管制的职能，成立铁路监管办公室，将安全职能从健康和安全委员会（Health & Safety Executive，HSE）移交给铁路监管办公室。[4]英国运输部设立铁路集团（Rail Group），并且在铁路集团下设6个部门：铁路计划处、铁路货运服务处、铁路战略和财务处、铁路技术和业务处、客户和股东关系部、采购部。与铁路战略管理局不同，铁路集团更类似于前英国铁路公

---

〔1〕 参见南昌铁路局考察团："英、法铁路改革考察"，载《中国铁路》1999年第8期，第42页。

〔2〕 参见沈培钧、甄小燕："英国铁路的改革与可持续发展——英国运输部铁路事务部部长汤姆·哈瑞斯先生访谈录"，载《综合运输》2008年第8期，第73~75页。

〔3〕 根据两者签署的合作协定，两部门承诺合作事宜：①力争尽早使路网公司摆脱行政管理；②在SRA为英国铁路开发一个独特、清晰的商业规划框架方面进行合作；③为追求及时、信息充分的决策而共享信息和分析结果；④激励铁路运营公司与路网公司联盟；⑤力求使两者职责分明、确认各自及互补的权限、法定义务和管制权责的重叠与竞争；⑥为投资规划提供必要的稳定条件。参见张长青、郑翔：《铁路法研究》，北京交通大学出版社2012年版，第40~41页。

〔4〕 参见李丹明等："英国铁路改革新动向"，载《中国铁路》2005年第8期，第36页；另见何恒攀等译：《英国铁路法（2005）》，中国人民公安大学出版社2017年版，第2~3页。

司（British Rail），从而拥有更广泛的权限。它主要负责日常的决策、特许权批准和制定长期战略规划，并与政府其他运输部门合作，保证国家整体运输政策的执行。[1] 英国政府对铁路的政策因此也从"完全的私有化"向加强政府监管、加强对铁路支持力度方向转变。[2]

总之，从上述可见其中铁路民商经济制度变革和法律实施的大致历程，既涉及民商经济法治内容，又有行政法治内容。而涉及的铁路守法、司法、裁判的执行和法律监督等内容，有待以后补充探讨。

2. 美国铁路民商经济法制（治）的发展历史。美国是世界上铁路最发达的国家之一。1830 年 5 月 24 日，美国第一条铁路（巴尔的摩至俄亥俄的铁路）通车，[3] 因此，美国铁路至今已有 190 多年的发展历程。而早在 1850 年美国已通过《赠与铁路土地法》，1862 年又颁布《太平洋铁路法》。一般认为，美国铁路历经发展—衰退—复兴三阶段。美国铁路的高速发展，得益于国家通过各种优惠政策鼓励私人修建铁路。1887 年 2 月之前，美国铁路是自由定价的，因利益驱动大批资本涌向铁路领域。美国铁路一直是私有私营，但也获得联邦政府、州政府的许多支持。而且，19 世纪后期美国铁路获得大发展。[4] 自 1971 年起，美国铁路公司实行客货分营，铁路公司大致分为客运铁路公司和货运铁路公司两大类。国家铁路客运公司（AMTRAK）是美国唯一的城际客运铁路公司。AMTRAK 为国有公司，它成立于 1970 年，于 1971 年 5 月 1 日正式运营。货运铁路公司绝大部分为私人所有，是美国铁路运输的主力军。美国地面运输委员会按年营业收入的高低，把货运铁路公司分为三类：Ⅰ 级铁路[5]、Ⅱ 级铁路（也称地区铁路）[6] 和Ⅲ级铁路[7]。据有关统计，2007 年美国有 7 家Ⅰ级铁路

---

[1]　铁路集团的主要职能为：①制定铁路长期发展规划和战略；②调整国家铁路产业战略；③管理铁路客运特许权；④推动路网公司 NR 和列车运营公司提高绩效、控制成本；⑤与完全垂直一体化公司合作；⑥与外部股东和铁路使用者合作；⑦确保整个铁路行业的职责和义务清晰透明。参见张长青、郑翔：《铁路法研究》，北京交通大学出版社 2012 年版，第 41 页。

[2]　参见李丹明等："英国铁路改革新动向"，载《中国铁路》2005 年第 8 期，第 37 页。

[3]　参见 [英] 克里斯蒂安·沃尔玛尔：《铁路改变世界》，刘媺译，上海人民出版社 2019 年版，第 57 页。

[4]　参见张长青、郑翔：《铁路法研究》，北京交通大学出版社 2012 年版，第 32 页。

[5]　按 1991 年价格指数调整后的年营业收入 2.5 亿美元或以上的铁路运输公司。

[6]　其年营业收入在 2000 万至 2.5 亿美元的铁路运输公司。

[7]　其年营业收入在 2000 万美元以下的铁路运输公司（也称地方铁路或短线铁路），以及所有从事集疏运/枢纽服务的公司（不论营业收入）。

公司。[1] 此外，还有 556 家Ⅱ级和Ⅲ级铁路公司。[2]

　　有学者认为，美国铁路作为一个网络型基础产业，是美国受管制最早、被管制最严格、放松管制又最晚的一个产业。[3] 美国国会于 1887 年颁布了《商务管制法》（An Act of Regulate Commerce，也常被称为州际商务法，Interstate Commerce Act）以及组建管制机构——州际商务委员会（Interstate Commerce Commission，ICC）。该法的指导思想是通过联邦政府建立一个独立管制机构，管制当时第一大工商企业铁路运输业，使其行为符合公共利益的标准。而该委员会的任务是使铁路运价公平合理，不具有歧视性。《州际商务法》的立法目的主要也是处理与州际铁路运输运价等问题有关的事务。而且该法是美国运输立法的基础。[4]

　　在管制初期（即 1920 年以前），美国国会根据经济发展、实施情况和法院判决修改了 1887 年的《商务管制法》，使州际商务委员会（管制机构）的权力得到了不断加强。1903 年爱尔金斯法（Elkins Act）、1906 年赫伯恩法（Hephburn Act）、1910 年曼-爱尔金斯法（Mann - Elkins Act）对《管制商务法》作了一些修正。1920 年~1976 年是美国运输的强化和综合管制时期，其间颁布了三部重要的运输法（Transportation Act，1920，1940，1958）。[5]

　　1970 年 10 月 16 日，经美国国会讨论批准，正式颁布《联邦铁路安全法》。其主要内容包括：铁路安全管理机构和人员配置；联邦和州政府在保障铁路运输安全方面的权力和职责；铁路行车事故范围和等级；事故划分标准和处理办法；国家每年对铁路的拨款额和对责任人员的处罚等。铁路主管部门还根据该法制定大量有关铁路运输安全方面的规章制度，使铁路运输安全管理法规更加具体化、规范化，便于操作和执行。在实施过程中，还根据新情况不断提出修改意见，使之日臻完善。[6]

---

　　[1]　它们分别是：伯灵顿北方圣太菲铁路公司（BNSF）、切西滨海铁路公司（CSXT）、大干线铁路公司（GTC）、堪萨斯城南方铁路公司（KCS）、诺福克南方铁路公司（NS）、苏线铁路公司（SOO）和联合太平洋铁路公司（UP）。其中，大干线铁路公司（GTC）和苏线铁路公司（SOO）分别是加拿大国家铁路公司和加拿大太平洋铁路公司的美国子公司。参见张长青、郑翔：《铁路法研究》，北京交通大学出版社 2012 年版，第 33 页。

　　[2]　参见杨晓莉："美国铁路发展现状及启示"，载《综合运输》2010 年第 2 期，第 67 页。

　　[3]　参见谭克虎、荣朝和："从《管制商务法》看美国铁路管制的演变"，载《铁道经济研究》2004 年第 2 期，第 33 页。

　　[4]　参见谭克虎、荣朝和："从《管制商务法》看美国铁路管制的演变"，载《铁道经济研究》2004 年第 2 期，第 33 页。

　　[5]　参见张长青、郑翔：《铁路法研究》，北京交通大学出版社 2012 年版，第 33 页。

　　[6]　参见张长青、郑翔：《铁路法研究》，北京交通大学出版社 2012 年版，第 33~34 页。

而且同年 10 月，美国国会还通过《铁路旅客运输法》（Rail Passenger Act）。该法意在通过铁路客货运输分离，把客运包袱留给政府而把货运分离出去，以提高运输效益。根据该法规定，1971 年 5 月，美国铁路旅客运输公司（AMTRAK）成立，负责经营城际长途客运。根据法律规定，旅客运输公司可使用任何一个私营铁路公司的铁路线路。国家对铁路客运公司实行补贴。美国国会 1973 年还制定《地区铁路重组法》（Regional Rail Reorganization Act）；1976 年的《铁路复兴和管制改革法》（Railroad Revitalization and Regulatory Reform Act），允许自由定价，ICC 豁免铁路运营；对废弃铁路和兼并铁路公司作出新规定。通过地区铁路改组，把濒临破产的铁路企业组织起来，避免给社会带来动荡。该法主要内容包括：清理不要的线路，以利于重建；成立新的联合铁路公司；政府在资金、人员安置等方面给予协助；成立铁路协会，作为联邦政府的执行机构，具体负责重组计划，使铁路企业之间合并、分立、重组的程序得以加快，推动铁路企业优化组合，以利于参与竞争。[1]

后来在 1978 年和 1980 年，立法放松了对铁路的管制。特别是 1980 年《斯塔格斯铁路法》（Rail Staggers Act）被认为是美国铁路复兴的重要法律基础。该法主要内容如下：其一，明确市场竞争是铁路运价和业务最有效的调节手段。其二，放宽政府对铁路的控制，给予铁路行业更多自由度，鼓励竞争。其三，铁路企业可以和货主协商定价，甚至秘密定价。最终以合同形式加以明确。明确规定合同运价为合法。合同运价，是允许铁路承运人和货主自行商定每批货物的运价，政府不再控制。其四，在税收政策上，对某些不盈利的线路采取免税政策。其五，鼓励出卖不盈利的支线，以补贴经营主要线路。放宽对拆除铁路的限制，放弃没有效益的线路，是改革的一项重要内容。其六，州际商务委员会的权力也逐步缩小。其七，用反托拉斯限制法取代优先定价限制法。[2]

另外，1995 年美国国会还通过了《州际商务委员会终止法》（ICC Termination Act of 1995，ICCTA）。根据该法设立地面运输委员会（Surface Transportation Board，STB）。其成立于 1996 年 1 月 1 日，属于美国运输部的一个独立监管机构，管理铁路、公路、水运和管道等运输行业。[3] 地面运输委员会设在运输部内，

---

〔1〕　参见孙林："美国政府怎样支持铁路发展"，载《中国改革》2006 年第 3 期，第 36 页。
〔2〕　参见张长青、郑翔：《铁路法研究》，北京交通大学出版社 2012 年版，第 34~35 页。
〔3〕　参见谭克虎、荣朝和："从《管制商务法》看美国铁路管制的演变（续）"，载《铁道经济研究》2004 年 3 期，第 35 页。

但它和运输部无直接隶属关系，与运输部其他机构也无直接业务关系。它是一个准独立经济监管机构，具有司法裁决职能和管制职能。美国政府对铁路的经济管制，涉及的内容主要有：负责审批铁路公司的联合、兼并等事宜；运价管制，如核定铁路公司的运价是否合理，受理有关运价问题的投诉等；监督各铁路公司枢纽、线路及相关设施的公平开放；审批铁路公司提出的新建或废弃线路申请。[1]

还要指出的是，有关法律又经过许多次的修改和完善。因此，美国发展、规范铁路运输已有相对完备的铁路法制体系（见表4-2）。

表4-2 美国发展、规范铁路运输的主要联邦法律[2]

年代	法案	内容
1850	《赠与铁路土地法》	赠与土地、税收优惠等
1862	《太平洋铁路法》	规定相关的优惠政策
1874	《保德法律》	规定铁路运价
1887	《商务管制法》	控制铁路运价
1903	《爱尔金斯条例》	反差别待遇、反回扣规范
1903	《爱尔金斯铁路反回扣法》	规范铁路公司经营行为
1906	《赫伯恩加强运输垄断管制法》	反铁路垄断行为，保护公共利益
1913	《估值条例》	确定铁路一般运价水平合理性的标准
1920	《运输条例》	运价制定的规则，超额盈利归公，联营和财务管理等
1920	《交通运输法》	明确铁路重新实行私有化，政府在信贷上给予适当支持，对兼并等活动监控
1925	《霍奇-史密斯决议》	运价应促进自由运输
1926	《铁路劳工条例》	进行劳动争议的调节、仲裁等
1933	《破产条例》	促进铁路公司财务改组
1933	《紧急运输条例》	应对铁路运输减退、收入降低等财政灾难

---

〔1〕 参见谭克虎、彭光良："国外铁路管制改革及其启示"，载《当代财经》2006年第1期，第28页。
〔2〕 参见张长青、郑翔：《铁路法研究》，北京交通大学出版社2012年版，第35页。

续表

年代	法案	内容
1940	《运输条例》	铁路合并、土地授予等
1948	《铁路修正条例》	对接管和托管的法律规定
1948	《里得–布尔文喀尔条例》	赋予一定的运价组织权
1958	《运输条例》	贷款担保、运价救济等
1966	《运输部条例》	对铁路等运输方式的安全管理具有广泛的权利
1970	《铁路旅客运输法》	通过铁路客货运输分离，提高运输效益
1970	《联邦铁路安全法》	铁路安全保护规定
1973	《地区铁路重组法》	对濒临破产的铁路企业进行资产重组
1976	《铁路复兴和管制改革法》	推动铁路企业合并、分立、重组，优化组合
1980	《斯塔格斯铁路法》	明确市场竞争是铁路复兴的基础，明确市场竞争是铁路运价和业务最有效的调节手段，放松管制，规定税收优惠，鼓励出卖支线补贴主线，缩减 ICC 权力等
1995	《州际商务委员会终止法》	终止州际商务委员会
……	……	……

总之，美国不同时期的铁路立法，实际上是不同时期政府对铁路产业政策的法律化。铁路产业政策的发展决定着铁路立法的发展，铁路产业政策的内容决定了铁路法律的特性和组成。反之，铁路立法的发展又进一步丰富了政策理论的内容。铁路立法与铁路行业的发展，正是以产业政策为结合点，在不同时期不断将其产业政策上升为法律，使其具有更强的调节力。[1]

另外，对于美国铁路民商经济法治，其中涉及铁路守法、司法、裁判的执行、法律监督等内容。对此也有待将来补充，此处亦从略。

3. 加拿大铁路民商经济法制（治）的历史发展。自加拿大联邦成立以后，其领土迅速扩张到 960 万平方公里。在其早期，1836 年加拿大第一条铁路建成通车。[2] 在 1881 年至 1885 年间兴建加拿大东部至不列颠哥伦比亚省铁路线。这

---

[1] 参见廉安然："美国铁路法律体系与启示"，载《中国铁路》2010 年第 5 期，第 74 页。

[2] 参见"国外铁路发展概况：加拿大铁路"，载 http://www.nra.gov.cn/xwzx/zlzx/jytddt/201309/t20130917_2584.shtml，最后访问日期：2021 年 8 月 10 日。

条铁路也是加拿大首条越州铁路。[1] 因当时交通极不发达，运输装备落后，各省之间的沟通就成了首要问题。铁路运输对其具有得天独厚的优势，且有技术可行、建设快和效率高等特点，因此加拿大鼓励铁路运输的发展。自此铁路成了承担交通运输的骨干力量，成为加拿大经济发展的生命线。此状况一直延续到20世纪中叶。后来其铁路运输的垄断地位开始动摇。因为新技术不断产生并得到应用，新的运输方式也不断出现，如航空、公路和海运等运输方式迅速发展，在某种程度上弥补了铁路运输的不足，同时各种运输方式间的竞争也逐渐产生了。[2]

需要指出的是，加拿大交通部成立于1936年11月，负责监督铁路、运河、港口、海洋航运、民航、广播与气象等。1938年的《运输法》与修订后的《铁路法》，把对营运商的控管和规范交至加拿大交通委员会。皇家运输委员会成立于1948年12月，审查运输服务的所有领域，以消除加拿大的经济或地理劣势。该委员会也重新审查铁路法，以提供统一且有竞争力的运费率。[3]

一般认为，加拿大铁路法律体系包括法律、法规和规章三个层次。其中铁路法律，由政府运输主管部门组织起草，国会审议通过，女王颁布施行；铁路法规由政府运输主管部门制定并发布，但发布前应在指定媒体公布并听取公众意见；铁路规章属于行业自律性的规则，通常由加拿大铁路协会等行业组织制定，提交运输主管部门批准发布。[4]

加拿大铁路法律，主要有《运输法》（1938年、1987年、1996年）、《铁路安全法》（1988年）和《运输事故调查和安全委员会法》（1989年）等。后来，相关法律经历多次修改。其中《运输法》的主要内容，包括国家运输政策、行政机构设置及职权划分、航空运输、铁路建设与经营、铁路公司财务、铁路线路转让或中止运营、西部粮食运输等内容。《铁路安全法》的主要内容，包括铁路工程的修建或改造、铁路工程与设备的运营和维护、影响铁路安全的非铁路业务管理等内容。《运输事故调查和安全委员会法》主要规定了运输事故调查和安全委员会的组织架构、管理权限、调查程序、法律责任等。上述法律适用于各种类

---

〔1〕 参见张晔："加拿大太平洋铁路建设'黑历史'"，载《上海安全生产》2016年第12期，第74页。

〔2〕 参见肖克平等："加拿大运输政策介绍"，载《交通标准化》1995年第3期，第32页。

〔3〕 参见刘玉浦主编：《走向世界——广东省第四批高层次管理人才出国进修论文集》，广东人民出版社2006年版，第489~490页。

〔4〕 参见中国铁路法律制度框架考察团："日本和加拿大铁路法律制度建设"，载《中国铁路》2006年第5期，第55页。

型铁路的管理。[1]

　　加拿大铁路法规主要有规范企业行为的法规、安全监管的法规和经济监管的法规三个类别。规范铁路企业行为的法规，主要有《加拿大国家铁路客运法规》、《加拿大太平洋铁路运输法规》和《铁路公司转运法规》等；铁路安全监管的法规，主要有《铁路事故报告法规》和《铁路平交道口法规》等；铁路经济监管的法规，主要有《铁路成本预算法规》《铁路免费及折价运输法规》《铁路线路弃置法规》《铁路运输责任法规》等。[2]

　　另外，加拿大铁路规章比较多，主要规范铁路行业安全技术标准、运营和作业条件等。其中包括铁路运营标准、线路与列车安全、机车车辆安全检测、职工医疗卫生条件和劳动时间等方面的规定。加拿大铁路行业安全技术标准，由行业协会提出建议并协调各方意见，经政府主管部门批准后，协会成员共同遵守。[3]

　　还要指出的是，其中加拿大《运输法》对铁路建设活动的规范，主要涉及铁路建设资质、铁路建设投资、铁路建设用地和线路规划等方面。诚然，在建设铁路时铁路建设者也要注意环境保护，尽量减少环境破坏。在改道或修改、抬高或降低河道或道路时，以及在改道、修改穿过或沿着铁路的气管、水管、下水道、排水渠、电报、电话或电力线路、电杆的位置时，必须使其设施尽可能恢复原状，或使其达到不显著降低使用性能的状态。铁路建设者在行使权利时，使其他人遭受实际损失或损害，应依法补偿。[4]目前，加拿大也已形成相对发达的铁路法制（治）体系。

　　综上，可见加拿大铁路民商经济制度变革和法律实施的大致历程。其中既涉及民商经济法治的内容，又有行政法治的问题。而涉及的铁路守法、司法、裁判执行和法律监督的内容，有待未来补充探讨。

　　（三）苏联和俄罗斯的情况

　　1. 苏联铁路民商经济法制的历史发展。苏联成立之前，俄国第一条铁路是1836年通车的圣彼得堡至沙皇村铁路。1851年莫斯科至圣彼得堡的铁路全线竣工。[5]而且，1880年苏联已有铁路法。1924年苏联通过第一部《苏联宪法》，

---

〔1〕　参见张长青、郑翔：《铁路法研究》，北京交通大学出版社2012年版，第49页。
〔2〕　参见张长青、郑翔：《铁路法研究》，北京交通大学出版社2012年版，第49页。
〔3〕　参见张长青、郑翔：《铁路法研究》，北京交通大学出版社2012年版，第49~50页。
〔4〕　参见张长青、郑翔：《铁路法研究》，北京交通大学出版社2012年版，第50~51页。
〔5〕　参见［英］克里斯蒂安·沃尔玛尔：《铁路改变世界》，刘姆译，上海人民出版社2019年版，第28~29页。

其中规定有关外交、军事、财政、对外贸易、铁路和邮电事务，制定各加盟共和国的政治经济生活的指导原则，规定法院组织、诉讼程序和全联盟的民事与刑事的立法原则等，均归苏联领导；而内政、农业、教育、司法、卫生、社会保障等方面，则由各加盟共和国直接管辖。另外，十月革命后的第一部民法典，是1922年《苏俄民法典》，这也是世界法制史上第一部社会主义性质的民法典，它在体系和内容上都不同于传统民法典，它开创了社会主义民事立法的新体例、新原则。[1]这对其铁路立法也有一定的影响。

苏联人民委员会在1927年通过《苏联铁路条例》，又历经1928年、1929年、1930年、1931年、1932年、1933年、1935年等多次修改。[2]苏联铁路实行高度集中的计划管理，是当时世界上最大的集中管理的铁路系统。在20世纪80年代，苏联铁路设有32个铁路局、185个分局和4000多个实行经济核算的沿线基层单位（车站、机务段、车辆段等）。苏联铁路从20世纪60年代中期以来，就对其经济管理体制进行了多次改革。其改革的目的，是挖掘运输潜力，提高经济效益，改善生产用固定基金的利用效率，提高劳动生产率和降低运输成本。[3]应当说，《苏联铁路条例》在当时为铁路事业的发展发挥了重要的保障作用。

2. 俄罗斯铁路民商经济法制（治）的历史发展。通常认为，苏联解体后，俄罗斯铁路法律以《宪法》和《民法》为基础，主要由《铁路运输法》《铁路运输规程》《铁路运输资产管理和处置特别法》和其他联邦法律组成。《环境保护法》、《矿产法》、《农业土地保护法》和《产品与服务项目认证法》等法律也涉及俄罗斯铁路管理、建设和运营。涉及铁路运输管理的法律还包括俄罗斯联邦总统、联邦政府法令及由俄罗斯联邦法律授予相应职能的政府主管部门的法令。其中《铁路旅客、包裹和行李运送规则》和《国家标准认证体系认证规则》等规则，从技术安全、旅客及货物运输等不同角度进行了详细规定。[4]另外，俄罗斯联邦铁路法律体系还包括其参加的铁路运输国际协定。若其参加的铁路运输国际协定与其铁路法律的规定不符，则采用国际协定的规定。

而且，其中铁路法律制度中最基本的是俄罗斯国家杜马1995年颁行的《铁路运输法》。该法共10章28条，其主要内容有如下几个方面：[5]其一，铁路运

---

〔1〕 参见何勤华主编：《外国法制史》（第六版），法律出版社2016年版，第349~350页。
〔2〕 参见铁道部商务局译：《苏联铁路条例》（上册），人民铁道出版社1952年版，第1~2页。
〔3〕 参见蔡馥秋："苏联铁路经济管理体制改革"，载《铁道工程学报》1986年第2期，第86~87页。
〔4〕 参见张长青、郑翔：《铁路法研究》，北京交通大学出版社2012年版，第45页。
〔5〕 参见张长青、郑翔：《铁路法研究》，北京交通大学出版社2012年版，第46~47页。

输是俄罗斯联邦运输的基础。铁路对增强各经济部门活力、保障国防安全、促进运输市场的形成及其与有关服务业和企业家活动的发展，都具有积极作用。其二，俄罗斯铁路运输联邦权力的执行机构（相当于交通部）对铁路运输过程实行集中管理，按权限对铁路局、铁路其他企业事业单位的经济行为进行调控。铁路局是铁路运输企业。铁路局的建立、改组和撤销，由联邦权力执行机构根据政府决议办理。以经营管理权为主的铁路其他企业的建立、改组和撤销事宜，也由联邦权力执行机构办理。铁路局管辖的企业事业单位章程的批准，按联邦权力执行机构的规定办理。其三，关于铁路运输活动：法律要求，铁路局及其与运输服务相关其他企业应保证运输质量，按期、完整地将旅客、货物、行李和包裹运至目的站。服务质量指标根据国家有关规定制定。其中运价分两种情况：正常运价和附加服务价格。其四，关于铁路安全管理：铁路企业应提供保证旅客人身安全的乘车条件，保证货物、包裹与行李的运输安全、列车运行安全及其他铁路设备的安全。对提供给铁路使用的机车车辆、集装箱、铁路线路建筑部件及其他技术设备和机械以及对旅客的服务，都应符合安全运输规定，并实施许可证制度。其五，铁路职工劳动关系：法律要求铁路职工遵守铁路纪律，禁止以停工方式解决铁路集体劳动争议。其中对铁路职工劳动关系等问题作了原则性规定。依法确认铁路企业事业单位职工的劳动关系。与行车有关的各级员工作息制度、休假时间、劳动条件，由联邦权力机构确定。与铁路企业形成劳动关系的职工，应经过相应的职业培训。铁路职工享有免费乘坐铁路车辆的权利。其六，关于铁路运输中的责任划分，该法对拒绝运输的责任、造成他人伤亡的责任、限额赔偿和赔偿期限及相关程序等问题作出规定。[1] 另外，该法规定俄罗斯铁路法律制度构建的原则是：维护铁路运输工作的稳定，保障铁路运输服务畅通、安全与质量，促进竞争和确立铁路运输发达的服务市场，保持俄罗斯联邦统一运输系统协调工作。[2]

还要指出的是，依据《铁路运输法》规定，俄罗斯铁路企业的主体，包括铁路基础设施所有者、运输商、铁路机车车辆经营者和铁路运输辅助单位及其个体企业主等。其中铁路基础设施所有者，是依据所有权或其他法律依据拥有基础设施，并依据其相应许可证和合同提供基础设施使用服务的法人或个体企业主。运输商是依据其相应许可证，依照铁路运输合同，承担旅客、货物、行李或包裹的运输服务，并将货物、行李和包裹交给收货的法人或个体企业主。铁路机车车

---

〔1〕　参见张长青、郑翔：《铁路法研究》，北京交通大学出版社 2012 年版，第 47 页。
〔2〕　参见张长青、郑翔：《铁路法研究》，北京交通大学出版社 2012 年版，第 47 页。

辆经营者，是依据所有权或其他权利拥有车辆、集装箱的法人和个体企业主，依据其与运输商签订的合同使用其车辆和集装箱参与运输过程。[1] 另外，有关法律法令也经过多次修改。

目前，俄罗斯也已形成较为成熟的铁路法律体系（见表4-3）。

表4-3　俄罗斯铁路法律体系 [2]

类别	名称	主要内容
俄罗斯铁路运输法的基础	《宪法》	俄罗斯宪法制度基础、人和公民的权利与自由、联邦结构、俄罗斯联邦总统、联邦会议、联邦政府、司法权、地方自治机关、宪法修改与宪法重新审议等。
	《民法》	俄罗斯联邦民法典分为四部分，包括总则、人、民事权利的客体、法律行为与代理、期限、所有权和其他物权、债、继承、国际私法、智力活动成果和个别化手段的权利。
俄罗斯铁路运输法律体系的主要组成部分	《铁路运输法》	公用铁路运输运营的组织和经济条件，铁路运输单位、从事铁路运输企业和国家主管部门及其他运输方式的关系，以及国家对铁路运输的监管原则。
	《铁路运输规程》	货物、集装箱、旅客和行李包裹等运输以及运输商、发货人与旅客的具体责任。
	《铁路运输资产管理和处置特别法》	铁路运输的资产管理和处置，联邦铁路资产私有化的方式和步骤，铁路运输统一经营主体的条件等。
俄罗斯铁路运输相关法	《交通安全法》	对用于铁路运输的相关车辆和物件进行强制性认证。
	《标准化法》	对涉及保障产品、工作和服务有利于环保、生命、健康和财产安全的要求和涉及联邦法规规定要求的国家标准都是强制性的。铁路运输属于强制性认证的范围。
	《产品与服务项目认证法》	俄罗斯认证有强制和自愿两种。联邦铁路运输应进行强制性认证，主要包括机车车辆和专用车辆及其组成部分、铁路线路结构和设施以及为客运和货运提供服务等均属于产品认证范围。
	《自然垄断法》	对自然垄断领域的管制，包括对铁路运输企业的管制，旨在实现消费者和铁路运输企业之间的利益平衡，保障消费者获得自然垄断主体出售的商品和自然垄断主体的有效运作。

---

〔1〕　参见张长青、郑翔：《铁路法研究》，北京交通大学出版社2012年版，第48页。

〔2〕　参见张长青、郑翔：《铁路法研究》，北京交通大学出版社2012年版，第45~46页。

续表

类别	名称	主要内容
俄罗斯铁路运输相关法	《消费者权益保护法》	铁路运输企业在为消费者提供消费品和服务时所应履行的义务等。
俄罗斯联邦总统法令、联邦政府法令、政府主管部门法令	《铁路旅客、包裹和行李运送规则》	铁路运输企业对旅客、行李、包裹及公民各种生活用品和货物的运送及其权利义务。
	《国家标准认证体系认证规则》	根据其《标准化法》等法律规定的强制性标准确定强制性认证产品目录，具体规定铁路相关产品和服务应符合的强制标准。

综上所述，俄罗斯当前也已有相对系统的铁路法制体系乃至铁路法治体系。但是其中仍然存在值得改进之处。对其铁路法治体系，有待将来展开研讨。

二、西方和苏俄铁路行政法制（治）的历史发展

（一）大陆法系的情况

1. 德国铁路行政法制（治）的历史发展。前述德国铁路法律法规中，除涉及铁路民商经济法制外，还会涉及行政法制的内容。西德和东德时期存在各自的铁路法制，1990 年两德统一，其铁路法制有新的发展。

特别是自 20 世纪 90 年代德国铁路改革以来，德国积极促进政府机构和铁路业务分离，并把中央政府各部门的权力转移到新的独立管制机构，即从政府主导型管制逐渐向美国模式转变。德国政府对铁路的管制体系分为两层次：第一层次是联邦交通部，负责管制联邦交通、建设和住宅等事务。交通部设有铁路司，铁路司主要负责铁路立法、铁路发展规划、国家投资项目审批等。第二层次又有两个机构：一个是联邦铁路局，另一个是联邦铁路资产局。联邦铁路局[1]是隶属于交通部的独立行政机构，对联邦铁路实行一级管制。[2]联邦交通部负责联邦铁路的运输管理；联邦铁路局负责颁发、吊销运行许可证，审批联邦所有铁路线路的建设规划，保障路网平等使用，监控新建设备和技术应用，监控新型列车的技术标准，监控铁路运行的环保项目，监督国家对路网投资的使用，以及负责铁路交通事故的调查和处理等工作。法律还规定，建设铁路路网应获得联邦政府交

---

〔1〕 有学者将其翻译为"联邦铁路署"。参见何璧主编：《铁路改革立法规范》，中国铁道出版社1999 年版，第 68~69 页。

〔2〕 参见谭克虎："从促进合资铁路发展看我国铁路管制的改革"，载《经济问题》2007 年第 6 期，第 48 页。

通主管部门批准，政府批准其建设时，应征求当地居民意见；经营铁路运输业务须取得联邦铁路局颁发的准入许可证等。[1]这些改革需要法律保驾护航。因此其中涉及法律的修改。

另外，其中铁路行政法治涉及行政诉讼问题。有学者指出，19世纪初，德国仍是一个君主专制国家，如同公法私法不分一样，统治和司法之间区别甚微，法庭是君主统治的最重要标志。而且，德国国体采用联邦制，其行政诉讼的历史发展过程一直呈现高度的多样性，直到最近才表现出有所趋同。德国行政诉讼演变的历史总体是围绕主观权利的救济而不断发展的，其中也夹杂着主观诉讼与客观法秩序维护的争论与实践，但最终因二战后受美国司法审查制度的影响，形成了主观公权利救济占主导地位的行政诉讼功能模式。[2]在德国，独立的行政法院，被称为德国法治的"支柱"或"基石"。其行政法院是法治国家限制国家权力的一种形式，同宪法法院一道保障行政活动的合法性和法律的优先地位。[3]此外，德国铁路行政法治，还涉及铁路行政守法、铁路行政执法、铁路行政法律监督等内容。对此有待将来补充，此处亦从略。

2. 法国铁路行政法制（治）的历史发展。前述法国铁路法律法规中，除涉及铁路民商经济法制外，也有涉及行政法制的内容。关于法国行政法起源于何时迄今尚无统一认识。通常认为，其产生可追溯到1799年国家参事院的创建。而且，到1872年，开始建立享有决定案件由普通法院还是行政法院管辖职权的法庭（权限争议法庭）。[4]因此，其铁路行政法制的起源与发展也应当是在其相关时间之后，可追溯至1826年建成其第一条铁路之时甚至其被审批之时。

在法国，国营铁路公司属于垄断性的公共机构，而国家对国铁公司的管理，主要是通过派代表参加国铁公司的董事会、向国铁公司派常驻代表进行监督、通过签订计划合同实现目标管理等几种形式，由此形成对其铁路公司的基本监管体系。[5]

---

〔1〕 参见韩潇："关于德国铁路法制建设有关问题的思考"，载《铁道经济研究》2001年第5期，第36页。

〔2〕 参见邓刚宏："德国行政诉讼功能模式的历史演变及其借鉴"，载《湖南科技大学学报（社会科学版）》2017年第3期，第72页。

〔3〕 参见邓刚宏："德国行政诉讼功能模式的历史演变及其借鉴"，载《湖南科技大学学报（社会科学版）》2017年第3期，第73页。

〔4〕 参见［荷〕勒内·J·G·H·西尔登、［荷〕弗里茨·斯特罗因克编：《欧美比较行政法》，伏创宇等译，中国人民大学出版社2013年版，第62~63页。

〔5〕 参见孙有才："法国铁路管理体制对河北城际铁路建设与管理的启示"，载《科技与创新》2015年第6期，第5页。

在很长的一段历史时期内，法国政府对铁路运价实行政府定价的运价管理模式。

1982 年，法国颁布的《法国国内运输方针法》明确规定，价格政策由运输主管部门确定，政府只对价格制定保留总的权力。但随着铁路事业特别是高铁的发展，法国政府开始实行政府指导价，逐步放松运价管制，以使高铁更能适应市场发展和满足市场需求。价格管制的放松使铁路票价趋于多样化，使其更好地适应市场的竞争。[1]

另外，法国铁路标准化局（BNF）作为法国 22 个标准化局之一，由法国标准化协会（AFNOR）批准承担铁路标准化职责并行使相应职权。根据铁路通讯协议，BNF 和法国电工技术联合会（UTE）合作制定所有铁路交通标准。在法国现行铁路交通标准中，采用国际标准与欧洲标准的占标准总数的 52.85%，而随着法国近年来对国际标准化的重视，该比例还在持续提升。法国铁路交通标准大部分来源于国际组织与欧洲组织，具有较强的多元性，其标准不是限于国内而是遍及全球。[2]

还有，法国铁路行政诉讼制度的显著特点是，由专门的行政法院受理行政诉讼案件。这是因为法国大革命前，代表封建势力的法院经常阻止当时政府推行资本主义性质的改革政策。大革命后，制宪会议为避免法院对行政的干预，禁止普通法院审查政府部门的行为，有必要在普通法院之外成立行政法院，而不能如同英国那样只保留普通法院系统。1790 年制宪会议制定的关于司法组织的法律第 13 条明确规定，司法职能和行政职能不同，现在和将来永远分离，法官不得以任何方式干扰行政机关的活动……自此普通法院丧失了行政审判权。1889 年最高行政法院在卡多案的判决中正式否定部长法官制，当事人不服行政机关的决定无须向部长申诉，可直接诉诸行政法院。法国独立的行政诉讼制度从此真正建立。法国行政审判是在法国资产阶级革命中各种政治势力之间冲突和组合的特殊背景下产生的。[3] 与此关联，法国铁路行政诉讼制度也有如此特点。

需要指出，其中法国铁路行政法治，也涉及铁路行政守法、铁路行政执法、铁路行政法律监督等内容。对此也有待将来补充，此处亦从略。

3. 日本铁路行政法制（治）的历史发展。在前述日本铁路法律法规中，同

---

〔1〕 参见张超、谭克虎："法国政府对高速铁路支持政策研究及启示"，载《铁道经济研究》2014年第 4 期，第 40、42 页。

〔2〕 参见孟青等："法国铁路交通标准化发展现状及其启示"，载《中国标准化》2020 年第 12 期，第 252~253 页。

〔3〕 参见高巍、赵洪艳："英美法三国行政诉讼制度不同因素比较研究（下）"，载《黑龙江省政法管理干部学院学报》2002 年第 4 期，第 96 页。

一部法律法规，除涉及民商经济法制外，通常也有行政法制的内容。例如，早期在日本《铁路建设公团法》中就有一些明定罚款的"罚则"规定，对于长期借款和发行债券等事项规定审批程序，违者则应当受到处罚。[1]后来，依据日本《国有铁路改革法》以及有关规定，政府对铁路发展给予政策扶持。国铁时期的巨额债务在不损害新公司正常经营利益的前提下，由本岛的三个公司承担一部分，其余由国铁清算事业团处理。日本政府为支持新公司运转，成立了国铁清算事业团，承担国铁债务的80%；采取低税或考免税的措施，如对铁路地价税全免，固定资产税第一个5年全免（指1987年至1992年），第二个5年征收2/3，而且对铁路固定资产按原值1/3来评定，这使铁路公司财务负担大大减轻，有利于铁路进入市场和参与竞争。因日本国内泡沫经济引发的金融危机和利息变动等原因使偿还计划受阻，1998年立法者制定了《国铁清算事业团债务处理法》，决定在新的结构下处理债务。当年10月解散了国铁清算事业团，全部剩余债务移交给国家财政，因此国铁债务实际上变成了国家债务。[2]

《国有铁路改革法》中规定成立评审委员会，负责对铁路改革的有关问题的评价和审查。该评审委员会由运输大臣指定一人为委员长总管其事务。通过评审监督工作，确保国铁改革各项措施落实。[3]

而且，在日本单纯从事铁路基础设施经营管理的机构，主要是日本铁路建设运输设施整备支援机构（简称铁路机构）。该机构与客运公司、货运公司不同，它主要负责新干线及其他铁路建设任务，并代表国家向JR各公司出租线路。在国铁清算事业团撤销后，该机构还代表国家处理国铁遗留的长期债务。铁路机构的性质在日本法律制度中属于"独立行政法人"。所谓独立行政法人制度，是日本自1996年起，在政府行政体制改革上实行的一项重要制度，主要是将原来代表国家承担公共事务或公益事业、实行公务员或准公务员制的一些特殊法人机构改为独立行政法人。日本国会为此专门颁布了《特殊法人等改革基本法》和《独立行政法人通则》。依据其规定，其基本组织与运行方式有以下特点：一是在法律上，独立行政法人仍为公法人，仍属国立机构。[4]二是在管理上，独立

---

〔1〕 参见何璧主编：《铁路改革立法规范》，中国铁道出版社1999年版，第53~56页。
〔2〕 参见张长青、郑翔：《铁路法研究》，北京交通大学出版社2012年版，第55~56页。
〔3〕 参见何璧主编：《铁路改革立法规范》，中国铁道出版社1999年版，第34、39页。
〔4〕 设立独立行政法人，由议会通过专门法律。每个独立法人有一个主管部门，负责对业务目标、活动方式及其绩效进行审核、管理和评价，独立行政法人的主要负责人仍由主管部门任命，其活动经费仍全部或绝大部分来自政府拨款。

行政法人有更大的自主权，政府主管部门将大大减少对其具体业务活动的直接干预。[1]三是在考核上，对独立行政法人实行事后绩效评估。[2]

另外，其铁路行政法制（治）也会涉及行政诉讼问题。有学者指出，日本的行政诉讼一般为"行政案件诉讼"。综观日本行政诉讼制度阶段性的历史脉络，总体上可分为两个阶段：一是明治宪法时期至二战结束后《行政案件诉讼特例法》的制定和颁行阶段；二是《行政案件诉讼法》制定至2004年进行本质性修改阶段。[3]之后又有所发展。

其中关于日本行政诉讼制度的初建阶段，可追溯到明治宪法时期。根据1889年制定的明治宪法第61条，行政官厅的违法处分受到侵害的诉讼，除法律有特别规定外，应属于行政法院审判，不能由司法法院审理。1890年日本颁行了《行政法院法》和《诉愿法》，标志着日本行政诉讼制度的初步形成。但是，根据二战后的宪法规定，所有司法权属于最高法院及下级法院，行政机关不能进行终审裁判，行政法院被废止。1948年日本制定了《行政案件诉讼特例法》。之所以称为"特例法"，是因为行政案件诉讼活动因其具有特殊性而区别于民事诉讼。总体而言，行政案件诉讼特例法是日本在二战后紧急制定出来的，虽积累了行政案件的实绩，但仍有缺陷，即存在规定的内容不充分、行政诉讼规定不协调等问题。[4]

此外，关于日本行政诉讼制度的真正确立阶段，1962年日本在全面修改《行政案件诉讼特例法》基础上制定《行政案件诉讼法》。随着行政需要的扩大和行政作用（行政活动）的多样化，为确保行政诉讼的实效性，真正实现行政诉讼制度的功能，日本在历经多次研讨的基础上，于2004年对《行政案件诉讼法》

---

[1] 在人事管理方面，除主要负责人仍由主管部门任命外，其内部机构设置、中层领导任免均由该机构自主决定，机构其他人员一般都采用聘用方式。独立行政法人有权决定内部人员的工资分配。在财务管理方面，独立行政法人机构可以在一定范围内从事创收活动，并自主决定资金的使用。财务收支不一定完全按照财政年度进行管理，可以在一个中期计划期间调剂使用。

[2] 在扩大自主权的同时，必须保证独立行政法人的行为不偏离政府目标。为此，日本政府全面强化了对独立行政法人的绩效评估。在独立行政法人成立的同时，主管部门就要成立相应的评价委员会，委员会的负责人由主管部门任命，成员原则上来自该独立行政法人以外的专业人士。除本部门评价外，日本总务省还设有专门的评价委员会，负责对各部门委员会的具体评价结果进行综合评判。最终评判结果要向社会公开，并成为下一步对该机构进行扶持或调整的依据。

[3] 参见曾祥瑞、佟连发："日本行政诉讼制度修改的阶段性解读"，载《辽宁大学学报（哲学社会科学版）》2011年第1期，第152页。

[4] 参见曾祥瑞、佟连发："日本行政诉讼制度修改的阶段性解读"，载《辽宁大学学报（哲学社会科学版）》2011年第1期，第153页。

作了实质修改。其原因主要是，诉讼数量极少、原告胜诉率极低、行政诉讼制度空洞化等。基于上述分析，行政诉讼的修改思想一是法院作为确认行政权的组织，应当实质性保障国民受裁判的权利，[1] 二是行政诉讼法作为行政诉讼活动的一般法、基本法，在具体内容的规定上应当更加完备。亦即，日本行政诉讼制度经历了初建、发展和相对成熟的阶段。

还要指出，日本铁路行政法治问题，同样涉及铁路行政守法、铁路行政执法、铁路行政法律监督等内容。对此也有待以后探讨。

（二）英美法系的情况

1. 英国铁路行政法制（治）的历史发展。前述英国铁路法律中，也会涉及铁路行政法制的内容。早期《铁路管制法》就有关联内容。又如，1993 年《铁路法》（Railways Act 1993）中也有相关规定。该法确立政府与铁路企业的新型关系。政府要最大限度创造条件让其他经营者在线路公司的线路上从事运行业务。例如，开放整个铁路运输市场，使铁路运营机制结构改革，给新的铁路经营者提供机会，激发铁路经营者的经营意识，提供优质优价服务，使铁路用户有更大选择余地。在开放市场方面，英国政府有六个重要任务：一是提高铁路运输企业经营效率；二是促进竞争创新；三是鼓励有效利用基础设施和其他资源；四是确保运输业的公平竞争；五是提供基础设施的投资融资渠道，加快铁路发展；六是采取必要措施，保障铁路运输安全。[2]

《铁路法》中还规定，建立铁路管制办公室（Office of Rail Regulator，ORR）和铁路客运特许办公室（Office of Passenger Rail Franchising，OPRF），行使各种法定权利和职责。其中铁路客运特许办公室主要负责五方面管制：其一，对客运特许经营权出售的管理；其二，特许经营合约的管理，涉及服务标准、补贴支付和特许期限等主要内容以及其他内容的承诺，如投入新型车辆、可靠、准点以及与汽运网点连接等；其三，对需要财务支持的客运公司分配补贴；其四，为确保客运服务质量对客运公司进行财务奖惩；其五，通过对票价管制保护消费者利益。[3] 另

---

[1] 参见曾祥瑞、佟连发："日本行政诉讼制度修改的阶段性解读"，载《辽宁大学学报（哲学社会科学版）》2011 年第 1 期，第 153~154 页。为此要考虑以下几点：一是行政诉讼制度应当引入多种多样的诉讼类型，例如附义务诉讼、阻止诉讼和确认诉讼等；二是明确行政厅的裁决基准；三是确保国民迅速得到救济；四是废止个别单行法中的不服审查前置的规定，采用选择主义；五是在有关环境、消费者和计划开发等行政作用方面设置市民诉讼规定。

[2] 参见张长青、郑翔：《铁路法研究》，北京交通大学出版社 2012 年版，第 39 页。

[3] 参见谭克虎、彭光良："国外铁路管制改革及其启示"，载《当代财经》2006 年第 1 期，第 28~29 页。

外，铁路管制办公室作为独立的管制部门，主要有四方面管制职能：一是颁发、修订和实施四类执照，即路网执照、客货运营执照、站场执照和轻修场执照；二是批准铁路运营公司与路轨、站场所有者之间的接入协议；三是依法调节铁路运营商之间的竞争关系，鼓励有限度的竞争；四是确保消费者利益。其中，定期评估路网公司对运营公司收取的路轨使用费是铁路管制办公室的核心工作。这项工作旨在使路轨公司能在路网运营、维护及更新方面有更多的投入，并有助于改善包括接入费用结构和受托责任在内的激励机制。[1]

还要注意，英国铁路行政法制还涉及铁路行政诉讼问题。英国行政诉讼由普通法院管辖，这一制度的产生和17世纪英国的政治斗争有关。英国近代意义的行政诉讼制度，是在资产阶级同封建势力的斗争中确立的。17世纪资产阶级革命时期，普通法院同议会结成同盟，他们与以国王为代表的旧势力进行斗争并取得胜利。而代表王权与作为王权象征的"星法院"，则成为英国反封建的重要目标。因此1641年撤销保护封建特权的"星法院"，中央对地方政府的监督权改由普通法院承担，而不可能如同法国那样建立行政法院。1701年《王位继承法》使高等法院法官享有独立地位，进一步加强对行政活动的司法控制。直到1947年《王权诉讼法》明确规定由国王（国家）对行政违法行为承担责任，英国以司法审查为中心的行政诉讼制度才完全确立。[2]

另外，英国铁路行政法治，还涉及铁路行政守法、铁路行政执法、铁路行政法律监督等内容。对此也有待将来补充，此处亦从略。

2. 美国铁路行政法制（治）的历史发展。美国铁路法制的立法特点是多采单行法的模式。早期立法有美国于1887年颁布的《商务管制法》（也常被称为州际商务法）。当时设立的州际商务委员会，实际上是美国最早的联邦行政裁判机构。[3]

依据有关法律的规定，联邦铁路管理局（Federal Railroad Administration，FRA）是运输部下属机构之一，具体负责铁路安全，并向运输部长和国会负责。联邦铁路管理局的职责是：颁布和实施铁路安全规章制度；执行铁路援助计划；引导研究和开发以支持铁路改进安全服务和制定国家铁路运输政策；复兴东北走廊铁路

---

〔1〕　WINSOR T. , *Report of the Rail Regulator*, The Office of the Rail Regulator, 2001, p. 13.

〔2〕　参见高巍、赵洪艳："英美法三国行政诉讼制度不同因素比较研究（下）"，载《黑龙江省政法管理干部学院学报》2002年第4期，第95页。

〔3〕　参见何勤华主编：《外国法制史》（第六版），法律出版社2016年版，第197页。

客运服务；巩固政府对铁路运输业务的支持。安全监管是联邦铁路管理局最重要的职责。联邦铁路管理局在全国设有 8 个地区办事处（分局），分 5 个专业（固定设施、移动设备、危险物品运输、信号与列车控制、运营规章）进行监管。美国联邦铁路管理局内设安全处、法律事务处、政策规划处、铁路发展处、管理与财务处等。主要采用日常抽查和轨检车检测方式，监管铁路、信号、桥梁等设施设备及列车运营状况，对危险货物运输的安全保障情况进行检查并参与事故调查。检查内容和处理信息，通过网络直接传输到联邦铁路管理局的法律事务室并由其负责处理，包括受理被检查者的投诉。[1] 对铁路机车车辆、线路在 30 个州还有约 170 名安全监管员，联邦铁路管理局对其进行培训。此外，美国联邦轨道交通局、国家运输安全委员会也依法负有一些铁路监管职能。北美铁路协会、北美短线和地区铁路协会作为行业代表，维护铁路公司利益。[2]

还有，此前在 1990 年美国政府颁布《美国交通运输政策》，在坚持扩大国家运输系统，使之保持强大和加强竞争力的同时，更加重视运输业对环境的影响，强调交通运输业的发展，保护环境和提高生活质量，铁路和地铁从此又得到重视。美国联邦铁路局制定了高速铁路规划，决定在东北走廊开行电气化高速列车，并在沿东、西海岸和北部的 11 个州大城市密集地区修建 5 条非电气化的高速客运铁路走廊。美国政府当时已同意为这些运输项目提供贷款。美国的城市交通当时也正在转向铁路，那时至少有 30 个州、数十个城市正在计划新建或扩建地面轨道运输系统。美国政府提供大量基金，资助联邦铁路局研究各项轨道运输系统，特别是非电气化的高速牵引动力系统。[3]

而且，2008 年，美国国会批准了《城际客运铁路投资计划》，通过在城际客运铁路投资方面建立联邦政府和州政府的合作机制，加强州政府在城际客运铁路发展中的作用。根据该计划，联邦政府向州政府拨款 0.3 亿美元，占计划总出资的 50%。还有 50% 出资额由州政府承担。该计划主要投资于那些可实现 80% 以上列车正点率、减少旅行时间、增加发车频率或提高服务质量的项目，包括为提高线路最大允许速度的既有线改造项目、为提高线路通过能力的增加或延长会让线的项目，以及线路道岔和信号系统改造项目等。[4]

---

〔1〕 参见中国铁路经营管理考察团："美国铁路考察报告"，载《铁道经济研究》2003 年第 2 期，第 16 页。

〔2〕 参见杨晓莉："美国铁路发展现状及启示"，载《综合运输》2010 年第 2 期，第 68 页。

〔3〕 参见张长青、郑翔：《铁路法研究》，北京交通大学出版社 2012 年版，第 36 页。

〔4〕 参见杨晓莉："美国铁路发展现状及启示"，载《综合运输》2010 年第 2 期，第 69 页。

另外，美国铁路行政法制也涉及类似于铁路行政诉讼问题，这实际上是司法审查问题。一般认为，美国行政诉讼制度，是伴随着独立管制机构的出现和行政法官制度的产生而产生与完善的。美国早期法律制度深受英国普通法上"国王不能为非"的影响，政府不能成为被告。进入19世纪后期，资本主义经济迅速发展，政府行政权力扩张，政府通过设立各种独立管制机构干预社会经济活动。因此要对行政权进行限制。1946年《联邦侵权赔偿法》否定了"国王不能为非"的主权豁免原则。同年《联邦行政程序法》为美国行政诉讼制度提供了直接的法律依据。随着司法实践的发展，诉讼范围日益扩大，行政诉讼制度也日趋完善。[1]

美国《联邦行政程序法》第702条规定，因行政行为而致使其法定权利受到不法侵害的人，或根据有关法律规定的意义受到行政行为的不利影响或损害的人，均有权诉诸司法审查。对原告资格，虽有该程序法的原则规定，但法院在司法中的解释却有宽有窄，各个时期适用的标准并不完全一致。司法审查诉讼中的原告资格标准实际上经历了一个从"法定损害标准"到"双重损害标准"，最后到"事实不利影响标准"的演变。在美国，纳税人、消费者、环境利益人和社会团体等都享有司法审查的请求权，这种行政诉讼原告资格标准的放宽，表明其司法救济范围的拓展。一个学生环保组织因州际商业委员会批准铁路公司在采用选择性运价之前把货运价提高2.5%的命令而对该委员会提起诉讼。该组织认为高运价促使人们不用"可再生"的材料，增加森林和其他自然资源的耗费，从而产生更多的废料，污染环境，因此妨碍人们包括学生们对环境的享用。对此类案件，按以前标准，原告不能取得起诉资格，而根据现在的标准，他们可以获得原告资格。[2]另外，美国铁路行政法治也涉及铁路行政守法、铁路行政执法、铁路行政法律监督等内容。对此也有待以后补充，此处亦从略。

3. 加拿大铁路行政法制（治）的历史发展。前述加拿大铁路法律中，也涉及行政法制的内容，早在1888年《铁路法》、1903年《铁路法》中已有相关内容，[3]之后又有所修改。

加拿大《运输法》对铁路建设活动的规范，主要涉及铁路建设资质、铁路

---

〔1〕　参见高巍、赵洪艳："英美法三国行政诉讼制度不同因素比较研究（下）"，载《黑龙江省政法管理干部学院学报》2002年第4期，第95页。

〔2〕　参见胡卫列："美国行政诉讼中几类特殊原告及其启示"，载《国家检察官学院学报》2001年第3期，第109~110页。

〔3〕　参见何璧主编：《铁路改革立法规范》，中国铁道出版社1999年版，第281、285页。

建设投资、铁路建设用地、线路规划等方面。通常情况下，铁路建设或经营者应取得资质证书。铁路购买投资者采用某些专门方式购买铁路时，如以信托书或抵押方式购买、在法律诉讼中购买，因为铁路购买方式与正常投资方式有差异，所以铁路投资者可获 60 天资质证书豁免期。申请人一般都可申请铁路资质证书，申请人既可以是铁路所有权人，也可以是铁路租赁者，还可以是直接或间接的控制机构。加拿大运输部负责审核、颁发铁路资质证书。其中判断是否颁发资质合格证书的核心，是确认铁路建设或经营的投资者有无足够的责任保险。责任保险范围由交通运输部法规规定。运输部颁发的资质证书注明了铁路运营线路的起始站点和路线。责任保险范围被取消或被更改而不再满足条件，或因铁路建设或经营已改变，责任保险范围不再满足条件时，铁路建设资质证书持有者应及时书面通知加拿大运输部。责任保险范围不再满足条件的，可暂停或取消铁路建设资质证持有者在铁路公司的权利。[1]

根据《铁路法》规定，铁路公司作为投资者，在铁路建设或经营期间可行使的权利有：可穿过或沿着和该铁路相连或交叉的河道、运河、铁路，以及道路建设隧道、堤岸、水渠、桥梁、道路、管道、路堑和护栏等设施；可改道或修改、抬高或降低河道或道路，使其更方便穿过或经过铁路；穿过与铁路相连的土地或在其下面建设排水渠或管道，从铁路向外引水或向铁路运水；改道或修改穿过或沿着铁路的水管、气管、下水道或排水渠，以及电报、电话或电力线路、电杆的位置；其他有利于铁路建设和经营的措施。其中还对铁路建设中的土地使用，规定铁路用地不得随意改变其用途。法律规定占有、使用或拥有土地的铁路公司，不得将土地挪作他用，但可将其转让其他铁路公司用于铁路经营或转给王室。土地转让意味着土地拥有者将其权利全部转让给受让人，因此铁路公司全部或部分转让其所有的土地，则受让人相应地获得与铁路公司同样的权利。[2]

另外，根据《运输法》规定，加拿大交通运输部是铁路线路规划的主管部门，未经运输部批准，铁路公司不能建设铁路。在考虑各地区对铁路经营和运输服务的需求以及铁路线对所在地区影响的基础上，经铁路公司申请，加拿大运输部依法可授予批准书。特殊情况下，如铁路既有线的路权之内或既有线中心线 100 米之内长度不超过 3 公里的范围内，铁路线的建设无需经过交通运输部批

---

〔1〕 参见张长青、郑翔：《铁路法研究》，北京交通大学出版社 2012 年版，第 50 页。
〔2〕 参见何璧主编：《铁路改革立法规范》，中国铁道出版社 1999 年版，第 312~313 页。

准。[1]

新建铁路和另一铁路交叉，其铁路线建设的相关协议或对协议的修订，应提交交通运输部备案。备案后的协议有法律效力，成为运输部授权各方建设铁路的指令。若当事各方不能达成协议，则加拿大运输部可在考虑相关因素的基础上，批准铁路线建设的申请。[2]

加拿大 1985 年制定《铁路安全法》，并于 1988 年进行修订。[3] 其中规定了铁路建设的相关制度。这些规定涉及铁路工程的修建和改造标准等方面。其中特别重视确定铁路工程的修建和改造标准。制定国家标准的主管部门是加拿大交通运输部，它依法可制定有关控制铁路工程修建与改造的工程标准的规章，以及包括物理规格与性能标准等工程标准。针对特定的铁路建设工程，交通运输部还可能根据需要制定不同的标准。因此，交通运输部还可通过命令要求铁路公司在标准制定中做一些辅助工作，如制定国家标准命令中的工程标准或修订管理工程标准；在命令规定的时间内，将制定或修订的标准提交交通运输部批准；同时规定，铁路公司应主动将其制定或修改铁路建设工程标准的建议提交运输部批准。铁路建设投资巨大，对社会公共利益影响较大，为限制盲目修建铁路，法律对提议修建的铁路工程设定了许多限制性措施。其中包括修建铁路的提议者原则上不得承担铁路建设工程、提出异议和撤回异议以及对周围环境造成不安全影响等规定。[4]

还要指出的是，加拿大铁路行政法治还涉及铁路守法、铁路司法、铁路执法、铁路法律监督等内容。对此也有待将来补充，此处亦从略。

（三）苏联和俄罗斯的情况

1. 苏联铁路行政法制的历史发展。前述 1927 年《苏联铁路条例》经过多次修改，其中既有民商经济法制的条款，又有行政法制的内容。

另外，需要注意，十月革命后，1919 年苏联成立了中央申诉委员会和地方各级申诉委员会，对行政机关进行监督和审理行政争议。而此前行政监督主要是由行政机关自身完成的。20 世纪 40 年代末的司法制度改革产生了俄罗斯行政诉讼制度的雏形。法院开始有权处理行政处罚不服的案件。1961 年 6 月最高苏维埃

---

〔1〕　参见张长青、郑翔：《铁路法研究》，北京交通大学出版社 2012 年版，第 50 页。
〔2〕　参见张长青、郑翔：《铁路法研究》，北京交通大学出版社 2012 年版，第 50 页。
〔3〕　参见张长青、郑翔：《铁路法研究》，北京交通大学出版社 2012 年版，第 51 页。
〔4〕　参见张晓永等："加拿大铁路建设法律制度构建及启示"，载《中国铁路》2007 年第 12 期，第 49~52 页。

主席团"进一步限制行政罚款的使用"的命令指出,公民有权对行政罚款向法院起诉。[1]而铁路行政诉讼与此相关。

但是还要指出,20世纪80年代通过的《苏联及加盟共和国行政违法立法纲要》《俄罗斯联邦行政违法法典》和《对公职人员侵犯公民权利与自由的违法行为向法院控告法》等法律法规,进一步推进其行政诉讼制度的发展。这些法律文件加强了公民因不服行政处罚向法院起诉权的保护,并规定了起诉程序。《对公职人员侵犯公民权利与自由的违法行为向法院控告法》明确规定向上级行政机关提起行政复议是行政诉讼的前置程序(该法后来被修改,取消其复议前置规定)。1989年俄罗斯《对国家机关及公职人员侵犯公民权利与自由的违法行为向法院控告法》就涉讼范围有实质性改变,公民既可对公职人员起诉,又可直接起诉国家机关。但是也有人指出,苏联时期不存在独立的实质意义的行政诉讼制度。[2]对此可能存在不同的认识。

2. 俄罗斯铁路行政法制(治)的历史发展。苏联解体后,俄罗斯铁路行政法制(治)也发生相应的变化。为有效处置与管理铁路运输资产,俄罗斯实施联邦铁路资产私有化,建立统一经营的主体,即俄罗斯铁路股份公司。依据《铁路运输资产管理和处置特别法》,俄罗斯政府负责创建统一经营主体,批准统一经营主体章程,建立统一经营主体的注册资本,组建统一经营主体的管理机构,确定统一经营主体的主要业务范围和股份流动规则及限制条件。[3]

其中规定,俄罗斯联邦财政对国家战略意义的一、二类新线建设进行投资,并对铁路运力改造进行补贴,地区财政负责投资建设三、四类铁路。俄罗斯政府通过法律和经济机制制定措施,吸引股份制和私人资本投资铁路运输业的技术更新和现代化改造。其铁路设施的购置、设计、建设、改造和养护,通过基础设施所有者、运输商、其他法人和自然人的自有资金实现,在符合联邦目标纲要的情况下,可申请使用联邦预算资金。公用铁路线路及其设施、铁路桥梁、隧道、铁路道口的设计、建设、改造(包括电气化改造)和养护,铁路全民动员和国防体系的建立与发展,长途旅客运输的机车和车辆、专用车辆的购置,可由基础设施所有者、运输商和其他法人和自然人投资,也可以由基建投资限额内的联邦预

---

〔1〕参见哈书菊:"俄罗斯行政诉讼制度的历时性审视",载《求是学刊》2007年第3期,第77页。

〔2〕参见哈书菊:"俄罗斯行政诉讼制度的历时性审视",载《求是学刊》2007年第3期,第77~78页。

〔3〕参见张长青、郑翔:《铁路法研究》,北京交通大学出版社2012年版,第48页。

算资金和法定的预算资金投资。[1]

　　俄罗斯铁路线路和设施的投资监管规定，主要体现在《铁路运输法》中。[2]俄罗斯联邦法律赋予相应职能的联邦主管部门负责铁路运输的监管工作。对于公用铁路运输，其监管目的在于维护国家、铁路运输服务用户、公用铁路运输单位之间的利益平衡，保障公用铁路运输完整，保障其安全、优质、有效地运营及综合发展。对于非公用铁路运输，其监管目的在于保障非公用铁路运输安全、优质地运营，确保非公用铁路运输的不间断性，保护铁路运输用户、运输商、基础设施所有者无阻碍使用非公用铁路运输所有者提供的服务。[3]

　　根据法律规定，俄罗斯机车车辆和专用车辆及其组成部分、集装箱、铁路专用设备和基础设施、与公用铁路线路相连的非公用铁路线路上部结构及设施、组织运输过程的专用软件，以及为客运和货运提供的服务，应符合铁路行车与运营安全、人身安全、防火安全、货物运输安全、劳动保护、生态安全和卫生防疫规则及标准等要求，均要列入必需的产品认证范围。其认证工作由联邦铁路运输主管部门依法进行。[4]铁路用地则按照俄罗斯联邦土地、城市建设、生态、卫生、防火等法律规定的办法使用。俄罗斯联邦政府确定铁路线路占地带和线路防护区的使用办法，该办法应符合《联邦土地法》的规定。[5]

　　值得注意，在1995年俄罗斯联邦《铁路运输法》第20条、第21条有关"铁路企业的责任"中，有涉及赔偿、罚款和承担行政责任的规定。而且其中还有铁路管理体制和铁路安全保障等规定。[6]目前，有关法令又历经数次修改。

　　需要指出，俄罗斯交通部在1996年全俄铁路职工代表大会上，制订了《俄罗斯铁路运输业2005年以前的主要发展方向和社会经济政策》的纲领性文件，其中提出铁路体制改革的方向。该文件将交通部、铁路局和分局三级管理体制，改为交通部、铁路局两级管理体制，取消分局这一中间环节，降低管理费用。[7]2001年联邦政府发布进行铁路改革第384号令，决定分三阶段进行为期十年的铁

[1]　参见张长青、郑翔：《铁路法研究》，北京交通大学出版社2012年版，第48页。
[2]　参见张长青、郑翔：《铁路法研究》，北京交通大学出版社2012年版，第48页。
[3]　参见张长青、郑翔：《铁路法研究》，北京交通大学出版社2012年版，第48页。
[4]　参见张长青、郑翔：《铁路法研究》，北京交通大学出版社2012年版，第48页。
[5]　参见张晓永等："俄罗斯铁路法律制度及启示"，载《中国铁路》2008年第7期，第62页。
[6]　参见何璧主编：《铁路改革立法规范》，中国铁道出版社1999年版，第483~501页。
[7]　参见中国铁路体制改革考察团："俄罗斯铁路体制改革考察报告"，载《中国铁路》1998年第1期，第40页。

路改革。改革第一阶段（2001 年～2003 年）的主要任务是实现政企分开。2003 年联邦政府第 585 号令正式批准成立国家持股的俄罗斯铁路股份公司，铁道部与铁路股份公司实现了"政企分开"。〔1〕而且，铁路实行网运分离，逐步开放客货运输市场。为适应铁路改革需要，俄罗斯也随之对铁路货物运价体系进行了修改。〔2〕2004 年初，普京总统决定对俄罗斯联邦政府机构进行"大部制"改革。总统签署第 314 号"关于联邦执行权力机构的系统和结构"的决定，撤销原铁道部、邮电和信息部、运输部，成立俄罗斯联邦交通运输与通信部，完成了交通运输的"大部制"改革。第三阶段要进一步引入私人投资者进入竞争性环节，把更多子公司民营化，60% 的货车拟由社会资本提供。但是目前其第三阶段改革目标并没有完全实现，特别是没有形成竞争机制，这与俄罗斯铁路改革的目标模式不清晰有关。〔3〕

正如有学者指出，俄罗斯联邦政府在铁路改革之初就制定、补充、修改一系列法律，设定明确的改革路线图，得到国家杜马批准、由联邦总统签署命令颁布执行，向社会公布，稳定人们的预期。〔4〕因此铁路改革的总体情况较好。

另外，俄罗斯铁路行政法治也涉及行政诉讼问题。俄罗斯现行行政诉讼的主要制度仍规定在《民事诉讼法典》（2002 年）中。〔5〕还要指出，俄罗斯 1993 年通过《俄罗斯联邦宪法》，而 1995 年的《对侵犯公民的权利和自由的行为和决定向法院提起控告法》、2000 年的《民事诉讼法典》、2002 年《民事诉讼法典》和《仲裁程序法典》都规定了行政法关系案件分别由普通法院、仲裁法院和治安法官按诉讼程序审理。尤其是 2006 年《俄罗斯审理公民请愿的规则》，更是以专门的程序规则来保障俄罗斯公民为实现其联邦宪法所确定的对国家机关、地方自治机关的请求权，规定了审理公民对国家机关、地方自治机关和公职人员的请求程序。〔6〕

从俄罗斯新旧行政诉讼制度中可发现，俄罗斯立法机关没有制定独立的行政

〔1〕 参见赵坚："俄罗斯铁路与大部制改革对我国的启示"，载《综合运输》2012 年第 3 期，第 55 页。

〔2〕 参见李宝仁："俄罗斯铁路管理体制改革后的运价体系探讨"，载《中国铁路》2013 年第 4 期，第 95 页。

〔3〕 参见赵坚："俄罗斯铁路与大部制改革对我国的启示"，载《综合运输》2012 年第 3 期，第 55～56 页。

〔4〕 参见赵坚："俄罗斯铁路与大部制改革对我国的启示"，载《综合运输》2012 年第 3 期，第 56 页。

〔5〕 参见哈书菊："俄罗斯行政诉讼制度的历时性审视"，载《求是学刊》2007 年第 3 期，第 77～78 页。

〔6〕 参见哈书菊："俄罗斯行政诉讼制度的历时性审视"，载《求是学刊》2007 年第 3 期，第 79 页。

诉讼法典，但现行制度已基本体现其行政诉讼的价值取向：公民和人的权利本位观。体系设计的逻辑性增强。[1]

俄罗斯行政诉讼制度规定在民事诉讼制度中，原《民事诉讼法》并无单独规定行政诉讼的举证责任，实践中通常将平等主体之间"谁主张，谁举证"的民事诉讼一般举证规则，适用于不平等主体之间的行政诉讼。检察官参与民事诉讼和行政诉讼是俄罗斯诉讼法的一大特色。按照俄罗斯《民事诉讼法典》的规定，若检察官认为对捍卫公民、社会和国家的合法权益有必要，则有权提起诉讼或在诉讼的任何阶段参加诉讼。其具体表现为，检察官有权为保护公共利益免受违法行政活动的侵害或在受侵犯人因健康、年龄或其他原因不能亲自出庭保护自己权利和利益时提起诉讼；检察院可参与某些重大行政案件的审理，提出检察建议；由检察院提起的行政诉讼和检察院参与审理的案件，检察院享有对法院生效判决的抗诉权。在俄罗斯的法院体系中，没有德国、法国那样的行政法院或中国的行政审判庭，也不像英美国家单一的普通法院体制；其法律体系中也无统一的行政诉讼法。其实俄罗斯裁量行政案件的司法权面临着两难困境。[2]因此其立法有待改进和完善。

此外，俄罗斯铁路行政法治也涉及铁路行政守法、铁路行政诉讼、铁路行政执法、铁路行政法律监督等问题。对此也有待以后进一步研讨。

三、西方和苏俄铁路刑事法制（治）的历史发展

（一）大陆法系的情况

1. 德国铁路刑事法制（治）的历史发展。早在德国 1835 年第一条铁路通车之时，就有相关的刑法规定。但是，直接规制其铁路犯罪的条文是在铁路法制出现之后。1871 年德意志帝国颁行了刑法典。为适应不断变化的情况与需要，该法典经过反复修改。现行德国刑法典就渊源于这一刑法典。[3]其中有损坏财物的犯罪（毁坏包括铁路等建筑物的犯罪）、危害公共安全的犯罪（涉及轨道车辆的纵火）、危害铁路交通和安全的犯罪、扰乱公共供给的犯罪（包括破坏铁路企业或设施的使用等）的罪刑规定。[4]因其中有关铁路犯罪的条文不限于此，还

---

〔1〕　参见哈书菊："俄罗斯行政诉讼制度的历时性审视"，载《求是学刊》2007 年第 3 期，第 79 页。

〔2〕　参见哈书菊："俄罗斯行政诉讼制度的历时性审视"，载《求是学刊》2007 年第 3 期，第 80 页。

〔3〕　参见［德］汉斯·海因里希·耶赛克："为德国刑法典序"，载《德国刑法典》，徐久生、庄敬华译，中国法制出版社 1990 年版，第 1 页。

〔4〕　参见徐久生译：《德国刑法典》，北京大学出版社 2019 年版，第 212~213、220、222~223 页。

有附属刑法的规定，故而其刑事立法并没有集中规定。另外，德国铁路刑事法治还涉及铁路刑事守法、铁路刑事司法、铁路刑事执行、铁路刑事法律监督等问题。对此有待未来加以研讨。

2. 法国铁路刑事法制（治）的历史发展。拿破仑发动政变并于1804年建立第一帝国后，于1810年制定新的刑法典，即《拿破仑刑法典》。该法典强化全面镇压，以重刑著称。但其中仍保留了作为法国革命成果的罪刑法定原则，因而该法典成为19世纪欧洲许多国家制定刑法的典范，在刑事立法史上具有重大影响。从20世纪70年代开始，走过了180余年漫长岁月的法国刑法典开始全面修订，新刑法典于1994年生效，从此开启了法国刑法典的新纪元。之后该法典又历经巨大发展变化，增加诸多新罪，也大大丰富了刑种。[1] 尽管如此，其中仍只有劫持航空器、船只或其他任何交通工具的犯罪（最高法定刑为无期徒刑）、有关擅自进入军事领地、建筑、机器或设施的犯罪等为数不多的关涉铁路犯罪的罪刑规定。[2] 不难发现，其中可以包括劫持火车、擅闯军事专用铁路的犯罪规定。但是，有关铁路犯罪的条文也不限于此，还有附属刑法的规定。因此，其铁路犯罪的刑事规定也较为分散。此外，法国铁路刑事法治，也会涉及铁路刑事守法、铁路刑事司法、铁路刑事执行、铁路刑事法律监督等内容。对此留待以后加以探讨。

3. 日本铁路刑事法制（治）的历史发展。日本第一条铁路在1872年通车，此时已有相关的刑法规定。但直接规制其铁路犯罪的条文仍然是有了铁路法制之后。日本现行刑法典是以1870年德国刑法典为样板，于1907年公布，1908年10月1日施行的。截止到1998年，它经过13次修改。其中规定有故意或过失烧毁火车的罪刑规定，故意或过失决水浸害火车的罪刑规定，以及妨害交通罪的罪刑规定。妨害交通罪包括损坏铁道或其标志或以其他方法致使火车发生交通危险的，或致使火车颠覆等严重后果的犯罪规定，最高法定刑为死刑；还规定了过失导致交通危险的刑事责任。[3] 该法典后来又经历多次修改，截止到2006年共修改了21次。[4] 但是，该法典中关于铁路犯罪的条款变动极少。

值得注意的是，日本铁路犯罪的单行刑法和附属刑法的变化。为保障铁路新

〔1〕 参见朱琳译：《最新法国刑法典》，法律出版社2016年版，封底。
〔2〕 参见朱琳译：《最新法国刑法典》，法律出版社2016年版，第116、193、314页。
〔3〕 参见张明楷译：《日本刑法典》，法律出版社1997年版，第37~43页。
〔4〕 参见张明楷译：《日本刑法典》（第二版），法律出版社2006年版，代译序第1页。

干线的正常运行，日本于 1964 年 6 月 22 日（法律第 111 号）发布施行了《关于妨碍新干线铁路列车运行安全行为的处分特例法》。其中明确规定凡擅自移动铁路设备（指新干线）或损坏铁路设备的，要处以 5 年以下有期徒刑或 5 万日元以下罚金；在新干线铁路上乱放障碍物或与此类似行为的及任意进入新干线铁路线路内的，可以处一年以下徒刑或 5 万日元以下罚金；向运行中的新干线列车投掷物件或向列车射击的，处以 5 万日元以下罚金。这些规定，表明日本对危害铁路行车安全的行为处罚是比较重的。[1]而且，在《铁路企业法》"第七章罚则"（第 67 条至第 75 条）中，也规定了诸多的附属刑法条款，[2]后来也有所修改。

还要指出，铁路刑事法治涉及铁路刑事法律的实施情况，包括法律预防的效果等。从日本修建第一条铁路起至今，日本铁路经历了快速发展、高速变革、趋于平稳等时期。其安全管理体制也在不断地总结经验中逐渐形成。2005 年前后，日本接连发生铁路重大事故。其惨痛教训使日本迅速采取了系列措施，包括修改法律、机构调整、构筑新体制等。其中修订了《铁路事业法》《轨道法》《铁路营业法》《道口改良促进法》在内的系列法律。据统计，日本铁路创立至今 100多年来发生的重大事故已超过 188 件。其中人员过失（乘务员过失、车站人员操作过失）高达 49%。因此，日本针对其人员过失为重点采取系列事故预防措施。[3]这些既涉及铁路（刑事）立法、铁路刑事守法的问题，也涉及铁路刑事司法、铁路刑事执行和铁路刑事法律监督等内容。更进一步的相关研讨有待将来进行。

（二）英美法系的情况

1. 英国铁路刑事法制（治）的历史发展。18 世纪中叶，英国刑事法上发生了一些重大改革，在刑事审判中开始出现以国王的名义起诉、被告可以辩护的对抗式诉讼程序，无罪推定原则逐渐形成并得到运用。刑法中的主要原则体现在 1861 年的统一刑法法令中。之后有关刑事法的法令越来越多，大多是为某项特定罪行或某个诉讼程序专门制定一个法令，而且不断修改和补充，导致非常复杂和繁琐。[4]在 19 世纪中期，英国就最早突破了"法人不能犯罪"的罗马法传统，通常认为在 1846 年 "The Queen v. Great North of England Railway Co." 案件

〔1〕 参见张长青、孙林编著：《铁路法教程及案例》，中国铁道出版社 2000 年版，第 50 页。
〔2〕 参见何璧主编：《铁路改革立法规范》，中国铁道出版社 1999 年版，第 22~25 页。
〔3〕 参见杨洋："日本铁路运输安全立法研究"，北京交通大学 2016 年硕士学位论文，第 17、23、24 页。
〔4〕 参见欧阳涛等：《英美刑法刑事诉讼法概论》，中国社会科学出版社 1984 年版，第 15 页。

中，引入侵权法上的"替代责任"（Vicarious Liability），把雇员行为认定为公司行为并归责于公司，由此确立了公司刑事责任的认定标准。[1]

后来英国就有关铁路法律作出修改。1993年《铁路法》规定，未经批准而经营铁路资产的，处以罚款，诉讼定罪；无正当理由拒绝履行有关执行通知义务的，被视为犯罪并可能被起诉、罚款；无正当理由而不能完成有关警告的义务或有意篡改、压制、毁坏有关文件的，被视为犯罪并可能被起诉、罚款；无正当理由违反或者不能完成在战争、紧急国际局势或严重民族危机情况下控制铁路的命令和义务的，将追究其刑事责任；无正当理由不能完成有关国务大臣指令要求或不完成其强制警告要求的，将追究其刑事责任；违反规定泄露有关信息的刑事责任以及法人团体犯罪的责任承担等。[2]到目前《铁路法》又已经过一些修改和补充。

另外，英国铁路刑事法治，也会涉及铁路刑事守法、铁路刑事司法、铁路刑事执行、铁路刑事法律监督等内容。对此也留待以后进行探讨。

2. 美国铁路刑事法制（治）的历史发展。1830年美国第一条铁路通车，此时也有相关破坏财物的刑法规定。但直接规制其铁路犯罪的条文，也是在有铁路法制之后。美国最早的联邦刑事立法始于1790年《治罪法》。而美国刑事立法权主要在各州。如路易斯安那州1820年就制定了刑法典，1857年纽约州正在起草刑法典。各州的刑事立法有两种情况：一是全部犯罪规定于制定法中；二是只有部分犯罪规定于制定法中，而其他犯罪仍然依据普通法进行控告。[3]

有学者指出，从1870年起美国开始创立保护工业的立法活动，行政法规也增加不少，维护契约自由的判例也于1905年被联邦最高法院承认。许多州制定了综合性的刑事法典，包括普通法的犯罪条例以及新的犯罪条例。[4]需要注意，美国的刑法典实际上是一些法规汇编，不是真正的刑法典。现行的美国联邦刑法典曾于1877年、1909年和1948年等多次整理和修订。把经过国会通过的有关刑法的单行法令收集于一起，依照字母顺序排列，成为美国法典第18篇。[5]其中

---

〔1〕 参见魏昌东："英国经济刑法：一个不应被忽视的历史存在——英国经济刑法发展的启示"，载《法治社会》2016年第6期，第116页。

〔2〕 参见何璧主编：《铁路改革立法规范》，中国铁道出版社1999年版，第108~109、181、202~203、238~239、240~243、266~269页。

〔3〕 参见何勤华主编：《美国法律发达史》，上海人民出版社1998年版，第273页。

〔4〕 参见欧阳涛等：《英美刑法刑事诉讼法概论》，中国社会科学出版社1984年版，第5~6页。

〔5〕 参见欧阳涛等：《英美刑法刑事诉讼法概论》，中国社会科学出版社1984年版，第17页。

就有关于破坏机动车及其设施的罪刑规定（法定最高刑为终身监禁甚至死刑）、关于爆炸物和其他危险品犯罪、进入火车实施的犯罪、针对铁路的恐怖主义犯罪的罪刑规定等，至今其也已经过若干次的修改。[1]值得指出的是，1980年《斯塔格斯铁路法》中没有明确的附属刑法条款的规定，[2]这在一定程度上可见其立法的特点。

另外，美国哥伦比亚广播公司2021年10月17日报道称，近日在一趟从费城市区开往邻近郊区的列车上，一名美国女子在众目睽睽之下惨遭强奸，而乘客无一人对受害女子施以援手，甚至还有人拍摄视频上传至社交媒体。[3]这一案件既涉及美国铁路刑事守法的问题，也涉及铁路刑事司法和铁路刑事法律监督问题等。本书关于美国铁路刑事法治发展的进一步研讨，有待将来作出补充论述。

3. 加拿大铁路刑事法制（治）的历史发展。加拿大原属英国殖民地，其政府权力的划分最初规定于英国议会在1867年制定的《英属北美法令》。据此各省立法机构不得制定刑事法律，而只能制定省级法令以建立和管理本省的刑事司法，并可以在省级法令中规定罚金和短期监禁等制裁措施以保证法律的实施。之后，1892年《加拿大刑事法典》是在受到英国史蒂芬起草的《英国法典草案》的影响下正式颁布的。[4]其中已有涉及铁路犯罪的若干内容，后来该法典又经过多次修改。其中既有对危害交通设备致人伤亡的罪刑规定（最高法定刑为终身监禁），又有对驾驶火车危害公共安全的犯罪及其禁止令、破门进入铁路车辆的犯罪、纵火或失火或爆炸等犯罪的追责规定。[5]

需要指出的是，加拿大的铁路法中也有刑事规定，如不服从委员会命令的，罚款或者处12个月以内的监禁，或两者并罚；阻碍工程师检查的，罚款，若不立即付清罚款或不按照法官指定时间付清者，则应受3个月内的劳役或无劳役的监禁；铁路警察失职的，罚款或者处2个月内的劳役或无劳役的监禁。[6]这些规定也将发生某些变化。

---

[1] 载 https://www.law.cornell.edu/uscode/text/18/part-I/chapter-97，最后访问日期：2021年8月10日。

[2] 参见何璧主编：《铁路改革立法规范》，中国铁道出版社1999年版，第403~430页。

[3] 参见刘洋："费城'强奸列车'暴露美国社会冷漠"，载《环球时报》2021年10月19日，第4版。

[4] 参见卞建林等译：《加拿大刑事法典》，中国政法大学出版社1999年版，第4页。

[5] 参见卞建林等译：《加拿大刑事法典》，中国政法大学出版社1999年版，第7、167~169、174、177~178、219、253~254页。

[6] 参见何璧主编：《铁路改革立法规范》，中国铁道出版社1999年版，第385~386、394页。

另外，加拿大铁路刑事法治也会涉及前述提及的铁路刑事守法、铁路刑事司法、铁路刑事执行和铁路刑事法律监督等问题。对此有待未来加以研讨。

(三) 苏联和俄罗斯的情况

1. 苏联铁路刑事法制的历史发展。1922 年《苏俄刑法典》是苏维埃第一部刑法典，也是世界法制史上第一部社会主义类型的刑法典。它是在 1919 年《苏俄刑法指导原则》和无产阶级专政学说的基础上制定的。其中采用了类推原则。苏联成立后，为进一步统一整个苏联领域内的刑事立法，1924 年制订了刑事立法纲要，对 1922 年《苏俄刑法典》进行了修正和补充，该纲要成为全联盟和各加盟共和国刑事立法的基础。1958 年苏联又通过新的刑事立法纲要，它只是刑法一般原则的规定，相当于刑法总则，有关分则的具体犯罪和处罚方法，由各加盟共和国刑法典规定。该纲要废除适用类推的规定，采用罪刑法定原则，并对犯罪概念进行修订。根据刑事立法纲要精神，1960 年苏联又通过新的《苏俄刑法典》，其中规定了罪刑法定主义原则。该刑法典实施后，又经过多次修改与补充。[1]

与此相结合，在《苏联铁路条例》中，也有包括一些刑事责任的规定。例如，1935 年修订的《苏联铁路条例》第 22 条[2]、第 46 条[3]、第 61 条至第 62 条[4] 等。

另外，在法律实施的效果方面，据有关苏联铁路 1980 年~1989 年事故统计，在此期间由铁路员工过失造成的旅客列车重大事故，每年导致的死亡人数分别是 99、47、50、41、46、28、88、157、47、12 人。[5] 另据有关统计，绝大多数铁路员工以积极和负责的态度执行列车安保规则，使铁路安全形势总体稳定。1991 年发生的行车重大事故总数比 1990 年下降了 6.6%。[6]

此外，苏联铁路刑事司法、铁路刑事执行和铁路刑事法律监督等问题，有待将来展开探讨。

2. 俄罗斯铁路刑事法制 (治) 的历史发展。在俄罗斯刑法典中有铁路犯罪的罪刑规定：第 27 章危害交通安全和交通运输运营安全的犯罪中，第 263 条

---

〔1〕 参见何勤华主编：《外国法制史》(第 6 版)，法律出版社 2016 年版，第 351~352 页。

〔2〕 参见铁道部商务局译：《苏联铁路条例》(上册)，人民铁道出版社 1952 年版，第 12 页。

〔3〕 参见铁道部商务局译：《苏联铁路条例》(上册)，人民铁道出版社 1952 年版，第 27 页。

〔4〕 参见铁道部商务局译：《苏联铁路条例》(上册)，人民铁道出版社 1952 年版，第 35~37 页。

〔5〕 参见宋树勋："苏联铁路 1980~1989 年事故统计"，载《中国铁路》1990 年第 12 期，第 31 页。

〔6〕 参见孔祥集："前苏联铁路 1991 年行车安全情况"，载《国外铁道车辆》1993 年第 1 期，第 52 页。

（违反铁路、航空或水上交通安全规则和运营安全规则的犯罪）、第 266 条（对交通运输工具进行劣质修理和将有技术缺陷的交通工具投入使用的犯罪）、第 267 条（破坏交通工具或道路等设备的犯罪）的最高法定刑为 10 年自由刑；而第 268 条（违反保证交通运输安全工作的规则的犯罪）的最高法定刑为 8 年自由刑。另外，刑法典第 24 章第 211 条关于劫持铁路机车车辆的犯罪，最高法定刑是 15 年自由刑。[1]而且，1995 年俄罗斯联邦《铁路运输法》第 20 条中，规定铁路企业对人员造成伤害的法律责任包括刑事责任。[2]

　　另外需要注意，根据《俄罗斯联邦检察机关法》的规定，俄罗斯联邦专门检察机关分为两类：一类是军事检察机关和运输检察机关；另一类是自然保护检察机关和劳动改造机构的检察机关。其中运输检察机关负责对铁路运输、航空运输、海洋运输与内河运输的一切企业、机构和组织执行各种交通安全法的情况、恪守人与公民权利及自由的情况实施监督等。专门的交通运输检察院设有与联邦主体（州）一级的交通运输检察院，以及与地方基层检察院一级的基层交通运输检察院。俄罗斯总检察院还内设一个厅局级交通运输检察工作机构，专门负责交通运输检察具体业务。其运输检察制度经历了艰难曲折的发展，直至 2006 年，俄罗斯联邦恢复了"大运输"检察机关的设置，以强化对铁路运输、内水水上运输、海洋运输和航空运输机构执法情况的监督，保障国家动脉畅通。其交通运输检察院的管辖范围，包括铁路、水上、航空和海关四个领域。还要指出的是，20 世纪 80 年代以前，俄罗斯设有专门的交通运输法院，而今俄罗斯交通运输法院已撤销有 40 余年。俄罗斯交通运输检察院可依据刑事案件的发案地、案情是否重大，分别向其所在地法院或重大刑事案件法院起诉。[3]此外，俄罗斯铁路刑事法治涉及铁路刑事司法、铁路刑事执行和铁路刑事法律监督的内容，也留待将来展开研究。

　　综上所述，发达国家铁路法制（治）的主要特点大致表现在四个方面：(1) 因各国铁路的改革模式和内容有所不同，为其保驾护航的铁路法律法规的内容也有所不同。其中，欧洲各国铁路依据自身所处的政治、经济环境和铁路自身的特点，采取了以"网运分离"为特点的改革模式；而同是发达市场经济国家的美

---

〔1〕　参见俄罗斯联邦总检察院编：《俄罗斯联邦刑法典释义》，黄道秀译，中国政法大学出版社 2000 年版，第 572～573、729～746 页。

〔2〕　参见何璧主编：《铁路改革立法规范》，中国铁道出版社 1999 年版，第 483～501 页。

〔3〕　参见樊晓茜："中俄运输检察制度比较研究"，郑州大学 2010 年硕士学位论文，第 16、20～21 页。

国、加拿大和日本，却采取了"由主要使用者拥有路网，向次要使用者开放通路权"的铁路改革模式。[1] 因此其法律内容也有不同。（2）发达国家的铁路法制有大陆法系与英美法系之别。以日本、美国两国为例，因两国所属法系不同、各自立法体制不同，两国的立法体系各有特点。日本属于大陆法系国家，立法体系的形成一般采用法典形式。在其铁路立法体系中，突出体现了系统性的特点，形式极为规范，分别表现为法律、政令或省令，按不同的立法内容，形成法典式的体系结构。而美国属于英美法系国家，在其铁路立法体系中，有的是按单行法律体现的，有的则将不同法律按内容归类来体现。[2] 苏联和俄罗斯的法律虽有大陆法系的影子，但是因受意识形态和价值观的影响，它们仍有较大的差别。（3）因国体不同，在铁路建设经营管理机制上也各有特色。但找寻一套能增加效益、提高效率的运行机制却是各国的共同心愿。从发达国家在铁路发展进程中对其建设经营管理的机制改革来看，各国都在努力降低运行成本、协调国家和运营主体的利益。[3]（4）各国的铁路法制建设水平，与该国法制文明乃至法治文明程度相关联。不同国家实行法治的时间和程度差异，在一定程度上影响着铁路法治的发展状况。

第二节　我国铁路法制（治）的历史发展

铁路的建设、运营和安全都与国民经济的发展息息相关，铁路从最初修建到最终安全运输的"一生"都离不开法律的保驾护航。我国铁路建设肇始于晚清时期，铁路的法律规定亦可追溯至晚清时期。本节力图从晚清时期、民国时期和新中国时期三个历史时期，粗略探讨和勾勒我国铁路法制（治）的发展历程。

一、我国铁路民商经济法制（治）的历史发展

这里，仍然从法律制定到实施的动态角度和不同环节展开讨论。

（一）铁路民商经济立法

以下拟从时间先后探讨晚清时期、民国时期、新中国时期铁路民商经济立法的规定与演变。

---

〔1〕 参见张长青、郑翔：《铁路法研究》，北京交通大学出版社 2012 年版，第 58 页。
〔2〕 参见肖翔："加快立法 推进铁路改革"，载《中国铁路》2005 年第 2 期，第 16 页。
〔3〕 参见张长青、郑翔：《铁路法研究》，北京交通大学出版社 2012 年版，第 58 页。

1. 晚清时期铁路民商经济立法。铁路事务也涉及民商法和经济法的范畴。晚清时期，民法有《大清民律草案》，商法有《钦定大清商律》《商律草案》等，在这些民商事法律（或草案）中均有涉及铁路事务的规定。

中国古代法律不仅不区分刑民，民商律法也是合一的。晚清时期，民商事律法已成为时代的需求。清廷在 1904 年制定和颁布了推行难度小但属社会极度需要的《商人通例》和《公司律》，二者合称《钦定大清商律》。《钦定大清商律》也属于民事立法的范畴，属于民事特别法。其中《商人通例》规定男子在 16 岁以上，只要是经营商贾事务、进行商业贸易和买卖、贩卖运送货物的人，都是商人，女子一般不能从商、成为商人。据此，也就明确了从事铁路运输业务的商事主体。同时，《公司律》对商路公司的创办和发展起着十分重要的规范作用，成为商路公司的重要法律保障和行动指南，对晚清铁路事业的发展乃至社会政治都产生了深远的影响。[1]

需要指出，在晚清铁路立法中，《矿务铁路公共章程》、《铁路简明章程》和《重订铁路简明章程》已初步具有铁路法的雏形，但其仍有许多不足，其地位还远不具有根本性。《矿务铁路公共章程》内容涉及铁路的许多方面，对兴办形式、职掌分工、筹款、收入分配、征地和征税等都有规定。[2]

但必须注意的是，在半殖民地半封建社会时期，因主权受限和封建残余等因素的影响，其铁路立法存在诸多的局限和不足。

2. 民国时期铁路民商经济立法。民国时期的民事立法主要是《中华民国民法》，虽然没有关于铁路民事规则的直接规定，但是有些法条也可以直接适用于铁路领域的民事法律关系。如其中第二编《债》的第二章第 16 节《运送》中的第 631 条（托运人之告知义务规定）：运送的货物根据该货物自身特性有可能造成他人或财产损害的，托运人在签订合同之前，应将该特性告知运送人。如若未及时告知，因该货物造成损害的，则由托运人承担赔偿责任。

通常认为，1932 年颁布了中国历史上第一部铁路基本法——《铁道法》。该法的诞生，符合近代铁路国有化的产业发展路径，也符合铁路法制由简至繁、由缺至全的演进路径。该法是国民政府推行铁路产业政策的根本性立法，[3] 它使

---

〔1〕　参见叶士东："晚清铁路立法研究"，广西师范大学 2002 年硕士学位论文，第 28~29 页。

〔2〕　参见叶士东："晚清铁路立法研究"，广西师范大学 2002 年硕士学位论文，第 33 页。

〔3〕　参见黄华平："1932 年《铁道法》形成的历史路径及其实施阻力"，载《贵州文史丛刊》2011 年第 2 期，第 36~37 页。

铁路建设和管理有法可依，其中涉及铁路建设的权限、筑路标准、资金来源、技术标准等方面的立法规定。[1]

值得指出，当时的立法虽然借鉴西方经验制定相关法律，但是仍然存在一些缺陷和不足。相关法律在实施过程中遇到阻力，且因战乱频繁，不断的外耗与内耗致其效力非常有限。

3. 新中国成立至今铁路民商经济立法。为加强对铁路运输的管理，原铁道部曾经于1949年底研究起草《铁路运输暂行条例》，以便在条例的基础上，把铁路运输管理纳入法制化的轨道，虽先后六易其稿，但最终因当时社会经济形势变化大而未能出台。[2]

当时结合实际情况，1950年中央军委和政务院联合颁布《铁路军事运输暂行条例》，1950年政务院颁布《铁路留用土地办法》；1951年政务院财经委颁布《铁路旅客意外伤害强制保险条例》《关于签订铁路运输合同的决定》以及其他部委颁布的有关办法等一系列的法规规章。

全国人民代表大会常务委员会在1990年通过了《铁路法》（共74条，自1991年5月1日起施行）。其中对铁路运输营业、铁路建设、铁路安全与保护以及相关法律责任作出规定，还有关于铁路运输合同、铁路运输企业的违约责任和赔偿责任以及旅客、托运人或者收货人的赔偿责任的规定。2005年10月13日，铁道部颁布《铁路合同管理办法》，进一步规范了铁路企业与其他法人、组织或个人在生产经营活动中签订的具有民事权利义务关系的协议，目的是依法维护铁路企业的合法权益，有效防范经营风险。

另外，现行《铁路法》已经过2009年、2015年两次修正。当前正在进行第三次修订，这是一次全面的修订。需要指出，该法实施以来，在保障铁路运输生产秩序与运输安全，推动铁路建设顺利进行，促进铁路事业发展等方面发挥了积极作用。但随着社会主义市场经济体制不断建立健全和改革开放的不断深化，其中不少内容已明显不适应；尤其是在协调推进"四个全面"战略布局，实施铁路政企分开改革，加快铁路建设发展的新形势下，其滞后性更加突显。为了贯彻全面依法治国、全面深化改革要求，适应铁路政企分开改革新形势、促进铁路行业持续健康发展，迫切需要全面修订《铁路法》。国家铁路局认真研究了中央重

---

〔1〕 参见《中国铁路建设史》编委会编著：《中国铁路建设史》，中国铁道出版社2003年版，第30~31页。

〔2〕 参见张长青、郑翔：《铁路法研究》，北京交通大学出版社2012年版，第18页。

大决策部署，着力回应新形势下的立法需求，进一步完善具体条款；同时组织征求相关部委、企业和地方人民政府意见，充分听取各方面建议；深入铁路运输企业、建设企业、装备制造企业和铁路公安机关，广泛开展调研和论证，形成了《铁路法（修订草案）》（征求意见稿）。[1]后来草案还经过多次修改，目前仍然处于修订中。

值得指出，为推进铁路治理体系和治理能力现代化制度体系建设，加强法治宣传教育，提升干部职工法治意识与法治能力，确保依法行政，国家铁路局科技与法制司 2019 年专门编辑了《铁路法律法规规章选编》一书。其中收录 29 件铁路行业法律、行政法规和规章；收录 108 件与国家铁路局履职密切关联的法律法规内容；还收录 33 件与铁路相关的地方性法规和地方政府规章。

由上可见，我国当前铁路民商经济立法已取得巨大成绩，并且正在进一步推进铁路治理体系和治理能力现代化建设的发展之中。

（二）铁路民事守法

如第一章所述，铁路民事守法是指涉及铁路民商经济法律关系领域的守法活动，是单位和公民自觉遵守铁路民商经济法律规范，将铁路民商经济法律规范的要求转化为自己的行为，使铁路民商经济法律规范的内容得以实现的活动。以下也以时间先后对晚清时期、民国时期以及新中国时期的铁路民事守法情况进行讨论。

1. 晚清时期铁路民事守法。随着 1840 年鸦片战争的爆发，中国国门被迫打开，铁路这一舶来品也开始传入中国。在当时中国这个长期重农抑商、以天国自居的保守国度里，晚清铁路事业开始了它的艰难起步。虽然 1840 年前后铁路有关知识就开始传入中国，但保守而自大的清政府一直对修建铁路持否定和拒绝的态度。直到 1881 年，李鸿章毅然试办铁路，建成了唐胥铁路，才掀开国人自建铁路的序幕。此后直到 1911 年，中国通过向洋人借款以及自身筹募款项的方式，修筑了一批国有铁路。[2]而借款修筑的铁路里相当一部分是晚清政府以抵押经营权的方式修筑而成，因此它们只是名义上国有，实际经营权由洋人所有。晚清除了国有铁路，里程最长的就是被帝国主义侵略者控制和所有的铁路。甲午中日战争的溃败，使帝国主义掀起瓜分中国狂潮，同时也疯狂侵夺中国的路权。如 1896 年 3 月，沙俄通过同中国签订《御敌互助援助条约》获得在中国东北的筑

---

〔1〕 参见国家铁路局："《铁路法（修订草案）》（征求意见稿）起草说明"，载 http://www.nra. gov.cn/hdjl/wsdc/zqyj1/201907/t20190730_84096.shtml，最后访问日期：2020 年 12 月 10 日。

〔2〕 参见叶士东："晚清交通立法研究"，中国政法大学 2005 年博士学位论文，第 31~32 页。

路权；1898 年 3 月，德国通过同中国签订《胶澳租借条约》获得胶济铁路的筑路权；1898 年 4 月，法国迫使清政府承认中国段滇越铁路筑路权。此外，还有南满铁路、京九铁路（英段）、台湾铁路等也被侵夺。[1]

在帝国主义坚船利炮的武力威胁下，清政府不得不遵守这些涉及路权的契约。因为当政者也认识到在国力衰弱的局面下，相对于违背契约，遵守契约利大于弊。按照晚清建成铁路里长计算，当时中国铁路以国有铁路和帝国主义国家侵略者所有铁路为主，两者总长占铁路总里程九成以上，剩下一成不到为商办铁路和地方官营铁路。[2]对于完全由外国管控的中东、南满、安奉、滇越等殖民地铁路，中国铁路立法根本没有任何作用，更遑论要求侵略者守法的问题。而对于借洋款修建的京奉、沪宁、广九、正大等铁路，借款合同里大多附加许多不平等的条款。比如由洋账房控制铁路财政，借款款项也必须存入债权方指定的外国银行，铁路运行后的余利债权方可分享二成，甚至还有规定中方对铁路借款还本付息不能提前等，实际经营权由外国所有。结果路权大量丧失，成为所谓的半殖民地铁路。中国的铁路立法在这些铁路上虽可以实施，但因这些借款合同的规定优于铁路立法，故而在未将这些合同取消或废除时，铁路立法的实施大受影响；只有在那一丁点儿少得可怜的官办及商办铁路上，中国的铁路立法才有完全实施的可能。[3]

晚清政府与外国银行签订一些有关承建铁路工程的契约，双方约定一方按照另一方的要求完成建设铁路工程工作契约，另一方在接受交付的符合要求的工作成果后按约支付相应的报酬。如大清铁路总公司与比利时银行工厂合股公司于1897 年 5 月 27 日签订的《卢汉铁路借款合同》，其中第 6 款至第 13 款专门规定建设铁路工程事项。山西商务局与华俄道胜银行于 1898 年 5 月 21 日签订的《柳太铁路借款合同》是为了建筑柳林—太原铁路而借款。[4]1898 年 4 月签订的《粤汉铁路借款合同》规定由美华公司建造，并按约行驶、管理该路火车。中英公司（怡和洋行与汇丰银行联同代理人）与两江总督张之洞、江苏巡抚恩寿、督办铁路大臣盛宣怀于 1903 年 7 月 9 日签订《沪宁铁路借款合同》。其中第 2 款

---

〔1〕 参见谈笑："近代中国政府与外国银行订立之契约研究"，湖南师范大学 2018 年博士学位论文，第 95 页。

〔2〕 参见崔志海："论清末铁路政策的演变"，载《近代史研究》1993 年第 3 期，第 69 页。

〔3〕 参见叶士东："晚清交通立法研究"，中国政法大学 2005 年博士学位论文，第 52 页。

〔4〕 参见王铁崖编：《中外旧约章汇编》（第 1 册），生活·读书·新知三联书店 1957 年版，第 760 页。

规定，银公司须按照现在最善最省之法建筑沪宁全路及行驶火车。[1] 除此之外，契约主体为修建铁路的中外间银行契约还有《关内外铁路借款合同》（1898 年 10 月 10 日）、《苏杭甬铁路草合约》（1898 年 10 月 15 日）、《浦信铁路草合约》（1899 年 1 月 6 日）、《九广铁路草合约》（1899 年 3 月 28 日）、《津镇铁路草合约》（1899 年 5 月 18 日）、《正太铁路借款详细合同》（1902 年 10 月 15 日）、《滇越铁路章程》（1903 年 10 月 29 日）、《汴洛铁路借款合同》（1903 年 11 月 12 日）、《道清铁路借款合同》（1905 年 7 月 3 日）等。[2]

整个晚清，民商经济法律在铁路事业中虽得到了一定程度的实施，但在商路公司内部也只是被部分贯彻实施；而在外部，封建的专制统治又经常肆意践踏商律。另外，西方列强也往往施压和加以破坏。这些都大大影响了民商律对铁路事业的正面推动作用。半殖民地半封建社会的背景下，寄希望于晚清政府和群众在铁路民事守法方面有较好表现是不现实的。

2. 民国时期铁路民事守法。1912 年，南京临时政府成立，在交通部设立"路政司"对铁路进行管理，并没有建立专门的管理机构。这段时期，借款筑路已成为一种较为认同的倾向，但强调订立合同时要公平正当，尽量避免损害国家主权。因军阀混战、战乱频繁，政府颁布的各项法规往往沦为一纸空文。[3]

1927 年南京国民政府成立，结束了北洋军阀的统治，为全国铁路的建设发展创造了较好的客观环境。1928 年，铁道部成立，孙科担任铁道部长，铁道部成为管理全国铁路的专门机构。铁道部于 1932 年颁行近代中国第一部铁路专门法律《铁道法》，在很大程度上促进了铁路的建设与管理。但外部和内部阻力使得它并没有得到很好遵守。[4]

《铁道法》赋予铁道部监督和审核民营、公营及专营铁路的权力，但实践中屡遭阻力。如杭江铁路初建时，因铁路工程未达到部颁标准，铁道部要求其整

---

〔1〕 参见王铁崖编：《中外旧约章汇编》（第 2 册），生活·读书·新知三联书店 1959 年版，第 166 页。

〔2〕 参见谈笑："近代中国政府与外国银行订立之契约研究"，湖南师范大学 2018 年博士学位论文，第 86~87 页。

〔3〕 参见黄华平："1932 年《铁道法》形成的历史路径及其实施阻力"，载《贵州文史丛刊》2011 年第 2 期，第 37 页。

〔4〕 参见黄华平："1932 年《铁道法》形成的历史路径及其实施阻力"，载《贵州文史丛刊》2011 年第 2 期，第 37 页。

改，而当时浙江省长张静江根本不遵守规定，继续修建。在强势的地方势力面前，《铁道法》仍是一纸空文。[1]

诚然，也要指出，该法也获得了一定程度的遵守。南京国民政府制定了一系列保障铁路建设的铁路政策：在人员管理方面，铁道部整顿铁路警务，规范铁路管理；在铁路教育方面，加强铁路高等教育，发展和提高扶轮教育，全面推行铁路职工教育，加强和改进留学教育，为铁路建设培养了大批人才；在铁路技术方面，抽换重型钢轨、加固桥梁、抽换枕木、增加战场设备、装添调度电话、增设机车车辆等，改善铁路硬件设施，巩固铁路建设。[2]

3. 新中国成立至今铁路民事守法。既可以从守法角度，也可以从铁路民事纠纷、铁路民事侵权角度考察其民事守法的情况。

有人指出，千千万万铁路职工在自己的岗位上认真作业、遵纪守法，为维护铁路运输安全贡献自己的一份力量。同时他们严格遵守《中华人民共和国食品卫生法》（该法已失效，现行法律为《中华人民共和国食品安全法》）有关规定和食品卫生管理的各项规章制度，规范食品的进货渠道，保证食品质量，杜绝变质食品、过期食品上车，保障旅客在车上用餐的食品卫生安全。[3]

另外，据不完全统计，2005 年铁路局直管站段改革到 2006 年的一年期间，全路 18 个铁路局（公司）和 3 个专业运输公司发生或正在办理的诉讼案件有 1500 多件。其中合同纠纷仍是发案率最高的；劳动争议的数量也上升很快，并且呈现集体性诉讼的趋势；一些新型维权案件不断出现。这一系列案件说明铁路企业面临的法律风险很大。[4]

另据报道，2017 年 1 月至 2020 年 12 月，上海铁路运输法院共受理涉铁路民商事案件 263 件，共受理涉铁路刑事案件 255 件。其中，涉铁路民商事案件后两年和前两年相比，收案数量呈翻倍式增长，涉铁路刑事案件每年收案量平稳。[5]

---

〔1〕 参见黄华平："1932 年《铁道法》形成的历史路径及其实施阻力"，载《贵州文史丛刊》2011 年第 2 期，第 37 页。

〔2〕 参见李长玲："南京国民政府时期的铁路政策研究（1927-1937）"，山东师范大学 2008 年硕士学位论文，第 62~69 页。

〔3〕 参见王晓："遵纪守法：我们重要的现代理念"，载《人民铁道报》2006 年 5 月 10 日，第 A02 版。

〔4〕 参见田根哲："加强铁路法制建设 促进铁路跨越式发展"，载《中国铁路》2006 年第 8 期，第 3 页。

〔5〕 参见江跃中等："上铁法院 2017~2020 年涉铁路民商事案件收案数量增长"，载 https://baijiahao. baidu.com/s？id=1706683749004521663&wfr=spider&for=pc。

此外，2021 年 10 月 28 日，笔者登录中国裁判文书网，在"当事人"和"法律依据"中，分别填入"铁路"和"铁路法"，同时检索"民事案由"＋"民事案件"＋"判决书"，然后增加"关键字：人身损害赔偿"，共检索到 137 篇判决书。经核查发现，其时间跨度为 2011 年至 2021 年 10 月。这表明该期间我国已在中国裁判文书网上公布涉及铁路民事侵权判决书的部分情况。

由此可见，我国当前铁路民事守法的部分情况。应当说，总体情况良好，但也要进一步加强铁路民事守法教育和宣传工作，更好地改善其守法状况，提升铁路法治文明程度。

（三）铁路民事司法

下文也以时间先后顺序进行探讨。

1. 晚清时期铁路民事司法。在晚清时期，官府对铁路民事纠纷的审理程序与普通民事纠纷并无差别，都实行不告不理原则，非当事人主动报案则官府不主动介入当事人之间的法律纠纷，同时官府在审判过程应处于中立地位。在"清末修律"时期，出现了两部民事诉讼法草案，一部是《大清刑事民事诉讼法草案》，但是这部草案在编成之后遭到了张之洞等礼教派的强烈反对，他们认为该草案的法律原则与中国旧律精义相悖，不符合中国的政教大纲，于是该草案还未出台就被废止了。第二部草案是《大清民事诉讼律草案》，该草案是在《大清刑事民事诉讼法草案》后编成的。1907 年 12 月 18 日的《修订法律馆办事章程》，是促成《大清刑事民事诉讼法草案》最终成为弃案以及《大清民事诉讼律草案》独立成篇的直接依据。[1]

由于辛亥革命的爆发，《大清民事诉讼律草案》最终并未真正实施，所以该草案规定的民事诉讼原则、程序都并未适用到铁路民事诉讼案件审理中。官府对民事案件审理的法律依据，仍为《大清现行刑律》中的相关规定。[2]

当时处于半殖民地半封建的社会状态，其司法必然存在诸多的缺陷与不足。

2. 民国时期铁路民事司法。我国法律文化的近代转型起于清末，但全面地展开并进入司法实践却是从民国初年开始的。在民国初年，法官角色有了很大变化，从古代"清官""父母官"转向专业、独立、不同于行政官员的职业法官；

---

〔1〕　参见曾媛媛："清末民事诉讼制度的发展——以清末两部民事诉讼律为视角"，中国政法大学 2009 年硕士学位论文，第 24 页。

〔2〕　参见曾媛媛："清末民事诉讼制度的发展——以清末两部民事诉讼律为视角"，中国政法大学 2009 年硕士学位论文，第 24 页。

民初废除了传统的司法行政合一体制，试图建立法官独立审判的法律制度。如强调法官中立，"司法不党"的原则等。[1]

民国时期对铁路领域民事纠纷审理的法律依据主要是《中华民国民事诉讼法》。国民党政府于1930年2月26日和1931年2月13日先后两次颁布了《中华民国民事诉讼法》第1至5编。1935年2月1日又公布了新《中华民国民事诉讼法》，共9编12章636条，其中第15条规定了侵权之诉由行为地法院管辖，由此明确铁路领域的民事侵权纠纷的管辖法院；第12条规定了契约纠纷之诉中，如果当事人之间约定了债务履行地，则由该履行地的法院管辖。因此明确了铁路领域的民事合同纠纷的管辖法院。该法还规定了诉讼程序，如状书的记载事项、应诉通知书的送达方式、审判程序、证据规则等。

尽管这些法律借鉴了西方的司法制度，但是因战乱频繁以及资产阶级局限性等因素的影响，仍有许多不足之处。

3. 新中国成立至今铁路民事司法。我国铁路司法系统经历了"两立两撤"。1953年我国建立铁路运输法院，1954年建立铁路运输专门检察院。天津铁路沿线专门法院和天津铁路沿线专门检察署是第一个铁路专门法院和铁路专门检察署。1957年，铁路两院被撤销。

1979年，我国设专门检察院、法院。1982年，我国开始重建铁路司法系统。但在1987年，国家又撤销铁路运输高级法院和全国铁路运输检察院，铁路运输中级法院和铁路运输检察分院的工作改由所在省一级法院、检察院领导，但铁路基层两院与铁路运输中级法院、检察分院之间的业务关系不变。这种铁路部门设立的垂直领导、自成体系的司法系统，有很大弊端，容易出现"儿子审老子"的情况。而且，铁路两院办理的某些案件，地方司法机关也能办，因此与地方司法机关在地域管辖范围上存在冲突。[2]

2010年12月8日，中央编办、最高法、最高检、财政部、人力资源和社会保障部、铁道部联合印发了《关于铁路法院检察院管理体制改革若干问题的意见》，明确改革目标，要求铁路两院同铁路运输企业全部分离，一次性整体纳入国家司法管理体系。2012年2月23日，最高法下发通知，要求尽快完成铁路运输法院改革，在2012年6月底前完成铁路运输法院向地方的移交。铁道部随后

---

[1] 参见郑素一："民初民事诉讼的现代转型"，吉林大学2010年博士学位论文，中文摘要页。

[2] 参见肖欢欢："全国铁路法院检察院本月须全部完成向地方移交"，载《西藏法制报》2012年6月19日，第18版。

在 3 月 3 日发布消息称，在 2012 年上半年中国铁路基本完成铁路法院、检察院移交地方工作，纳入国家司法管理体系。[1] 2012 年 7 月 17 日，最高法院根据铁路法院管理体制改革变化，出台了《最高人民法院关于铁路运输法院案件管辖范围的若干规定》，对铁路法院民事案件管辖范围的规定在第 3 条：涉及关于运输合同纠纷、运输保险合同纠纷、多式联运合同纠纷、铁路运输延伸服务合同纠纷、人身、财产损害赔偿纠纷、铁路线路、机车车辆、安全保障设施及其他财产损害的侵权纠纷、铁路建设及运输引起的环境污染侵权纠纷等铁路运输、铁路安全、铁路财产的民事诉讼，由铁路运输法院管辖。[2]

值得注意，2018 年北京铁路运输法院撤销转设为北京互联网法院。2019 年 2 月 18 日，最高人民法院批复，同意撤销南京铁路运输法院，设立南京海事法院。自 2020 年 1 月 1 日起，原南京铁路运输法院涉铁路案件，由江苏省南京市鼓楼区人民法院管辖，二审法院为江苏省南京市中级人民法院；上海市第三中级人民法院（上海铁路运输中级法院）不再审理由原南京铁路运输法院审理的涉铁路案件的上诉案件。

还要指出的是，自 20 世纪 80 年代初至 2012 年 10 月（30 余年来），全国铁路运输法院共审结各类民商事纠纷案件 19 万余件，诉讼标的总额近 340 亿元。[3]

据此可见，铁路运输法院的改革正逐梦前行，始终在路上。

（四）铁路民事执行

1. 晚清时期铁路民事执行。上文提到在晚清时期虽已有《大清民事诉讼律草案》的编写完成，但因辛亥革命的爆发，随着清王朝的覆灭，该草案最终也未能颁布施行，但却是一个创造性的设想——赋予民商事实体法律配套的程序法律，将民商事案件纳入为其量身打造的诉讼程序中，避免所有类型案件都用一个诉讼程序审理，避免司法资源浪费，有效地加快诉讼进程。关于民事执行的规定在该草案第二章第七节（假执行之宣示）。虽然只有短短一节，但却是第一次将民事执行的规定用程序法的形式表现出来。可惜的是该草案未得到施行，所以该草案规定的民事执行制度也未能得到适用。因此，晚清铁路民事执行制度还是适

---

〔1〕 参见肖欢欢："全国铁路法院检察院本月须全部完成向地方移交"，载《西藏法制报》2012 年 6 月 19 日，第 18 版。

〔2〕 参见百度百科词条"铁路运输法院"。

〔3〕 参见刘奕湛、杨维汉："全国铁路运输法院全部完成签署移交地方管理协议"，载 http://www.gov.cn/jrzg/2012-10/29/content_ 2253467. htm，最后访问日期：2021 年 7 月 20 日。

用刑民合一、实体程序合一的《大清现行刑律》中的相关规定。

必须指出的是，在半殖民地半封建的社会中，其畸形的司法裁判和动荡的时局等多种因素，必然导致其民事执行中存在许多问题。

2. 民国时期铁路民事执行。在当时的《中华民国民事诉讼法》中，其民事执行制度没有专门用一节来规定，而是记录在该法第二编第一章第五节判决之中。如第 395 条第 1 款规定，假执行之宣告因就本案判决或该宣告有废弃或变更之判决，自该判决宣示时起于其废弃或变更范围之内失其效力；其第 2 款规定，法院废弃或变更宣告假执行之法院判决者，应依被告之声明将其应假执行或因免假执行所为给付及所受损害于判决内命原告返还及赔偿。这些法条明确规定了判决作出之后，判决因某种法定事由的发生被废弃或者失效了，应该如何处理当事人之间存在的给付问题。

也要注意，《中华民国民事诉讼法》中关于民事执行的规定受制于当时政治经济社会等条件的影响，有关裁判的执行多数难以落实，其执行必然大打折扣。

3. 新中国成立至今铁路民事执行。新中国成立之初，法制不健全，百废待兴。曾经涉及铁路民事案件的执行，有时可能还无法可依，需要依据政策来执行。"文革"期间，主要是依据政策办案。之后，随着法制建设的逐渐恢复和发展，1982 年全国铁路运输法院开始正式办案，由各级铁路运输法院依照民事法律和有关铁路法规处理铁路民事案件。

据统计，1982 年至 2012 年期间，全国铁路运输法院在办理指定执行案件、清理执行积案中取得了良好业绩，执行各类案件 10 万余件（其中包括民事执行案件），执结标的近 460 亿元。[1] 其中也有执行难的问题。随着"基本解决执行难"阶段性目标实现后，人民法院执行工作如何继续发力？《最高人民法院关于深化执行改革健全解决执行难长效机制的意见——人民法院执行工作纲要（2019—2023）》确定了十个方面、共计 53 项主要任务，推动法院执行工作向"切实解决执行难"目标前进。[2]

由此可知，我国铁路民事执行工作也正在努力向"切实解决执行难"的目标前进。

---

〔1〕 参见刘奕湛、杨维汉："全国铁路运输法院全部完成签署移交地方管理协议"，载 http://www. gov. cn/jrzg/2012-10/29/content_ 2253467. htm，最后访问日期：2021 年 7 月 20 日。

〔2〕 参见罗沙："从'基本解决执行难'到'切实解决执行难'，人民法院将有大动作!"，载 www. xinhuanet. com/legal/2019-06/11/c_ 1124608079. htm，最后访问日期：2021 年 7 月 20 日。

（五）铁路民事法律监督

铁路民事法律监督，是指监督主体对监督对象有关铁路领域的民事行为的合法性进行监督，包括权力的制约监督和权利的制约监督，前者是指国家机关的民事法律监督，后者是指社会力量的民事法律监督。

1. 晚清时期铁路民事法律监督。晚清涉及民事法律监督的法律，主要有1907 年制定的《高等以下各级审判厅试办章程》和 1910 年制定的《法院编制法》。这两部法律对检察官的权责进行了明确规定，是国家机关内部的民事法律监督。例如《高等以下各级审判厅试办章程》第 97 条规定，民事保护公益陈述意见是检察官对于审判行使其职务的职权，监督审判并纠正其错误。检察官对于民事诉讼之审判必须在临监督者如下：婚姻事件、亲族事件、嗣续事件。以上事件如审判官不待检察官在临而为判决者其判决无效，但案经提起上诉者上诉衙门得咨询同级检察官之意见乃予受理。《法院编制法》中规定，检察官有权遵照民事诉讼律及其他法令所定为诉讼当事人或公益代表人实行特定事宜。审判衙门为民事诉讼时，应由配置该审判衙门之检察厅检察官代理为原告或被告。[1] 值得注意，清末有关民事法律监督的规定，是在借鉴德、日等国家民事法律监督规定的基础上，在维护礼制和传统纲常礼教下保留了传统，并没有来得及实施就随着清王朝的覆灭而被废除。[2]

社会力量的民事法律监督的典型例子，是 1908 年英国迫使清政府签订《沪杭甬铁路借款合同》后，浙江人民反对借款，说浙路收回自办，奉有谕旨，"奏准自办，国家已认为法人，乃谕旨、商律，概行抹煞，辄允借款。……是可忍孰不可忍"？但该借款最终还是成议，英人势力渗入到浙路中来。[3] 另外，1910年浙路总理汤寿潜因在雇用英国工程司及领款问题上与邮传部多次争执，被邮传部奏准免职。事发后，浙路公司援引《公司律》第 77 条规定，认为汤寿潜只能由董事局任免，邮传部无权撤销。邮传部则援引过去奏准之成案，认为商路公司并非一般公司，政府有权任免总理。浙路公司不服，引用《铁路简明章程》第 2条关于华洋官商公司均须遵守《公司律》的规定，将此事呈报资政院裁决。资政院认为"邮传部此奏定系以命令变更法令"，主张"凡关于铁路公司事项仍按照公司律办理"，并议决上奏，但清廷最终"著邮传部仍照该部奏案办理"，结

---

〔1〕 参见宋英辉、郭成伟主编：《当代司法体制研究》，中国政法大学出版社 2002 年版，第 185 页

〔2〕 参见金石："我国民事检察制度改革研究"，吉林大学 2019 年博士学位论文，第 27~28 页。

〔3〕 参见宓汝成编：《中国近代铁路史资料：1863～1911》（第 3 册），中华书局 1963 年版，第 870 页。

束了这场争论。这表明在关于商路公司的问题上，清政府并不是一直按商律来办事的。其实又何止浙路，全国商路公司的总协理，除潮汕、新宁、粤汉等路是由公司股东选举外，其余都是由各省官绅推荐报由商部或邮传部奏派，当然也就任由后者任免了。[1]

据此可知，晚清封建专制统治下，法律具有较大的随意性，常常为临时命令所取代或更改。国民此时虽然已具备一定的法律意识，对于政府违法侵权行为可能会积极监督和抗争，但实际上有时很难与强权对抗。

2. 民国时期铁路民事法律监督。辛亥革命后，南京临时政府沿用晚清《法院编制法》所建立的框架，并援用清末修律的《民事诉讼法》，依据该法的规定为检察机关在民事诉讼中设定了相应的职权。南京临时政府对民事法律监督的相关法律并未做更多修改和调整，只是简单引用。[2]

北洋政府时期，北洋政府原则上沿袭清朝法制，保留四级三审检察体制，检察官的规定也未作改变，但随着军阀独裁统治的强化和各派政治斗争，实际中总检察长在民事诉讼中权力在扩大，检察机关也有权干预审判活动。[3]

南京国民政府建立初期，取消了各级检察厅的设置，采用"配置制"，于各级法院内部设置检察官执行检察事务，结束了北洋政府实行的"审检分立制"。同年，南京国民政府公布了《各省高等法院检察官办事权限暂行条例》和《地方法院检察官办事权限暂行条例》，对检察官的职责权限作出了原则性规定。[4]关于检察官参与民事诉讼的范围，南京国民政府的相关法律也作出了相应规定。[5]

另外，社会力量也是一支特别重要的监督力量。当时的社会舆论监督也发挥着一定的作用。

3. 新中国成立至今铁路民事法律监督。1949 年 12 月 20 日《中央人民政府最高人民检察署试行组织条例》颁布。其中对检察机关参与民事诉讼这一职权作

---

〔1〕 参见徐立志："清末商法实施考"，载韩延龙主编：《法律史论集》（第 3 卷），法律出版社 2000 年版，第 224 页。

〔2〕 参见金石："我国民事检察制度改革研究"，吉林大学 2019 年博士学位论文，第 28 页。

〔3〕 参见金石："我国民事检察制度改革研究"，吉林大学 2019 年博士学位论文，第 28 页。

〔4〕 1927 年《各省高等法院检察官办事权限暂行条例》第 2 条规定，依照民事诉讼法规及其他法令所定，为诉讼当事人或公益代表人实行特定事宜。1927 年《地方法院检察官办事权限暂行条例》也作出了同样的规定。

〔5〕 1929 年《中华民国民法》和 1935 年的《民事诉讼法》规定，对于婚姻、亲子关系案件、禁治产案件以及死亡宣告等民事诉讼程序均要求有检察官参与。

出原则性规定。[1] 1950 年 1 月 29 日，最高人民检察署起草了四项规定，其中第二项规定了检察机关的职责，并在经中央批准后，以《关于最高人民检察署四项规定的通报》发布全国各地要求保障实施。[2] 同年颁布的《中华人民共和国诉讼程序试行通则（草案）》详细规定了人民检察院的民事诉讼职责。1951 颁行的《中央人民政府最高人民检察署暂行组织条例》中第 3 条规定了检察机关的民事检察权责。[3] 1954 年 9 月 21 日，全国人大通过《中华人民共和国人民检察院组织法》（以下简称《人民检察院组织法》），以国家法的形式明确了检察机关在民事诉讼活动中的法律监督地位和职权范围。该法第 4 条重新确认了检察机关在民事诉讼中的职权。1957 年最高人民法院在编制的《民事案件审判程序（草稿）》中，对检察机关如何参与民事诉讼的具体程序作出了明确规定。

1957 年开始出现的反右斗争、"左倾" 思想以及后来的 "文化大革命"，使我国民事检察制度遭受极大打击。这一时期，检察机关的法律监督职能被认为是 "矛头对内"，垂直领导体制被认为 "凌驾于党政之上"。1960 年 11 月，最高人民检察院、最高人民法院、公安部合署办公，此时检察机关已名存实亡。1968年 12 月批示的《关于撤销高检院、内务部、内务办三个单位，公安部、高法院留下少数人的请示报告》，各级检察院先后被撤销。[4] 1975 年 1 月 17 日，全国人民代表大会审议通过我国第二部《宪法》。其中第 25 条第 2 款规定 "检察机关的职权由各级公安机关行使"，以国家根本大法的形式正式撤销了检察机关。直到改革开放后，我国民事检察制度才得以恢复并得到稳步发展。

1981 年全国铁路系统已建立了铁路运输高级法院和 20 个铁路运输中级法院、62 个铁路运输基层法院，配备了 1880 名干部。1982 年 5 月 1 日全国铁路运输法院正式办案。1982 年恢复了三级铁路检察机关，同年 5 月 1 日起，铁路检察机关正式办案。1987 年，最高人民法院撤销铁路运输高级法院。铁路运输中级法院和基层法院的业务工作改由铁路局所在地的地方高级人民法院监督和指导。最高人民法院设立交通运输审判庭，最高人民检察院设立铁路运输检察厅，分别对铁路运输法、检两院进行业务指导。[5] 但是，2019 年最高人民检察院内设机构改

〔1〕　参见闵钐编：《中国检察史资料选编》，中国检察出版社 2008 年版，第 389~391 页。

〔2〕　参见王德玲：《民事检察监督制度研究》，中国法制出版社 2006 年版，第 19 页。

〔3〕　参见闵钐编：《中国检察史资料选编》，中国检察出版社 2008 年版，第 393~394 页。

〔4〕　参见任文松："法律监督权研究——以法律监督权的发展历程为主线"，重庆大学 2008 年博士学位论文，第 1 页。

〔5〕　参见莫先达："论铁路运输检察机关的改革方向"，广西师范大学 2018 年硕士学位论文，第 4~5 页。

革，根据优化效能原则调整撤并业务机构，撤销铁路运输检察厅，将控告检察厅、申诉检察厅合并设立为第十检察厅。[1] 由此可见，这一时期铁路检察监督和法院审判监督历经曲折的发展过程。其中也包括铁路民事法律监督的内容。

另外，在社会监督方面，随着公民法律意识逐渐增强，互联网运用日益广泛，社会监督的力度和广度达到一个新的发展阶段。

综上所述，在新的历史时期，我国铁路民事法律监督出现新的风貌和新的进步。

二、我国铁路行政法制（治）的历史发展

以下仍然拟从法律制定到实施的动态角度和不同环节进行探讨。

（一）铁路行政立法

1. 晚清时期铁路行政立法。晚清的铁路行政立法，包括对整个铁路事业都有指导作用和影响的法律中的行政立法，如铁路法等一般性的铁路法律中的行政立法；又包括内容较为具体的铁路法规中的行政立法，其内容涉及建设、运输和管理等方面，也涉及中央与地方两个层次的具体的铁路行政立法。[2]

在中央铁路立法的一般性铁路立法中，铁路法是铁路方面的基本法，它规定铁路事业的总体性与根本性的原则，对一般性和具体性的铁路立法都有重要的指导意义，同时它又为铁路事业提供基本的法律保障。

如前已述，在晚清铁路立法中，《矿务铁路公共章程》和《重订铁路简明章程》已初具铁路法的雏形。例如，在《矿务铁路公共章程》中，其内容涉及铁路的兴办形式、职掌分工、筹款、征地和征税等有关行政审批的规定。[3] 其中立法简明扼要，但不易操作，有时也难以执行。

2. 民国时期铁路行政立法。南京国民政府的建立终结了北洋军阀的统治，为全国铁路的建设发展创造了较好的客观条件。南京政府设立铁道部代替当时的北京政府交通部主理铁路的建设工作。1928 年～1931 年，孙中山之子孙科担任第一任铁道部部长。孙科就任后颁布了两项政策：一是统一管理，二是铁路会计。但是因当时军阀战乱、兵连祸结，铁路筹款难以到位，孙科的设想和努力未

---

〔1〕 参见戴佳："最高检调整整合铁路运输、控告申诉检察机构职能"，载《检察日报》2019 年 1 月 4 日，第 4 版。

〔2〕 参见叶士东："晚清铁路立法研究"，广西师范大学 2002 年硕士学位论文，第 32~33 页。

〔3〕 参见叶士东："晚清铁路立法研究"，广西师范大学 2002 年硕士学位论文，第 33 页。

能实现，1931 年 5 月便辞去了铁道部部长之职。顾孟馀担任铁道部部长期间，于 1932 年 7 月 21 日颁布了《铁道法》。《铁道法》是中国铁路第一部大法，使铁路建设和管理有法可依，涉及铁路建设的权限、筑路标准、资金来源、技术标准等方面。[1] 专门法律的颁布，在很大程度上促进了铁路的建设与管理，特别是在财政和技术等专门事项方面有比较严格、细致的规定。

同时，为配合《铁道法》的实施，南京国民政府出台了相关的法律法规。例如，在运输方面，出台客货车运输通则、联运办法等；在铁道组织方面，修订并颁布《国民政府铁道部组织法》。这些相关法律法规的颁行，一方面进一步确保了铁路建设发展，另一方面为《铁道法》的实施创造了一定的内外条件。[2]

尽管如此，因其受制于当时的政治经济社会条件等各种原因，这一时期铁路行政立法也存在一些不足。

3. 新中国成立至今铁路行政立法。为加强对铁路运输的管理，原铁道部于 1949 年底研究起草《铁路运输暂行条例》，以便在条例的基础上，把铁路运输管理纳入法制化轨道，但最终因为当时的社会经济形势变化大而未能出台。[3]

改革开放以来，我国的铁路法制建设取得较大成就。全国人民代表大会常务委员会、国务院以及铁道部先后出台了《铁路法》《铁路运输安全保护条例》《铁路交通事故应急救援和调查处理条例》（以下简称《铁路事故条例》）等法律法规和规章，为完善铁路行政规章制度，加强行政许可制度建设，制定了《铁道部规范性文件事前审查制度》《铁道部行政许可程序办法》《铁道部行政许可听证制度》《铁道部行政复议程序规定》《铁道部行政许可责任追究办法》等配套制度。

其中 1990 年出台的《铁路法》在整个铁路法律体系中起到了主导作用，作为上位法，《铁路法》是铁路规章、地方性铁路法规制定的法律依据，具有绝对的统领作用。例如《铁路法》中没有规定的事项，其下位法不能作出限制性的规定。《铁路法》自其 1990 年出台之后又经历 2009 年的修改和 2015 年的修正，这两次修正对《铁路法》的内容都未有大改，只是根据当前社会变化的需要调整了部分法律用语，法条总数也未有变化，还是 74 条。然而，2019 年 7 月 30 日

---

[1] 参见《中国铁路建设史》编委会编著：《中国铁路建设史》，中国铁道出版社 2003 年版，第 30~31 页。

[2] 参见钟华英："民国政府的铁路政策"，载《学习月刊》2015 年第 16 期，第 19~20 页。

[3] 参见张长青、郑翔：《铁路法研究》，北京交通大学出版社 2012 年版，第 18 页。

国家铁路局公布了《铁路法（修订草案）》（征求意见稿），至此开启了《铁路法》首次大修订进程，这是第三次修正。此次《铁路法（修订草案）》（征求意见稿）拟对铁路运输、铁路建设、铁路安全管理等做大幅度修改，同时，将禁止强占座位、缺陷产品召回、行政约谈信用规制监管等社会新出现的热点现象纳入铁路法的规制范围。至今，《铁路法》的修订工作还在进行，立法者还未确定草案终稿，草案因此也还未通过。但是，此次《铁路法》修订是国家层面对铁路领域的高度重视和对新兴社会热点问题的高度关注。这是一次进步的、贴近民生的、关注社会不断出现的新现象的立法活动。

（二）铁路行政守法

铁路行政守法是指涉及铁路行政法律关系领域的守法，是单位和公民自觉遵守铁路行政法律规范，将铁路行政法律规范的要求转化为自己的行为，使铁路行政法律规范得以实现的活动。铁路行政守法的历史发展也可分为三段：晚清时期、民国时期以及新中国时期的铁路行政守法。

1. 晚清时期铁路行政守法。晚清时期铁路刚引进，没有设立专门管理机构，由于长期闭关锁国，民众根本不了解铁路，常把路局等同于衙门，把路员等同于官吏。路局员工也没有正确认识自身的使命，常以衙门官吏自居，有的甚至与不法官吏勾结，垄断运输、私运货物、倒卖车皮、不开发票缴纳费用等，铁路收入因此减少许多。

晚清政府通过颁行《矿务铁路公共章程》《铁路简明章程》《公司律》等法律规定强调、鼓励并奖励商办铁路，提出国家保护商办铁路的自主经营，并且严格限制外国资本入资铁路建筑。在立法支持下，各省积极成立商办铁路公司，在1903 年~1907 年内全国 15 个省份创设了铁路公司。各商办铁路公司以积极守法行为响应政府号召，不仅在奏请成立公司的公文中强调"由华商自办""无洋股在内"，还在筹款筹办和运行中，以招股章程、公司章程等一系列规定抵制外国资本。然而轰轰烈烈的收回利权运动在实践中由于资金问题屡遭挫折。官方所办铁路并没有严格遵守限制或禁止外资的规定，要么囿于以往成案，要么出于路工需要，铁路总公司和相关部门频繁借外债。而对于商办铁路公司，也是"雷声大，雨点小"。商办铁路公司从 1906 年开始兴办到 1911 年，全国总共才筑成 85公里铁路，却耗资巨大、亏损严重。[1] 商办铁路公司虽以抵制外资、收回利权

---

[1] 参见宓汝成编：《中国近代铁路史资料：1863-1911》（第 3 册），中华书局 1963 年版，第 1150页。

的目的成立，但在实际运作中屡现借款传闻。

总之，"20 年来，铁路机关，几与一般行政税收机关无异。换言之，即已完全为官僚化之机关，而非复商业的经营之机关，几完全为官僚敷衍之机关，而非复积极营运之机关，故铁路业务，日益凋敝，员司精神，日益颓丧，而总务费之开支，日益巨大，事业费养路费之开支，几无法支付，因之铁路行政，除以消极敷衍为事外，别无其它整顿方法，故其结果，只有日趋退化、腐败，致令全国各铁路，现在几变为一种义务办差之机关，无论军运、贩运、官运、私运，几无不以减免为事，驯至各路泰半腐烂。"〔1〕

2. 民国时期铁路行政守法。从 1916 年 8 月颁布的《国有铁路编制通则》开始，交通部所做的大量统一编制和标准的工作，使各路局的各项制度逐步走向一致化、正规化。1928 年南京国民政府成立了铁道部，接管交通部关于铁道行政一切事宜。1932 年颁行的《铁道法》赋予铁道部人事权和财政权，但实践中这两部法律赋予的权力都受到了抵制。铁道部通过实施裁员和限制各路自由用人来控制各路局滥用人员、扩大编制，但实际上各路并没有严格遵照执行。1932 年铁路系统员工约 12.2 万人，1935 年增至约 13 万人。财政权上，《铁道法》规定各路财政收入除用于自身铁路外，应尽力偿还借款。其实各路铁路债务年年增加，1932 年各路欠外款 7742.2 万元，而 1934 年已增加到 9555.1 万元。1937 年铁道部拟定总账制度，但并没有得到有效实施。强社会和弱中央的现实困境让《铁道法》在实施中流于形式，其效力有限，或妥协或迂回让步。〔2〕

3. 新中国成立至今铁路行政守法。铁路行政守法主体，通常指铁路行政活动中具有守法义务的主体：既包括铁路行政执法对象，又包括铁路行政执法主体（包括国务院铁路主管部门和地方政府及其相关机构的工作人员等）。

铁路行政违法行为，是不履行守法义务、破坏铁路行政守法秩序的行为。例如倒卖铁路车票的违法行为。它是指单位和个人违反国家有关规定，以牟取非法利益为目的，倒卖铁路车票，严重干扰铁路运输市场秩序的行为。依照《中华人民共和国治安管理处罚法》（以下简称《治安管理处罚法》）第 52 条的规定，对倒卖车票行为人处 10 日以上 15 日以下拘留，可以并处 1000 元以下罚款；情

---

〔1〕 参见俞棪："铁路业务整理方针：总理纪念周业务司司长俞棪报告词纪略"，载《铁道公报》1932 年第 273 期，第 6 页。

〔2〕 参见黄华平："1932 年《铁道法》形成的历史路径及其实施阻力"，载《贵州文史丛刊》2011年第 2 期，第 35~38 页。

节较轻的，处 5 日以上 10 日以下拘留，可以并处 500 元以下罚款。

据报道，"票贩子"出现在 1984 年，如今越来越狡猾。从 2005 年到现在算是"进化"到第四代了。第一代是主盯车站兜售，第二代是更新改拉客，第三代是卖票用上电话，第四代为网络倒卖。票贩子也"享受"着信息技术的便利，利用网络倒票。现在的票贩子将窝点设在宾馆、饭店，甚至租借单位的地方或者其他地方进行倒票，非常善于隐蔽。[1]

而且，据统计，2003 年至 2006 年，全路公安机关共破获毒品案件 16 314 起，缴获毒品 1467 公斤；查获拐卖妇女儿童案件 880 起，解救被拐卖妇女儿童 2120 人。从 2004 年开始，铁路公安组织开展"蓝盾行动"；截至 2006 年 10 月，已抓获票贩子 18 870 名，收缴车票 99 551 张，票面价值 1220 万元。[2] 铁路公安机关还在 2006 年春运期间，捣毁倒票团伙 107 个，打掉非法代售点、代办点、黑票点 1291 个，抓获票贩子 4901 名，收缴车票 65 105 张，面值 1100 余万元。[3]

其中既有铁路行政违法行为，也可能还包括铁路犯罪行为。但是依法守法是通常的守法，依法执法则是一种特殊的守法。近些年我国铁路事业发展突飞猛进，铁路安全法治保障水平不断提高，这些与铁路行政守法行为也是分不开的。

总体而言，近几十年来，虽有许多铁路行政违法行为，但是通过不懈的努力，我国铁路行政守法领域也已取得巨大进步。诚然，我们也要为全民守法的目标继续奋斗，任重而道远，力争能够让更多的人自觉守法。

(三) 铁路行政执法

1. 晚清时期铁路行政执法。晚清时期的铁路行政管理机构因外资的进入和战争的影响几次发生变化，既有矿物铁路总局，也有路政司，1906 年又设立了邮传部。因此，晚清铁路行政执法的主体主要是邮传部、各路政司及其工作人员等。

在晚清时期，各路经常有贪劣员司出现。据邮传部于 1909 年统计，各路先后撤革员司不下百十余起，"其情节较重者，均经送交地方官分别监禁拘留、罚做苦工、驱逐回籍，并均照相通行各路，永远不准更名复充路差。"如京汉路信阳站副站长陈正海，因为勒索钱财被免去职务后，改名陈贞海，竟然很快又做到

---

〔1〕 参见郭紫纯、秦胜利："1984 年起票贩子升级四代 如今开始网络倒票图"，载 http://news.sohu.com/20070205/n248054903.shtml。

〔2〕 参见杜文娟："两年多抓获 1.8 万票贩子"，载《人民日报》2006 年 10 月 11 日，第 10 版。

〔3〕 参见张玉忠："论倒卖铁路车票违法犯罪行为特征及治理对策"，载《铁道警官高等专科学校学报》2006 年第 3 期，第 44 页。

了站长职务。只是陈后来因其他事被人告发而自行离职，京汉路才发觉此事，并公告全国铁路管理机构都永不复用陈正海。同时，各路也对导致行车事故的责任人员加以惩处。[1]这是行政滥权或失职、违法执法的情形。违法执法，与前述铁路行政守法相关，违反了铁路行政守法义务。

需要指出，在半殖民地半封建社会中，畸形的执法体制机制和动荡的时局等多种因素，必然导致其行政执法中存在许多问题。

2. 民国时期铁路行政执法。民国时期，原各国有铁路所辖的警务课或警务处及督察所改组为警察署，工程局所辖的警务课则改为警察所，作为路警管理局派驻机构。警察署下设事务、防务、行政和司法四股。行政股主要负责反动宣传的查禁、路工纠纷的查报和弹压、铁路工人集会结社的维护与查报、军运照料、特种人员的保护以及协助清洁卫生等事项。[2]

也要注意，其行政执法的体制机制和有关立法规定，仍然受制于当时政治经济社会等条件的影响，当时政局不稳，战乱频繁，监督不力，必然导致其行政执法中问题重重。

3. 新中国成立至今铁路行政执法。这一时期铁路行政执法主体，主要包括国务院铁路主管部门（原铁道部、国务院其他主管部门及其相关机构）、地方政府相关机构及其有关工作人员等。

1949年10月1日，根据《中华人民共和国中央人民政府组织法》第18条的规定，设置中央人民政府铁道部。1954年9月，根据国务院《关于设立、调整中央和地方国家机关及有关事项的通知》，中央人民政府铁道部即告结束。国务院按照《中华人民共和国国务院组织法》的规定，将原中央人民政府铁道部改为中华人民共和国铁道部，成为国务院组成部门。1970年铁道部、交通部和邮电部邮政部分合并，成立新的交通部。1975年铁道、交通两部重新分立。1992年铁道部开始建立现代企业制度试点。1998年后，工程、建筑、工业、物资、通信五大总公司逐渐与铁道部实行结构式分离。2013年3月，根据《国务院关于提请审议国务院机构改革和职能转变方案》的议案，铁道部实行铁路政企分开。国务院将铁道部拟定铁路发展规划和政策的行政职责划入交通运输部；组建国家铁路局，由交通运输部管理，承担铁道部的其他行政职责；组建中国铁路总公司（后更名为中国国家铁路集团有限公司，简称国铁集团），承担铁道部的

---

[1]　参见叶士东："晚清铁路立法研究"，广西师范大学2002年硕士学位论文，第60页。
[2]　参见黄华平："国民政府铁道部研究"，苏州大学2010年博士学位论文，第80页。

企业职责；不再保留铁道部。[1] 如此铁路行政执法体制也在发展变化之中。

铁路行政主体的行政管理范围主要包括制定法规、监督检查以及违法处理等。而且，铁路行政执法可分为国家铁路局的行政执法和地方铁路监督管理局的行政执法以及其他有关铁路的行政机关或部门的行政执法。国家铁路局负责全国铁路安全生产监督管理，制定全国铁路运输安全、工程质量安全和设备质量安全监督管理办法并组织实施，组织实施依法设定的行政许可；地方铁路监督管理局组织或参与地方铁路生产安全事故调查处理，监督地方铁路运输服务质量和铁路企业承担国家规定的公益性运输任务情况。[2] 另外，铁路公安机关、地铁公安机关和铁路口岸海关监管部门，依法也享有相关的行政执法权。

需要指出，国家铁路局及所属各地区铁路监督管理局，突出重大安全风险防范，以高铁和旅客列车安全为重点，扎实开展安全监督检查，深入推进行政执法，大力开展高铁沿线环境安全综合整治，有力维护铁路安全生产持续稳定。其中，2019 年共派出检查组 2181 组次，检查重点单位和场所 4562 个，检查发现问题隐患 13 209 个，发放问题整改通知书 693 份，向地方政府和企业发函 571 件，开展安全生产约谈 56 次。针对影响铁路运输安全的非法违法行为，依法实施行政处罚 205 起，作出行政处罚决定 335 个。而且，有关部门、各级地方人民政府积极维护铁路安全，高铁沿线环境安全明显改善。铁路沿线环境综合整治长效机制，协同监管、综合治理的工作格局正在形成。[3]

另外，铁路公安机关也为铁路安全法治保障发挥了特别重大的作用，其中主要表现在铁路反恐（预防性执法）方面的重大贡献。在维护铁路运输安全秩序上，铁路警察也功不可没。据统计，2006 年春运期间，铁路公安机关以构建"和谐春运"为己任，先后出动警力 14 万余人次，捣毁倒票团伙 107 个，打掉非法代售点、代办点、黑票点 1291 个，抓获票贩子 4901 名。[4]

总之，我国铁路行政执法机关在铁路法治建设中取得了巨大可喜的成绩，但

---

〔1〕 参见百度百科词条"铁道部"。另见姜葳、陈琳、王海亮："铁道部将撤销职责一分为三"，载《北京晨报》2013 年 3 月 11 日，第 A05 版。

〔2〕 参见百度百科词条"国家铁路局"。另见"国家铁路局主要职责"，载 http://www.nra.gov.cn/zzjg/zyzz/201308/t20130824_ 380.shtml，最后访问日期：2021 年 8 月 20 日。

〔3〕 参见国家铁路局"2019 年铁路安全情况公告"，载 http://www.nra.gov.cn/xw2x/xwdt/gdxw/202003/t20200327_ 107022.shtml，最后访问日期：2021 年 8 月 20 日。

〔4〕 参见张玉忠："论倒卖铁路车票违法犯罪行为特征及治理对策"，载《铁道警官高等专科学校学报》2006 年第 3 期，第 44 页。

是，仍存在诸多改进之处。

（四）铁路行政诉讼

我国行政诉讼制度起始于晚清时期，奠定于民国时期，不断完善于新中国时期。铁路领域行政诉讼案件审理的法律依据、法律程序，与其他领域和类型的行政诉讼案件没有什么不同，都要遵循国家统一的行政诉讼法律，按照行政诉讼法律规定的管辖法院、立案程序、审理程序和相应的法条规定进行审理。从晚清时期至今，都未出现过一部专门规定铁路行政诉讼制度的法律。因此，我国铁路行政诉讼制度内置于我国行政诉讼制度之中。我国行政诉讼制度的发展，几乎也是我国铁路行政诉讼制度的发展。

1. 晚清时期铁路行政诉讼。谈及中国行政诉讼制度的起源，大多数人首先想到的可能是民国时期的平政院以及《平政院编制令》。虽然我国行政诉讼制度确立和实行于民国时期，但其制度设想却萌芽于"清末修律"时期。

在"清末新政"的大背景下，清廷本着"尊国法，防吏蠹"的宗旨，开始在中央筹设行政裁判院，并出台了一些行政诉讼领域的法令与草案，如《行政裁判院官制草案》《法院编制法》。其中，《行政裁判院官制草案》是中国近代法制史上第一部专门涉及行政诉讼制度的法律文件，是中国近代行政诉讼制度的萌芽。但是，随着辛亥革命的爆发，清王朝的覆灭，清末行政诉讼制度还未颁行，行政审判院还未设立，就泯灭在萌芽时期。[1] 但它却对中国行政诉讼制度产生了深远影响。

因清末行政诉讼制度湮灭于其萌芽时期，故而晚清的铁路行政诉讼制度没有法律支撑，更遑论按照行政诉讼程序审理的铁路行政诉讼案件。而且在晚清时期"民告官"制度只是一种大胆设想，根本没有现实存在的社会土壤，所以清末铁路行政诉讼制度也只能是一种美好的向往。

2. 民国时期铁路行政诉讼。平政院是我国历史上第一个行政审判机构，是中国行政诉讼制度设立的现实载体。据统计，从 1915 年到 1925 年，平政院共审理行政诉讼案件 186 件，经裁决取消行政机关决定的 46 件，变更决定或处分的 39 件。[2]

---

〔1〕 参见陈俊霖："清末行政诉讼制度研究——兼论当代铁路运输法院集中管辖行政案件的新格局"，载《法制与社会》2019 年第 24 期，第 244~245、248 页。

〔2〕 参见黄源盛："民初平政院裁决书整编与初探"，载《民初法律变迁与裁判》，台湾地区政治大学法学图书编辑委员会 2000 年版，第 163 页。

1914 年中华民国政府公布的《平政院编制令》和北京政府时期公布的《行政诉讼法》，标志着行政诉讼制度真正在我国确立。这两部律例亦成为我国最早规定行政诉讼制度并已颁布实施的行政法律依据，具有划时代的意义。[1]

其中《行政诉讼法》第 1 条规定了当事人的自诉范围，人民对于"中央或地方最高级行政官署之违法处分，致损害人民权利者；中央或地方行政官署之违法处分，致损害人民权利，经人民依诉愿法之规定，诉愿至最高级行政官署不服其决定者。"因此可以向平政院提起行政诉讼。这一规定为民国时期铁路行政诉讼提供了法律依据，只要当事人认为中央或者地方的行政机关对其做出的关于铁路领域的行政行为属于违法行为，就可以向平政院提起自诉，同时平政院在查明事实的前提下依法审理并作出判决。但目前尚未发现相关案例，对此有待进一步研究。

也要注意，这些法律中关于行政诉讼的规定，仍然受制于当时政治经济社会等条件因素的影响，因战乱频繁，社会动荡，其多数容易沦为一纸空文。

3. 新中国成立至今铁路行政诉讼。中华人民共和国成立后，废除了民国时期的行政诉讼制度。第一届中国人民政治协商会议通过的《中国人民政治协商会议共同纲领》第 19 条第 2 款指出："人民和人民团体有权向人民监察机关或人民司法机关控告任何国家机关和任何公务人员的违法失职行为。"同年中央人民政府委员会颁布的《最高人民法院组织法》和 1954 年《宪法》也有类似规定。行政诉讼在新中国真正开始是在 1982 年。1982 年公布的《民事诉讼法（试行）》第 3 条第 2 款规定："法律规定由人民法院审理的行政案件，适用本法规定。"1987 年 1 月 1 日起生效的《中华人民共和国治安管理处罚条例》规定，治安行政案件可以向法院起诉。1989 年 4 月 4 日全国人民代表大会通过并公布、1990 年 10 月 1 日起施行的《行政诉讼法》，确立了新中国时期的行政诉讼制度，同时进一步使我国行政诉讼制度化。[2]

根据该法的规定，由基层人民法院管辖第一审行政案件；由中级人民法院管辖对国务院各部门或省、自治区、直辖市人民政府的具体行政行为提起诉讼的案件以及本辖区内重大、复杂的案件；由高级人民法院管辖本辖区内重大、复杂的第一审行政案件；由最高人民法院管辖全国范围内重大、复杂的第一审行政案件。据此，铁路行政案件也按照该法有关规定确定管辖级别以及管辖法院。有管

---

〔1〕 参见宋玲："清末民初行政诉讼制度研究"，中国政法大学 2007 年博士学位论文，第 53 页。
〔2〕 参见百度百科词条"行政诉讼制度"。

辖权的法院应当根据当事人的诉讼请求依法立案和审理，查明案件事实，依法作出公正裁决。

新中国成立以来，最典型的铁路行政诉讼案件之一就是 2001 年"乔某祥诉铁道部案"。2001 年春运期间，乔某祥购买了一张从石家庄到磁县的车票，过两天又买了一张从石家庄到邯郸的车票，第一张车票比涨价前多了 5 元，第二张车票比涨价前多了 4 元。乔某祥认为铁道部发布的《关于 2001 年春运期间部分旅客列车实行票价上浮的通知》侵害其合法权益，因此于 2001 年 1 月 18 日向铁道部申请行政复议。在铁道部作出维持涨价通知的复议决定后，乔某祥向北京市第一中级人民法院提起行政诉讼。法院受理此案并作出驳回诉讼请求的判决。乔某祥不服一审判决，向北京市高级人民法院提出上诉，可是二审法院维持原判。乔某祥在该行政诉讼案件中的诉讼请求并未得到法院支持，但却在铁路行政诉讼领域开创了"民告官"的先河。"乔某祥诉铁道部案"成为后来民众维护自己在铁路领域合法权益的榜样和标杆。[1]

另外，2021 年 10 月 28 日，笔者登录中国裁判文书网，在"法律依据"中，填入"行政诉讼法"，同时检索"案由：铁路行政管理（铁路）"+"行政案件"+"判决书"，共检索到 168 篇判决书。经核查发现，其时间跨度为 2014 年 1 月至 2021 年 10 月。这表明该期间我国在中国裁判文书网上公布的涉及铁路行政诉讼判决书的部分情况。

应当讲，我国当前铁路行政诉讼总体情况比较好，但仍然有进一步改进的空间，要进一步提升办案质量，努力做到案结事了，继续提升铁路法治文明水平。

（五）铁路行政法律监督

铁路行政法律监督，是指监督主体对监督对象有关铁路领域的行政行为的合法性进行监督，包括权力的制约监督和权利的制约监督。前者是指国家机关的行政法律监督，后者是指社会力量的行政法律监督。我国铁路行政法律监督的历史时期也可分为三段：即晚清时期、民国时期以及新中国时期的铁路行政法律监督。

1. 晚清时期铁路行政法律监督。1908 年 7 月，在预备立宪背景下，慈禧太后以懿旨公布《咨议局章程》。按照章程规定，咨议局议决本省财政预算决算等重大事件，可以否决督抚决定，产生争执时需要上报中央资政院，因此具有一定监督权。咨议局性质上是地方"议会"，可以监督地方行政的机构。这与想独揽

---

〔1〕 参见唐莹莹："乔占祥诉铁道部春运票价上浮案之法理思考——兼论抽象行政行为的可诉性"，载《当代法学》2003 年第 11 期，第 128～131 页。

大权的督抚产生冲突。〔1〕而铁路行政法律监督不仅与此相关，还与百姓的监督和舆论的监督有密切联系。在半殖民地半封建社会中，畸形的行政法律监督体制机制和动荡的时局等多种因素，必然导致其行政法律监督中存在许多问题。

2. 民国时期铁路行政法律监督。民国北京政府时期，政府实行"三权分立"体制，"国会"既是立法机关，也是监督行政专门机关，不仅享有制定、修改、解释宪法及各种法律权，而且享有对"总统"和"内阁"的同意权和弹劾权。民国南京政府时期，政府分设"五权"，由检察院独立行使弹劾权和监督权。〔2〕

除津浦及胶济二路外，国民政府对各国有铁路实行局长制管理制度。当时共设立汉口、天津、浦口、上海、北平、石家庄、焦作、郑州、广州、武昌、青岛、九江等 12 个铁路管理局。在人事设置方面，每局设局长 1 人，副局长 1~2 人，津浦及胶济两路情形则不同，其施行政策系由铁道部长制定。在具体操作管理方面，各路在财政及资本方面均各自独立；在管理方面，也各自为政。路局只需将预算及账目送请铁道部核准，并经铁道部同意，便可动用超过预算款项，而铁道运费及客票价目，购买某种类材料，职员的任免，在某种定额以上，俸给的增减，会计方式，材料处章则等，则由铁道部设立一定标准，同时派员驻在管理局以监察部令是否遵行。〔3〕

1932 年 5 月 31 日，铁道部公布《铁道部直辖路警管理局组织大纲》，设置路警管理局作为铁路警务的专管机关，并且明确规定"路警管理局直属于铁道部，受铁道部之指挥监督，掌理全国国有铁路警察行政事宜。""国有各铁路警务机关直接受路警管理局之节制调遣及训练监督，并受各该路主管长官之指挥监督。"路警管理局下设总务处、保安处、督察处。〔4〕

应当注意，当时政府借鉴国外三权分立体制或采用五权分立体制，并构建有关铁路行政法律监督体制机制。这虽有一定的历史进步意义，但在当时战乱频繁和政局不稳的情况下，仍有诸多的局限和不足。

另外，社会大众的监督也是一种特别重要的力量。铁路工人大罢工通常就是

---

〔1〕 参见："昙花一现的'咨议局'"，载《北京日报》2013 年 9 月 16 日，第 19 版。

〔2〕 参见赵昕："民国时期政府法律监督体制现代性探索"，西南政法大学 2016 年博士学位论文，第 66~70 页。

〔3〕 参见李长玲："南京国民政府时期的铁路政策研究（1927-1937）"，山东师范大学 2008 年硕士学位论文，第 51 页。

〔4〕 参见铁道部铁道年鉴编纂委员会：《铁道年鉴》（第 1 卷），汉文正楷印书馆 1933 年版，第 978 页。

一种对权力的监督形式，又是一种工人争取权利的抗争途径。

3. 新中国成立至今铁路行政法律监督。如前所述，铁道部作为承担重要行政职能的国家行政机关或者重要职能部门，其历经多次调整和改革。1949年10月1日，中央人民政府铁道部设立。1954年改为中华人民共和国铁道部，成为国务院组成部门。1970年并入新的交通部。1975年铁道、交通两部重新分立。1998年后，工程、建筑、工业、物资、通信五大总公司逐渐与铁道部实行结构式分离。2013年铁道部实行铁路政企分开，不再保留铁道部。[1]如此铁路行政法律监督体制也在发展变化之中。其中既有行政机关的内部监督，又有来自外部行政机关的制约和监督。

其中行政法律监督还包括社会监督。在《铁路安全管理条例》中就规定任何单位和个人发现破坏、损坏或者非法占用铁路运输的设施、设备、铁路标志、铁路用地及其他影响铁路运输安全的行为，有权向国务院铁路主管部门、铁路管理机构、公安机关、地方各级人民政府或者有关部门检举、报告，或者及时通知铁路运输企业。特别是，随着公民法律意识不断增强以及互联网的广泛运用，舆论媒体的监督方式发生巨大变化。社会监督的力度和广度已达到一个新的发展水平。

三、我国铁路刑事法制（治）的历史发展

这里，继续从法律制定到法律实施的动态角度，对其不同环节的内容展开探讨。

（一）铁路刑事立法

1. 晚清时期铁路刑事立法。我国铁路最初之始，铁路治安与保护主要依靠军队，没有专门的铁路刑事立法。1910年清政府邮传部、吏部、法部和陆军部会奏《匪徒窃毁轨路要件治罪专章》，拟定四等罪名；1910年邮传部又颁布《工人查护铁路章程》。1911年清政府编修的《路律》订立了《铁路犯罪条例》，但未经议决，清廷灭亡。[2]

晚清刑律中原来没有惩治铁路犯罪的内容，后来随着铁路日渐重要，刑律也适应时代变化，逐渐增添了惩治铁路犯罪的内容。1910年清廷颁行的《大清现

---

〔1〕　参见百度百科词条"铁道部"。另见姜葳、陈琳、王海亮："铁道部将撤销职责一分为三"，载《北京晨报》2013年3月11日，第A05版。
〔2〕　参见黄华平："国民政府铁道部研究"，苏州大学2010年博士学位论文，第108页。

行刑律》中，专门在邮驿门中规定：凡是故意损毁或者故意盗窃致铁轨、枕木、道钉以及一切重要机件毁坏，导致正在铁路上行驶的列车发生危险，从而致人毙命的，无论发生在官府修筑的铁路还是商贾修建的铁路上，都判处绞刑候斩，在秋天审理，根据情节轻重分别处理；发生危险但没有导致人命的，若是故意毁坏则流放 3 千里；若故意盗窃而导致毁损，则判处 3 年有期徒刑；没有导致危险发生的，若属故意毁坏则判处 2 年有期徒刑；若故意盗窃而导致毁损，则判处 1 年有期徒刑。这一规定在一定程度上保障了铁路事业的发展。[1]

另外，在 1910 年颁布的《大清新刑律》中，分则部分第 15 章妨害交通罪中，也有类似的惩办铁路犯罪的条款。这些规定为当时铁路事业的发展提供了一定的刑法保障。[2] 尽管如此，在半殖民地半封建时期，因政局动荡和主权受限等各种因素的影响，铁路刑事立法的作用非常有限。

2. 民国时期铁路刑事立法。在民国时期，政府当局并未制定和颁布关于惩治铁路犯罪的专门法律，但《中华民国刑法》的分则部分规定了惩治铁路领域犯罪的条文，如第 178 条（决水、过失决水侵害现住建筑物及交通工具罪）规定：决水、过失决水侵害现工人使用之住宅或现有人所在之建筑物或者火车、电车者，处无期徒刑或者 5 年以上有期徒刑；第 183 条（倾覆或破坏现有人所在之交通工具罪）规定：倾覆或破坏现有人所在之火车、电车、或者其他供水、路、空公共运输之舟、车、航空机者，处无期徒刑或者 5 年以上有期徒刑。[3] 这些规定表明立法者对铁路犯罪的重视以及维护铁路安全的决心。当时政府借鉴西方经验制定相关法律，但其立法仍然存在一些不足。在战乱频繁的社会，不断的外耗与内耗使得法律效力也明显有限。

3. 新中国成立至今铁路刑事立法。新中国成立之初，对于铁路犯罪，立法机关没有出台专门的铁路领域的单行刑法。但是，1950 年中央军委和政务院联合颁布《铁路军事运输暂行条例》，其中有附属刑法条款。即"凡违反以上规定者，一经查实，统由铁道部视情节轻重，从严处分，其情节重大者，送交司法机关依法判处。""凡违反以上各条，主管部队应严格制裁，其情节严重者，应扣押逮捕送交军法机关依法判处。"

1979 年通过新中国第一部刑法典。其中规定了铁路领域的刑事犯罪，并用

---

〔1〕 参见叶士东："晚清铁路立法研究"，广西师范大学 2002 硕士学位论文，第 31 页。
〔2〕 参见叶士东："晚清铁路立法研究"，广西师范大学 2002 硕士学位论文，第 31 页。
〔3〕 《中华民国刑法》，1935 年 1 月 1 日国民政府公布，1935 年 7 月 1 日施行。

法条形式规定在刑法分则中。例如，其中第 107 条规定破坏火车足以使其发生倾覆、毁坏危险的犯罪、第 108 条规定破坏轨道、桥梁、隧道、标志而足以使火车发生倾覆、毁坏危险的犯罪、第 110 条规定破坏交通工具或交通设施造成严重后果的犯罪及其过失犯罪等。1997 年刑法典继续对其吸纳入典，并分布于第 116 条、第 117 条、第 119 条之中，而且增设铁路运营安全事故罪（第 132 条）。

另外，在 1990 年出台的《铁路法》中也规定了相应的刑事责任。其中法律责任（第 60 条至第 71 条）中除了第 67 条和第 68 条外，都有刑事责任的规定。该法已经过 2009 年修改和 2015 年修正，当前正在进行第三次修订。《铁路法》运用援引性的规定，将违反该法规定、严重危害社会、触及刑法的行为通过《刑法》的规定来规制，将《铁路法》与《刑法》联接在一起。虽然其修订工作还在进行，但是新《铁路法》中仍然会有附属刑法条文，这是和《刑法》衔接协调的必然要求。目前草案中，拟将《铁路法》中多个刑事责任条文改为高度概括的综合性的一个刑事责任条文，即"构成犯罪的，依法追究刑事责任"。

综上所述，这一时期的立法特点是逐步形成以刑法典和附属刑法相结合的方式，共同规制铁路犯罪行为。

（二）铁路刑事守法

铁路刑事守法是指涉及铁路刑事法律关系领域的守法，是单位和公民自觉遵守铁路刑事法律规范，将铁路刑事法律规范的要求转化为自己的行为，使铁路刑事法律规范得以实现的活动。我国铁路刑事守法的历史发展也可分为三段：即晚清时期、民国时期以及新中国时期的铁路刑事守法。

1. 晚清时期铁路刑事守法。《大清现行刑律》中规定的惩治铁路犯罪的内容着重打击毁坏、盗窃铁路设施、盗窃运送货物的行为，若因毁坏、盗窃铁路设施导致行车遇险的，则惩罚更重。由此可见，《大清现行刑律》要求公民遵守本法的规定，维护铁路安全，不破坏、不盗窃铁路设施、不人为导致铁路行车出险等，这也是《大清现行刑律》对公民提出的守法义务要求。

需要指出，晚清王朝疲于应付内忧外患，没有足够的铁路管理人才，各商办铁路公司培养的铁路专门人才也不可能短时间内服务于商办铁路。由于经营管理人才的匮乏，商办铁路公司经营管理不善，贪污成风，党派纷争，效率低下。清末铁路带来了新型社会矛盾，引发了严重的社会问题。国家力量疲于镇压百姓的不满和反抗，加上官员贪污腐败，政治黑暗，对犯罪行为的惩治不力，朝廷对社会的控制力逐渐减弱。[1] 晚清偷窃铁路物件和运送货物之事时有发生。清政府对发生在近畿的北宁路的犯罪无论大小都要过问,而对于其他各路并不重视。地方政府往往对此也不关注,轻微处罚后便释放,结果导致盗窃案屡禁不止。如1909 年,河南东方转运公司的货物在运送途中被窃,为此路局将车厢外踏板取掉,还专门商请军队派兵持枪护送,湖广总督也严令限期侦破。[2] 其他类型的铁路犯罪,还有破坏铁路、铁路贪污、走私烟土和拐带妇女儿童等。[3]

在封建保守思想影响下,民众对铁路这一新鲜外来事物产生抵触情绪,从外国人修建第一条铁路开始,铁路就遭到暴力破坏。1874 年 12 月,英商在上海修筑吴淞铁路的过程中,遭到沿线乡民的反对和破坏。乡民先是拔去线路标桩,“叠次拔木桩”。[4] 1876 年,吴淞铁路建成,当火车开通时,乡民集群阻挡,“掘去轨间路基,把砂石堆置铁路线上,预期颠覆列车”;又“拆毁铁轨,来强行阻止火车的行驶”。至 1900 年的义和团团民“挑铁道,把线砍,旋再毁坏大轮船”,义和团所经之处,“铁桥及机器车均被轰毁不少”。[5]

总之,在半殖民地半封建时期,帝国主义列强侵略中国,晚清政府腐败无能,政治经济社会等多种原因引发民众普遍不满,农民起义和工人反抗,反帝反封建运动不断。在当时若期望民众普遍守法显然是不现实的。

2. 民国时期铁路刑事守法。铁路修建本属于有利经济发展的举措,然而在民国初年它却诱发了许多新的犯罪。其中根本原因是当时的国情和社会背景,政府的滥用职权、腐败失信让民众产生强烈抵触情绪,加上战事频繁,社会动荡,政府的法律法规形同虚设。在传统思想影响下,基层群众普遍把铁路及一切外来事物视为西方侵略中国的象征,因此焚铁路、毁电线的行为数不胜数。此外,一个重要原因是社会贫困化加剧,这让很多百姓过着日益艰苦的生活,无奈走向犯罪之路。在内忧外患的社会背景下,根本无足够人力、物力和财力服务于铁路管理。最后铁路引发的空间革命和财富积聚效应成为诱发新型犯罪的刺激源。直到

---

〔1〕 参见葛玉红:“清末民初铁路犯罪形态及原因分析”,载《辽宁大学学报(哲学社会科学版)》2005 年第 6 期,第 86 页。

〔2〕 参见邮传部图书通译局官报处编:《交通官报》(近代中国史料丛刊三编第 27 辑第 8 期),文海出版社 1987 年版,第 18 页。

〔3〕 参见葛玉红:“清末民初铁路犯罪形态及原因分析”,载《辽宁大学学报(哲学社会科学版)》2005 年第 6 期,第 84~85 页。

〔4〕 参见宓汝成:《中国近代铁路史资料:1863-1911》(第一册),中华书局 1963 年版,第 39 页。

〔5〕 参见山东省历史学会编:《山东近代史资料》(第三分册),山东人民出版社 1961 年版,第 127 页。

南京国民政府建立，全国基本统一，这些情况才有所好转。[1]

民国初年，铁路犯罪类别主要有：铁路贪污犯罪、铁路贩运及走私犯罪、铁路偷盗犯罪、拐卖人口犯罪、利用铁路抢劫绑架勒索犯罪、持枪杀人犯罪、暴力破坏铁路犯罪以及利用铁路从事政治犯罪。就铁路贪污犯罪来说，袁世凯从篡夺辛亥革命成果之后到帝制失败，非法强取路款，有确凿账据可查的就达"4千万元"。他的后继者袭用他的手法，"政费之款"，"几全归交通部负担"。数年间，累计总额超过2亿元。[2]1920年吴佩孚首先在京汉铁路南段设监收处，截取路款，嗣后各地军阀纷纷仿效。据估计，吴佩孚截留京汉路路款的收入，每年约有2800万元，截留陇海路路款的收入，每年约有380万元。另一项资料显示，吴佩孚自1919年入洛阳，至1924年的六年之间，共截留京汉路款680余万两。[3]

另外，值得指出的是，当年抗日战争时期的铁道游击队是八路军第115师所属的鲁南铁道大队。这支队伍在中国共产党的领导下，以临城（今薛城）为中心，创造了灵活多变的游击战术，有力地打击了日军，成为抗日游击战争的一个标志性符号。鲁南铁道大队不畏艰难，开辟并保卫着山东、华中赴延安的秘密交通线。这条交通线主要承担着护送过往干部、运送战略物资的任务，堪称"生命线"。[4]这表明，当时铁路刑事立法的阶级性及其刑事守法义务本身存在着局限性甚至非正义性。

3. 新中国成立至今铁路刑事守法。新中国成立后，铁道事业迅速发展，铁路成为推动中国经济发展和社会进步的重要动力。铁路运输的发展促进了经济的繁荣，但同时也成为一些不法分子眼中的致富捷径。

根据1989年《最高人民检察院工作报告》，1988年铁路沿线刑事犯罪案件数量上升。1993年《最高人民法院工作报告》也指出，一些铁路沿线"车匪路霸"猖獗，执法机关开展专项斗争，成效明显。

在20世纪末21世纪初，特别在经济不发达的西部地区，针对铁路运输的刑事犯罪活动数量呈逐年上升的趋势。伪造、倒卖火车票，骗逃铁路运费，盗抢旅

〔1〕参见葛玉红："清末民初铁路犯罪形态及原因分析"，载《辽宁大学学报（哲学社会科学版）》2005年第6期，第85~86页。

〔2〕参见宓汝成：《帝国主义与中国铁路1847-1949》，上海人民出版社1980年版，第513页。

〔3〕参见张瑞德：《中国近代铁路事业管理研究：政治层面的分析（1876-1937）》，中央研究院近代史研究所1991年版，第50页。

〔4〕参见上官云、张曦："红色精神代代相传，揭秘真实的铁道游击队"，载http://www.huanqiu.com/a/a4d1ef/43T4vrdr1c4？p=1&agt=10，最后访问日期：2021年7月20日。

客财物、铁路运输货物，破坏铁路交通工具和交通设施等犯罪成为铁路运输中犯罪活动新的特点。[1]据统计，仅在西南地区成都铁路局管辖范围内，2000年至2001年，铁路检察机关就受理各种刑事案件1401件，涉案人数计2527人，其中盗窃案件855件，涉案人数计1661人，件数和人数分别占受理案件总数的61.03%和65.47%。在盗窃案件中，尤以盗窃铁路运输物资案件最为突出，共受理此类案件597件，涉案人数计1351人，件数和人数分别占盗窃案件总数的69.82%和81.34%。[2]

此外，在铁路运输中骗逃铁路运费的情况时有发生，而铁路部门通常以当时《铁路法》第19条第2款的规定"托运人因申报不实而少交的运费和其他费用应当补交，铁路运输企业按照国务院铁路主管部门的规定加收运费和其他费用"予以了结。由于把骗逃运费行为定位于一般的民事纠纷，导致一些不法之徒千方百计从各个方面入手，非法敛财，结果就是骗逃运费的范围越来越广，规模也越来越大。从成都铁路局调查的情况来看，仅2001年通过各种渠道堵漏保收追回的偷逃铁路运输收入的数额就高达4亿元，其中有相当一部分就是骗逃的铁路运费。[3]

需要指出，近20年来，中国铁路犯罪数量呈下降趋势，但在犯罪类型上呈现出侵犯财产类犯罪占比大、毒品类犯罪数量持续上升的态势……1996年到2013年，中国铁路犯罪整体呈2.65%的年均下降率。其中侵犯财产类和危害铁路运输安全类犯罪占比较高，毒品犯罪绝对数量及其占比呈上升趋势。[4]

另有统计，2015年1月到11月，各级铁路检察机关受理铁路公安机关提请逮捕人数为2683人，涉及2162件刑事案件。2015年2月10日，最高检公布涉铁刑事犯罪十大典型案例，涉及破坏铁路交通设施，骗逃铁路运费，非法买卖、运输枪支、弹药，以及涉铁团伙盗窃等类型。2017年前8个月，各级铁路检察机关受理铁路公安机关提请逮捕人数1593人，全国铁检机关依法坚决打击"一带一路"建设过程中的盗抢铁路物资、骗逃铁路运费、制假售假、合同诈骗，走私、运输违禁物品、拐卖妇女儿童等犯罪。[5]随着科技水平迅猛发展和全国高速

---

〔1〕 参见顾斌："铁路运输中若干犯罪问题研究"，四川大学2002年硕士学位论文，第1页。

〔2〕 参见彭开宙主编：《中国铁道年鉴》，铁道部档案史志中心2000年版，第45页。

〔3〕 参见顾斌："铁路运输中若干犯罪问题研究"，四川大学2002年硕士学位论文，第18页。

〔4〕 参见蔡曦蕾："中国铁路犯罪：回顾与反思"，载《北京社会科学》2018年第3期，第33~34页。

〔5〕 参见陈菲："最高检：依法坚决打击盗抢铁路物资等犯罪"，载 https://www.spp.gov.cn/zdgz/201706/t20170607_192513.shtml，最后访问日期：2021年7月20日。

铁路网建成，铁路刑事犯罪呈现出跨区域、智能化、隐秘深的特点。[1]

由上可见，虽然我国法治建设已经取得重大的历史性成就，并且正在积极推进全面依法治国，强调全民守法，但是在铁路刑事守法方面，仍然存在一些有待改进的地方。

（三）铁路刑事司法

1. 晚清时期铁路刑事司法。晚清时期时常有偷窃铁路物件、偷盗运送货物的犯罪发生。鉴于毁路之事时有发生，1901 年皇帝谕旨要求各省督抚严密保护铁路线路安全、铁路物资安全，违抗者严拿重办，并要求出动得力兵丁巡护铁路。[2] 1909 年，河南东方转运公司货物在运送途中被窃，为防止类似现象发生，路局将货车车厢外踏板取掉，并商请军队派兵持枪护送，而湖广总督亦严令限期侦破。[3]

晚清时期发生铁路刑事案件之后，由当地官府在其管辖区内侦查、破案、对犯人进行审理。由衙门的捕快对已发生的铁路刑事案件进行侦查，然后再由府尹、知府、县官按照《大清现行刑律》规定的罪状确定罪名以及规定的诉讼制度审理案件，所有的诉讼流程都必须依照《大清现行刑律》的规定进行。

尽管如此，因在半殖民地半封建社会中，畸形的司法裁判和动荡的时局等多种因素，在一定程度上必然影响其司法公正的实现。

2. 民国时期铁路刑事司法。民国时期对铁路犯罪案件的罪犯进行缉拿、审判、科处刑罚均要以《中华民国刑事诉讼法》为法律依据。该法第二章规定管辖法院，不同类型的案件、具有管辖争议的案件应该由哪一级别、哪个行政区划的法院管辖。第三章是回避规定，规定了何种情形下审判长、受命推事、检察官、司法警察应该回避以及何种情形下当事人可以申请回避。其他章节还规定了证据规则、勘验程序、第一审程序、第二审程序、第三审程序、抗告程序、再审程序等。由此可知，除自诉案件外，由司法警察对已发生的铁路刑事案件进行立案侦查，然后移送审判检察厅审查提起公诉，再由审判厅依法审理作出判决。

此外，警察署还下设事务、防务、行政和司法四股，其中司法股主要负责违禁处分，侦查铁路财产失窃案件以及查获无票货物及乘客或冒充军人的处置

---

〔1〕　参见桂杉："新时期铁路公安机关打击刑事犯罪新模式探索"，载《铁道警察学院学报》2019 年第 4 期，第 57 页。

〔2〕　参见叶士东："晚清铁路立法研究"，广西师范大学 2002 年硕士学位论文，第 32 页。

〔3〕　参见叶士东："晚清铁路立法研究"，广西师范大学 2002 年硕士学位论文，第 59 页。

等。[1]

如本节前述民事司法和行政诉讼部分所述，其尽管借鉴西方的司法制度，但是因战乱频繁以及资产阶级局限性等因素的影响，其司法活动必然存在一些不足。

3. 新中国成立至今铁路刑事司法。如前已述，我国铁路司法系统经历了"两立两撤"。1953 年我国建立铁路运输法院，1954 年建立铁路运输专门检察院。1957 年，铁路两院被撤销。1982 年，我国开始重建铁路司法系统。1982 年 5 月 1 日全国铁路运输法院正式办案。同年恢复了三级铁路检察机关，同年 5 月 1 日起，铁路检察机关正式办案。后来部分铁路两院（或厅或庭）被撤销。因此，铁路司法机关办理刑事案件的情况也受到相应的影响。

铁路领域的刑事犯罪，一般由铁路运输检察院审查起诉到铁路运输法院，由铁路运输法院进行审判。2012 年《最高人民法院关于铁路运输法院案件管辖范围的若干规定》第 1 条、第 2 条对铁路法院刑事案件管辖范围进行了规定。对于在车站、货场、运输指挥机构等铁路工作区域发生的犯罪，针对铁路线路、机车车辆、通讯、电力等铁路设备、设施的犯罪以及铁路运输企业职工在执行职务中发生的犯罪，由犯罪地的铁路运输法院管辖，部分法律规定可以自诉的铁路犯罪刑事案件也可以到铁路运输法院提起自诉。但无论是公安机关立案侦查、铁路运输检察院审查起诉还是铁路运输法院审理裁判，都必须严格依照《刑事诉讼法》规定的程序进行。

据统计，1982 年至 2012 年期间，全国铁路运输法院共办理各类刑事案件 24 万余件，依法判处罪犯 25 万余人，成功审理了"北京—莫斯科国际列车系列抢劫案"等一批具有重大影响的大案要案，并积极参与社会治安和社会管理综合治理，为铁路安全运营创造了稳定的治安环境。[2]

另外，1992 年《最高人民检察院工作报告》指出，各级铁路运输检察院五年来起诉了 46 395 人，查办了铁路系统的贪污贿赂罪案 3329 件，对维护铁路运输安全，促进路风的整顿起了积极作用。另据统计，2013 年 5 月至 2014 年 5 月，全国铁检机关决定提起公诉的 2882 件，涉案人数计 4087 人。[3]

---

[1] 参见黄华平："国民政府铁道部研究"，苏州大学 2010 年博士学位论文，第 80 页。
[2] 参见刘奕湛、杨维汉："全国铁路运输法院全部完成签署移交地方管理协议"，载 http://www.gov.cn/jrzg/2012-10/29/content_ 2253467. htm，最后访问日期：2021 年 7 月 20 日。
[3] 参见许一航："全国铁检机关共决定、批准逮捕嫌犯 3234 人"，载《检察日报》2014 年 8 月 5 日，第 1 版。

总之，新中国成立至今铁路刑事司法在探索中前进。铁路司法公正水平总体上获得提升。

（四）铁路刑事执行

1. 晚清时期铁路刑事执行。对于触犯《大清现行刑律》的铁路犯罪行为，经过官府审理判刑后，还要执行判决。晚清时期，因为"清末修律"背后外国势力的原因，《大清现行刑律》废除了凌迟、枭首、戮尸、缘坐、刺字等项野蛮刑罚，把原来笞、杖、徒、流、死五刑改为罚金、徒、流、遣、死五刑的新刑罚体系，而罪犯要按照所犯之罪的严重程度承担相应的刑罚处罚。同时，晚清时期沿袭了给犯人酌情减刑的恤刑制度。1651 年（顺治八年）制定矜恤狱囚之法，每日给食米一升，冬季给棉衣一套，夜间给灯油，有病给医药，并酌情宽减刑具，对狱囚非法凌虐的并予治罪。[1]

1910 年，京奉路局军粮城张贵庄各站附近失窃道钉 210 条之多，经巡警侦破，抓获盗窃道钉犯刘宝树及收买赃物者宋兴美。按照法律，因盗窃致使铁路毁坏者判处有期徒刑一年，但因刘前后行窃四次，宋系主使之人，二者均性质严重，故最终对刘宝树结合其前几次犯罪情节进行定罪，将刘宋二犯各枷号一月，游行示众，限满后送交天津及山东两地习艺所罚充苦工五年，并对破案巡警给予了奖励。[2]

在半殖民地半封建时期，畸形的司法体制和裁判方式以及社会动荡等各种因素交织一起，其刑事执行必然存在一些问题。

2. 民国时期铁路刑事执行。正如上文提到民国时期铁路刑事司法要遵守《中华民国刑事诉讼法》的有关规定，刑事司法的目的是查明案件事实，确定犯罪人的刑事责任，还被害人一个公道。在刑事判决宣告之后，罪犯只有把判决确定的刑罚执行完毕才能回归社会，所以刑事执行也十分重要。刑罚执行机关在执行刑罚时，也必须以《中华民国刑事诉讼法》的法律规定为执行依据。

该法中对刑事执行的规定比较详细，自成一编，共 31 条。其中规定了死刑执行的地点和执行程序、人员以及死刑停止执行的情况。如其中第 469 条第 2 款规定："收死刑谕知之妇女怀胎者，于其生产前由司法行政最高官署命令停止执行。"该法还规定了减、免刑罚的制度，具有减、免刑罚情节的，由检察官申请法院裁定。这些刑事执行规定有利于解决执行中遇到的困难，同时减刑、免刑的

---

〔1〕　参见百度百科词条"大清现行刑律"。
〔2〕　参见叶士东："晚清铁路立法研究"，广西师范大学 2002 年硕士学位论文，第 61 页。

规定也体现了其继承和发扬中华民族尊老爱幼的传统美德。

尽管如此，但是也要看到这些规定受制于当时政治经济社会等各种条件以及立法本身的局限性等因素的影响，因此其落实中也可能存在一定的问题。

3. 新中国成立至今铁路刑事执行。新中国成立后，我国刑事法律制度历经起步、停滞、恢复和发展等几个阶段。目前法治建设已取得巨大进步。特别是在1997年之后，中国刑事法进入相对成熟的发展阶段。铁路犯罪案件的刑事执行，和普通刑事案件的刑事执行是一样的，并无特殊之处。

据报道，2014年4月29日上午，最高人民法院举行新闻发布会，发布《关于减刑、假释案件审理程序的规定》，明确减刑、假释案件一律在立案后5日内依法向社会公示；原则上应当通过互联网公示。[1] 而且，全国减刑假释信息化办案平台在2017年11月23日正式开通，并于2018年底前全面建成。该平台的运行，有利于促进减刑假释案件的办理更加严格规范和公开透明，确保案件结果公平公正，让暗箱操作没有空间。该平台是最高人民法院、最高人民检察院、司法部为贯彻落实党中央关于严格规范减刑假释工作，提高司法公信力而联合建设的跨部门、跨地区的全国性减刑假释网络化、阳光化和智能化的办案平台。[2] 因此，在铁路刑事案件刑罚执行过程中，铁路运输中级法院作出减刑、假释的裁定也要遵守这些规定和要求。但是，仍要注意其中徇私舞弊滥用职权的行为。

另外，铁路刑事执行还涉及监外执行以及其他刑罚的执行问题，此处从略。

应当说，我国铁路刑事执行的总体情况是朝着更加文明、人道和公正的方向发展。

（五）铁路刑事法律监督

铁路刑事法律监督，是指监督主体对监督对象有关铁路刑事领域行为的合法性的监督，包括权力的制约监督和权利的制约监督。前者是指国家机关的刑事法律监督，后者是指社会力量的刑事法律监督。我国铁路刑事法律监督的历史发展也可分为三段：即晚清时期、民国时期以及新中国时期的铁路刑事法律监督。

1. 晚清时期铁路刑事法律监督。1906年（光绪三十二年），清廷实行中央官制改革，从此揭开了引入、创建西式司法制度的序幕。同年，颁行《大理院审判

〔1〕参见吴杭民："网上公示减刑假释案乃司法透明之必然"，载《检察日报》2014年4月30日，第6版。
〔2〕参见："全国减刑假释信息化办案平台开通 力避暗箱操作"，载 https://www.chinanews.com.cn/gn/2017/11-23/8383565.shtml。

编制法》，首次实现检审分离，正式确立了检察制度。1911 年（宣统三年），辛亥革命爆发，清政府随后退出历史舞台，其检察制度也随即被民国检察制度取代。

宣统元年即 1909 年 12 月 28 日批准颁行的《法院编制法》标志着清末继受西方司法制度的全面展开。该法的第十一章为"检察厅"，第十二章为"推事及检察官之任用"，比较集中地规定了检察机构的性质、设置、职权、检察官选任管理等重要事项。《法院编制法》规定检察官所享有的刑事职权是：搜查处分、提起公诉、实行公诉、监察判断之执行。清末检察厅是国家利益的代表；清末各级检察厅在机构性质上是"司法行政机构"，在职权性质上属于"司法行政权"；清末检察厅还是审判厅的辅助机构。[1]

与前述民事法律监督和行政法律监督相关联，其中铁路刑事法律监督体制机制，仍受制于半殖民地半封建社会的主权与封建残余因素的影响，畸形的监督体制机制和动荡的时局等多种因素，导致刑事法律监督中存在诸多的局限和问题。但是百姓的舆论监督仍发挥着重要的作用。

2. 民国时期铁路刑事法律监督。在"三权分立"体制的民国北京政府时期，"国会"和"司法院"依法享有刑事法律监督权；而在"五院体制"的南京国民政府时期，"司法院"和"监察院"依法享有刑事法律监督权，同时，宪法性文件也规定国民党、国民大会享有法律监督权。[2]

这一时期铁路刑事法律监督体制机制，也与前述民事的和行政的法律监督密切关联，其当时借鉴国外"三权分立"体制或采用"五权分立"体制，并构建有关铁路刑事法律监督体制机制。这虽有一定的历史进步意义，但受制于当时政治经济社会等条件的影响，在战乱频繁和政局不稳的情况下，显然存在许多的局限和不足。而且，不可忽视也不可否认的是，百姓的舆论监督仍然发挥着非常重要的作用。

3. 新中国成立至今铁路刑事法律监督。1953 年，天津铁路沿线专门检察署成立。这是新中国设立的第一个铁路专门检察机关，主要办理涉铁路犯罪。[3] 1954 年颁布的《人民检察院组织法》把建立专门检察院写入其中，专门检察院

---

〔1〕　参见谢如程：《清末检察制度及其实践》，上海人民出版社 2008 年版，第 50~51 页。

〔2〕　参见赵昕："民国时期政府法律监督体制现代性探索"，西南政法大学 2016 年博士学位论文，第 18~19 页。

〔3〕　参见龙平川："76 个铁路检察院全面移交 29 个省市区"，载《检察日报》2012 年 7 月 3 日，第 2版。

得到迅速发展。1955 年最高人民检察院建立了铁路水上运输检察院，部分地方也相继建立了铁路运输检察院和水上运输检察院。到 1956 年初，铁路运输检察院的各级机构普遍建立，铁路专门检察业务工作全面展开。由于历史原因，铁路检察业务到 1957 年被迫中断。十一届三中全会后，铁路运输检察体制于 1980 年开始筹备重建。1982 年恢复了三级铁路检察机关，同年 5 月 1 日起，铁路检察机关正式立案。1987 年，全国铁路运输检察院被撤销，最高人民检察院设置铁路运输检察厅，铁路运输检察分院和基层铁路运输检察院得以保留，铁路检察系统由三级建制转变为二级建制。随着 2009 年中央编办《关于铁路公检法管理体制改革和核定政法专向编制的通知》的公布，铁路法检机关将与铁路运输企业全部分离，一次性整体纳入国家司法管理体系。至 2012 年 6 月 30 日，全国 17 个铁路运输检察分院和 59 个铁路运输基层检察院全部移交给 29 个省市区，两级铁路检察院均作为省级院派出机构，由所在省有关机构直接管理。[1]

然而在铁路公检法转制过程中，公检法三个机关没有作为一个整体进行定位。铁路公安部门的主管部门由铁道部变为公安部，实行中央垂直管理，铁路检察机关则是整体移交所在地省级人民检察院管理。特别是在实行属地管理后，铁路检察机关无法对应铁路公安机关垂直跨区域管理格局。[2]而且，2019 年最高人民检察院内设机构改革，根据优化效能原则调整撤并业务机构，撤销铁路运输检察厅，将控告检察厅、申诉检察厅合并设立为第十检察厅。[3]由此可见，这一时期铁路检察监督的曲折发展过程，其中也涉及铁路刑事法律监督的内容。

在铁路检察机关起诉的各类刑事案件中，数量最多的是盗窃案件。以南昌铁路运输检察院为例，根据 2020 年 7 月 9 日至 2021 年 6 月 18 日近一年间 12309 中国检察网公开的起诉书统计，南昌铁路运输检察院一共起诉 58 件刑事案件，其中以盗窃罪起诉的有 44 件，占案件总数 75.9%。[4]

另外，据统计，1997 年铁路运输检察院的批捕人数为 8490 人，之后上升到 2000 年的最高值 10 772 人，随之又回落到 2012 年的最低值 4272 人。整体上，

〔1〕 参见丁高保："铁路运输检察体制的发展"，载《国家检察官学院学报》2014 年第 5 期，第 55~60 页。

〔2〕 参见徐向春："铁路运输检察体制改革"，载《国家检察官学院学报》2015 年第 2 期，第 48 页。

〔3〕 参见戴佳："最高检调整整合铁路运输、控告申诉检察机构职能"，载《检察日报》2019 年 1 月 4 日，第 4 版。

〔4〕 参见 12309 中国检察网官网 https://www.12309.gov.cn/12309/ajxxgk/index.shtml，最后访问日期：2021 年 7 月 20 日。

铁路运输检察院的批捕人数呈 1.4% 的年均下降率。铁路运输检察院批捕的铁路犯罪案件特点如下：

（1）侵犯财产类犯罪占比较高。从铁路运输检察院的数据来看，以批捕人数为标准，从公开数据来看，1999、2002、2005、2007 四年间，铁路运输检察院批捕侵犯财产犯罪人数分别为 4925、6013、6345、3315 人，而各年铁路运输检察院总批捕人数分别为 10 648、10 049、8942、7184 人。从批捕人数上看，上述四年间侵财犯罪批捕人数均值占整体批捕人数的 55.9%，进一步印证侵犯财产类犯罪高占比的结论。[1] 根据财产对象的不同，侵犯财产类犯罪主要可以分为两大类：第一，以铁路系统的自身财产为侵犯对象，以"货盗、拆盗、割盗"为典型代表。所谓货盗，即是以铁路系统的货场、仓库和货运列车中存储的财物为盗窃对象的侵犯财产犯罪行为。所谓拆盗，主要是针对铁路器材的盗窃行为。所谓割盗，主要是针对铁路线材进行盗割的行为。第二，以铁路系统中旅客的随身财物为侵犯对象，盗抢旅客财物案件即属典型代表。[2]

（2）危害铁路运输安全类犯罪占比较高。该类犯罪主要涉及的罪名有：破坏交通设施罪、过失破坏交通设施罪、破坏公用电信设施罪、过失破坏公用电信设施罪、非法携带危险物品危及公共安全罪等。[3]

（3）毒品犯罪绝对数量及其占比呈上升趋势。从 1997 年开始，毒品犯罪侦破案件数虽然呈现上下波动的状况，但从整体上来看，其从 1997 年的 1826 件增长到 2013 年的 9534 件，年均增长率为 15.6%，呈上升趋势；而毒品犯罪侦破案件数的绝对上升趋势，并非完全受铁路犯罪整体变动趋势的影响。毒品犯罪侦破案件数占整体铁路犯罪的比重从 1997 年的 4.1% 逐步上升到 2013 年的 35.6%，年均增长率为 18.39%，增长趋势明显。[4] 2014 年铁检机关严肃查处铁路领域职务犯罪，立案人数同比去年上升 31.9%，为铁路投资、建设、运营、管理营造廉洁环境。[5]

另外，2021 年 10 月 28 日，笔者登录中国裁判文书网，同时检索"案由：铁路运营安全事故罪"＋"刑事案件"＋"判决书"，共检索到 6 篇判决书（二审

〔1〕　数据来源于《中国检察年鉴》、《中国铁道年鉴》以及《中国交通年鉴》各年公开数据。

〔2〕　参见蔡曦蕾："中国铁路犯罪：回顾与反思"，载《北京社会科学》2018 年第 3 期，第 33 页。

〔3〕　参见蔡曦蕾："中国铁路犯罪：回顾与反思"，载《北京社会科学》2018 年第 3 期，第 34 页。

〔4〕　数据来源于《中国检察年鉴》、《中国铁道年鉴》以及《中国交通年鉴》各年的公开数据。

〔5〕　参见高旭红："最高检：2014 年铁路领域职务犯罪立案人数同比上升 31.9%"，载 http://www. spp. gov. cn/spp/zdgz/201501/t20150126_ 89112. shtml，最后访问日期：2021 年 7 月 20 日。

程序有 0 篇），经核查发现，其时间跨度为 2015 年 1 月至 2021 年 10 月。同时检索"全文：铁路"+"案由：倒卖车票、船票罪"+"刑事案件"+"判决书"，共检索到 102 篇涉及铁路犯罪判决书（二审程序 1 篇，再审程序 1 篇），其时间跨度为 2006 年 1 月至 2021 年 10 月。同时检索"全文：铁路"+"案由：破坏交通工具罪"+"刑事案件"+"判决书"，共检索到 5 篇判决书，但是真正涉及铁路犯罪的只有 3 篇（二审程序有 0 篇），其时间跨度为 2016 年 1 月至 2021 年 10 月。同时检索"全文：铁路"+"案由：破坏交通设施罪"+"刑事案件"+"判决书"，共检索到 93 篇判决书，但是其中真正涉及铁路犯罪的有 81 篇（二审程序只有 1 篇），其时间跨度为 2008 年 1 月至 2021 年 10 月。如此表明，该期间我国已在中国裁判文书网上公布的涉及铁路刑事判决书的部分情况及其审判监督程序的情况。

此外，社会舆论监督也发挥着越来越明显的作用。例如"刘某福倒卖车票案"和铁路单位职工"余某平交通肇事案"都引发了社会舆论媒体的广泛关注。

综上所述，我国当前铁路刑事监督的情况，总体良好，但也要进一步加强铁路刑事监督工作，更好地改善其法律监督状况，进一步提升铁路法治文明水平。

铁道法治学导论

分　论

第五章

铁路民商经济法治问题研究(一)

　　铁路建设，是指有关新建铁路或者改建铁路的工程建设活动。其中包括铁路路网规划、铁路项目投资、立项决策、勘察设计、工程实施和竣工验收等建设行为。铁路建设是铁路交通运输的前提条件，是国家重要基础设施建设，需要统筹考虑铁路、公路、民航、水运与管道等整个交通运输体系资源的合理配置。这对于国民经济发展、社会发展和国防事业都具有重大影响。如前所述，本书为了突出研究重点，对铁路民商经济法治重点区分铁路建设领域和铁路运输领域进行探究。其中对铁建民商经济法治的研究，需要涉及铁路发展规划、铁路建设主体、铁路建设标准等方面相关的法治问题。特别是要涉及铁路建设中的社会资本、外商投资乃至海外投资的制度问题。另外，还要探讨铁建领域知识产权民事法律保护等。本章先从概述入手，然后展开详细地讨论。

第一节　铁路建设概述

　　下文大致从宏观到微观、递进式地从我国铁路建设的基本状况、我国铁路建设中的经济关系、铁路发展规划、铁路建设主体、铁路建设标准、铁路建设投资、铁路道口建设等几方面来讨论。

一、我国铁路建设的基本状况

　　从总体上看，中国铁路这些年取得了举世瞩目的伟大成就。但是，在 2002 年，我国铁路仍是国民经济发展的"瓶颈"：当时路网密度小、能力低。据统计，按国土面积平均的路网密度，中国当时每万平方公里只有 74.89 公里，而德国、英国、法国、日本、印度分别为 1009.2 公里、699.1 公里、538.3 公里、533.62 公里、191.73 公里；若按国土面积平均路网密度，中国当时在世界上名列 60 位之后；若按人口计算，中国当时在世界排名百位之后。因为中国铁路路网密度当时每万人 0.56 公里，而加拿大、俄罗斯、美国、法国、德国、英国、日本、印度分别为 16.18 公里、5.9 公里、5.55 公里、5 公里、4.4 公里、2.85 公里、1.59 公里、0.63 公里。中国仅占加拿大的 3.5% 和美国的 10%。[1] 从 1980 年底到 2007 年底，我国铁路营运里程净增 2.81 万公里，年递增 1.67%，其中我国 GDP 年递增 9% 左右。据此可见，我国铁路发展远低于经济增长的速度。[2]

然而，值得欣慰的是，经过不懈努力，当前我国已拥有世界上最庞大的铁路网和运输体系。铁路交通四通八达，"八纵八横"高速铁路网将在 2030 年完成，目前网络主骨架已搭建七成。[3] 据 2020 年 8 月 13 日央视新闻报道，中国铁路运营总里程居世界第二，其中高铁运营里程居世界第一。在运输经营上，中国铁路一些主要运输经济指标持续保持世界领先，其中，旅客周转量、货运量、货物周转量、换算周转量、运输密度等指数多年稳居世界第一。不过，仍要注意到，我国铁路运输生产力仍不能满足全社会日益增长的运输需求，这个主要矛盾至今尚未解决，因此仍然需要继续努力和改进。

另外，应当指出的是，铁路建设的发展与我国铁路法制（治）保障的进步是分不开的。1990 年我国颁布《铁路法》，该法对于铁路建设活动起到一定的规范作用，也曾收到较好的社会效果。为了落实国家的政策和法律，原铁道部制定了《铁路建设管理办法》等规范性文件。但是，随着依法治国战略的实施、法制化进程的推进和《中华人民共和国行政许可法》（以下简称《行政许可法》）的颁行，铁路建设工作应当由法律效力更高、内容具体完备和条文系统协调的法律法规来规范。对此《铁路法》在新修订过程中，已拟对其中新增有关条款内容。例如增补若干铁路规划内容、磁浮铁路轨距、高铁与普铁等设施交叉优选高铁上跨的方案等规定。

二、我国铁路建设中的经济关系

我国铁路建设中涉及的经济关系，大致包括铁路建设经济管理关系、铁路建设经济协调关系等。

（一）铁路建设经济管理关系

铁路建设因其周期长、投资大和收益慢的特点，不同于一般工程建设，而且

---

〔1〕 参见陆彩荣："跨越式发展 中国铁路的新希望"，载《光明日报》2003 年 9 月 26 日，第 7 版。
〔2〕 参见张长青、郑翔：《铁路法研究》，北京交通大学出版社 2012 年版，第 59 页。
〔3〕 参见矫阳："创新引领 中国高铁'八纵八横'已建七成"，载《科技日报》2020 年 9 月 30 日，第 3 版。

它往往关系到国民经济是否顺利发展。因此，国家必须加强铁路建设的宏观管理。国家对铁路建设管理包括合理路网分布的规划管理、适当投资规模的投资计划管理、土地使用规模的管理、铁路建设市场准入的建设单位资质管理、铁路建设工程质量管理等内容。这些管理制度既涉及行政管理，又涉及经济管理；既涉及管理主体的职责，又涉及管理程序制度等问题。对此要在法律法规中加以明确和规范。对管理关系的法律调整重点在规范管理部门的行政行为，强调行政权力的有效实现以及行政相对人的配合义务。其目的是保证行政秩序，提高行政效率，[1]但是应当依法进行。这也是依法治路原则的内在要求。

另外，铁路建设还涉及微观的经济管理关系，即铁路建设单位内部的经济管理关系。因其不是探讨的重点，此处从略。

（二）铁路建设经济协调关系

铁路建设中的涉及面非常广泛，其中既有铁路建设单位与铁路勘察设计单位、铁路施工单位、铁路监理单位之间的内部委托关系，又有铁路建设主体和其他相关行业建设单位，如公路建设、邮政通讯建设、水利建设、石油天然气管道建设和市政建设单位之间的协调关系。另外，还有铁路建设主体在建设过程中与社会公众的协调关系。例如，与铁路建设投资人、环境保护部门、文物保护部门、地方政府和涉及建设土地拆迁的所有权人或使用权人之间的关系。这种协调关系虽然可视为平等主体之间的合同关系或侵权关系，但在合同关系中考虑到铁路建设的公益性特征，可能要对当事人自由意志加以约束；在侵权关系中要考虑哪些权利设定为绝对权利以及是否要考虑严格责任原则等问题。这样法律调整的重点就在尊重当事人自由意志，保护铁路建设当事人合法权益的基础上合理限制当事人自由意志，[2]目的是在引入市场竞争机制的同时，不损害铁路建设事业的发展。其中应依法保护各方主体的合法权益，这是铁路法益保护原则的基本要求。

三、铁路发展规划

铁路是国家战略性、先导性和关键性重大基础设施，是国民经济大动脉、重大民生工程和综合交通运输体系骨干，因此它在经济社会发展中的地位和作用至关重要。铁路发展和其他交通运输方式以及国民经济其他部门的发展，关系非常密切。而铁路自身的特点，又决定了铁路网内各种不同铁路的发展规划应当协调

---

〔1〕 参见张长青、郑翔：《铁路法研究》，北京交通大学出版社 2012 年版，第 61 页。

〔2〕 参见张长青、郑翔：《铁路法研究》，北京交通大学出版社 2012 年版，第 61 页。

一致。所以，通常认为，铁路发展规划是铁路建设的最基本问题。以下将从铁路发展规划的界定和铁路发展规划的法律规制来讨论。

（一）铁路发展规划概况

1. 交通发展规划。铁路发展规划是交通领域的发展规划。在实现我国经济社会发展目标过程中，国土资源开发、城乡经济发展和扩大对外开放，都要发达的交通运输与其相配套。因此切合实际的发展规划，有利于交通发展上的宏观调控，节约资源，减少浪费。

一般认为，我国交通规划发展至今，大致历经四个阶段。第一阶段，交通规划从无到有。第二阶段，交通规划从提高其空间位移速度与能力到挖掘其多运输网络协同效应，交通规划技术手段发生显著变化。第三阶段，交通规划从单一决策主体到多元决策结构，参与主体数量日益增加，彼此之间联系日渐复杂。第四阶段，交通规划从被动满足到主动引导。[1]

其中，我国交通发展规划主要有《中长期铁路网规划》（2004年）、《国家高速公路网规划》（2004年）、《农村公路建设规划》（2005年）、《全国沿海港口布局规划》（2006年）、《全国内河航道与港口布局规划》（2007年）、《综合交通网中长期发展规划》（2007年）、《"十一五"综合交通体系发展规划》（2007年）、《全国民用机场布局规划》（2008年）、《中长期铁路网规划》（2016年修订）、《新时代交通强国铁路先行规划纲要》（2020年）等。

2. 铁路发展规划。它是现代交通发展规划中特别重要的组成部分。制定我国铁路发展规划，应当站在国家全局高度，把国家利益置于首位，从建立适合国情和全国统一的综合运输网络出发，采取正确的指导思想。铁路发展应服从国民经济可持续发展战略的要求，从基本国情和建立社会主义市场的要求出发，以运输市场满足社会、经济发展和人民生活提高的需求为依据，充分发挥铁路在我国交通运输体系中货物运输主力作用和旅客运输骨干作用，逐步拓展国际运输领域，优化路网结构和合理配置运输资源，依靠科技进步和提高劳动者素质，改善运输服务质量和加快铁路运输发展，满足社会经济发展和人民生活水平提高的要求。[2]

特别要指出的是，我国铁路发展规划的制定应当坚持和贯彻落实依法治路原

---

[1] 参见程楠："论制度对交通规划资源配置效率的影响"，北京交通大学2009年博士学位论文，第67页。

[2] 参见张长青、郑翔：《铁路法研究》，北京交通大学出版社2012年版，第63页。

则和铁路法益保护原则，应当发挥铁路社会效益和经济效益；充分利用铁路在经济和技术上的优势，注重与其他运输方式的优势互补。

3. 我国 2004 年《中长期铁路网规划》概况。2004 年 1 月，国务院审议通过我国《中长期铁路网规划》。其发展目标为：到 2020 年，全国铁路营业里程达到 10 万公里，主要繁忙干线实现客货分线，复线率和电化率均达到 50%，运输能力满足国民经济和社会发展需要，主要技术装备达到或接近国际先进水平。其规划方案为：首先，建设客运专线 1.2 万公里以上，客车速度目标值达到每小时 200 公里及以上。具体建设内容为"四纵"客运专线[1]和"四横"客运专线[2]。三个城际客运系统为环渤海地区、长江三角洲地区、珠江三角洲地区城际客运系统，覆盖区域内主要城镇。其次，完善路网布局和西部开发性新线。最后，路网既有线方面的建设。规划既有线增建二线 1.3 万公里，既有线电气化 1.6 万公里。其规划特点：（1）实现客货分线；（2）完善路网布局；（3）提升既有能力；（4）推进技术创新。

在 2008 年，根据我国综合交通体系建设的需要，国务院对《中长期铁路网规划》进行了调整。根据调整后的规划，到 2020 年，全国铁路营业里程由 10 万公里调整为 12 万公里以上，其中客运专线由 1.2 万公里调整为 1.6 万公里，电化率由 50%调整为 60%，主要繁忙干线实现客货分线，基本形成布局合理、结构清晰、功能完善和衔接顺畅的铁路网络，运输能力满足国民经济和社会发展需要，主要技术装备达到或接近国际先进水平。在路网规模上，到 2020 年，全国铁路覆盖 20 万人口以上城市；基本覆盖地级以上行政区，覆盖率达 95%以上，铁路服务国民经济和社会发展水平将明显提高。[3]后来在 2011 年《铁路"十二五"发展规划》中规定，到 2015 年，中国铁路网将达 12 万公里。通过努力，2015 年底全国铁路营业里程实际上达到 12.1 万公里。其中，高铁营业里程超过 1.9 万公里。据此可见全国铁路已超额完成任务。

4. 2016 年《中长期铁路网规划》概况。其中规划期为 2016 年~2025 年，远期展望到 2030 年。规划目标是，到 2020 年，铁路网规模将达到 15 万公里，其

---

〔1〕"四纵"客运专线（2008 年调整）：京沪高速铁路、京港客运专线、京哈客运专线、杭福深客运专线（东南沿海客运专线）。

〔2〕"四横"客运专线（2008 年调整）：沪汉蓉快速客运通道、徐兰客运专线、沪昆高速铁路、青太客运专线。

〔3〕参见王小润、李慧："中长期铁路网调整规划获准实施：到 2020 年基本覆盖地级以上行政区"，载《光明日报》2008 年 11 月 28 日，第 4 版。

中高速铁路 3 万公里。到 2025 年，铁路网规模达到 17.5 万公里左右，其中高速铁路 3.8 万公里左右。到 2030 年，将基本实现内外互联互通、区际多路畅通、省会高铁连通、地市快速通达和县域基本覆盖。通过几年的奋斗而且经历抗击新冠疫情的考验，2020 年全国铁路营业里程接近原定目标，已完成 14.63 万公里，其中高速铁路达到 3.8 万公里，超额完成。该成绩来之不易。

5. 2020 年《新时代交通强国铁路先行规划纲要》概况。中国国家铁路集团有限公司在 2020 年出台这一纲要。其中提出从 2021 年到 21 世纪中叶分两个阶段推进的发展目标：（1）到 2035 年，将率先建成服务安全优质、保障坚强有力、实力国际领先的现代化铁路强国。基础设施规模质量、技术装备与科技创新能力、服务品质和产品供给水平世界领先；运输安全水平、经营管理水平和现代治理能力位居世界前列；绿色环保优势与综合交通骨干地位、服务保障和支撑引领作用、国际竞争力和影响力全面增强。（2）到 2050 年，全面建成更高水平的现代化铁路强国，全面服务和保障社会主义现代化强国建设。铁路服务供给和经营发展、支撑保障和先行引领、安全水平和现代治理能力迈上更高水平；智慧化和绿色化水平、科技创新能力和产业链水平、国际竞争力和影响力保持领先，制度优势更加突出。形成辐射功能强大的现代铁路产业体系，建成具有全球竞争力的世界一流铁路企业。我国铁路届时成为社会主义现代化强国与中华民族伟大复兴的重要标志和组成部分，成为世界铁路发展的重要推动者和全球铁路规则制定的重要参与者。[1]

另外，还值得指出的是，许多国家也制定了长远路网的总体发展规划，指导铁路建设发展。如德国的"Netz21"路网发展规划、法国的"高速铁路总体计划"和意大利的"T 型高速路网规划"，还有日本的"整备新干线计划"和印度的"统一轨距工程"等。这些规划，明确勾勒通过优化和发展路网，实现以高速、重载、安全和高效为主要方向的现代铁路发展趋势。各国经济发展和城市化进程加快，铁路在轨道交通体系中扮演着重要角色。一是通过构建完善的市郊铁路网，在特大城市郊区形成完善的客运轨道系统。二是在客流较大地区修建市郊客运专线。适应国际贸易深入发展，国际联运也成为各国铁路路网发展的重要方向。北美、俄罗斯和欧盟国家铁路公司通过跨国合并发展和优化路网，在国际经济往来中担负重任。[2]对此，有的国家高铁建设可能遥遥无期。例如，美国和

---

〔1〕 参见唐巘："《新时代交通强国铁路先行规划纲要》出台"，载 https://www.chinanews.com.cn/gn/2020/08-13/9263639.shtml，最后访问日期：2021 年 5 月 31 日。

〔2〕 参见张长青、郑翔：《铁路法研究》，北京交通大学出版社 2012 年版，第 66 页。

澳大利亚。据国际在线报道，澳大利亚交通部长艾尔巴尼斯曾经公布一项高铁建设可研报告，该报告称，如果修建一条连线东海岸主要城市的高铁，将花费45年和耗资1140亿澳元。报告公布后，当地媒体纷纷发表评论，质疑政府是否有决心修建澳大利亚历史上的第一条高速铁路。[1]

（二）铁路发展规划的法律规制

根据现行《铁路法》的有关规定，铁路发展规划应按照国民经济和社会发展以及国防建设的需要制定，并与其他交通运输规划相协调。其中还规定，地方铁路、专用铁路和铁路专用线的建设计划应符合全国铁路发展规划，并征得国务院铁路主管部门或其授权机构的同意。这些规定明确了制定规划的依据、原则以及铁路发展规划的地位和作用（即作为铁路建设计划的基础和依据）。

需要指出的是，铁路建设规划法律地位较为模糊，缺乏严肃性、稳定性和违法必究的权威性和约束力。从理论上讲，铁路建设规划文件和图纸只要依法制作都应受到法律保护，具有法律效力。但在实际操作中，其法律地位模糊，各层级规划的法律地位一样也较模糊，因此实践中不易操作。

因此，对现行《铁路法》的规定需要作出更为明确的补充规定，要在立法修改中，进一步明确编制铁路建设规划应当遵循的基本原则。继续坚持统筹协调原则，而且要规定铁路规划的线位、枢纽场站以及其他有关设施的布局，应当充分考虑沿线经济社会发展、人口数量、运量水平等因素，并与其他运输方式相衔接。同时，拟增加对生态安全和环境保护的原则规定。铁路规划应当考虑生态安全和环境保护的要求，避让自然保护地、生态保护红线、饮用水水源保护区等区域及噪声敏感建筑物集中区域；经论证确实不能避让的，应及时采取生态廊道保护和建设、重要物种栖息地保护修复等补救措施。

另外，《铁路法》应进一步明确铁路建设规划的编制主体。《铁路法（修订草案）》（征求意见稿）规定，铁路规划分为国家级铁路发展规划和区域铁路发展规划。国家级铁路发展规划包括铁路中长期规划和铁路五年发展规划；国家级铁路发展规划由国务院交通运输主管部门会同国务院有关部门拟订，按程序报批后公布；区域铁路发展规划由相关省级人民政府组织编制，报国务院有关部门批准后公布。该意见稿还明确规定，国家级铁路发展规划应符合国土空间总体规划和综合交通运输规划，并与法律、行政法规规定的其他有关规划相衔接和协调。

---

〔1〕　参见邓黎："澳调研修史上首条高铁 计划工期长达45年引争议"，载 https://www.chinanews.com.cn/gj/2013/04-13/4727551.shtml，最后访问日期：2021年5月31日。

区域铁路发展规划应符合国家级铁路发展规划。其中法定规划要随形势发展而修订，但修订应有严格程序，不得随意变更。有关法定图则的编制、审批和变更的程序应另行制定规章规定。还要重视程序法的制定，其中应包含公众参与、公布展示和公众意见反馈等内容。一般来说，由于法定规划往往对公众利益有直接影响。因此规划方案在批准前应公布并征询公众意见，真正体现公开公正原则。规划一经批准，不得轻易变更。必须变更的，应依法制定严格的规划调整程序。[1]

四、铁路建设主体

铁路建设主体，涉及铁路建设单位、铁路勘察设计单位、铁路施工单位、铁路监理单位等。这些主体中所形成的各种关系分别通过行政法规和民法典合同条款来调整。在铁路法中，应当明确不同主体基本职责和各种主体之间的基本法律关系，以便于依法加强对铁路建设行为的管理。2003年原铁道部颁行的《铁路建设管理办法》以及《中国铁路总公司铁路建设管理办法》（铁总建设〔2015〕78号）对此作了相关规定。这里值得指出的是，中国铁路总公司是因实行政企分开而从铁道部分解出来的一个正部级国有企业。企业制定的管理办法，已不是部门规章，它能否发生废止2003年原铁道部《铁路建设管理办法》这一部门规章的效力呢？依据《中华人民共和国立法法》（以下简称《立法法》）的有关规定可知，2003年《铁路建设管理办法》仍然有效。但是，企业制定的管理办法，只要不与法律法规规章相抵触，在企业内部执行中也是有效力的。

（一）铁路建设单位

铁路建设单位是建设铁路的基本主体，也就是谁出资修建铁路，谁就是建设单位。而且，因受出资者（即建设项目投资人）的委托（选择或组建），[2] 就铁路

---

〔1〕 参见张长青、郑翔：《铁路法研究》，北京交通大学出版社2012年版，第67页。
〔2〕 依据《铁路建设管理办法》第17条的规定，中央政府直接投资的铁路建设项目，由国务院铁路主管部门根据建设项目的特点，选择建设管理单位。实行项目法人责任制的铁路建设项目，由项目法人选择或组建建设管理单位。其他铁路建设项目，按国家规定并参照本办法选择或组建建设管理单位。而依据《中国铁路总公司铁路建设管理办法》第16条和第17条的规定，铁路总公司负责快速铁路网项目、跨局路网主骨架长大干线项目以及建设难度大的项目等建设工作，承担项目前期相关工作、工程实施、运营阶段资产管理和资产经营开发。而铁路局则负责既有线、枢纽和局管内新线的建设管理工作。铁路公司管理的建设项目引入铁路枢纽、既有线和大型客站部分，可委托铁路局代为建设，铁路公司和铁路局应签订委托代建协议。其中铁路局负责协调管内铁路建设与地方的关系，做好管内总公司其他工程项目的后勤保障和服务工作。

建设项目全过程对委托方负责的管理单位，即铁路建设管理单位，也是铁路建设单位的关键主体。铁路建设项目的建设管理单位是铁路建设项目的组织实施机构，是实现铁路建设目标的直接责任者。它们是铁路建设项目的法人，包括原来的铁路总公司（今国铁集团）管理的合资铁路公司和铁路局集团公司。它们是铁路建设项目管理的实施主体，按照专业化、职业化、区域化管理要求，履行建设单位职责，对项目实施过程及结果负责。因此，狭义上的铁路建设单位，是指铁路建设管理单位；广义上的铁路建设单位，则包括建设项目的投资人和铁路建设管理单位。依据《铁路建设管理办法》的规定，铁路建设管理单位应当是依法设立、从事铁路建设业务的企业或具有独立法人资格的事业单位，并满足下列三个条件。以下就其资格条件和主要职责来展开。

1. 铁路建设管理单位的三个资格条件。（1）具有管理同类建设项目的工作业绩，其负责建设的项目工程质量合格且投资控制良好，经运输检验没有质量隐患。（2）具有与建设项目相适应和专业齐全的技术以及经济管理人员。其中：单位负责人、技术负责人和财务负责人应有大专以上学历，遵守国家有关铁路建设的方针政策和法律法规规章，有较高的政策水平。单位负责人应有较强的组织能力，具有建设项目管理经验或担任过同类建设项目施工现场高级管理职务，并经实践证明是称职的项目高级管理人员。主要技术负责人应熟悉铁路建设的规程规范，具有建设项目技术管理的实践经验或担任过同类建设项目的技术负责人，并经实践证明是称职的。主要财务负责人必须熟悉铁路建设的财务规定，具有建设项目投资控制和财务管理的实践经验或担任过同类建设项目财务负责人，并经实践证明是称职的。（3）具有与建设项目建设管理相适应的技术、质量与经济管理机构，确保建设项目的质量和安全等符合国家规定，能够良好控制工程投资，能够依法进行财会核算。

而依据《中国铁路总公司铁路建设管理办法》的规定，铁路局集团公司应按照专业化、职业化的要求，组建区域性和专业化的项目管理机构，具体负责管内铁路建设项目管理工作，项目管理机构应配备与建设项目相适应的、专业齐全的技术、经济管理人员，确保满足项目管理需要。

2. 铁路建设管理单位的主要职责。根据《铁路建设管理办法》的有关规定，其主要职责包括 14 个方面。而《中国铁路总公司铁路建设管理办法》对其进行了综合并且与时俱进的补充和发展，其中包括如下 10 个方面：（1）贯彻国家有关工程建设方针政策、法律法规、工程建设强制性标准以及国铁集团制度标准，根据批准的建设规模、建设方案、技术标准、建设工期和投资，组织铁路工程项目建设，对质量、安全、投资、环保、工期、稳定等全面负责。（2）参与建设项目前期工作，审查勘察大纲，验收勘察资料，核实征地拆迁数量与补偿费用，和产权单位签订道路（管线）改移等有关协议，负责初步设计文件初审与施工图审核。（3）依法选择具备相应资质的勘察设计、施工、监理和咨询等单位承担有关工作，负责物资设备招标工作，与中标企业签订合同。（4）组织办理规划选址、环评、水土保持、土地、节能、文物、立交、社会稳定风险评估、压覆矿产补偿等手续，以及组织开展职业病防护工作。（5）负责建设项目征地拆迁工作，落实国铁集团与有关方面合作要求，负责与地方实施部门签订征地拆迁协议，并且督促落实地方征地拆迁工作推进和资金到位；落实项目沿线综合开发有关工作。（6）组织编制指导性施工组织设计，组织制定营业线施工实施方案与安全措施，组织设计交底，办理批准单项工程开工手续；按规定编报工程项目建设期内滚动投资计划与年度投资计划，严格按批准的投资计划组织实施；按规定筹集使用建设资金，负责验工计价，及时办理工程价款等资金的拨付和结算；负责统计、报告工程进度，按规定办理变更设计。（7）负责合同管理，认真履行合同，加强合同履约检查，实行动态管理。（8）负责申办质量监督手续，健全落实质量安全管理体系，建立事故处置机制，报告质量安全事故，参与质量、安全事故的调查和处理，组织营业线施工安全培训。（9）按规定负责工程竣工验收相关工作，编制工程竣工文件、竣工决算和工程总结；办理资产移交或维管交接、文件归档和档案移交。（10）负责建设项目维护稳定和廉政建设等工作。

另外，《铁路建设工程质量监督管理规定》（2021年修正）第7条至第18条，对建设单位质量责任和义务也作了进一步的规定。例如，其中要求铁路建设单位应依法选择具有相应资质等级的勘察设计、施工、监理等单位，工程合同应依法明确质量要求与质量责任。铁路建设单位应设立质量管理机构，制定质量管理制度，配备专职质量管理人员和落实质量责任，建立健全项目质量管理体系。建设单位应依据国家标准和行业标准，结合项目实际情况，科学确定合理工期。任何单位和个人不得随意压缩工期。铁路建设单位及其工作人员，不得明示或暗示设计单位或施工单位违反工程建设强制性标准和降低工程质量。而且，其中对铁路建设工程竣工验收、评估等提出了要求。这些是对铁路建设单位职责的重要补充。

（二）铁路勘察设计单位

铁路线路应由具备相应资质的铁路勘察设计单位来设计。铁路技术复杂，一般勘察设计单位往往不能胜任铁路勘查的设计要求。因而，对勘察设计单位资质审查就是关键。铁路勘察设计单位受雇于铁路建设单位，应与建设单位签订勘察设计铁路工程合同，依照民法典合同条款和其他有关工程建设法律法规的规定，明确双方的权利义务关系。这里着重述及其合同内容和勘察设计的管理标准。

1. 勘察设计铁路工程合同的主要内容。其中包括：（1）合同标的，即勘察设计任务的范围；（2）质量要求，即勘察设计应达到何种标准；（3）勘察设计费用和付款方式；（4）勘察设计期限及其成果交付方式；（5）成果审查方式；（6）违约责任和双方约定的其他内容。

2. 铁路建设工程勘察设计的管理标准及其要求。铁路建设工程勘察设计应认真贯彻执行国家法律和国务院铁路主管部门颁行的技术政策和工程建设强制性标准，以及国家有关部门关于项目建议书、可行性研究报告和初步设计审查批复意见。铁路建设工程勘察设计，按有关规定实行招标投标制度、工程地质勘察监理制度、设计咨询制度和设计文件审查制度。承担铁路建设工程勘察设计的企业，应加强技术管理和质量管理。而且，工程地质勘察资料应真实和准确。设计工作应认真做好经济社会调查，运用系统工程理论，综合考虑运输能力、运输质量、建设规模和投资，推荐先进适宜的技术标准。在充分进行方案论证与经济技术比较的基础上，推荐最佳设计方案。铁路建设工程设计文件应达到规定的深度，初步设计概算静态投资和批复可行性研究报告静态投资的差额，通常不得大于批复可行性研究报告静态投资的 10%。铁路建设工程设计选用的材料和设备，应注明其规格、型号和性能等技术指标，其质量要求应符合国家规定的标准。除有特殊要求的建筑材料、专用设备和工艺生产线等外，设计单位不得指定生产厂和供应商。铁路建设项目开工前，铁路勘察设计企业应按勘察设计合同约定，向施工、监理企业说明设计意图，解释设计文件，并选派设计代表机构和人员常驻现场，及时解决施工中出现的勘察设计问题，完善和优化勘察设计，并按规定进行变更设计。[1]

另外，《铁路建设工程质量监督管理规定》（2021 年修正）第 19 条至第 25 条，对勘察设计单位的质量责任和义务也作了进一步的规定。例如，其中要求在设计文件中详细说明设计采用的新技术、新材料、新工艺、新设备。采用的新技术、新材料，涉及工程质量和安全，又没有国家或者行业标准的，应由依法取得资质认定的检测机构进行试验、论证，出具检测报告，并经国务院有关部门或

---

[1]　参见张长青、郑翔：《铁路法研究》，北京交通大学出版社 2012 年版，第 70 页。

省、自治区、直辖市人民政府有关部门组织的工程技术专家委员会审定后，方可使用。而且，设计单位应按照批准的可行性研究与初步设计进行施工图设计，并就审查合格的施工图设计文件交底，向施工单位、监理单位解释设计意图，说明工程实施方案、方法、技术措施和注意事项；涉及营业线施工的技术交底，应邀请铁路运营维护单位参加。对重点工程、特殊工程和高风险工程等应进行现场技术交底；对采用新技术、新材料、新工艺和新设备的进行专项交底。这些是对铁路勘察设计单位职责的重要补充。

（三）铁路施工单位

铁路施工单位，是指承担铁路具体建设任务的企业组织。它应具备相应的铁路施工企业资质等级。它与铁路建设单位之间也形成一种合同关系，即铁路建设工程承包合同关系。

1. 铁路建设工程承包合同的内容。其中主要包括：铁路建设工程名称和工程量、工程质量及其验收方式和标准、工期和工程价款及其支付方式，还有违约责任以及双方约定的其他条件。另外，其中建设工程的实际问题较多，除了主合同外，双方在合同履行过程中可能会遇到各种问题，对此应及时协商，签订相应的补充条款，以便合同顺利履行。

2. 铁路施工单位的义务。根据《铁路建设管理办法》的有关规定，承担铁路建设项目的工程施工承包企业，应执行国家有关质量、安全和环境保护等法律法规，接受相关部门依法监督检查。工程施工承包企业应履行合同，按照合同约定，组建现场管理机构，配备相应的工程技术人员、施工力量和机械设备。而且，工程施工承包企业应详细核对设计文件，依据施工图和施工组织设计施工。对设计文件存在的问题和施工中发现的勘察设计问题，应及时书面通知设计单位、监理单位与建设管理单位。工程施工承包企业应当建立质量责任制，强化质量、安全管理，建立健全质量和安全保证体系，开展文明施工，推行标准化工地建设。工程施工承包企业对工程施工的关键岗位和关键工种，严格执行先培训后上岗制度。工程施工承包企业应当对建筑材料、混凝土和构配件以及设备等按规定查验，严禁使用不合格材料、产品和设备。[1]另外，工程施工承包企业不得转包和违法分包工程。确需分包的工程，应在投标文件中载明，并在签订合同中约定。工程施工承包企业对分包工程的质量与安全负责。工程施工承包企业在工程施工中应准确填写各种检验表格，而且按规定编制竣工文件。

---

[1] 参见张长青、郑翔：《铁路法研究》，北京交通大学出版社2012年版，第70页。

还有，《铁路建设工程质量监督管理规定》（2021 年修正）第 26 条至第 33 条，对铁路施工单位的质量责任和义务也作了进一步的规定。例如，其中要求铁路施工单位，应按规定对进场的建筑材料、建筑构配件、设备和混凝土进行试验、检测；试验、检测应有书面记录与专人签字。对涉及结构安全的试件、试块和建筑材料，应按规定在铁路建设单位或工程监理单位监督下现场取样，并送具有相应资质的质量检测机构检测。铁路施工单位设立的工地试验室，应符合有关规定标准，在许可的范围内开展试验、检测，出具的试验和检测结果应当真实、准确，并按规定做好试验、检测资料的签认与保存工作。而且，铁路施工单位必须建立健全技术交底制度，采用新技术、新材料、新工艺和新设备的工程应进行专项技术交底；严格工序管理，强化质量自控，实行自检、互检和交接检制度，按规定通知铁路监理单位对隐蔽工程进行检查、记录并签认，未经质量验收合格不得进入下道工序。

值得指出的是，铁路施工单位的权利，可以双方依法约定，没有约定的，仍然受到相关法律的保护。

（四）铁路监理单位

铁路监理单位，是指代表铁路建设单位对铁路工程质量进行监督管理的部门。因此，铁路监理单位基本上是以技术监督方的身份出现的。监理的职责在于保证施工质量达到合同要求。铁路建设单位、铁路施工单位、铁路勘察设计单位和铁路监理单位都是独立的法人单位，但在一项具体的铁路建设工程中，四方单位又是不可分割的整体。因此，在履行合同时，各方要本着合作的精神，严格依合同条款确定各方责任。[1]

依据《铁路建设管理办法》的有关规定，铁路建设工程监理，实行总监理工程师负责制以及监理执业人员持证上岗制。铁路工程监理应执行铁路建设有关规程规范，依据设计文件和工程质量检验评定标准进行监理。监理企业应按照监理合同和投标承诺，设置现场监理机构，配备总监理工程师、专业监理工程师以及必需的检测设备。施工现场应建立总监理工程师、监理工程师、监理员各负其责的工程监理体系，现场监理人员的配置应满足监理工作需要。涉及工程结构安全的关键工序与隐蔽工程，应实行旁站监理。监理人员应认真审阅和检查设计文件，依据设计文件和施工组织设计实施监理，对发现的勘察设计问题，应及时书面通知设计与建设管理单位。建筑材料、构配件和设备应经监理工程师检查签字

---

〔1〕 参见张长青、郑翔：《铁路法研究》，北京交通大学出版社 2012 年版，第 70 页。

后方可使用或安装，涉及工程结构安全的关键工序和隐蔽工程，应经监理工程师签字后方可进行下一道工序作业。建设管理单位拨付工程款之前，验工计价文件应经总监理工程师签认。

另外，《铁路建设工程质量监督管理规定》（2021 年修正）第 34 条至第 41 条，对铁路监理单位的质量责任和义务也作了进一步的规定。例如，其中要求从事铁路建设工程监理、工程地质勘察监理的单位应在其资质许可的范围内承担监理业务。工程监理单位、工程地质勘察监理单位不得超越本单位资质许可的范围或者以其他单位的名义承揽监理业务，不得允许其他单位或者个人以本单位的名义承揽监理业务不得转让监理业务。联合体承担监理业务的，联合体各方应按合同约定及共同投标协议承担责任。而且规定，铁路工程监理单位不得与被监理工程的施工单位以及建筑材料、建筑构配件和设备供应单位有隶属关系或其他利害关系，工程地质勘察监理单位不得与被监理工程的勘察单位有隶属关系或其他利害关系。

这些都是铁路监理单位应当遵守的义务。当然，铁路监理单位也有相应的权利。对此其仍应恪守依法治路原则和铁路法益保护原则。

五、铁路建设标准

铁路的建设标准，是指铁路建设的各项技术指标。这些技术指标的制定和实施，是国家标准化建设的一项重要内容。铁路建设应执行国家标准，如此有利于保证铁路建设顺利进行，保证铁路运输生产的安全畅通。亦即，铁路建设标准既是铁路建设活动的基础，又是保障铁路运输安全的需要。[1] 铁路是国民经济的大动脉，要保证铁路畅通，应当对铁路各种技术标准进行统一和规范。

（一）铁路建设标准的制定

这里主要对制定铁路标准的原则、铁路标准的制定依据和主体、铁路建设主要标准进行讨论。

1. 制定铁路标准的原则。根据《铁道行业技术标准管理办法》（国铁科法〔2014〕23 号）、《铁路标准化"十三五"发展规划》《交通运输标准化管理办法》（2019 年）、《"十四五"铁路标准化发展规划》中的相关内容可知，我国制定铁路标准的基本原则，主要包括统筹发展和安全的原则、铁路高质量发展原则、政府主导制定的标准与市场自主制定的标准协同发展的原则（经济适用性原

---

〔1〕 参见张长青、郑翔：《铁路法研究》，北京交通大学出版社 2012 年版，第 71 页。

则）、协调配套的体系原则（系统性原则）、适应国情和接轨国际的原则（先进性原则）。其中适应国情和接轨国际的原则，要求结合我国铁路发展实际，制定接轨国际先进标准，完善具有中国特色的标准体系。扩大我国铁路在国际标准领域的影响力，推动中国标准融入或提升为国际标准，助力中国铁路"走出去"。

铁路企业标准的编写与印刷，参照国家标准《标准化工作导则》、《铁道行业技术标准管理办法》（国铁科法〔2014〕23 号）、《交通运输标准化管理办法》（2019年）的规定执行。铁路企业标准的代号和编号方法，应执行交通部和国家铁路局对铁路企业标准编号的有关规定。企业标准应定期复审，复审周期一般不超过 5 年。

2. 铁路标准的制定依据和主体。《中华人民共和国标准化法》中明确了有关标准的主管部门、制定程序和企业标准的管理等内容和要求，这些是制定铁路标准的基本依据。其中规定，对满足基础通用、与强制性国家标准配套、对各有关行业起引领作用等需要的技术要求，可以制定推荐性国家标准。推荐性国家标准由国务院标准化行政主管部门制定。对没有推荐性国家标准、需要在全国某个行业范围内统一的技术要求，可以制定行业标准。行业标准由国务院有关行政主管部门制定，报国务院标准化行政主管部门备案。为满足地方自然条件、风俗习惯等特殊技术要求，可以制定地方标准。地方标准由省、自治区、直辖市人民政府标准化行政主管部门制定；设区的市级人民政府标准化行政主管部门根据本行政区域的特殊需要，经所在地省、自治区、直辖市人民政府标准化行政主管部门批准，可以制定本行政区域的地方标准。地方标准由省、自治区、直辖市人民政府标准化行政主管部门报国务院标准化行政主管部门备案，由国务院标准化行政主管部门通报国务院有关行政主管部门。企业可以根据需要自行制定企业标准，或者与其他企业联合制定企业标准。

而且，前述《铁道行业技术标准管理办法》第30条进一步落实这一规定，其中明确"对已有铁道国家标准、铁道行业标准的，鼓励铁道行业相关生产企业制定严于铁道国家标准和铁道行业标准的企业标准。鼓励铁道行业相关生产企业积极采用国际标准。"因此，根据当前的管理体制，铁路企业标准，可由企业自己制定，但是对此有前提条件的限制。即，没有国家标准和行业标准的，制定企业标准须报主管部门备案；已有国家标准或行业标准的，企业标准可严于国家标准或行业标准，在企业内部适用。

3. 铁路建设主要标准。（1）轨距。根据现行《铁路法》第38条第1款和第2款的规定，铁路的标准轨距为1435毫米。新建国家铁路必须采用标准轨距。

窄轨铁路的轨距为 762 毫米或者 1 000 毫米。《铁路法（修订草案）》规定，新建磁浮铁路的轨距由国务院铁路监管部门另行规定。（2）其他标准。新建或改建铁路的其他技术要求，应当符合国家标准或者行业标准。如原建设部 2007 年规定的《工程设计资质标准》《施工总承包企业特级资质标准》《工程监理企业资质标准》。另外，还有相关部门颁布的铁路工程建设标准等具体的技术标准。其中，如《GBJ 12—87 工业企业标准轨距铁路设计规范》、《GBJ 111—87 铁路工程抗震设计规范》、《GB 50216—94 铁路工程结构可靠度设计统一标准》《GB 50090—99 铁路线路设计规范》、《GB 50091—99 铁路车站及枢纽设计规范》、《TB 10621—2014 高速铁路设计规范》（国铁科法〔2014〕60 号）、《TB 10623—2014 城际铁路设计规范》（国铁科法〔2014〕67 号）、《TB 10003—2016 铁路隧道设计规范》（国铁科法〔2016〕43 号）、《GB 50216—2019 铁路工程结构可靠性设计统一标准》（住建部公告 2019 年第 322 号）、《TB 10630—2019 磁浮铁路技术标准（试行）》（国铁科法〔2019〕35 号）、《TB 10422—2020 铁路给水排水工程施工质量验收标准》等。

（二）铁路建设标准的实施

根据《中华人民共和国标准化法》第 2 条第 3 款的规定，强制性标准必须执行。国家鼓励采取推荐性标准。

铁路标准绝大多数属于强制性标准，例如铁路轨距、机车车辆标准等，企业必须执行。铁路企业应依法严格贯彻执行国家标准和铁路行业标准，在建设与运营过程中实施标准，确保铁路安全。对标准中存在的问题，应及时向有关部门反映，提出修改建议，但在建议未正式采纳之前，不得擅自修改原标准。铁路企业应按标准组织生产，按标准进行检查。铁路企业根据生产经营的需要，配备标准化人员主管企业的标准化工作，企业内的业务部门要指定人员组织管理本业务系统的标准化工作。[1]

（三）铁路建设标准的评价与改进

我国在铁路工程建设标准的建设和管理上，已形成一套比较完整的体系，具有广泛的适应性和代表性。但是，有人指出，我国铁路工程建设推行标准化管理中，在一定程度上依然存在标准化管理流于形式，执行标准化管理停留于表面等问题。为促进铁路施工标准化建设的发展，需要进一步完善法规制度体系，建立健全技术法规和技术标准相结合体制，注重标准实施和强化监督。确立实施标准

---

〔1〕 参见张长青、郑翔：《铁路法研究》，北京交通大学出版社 2012 年版，第 72 页。

国际化战略的原则。[1]也有人认为，在当前海外工程案例中，我国铁路工程建设标准的灵活性和经济性相对欠佳。[2]而且他们认为，我国铁路"走出去"的过程中遭遇了国外同行技术标准上的激烈竞争。这集中体现于中国铁路工程建设标准对国外市场的适应程度，以及国际市场对中国标准的接纳程度两个方面。有学者针对中国铁路工程建设标准"走出去"面临的诸多问题，从现行体系优化，导读编制，兼容互通手册编写等方面开展对策分析，并提出国际化战略实施路线图。为我国铁路"走出去"发展战略提供技术支撑。[3]还有学者对某铁路局集团公司4个工程建设指挥部开展了标准化创建调研，对管理工作标准化、过程控制标准化以及激励约束机制标准化中存在的主要问题进行分析，并提出相应的对策。[4]由此可见，我国铁路建设标准仍存在值得改进之处，有待进一步研究和完善。

六、铁路建设投资

铁路建设投资大，建设周期较长，而且资金回收慢，与公路等行业相比，其筹融资难度较大，加上铁路调度指挥高度集中的性质，决定了铁路投融资的特殊性。一般情况下铁路建设都是由政府投资建设。随着铁路改革不断深化，铁路投资体制也在改革前行。通常认为，应当使铁路投资主体多元化，充分吸纳社会资金进入铁路建设领域。这是铁路投资体制改革方向，也是深化铁路改革的重要举措。当前我国铁路建设投资主体和融资方式仍相对单一的问题，制约了国有资本对社会资金的引导与带动作用，影响到投融资渠道及其方式。[5]因此，应当改革原有的铁路投融资体制，积极从立法上谋求突破和对策。铁路投融资体制改革，要进一步构建多元投资主体、拓宽多种投资渠道和形成多样融资方式。

（一）铁路建设的资金需求

1949年以后，我国铁路建设一直是由中央政府负责国家铁路的投资，省级

---

〔1〕 参见辛亮："浅析中国铁路施工标准化建设"，载中国铁道学会、中国中铁股份有限公司、中国铁道学会工程分会、中国中铁二院工程集团有限责任公司主编：《综合轨道交通工程建设与城市化协同发展学术交流会论文集》，中国中铁二院工程集团有限责任公司2014年版，第282~287页。

〔2〕 参见杨吉忠等："中国铁路工程建设标准'走出去'面临的问题及对策分析（一）"，载《一带一路报道》2016年第2期，第66页。

〔3〕 参见徐骏等："中国铁路工程建设标准'走出去'面临的问题及对策分析（二）"，载《一带一路报道》2017年第1期，第66~70页。

〔4〕 参见肖念婷："铁路建设标准化创建过程的问题分析及对策"，载《中国资源综合利用》2019年第5期，第185~187页。

〔5〕 参见张长青、郑翔：《铁路法研究》，北京交通大学出版社2012年版，第73页。

政府负责地方铁路的投资；改革开放以后又一度实行由国铁自筹资金的体制。总体上，我国铁路建设资金的筹集方式，从"六五"期间以前单一的完全由中央财政拨款，到"七五"期间的"以路建路"，再到"八五""九五""十五"期间逐渐增加筹资渠道。亦即，从20世纪90年代初开始，在铁路货物运价中收取"建设基金"以来，该基金就逐渐成为我国铁路建设资金的主要来源，形成现行国铁建设基金加银行贷款的投融资体制，其中一部分线路是由原铁道部和地方政府共同作为投资主体合资修建的。[1]之后，铁路投融资体制改革进一步进行。

因此，我国目前铁路建设融资渠道主要有两种：一是政府或国铁集团投资；二是其他多元投融资渠道。我国铁路建设仍以政府或国铁集团投资为主。政府或国铁集团投资的三种形式是国债投资和国家资产实物投资、地方财政投资、国铁集团投资。其中，国债投资重点用于西部铁路建设。地方财政投资是指铁路所在的省市政府出资修建。国铁集团投资来源于国铁集团的自有资金和铁路建设基金。在政府或国铁集团投资之外，我国铁路建设的其他投融资渠道主要有：其一，国内银行贷款。国内银行贷款是铁路投融资的一个主要渠道，主要由国家开发银行和中国建设银行提供。其二，利用国际金融组织和外国政府贷款。其三，发行铁路债券。铁路债券对缓解铁路建设资金的紧张状况发挥了一定的作用。铁路债券因发行量大和资金到位快，可以满足铁路企业短期资金需求。其四，上市融资，铁路建设通过资本市场筹集资金。其五，吸引企业多元投资。许多地方铁路，是由原铁道部同地方政府和企业合资修建、共同管理的。如朔黄铁路是由神华集团、原铁道部及铁路沿线地方政府共同出资修建的，平南铁路完全依凭企业（深圳平南铁路有限公司）筹资建设。在引进民间资本开展铁路建设方面，平南铁路进行了有益的探索。[2]另外，杭绍台高铁项目吸纳社会投资也是非常有益的探索。[3]对此，本书将在典型案例部分展开讨论。

从总体来看，我国铁路投融资渠道仍然甚少，资金数量相对于铁路的发展需求仍然短缺。近20年来，国务院批准陆续颁布《外商投资产业指导目录》（2002年）、《国务院关于投资体制改革的决定》（2004年）、《国务院关于鼓励支持和引导个体私营等非公有制经济发展的若干意见》（2005年）以及有关部委颁布

---

[1] 参见张长青、郑翔：《铁路法研究》，北京交通大学出版社2012年版，第73页。
[2] 参见张长青、郑翔：《铁路法研究》，北京交通大学出版社2012年版，第73～74页。
[3] 参见徐亦镇等："杭绍台高铁PPP建设的经验借鉴"，载《浙江经济》2018年第2期，第50～51页；另参见杜涛："首个民营高铁PPP项目——杭绍台铁路PPP项目落地"，载www.eeo.com.cn/2017/0912/312640.shtml，最后访问日期：2021年5月31日。

《鼓励外商投资产业目录（2019 年版）》等文件。其中涉及鼓励外商投资铁路产业。特别是《鼓励外商投资产业目录（2020 年版）》，在其"全国鼓励外商投资产业目录"中，鼓励外商投资高速铁路轴承、高速列车用齿轮变速器、铁路大型施工、铁路线路、桥梁、隧道维修养护机械和检查、监测设备及其关键零部件的设计和制造、铁路干线路网及铁路专用线的建设和经营、城际铁路、市域（郊）铁路、资源型开发铁路和支线铁路及其桥梁、隧道、轮渡和站场设施的建设和经营、高速铁路和城际铁路基础设施综合维修、国际集装箱多式联运转运设施建设及快速转运换装设备、标准化运载单元的研发、推广和应用、城市地铁和轻轨等轨道交通的建设和经营等产业。在其"中西部地区外商投资优势产业目录"有关山西省的部分中，鼓励外商投资高速列车用钢、非晶带材等钢铁新材料的开发和生产等产业。

需要指出，随着铁路高速发展，原铁道部曾经通过大量借债来融资。《铁道部 2011 年上半年主要财务及经营数据报告》显示，铁道部总负债首破 2 万亿元，负债率为 58.53%。另据 2011 年 11 月 3 日《每日经济新闻》报道，36 家与高铁相关的上市公司，应收账款合计达 2491 亿元（主要应收账款来自铁道部），较 2010 年年底增加了 641 亿元。当时铁路建设融资是原铁道部负责绝大部分资金，而这些钱又多来自贷款，地方政府出征地、拆迁费用并用支出的征地、拆迁费用入股铁路建设项目。巨大的贷款基数，令越滚越大的高额本息形成债务陷阱，既提高了原铁道部再融资成本，也会形成系统性风险。铁路投融资体制改革应当注意原铁道部曾经面临的负债比率过大的风险。[1] 为了更好地实现 2020 年《新时代交通强国铁路先行规划纲要》的发展目标，需要进一步鼓励社会投资和外商投资。对此，拟在本章第二节重点展开讨论。

（二）铁路投资建设分类

可以按照不同类型铁路建设的筹资特点，制定不同的投资政策。将铁路建设项目划分为以下几类：第一类项目是以社会效益为主（公益性较强），兼有一定的经济效益的项目。如以国土开发、加强民族团结和巩固国家统一为宗旨的公益性铁路建设；第二类项目是以经济效益为主，同时也要兼顾公益性的项目。其中兼有公益性和经营性的铁路建设，在政府支持下多渠道吸引社会资金；路网性干线铁路建设，国家要投资控股；主要为地方经济发展服务的铁路建设，应支持和

---

[1] 参见李杰："铁道部账单曝光 36 家高铁相关公司应收款 2491 亿"，载 https://finance.huanqiu.com/article/9CaKrnJsYfU，最后访问访问日期：2021 年 5 月 31 日。

鼓励地方政府或相关企业投资，并可由其控股；铁路企业自身经营所需的铁路设施改造及设备购置逐步转向以企业自筹资金为主。[1]

其中第一类项目应当由政府或国铁集团建设；第二类项目可以由企业投资建设，政府认为必要时也可以投资。第二类项目中可以适当鼓励和吸引民营资本投资。但不管是何种铁路，国家都要依法对其加强投资管理和监督。特别是属于政府或国铁集团投资建设以社会效益为基本目标的铁路投入运营后，在运价收入不能补偿成本支出时，由政府核定铁路经营亏损年限及额度，可按年度对相关铁路运输企业给予政策补贴。对于第二类项目中的公益性的项目，也应依法给予适当的政策补贴。

（三）我国铁路建设投资主体与资金来源

根据《国务院关于投资体制改革的决定》（国发〔2004〕20 号）规定，要进一步深化投资体制改革，进一步吸引多元投资主体、拓宽多种筹资渠道、形成多样融资方式。因此，铁路投融资要实行三个转变：一是在投资主体上，要从中央政府投资为主，转变为政府投资引导，各类投资机构、境内外企业法人运作的多主体投资，加大与地方政府合作建路的力度。二是在筹资渠道上，要从中央财政性资金及国内贷款为主，拓宽到财政投入、企业投资、市场融资和利用外资等多渠道筹资。三是在融资方式上，要逐步从单个银行借贷为主，扩展到多银行贷款、债券融资和项目融资等多方式融资。[2] 基于此，在筹集资金来源和渠道上，可进行股份制改造、吸引外商投资和组建有限责任公司以及拓宽融资渠道引入社会资本等。

1. 进行股份制改造。股份制改造是筹集资金的重要渠道，客运专线建设也是铁路融资体制变革的突破点。股份制改造实际上是对广深高铁模式的运用和推广。"广深模式"包含两方面的内容：融资模式和营运模式（或者说盈利模式）。广深铁路股份有限公司于 1996 年发行 H 股，实际募集资金 42 亿元人民币，广深铁路用这笔资金修建广深铁路第三线和准高速线路，并进行全线电气化改造。2006 年广深铁路又发行 A 股，募集资金 103 亿元，用于收购广州至坪石段铁路。广深铁路两次募集到比预期更多的资金，这不仅因其使用先进的融资模式，更是因为它的盈利能力，在于其营运模式有良好的利润前景。[3] 这样实行股份制不

---

〔1〕 参见张长青、郑翔：《铁路法研究》，北京交通大学出版社 2012 年版，第 77 页。
〔2〕 参见张长青、郑翔：《铁路法研究》，北京交通大学出版社 2012 年版，第 77 页。
〔3〕 参见欧阳觅剑："'广深模式'的诱惑"，载《21 世纪经济报道》2007 年 5 月 23 日。

仅有更多资金，而且有利于公司加强经营管理，提高经济效益。业内人士认为，广深铁路成功上市，是铁路实施"存量换增量"股权融资模式的成功范例，是我国铁路投融资体制改革的又一次重大突破。[1]

2. 吸引外商投资，组建有限责任公司。从大的政策环境看，国家投融资体制改革方向已基本确定。2011 年《外商投资产业指导目录》对铁路建设方面规定外资可在中方控股的条件下，参与铁路干线路网的建设和经营，通过合资、合作的方式投资支线铁路。地方铁路及其桥梁、隧道和轮渡设施；在中方控股的条件下，投资高速铁路、铁路客运专线和乘机铁路基础设施综合维修；鼓励完善投资铁路交通运输设施的生产，包括铁路运输技术设备，机车车辆及主要部件设计与制造，线路、桥梁设备设计与制造，高速铁路有关技术与设备制造，通信信号和运输安全监测设备制造，电气化铁路设备和器材制造，城市快速轨道交通运输设备：地铁、城市轻轨的动车组及主要部件设计与制造。[2]但是，对此仍要修订《外商投资产业指导目录》，进一步减少限制性措施。2015 年版目录将限制性措施由 2011 年版的 180 条减少到 93 条，2017 年版目录进一步将限制性措施减少到 63 条，比 2011 年版总计缩减 65%。[3]如此三年两修指导目录，利用外资，限制更少，空间更大。

3. 拓宽融资渠道，引入社会资本。社会资本的引进有利于竞争、提高经营效率和服务质量等，可利用合资方式、发行股票、发行债券、建立铁路产业基金、采用项目融资 BOT[4]、TOT[5]、ABS[6]等多元化融资方式引入国内外社会资本，加快铁路建设的进程。前文提及的杭绍台高铁项目采用 BOOT（建设—

[1] 参见徐清扬："广深铁路 A 股上市：铁路投融资体制的又一次突破"，载 http://finance.sina.com.cn/stock/s/20061223/20263191754.shtml？from=wap，最后访问日期：2021 年 5 月 31 日。
[2] 参见《外商投资产业指导目录（2011 年修订）》。
[3] 参见王珂、赵展慧："利用外资 限制更少空间更大"，载《人民日报》2017 年 10 月 4 日，第 2 版。
[4] BOT 是英文 Build-Operate-Transfer 的缩写，通常直译为"建设-经营-转让"。这种译法直截了当，但不能反映 BOT 的实质。其实质上是指基础设施投资、建设和经营的一种方式，以政府和私人机构之间达成协议为前提，由政府向私人机构颁布特许，允许其一定时期内筹集资金建设某一基础设施并管理和经营该设施及其相应的产品与服务。
[5] TOT 是英文 Transfer-Operate-Transfer 的缩写，即移交—经营—移交。TOT 方式是国际上较为流行的一种项目融资方式，通常是指政府部门或国有企业将建设好的项目一定期限的产权或经营权，有偿转让给投资人，由其运营管理；投资人在约定期内通过经营收回全部投资并获得合理回报，双方合约期满后，投资人再将该项目交还政府部门或原企业的一种融资方式。
[6] ABS 是英文 Asset Backed Securitization 的缩写。ABS 资产证券化，是国际资本市场上流行的一种项目融资方式。它已在许多国家大型项目中采用。1998 年 4 月 13 日，我国第一个以获得国际融资为目的的 ABS 证券化融资方案率先在重庆市推行。这是中国第一个以城市为基础的 ABS 证券化融资方案。

拥有—运营—移交）模式和 PPP 模式[1]，后文还将具体述及。

(四) 我国铁路建设特殊投资费用的承担问题

1. 关于铁路和道路需要修建立体交叉的，根据《铁路安全管理条例》第 18 条规定，其设置立体交叉设施及其附属安全设施所需费用的承担，依照下列原则确定：(1) 新建、改建铁路和既有道路交叉的，由铁路方承担建设费用；道路方要求超过既有道路建设标准建设所增加的费用，由道路方承担；(2) 新建、改建道路和既有铁路交叉的，由道路方承担建设费用；铁路方要求超过既有铁路线路建设标准建设所增加的费用，由铁路方承担；(3) 同步建设的铁路和道路，需要设置立体交叉设施以及既有铁路道口改造为立体交叉的，由铁路方与道路方按照公平合理的原则分担建设费用。

2. 因采矿、水利和防洪等特殊活动，要求铁路改线所产生的费用，可由提出改线请求的当事人承担。关于修建跨越河流的铁路桥梁，应符合国家规定的防洪、通航与水流的要求。国家没有规定的，按既定标准修建。需要超标准修建的，其超出部分的费用，由提出要求的单位承担。[2]

综上所述，建设发达的铁路网，既要推进市场化融资，又要构建一批符合现代企业制度要求的新型运输企业。通过组建专业投资公司、项目公司、合资公司和规范改制上市等途径，确立企业投融资主体地位，依托铁路建设项目，建成一批规范的公司制企业；还要适度开放外商投资铁路的市场准入领域，对经营性铁路建设项目，引导和鼓励外商直接投资参股，进一步探索中外合资经营方式等。为了适应我国铁路发展要求，应建立和完善更为科学合理的铁路建设投融资法律体系。

七、铁路道口建设

铁路道口，是指在铁路线路上铺面宽度 2.5 米及以上，直接与道路贯通的平面交叉。而人行过道，则是指铁路线路上的铺面宽度不足 2.5 米，直接与道路贯通的平面交叉。其中，城市人行过道的宽度一般为 0.75 米~1.5 米，乡村人行过道的宽度通常是 0.4 米~1.2 米。人行过道禁止畜力车、机动车通行。[3] 由于铁

---

〔1〕 PPP（Public-Private Partnership），又称 PPP 模式，即政府与社会资本合作，是公共基础设施中的一种项目运作模式。在该模式下，鼓励民营资本和政府合作，参与公共基础设施的建设。

〔2〕 参见张长青、郑翔：《铁路法研究》，北京交通大学出版社 2012 年版，第 78 页。

〔3〕 参见《设置或者拓宽铁路道口人行过道审批办法》（2005 年铁道部令第 20 号）（已被废止）。

路道口直接关系到铁路沿线居民的生活便利和通行安全，因此，铁路道口建设与管理是铁路法治的重要内容。尤其是平交道口，与安全的关系最为密切。随着时代发展和技术进步以及对安全的高度重视，铁路道口"平改立"的趋势已然明显。以下从铁路道口建设的原则和要求以及管理责任等方面来讨论。

（一）铁路道口建设的原则

根据《铁路主要技术政策》的有关规定，要求强化对铁路要害、重点目标、治安复杂区段的安全防护。完善道口防护技术，逐步推进既有线道口"平改立"。新建、改建设计开行时速 120 公里以上列车的铁路或者设计运量达到规定运量标准的铁路，需要与道路交叉的，应当设置立体交叉。设计开行时速 120 公里以上列车的铁路应当实行全封闭管理。对此，《铁路安全管理条例》第 17 条和第 28 条的规定也予以了确认。其中规定新建、改建设计开行时速 120 公里以上列车的铁路或设计运输量达到国务院铁路行业监管部门规定的较大运输量标准的铁路，需要与道路交叉的，应设置立体交叉设施。新建、改建高速公路、一级公路或城市道路中的快速路，需要与铁路交叉的，也应设置立体交叉设施，并优先选择下穿铁路方案。已建成的前述铁路、道路为平面交叉的，应逐步改造为立体交叉。新建、改建高速铁路需要与普通铁路、道路、渡槽和管线等设施交叉的，应优先选择高速铁路上跨方案。而且规定"在铁路用地范围内设置封闭设施和警示标志"等。但是，修订中的《铁路法（修订草案）》（征求意见稿）中仍然保留了设置平交道口的相关条款，这表明修订稿的起草者对此思想略显保守，抑或是遭遇较大的阻力，没有足够重视前述 2013 年技术政策和 2013 年《铁路安全管理条例》的修订思路，由此给以后设置平交道口提供了法律依据，也因此可能会给铁路道口"平改立"的努力带来阻力或者留下后患。我国应早日对其作出修正，使之与有关法规和技术政策的精神导向相协调。特别是，交通法治应顺应更安全、更文明的发展趋势。

因此，我们倾向于主张我国当前铁路道口建设的原则，应当是设置立体交叉和实行全封闭管理的原则，以及逐步推进既有线道口"平改立"的原则。

亦即，原来根据原铁道部等七部委 1986 年（161 号）文件以及《铁路法》的规定确立的立体交叉优先设置原则，以及依据《设置或者拓宽铁路道口人行过道审批办法》等部门规章的规定确立的关于新建铁路道口密度控制原则以及结合城市规划综合考虑交叉设施原则，[1] 应当逐渐成为历史。

---

〔1〕　参见张长青、郑翔：《铁路法研究》，北京交通大学出版社 2012 年版，第 85 页。

（二）道口建设的要求

如前所述，我国当前铁路道口建设的原则，是逐步推进既有线道口"平改立"，原则上设置立体交叉和实行全封闭管理。《设置或者拓宽铁路道口人行过道审批办法》已被废止，因此，原来依据该办法设置或拓宽铁路道口或拓宽人行过道的条件规定、道口处设置铁路道口标志和护桩的规定、人行过道与平过道铺设铁路道口标志及道口护桩、有关设置或拓宽铁路过道和人行过道的程序规定，大多已失效。

但是，《铁路安全管理条例》第17条、第28条、第46条和第47条的规定，对道口建设提出若干要求。其中规定设置或拓宽铁路道口、铁路人行过道，应当征得铁路运输企业的同意。铁路与道路交叉的无人看守道口应按照国家标准设置警示标志；有人看守道口应设置移动栏杆、列车接近报警装置、警示灯、警示标志、铁路道口路段标线等安全防护设施。道口移动栏杆、列车接近报警装置、警示灯等安全防护设施由铁路运输企业设置和维护；警示标志、铁路道口路段标线由铁路道口所在地的道路管理部门设置和维护。

如前已述，修订中的《铁路法（修订草案）》（征求意见稿）中还保留了设置平交道口的相关条款，考虑到其中相关规定与前述2013年技术政策和2013年《铁路安全管理条例》的修订思路有所冲突，在对其修改之前，建议相关单位尽可能少地适用之，以共同推进我国铁路安全建设和社会文明的进步与发展。

（三）铁路道口管理的责任

根据有关法规的要求，道口技术条件应符合铁路与道路双方现行技术标准，对尚不符合标准的道口设备，有关单位应尽快改造和完善并搞好维修与管理。对其管理责任，依据《铁路安全管理条例》第48条和第49条的规定，其中要求机动车或非机动车在铁路道口内发生故障或装载物掉落的，应立即将故障车辆或掉落的装载物移至铁路道口停止线以外或铁路线路最外侧钢轨5米以外的安全地点。无法立即移至安全地点的，应立即报告铁路道口看守人员；在无人看守道口，应立即在道口两端采取措施拦停列车，并就近通知铁路车站或公安机关。关于履带车辆等可能损坏铁路设施设备的车辆、物体通过铁路道口，应提前通知铁路道口管理单位，在其协助和指导下通过，并采取相应的安全防护措施。如果违反相关规定，应当依法承担相应的法律责任。

第二节　铁路建设中的社会投资、外商投资和海外投资制度

为了加快铁路建设，提高铁路运输能力，缓解铁路运输紧张状况以及促进铁路现代化，我国不仅要鼓励国内社会投资，也可以适当吸引外国投资者建设和经营铁路，而且我国企业除了在对其他发展中国家提供铁路建设援助外，也可适当参与海外铁路的投资建设和经营。因此，以下从鼓励社会投资、外商投资和海外投资的制度方面展开探讨。

一、鼓励社会投资的制度

通常认为，铁路投资体制，是对铁路投资建设过程中处理各项工作和解决有关方面相互关系问题的管理权限划分和机构设置的制度总称。其中包括投资决策制度、项目涉及管理制度、建设资金筹集制度、建设管理制度、项目概算编制审批制度、建设资金拨款管理制度、项目验收交付制度、建设负债还贷制度和项目后评估制度等。其中有关方面的关系，是指中央政府、地方政府、企业事业单位等铁路建设主体之间的关系。[1]

我国《铁路法》起初诞生于计划经济时代，当时根本就无"社会资本"可以投入国企的政策余地。后来在 2009 年和 2015 年的立法修订中也没有对其进行规定。但是，本次《铁路法》全面修订的征求意见稿已将鼓励和支持"社会资本"的融资形式载入其中。

其实，从 2004 年《国务院关于投资体制改革的决定》颁行之日起，我国就加快了铁路投融资体制改革的步伐。2005 年《国务院关于鼓励支持和引导个体私营等非公有制经济发展的若干意见》明确提出：允许非公有资本进入垄断行业和领域。在电力、电信、铁路、民航和石油等行业与领域，进一步引入市场竞争机制，非公有资本可以参股等方式进入。这是经过多方论证后，各方形成的共识：解决铁路跨越式发展的资金问题，必须打破完全依赖国家的单一投资局面。2005 年铁道部确定了铁路投融资体制改革的总体思路：政府主导，多元化投资，市场化运作。这一总体思路至今仍然适用。

1. 政府主导。铁路是社会重要的基础设施，被称为"社会先行资本"，其所提供的公共设施是经济发展必备的先行条件。应充分发挥政府投资在铁路建设中

---

〔1〕　参见张长青、郑翔：《铁路法研究》，北京交通大学出版社 2012 年版，第 75 页。

的主导作用，并为各方投资人创造良好的投资环境。各级政府要在铁路建设中发挥投资主导作用，负责项目审批和资金筹措，推进工程实施并为投资铁路创造良好的政策和法律环境。

2. 多元化投资。铁路大规模建设为资本市场的发展拓展了广阔空间，可以带来稳定可靠收益的投资机会，应当发挥各方投资铁路的积极性，形成多元化投资格局。鼓励社会资本投资铁路，通过债券融资、项目融资和股权融资等多种方式，把政府投资与境内外社会投资结合起来，实施投资主体多元化的多种建设模式。

3. 市场化运作。尊重市场规则，依据《中华人民共和国公司法》（以下简称《公司法》）和有关法规，组建规范的合资铁路公司，构建独立的法人主体，使出资者各方权益依法获得维护和保障。完善铁路监管体系，规范市场化运作，依法维护和保障各方出资者的合法权益，实现风险共担和收益共享。在市场经济社会里，一切商业运作都得遵循投资回报率决定资金流向的规律。而对承担公益性运输的铁路而言，其融资方式一定程度上又不同于其他企业——因其中作为提供公共产品主体的国家有一定额度的投资。所以，这决定了发达国家铁路的投融资发展进程中，除从金融市场融资外，还有国家的财力支持。因自然垄断和外部性等原因，铁路交通往往是政府干预和管制最多的领域之一。对许多国家来讲，其铁路经过私营铁路国有化并由政府直接经营，后来国有铁路公司与政府职能逐渐分离，再后来又进一步实施不同程度民营化或私有化的过程；另有一些国家如美国，以私有制为主的铁路行业则经历从政府严格管制到放松管制的过程。无论哪种类型，政府都在铁路业发挥重大作用，但总的趋势是，各国朝着尊重与保护铁路企业产权关系和利益的方向变化。[1] 因国情原因，我国铁路事业的发展中，公有制为主体的地位是不可动摇的。这也是必须受到法律保护的。

从各国铁路建设经验来看，作为市场主体的铁路，最基本和最有效的投融资方式仍然是到金融市场与别的企业博弈，谋求投资主体的多元化。一些国家灵活多样的投融资方式为铁路行业的生存和发展注入了厚实的物质基础。例如，在铁路投融资方式上，日本、印度、俄罗斯、英国、美国、法国、澳大利亚和德国等都有自己的特点。[2]

但是，鼓励铁路建设投资的多元化，可以适当增加相应的政策支持。总体思

---

〔1〕 参见荣朝和："初探铁路产权关系的特殊性"，载《综合运输》2006 年第 1 期，第 29~30 页。
〔2〕 参见张长青、郑翔：《铁路法研究》，北京交通大学出版社 2012 年版，第 76 页。

路可以是：国有铁路应把力量集中在公益性线路的建设和运营上，而对那些市场盈利前景较好且路外机构又有兴趣投资的项目，则可适当向社会资本放开，吸引社会资金，而且要平衡与战略投资者的权利交换。如果想以市场方式吸引社会赢利性资金，就必须设计出在资本结构、业务边界、产权与组织形式各方面能够切实盈利的项目公司。

值得指出的是，近 20 年来，我国民资入铁的成功案例极少。2005 年，浙江民营企业光宇集团投资衢常铁路，2007 年因多种原因出局，衢常铁路回归国有；2006 年，天津国恒铁路投资建设（从广东罗定至广西岑溪的）罗岑铁路，但建设依然遭遇一波三折，建成通车日程也从 2009 年被一再推迟，烂尾 7 年后，国恒尝试卖掉罗岑铁路，但无人接盘，最终于 2017 年被当地收回股权，画上民资入铁的句号；曾被称为"中国首条民营铁路"（由山西裕丰实业公司投资控股）的山西嘉南铁路，2010 年年底因刘志军事件沦为烂尾工程；辽宁春成集团 2006 年年底投资近 8 亿元，以最大股东身份参与建设的巴新铁路，原计划 2010 年 8 月完工，但至今仍未建成，春成集团也已退出，最终或再次被国资接盘。[1] 这些民资入铁的困境问题，都剑指铁路的痼疾。其中一个尴尬的问题是，虽然政企分离，但铁路运输企业仍无足够的自主经营权，民资进入则意味着相应丧失对其财产行使完整的法人权利。同时，铁路财务统一清算和路网集中调度的情况也无改变。所谓财务统一清算，就是所有财务收入统一清收，然后再返还给下属各铁路局集团。在这种体制下，哪个铁路局集团盈利，很大程度上是由铁总（今国铁集团）说了算。目前仅有几条高铁属于独立结算；路网集中调度权则是指路网资源的配置完全掌握在国铁集团及下属部门手中，即使民营铁路上运营的车辆，何时能走车、何时不能走车，也要听从国铁集团或铁路局集团安排。此外，目前票价定价权也归国铁集团掌控。因此，投资大、回报周期长、没有话语权，就成了民资入铁难的根本原因之一。[2]

从当前铁路实践来看，以下政策或许值得考虑。[3]

第一，适当赋予投资者铁路沿线部分土地开发权。这项权利是建设投资经营铁路的主体最为关心的问题。由于铁路投资大和见效慢，单靠铁路运营收入很难

---

〔1〕 参见张智："铁路吸引外资喊了 16 年 尚未有成功的外资入铁案例"，载《中国外资》2018 年第 8 期，第 29 页。

〔2〕 参见张智："铁路吸引外资喊了 16 年 尚未有成功的外资入铁案例"，载《中国外资》2018 年第 8 期，第 29 页。

〔3〕 参见张长青、郑翔：《铁路法研究》，北京交通大学出版社 2012 年版，第 76~77 页。

维持高额的运营成本。大多数投资者最关心沿线开发权，通过多种经营渠道弥补铁路支出。因此，若赋予其相应的部分土地开发权，则有利于增强投资者投资建设铁路的信心。第二，铁路建设用地，以划拨方式取得，需要支付土地征收补偿费和移民安置补助费的，按照国家规定标准执行。铁路是建设用地大户，土地成本在铁路建设投资中占比越来越大，因而许多投资者不愿投入铁路建设。若要争取社会资金投入铁路，则要有相应的用地政策支持。第三，适当给予与建设规模相适应的政策性贷款。投资建路不可能全部资金都由建设者投入，因此，应给予相应的政策性贷款支持，提供低息或者免息贷款并给予相应的融资权，为铁路建设筹集足够的资金。第四，适当给予税收等方面的政策扶持。可以给予一定期限的免税和减税政策，让投资者在经营初期减少经营成本，获得相应的投资收益。

此外，各级地方政府还可在政策和法律法规允许的范围内提供地方优惠政策。相关法律法规（包括社会资本的进入机制和退出机制）也可进一步完善，以提供更好的法律保障。其他具体讨论，可参阅后文中杭绍台高铁项目案例的相关介绍。

二、铁路建设外商投资制度

以下从外商投资建设和经营铁路的法律原则、主体、范围和方式及其管理等方面进行研讨。

（一）外商投资建设和经营铁路的法律原则

有学者认为，外商投资建设和经营铁路，主要应当遵循三个法律原则：公平合理和平等互利原则（经济原则）、维护国家主权原则（政治原则）、尊重国际惯例的原则。[1]我们认为，这一观点有一定的合理性，但是有必要结合当前相关法律的规定来分析和归纳，才会更有科学性、权威性和可操作性。

需要注意，为了进一步扩大对外开放，积极促进外商投资，保护外商投资合法权益，规范外商投资管理，推动形成全面开放新格局，促进社会主义市场经济健康发展，我国根据宪法，于 2019 年制定了《中华人民共和国外商投资法》（以下简称《外商投资法》），同时废止了《中华人民共和国中外合资经营企业法》（以下简称《中外合资经营企业法》）、《中华人民共和国外资企业法》（以下简称《外资企业法》）和《中华人民共和国中外合作经营企业法》（以下简称

---

〔1〕 参见张长青、郑翔：《铁路法研究》，北京交通大学出版社 2012 年版，第 79 页。

《中外合作经营企业法》）。该法施行前依照《中外合资经营企业法》《外资企业法》《中外合作经营企业法》设立的外商投资企业，在该法施行后 5 年内可继续保留原企业组织形式等。具体实施办法由国务院规定。

依据《外商投资法》的规定，外商投资建设和经营铁路，主要应当遵循如下四个法律原则：

1. 法治化的公平竞争市场环境原则。该法第 3 条规定，国家坚持对外开放的基本国策，鼓励外国投资者依法在中国境内投资。国家实行高水平投资自由化便利化政策，建立和完善外商投资促进机制，营造稳定、透明、可预期和公平竞争的市场环境。

2. 综合待遇原则。（1）准国民待遇原则。该法第 4 条第 1~3 款规定，国家对外商投资实行准入前国民待遇加负面清单管理制度。前款所称准入前国民待遇，是指在投资准入阶段给予外国投资者及其投资不低于本国投资者及其投资的待遇；所称负面清单，是指国家规定在特定领域对外商投资实施的准入特别管理措施。国家对负面清单之外的外商投资，给予国民待遇。负面清单由国务院发布或者批准发布。（2）超国民待遇原则。该法第 4 条第 4 款规定，中华人民共和国缔结或参加的国际条约、协定对外国投资者准入待遇有更优惠规定的，可按照相关规定执行。又如，该法第 14 条规定，国家根据国民经济和社会发展需要，鼓励与引导外国投资者在特定行业、领域、地区投资。外国投资者和外商投资企业可依照法律、行政法规或国务院的规定享受优惠待遇。（3）国民待遇原则。例如，该法第 15 条规定，国家保障外商投资企业依法平等参与标准制定工作，强化标准制定的信息公开和社会监督。国家制定的强制性标准平等适用于外商投资企业。该法第 16 条规定，国家保障外商投资企业依法通过公平竞争参与政府采购活动。政府采购依法对外商投资企业在中国境内生产的产品、提供的服务平等对待。（4）对等原则。该法第 40 条规定，任何国家或地区在投资方面对中华人民共和国采取歧视性的禁止、限制或其他类似措施的，中华人民共和国可根据实际情况对该国家或该地区采取相应的措施。

3. 法益保护原则。该法第 5 条规定，国家依法保护外国投资者在中国境内的投资、收益和其他合法权益。

4. 守法原则。该法第 6 条规定，在中国境内进行投资活动的外国投资者、外商投资企业，应当遵守中国法律法规，不得危害中国国家安全、损害社会公共利益。其中当然包括维护东道国国家主权原则。

（二）外商投资建设和经营铁路的主体

其中涉及确定主体的原则和主体的权利义务的讨论。

1. 确定主体的原则

外商投资建设和经营铁路的主体问题，是外商投资建设经营铁路的一个基本问题。其主体包括两个方面：一是投资主体；二是投资主体依法设立的外商投资铁路企业。投资主体是指投资建设铁路的经济实体，可以是企业或其他经济组织，可以是财团，也可以是公民。根据《外商投资法》的规定，其中外国投资者是指外国的自然人、企业或者其他组织；其中所称外商投资，是指外国投资者直接或间接在中国境内进行的投资活动，包括下列情形：（1）外国投资者单独或与其他投资者共同在中国境内设立外商投资企业；（2）外国投资者取得中国境内企业的股份、股权、财产份额或其他类似权益；（3）外国投资者单独或与其他投资者共同在中国境内投资新建项目；（4）法律、行政法规或国务院规定的其他方式的投资。而且，该法所称外商投资企业，是指全部或部分由外国投资者投资，依照中国法律在中国境内经登记注册设立的企业。

另外，根据《中华人民共和国外商投资法实施条例》的规定，对于中方投资者而言，可以是企业或其他经济组织，中国公民个人也可以作为投资主体。诚然，依据有关法律法规的规定，政府机关以及一些社会团体或者个人也不能作为投资主体。外商投资铁路企业是从事铁路建设、运输生产经营活动的经济实体，是铁路建设市场、铁路运输市场主体之一，依法参与铁路建设市场和铁路运输市场的竞争，享受法定的权利并承担相应的义务。

确定投资主体，要遵循合法性原则和能力适应原则。合法性原则是指主体应当符合法律规定，不具备条件的不能作为投资主体对待。这也是依法治路原则的必然要求。曾经不少地方政府以自己的名义直接与外商谈判修建地方铁路，有人认为这是不妥当的。其理由是，政府是国家行政机关，依法行使行政管理职能，而与外商联合经营铁路是经济行为，应由经济组织来进行。因此，政府应授权经济组织或企业作为投资主体，与外商合资或合作建设经营铁路。[1] 对此关键是应依据当时的法律规定来实施。而能力适应原则是指建设经营铁路应当具备的条件，这些条件包括资金、技术和管理等方面。因投资建设铁路与投资建设其他工业不同，铁路点多线长和整体性强，投资大而成本收回期长，与地方的关系密切，土地征收和安全保护等方面问题较多，对投资者来说，须具备相

---

〔1〕 参见张长青、郑翔：《铁路法研究》，北京交通大学出版社 2012 年版，第 79~80 页。

应条件才能保证铁路建设顺利进行，保障铁路安全。因此，在审查外商投资建设和经营铁路时，一定要把能力审查放到重要位置，确保铁路建设工程质量和铁路运输安全。[1] 对其能力审查的程序和实体的标准，也要有明确具体的操作规范。

2. 主体的权利和义务

外商投资建设和经营铁路主体的基本权利，是通过依法建设和经营铁路有权获取相应的利润回报，而且有权享受法定的待遇（含优惠条件）。其基本义务是遵守中国法律法规，切实做到依法经营、合法经营，铁路建设和铁路经营必须按照中国有关法律法规进行。

具体地说，投资主体的法定权利包括铁路投资收益权、重大项目决策权、对企业管理者的选择权、公平竞争权（平等参与权、平等适用权、平等对待权等）、对立法的修改建议权、公平合理的补偿权、知情权、投诉权等。其义务主要是守法义务。其中包括外商投资企业开展生产经营活动，应遵守法律、行政法规有关劳动保护、社会保险的规定，依照法律、行政法规和国家有关规定办理税收、会计和外汇等事宜，并接受相关主管部门依法监督检查。对外国投资者并购中国境内企业或以其他方式参与经营者集中的，应依法接受经营者集中审查。外国投资者或外商投资企业应通过企业登记系统以及企业信用信息公示系统向商务主管部门报送投资信息。外商投资信息报告的内容和范围按确有必要的原则确定，报送的投资信息应当真实、准确和完整。对影响或可能影响国家安全的外国投资者或外商投资企业有接受安全审查的义务。

外商投资的铁路建设、铁路运输企业作为铁路建设市场、铁路运输市场经营主体，其权利还包括铁路法律法规等规定的各项法定权利，如参与铁路建设市场、铁路运输市场经营权、利用其他铁路线路的运货权和送客权、企业自主经营权等。其基本义务包括遵守国家法律法规，依法开展铁路建设和经营活动，保障职工权益、旅客和货物运输安全以及依法纳税等。

（三）外商投资建设和经营铁路的范围、方式和管理

2002 年 4 月，连接烟台市和大连市的烟大铁路轮渡项目首次向外国投资者敞开大门，迈出了铁路投资体制改革的关键一步。

2005 年 1 月，原铁道部决定进一步放开包括设计、施工和监理三大领域在内的铁路建设市场。其意在拓宽筹融资渠道，积极吸引地方政府、企业和民间资金

---

〔1〕　参见张长青、郑翔：《铁路法研究》，北京交通大学出版社 2012 年版，第 80 页。

参与铁路建设，同时增加外资利用规模。当年 6 月，山东省国资委在招商的 6 个地方铁路项目中明确，其中 3 个项目允许外资独资建设，2 个项目可向外资转让既有产权。这是中国铁路运输行业首次拟向外资全资转让铁路股权，被视为中国第一次对外资开放股权。[1] 当年原铁道部发布《关于鼓励支持和引导非公有制经济参与铁路建设经营的实施意见》，首次允许外资和民营资本进入国家经济命脉的干线铁路。

2012 年原铁道部又发布《铁道部关于鼓励和引导民间资本投资铁路的实施意见》，其中鼓励民间资本投资参与铁路"走出去"项目。支持民营企业和国铁企业组成联合体，发挥各自优势，开展多种形式境外投资与经济合作，开拓国际市场。

2014 年，为保障铁路建设正常进行，湖北、四川和山东等省份都出台不同的引资政策，基本表示全面放开铁路市场，欢迎各种资本、各种形式的合作。江西也出台《江西省人民政府关于改革铁路投融资体制加快推进铁路建设的实施意见》，明确江西将全面放开铁路建设市场，多方式多渠道筹措铁路建设资金，鼓励境内外资金以股权等方式参与省内铁路建设。

2015 年发布的《外商投资产业指导目录》中，明确分为鼓励、限制、禁止三大类外商投资产业目录。其中限制外商投资的铁路相关领域包括铁路旅客运输公司（中方控股）。但值得注意的是，禁止外商投资产业目录中没有铁路相关领域项目。

2017 年，国务院发布《国务院关于扩大对外开放积极利用外资若干措施的通知》，要求进一步放开铁路外资准入。直到 2018 年新的负面清单，将我国铁路所有对外资的限制基本消除了，铁路完全向外资敞开怀抱。但是外资对此反应比较冷淡。有人认为，铁路吸引外资喊了 16 年，当时全国铁路营业里程已达到 12.7 万公里，但到 2018 年尚未有一例外资投资的成功案例。其中一个重要原因是，民资和外资对铁路投资没有定价权。因此就缺乏合理的利益分配机制，也缺乏足够的法律保护。[2] 其原因分析一针见血。但值得纠正的事实是，2007 年 5 月 31 日上午，由国内外七家股东合资成立的中铁联合国际集装箱有限公司已正

---

〔1〕 参见张智："铁路吸引外资喊了 16 年 尚未有成功的外资入铁案例"，载《中国外资》2018 年第 8 期，第 28 页。

〔2〕 参见张智："铁路吸引外资喊了 16 年 尚未有成功的外资入铁案例"，载《中国外资》2018 年第 8 期，第 28 页。

式挂牌，将负责建设和经营全国 18 个铁路集装箱物流中心。这是铁路集装箱运输首次引入国外资本。[1]

另外，据有关报道，2018 年深秋，完工在即的济南至青岛高铁章丘段，迎来一批外资考察者。一年后，这批中东访客已成为首单入股中国铁路的投资者。济青高铁在全国高铁首个引入外资，靠的是什么？[2] 这不能不引发人们的思考。据此可见，我国进一步开放铁路建设和经营的有关政策取得了一定的效果。

根据我国《外商投资法》第 28 条规定，外商投资准入负面清单规定禁止投资的领域，外国投资者不得投资。外商投资准入负面清单规定限制投资的领域，外国投资者进行投资应符合负面清单规定的条件。外商投资准入负面清单以外的领域，按照内外资一致的原则实施管理。该法第 29 条规定，外商投资需要办理投资项目核准、备案的，按照国家有关规定执行。该法第 30 条规定，外国投资者在依法需取得许可的行业和领域进行投资的，应依法办理相关许可手续。有关主管部门应按照和内资一致的条件与程序，审核外国投资者的许可申请，法律、行政法规另有规定的除外。该法第 31 条规定，外商投资企业的组织形式、组织机构及其活动准则，适用我国《公司法》和《中华人民共和国合伙企业法》等法律的规定。

依据《鼓励外商投资产业目录》（2020 年），以及在《外商投资准入特别管理措施（负面清单）》（2018 年版、2019 年版、2020 年版）可知，其中关于交通运输业的负面清单已无铁路领域的准入限制。这意味着外商投资准入负面清单以外的领域，可以按照内外资一致的原则实施管理。

需要指出，我国对外商投资铁路建设和经营铁路的范围，曾经是有诸多限制的。正如曾经有学者认为，外商投资铁路建设经营的范围主要有四方面：一是新建的普通铁路干线、支线和铁路专用线；二是既有的铁路干线、支线电气化改造和增建第二、三线；三是新建铁路特大桥、长隧道、过海轮渡、货场、客站站房等设施；四是国家允许外商投资的其他铁路设施。但是国防铁路、独立铁路枢纽以及涉及国家利益等重要铁路项目或设施除外。这是为维护国家主权和利益所必

---

〔1〕　参见高李鹏、郭福灿："七家股东合资成立中铁联合国际集装箱有限公司"，载 http://www.gov.cn/gzdt/2007-06/01/content_ 632856. htm，最后访问日期：2021 年 5 月 31 日。与此相互印证的是，此前已有相关报道，参见刘涓涓："外资入股铁路破冰：中铁集装箱再重组"，载《21 世纪经济报道》2007 年 2 月 5 日。

〔2〕　参见白宇洁：" '外资入铁路' 破冰 高铁投资如何盈利？"，载《财新周刊》2019 年第 45 期，第 68 页。

须采取的措施。例如国防铁路直接关系到国家安全，属于国家军事秘密，当然不能允许外国投资者参与经营。独立铁路枢纽关系到铁路运输网的统一运行，涉及铁路整体功能，要保证铁路运输的畅通，也不应让外商投资建设经营。[1]因此，为了确保铁路安全和国防利益，如何应对前述关于铁路准入限制全面放开的问题，也是一个重大的挑战。

如前所述，外商投资是外国投资者在中国境内进行的直接或间接的、单独或共同或其他的四种情形的投资活动。其中外商投资建设和经营铁路仍然可以采取合资、合作或者独资方式。合资建设和经营铁路是指外国投资者和中国投资者共同投资、共同建设经营、共担风险。

根据《中华人民共和国外商投资法实施条例》的规定，外国投资者在依法需取得许可的行业和领域投资的，除法律、行政法规另有规定外，负责实施许可的有关主管部门应按与内资一致的条件和程序，审核外国投资者的许可申请，不得在许可条件、申请材料、审核环节和审核时限等方面对其设置歧视性要求。而且规定，负责实施许可的有关主管部门应通过多种方式，优化审批服务，提高审批效率。对符合相关条件和要求的许可事项，可按有关规定采取告知承诺的方式办理。外商投资要办理投资项目核准、备案的，按国家有关规定执行。对于外商投资企业的登记注册，由国务院市场监管部门或其授权的地方政府市场监管部门依法办理。国务院市场监管部门应公布其授权的市场监管部门名单。

外商投资企业的注册资本可采用人民币，也可使用可自由兑换的货币。另外，外国投资者或外商投资企业应依法向商务主管部门报送投资信息。国务院商务主管部门、市场监管部门应做好相关业务系统的对接和工作衔接，并为外国投资者或外商投资企业报送投资信息提供指导。外商投资信息报告的内容、范围、频次与具体流程，由国务院商务主管部门会同国务院市场监管部门等有关部门根据确有必要和高效便利原则确定并公布。商务主管部门、其他有关部门应加强信息共享，通过部门信息共享能获得的投资信息，不得再行要求其报送。其报送的投资信息应真实、准确和完整。

特别需要强调的是，国家建立外商投资安全审查制度，对影响或可能影响国家安全的外商投资进行安全审查。那么，如何防范其危害国家安全？如何强化相关监督检查措施？如何进行安全审查？对此值得深入研究，需要完善相关立法、执法和司法解释，综合审慎地考虑在国家安全和公共安全与经济发展方面的平

---

〔1〕 参见张长青、郑翔：《铁路法研究》，北京交通大学出版社 2012 年版，第 80 页。

衡。我们认为，在采取外商独资方式上，尤其要慎重，权衡利弊，防患于未然。一是基于铁路安全保障的需要；二是尽可能以国内社会资本投资或中外合资或中外合作形式替代之。

（四）外商投资建设和经营铁路企业与其他铁路运输企业的关系

外商投资铁路企业和其他铁路企业的关系如何处理，涉及外商投资铁路企业的权益能否实现，还涉及整个铁路运输网的效率与畅通与否。处理两者关系，除了遵守铁路法治的两大基本原则外，还应遵循以下两个原则。[1]

1. 主体地位平等原则。即外商投资铁路企业与其他铁路运输企业地位平等，都是市场经济主体，都有权依法以其名义参与铁路建设、铁路运输生产经营活动，依法享有权利和承担义务。

2. 协作原则。即外商投资铁路企业与其他铁路运输企业之间要互相协作和互相配合，共同搞好铁路建设、铁路运输生产。铁路运输生产具有整体性强、时间性要求严和全天候等特点，要求各运输企业之间密切配合，才能较好地完成运输生产任务，实现更好的经济效益和社会效益。各铁路建设和运输企业应当具有协作配合的态度，友好协商和共同努力，搞好铁路建设、铁路运输生产经营。

基于上述原则，外商投资铁路企业和其他铁路运输企业的关系，可以归纳为：地位平等，互相协作，实现良好效益。通过协作，搞好铁路建设和联合运输，充分发挥各种铁路的优势，最大限度地减少成本消耗以及提高社会效益和经济效益。

三、铁路建设海外投资制度

近年来，我国海外铁路建设受到广泛关注，常被誉为"铁路外交"。而当一些铁路项目出现波折甚至失败时，有人认为我国在一些乏人问津的地区投资基础设施是浪费资金。同时，国际上也不乏对我国修建海外铁路的质疑，甚至攻击我国在发展中国家的这类活动是"新殖民主义"与"新帝国主义"。[2]其实，海外投资铁路建设和经营项目，总体来看，其意义是重大的。我国铁路"走出去"要以实现中国标准、技术和装备国际化为目标。在制定我国铁路"走出去"投融资战略时，要依照所在国法律，根据境外铁路基础设施项目具体情况，结合企

---

〔1〕　参见张长青、郑翔：《铁路法研究》，北京交通大学出版社 2012 年版，第 83 页。

〔2〕　参见钟准："从殖民主义到共同发展——大国海外铁路建设的演变"，载《文化纵横》2019 年第 6 期，第 79 页。

业自身资源条件，有针对性地确定项目投融资模式和实施方案，同时做好各种风险防控。[1] 这里着重从我国铁路"走出去"的投融资现状、主要问题及其对策和建议展开讨论。

（一）中国铁路"走出去"的投融资现状

在我国铁路"走出去"的过程中，政府大力支持和积极推介，铁路企业依托核心技术优势不断拓展海外市场，在中老、中印尼、中俄、中泰等双边铁路务实合作中已取得重要进展；我国制造的铁路机车、动车组、地铁车辆、有轨电车等"走出去"也取得重要突破，已进入欧美市场。目前金融支持力度虽然已经很大，但因缺少保障机制，我国铁路"走出去"投融资模式仍停留于初级阶段，全产业链相关部门及企业参与力度不够。譬如，铁路施工企业"走出去"项目绝大部分为融资＋设计采购施工总承包（F+EPC）模式。这一模式是以中国向东道国提供项目贷款为前提来取得工程总承包权。在印度尼西亚雅万高铁项目中有所突破，采用公私合营（PPP）模式。我国铁路企业"走出去"的主要资金渠道包括自有资金、银行贷款等，很少有股权投资。[2]

（二）其中存在的主要问题[3]

我国铁路"走出去"需要金融机构提供高效和低成本金融服务，而金融机构主要面临如下问题。

1. 国际铁路市场竞争激烈，我国在金融支持方面处于劣势。国际铁路市场有日本、法国、德国和西班牙等铁路强国，竞争激烈。其中日本是我国铁路"走出去"的主要竞争对手。日本长期采取低利率政策，而我国的利率水平高，银行资金成本高。[4] 金融条件的不同决定了我国金融机构不可能提供像日本那样低的贷款利率。

2. 战略型项目和市场化运作矛盾大。我国铁路"走出去"多为战略型项目，存在投融资期限长、资金需求量大和收益风险大等问题。而金融机构需要市场化运作，考虑投资效益和风险。因而我国铁路"走出去"真正需要的是政策支持，

---

〔1〕 参见李宝仁："中国铁路'走出去'投融资战略"，载《中国铁路》2015年第7期，第6页。

〔2〕 参见何华武等："中国铁路'走出去'投融资模式研究"，载《中国工程科学》2017年第5期，第28页。

〔3〕 参见何华武等："中国铁路'走出去'投融资模式研究"，载《中国工程科学》2017年第5期，第28页。

〔4〕 参见王树："日本低利率政策的运行机制对我国金融体制改革的借鉴意义"，载《西南师范大学学报（哲学社会科学版）》1987年第1期，第33页。

由国家财政给予风险补偿。

3. 不同国家铁路市场风险差异大。欧美等经济发达国家有设备更新、改造提速等投资需求，这些国家资金实力雄厚，投资项目也有一定的经济效益保证，但介入和参与难度大，外部进入壁垒高。发展中国家对铁路市场需求规模较大，但国别风险高，存在较多资金缺口，特别是经济效益存在更多的不确定性。

（三）关于金融机构支持我国铁路"走出去"的对策和建议

国际铁路市场竞争激烈，协助东道国筹措铁路建设资金，加大金融支持力度成为提升我国铁路竞争力的重要筹码，因此需要完善立法保障。

1. 以立法方式确立我国铁路"走出去"投融资需遵循的基本原则。

第一，坚持政府推动和企业主导原则。政府加强统筹协调，完善支持政策，营造良好环境，创造有利条件。企业遵循市场规律和国际通行规则，根据市场需求和自身实际情况对具体项目进行选择与运作。[1]第二，坚持分业施策和因地制宜原则。铁路勘测设计、建筑施工、技术装备、运营管理等面临的市场需求和环境差异较大，应分业施策。突出重点区域，明确不同地区和不同市场的具体情况，优化资源配置。第三，坚持稳中求进和防控风险原则。认真做好有关东道国政治、经济、法律和市场方面的分析与评估，加强项目可行性研究和论证；积极谋划、合理布局，有力有序有效地向前推进；尽早识别风险，切实防控风险，建立健全风险评估和防控机制。[2]

2. 其他具体的立法建议。以立法保障不断加大政府对铁路企业"走出去"的政策支持力度。设立国家战略项目委员会，主导并协调相关企业，实现政企联合，共同应对海外铁路基础设施建设总承包项目。国家可在低成本融资、利息补贴、税收优惠和差异化考核等方面给予政策支持。充分利用我国外汇储备资源，推进外汇储备多元化运用。鼓励金融机构积极介入境外铁路项目前期工作，帮助企业项目风险分析与融资方案设计，参与具体的可行性研究工作。支持铁路战略型项目，降低企业保险费用。加强企业间联合协作，设立铁路国际合作基金，充分利用政府间区域性国际金融机构。国家战略型项目应前期认定，应由政府承担一定的投资比例。[3]

---

〔1〕　参见李宝仁："中国铁路'走出去'投融资战略"，载《中国铁路》2015年第7期，第6~7页。

〔2〕　参见何华武等："中国铁路'走出去'投融资模式研究"，载《中国工程科学》2017年第5期，第29页。

〔3〕　参见何华武等："中国铁路'走出去'投融资模式研究"，载《中国工程科学》2017年第5期，第30~31页。

另外，随着雅万高铁、中老铁路、亚吉铁路和匈塞铁路等项目的加速实施，它们已成为我国企业"走出去"的响亮品牌，见证了中国铁路走出国门的技术实力。因铁路工程项目具有投资大、周期长、线性工程施工跨度大等特点，还面临政治风险、社会风险和资金风险等诸多风险。对其中各种法律风险还有待深入研究。

第三节　铁路建设领域知识产权民事法律保护[1]

自世界上第一条铁路出现以来，其兴起和发展就与科学技术和社会进步密切相关。铁路技术进步和现代化进程深刻影响着世界的发展，推动着人类文明进步。铁路建设行业作为铁路交通的基础行业，其知识产权保护关系到整个铁路行业的发展，对提升铁路行业核心竞争力具有重要作用。学界对铁路知识产权的研究，通常不区分铁路建设领域的知识产权保护和铁路运输领域的知识产权保护，而是偏重综合性的研究。本书对其加以区分，是试图对其进行精细化的研究，使研讨逐步走向深入和强化理论对法律实践的指导和参考作用。本节拟从民事立法和民事司法两个部分来探讨铁路建设领域知识产权的民事法律保护。

一、铁路建设领域知识产权民事立法

下文将从我国铁路建设领域民事立法规定及其不足与完善进行讨论。

（一）我国铁路建设领域知识产权民事立法规定

1. 相关法律的规定。我国没有统一的关于铁路知识产权的法律，不像物权、合同采取独立的民事立法单元，曾经制定的《中华人民共和国合同法》（以下简称《合同法》）和《中华人民共和国物权法》，后被纳入《民法典》分别成为"合同编"和"物权编"。我国涉及铁路的知识产权民事立法规定是以《民法典》为主要的制度基础，以《中华人民共和国专利法》（以下简称《专利法》）《中华人民共和国商标法》（以下简称《商标法》）和《中华人民共和国著作权法》（以下简称《著作权法》）等民事特别法为基本的制度载体。

《民法典》中的知识产权条款，采取"点—线"相结合的立法体例。其中，"点"为"总则编"第123条知识产权定义条款，对知识产权的民事权利属性以及专有权利类型作了原则规定，其中知识产权包括：（1）发明、实用新型和外观设计；（2）商标；（3）商业秘密；（4）集成电路布图设计；（5）法律规定的

---

〔1〕　感谢崔怡凡研究生对本节写作提供的资料帮助。

其他客体，如域名和服务标志。"线"为各分则有关的专门规定，包括知识产权出质（"物权编"第 440 条、第 444 条）、知识产权合同（"合同编"第 501 条、第 600 条和第 843~887 条）、知识产权与人格权关系（"人格权编"第 1013 条、第 1019~1022 条、第 1027 条）、夫妻共有的知识产权（"婚姻家庭编"第 1062 条）、知识产权惩罚性赔偿（"侵权责任编"第 1185 条）等，对相关知识产权问题设置了基本准则，具有单行立法指引或规范补充适用的功能。[1]

为加强对知识产权的保护，全国人大常委会修改了《专利法》《商标法》《著作权法》，对知识产权法律全面"升级"，使知识产权保护"带电"（例如，加大侵权损害赔偿力度）。

不难发现，在上述法律中没有专门针对铁路行业但可以包括适用于铁路行业的知识产权的立法规定。其中主要表现在涉及铁路的专利权人、商标权人和著作权人的权利义务的规定。

在《专利法》中，涉及专利权人的权利和义务。其权利包括自己实施其专利的权利、许可他人实施其专利的权利、禁止他人实施其专利的权利、请求保护的权利、转让专利权的权利、在产品上标明专利权的权利等；其义务包括依法公开专利内容的义务、缴纳年费的义务等。在铁路建设领域，其专利权主体通常为铁路建设单位及其职工或科研人员。铁路建设领域的专利权客体，主要为该领域的实用新型、发明和外观设计。

在《商标法》中，涉及商标权人的权利和义务。其权利包括独占使用权、许可使用权、商标转让权、续展权等；其义务包括依法缴纳商标费用的义务、标明注册标记的义务、保证商品质量的义务、依法使用注册商标的义务等。在铁路建设领域，其商标权的主体，大多为铁路企业。铁路建设领域商标权的客体，主要为普通商标，极少数为驰名商标。

在《著作权法》中，主要强调的是著作权人的权利。其权利包括发表权、署名权、修改权、保护作品完整权、复制权、发行权、信息网络传播权、依法获得报酬权等；其义务包括不得剽窃他人作品的义务、遵守学术规范的义务等。在铁路建设领域，其著作权的主体通常为铁路企业及其职工或者科研人员。其著作权客体，主要包括有关铁路建设和铁道科学技术的论文论著、工程技术图、计算机软件等作品。

---

[1] 参见吴汉东："试论'民法典时代'的中国知识产权基本法"，载《知识产权》2021 年第 4 期，第 4 页。

2. 相关法规规章的规定。国务院颁布一系列的行政法规，如《中华人民共和国专利法实施细则》（以下简称《专利法实施细则》）、《中华人民共和国商标法实施条例》（以下简称《商标法实施条例》）和《中华人民共和国著作权法实施条例》（以下简称《著作权法实施条例》）等。国务院各部委为细化行政法规，制定并出台知识产权规章，如《专利代理管理办法》《规范商标申请注册行为若干规定》《著作权质权登记办法》等。其中没有专门针对铁路行业的知识产权民事立法规定。

2008 年国家知识产权局与原铁道部在京签署知识产权战略合作框架协议，启动了我国首个国家级行业知识产权战略试点。两部门当时还商定将适时共同研究制定与实施"铁路行业知识产权战略纲要"，以引领示范行业知识产权战略的制定和实施，扎实推进《国家知识产权战略纲要》的落实。[1] 可是至今该纲要并没有出台。即使该纲要出台也是一个政策性文件，而不是部门规章。

值得指出的是，《铁道部科技创新知识产权管理办法》（铁科〔2013〕8号）属于部门规章，但由于铁道部被撤销而因《中国铁路总公司科技创新知识产权管理办法》（铁总科技〔2014〕175 号）的颁行而发生变更。特别是，在《国家铁路局关于原铁道部规范性文件第三批清理结果的通知》（国铁科法〔2017〕58 号）中已明确，将原铁道部该办法交由中国铁路总公司管理，中国铁路总公司可继续执行，亦可修改或停止执行，修改或停止执行之日，原文件废止。因此，"铁总科技〔2014〕175 号"文件就已将其废止而使其失效。中国铁路总公司的管理办法，属于企业内部管理办法，因其失去国务院部委的行政立法属性而不是部门规章。

虽然原交通部 2003 年颁行了《交通运输行业知识产权管理办法（试行）》，并于 2010 年修订颁布实施《交通运输行业知识产权管理办法》（共 6 章 43 条）。但是，该部门规章是否适用于铁路交通行业，可能存在不同认识。因为 2003 年至 2010 年期间，原铁道部与原交通部相互并立，实际上当时交通部有关知识产权的部门规章，难以对原铁道部主管的铁路交通产生明显的实质性影响。否则，2013 年《铁道部科技创新知识产权管理办法》就没有必要出台。鉴于原铁道部这一部门规章已经失效，国家铁路局又隶属于原交通部，在当前缺乏铁路行业知识产权部门规章的情况下，我们认为，原交通部 2010 年有关知识产权的部门规

---

[1] 参见梁晓亮："我国启动首个国家级行业知识产权战略试点"，载《经济日报》2008 年 7 月 1 日，第 11 版。

章可适用于铁路交通行业。

（二）立法不足及其完善

1. 立法不足。由上可知，我国目前没有专门的铁路知识产权保护的综合性部门规章，更无专门的法规，也无必要制定专门的铁路知识产权保护的法规。但是，由于没有直接针对性的立法规定，一些法律、法规和规章的衔接和落实存在模糊区域，在实践中不易操作。《交通运输行业知识产权管理办法》也需要与时俱进地加以修正和补充。相关部门规章中也缺少对铁路建设领域和铁路运输领域的差异性规定。

2. 立法完善。进一步完善铁路知识产权民事立法体系。可适时制定一部铁路知识产权综合性的部门规章。在立法方面形成一个铁路知识产权保护体系，更好地为我国铁路企业保驾护航。在修改《交通运输行业知识产权管理办法》中，适当增加有关铁路交通和其他交通的差异性内容。或许有人会对制定一部铁路知识产权综合性的部门规章的必要性存疑。对此，需要从综合利弊和长远发展的角度来认识。

还要指出，在实际意义上，与其在知识产权立法上（部门规章）区分铁路建设领域和铁路运输领域的差异性规定，可能不如在司法上区分两个领域的差异性规定那么有意义。但是，这不等于否定其部门规章中区分两者的全部价值。铁路技术发明专利、实用新型专利和外观设计专利，大多分布在铁路建设领域，这是由铁路建设工程项目复杂程度本身所决定的。而铁路商标权和铁路著作权（图形设计、科研论文论著等）的领域分布则没有那样明显。因此，这种领域分布的特点可能影响到铁路知识产权纠纷的发生数量。亦即，铁路建设领域知识产权纠纷的案件数可能多于铁路运输领域知识产权纠纷的案件数。以下将从其民事司法角度来讨论。

二、铁路建设领域知识产权民事司法

这里，拟从铁路建设领域知识产权相关司法解释入手，分析其不足并对其司法认定中的疑难问题略作探讨。

（一）相关司法解释之规定及不足

1. 相关司法解释的规定。我国当前知识产权类司法解释有专利权纠纷司法解释、商标权纠纷司法解释、著作权纠纷司法解释等。其中除了几个涉及铁路法院关于知识产权案件管辖权的批复之外，几乎没有直接针对铁路知识产权保护的批复类司法解释。

2012 年南京铁路运输法院转制后，成为当时我国唯一经过最高人民法院批复指定审理部分知识产权民事案件的铁路运输法院。根据最高人民法院《关于同意指定南京铁路运输法院审理部分知识产权民事案件的批复》以及江苏省高级人民法院《关于指定南京铁路运输法院审理部分知识产权民事案件的通知》，南京铁路运输法院自 2013 年 7 月 1 日起正式受理知识产权案件。虽然截止到 2014 年 7 月仅受理当时南京尚未成立知识产权庭的秦淮区、栖霞区、浦口区、溧水区和高淳区 5 个区的知识产权案件，管理和管辖体系尚待进一步理顺，但试点审理知识产权案件以来，60 多名审职人员已承担南京 1/3 的知识产权民事、行政和刑事案件，并继续管辖涉及江苏 11 个地市和安徽 5 个地市共 10 条国家铁路和地方铁路支线的铁路案件。[1] 而且，南京铁路运输法院管辖的知识产权案件，主要是上述辖区内除植物新品种、专利、集成电路布图设计和涉及驰名商标案以及垄断纠纷案之外的，诉讼标的额为人民币 200 万元以下的一般知识产权民事案件。后来，2019 年 2 月 18 日，最高人民法院批复同意撤销南京铁路运输法院，设立南京海事法院。自 2020 年 1 月 1 日起，原南京铁路运输法院涉铁路案件由江苏省南京市鼓楼区人民法院管辖，二审法院为江苏省南京市中级人民法院；上海市第三中级人民法院（原上海铁路运输中级法院）不再审理原由南京铁路运输法院审理的涉铁路案件的上诉案件。

另外，根据最高人民法院《关于同意指定杭州铁路运输法院跨区域管辖一般知识产权民事案件的批复》（法〔2016〕136 号），杭州铁路运输法院自 2016 年 6 月 1 日起，有权跨区域管辖浙江省杭州市江干区、上城区、下沙经开区、富阳区、临安市、建德市、淳安县、桐庐县辖区内的，除植物新品种、专利、集成电路布图设计、技术秘密、计算机软件和涉及驰名商标案以及垄断纠纷案之外的，诉讼标的额在人民币 500 万元以下的一般知识产权民事案件。[2]

这些表明，我国铁路运输法院的管辖权体制改革还在探索之中，其管辖的知识产权相关案件中包括但不限于铁路知识产权的案件。当然，其中也没有限于铁路建设领域的知识产权的案件。

2. 相关司法解释的不足。为适应《民法典》和《专利法》等知识产权法律

---

〔1〕 参见丁国锋："南京铁路法院变身知产专门法院"，载《法制日报》2014 年 7 月 11 日，第 5 版。

〔2〕 参见浙江省高级人民法院知识产权审判庭："杭州铁路运输法院将跨区域管辖一般知识产权民事案件"，载 http://www.zjcourt.cn/art/2016/5/9/art_78_10569.html，最后访问日期：2021 年 6 月 20 日。

的修改，根据审判实践的需要，最高人民法院修改了《最高人民法院关于审理侵犯专利权纠纷案件应用法律若干问题的解释（二）》等 18 件有关知识产权类司法解释，并于 2021 年 1 月 1 日生效。其中许多司法解释均与铁路知识产权司法有关。但是，对有关法律条款的规定，仍然有待作出补充解释和说明。特别是关于《商标法》《著作权法》和《专利法》中适用 1 倍以上 5 倍以下的惩罚性赔偿，以及相关责任条款中的处罚幅度与数额问题，如何具体把握更为公平合理，仍有待进一步研究和明确。

（二）司法认定的疑难问题及其思考

铁路知识产权惩罚性赔偿数额的认定问题。2019 年《商标法》及 2020 年《著作权法》和《专利法》均规定侵权行为情节严重的，适用赔偿数额 1 倍以上 5 倍以下的惩罚性赔偿。然而在我国知识产权司法中，知识产权的无形性和其背后的价值难以确定性，被侵权人因侵权人的侵权行为遭受的损失难以精确地计算。如何更好地确定基础赔偿数额，如何更好地在 1 倍以上 5 倍以下这一弹性幅度内确定惩罚性赔偿数额，值得进一步研究。

依据《最高人民法院关于依法加大知识产权侵权行为惩治力度的意见》（法发〔2020〕33 号），其中要求加强适用保全措施，依法判决停止侵权，依法加大赔偿力度。要求法院充分运用举证妨碍、调查取证、证据保全、专业评估和经济分析等制度与方法，引导当事人积极、全面、正确和诚实举证，提高损害赔偿数额计算的科学性与合理性，充分弥补权利人损失。然而，如何提高损害赔偿数额计算的科学性与合理性以充分弥补权利人的损失？这仍然值得研究和明确。该意见要求法院应积极运用当事人提供的工商税务部门、第三方商业平台、侵权人网站、宣传资料或依法披露文件的相关数据以及行业平均利润率等，依法确定侵权获利情况。权利人依法请求依据侵权获利确定赔偿数额且已举证的，法院可责令侵权人提供其掌握的侵权获利证据；侵权人无正当理由拒不提供或未按要求提供的，法院可根据权利人的主张以及在案证据判定赔偿数额。其中对故意侵害他人知识产权，情节严重的，依法支持权利人的惩罚性赔偿请求，充分发挥惩罚性赔偿对故意侵权行为的威慑作用。该意见要求法院依法合理确定法定赔偿数额。何谓依法合理确定呢？这仍然是一个难点。该意见认为侵权行为造成权利人重大损失或侵权人获利巨大的，为充分弥补权利人损失，有效阻遏侵权行为，法院可依据权利人的请求，以接近或达到最高限额确定法定赔偿数额。其中要求法院在从高确定法定赔偿数额时应考虑的因素包括：侵权人是否存在侵权故意，是否主要以侵权为业,是否存在重复侵权,侵权行为是否持续时间长,是否涉及区域广,是否可能危害人身安全、破坏环境资源或损害公共利益等。应当肯定这一意见已作出的努力,这有利于增强其操作性。但其中的规定仍然存在一些模糊区域,无法提供一个令人信服且明显科学合理的确定幅度层级和数额级差的操作指南。

关于铁路知识产权惩罚性赔偿数额的认定问题,在确定惩罚性赔偿的实际损失上,既包括直接经济损失,又包含间接经济损失。目前司法实践中,间接损失已包括销量损失、维权费用损失、重新投放广告恢复市场声誉的损失等。其中是否应当扩大到其他所失一切利益?我们认为不宜无限扩大惩罚性赔偿的基础赔偿数额。否则,那将导致法官自由裁量权的滥用以及影响审判结果的公正与合理程度。同时,在确定基础赔偿数额具体倍数时,也应综合考虑侵权行为是直接故意还是间接故意的主观心态、情节严重程度、被侵权标的市场价值和侵权人的经济水平等因素。[1]另外,有时可能需要考虑知识产权对铁路建设和铁路运输造成的不同影响。笔者于 2021 年 8 月 24 日在中国裁判文书网,通过高级检索"全文:铁路建设"+"案由:知识产权与竞争纠纷"+"案件类型:民事案件"+"文书类型:全部",搜索到 24 篇文书。然而,分别将前述检索中的"铁路建设"依次更换为"铁路运输""铁路运输法院""铁路运输中级法院""铁路运输中级人民法院",分别检索到 11 221 篇文书、10 806 篇文书、383 篇文书、10 篇文书。因此从中扣除两级铁路法院的部分,只剩有 22 篇文书。这表明,从我国目前公布的有关"知识产权与竞争纠纷"的民事案件文书来看,"铁路建设"领域的文书略多于"铁路运输"领域的文书。总之,在探索一个令人信服的确定幅度层级和数额级差的操作指南时,不仅要重视区分必要的变量因素,还要结合司法大数据分析利弊规律以及辅以案例指导的方式来推进其改革。

典型案例评析:

一、杭绍台高铁项目社会投资建设成功范例[2]

当前,我国全面开放铁路投资和运用市场,积极鼓励社会资本全面进入铁路

---

〔1〕 参见温世扬、邱永清:"惩罚性赔偿与知识产权保护",载《法律适用》2004 年第 12 期,第 50~51 页。

〔2〕 参见徐亦镇等:"杭绍台高铁 PPP 建设的经验借鉴",载《浙江经济》2018 年第 2 期,第 50~51 页;另参见杜涛:"首个民营高铁 PPP 项目——杭绍台铁路 PPP 项目落地",载《经济观察报》2017 年 9 月 11 日。

领域。杭绍台高铁项目就是一个成功的范例。该项目是国家发改委 8 个社会资本投资铁路示范项目之一，也是我国首条民资控股的铁路建设项目。它被载入《党的十八大以来大事记》，成为过去 5 年我国民间投资的典范之作，为全国 PPP [1] 模式参与铁路建设创造可复制和能推广的示范经验。

（一）项目概况与意义

1. 项目概况。杭绍台高铁从杭州东站出发，经绍兴北站、东关站、三界站、嵊州新昌站、天台站、临海站、台州中心站及温岭站，全程共 9 个站点，全长 269 公里，其中新建正线北接杭甬高铁，从绍兴北站引出，共 224 公里，线路速度目标值 350km/h。杭绍台铁路 PPP 项目可研估算总投资为 448.9 亿元，预计总投资约为 409 亿元，项目资本金约占总投资的 30%，其中民营联合体占股 51%、中国铁路总公司占比 15%、浙江省政府占比 13.6%、绍兴和台州市政府合计占比 20.4%。项目采用 BOOT（建设—拥有—运营—移交）模式运作，由政府方授权项目公司负责本项目的投资、建设、运营、维护和移交等工作，并获取合理回报，运营期满后项目公司将全部项目资产无偿移交给政府方。本项目合作期限共 34 年，其中建设期 4 年、运营期 30 年。[2] 该项目回报机制是"使用者付费+政府可行性缺口补贴"模式。政府可行性缺口补贴期限为运营期开始后的前 10 年，政府承担直接付费责任，按前 3 年 13%、第 4 年~6 年 12%、第 7 年 10%、最后 3 年 5% 的比例合理配置补贴额度。项目前期报批和 PPP 模式推进中，秉承边干边试、边完善边提高的理念，在实践中探索，在探索中完善，做到两手抓、两不误。创下 9 个月完成项目开工、4 个月完成 PPP 实施方案同意到 PPP 项目合同签约的先河，实现项目前期报批和社会资本参与铁路的双同步双示范。

2. 重要意义。杭绍台铁路 PPP 项目的成功落地，充分发挥了社会资本投资铁路示范项目的带动作用，标志着铁路投融资体制改革迈入新阶段。这对拓宽铁路投融资渠道，完善投资环境，打通社会资本投资建设铁路"最后一公里"，促进铁路事业加快发展具有重要示范意义。这是我国铁路改革发展史上具有里程碑意义的大事。作为国家首批引入社会资本的 8 个铁路示范项目之一，杭绍台高铁的建设有利于改善浙江省会杭州至温台地区交通条件，提高路网质量，完善路网

---

[1]　PPP（Public-Private Partnership），又称 PPP 模式，即政府与社会资本合作，是公共基础设施中的一种项目运作模式。

[2]　参见杜涛："首个民营高铁 PPP 项目——杭绍台铁路 PPP 项目落地"，载《经济观察报》2017 年 9 月 11 日。

布局和增强运输灵活机动性；有利于实现浙江省会杭州和台州市高铁 1 小时交通圈，促进长三角城市群联动发展；有利于实现温台城市群融入长江经济带，响应"一带一路"倡议，助力浙江沿着"八八战略"的指引坚定不移地走向未来。

（二）问题与建议

1. 项目 PPP 模式实施中的问题。（1）高铁 PPP 项目无先例可寻，没有固定的操作模式，后续工作开展缺乏相应技术指导和政策支持。在该项目具体实施过程中，面临重重挑战和问题。一方面是政策层面上，国家发改委和财政部对高铁 PPP 项目政策支持的相关文件不健全、不完善。例如，国家发改委虽出台了多个鼓励社会资本参与经营性的高铁建设的文件，但财政部具体的激励机制尚未形成，"玻璃门"问题仍然存在。另一方面是操作层面上，我国高铁 PPP 项目专业指导机构尚未建立，缺乏智囊性机构和专业的指导人才。同时，规范化和标准化的高铁 PPP 操作流程尚未形成，在项目运作中不能提供必要的技术指导与相关政策支持。（2）高铁 PPP 项目推进是铁总、政府和社会资本方之间利益博弈的结果，过程比较艰难。一是政府和社会资本存在着博弈。二是社会资本联合体存在着博弈。三是地方政府和铁总（今国铁集团）存在着博弈。（3）高铁 PPP 项目推进受制于传统项目审批流程，以及 30 个支撑性专题的报批，耗时长和不确定因素多。（4）高铁 PPP 项目专业技术性强，需地方政府储备专业力量准确了解判断未来运营风险和补亏机制。PPP 项目合同由省里授权实施机构牵头落实，地方政府参与少，因而地方政府尤其是沿线县市区对高铁 PPP 项目建设、运营、管理和维护，以及建成后运营期线路运营能力测算、列车开行对数风险以及运营补亏机制等缺乏足够的了解，特别是对未来运营风险缺少了解，补亏金额会对今后财政预算产生不确定性。

2. 若干建议。（1）加快顶层设计，尽早出台国家有关高铁 PPP 项目政策法规及操作指南，从制度上保障项目顺利实施。国家发改委和财政部要出台统一政策文件，对高铁 PPP 项目规范化实施进行指导。特别是，在引导民间资本进入高铁投资的渠道上，要健全相应的法律法规，制定参与方规范化和标准化的 PPP 谈判流程，对项目运作提供技术指导和政策指导。（2）加大政策扶持，出台奖励政策，提高社会资本方参与高铁 PPP 项目的积极性。通过财政税收政策、国家专项资金、建立铁路基金和发放企业债券等方式，给高铁 PPP 项目一定支持。对国家级高铁 PPP 示范项目，可通过税费减免、审批提速和鼓励土地综合开发等方式，给予一定的优惠政策。（3）加深理解研判，理性看待高铁 PPP 项目，审慎选择，宁缺毋滥。地方政府可建立 PPP 项目库，选择前期工作充分、全生命周期风险分配合适、绩效考核合理、规范性操作性强的项目入库，并建立优胜劣汰机制。（4）加强力量培训，不断提升地方政府从业人员的 PPP 专业水平，为高铁 PPP 项目创造良好的客观环境。

二、铁建新技术合作开发合同纠纷案[1]

（一）案件事实

2005 年 3 月 10 日，北京铁科中心（合同乙方）与北京特冶公司（合同甲方）签订合同一，共同开发"60kg/m 钢轨 12 号轧制贝氏体钢组合辙叉"。双方合同约定标的技术内容、形式和要求、研究开发经费、报酬及支付或结算方式、履行期限、技术成果的归属和分享、验收的标准和方式、违约金或者损失赔偿额的计算方法。

2005 年 12 月 29 日，特冶公司向铁科中心发送通知（即合同二），委托其设计与图号 S330 道岔相配合的轧制贝氏体钢组合辙叉，并同意支付该套图纸技术入门费 8 万元，先付 5 万元后取回整套图纸，待产品上道后两日内支付剩余 3 万元，其他事项及本图技术提成比照 2005 年 3 月 10 日双方签订的办法执行。铁科中心收到后于同日在该通知上注明"今后再设计 60—12 号轧制贝氏体钢组合辙叉（其他型号图纸），技术入门费双方协定，并从将来甲方支付乙方的提成费超过 20 万时的超出部分中扣除"。注明后，铁科中心把该通知交给特冶公司，该公司法定代表人同日在其后注明"最后以双方达成的协议为准"。后特冶公司出具收据一份，载明收到合同二的图纸。

2009 年 8 月 10 日，特冶公司向铁科中心出具收据（即合同五）一份，内容为："今收到铁科中心完成的（图号为研线 Z0862z）60kg/m 贝氏体钢轨 12 号胶接组合辙叉全套图纸共 13 页。同意本图的技术提成及其他事项按 2005 年 3 月 10 日双方签订的 60kg/m12 号轧制贝氏体钢组合辙叉合同的办法执行。"2010 年 2 月 8 日，铁科中心向特冶公司发出《设计变更通知 20100209》，对部分组合辙叉的名称进行了变更。2010 年 2 月 20 日，特冶公司向铁科中心发出《关于设计变更通知 20100209 的答复》，其中载明："通知收到，经公司研究决定，所有原设计图纸已于 2010 年 1 月 26 日全部封存，不再使用。"

2010 年 11 月 18 日，特冶公司又向铁科中心发出《关于"催告履行合同义

---

[1]　参见北京市高级人民法院（2019）京民再 23 号民事判决书。

务的函"的回复》，其中载明："同意双方共同主持对账目进行核查，前提是必须经过双方均认可的会计师事务所进行……由于贵方设计不能及时适应发展需要对图纸进行调整修改，在我方多次致电并口头要求修改设计无效情况下，我方向贵方发出通知函于 2010 年 2 月 1 日明确停止使用贵方原设计所有图纸，终止合作。"

2010 年 12 月 25 日，铁科中心向特冶公司发出《催款函》，与本案相关的内容包括：要求对方于 2012 年 1 月 10 日前提交 5 个合同（包括本案涉及的合同二、五）每合同每年产品的销售合同和销售清单，以及支付依据合同二应付的 2007 年至 2009 年三年提成费和违约金；根据合同五应付的 2009 年提成费和违约金。2011 年 12 月 25 日、2013 年 12 月 24 日、2015 年 12 月 22 日，铁科中心又多次向特冶公司发出催款函，其内容基本相同，请求对方立即支付根据合同二、合同五每个合同确定的应付的尚未支付的提成费及违约金。上述催款函特冶公司均已收到。

铁科中心与特冶公司就此案涉及的合同在石景山区人民法院进行过多次诉讼，所有案件均经过二审终审，而且二审法院均维持一审法院判决，其中本案经过再审。

（二）法院裁判

1. 一审法院判决。（1）自判决生效之日起十日内，特冶公司给付铁科中心保底提成款 135 万元；（2）自判决生效之日起十日内，特冶公司按日万分之五的比率向铁科中心支付保底提成款的逾期付款违约金；（3）驳回铁科中心其他诉讼请求；（4）驳回特冶公司全部反诉请求。

特冶公司不服一审判决，上诉请求撤销一审判决，驳回铁科中心的全部诉讼请求，并请求改判解除双方签订的合同二、合同五。

2. 二审法院判决。（1）维持一审判决第一、三、四项；（2）撤销一审判决第二项；（3）于判决生效之日起十日内，特冶公司按日万分之五的比率向铁科中心支付保底提成款的逾期付款违约金。

3. 再审法院判决。（1）撤销北京知识产权法院（2017）京 73 民终 1075 号民事判决；（2）维持北京市石景山区人民法院（2016）京 0107 民初 14639 号民事判决；（3）如果未按判决指定的期间履行给付金钱义务，应当依照《民事诉讼法》[1]第 253 条之规定，加倍支付迟延履行期间的债务利息。一审案件受理

---

[1] 该法指 2017 年已经修正的。

费 16 950 元，由北京特冶公司负担（于本判决生效之日起七日内交纳）；反诉案件受理费 70 元，由北京特冶公司负担（已交纳）。二审案件受理费 16 950 元，由北京特冶公司负担（已交纳）。本判决为终审判决。

（三）简要评析

铁科中心与特冶公司于 2005 年 3 月 10 日签订的合同一，以及以通知或收据形式订立的合同二、合同五是双方真实意思表示，内容并不违反法律、行政法规的强制性规定，应属有效合同。根据其合同内容，双方系共同合作开发涉案项目，铁科中心负责提供相关技术方案和技术咨询服务，特冶公司主要承担研究开发经费，并负责产品试制、立项和鉴定等工作。技术成果归双方共有，双方在技术开发过程中分工合作，互相配合。双方之间已形成技术合作开发合同关系。在合同的履行期限内，双方应根据合同的约定，全面、适当履行各自的合同义务。

本案中的争议焦点主要有：一是铁科中心是否有权请求特冶公司支付合同二和合同五相应年份的保底提成款；二是铁科中心是否存在特冶公司所述的根本违约行为，特冶公司是否据此有权主张解除合同二和合同五。

关于第一个争议焦点，特冶公司主要抗辩的主张一是铁科中心未根据原生效判决就合同二、五产品的鉴定情况进一步提供证据；二是铁科中心根本违约致使无法实现合同目的，并未依照合同一第一条第三项的约定，履行提供技术鉴定用的研究试验报告的义务，从而导致特冶公司无法鉴定验收，不能实现生产销售的合同目的；三是根据合同一，从签订合同到批量生产之间需要两年，因此合同二和合同五应依据合同一往后推算两年支付保底费用。结合北京知识产权法院（2016）京 73 民终 57 号民事判决意见及本案具体情况，可以认为：（1）就特冶公司主张的合同二和合同五产品未通过鉴定一节，应由特冶公司而非铁科中心承担举证责任。在特冶公司未提供任何证据的情况下，对于该主张法院可以不予支持。（2）合同二和合同五是以通知、收据的简易方式订立，双方应按照合同一的办法履行。特冶公司支付合同一约定的保底提成款不以存在生产销售产品的事实为前提，同理，合同二、五保底提成款的支付也不应以存在生产销售产品的事实为前提。（3）合同一系双方第一次合作，双方从签订合同到批量生产之间需要两年时间，但合同二和合同五的产品与合同一为同类产品，其研发生产时间应少于两年，且（2016）京 73 民终 57 号民事判决也认定后续合同从图纸到批量生产销售之间的合理期间不应少于一年。合同二签订于 2005 年 12 月 29 日，合同五签订于 2009 年 8 月 10 日，铁科中心据此主张合同二 2009 年保底支付提成费

15 万元，2010 年、2011 年、2012 年、2013 年保底支付提成费各 20 万元，合同五保底支付提成费起始年即 2010 年 10 万元，第二年 15 万元，第三年 15 万元，应予支持。对于铁科中心诉请依照合同违约金条款计算其款项利息的主张，因双方在合同中约定违约金的计算方法，即"从应付款之日起 15 天后，甲方每延时一日，按应付款的万分之五支付给乙方滞纳金"，故法院可以认定合同二 2009 年度至 2013 年度共 5 笔保底提成款所产生违约金，以及合同五 2010 年度至 2012 年度共 3 笔保底提成款所产生的违约金，以日万分之五计算。

关于第二个争议焦点，铁科中心与特冶公司双方合作近 5 年，陆续签订多份图纸设计合同，在 2010 年 2 月 20 日特冶公司向铁科中心发函封存图纸前，特冶公司并未就铁科中心未提交产品技术鉴定用的研究设计、试验报告导致其提供的图纸未经相关部门审批，以及铁科中心不具备设计资质等问题提出过异议，也未提供充分有效证据证实上述事实的存在，故对特冶公司因此提出反诉要求解除合同二和合同五的请求，不予支持。关于特冶公司认为涉案合同违反公平原则、铁科中心存在误导被告签订不平等合同、铁科中心诉求有违公平及诚实信用原则等主张，未提供有效证据予以佐证，因此，法院对其上述抗辩意见可以不予采纳。

根据《最高人民法院关于适用〈中华人民共和国民事诉讼法〉的解释》第 90 条第 1 款规定：当事人对自己提出的诉讼请求所依据的事实或者反驳对方诉讼请求所依据的事实，应当提供证据加以证明，但法律另有规定的除外。《最高人民法院关于民事诉讼证据的若干规定》[1]第 5 条第 2 款规定，对合同是否履行发生争议的，由负有履行义务的当事人承担举证责任。因此，本案中相关产品的鉴定事宜既是特冶公司应负的合同义务，也是特冶公司提出的抗辩事由，特冶公司应对此承担举证责任。据此，特冶公司提出二审判决关于"相关产品的鉴定事宜的举证责任应由特冶公司承担"的认定属于举证责任分配错误的再审申请理由，不能成立。法院可以不予支持。

另外，二审法院有关"从图纸到产品的技术转化不应少于一年""特冶公司支付第一笔保底提成款应为第一个产品销售年后"的认定与其"合同已约定的保底提成款不以存在生产销售产品的事实"的认定相矛盾，二审法院有关合同五的第一笔保底提成款支付起算日应为 2011 年 8 月 11 日的认定有误，再审法院对其进行了纠正。

总之，再审法院的判决是相对公正的。

---

[1] 该规定现已修改。

第六章

铁路民商经济法治问题研究（二）

在涉及铁路运输的民商经济法治领域，主要调整的是有关铁路运输企业与旅客、托运人之间的人身关系和财产关系及其相关经济法律问题。本章将从铁路运输领域民商经济法治问题的概述、铁路旅客运输合同重点法律问题、铁路行李包裹运输合同法律问题、铁路货物运输合同重点法律问题、铁路交通事故民事法律问题、铁路运输领域知识产权民事法律保护等六个方面展开。

第一节　铁路运输领域民商经济法治问题概述

本节拟对铁路运输领域民商经济法治的界定与特征、铁路旅客运输合同法律规制、铁路货物运输合同法律规制以及铁路运输领域知识产权民事法律保护等内容略加勾勒，为后文的论述做些铺垫。

一、铁路运输领域民商经济法治的界定与特征

（一）铁路运输领域民商经济法治的界定

如前所述，铁路运输领域的民商经济法治，可以简称为铁运民商经济法治，它是铁路民商经济法治中不可或缺的部分。从法治运行环节和系统结构看，铁运民商经济法治也可以衍生出铁运民商经济立法、铁运民事守法、铁运民事司法、铁运民事执行、铁运民事法律监督。[1] 此外，还可以发展出中欧班列（运输）民商经济立法、中欧班列（运输）民事守法、中欧班列（运输）民事司法、中欧班列（运输）民事执行、中欧班列（运输）民事法律监督等范畴。

---

[1]　参见曾明生："铁路法治的基本范畴及其理论体系论纲"，载《铁道警察学院学报》2021 年第 4 期，第 10~11 页。

（二）铁路运输领域民商经济法治的特征

1. 具有民商经济法治的特性。（1）具有法治的特点。法治包含形式法治和实质法治两部分。其中形式法治强调"以法治国""依法办事"的治国方式、制度及其运行机制；而实质法治强调"法律至上""法律主治""制约权力""保障权利"的价值、原则和精神。铁路运输领域的民商经济法治，存在形式法治和实质法治的内容，这些通过铁运民商经济立法、铁运民事守法、铁运民事司法、铁运民事执行、铁运民事法律监督等环节来体现。（2）涉及民事法治、商事法治和经济法治的综合领域。在铁路运输民事领域，调整的是有关铁路运输企业与旅客、托运人之间的人身关系和财产关系，包括旅客运输合同、旅客人身损害赔偿、铁路旅客人身意外伤害保险赔偿，以及货物运输合同、货物运输中的损害赔偿、限额赔偿等一系列问题。其中也涉及铁路运输公司的商业保险等问题，与商事法治有所关联。另外还涉及客票的定价问题、多式联运问题和铁路运输中的公益运输问题，因此涉及经济法治问题。

2. 处于特殊的运输领域。铁路运输，不同于公路、水路、航空等交通运输。在我国铁路运输过程中，列车开行密度大、间隔时间短和路网交织复杂，一个细小的破坏行动都可能引发"蝴蝶效应"，造成全路高铁网络局部滞留、晚点甚至瘫痪。在设备设施方面，高铁线路广泛分布着通讯基站、变电站和中继站等特有的通讯、信号和电力等行车设施设备，对各种危行因素十分敏感。铁路在建造中大多采用高架线路，桥梁和隧道数量大，受到爆炸或破坏时，容易造成列车颠覆，可能造成特别重大的人员伤亡和财产损失。铁路运输具有自身的特殊性。

二、铁路运输领域民商经济法治的内容概要

（一）铁路旅客运输合同法律规制

1. 旅客运输合同。（1）旅客运输合同的含义。旅客运输合同是指旅客运输承运人与旅客之间基于合意达成的，由旅客向旅客运输承运人按照约定支付票款，由旅客运输承运人按照约定的运输方式将旅客安全地运送至约定的目的地的协议。[1]（2）旅客运输合同的类型。我国有多种旅客运输的方式，主要包括海上旅客运输、航空旅客运输、公路旅客运输、铁路旅客运输等，因此也有相应的不同的运输合同（见下表）。

---

[1]《民法典》第809条规定："运输合同是承运人将旅客或者货物从起运地点运输到约定地点，旅客、托运人或者收货人支付票款或者运输费用的合同。"

表 6-1　旅客运输合同的类型

旅客运输合同的类型	含义
海上旅客运输合同	承运人以适合运送旅客的船舶经海路将旅客及其行李从一港运送至另一港，由旅客支付票款的合同。
航空旅客运输合同	旅客与航空旅客运输承运人约定，由承运人使用民用航空器将旅客从约定的起运点运输到指定目的地，旅客向承运人支付票款的合同。
公路旅客运输合同	公路旅客承运人与旅客之间达成的，由公路旅客承运人安全运送旅客至约定地点，旅客向其支付票款的协议。根据运输方式的不同，公路汽车旅客运输合同可分为普通客运合同、直道客运合同、城乡公共客运合同、旅游客运合同及包车等不同形式。
城市公交旅客运输合同	承运人在城市道路使用公共运输工具如轨道运输设备、公共电车汽车等将乘客运往目的地的合同。
铁路旅客运输合同	铁路旅客运输合同是规定铁路旅客承运人与旅客之间达成的，约定相互之间的权利义务的协议，主要内容是铁路旅客承运人使用铁路运输工具将旅客及其行李从起运点运输到约定地点，由旅客向其支付票款。

2. 铁路旅客运输合同及其法律规则概况。

（1）铁路旅客运输合同的性质与特征。铁路旅客运输合同属于服务合同的范畴。在该民事法律关系中，法律关系的主体是铁路旅客承运人与旅客，法律关系的内容是权利义务，法律关系的客体是铁路承运人的运送行为。铁路旅客运输合同具有以下法律特征。

其一，铁路旅客承运人资格有法律的明确规定。铁路旅客运输要求达到极高的安全性标准，为了铁路旅客运输市场的秩序更加有序，更好地维护消费者权益，我国实行铁路运输市场准入制度，铁路运输企业必须取得相应的承运人资格，并且铁路旅客运输企业不仅要符合我国《民法典》与《公司法》的规定，还应当符合《铁路法》等有关的专门规定。

其二，铁路旅客运输合同部分具体内容由法律规定。在铁路旅客运输合同中，铁路旅客合同运输的内容已经确定，旅客一方的合同自由受到限制，法律已经将某些强制性的权利义务进行了规定，旅客只有选择签订或者不签订合同的自由，无须就合同中的条款与铁路承运人协商；铁路旅客运输企业的合同自由原则受到国家法律法规强制性规定的限制，如铁路旅客运输条件应当遵守国家有关法律法规的规定，不得随意降低服务标准，随意提高运价。

其三，铁路旅客运输合同对承运人具有强制缔约性。公共运输活动与国家、社会和人们生产生活的各个方面都息息相关。从保护民生、方便人民的角度出发，我国法律规定了承运人的强制缔约义务。[1]

其四，铁路旅客运输合同具有格式化的特征。格式合同是指合同一方主体为了能够与不特定的多数人进行交易，在没有与合同另一方当事人商量的情况下，而独自预先拟订合同条款以备日后再次使用的合同。铁路旅客运输中，旅客数量众多，承运人制定格式合同，是运输经济的必然要求，有利于当事人双方节省时间，减少缔约成本，提高运输效率。

（2）铁路旅客运输合同的内容和形式。其一，铁路旅客运输合同的内容。铁路旅客运输合同记载了合同双方当事人的基本权利义务。合同内容包括铁路旅客车票、铁路运输企业制作公布的列车运行时刻表、票价表等形式承载的权利义务内容。其二，铁路客票是铁路旅客运输合同的书面形式。铁路承运人面对众多的旅客，若铁路承运人与每一旅客都为签订合同进行谈判、签字的程序，则显然会极大降低铁路旅客运输效率，现实中也是不可行的。为使得铁路旅客运输更加高效、便利，铁路旅客运输企业往往不会单独向每一旅客发放书面铁路旅客运输合同，而是在铁路旅客车票的背面印制承运人与旅客的部分重要权利义务的格式条款，因此铁路旅客车票也成为铁路旅客运输合同的证明。其三，铁路客票的法律性质。目前铁道部门发售的铁路客票有电子客票和纸质车票。纸质车票有多种样式，有红色软纸车票、浅蓝色磁介质车票等。电子客票不向旅客发放纸质车票，旅客通过购票时使用的有效身份证件刷卡进站。

铁路旅客车票是铁路旅客运输合同中的一部分，但不能将铁路旅客运输合同与铁路旅客车票完全等同。纸质旅客车票背面载有承运人与旅客的部分权利义务条款。铁路承运人与旅客通常都没有签订书面铁路旅客运输合同，此时，旅客车票就成为铁路旅客运输合同的重要凭据。旅客凭票即可以向车站证明其与铁路承运人之间存在运输关系，而无需真的出示合同。旅客车票中载明的列车车次、乘坐区间、发车时间、坐席号等是铁路旅客运输合同中的主要格式条款。铁路旅客运输合同的其他权利义务主要分布在《民法典》《铁路法》《铁路安全管理条例》《铁路旅客运输规程》等有关法律法规规章中。铁路旅客提供车票才能进站乘车或者进行索赔，因此旅客车票是旅客向铁路旅客运输企业行使权利的重要根据。

---

〔1〕《民法典》第810条规定："从事公共运输的承运人不得拒绝旅客、托运人通常、合理的运输要求。"

铁路旅客车票是表明持有人旅客身份的有价证券。2012 年以前铁路旅客车票是不记名的。根据无记名车票的特点，谁持有，谁享有权利。因此在旅客乘车之前，铁路旅客车票一般可以随意进行转让和退票。自旅客检票乘车后，车票不能进行退票；是否能够转让，没有规定。但在实践中，旅客中途下车后，其可以将车票记载的剩余未乘车区间的乘车权转让给其他旅客继续行使。[1]

随着我国经济的高速发展，社会结构开始发生转型，人们的出行次数与频率增多，人口流动速度也在加快，同时带来了更多的社会治安问题。这种变化反映在铁路上就是：铁路车站内、列车上人财物高度聚散，人员流动量大，铁路警力不足，致使治安管理的难度增大。为打击和减少铁路上的违法与犯罪行为，自 2012 年 1 月 1 日起，全国范围内实行所有旅客列车车票实名制度。旅客车票实名制后，一方面保障了广大旅客在列车行车过程中的人身和财产安全，减少了列车上的治安隐患和违法犯罪活动；另一方面也有利于打击票贩子倒卖车票，恶意抬高票价，让广大民众有票可买。

（3）铁路旅客运输合同的成立与生效。

①铁路旅客运输合同的成立。合同当事人就合同的主要条款达成一致的意见后合同成立。我国《民法典》规定，承运人向旅客出具客票时双方之间的旅客运输合同成立。[2]在实践中，铁路运输庞大的客运量使得铁路承运人不可能与每一位旅客进行合同的谈判、签订。铁路旅客运输格式合同条款不具有要约的性质，其仅是承运人对自身条件的一种说明和公示，目的是邀请不特定的人向自己发出要约。因此，在实践中，通常把铁路部门发布在 12306 网站或者火车站的列车时刻表视为要约邀请，旅客支付购票款的行为视为要约，铁路承运人给付旅客车票的行为视为承诺，只要铁道部门向乘客交付车票，则二者之间就成立了客运合同关系。

②铁路旅客运输合同的生效。学界对铁路旅客运输合同的生效节点有不同的

---

〔1〕　参见孙林："铁路客运合同立法研究"，载《铁道经济研究》2009 年第 2 期，第 15 页。

〔2〕　《民法典》第 814 条："客运合同自承运人向旅客出具客票时成立，但是当事人另有约定或者另有交易习惯的除外。"《铁路旅客运输规程》第 8 条："铁路旅客运输合同从售出车票时起成立，至按票面规定运输结束旅客出站时止，为合同履行完毕。旅客运输的运送期间自检票进站起至到站出站时止计算。"国家铁路局对该规程——原铁道部《铁路旅客运输规程》（铁运〔1997〕101 号）进行修订，形成《铁路旅客运输规程（修订征求意见稿）》，拟以交通运输部规章形式发布。在 2021 年 10 月 28 日至 11 月 27 日向社会公开征求意见。该征求意见稿共 9 章 58 条，分别从总则、一般规定、车票销售、乘车、车票变更与退票、行李运输、应急处置、旅客投诉与建议、附则等方面作出规定。相对原 2010 年修改的《铁路旅客运输规程》共 6 章 127 条的规定而言，条文总数明显减少。

看法：其一，自检票时生效；其二，自旅客上车时生效。笔者更加赞同自检票时生效这种观点。因为合同成立与生效的区别在于当事人是否能够按照合同的规定行使权利、履行义务，主张责任。在铁路旅客运输中，铁路承运人不仅对旅客在列车上的人身安全负有保障义务，对旅客在车站内的人身安全也应当进行保障。因此，我们认为，铁路旅客运输合同应当自旅客检票进站时生效。

（4）铁路旅客运输合同的履行。合同的履行是合同当事人按照诚实信用原则对自己承担的合同义务正确适当地履行，不得侵害合同相对人的利益。

①铁路旅客运输合同履行原则。其中包括多个原则：一是全面履行原则。铁路旅客运输合同需要铁路运输企业和旅客都应当全面履行自己的义务。铁路旅客应按照合同约定的列车车次以及坐席号乘车，支付车票款。铁路旅客运输企业应当按照合同约定的时间，按照合同约定的运输工具安全运送旅客，为旅客提供符合标准的列车服务。二是诚实信用原则。它要求合同当事人在追求自己的利益时，不得损害他人利益和社会公共利益，当事人之间应当以诚相待，讲求信用，公平地考虑双方的正当利益，善意地行使权利、履行义务，不能有欺诈、蒙骗等行为，否则要承担相应民事责任。三是协作履行的原则。它要求合同当事人在履行合同过程中要相互协助对方当事人履行合同义务。例如，铁路旅客运输企业对于旅客负有安全运送的义务，因此，旅客在检票进站时，为了保护自己的人身安全，也应当配合铁路运输企业进行安检工作。四是经济合理原则。该原则是指在合同履行过程中，要注重最具经济效益的履行方式，在选择运输方式、运输路线以及履行期限上要体现合同履行利益的最大化。[1]

②铁路承运人的基本权利与义务。铁路承运人的基本权利：其一，费用请求权。铁路运输企业有权按照合同约定向旅客收取车票款。车站对列车移交的或本站发现的无票人员，有权补收票款，核收手续费。其二，人身检查权。在铁路旅客运输中，人员密集，为了保护旅客安全，铁路运输企业有权检查旅客的人身及其所携带物品，对违反规定的物品可以进行依法处置。其三，检票、验票权。铁路车站有权对持票进站的旅客进行检票，列车对乘车旅客进行验票，对持半价票和各种乘车证件的旅客有权核对其相应的证件，防止某些人员逃票、骗票，维护铁路运输企业合法利益。其四，有权对运输工具进行管理、控制和运行。铁路承运人对其铁路运输工具拥有自行管理、控制、运行的权利，旅客无权进行干涉。其五，人身管制权。对运输途中危害运输安全的人，铁路运输企业可以依法对其

---

〔1〕 参见张长青、郑翔：《铁路法研究》，北京交通大学出版社2012年版，第177页。

进行管制或者采取其他措施来维护运输安全。其六，有权制止危险行为发生、消除危险、要求损害赔偿。铁路运输企业对损害他人利益和铁路设备、设施的行为，有权制止行为人、责令行为人消除危险并要求行为人进行赔偿。铁路运输企业可以拒绝运输携带恶性传染病患者、精神病患者或者有其他健康状况可能危及他人安全的旅客，上述旅客已经购买的车票可以按照退票的相关规定办理。在车站内，列车上发现寻衅滋事、扰乱公共秩序的人，铁路运输企业可以拒绝运送，可以将情节严重的交公安部门处理。其七，责任豁免权。铁路承运人对运输过程中发生的损害责任，在法律规定的情况下可以不承担赔偿责任。

铁路承运人的基本义务：第一，对旅客通常、合理的运输要求，应当尽量满足，不能拒绝。[1] 第二，按照铁路运输合同约定的期限或者在合理的期限内将旅客安全送达到约定的地点。[2] 第三，铁路承运人运送旅客时应当按照客运合同约定的或者通常的线路运输。[3] 第四，铁路承运人负有按照客运合同的约定提供约定并且适合运送的运输工具的义务，铁路承运人擅自变更运输工具、擅自降低服务标准的，旅客有权要求退票或者退还相应差价；铁路承运人提高服务标准的，不应因提高服务标准而再向旅客收取票款。第五，保护旅客生命健康安全的义务。铁路承运人应当按照法律规定和合同约定，向旅客提供坐席、铺位，提供开水、饮食服务。在运输过程中，铁路承运人要保证旅客及其随身行李的安全。此外，在运输过程中出现旅客患有急病、分娩、遇险的情况，铁路承运人负有尽力救助的义务。第六，保管好托运行李并填发提单或其他运输单证的义务。铁路承运人应当按照合同约定妥善运输托运行李，按照规定向托运人填发提单或者其他运输单证。第七，重要事项告知义务。铁路旅客运输过程中出现的列车晚点、线路中断等情况致使列车不能正常运行的，铁路承运人应当及时告知旅客，避免造成不必要的损害。旅客承运人应当将运输安全注意事项告知旅客。如果旅客受到损害是因承运人的过错没有及时履行告知义务造成的，承运人应当承担赔偿责任。

③旅客的基本权利与义务。旅客的基本权利：其一，旅客有权按照车票票面

---

〔1〕《民法典》第 810 条规定："从事公共运输的承运人不得拒绝旅客、托运人通常、合理的运输要求。"

〔2〕《民法典》第 811 条规定："承运人应当在约定期限或者合理期限将旅客、货物安全运输到约定地点。"

〔3〕《民法典》第 812 条规定："承运人应当按照约定的或者通常的运输路线将旅客、货物运输到约定地点。"

记载的日期、车次、席别乘车。[1] 其二，要求铁路承运人按照其持有车票等级提供相应服务的权利。其三，要求铁路承运人保障其旅行安全的权利。其四，有权要求铁路承运人赔偿因其过错导致的人身或者财产损害。其五，携带规定数量的行李和随行人员的权利。旅客的基本义务：一是支付票款和持车票乘车的义务；二是按车票票面记载的内容时间乘车的义务，不得随意占用他人座位；三是遵守安全注意事项并按照规定携带行李物品。

（5）铁路旅客运输合同的变更与解除。铁路旅客运输合同成立后，全部履行之前，合同当事人双方的主客观情况会发生变更，使得合同不能履行或者不宜履行的，法律允许当事人变更或者解除合同。铁路客运合同中有关合同变更与解除的特殊规则包括：其一，铁路旅客承运人不得单方变更解除。其中铁路承运人单方变更解除合同仅包括两种情况：合同相对人违约和不可抗力。铁路承运人不能将其承担的义务转让，在铁路旅客运输合同成立后，运输合同的承运人主体不得擅自进行变更。铁路承运人无权要求旅客转让权利。其二，旅客享有单方变更解除权。铁路旅客运输合同成立后、履行之前，旅客有权解除或者变更合同，无须经过铁路承运人的同意，也无须向铁路承运人说明原因。但是旅客应当依照法律规定赔偿铁路承运人因其自身原因变更和解除合同导致铁路承运人产生的损失，并承担为解除和变更合同产生的费用。

①关于铁路旅客运输合同变更的类型：一是因承运人引起的变更。旅客因为承运方的原因不能按照票面的时间、车次、席别乘车的，承运人应当妥善安排旅客。不得额外加收票价，若重新安排的列车席别低于原车票的，应当退还差价，不得收取退票费。[2] 二是因旅客自身引起的变更。旅客因自身原因要办理改签或者退票的，需要在开车前进行办理变更。特殊情况下，旅客可以在站长同意后，在列车发车后的两小时内进行办理。其中"特殊情况"，主要是指自然灾害、恶劣天气等不可抗力因素及旅客突发伤病等情形。

---

[1] 《民法典》第 815 条第 1 款规定："旅客应当按照有效客票记载的时间、班次和座位号乘坐。旅客无票乘坐、超程乘坐、越级乘坐或者持不符合减价条件的优惠客票乘坐的，应当补交票款，承运人可以按照规定加收票款；旅客不支付票款的，承运人可以拒绝运输。"

[2] 《铁路旅客运输规程》第 36 条规定："因承运人责任使旅客不能按票面记载的日期、车次、座别、铺别乘车时，站、车应重新妥善安排。重新安排的列车、座席、铺位高于原票等级时，超过部分票价不予补收。低于原票等级时，应退还票价差额，不收退票费。"在 2021 年《铁路旅客运输规程（修订征求意见稿）》中，基本保留其相关规定。

②关于铁路旅客运输合同解除的类型：[1] 其一，因承运人原因致使旅客退票时，不收取退票费并按照下列情况处理：一是在发站开车前退票的，退还全部票价；二是旅客在中途站退票，扣除已乘坐区间票价，退还未乘坐部分票价；如果已经乘坐的区间没有达到起码里程的，则退还全部票价；三是旅客在到达站退票的，退还支付票价与已乘坐部分票价的差额，未使用的部分不足起码里程的按起码里程计算；四是列车空调设备故障致使空调列车在运行过程中无法正常开放空调的，应当退还旅客未使用空调区间的空调票价。其二，旅客自身原因要求退票时，按照下列情况处理：一种情况是，在发站开车前，开车前8天（含）以上退票的，不收取退票费；距离票面记载发车时间48小时以上的，按照收取票价的5%收取退票费；距离票面记载的发车时间24小时以上、不足48小时的，按照收取票价的10%收取退票费；距离发车时间不足24小时的，按照支付票价的20%收取；另一种情况是，旅客在乘车后不能办理退票业务。如果是因为受伤、生病或铁路方面的责任不能继续履行时，可以由列车长开具客运记录，旅客本人和同行人可向车站请求退还已收票款与已经乘坐区间的票价差额。

（6）铁路旅客运输合同的违约责任。违约责任是指合同的当事人不履行合同义务或者履行的义务与合同的约定不符而依法应当承担的第二性义务。违约责任包括继续履行、赔偿损失、支付违约金等。对于旅客的人身损害，我国《民法典》适用无过错归责原则，[2] 同时将旅客自身健康原因以及旅客故意、重大过失导致的人身损害作为铁路旅客运输企业的免责条件。第三人对其在运输过程中造成的旅客人身损害承担侵权责任。如果铁路运输企业对损害的发生也具有过错，则需要在其责任范围内承担补充责任。承运人在进行赔偿之后，有权向侵权行为人追偿。如果旅客在运输途中随身携带的行李、物品丢失，铁路承运人按照过错责任归责原则承担责任。

（7）事故赔偿、索赔时效及纠纷处理程序。旅客受到伤害时，可以向损害发生时所在车站或者事故的处理车站请求损害赔偿。对于行李包裹发生的损害赔偿，一般由到达的车站进行处理。特殊情况下，也可以到列车出发站进行处理。请求行李包裹赔偿时，应当在规定的期限内提交行李、包裹票，车站有关人员编

---

〔1〕 旅客乘车前认为继续履行没有必要，或者铁路承运人不能提供票面规定车次运输时，经过双方同意可以解除合同。铁路承运人办理完毕退票手续，退回票款后，铁路旅客运输合同解除。

〔2〕《民法典》第823条第1款规定："承运人应当对运输过程中旅客的伤亡承担赔偿责任；但是，伤亡是旅客自身健康原因造成的或者承运人证明伤亡是旅客故意、重大过失造成的除外。"

制的事故记录，损失物品的内容及价格凭证。我国《民法典》第 188 条规定，当事人向法院请求民事权利保护的时效期间为 3 年。

（二）铁路货物运输合同法律规制

1. 货物运输合同。（1）货物运输合同的概念。货物运输合同是托运人与承运人协商的，约定托运人将货物交付给承运人，由承运人将货物安全运输到双方约定的地点，托运人向承运人支付运输费用的合同。（2）货物运输合同的类型。①海上货物运输合同。海上货物运输合同是指由承运人托运人约定将货物通过海路由一个港口运送到另一个港口，托运人支付运费的合同。《中华人民共和国海商法》等有关国内立法和《海牙规则》《维斯比规则》《汉堡规则》等国际公约是海上货物运输合同的内容及成立的依据。[1]②公路货物运输合同。公路货物运输合同是指从事公路货物运输的承运人与企业、组织、社会团体等法人之间以及个人之间签订的，目的是由承运人将特定货物通过公路运送至目的地，由托运人向承运人交纳运费的协议。③航空货物运输合同。航空货物运输合同是指航空承运人与托运人之间签订的，由航空承运人根据托运人的要求，通过民用航空器为托运人运送货物至其指定的航空港，将货物交付给指定收货人，由托运人或收货人支付运费的协议。④铁路货物运输合同。铁路货物运输合同是铁路货物承运人与托运人订立的，以承运人提供货物运输作为合同标的，铁路承运人利用铁路运输的方式将托运货物运送至目的地交给收货人，托运人向承运人支付费用的协议。

2. 铁路货物运输合同及其法律规则概况。

（1）铁路货物运输合同。我国目前的铁路货物运输方式：零担货物运输、大宗货物运输、集装箱货物运输。如果货物的数量、体积、重量需要一辆以上的货车运输，则按照整车托运进行运输，否则按照零担托运运输。如果货物的规格需要用集装箱运输的，可以用集装箱进行托运。根据运送货物种类的不同，又可以将铁路货物运输合同分为普通货物运输合同，危险货物运输合同和特种货物运输合同。对于具有易燃易爆性质、腐蚀性质、毒害性质和放射性质的托运货物，铁路中将其定性为危险货物。特种货物包括鲜活货物和超限货物。超限货物指的是托运货物宽度或者高度超过了铁路机车的界限或者特定区段装卸界限。[2]

（2）铁路货物运输合同的形式和内容。根据货物运输采用的不同方式，铁

---

〔1〕 参见邹瑜、顾明主编：《法学大辞典》，中国政法大学出版社 1991 年版，第 12 页。
〔2〕 参见张长青、郑翔：《铁路法研究》，北京交通大学出版社 2012 年版，第 273 页。

路货物运输合同的签订也有所区别。①大宗货物的运输，当事人之间可以订立书面合同，对货物品名、规格、送达时间、送达地点等基本内容进行约定。大宗货物运输合同属于诺成性合同，自当事人全部签字确认之后生效。②零担货物运输将铁路货物运单作为铁路货物运输合同的表现形式。托运人按照要求如实填写物运单之后，由铁路承运人对货物运单的填写内容进行确认，验收核对托运的货物，承运人对运单填写内容与托运货物情况确认无误后，在托运人提出的货物运单上由承运人加盖车站日期戳，合同成立。因为采用零担货物运输的货运合同是一种实践性合同，所以该合同在托运人交付货物后才生效。

（3）铁路货物运输合同的生效要件。有效的铁路货物运输合同，应当符合《民法典》和《铁路法》规定的生效要件。一个有效的铁路货物运输合同，应当包括四个生效要件。其具体如下：①铁路承运人必须是铁路运输企业。②当事人双方意思表示真实一致。托运人在填写运单时，应当如实填写所托运货物的基本情况，保证其所填报的托运品的性质、品名、数量、重量严格遵守有关铁路货运规章的规定。承运人对托运人所填运单核查无误后，合同具有法律效力。③合同的内容符合国家法律、法规以及铁路货物运输的有关规章制度。铁路货物运输合同的特点是，当事人双方基本不能自行约定其享有的权利和承担的义务，除非法律另有规定。合同的主要条款内容是由规章确定的，如货物运费的价格，各种不同性质货物的运输方式、运输条件、包装条件、防护办法等，都必须依照有关铁路货物运输法规以及特殊物品的运输规则进行。④合同的内容不得损害国家和社会公共利益。比如铁路货物合同承运人与托运人不得恶意串通，任意减免运费，损害国家经济利益和社会公共利益。

（4）铁路货物运输合同无效的原因。其中包括：①托运货物是国家禁止运输的货物。②货物承运人违法多收运费。在这种情况下，该运费条款无效。承运人需要按照法律法规的规定重新计算运费。③对于限制运输的货物，缺少准运证的，该合同为无效合同。[1]

（5）铁路货物运输合同的履行。①托运人的义务：其一，托运人应当按照约定的时间按期交付托运货物。只有在托运人交付了货物后，承运人才能有机会开始运输货物，合同才能得以履行。其二，托运人应当对所托运的货物进行严格的包装，从而保障货物在运输途中的安全。托运人对托运货物进行包装，货物的包装标准双方有约定的按约定，没有约定的按照相关规定进行：货物有国家包装

---

〔1〕 参见张长青、郑翔：《铁路法研究》，北京交通大学出版社2012年版，第276页。

标准的，按照国家标准执行；没有国家标准只有行业标准的，按照行业标准执行，没有行业标准的，按照保证运输要求的规格进行包装。如果货物包装不符合包装要求，货物发生损害后托运人要承担相应的包装责任。如果货物的包装达不到铁路货物运输要求，铁路货物承运人可以要求托运人对货物的包装进行优化。若托运人拒绝或者优化后的货物包装仍然不符合有关运输规定或者标准，铁路货物承运人可以拒绝运输该货物。其三，托运人应按照合同约定时间及时支付铁路货物运输费用。托运货物的运输费用可以在托运时支付，也可以约定在到站时由收货人支付。但是对于零担货物运输合同，原则上都是托运人在发运时支付。采用零担货物运输的，托运人如果不支付运费，铁路货物承运人可以拒绝运输该货物。[1] 其四，托运人应当如实地填报货物运单。托运人应当对货物的品名、规格和性质等如实地进行申报，不得有瞒报、漏报的情况。若托运人瞒报货物品名、性质、重量，将危险物品当作普通货物运输，或者超载，则有造成铁路货物运输事故的危险。其五，托运人应当对保价货物声明价格，并按照保价运输支付保价费。

②承运人的履行义务。承运人的履行可以分为承运、运送、交付三个阶段。第一，承运阶段中，承运人的一个基本义务是接受货物并对货物按照托运人所填运单内容进行检查核对。这既是权利也是义务。根据货物运输方式不同，承运人接受货物和验收货物的方式也有差别，承运人因此承担的责任也不相同。对于整车货物的接受，承运人需要按照整车货物交接办法处理，主要对货物的装载是否符合铁路运输安全的标准进行检查。如果整车货物是托运人自装的，则该整车货物的交接以施封为准。如果整车货物是由铁路承运人负责组织装车的，货物的交接以货物清点的数量为准。只有托运货物的情况与货物运单记载的内容经核对确认一致后，铁路承运才能签字。铁路承运人签字表明承运人认可托运人在货物运单中记载的货物的外观状态，并接受货物，除非有相反的证据能够确切证明托运人对托运货物的真实情况进行了瞒报或者谎报。铁路承运人对托运人填写的运单经过核对确认无误后，应当向托运人签发货票。货票也是铁路货物运输合同的凭证之一。铁路承运人还应当提供适合货物运输要求的车辆，并及时组织装车。第二，在运送阶段，承运人使用铁路运力将货物进行了位置上的移动。在这个阶段，承运人应当保障货物安全并按时将货物送到。第三，在交付阶段，铁路货物承运人首先要保证货物及时、安全、完整运到。货物到站后，承运人应当及时通知收货人提货，与收货人认真办理清点交接。

---

[1] 参见孙林："铁路货运合同若干问题研究（续）"，载《铁道货运》2005年第2期，第40页。

③收货人的履行义务。收货人是该铁路运输合同中的第三人。通常只有其行使权利，铁路承运人才能要求其履行相应的义务。否则，承运人不能要求收货人履行义务。收货人要及时领取托运货物，逾期领取货物的，需要交付保管费用。此外，托运人还要补交未交的运费以及交纳在运输中发生的其他费用。收货人应当在约定的期限内及时对货物进行验收。对收到货物数量、质量等有异议的，应当在约定期限或者合理期限内提出。出现收货人拒收货物的情况时，铁路承运人应当将该情况及时告知托运人。铁路承运人有权要求托运人处理货物，托运人享有货物交付时的相关权利义务。[1]

（6）铁路货物运输合同的变更与解除。

①铁路货物运输合同变更。铁路货物运输合同的变更应符合一定的条件，当事人双方可以在订立合同时约定合同变更的条件，也可以遵循法律关于合同变更的规定。[2]铁路货物运输合同双方当事人都可以提出合同变更的请求。但学界对于收货人能否提出变更合同请求有不同的观点。有观点认为，收货人如果有托运人的授权，就可以对合同提出变更的请求。在铁路货物运输合同中，往往会涉及多个铁路承运人，按照一般原则，托运人可以向货物发出站、中途站或者到站提出变更合同的请求，这样规定的原因是货物发出站作为货物运输合同的缔约承运人，应当对运送的全过程负责。中途站和到站是货物运送合同的实际承运人，也有义务接受托运人变更合同的请求。[3]铁路货物运输合同的一方提出变更请求之后，只有经过另一方同意，其变更才能成立。一般情况下，变更请求能够符合法定变更条件的，承运人应当同意。接受变更要求的当事人无论是否同意变更都应向提出变更请求的当事人书面答复。如果不同意变更合同，应向对方当事人说明不同意的原因。当托运人请求变更铁路货物运输合同的内容时，需要向铁路货物承运人出示领货凭证和货物变更要求书。托运人无法出示领货凭证的，需要提交其他有效证明文件并且在货物变更要求书中说明情况。[4]

②铁路货物运输合同的解除。货运合同有效成立以后，当事人达成解除合同的合意，其双方之间基于铁路货物运输合同产生的托运人与承运人之间的运输合

---

〔1〕　参见孙林："铁路货运合同若干问题研究（续）"，载《铁道货运》2005年第2期，第41页。

〔2〕　《铁路货物运输合同实施细则》（2022年5月1日起失效）第16条规定承运人不办理的情形：①违反国家法律、行政法规、物资流向或运输限制；②变更后的货物运输期限大于容许运送期限；③变更一批货物中的一部分；④第二次变更到站。

〔3〕　参见孙林："铁路货运合同若干问题研究（续）"，载《铁道货运》2005年第2期，第41页。

〔4〕　参见孙林："铁路货运合同若干问题研究（续）"，载《铁道货运》2005年第2期，第41页。

同法律关系归于消灭。在铁路货物运输合同生效以后，只要货物还没有被铁路货物承运人运送到终点站时，托运人都有权要求取消托运，解除合同。收货人不享有解除货物运输合同的权利，原则上只有托运人和承运人享有解除合同的权利。[1] 承运人提出解除合同，必须具备充足的理由，比如因线路中断，无法继运到站等。托运人提出解除铁路货物运输合同的请求，铁路货物承运人原则上必须接受。如果承运人有接受条件而不接受的，由此造成的损失应当由承运人负担。承运人没有条件接受解除请求的，应当书面告知托运人并说明不接受的理由。

合同解除后，当事人双方依据铁路货运合同所产生的债权债务不归于消灭，仍要依据合同承担各自产生的债权债务。托运人提出解除合同的，双方当事人确认解除铁路货物运输合同后，托运人取回已向承运人交付的货物，对承运人已经支付的各项费用和其他损失进行偿付。承运人提出解除的，应当退还未运输部分的运费以及承担其他违约责任。

货物运输合同解除后，领货凭证失去其所规定的提取货物的证明作用。收货人无法再通过领货凭证要求承运人交付货物。铁路货运合同解除后，持有领货凭证人向铁路承运人主张交付货物，铁路承运人拒绝的，应当承担相应的举证责任。铁路货物承运人应当告知收货人不能交付货物的正当理由，从而免除承运人拒绝交付货物的责任。[2]

（7）铁路货物运输合同的违约责任。

①托运人的违约责任。其一，托运人应当按时支付运输费用，否则，应当承担迟延支付的违约金。其二，托运人瞒报、漏报，未如实申报托运货物的品名、规格、性质等实际情况的，应当承担责任。对于故意隐瞒货物真实情况而少交运费的，应当补交运费，查验货物的费用也需要承运人承担。其三，托运人因对所托运的货物的包装不合格，导致其他货物受到损害的，应当承担赔偿责任。其四，托运人自行装车的整车货物，因装载不合格从而给铁路承运人造成损失的，应当赔偿损失。

②收货人的违约责任。其一，托运的货物到站后，收货人在收到承运人通知后应当及时提取货物，否则要向铁路承运人支付逾期领取货物产生的保管费用。其二，托运人未支付运费或者在货物运输过程中发生了应当由收货人支付的其他费用的，收货人应当支付，否则要承担相应责任。

---

〔1〕 参见孙林："铁路货运合同若干问题研究（续）"，载《铁道货运》2005年第2期，第41~42页。
〔2〕 参见张长青、郑翔：《铁路法研究》，北京交通大学出版社2012年版，第282页。

③承运人的违约责任。铁路货物承运人需要对运输过程中发生的货物的毁损、灭失等情况承担损害赔偿责任。但是如果托运货物的毁损、灭失是因为不可抗力、货物本身的属性或者货物自然的合理损耗以及托运人、收货人的过错造成的，铁路货物承运人不对货物的损失承担赔偿责任。

（三）铁路运输领域知识产权民事法律保护

铁路运输领域知识产权民事法律保护，是铁路行业知识产权民事法律保护的重要组成部分，它主要是相对于铁路建设领域知识产权民事法律保护而言的。同时，铁路运输领域知识产权民事法律保护，与铁路运输领域知识产权行政法律保护、铁路运输领域知识产权刑事法律保护又是密切关联且相互配合的。铁路运输领域知识产权的民事法律保护，是指立法机关制定相关民事法律规范，包括铁路运输领域知识产权权利人的权利义务以及相关规定，由此有关人员和单位依法共同实施的民事法律活动。对此拟在本章第六节具体讨论。

第二节　铁路旅客运输合同重点法律问题

上文对铁路旅客运输合同的一般法律问题作了讨论。本节拟从铁路旅客列车晚点法律问题、铁路旅客人身损害赔偿限额制度、铁路旅客意外伤害强制保险制度的法律问题三方面展开探讨。

一、铁路旅客列车晚点的法律问题

（一）铁路旅客列车晚点的界定

旅客列车晚点在本质上属于铁路承运人履行迟延。对于旅客列车晚点的界定，学界有不同的分类。有学者将旅客列车晚点分为列车晚点与事实晚点。列车晚点是指旅客列车的出发或者到达没有按照铁路承运人公布的列车时刻表上的车次、时间运行，即列车出现了出发晚点、到达晚点的情况或者二者都有。事实晚点是指旅客列车的出发或到达晚点程度超过了相关法律法规能够容许的范围，铁路承运人需要承担因列车晚点而产生的法律责任。还有学者将列车晚点的概念划分为事实晚点与法律晚点。事实晚点是旅客列车的发车或者到达时间晚于铁路承运人发布的列车时刻表中规定的时间。如果列车出发或者到达的晚点时间超出旅客可以容忍和谅解的范围，能够产生法律效果的晚点，称为法律晚点。[1]

---

〔1〕　参见王飞：“客运列车晚点民事责任研究”，河南大学 2010 年硕士学位论文，第 3 页。

我们更赞同后一种分类。即旅客列车晚点可分为事实晚点与法律晚点。只要发生发车晚点、到达晚点就可称作是事实晚点。在事实晚点中，若列车的晚点时长超过了必要的限度，需要承担法律责任的部分称作法律晚点。如此区分，能够让人们更加快速地理解列车晚点的分类标准。

(二) 我国铁路旅客列车晚点的法律责任现状

1. 立法现状。由于我国的人口多，春运寒暑假等节假日出行人流量大以及暴雪洪涝等灾害多发，旅客列车晚点的现象相当普遍，但是列车晚点后旅客很难得到晚点赔偿。《铁路法》等铁路运输领域的法律法规没有对旅客列车晚点赔偿作出明确、具体的规定，只是规定了铁路承运人应当将旅客安全正点送达。[1]《民法典》合同总则部分规定了当事人不履行或履行不当给对方当事人造成损失的，应当赔偿损失。其客运合同部分还规定了承运人负有正点运输的义务，铁路承运人发生迟延运输的应当采取补救措施。因为迟延运输给旅客造成损失的，应当赔偿损失，但没有具体规定损失的赔偿范围。[2]

2. 司法现状。之前的司法实践中，许多法院审理时认为，当列车出现晚点违约情形时应适用当时《合同法》第 299 条。如果铁路承运人出现迟延运输的情况，除不可归责于承运人的原因外，应当按照旅客的要求给其安排乘坐其他班次或者为旅客办理退票业务。法院认为如果乘客选择继续履行合同，选择等待列车或者改乘其他班次的，就不能再继续要求铁路运输企业对列车晚点责任赔偿其损失。[3] 但是，《民法典》规定，违约方当事人在违约后继续履行合同义务或者采

---

〔1〕《铁路法》第 10 条规定："铁路运输企业应当保证旅客和货物运输的安全，做到列车正点到达。"该法第 12 条规定："铁路运输企业应当保证旅客按车票载明的日期、车次乘车，并到达目的站。因铁路运输企业的责任造成旅客不能按车票载明的日期、车次乘车的，铁路运输企业应当按照旅客的要求，退还全部票款或者安排改乘到达相同目的站的其他列车。"《铁路法（修订草案）》（征求意见稿）对此拟有所修改。《铁路旅客运输规程》第 10 条规定承运人负有确定旅客运输安全正点的义务。

〔2〕《民法典》第 583 条规定："当事人一方不履行合同义务或者履行合同义务不符合约定的，在履行义务或者采取补救措施后，对方还有其他损失的，应当赔偿损失。"其中第 584 条规定："当事人一方不履行合同义务或者履行合同义务不符合约定，造成对方损失的，损失赔偿额应当相当于因违约所造成的损失，包括合同履行后可以获得的利益；但是，不得超过违约一方订立合同时预见到或者应当预见到的因违约可能造成的损失。"其中第 820 条规定："承运人应当按照有效客票记载的时间、班次和座位号运输旅客。承运人迟延运输或者有其他不能正常运输情形的，应当及时告知和提醒旅客，采取必要的安置措施，并根据旅客的要求安排改乘其他班次或者退票；由此造成旅客损失的，承运人应当承担赔偿责任，但是不可归责于承运人的除外。"

〔3〕参见相关案例：（2021）沪 03 民终 38 号、（2019）豫 71 民终 7 号、（2016）京 04 民终 62 号、（2016）豫 71 民终 1 号。

取补救措施后，对方当事人还有其他损失的，则违约方当事人应当赔偿损失。[1]因此，如果还有其他因列车晚点造成的合理实际损失，法院应当判决铁路承运人承担赔偿损失的责任。

（三）铁路旅客列车晚点法律责任相关制度借鉴

1. 欧盟国家的相关规定。依据欧盟的法律规定，欧盟成员国内的列车晚点造成旅客损失的，铁路承运人应当赔偿。赔偿标准根据车票坐席等级和列车晚点程度决定。如果旅客乘坐的是跨国境火车，晚点达 60 分钟~120 分钟的，铁路运输企业视情况向旅客赔偿票价的 1/2 或者全额。如果旅客乘坐的某一国家内的高速列车晚点超过 30 分钟或者 60 分钟的，旅客有权向铁路运输企业请求按照票价 1/2 或者是全额给予赔偿。如果旅客乘坐的车次被取消，旅客不仅有权请求铁路运输企业退还全部票款，还有权要求铁路承运人安排其餐食、住宿和转车。铁路运输企业还应当支付旅客因为列车晚点造成的额外食宿费用、电话通信费用等。如果旅客因为列车晚点导致行李丢失或者损坏的，铁路运输企业应当根据行李的贵重程度，对旅客进行最高限额为 1800 欧元的赔偿。[2]

《德国旅客运输规程》关于旅客列车晚点的法律责任制度规定，仅在其本国适用。其中规定，旅客乘坐联邦铁路，如果列车到站时间晚点 60 分钟以上的，有权请求铁路承运人支付相当于票价 25% 的赔偿。如果列车晚点 120 分钟以上的，旅客有权请求铁路承运人支付相当于票价 50% 的赔偿。如果旅客因为列车晚点导致其到站时已经是半夜，并且没有公共交通工具让旅客继续赶赴其最终目的地的，铁路承运人应当为旅客提供出租车费用，但最高限额为 80 欧元。旅客还有要求提供宾馆住宿的权利。德国的铁路承运人的旅客列车晚点赔偿额突破了以往最高为票价 20% 的标准。用现金赔偿的方式取代了代金券赔偿。[3]

2. 日本的相关规定。依据《日本铁路运输规程》的规定，铁路运输企业有义务在旅客列车可能明显要出现到站晚点、运输中断或者停运的情况时，及时在有关的车站向旅客发出通知。铁路运输企业应当向旅客发放一张"晚点证明"，

---

〔1〕《民法典》第 583 条："当事人一方不履行合同义务或者履行合同义务不符合约定的，在履行义务或者采取补救措施后，对方还有其他损失的，应当赔偿损失。"

〔2〕参见曾改娥："铁路客运列车晚点的法律救济研究"，北京交通大学 2010 年硕士学位论文，第 22 页。

〔3〕参见曾改娥："铁路客运列车晚点的法律救济研究"，北京交通大学 2010 年硕士学位论文，第 22 页。

旅客持晚点证明，有权要求铁路运输企业退还全部车票费并且支付一定的退票费用。[1]

3. 俄罗斯的相关规定。根据《俄罗斯联邦铁路运输规程》的规定，如果旅客长途列车的车次被取消或者发车晚点，无论是否在退票期内，旅客均有权在列车发车前向铁路旅客承运人要求退还车票费用。如果旅客因为铁路承运人的原因导致不能赶上中转、换乘列车的，可以在换乘地要求铁路承运人退换乘车票据和全部车票票款。如果列车在运行途中因为中断造成运输义务履行中止，旅客有权请求铁路运输企业退还未乘坐部分的车票票款。在市郊旅客列车运输中，列车中断行车 60 分钟以上的，旅客有权请求全额退款。除市郊旅客运输外，除下列三种情况外，列车发车晚点或者到达晚点的，铁路运输企业应向旅客支付赔偿：其一，铁路运输企业能够证明列车晚点是因不可抗力导致；其二，晚点是为消除危及人类生命安全的运输设备故障；其三，晚点是因铁路运输企业不能消除的其他情形造成。赔偿的标准是：列车每晚点 60 分钟需要支付车票价格的 3%，但一张车票赔偿总额不得超过该车票全部票价。[2]

4. 国际条约的有关规定。《国际铁路旅客运输细则》规定，除旅行通票、特种列车、载车列车外，旅客乘坐日间列车晚点超过 1 小时、夜间列车晚点超过 2 小时，并且该旅客的列车车票是价格不低于 50 欧元以上的国际旅客运输票据的，就有权要求铁路运输企业赔偿。该细则规定对旅客的晚点损害赔偿形式是发放有效期一年的国际旅客车票优惠券，并且该优惠券仅限于在该铁路承运人处使用。如果没有优惠券，应给予不低于票价 20% 的现金赔偿。铁路运输企业可以根据具体情况决定赔偿过程的具体细节，给予更高额的赔偿。最终赔偿由造成晚点的单位负责。[3]

(四) 我国铁路旅客列车晚点法律责任制度的完善

1. 铁路旅客列车晚点法律责任范围。近年来，随着我国"一带一路"倡议的进一步实施，我国铁路旅客运输业务已经扩展到其他国家和地区。因此，我国铁路旅客运输晚点法律责任的适用范围，应当覆盖我国以及与我国签订铁路旅客运输协议的国家和地区。此外，只有旅客列车发生法律晚点并且是到达晚

---

[1] 参见曾改娥："铁路客运列车晚点的法律救济研究"，北京交通大学 2010 年硕士学位论文，第 24 页。

[2] 参见曾改娥："铁路客运列车晚点的法律救济研究"，北京交通大学 2010 年硕士学位论文，第 24 页。

[3] 参见张长青、郑翔：《铁路法研究》，北京交通大学出版社 2012 年版，第 209 页。

点时，才需要承担赔偿责任。我国可以根据铁路旅客运输线路的实际情况，设定一个列车晚点程度，即合理晚点的时间/运行时间的比例为 X%，作为允许旅客列车晚点的程度范围，并以此计算相关法规规定的晚点时间。具体操作如下：

相关法规规定的晚点时间=时刻表或铁道部门声明的路程时间 × （1+X%）

赔偿时间 = 实际运行时间 − 相关法规规定的晚点时间[1]

2. 旅客列车晚点违约责任归责原则。各国对于旅客列车晚点的违约责任归责原则，普遍适用无过错原则。我国铁路旅客运输有着中国特色的国情。首先，我国铁路运输带有公益性，铁路运输企业不仅要承担一部分社会责任，还要维系一些非盈利路段的运营；其次，我国普通铁路旅客运输的车票价格低，营利空间较小；[2]最后，目前旅客列车晚点的原因大多与铁路运输企业自身无关，若采用无过错原则，则要求铁路运输企业支出大笔经费对这些状况买单，不利于我国铁路运输企业发展。因此，若适用无过错原则，只要出现事实晚点，铁路运输企业就应当承担责任，那么铁路运输企业就会采取各种技术措施减少晚点情况，使得运营成本增高，相应地就会提高客运票价，因铁路客运票价过高，部分旅客就会选择乘坐其他交通工具，这样一来，不利于铁路旅客运输的发展，因此，不应当采取无过错原则。

一般过错原则也不适合作为我国铁路旅客列车晚点违约责任的归责原则。一般过错原则需要由旅客对铁路的过错承担举证责任，但在实践中，铁路运输企业与乘客相比，处于强势一方，掌握了铁路的运输信息，而旅客可能对有关的运输信息毫不知情甚至无法得知，若适用一般过错原则，则可能会不利于旅客合法权益的保护。

因此，结合我国铁路旅客运输具体的实际情况，采用过错推定的归责原则更加适合我国铁路旅客运输的现状。一方面，可以免除铁路运输企业无过错时的赔偿责任，减少企业负担，另一方面可以使掌握更多信息的铁路运输企业承担举证责任，证明其对铁路旅客列车晚点没有过错，使得举证责任合理分配。

3. 铁路旅客列车晚点违约责任的承担方式。

（1）改乘其他车次和退票。在出现铁路旅客列车晚点的情况后，根据《铁

---

[1]　参见张长青、郑翔：《铁路法研究》，北京交通大学出版社 2012 年版，第 214 页。

[2]　我国 1995 年后的普通旅客列车基础票价率保持稳定，为 0.05861 元/人公里，现有普通旅客列车硬座、硬卧是以此为基础形成的。参见王波、荣朝和、黎浩东："铁路旅客票价定价机制分析与改革探讨"，载《价格理论与实践》2015 年第 10 期，第 62~63 页。

路法》和《民法典》的规定，旅客可以要求铁路运输企业退票或者安排改乘到达相同目的站的其他车次列车。[1]

（2）赔偿损失。

①赔偿范围。旅客因为列车晚点遭受的损失包括直接损失和间接损失。直接损失是指旅客为乘坐该列车而支出的各种费用，体现为旅客财产上的直接减少。在列车运输迟延的情况下，旅客的直接损失体现在旅客因列车晚点发车或者晚点到达而额外支出的必须费用（如住宿费、餐饮费、行李保管以及其他相关费用）。间接损失是指承运人履行合同将为旅客带来的期待利益的损失。间接损失应当是铁路运输企业在订立铁路旅客运输合同时可以预见的。结合我国铁路企业的发展状况以及铁路旅客运输的实际，铁路承运人应主要承担旅客的直接损失，否则，不利于铁路旅客运输事业发展。

②赔偿数额。旅客车票票价在一定程度上根据列车等级、运行里程、运行时间制定，以票价为基础，根据不同的晚点程度，确认赔偿数额。具体如下：

赔偿金额 = 票价×（赔偿时间/全程正点的时间的比例）+ 其他直接损失（如住宿费、餐饮费等合理费用）[2]

同时，对于按照规定免票、持优待票以及经过承运人同意而免费乘车的旅客，也应当在列车晚点时获得赔偿。但依据损失赔偿的数额，票价金额以实际支付的票价金额为基础。免票旅客以及经承运人同意免费乘车的旅客，根据上述公式，实际支付票价为零元，则赔偿数额是该旅客的其他直接损失；对于持优待票的旅客，根据实际支付的票价按照上述公式计算赔偿数额。

③赔偿方式。一是现金赔偿。旅客列车发生法律晚点的事实之后，铁路运输企业通过向旅客支付现金的方式赔偿。二是优惠券赔偿。在列车发生晚点时，铁路运输企业可以发放优惠券给旅客，旅客在下次乘坐火车购买车票时可以按照一定比例进行优惠（如 95 折优惠券、8 折优惠券等）。该种优惠券不可兑换成现金，并且应当有使用期限，最好不超过一年。三是代金券赔偿。列车出现法律晚

---

〔1〕《铁路法》第 12 条规定："铁路运输企业应当保证旅客按车票载明的日期、车次乘车，并到达目的站。因铁路运输企业的责任造成旅客不能按车票载明的日期、车次乘车的，铁路运输企业应当按照旅客的要求，退还全部票款或者安排改乘到达相同目的站的其他列车。"《铁路法（修订草案）》（征求意见稿）对此拟有所修改。《民法典》第 820 条规定："承运人应当按照有效客票记载的时间、班次和座位号运输旅客。承运人迟延运输或者有其他不能正常运输情形的，应当及时告知和提醒旅客，采取必要的安置措施，并根据旅客的要求安排改乘其他班次或者退票；由此造成旅客损失的，承运人应当承担赔偿责任，但是不可归责于承运人的除外。"

〔2〕参见张长青、郑翔：《铁路法研究》，北京交通大学出版社 2012 年版，第 218 页。

点后，铁路运输企业向乘客发放代金券进行赔偿，代金券的面额与赔偿金额相一致，也应当设定一定的使用期限，乘客在下次购买车票时可以进行抵扣。

笔者更倾向于以代金券的方式进行赔偿，在代金券票面注明金额以及有效日期，在旅客请求赔偿时让其在电子代金券或纸质代金券二选一。之所以更加倾向于代金券，是因为我国的铁路运输具有很强的公益性，我国 1995 年后的普通旅客列车基础票价率保持稳定，营利空间少，部分线路旅客很少，依然没有停止运营。铁路旅客人流大量集中在节假日和春运期间，平常的客运量不大，导致很多铁路集团的旅客列车一直处于亏损状态。此外，采用代金券的方式进行赔偿，可以使得铁路运输企业不必抽出大量现金进行赔偿，从而使其现金用于其他经营用途，来提高运力，改善运输条件，旅客拿到代金券后，下次出行时可能会优先选择铁路出行，从而更好推动铁路客运的发展。

二、铁路旅客人身伤害限额赔偿的法律问题

（一）铁路旅客人身伤害限额赔偿的界定

1. 铁路旅客。根据我国《民法典》《铁路旅客运输规程》的相关规定[1]，我国铁路旅客范围，应当包括持有铁路有效乘车凭证的人、按照相关规定免票的人、持有学生票等优待票的人、无票但经承运人许可搭乘的人、依据铁路货物运输合同随车护送货物的人。

2. 铁路旅客人身伤害限额赔偿。铁路旅客人身伤害限额赔偿是指在铁路运营过程中出现交通事故，导致旅客人身伤害，由承运人对事故中遭受人身伤害的当事人进行一定数额的赔偿，但是该赔偿数额有最高或者最低限度。

（二）我国铁路旅客人身伤害限额赔偿制度现状

1. 立法现状。为了保护铁路承运人的利益，我国曾经以行政法规的形式规定了铁路旅客人身损害限额赔偿标准。具体见下表：

---

　　〔1〕　我国《铁路法》没有对铁路旅客的含义和人员范围作出界定。《铁路法（修订草案）》（征求意见稿）也只是对部分旅客的优先权等权利作出规定。《铁路旅客运输规程》第 5 条中规定，"旅客：持有铁路有效乘车凭证的人和同行的免费乘车儿童。根据铁路货物运输合同押运货物的人视为旅客。"《民法典》第 823 条规定："承运人应当对运输过程中旅客的伤亡承担赔偿责任；但是，伤亡是旅客自身健康原因造成的或者承运人证明伤亡是旅客故意、重大过失造成的除外。前款规定适用于按照规定免票、持优待票或者经承运人许可搭乘的无票旅客。"

表 6-2　我国铁路旅客人身损害限额赔偿标准

行政法规名称	1979 年《火车与其他车辆碰撞和铁路外人员伤亡事故处理暂行规定》	1994 年《铁路旅客运输损害赔偿规定》	2007 年《铁路事故条例》	2013 年国务院正式废除 2007 年《铁路事故条例》第 33 条有关对铁路旅客人身伤害限额赔偿的规定。至此，我国有关铁路旅客人身损害限额赔偿领域处于立法空白状态。
赔偿限额	如果伤残是由于受害人本人的原因造成的，给予 50 元～100 元的救济费，对死亡的，给予 100 元～150 元救济费；如果是因为铁路承运人的责任造成伤残死亡的，给予 1500 元抚恤费。	除铁路运输企业与旅客另有约定外，铁路运输企业对每位旅客的人身损害赔偿最高额为人民币 40 000 元。	铁路运输企业对每位铁路旅客人身伤亡的赔偿最高额为人民币 15 万元。	

2. 司法现状。如前所述，2013 年至今我国大陆地区对于铁路旅客人身损害赔偿已无限额规定。笔者查阅了中国裁判文书网中有关铁路旅客人身损害赔偿纠纷案件的诸多裁判文书，从中可以看出，在法院审理铁路旅客人身损害赔偿案件时，赔偿数额标准通常是以《最高人民法院关于审理人身损害赔偿案件适用法律若干问题的解释》和有关铁路运输损害赔偿的司法解释以及《民法典》第 1179 条的规定为依据。[1] 然而，2021 年 12 月 3 日，最高人民法院向社会公开征求意见，为进一步落实中央决策部署，"改革人身损害赔偿制度，统一城乡居民赔偿标准"，最高人民法院拟修改前一司法解释中关于残疾赔偿金、死亡赔偿金以及被扶养人生活费赔偿标准城乡区分的规定，拟统一采用城镇居民标准，而且原则上采取受诉法院所在地标准。但是，"赔偿权利人举证证明其住所地或者经常居住地城镇居民人均可支配收入或者农村居民人均纯收入高于受诉法院所在地标准的除外，其残疾赔偿金或者死亡赔偿金可以按照其住所地或者经常居住地的相关标准计算。被扶养人生活费的相关计算标准，依照前款原则确定"。上述修改值得关注和肯定。

---

〔1〕《民法典》第 1179 条规定："侵害他人造成人身损害的，应当赔偿医疗费、护理费、交通费、营养费、住院伙食补助费等为治疗和康复支出的合理费用，以及因误工减少的收入。造成残疾的，还应当赔偿辅助器具费和残疾赔偿金；造成死亡的，还应当赔偿丧葬费和死亡赔偿金。"主要案例，如（2021）湘 8601 民初 38 号、（2021）湘 8601 民初 31 号、（2021）豫 71 民终 2 号、（2021）黑 71 民终 4 号、（2020）辽 71 民终 13 号等。

另外，根据《最高人民法院关于审理铁路运输人身损害赔偿纠纷案件适用法律若干问题的解释》（2021 年 12 月 8 日发布，自 2022 年 1 月 1 日起施行）（以下简称《铁路运输人身损害赔偿解释》），"法院审理铁路行车事故及其他铁路运营事故造成的铁路运输人身损害赔偿纠纷案件，适用本解释。""在专用铁路及铁路专用线上因运输造成人身损害，依法应当由肇事工具或者设备的所有人、使用人或者管理人承担赔偿责任的，适用本解释。"而"铁路运输企业在客运合同履行过程中造成旅客人身损害的赔偿纠纷案件，不适用本解释"［但是可以适用《最高人民法院关于审理铁路运输损害赔偿案件若干问题的解释》（以下简称《铁路运输损害赔偿解释》）〔1〕］；"与铁路运输企业建立劳动合同关系或者形成劳动关系的铁路职工在执行职务中发生的人身损害，依照有关调整劳动关系的法律规定及其他相关法律规定处理。"

铁路运输人身损害的受害人以及死亡受害人的近亲属为赔偿权利人，有权请求赔偿。赔偿权利人要求对方当事人承担侵权责任的，由事故发生地、列车最先到达地或者被告住所地铁路运输法院管辖。其中规定的地区没有铁路运输法院的，由高级人民法院指定的其他人民法院管辖。铁路运输造成人身损害的，铁路运输企业应当承担赔偿责任；法律另有规定的，依照其规定。

铁路行车事故及其他铁路运营事故造成人身损害，若属于"不可抗力造成的""受害人故意以卧轨、碰撞等方式造成的""法律规定铁路运输企业不承担赔偿责任的其他情形造成的"，则铁路运输企业不承担赔偿责任。因受害人的过错行为造成人身损害，依照法律规定应由铁路运输企业承担赔偿责任的，根据受害人的过错程度可以适当减轻铁路运输企业的赔偿责任，并按照以下情形分别处理：（1）铁路运输企业未充分履行安全防护、警示等义务，铁路运输企业承担事故主要责任的，应在全部损害的 90% 至 60% 之间承担赔偿责任；铁路运输企业承担事故同等责任的，应在全部损害的 60% 至 50% 之间承担赔偿责任；铁路运输企业承担事故次要责任的，应当在全部损害的 40% 至 10% 之间承担赔偿责任；（2）铁路运输企业已充分履行安全防护、警示等义务，受害人仍施以过错行为的，铁路运输企业应在全部损害的 10% 以内承担赔偿责任。

其中铁路运输企业已充分履行安全防护、警示等义务，受害人不听从值守人员劝阻强行通过铁路平交道口、人行过道，或者明知危险后果仍然无视警示规定

---

〔1〕　该解释第 12 条规定："在铁路旅客运送期间因第三者责任造成旅客伤亡，旅客或者其继承人要求铁路运输企业先予赔偿的，应予支持。铁路运输企业赔付后，有权向有责任的第三者追偿。"

沿铁路线路纵向行走、坐卧故意造成人身损害的，铁路运输企业不承担赔偿责任，但是有证据证明并非受害人故意造成损害的除外。铁路运输造成无民事行为能力人人身损害的，铁路运输企业应当承担赔偿责任；监护人有过错的，按照过错程度减轻铁路运输企业的赔偿责任。铁路运输造成限制民事行为能力人人身损害的，铁路运输企业应承担赔偿责任；监护人或者受害人自身有过错的，按照过错程度减轻铁路运输企业的赔偿责任。铁路机车车辆与机动车发生碰撞造成机动车驾驶人员以外的人人身损害的，由铁路运输企业与机动车一方对受害人承担连带赔偿责任。铁路运输企业与机动车一方之间的责任份额根据各自责任大小确定；难以确定责任大小的，平均承担责任。对受害人实际承担赔偿责任超出应当承担份额的一方，有权向另一方追偿。铁路机车车辆与机动车发生碰撞造成机动车驾驶人员人身损害的，按照《铁路运输人身损害赔偿解释》第 4 条至第 6 条的规定处理。

在非铁路运输企业实行监护的铁路无人看守道口发生事故造成人身损害的，由铁路运输企业按照本解释的有关规定承担赔偿责任。道口管理单位有过错的，铁路运输企业对赔偿权利人承担赔偿责任后，有权向道口管理单位追偿。对于铁路桥梁、涵洞等设施负有管理、维护等职责的单位，因未尽职责使该铁路桥梁、涵洞等设施不能正常使用，导致行人、车辆穿越铁路线路造成人身损害的，铁路运输企业按照该解释有关规定承担赔偿责任后，有权向该单位追偿。有权作出事故认定的组织依照《铁路事故条例》等有关规定制作的事故认定书，经庭审质证，对于事故认定书所认定的事实，当事人没有相反证据和理由足以推翻的，人民法院应当作为认定事实的根据。

此外，还要指出的是，在铁路旅客人身损害赔偿的纠纷中，大多旅客受到损害的地点不是在列车中，而是在车站内、站台上或者上、下列车的过程中，而法院对发生损害的地点没有进行区别，对铁路承运人适用的归责原则也缺乏统一性，有的法院适用的是无过错原则，有的法院适用的是过错原则。这就产生了矛盾与不同认识，即在铁路旅客运输合同中，对于旅客在车站内、站台上或者上下列车的过程中发生的损害，应当适用何种归责原则？这也是有待研讨的内容，后文略有述及。

（三）国外及国际有关旅客人身伤害限额赔偿制度概况

1. 国外关于铁路旅客人身损害限额赔偿的法律适用。（1）德国铁路旅客人身损害赔偿制度。《德国责任法》在 1871 年就确立了德国铁路旅客运输人身损害赔偿对铁路旅客承运人适用无过错归责原则。法律规定铁路旅客运输企业的有轨交通工具致人身体损害、死亡的，除非造成旅客人身损害的事故是由于不可抗力导致的，否则应当承担损害赔偿责任。铁路运输企业承担该赔偿责任的前提是事故的发生必须是由于铁路运行过程中因为紧急刹车等技术性操作造成的。如果损害是由踩空踏板、站台湿滑等在车站中所受的损害，不能适用严格责任。只能适用《德国民法典》关于一般侵权行为的法律规定。[1]（2）俄罗斯铁路旅客人身损害赔偿制度。1995年《联邦铁路运输法》规定铁路运输部门以及与其他运输服务有关的企业必须保证运输的质量。铁路运输企业应当准时、安全地将旅客、货物、行李和包裹运送到站。铁路运输企业在旅客运输途中使得旅客或者其他人员的人身健康受到损害的，应当承担相应的法律责任。[2]《俄罗斯联邦民法典》规定铁路旅客承运人对铁路旅客人身损害赔偿适用无过错归责原则，其免责事由仅包括损害是由不可抗力和受害人故意导致的。承运人对铁路旅客人身损害赔偿适用全部赔偿的原则，同时规定如果受害人对损害的发生有过失或者铁路运输企业没有过错的情况下，应当减少或者免除铁路运输企业的赔偿责任。

2. 国际海上运输中人身损害限额赔偿制度。《船舶所有人责任限制公约》对旅客人身损害赔偿规定了单一的金额制度，按每一事故确定责任限额，计算单位特别提款权[3]。该公约对承运人的责任限额规定了例外情况：若损害是由承运人的故意或者实际过失造成的，不适用限额赔偿制度。1976年《海事赔偿责任限制公约》大幅提高了赔偿责任的限额，责任限额在某些情况下可以增加到2.5倍~3倍。公约使用的计算单位为特别提款权。该公约将侵权责任人故意或者过于自信的过失导致的损害排除适用赔偿限额条款。此后，该公约根据时间的

---

〔1〕《德国民法典》第823条第1款规定，因故意或者过失、不法侵害他人生命、身体、健康、自由、所有权或者其他权利者，对所产生的损害应当负赔偿责任。"

〔2〕参见张长青、孙林编著：《铁路法教程及案例》，中国铁道出版社2000年版，第46~49页。

〔3〕特别提款权（Special Drawing Right，SDR），亦称"纸黄金"（Paper Gold），最早发行于1969年，是国际货币基金组织根据会员国认缴的份额分配的，可用于偿还国际货币基金组织债务、弥补会员国政府之间国际收支逆差的一种账面资产。其价值由美元、欧元、人民币、日元和英镑组成的一篮子储备货币决定。会员国在发生国际收支逆差时，可用它向基金组织指定的其他会员国换取外汇，以偿付国际收支逆差或偿还基金组织的贷款，还可与黄金、自由兑换货币一样充当国际储备。因为它是国际货币基金组织原有的普通提款权以外的一种补充，所以称为特别提款权。最初发行时每一单位等于0.888 671克黄金，与当时的美元等值。发行特别提款权旨在补充黄金及可自由兑换货币以保持外汇市场的稳定。2015年11月30日，国际货币基金组织正式宣布人民币2016年10月1日纳入SDR（特别提款权）。2016年10月1日，特别提款权的价值由美元、欧元、人民币、日元、英镑这五种货币所构成的一篮子货币的当期汇率确定，所占权重分别为41.73%、30.93%、10.92%、8.33%和8.09%。参见百度百科"特别提款权"词条。

推进以及经济发展的变化，适时地提高了赔偿限额。[1] 国际海上人身伤害损害赔偿限额的幅度不断提高，计算方法也越来越科学化。实行人身损害限额赔偿制度，让承运人预知可能发生的海上人身损害事故的最高赔偿数额，能够提高承运人抵抗风险的能力。

3. 航空运输中人身损害限额赔偿制度。国际航空旅客运输对人身损害赔偿限额制度有关公约，详见下表。

表6-3　国际航空旅客运输人身损害赔偿限额相关公约

公约名称	1929 年《统一国际航空运输某些规则公约》（华沙公约）	1955 年修改《华沙公约》（修改后称为《海牙议定书》）	1966 年《蒙特利尔公约》	《危地马拉议定书》
人身损害赔偿限额	125 000 金法郎	250 000 金法郎	75 000 美元（含诉讼费、律师费）或者 58 000 美元（不含诉讼费、律师费）	1 500 000 金法郎

《蒙特利尔公约》对航空运输中受到人身损害的旅客给予人身损害赔偿的标准规定了两个层级。公约规定承运人对旅客人身损害承担赔偿责任的责任区间是旅客在乘坐航空器期间以及上、下航空器的过程中。如果旅客受到损害的实际损失在 10 万特别提款权以下的，那么航空旅客承运人适用无过错归责原则。如果超出 10 万特别提款权，承运人对超出 10 万的赔偿部分适用过错推定原则，如果承运人能够证明对旅客人身损害发生没有过错，那么对超出的部分损害不承担责任。此外，《蒙特利尔公约》为了紧跟时代发展的步伐，促进公约的长期稳定适用，创造性地提出了限额复审程序。国际民航组织 5 年组织一次对通货膨胀率等因素的计算，如果计算出的通货膨胀率超过 30% 或者通货膨胀率超过 10% 且有 1/3 以上的成员国支持复审时，就组织限额复审程序进行限额调整。[2]

（四）我国铁路旅客人身伤害限额赔偿制度的重构

我国之前有关铁路旅客人身损害限额赔偿的制度在设立的合法性、制度设计

---

〔1〕　参见梁鸿鹤："我国铁路旅客人身伤亡限额赔偿制度的法律研究"，北京交通大学 2010 年硕士学位论文，第 18~20 页。

〔2〕　参见梁鸿鹤："我国铁路旅客人身伤亡限额赔偿制度的法律研究"，北京交通大学 2010 年硕士学位论文，第 22~23 页。

的科学性等方面存在缺陷，因此被废除。但铁路旅客人身损害赔偿制度有助于社会公平正义的实现以及铁路运输的发展，因此重构我国铁路人身损害赔偿限额制度是必要的。笔者将从四个方面提出建议。

1. 通过法律确立限额赔偿制度。此前的铁路旅客人身损害赔偿限额制度是通过行政法规设立的，合法性层级较低。原因是：《立法法》第 8 条第 8 项规定法律绝对保留的事项，应当由全国人大及其常委会制定法律。某些事项没有制定法律的，可以经过全国人大及其常委会的授权，先制定行政法规。[1] 因此，我国的基本民事法律制度包括旅客人身损害限额赔偿制度，应当由法律作出规定，或者经全国人大及其常委会授权后制定行政法规。

但是，我国《铁路法》等法律中没有涉及铁路旅客人身损害限额赔偿的直接明确的规定。关于铁路旅客人身损害限额赔偿制度规定在《铁路事故条例》第 33 条中。该条例属于行政法规，其中该限额赔偿条款没有经过全国人大及其常委会的授权。因此，《铁路事故条例》中规定的有关旅客人身损害限额赔偿的条款，不符合我国《立法法》的规定。《铁路事故条例》虽然贯彻了人身损害限额赔偿的精神，但该条例作为行政法规，在没有全国人大及其常委会授权的情况下，只能在上位法的范围内为进一步执行法律规定而细化法律。然而，该条例规定了当时《中华人民共和国民法通则》没有规定的赔偿项目和赔偿标准，超越了自身的立法权限范围。因此，《铁路事故条例》设定铁路旅客人身损害限额赔偿制度被认为违反《立法法》的有关规定。[2] 2012 年 11 月其限额规定被删除，2013 年 1 月生效。

我国《民法典》侵权责任编只是对人身损害赔偿进行了一般性规定，针对铁路领域的旅客人身损害赔偿，由《铁路法》等特别法作出具体明确规定更有益于执行、操作和保障人权。但《铁路法》作为法律，不宜朝令夕改，应适度维护其稳定性，建议在《铁路法》中确认铁路旅客人身损害限额赔偿制度，全国人大常委会可授权由国务院铁路主管部门对铁路旅客人身损害限额赔偿标准作

---

[1]《立法法》第 8 条中规定，民事基本制度只能制定法律。该法第 9 条规定，本法第 8 条规定的事项尚未制定法律的，全国人民代表大会及其常务委员会有权作出决定，授权国务院可以根据实际需要，对其中的部分事项先制定行政法规，但是有关犯罪和刑罚、对公民政治权利的剥夺和限制人身自由的强制措施和处罚、司法制度等事项除外。

[2] 参见梁鸿鹤："我国铁路旅客人身伤亡限额赔偿制度的法律研究"，北京交通大学 2010 年硕士学位论文，第 28~29 页。

出具体规定，报国务院批准后执行。[1]

2. 规范限额赔偿制度的适用。

（1）铁路运输企业故意或重大过失排除适用限额赔偿制度。《铁路事故条例》曾经规定，除损害是由不可抗力或者受害者自身原因导致的，铁路运输企业应当对旅客承担最高不超过 15 万元的赔偿。[2] 该规定中不区分是否是铁路运输企业过错引起的损害而统一适用限额赔偿的规定，过分强调维护承运人的利益。将铁路运输企业故意或重大过失排除适用人身伤害限额赔偿制度，有利于促使铁路运输企业提高安全责任保障意识，促进铁路出行更加安全，也符合我国《民法典》侵权责任编第 1244 条的规定，将侵权行为人故意或者重大过失造成的损害排除适用限额赔偿，日后我国制定铁路旅客人身损害限额赔偿制度可以借鉴，使我国法律体系更加自洽。此外，对只有在有轨交通工具上发生的人身损害，才能适用无过错归责原则。对于发生在上下列车、车站内发生的人身损害，可以适用过错推定归责原则。

（2）第三人侵权时限额赔偿制度适用。如前所述，《铁路运输损害赔偿解释》规定了在铁路旅客运送期间因第三者责任造成旅客伤亡，旅客或者其继承人要求铁路运输企业先予赔偿的，应予支持。铁路运输企业赔付后，有权向有责任的第三者追偿。

其中第三人侵权时，铁路运输企业可能承担赔偿责任的情况包括先予赔偿责任和补充责任。因此需要讨论的是，存在第三人侵权的情况下，铁路运输企业赔偿责任是否适用限额赔偿制度。

①铁路运输企业对损害无过错的情况下，适用限额赔偿。根据法律法规的规定，铁路旅客人身伤亡完全是由于第三人侵权造成的，由该侵权行为人承担损害赔偿责任。旅客可以要求铁路运输企业先予赔偿，赔付后，铁路运输企业可以向该侵权行为人进行追偿。在先予赔偿情况下，铁路运输企业能否适用限额赔偿制度呢？本书认为，应当适用限额赔偿制度，原因如下：其一，这种情形下是在铁

---

[1] 参见侯晨晓："关于重建我国铁路交通事故人身损害限额赔偿制度的研究"，北京交通大学 2017 年硕士学位论文，第 24 页。

[2] 该条例第 32 条第 1 款规定："事故造成人身伤亡的，铁路运输企业应当承担赔偿责任；但是人身伤亡是不可抗力或者受害人自身原因造成的，铁路运输企业不承担赔偿责任。"第 33 条第 1 款规定："事故造成铁路旅客人身伤亡和自带行李损失的，铁路运输企业对每名铁路旅客人身伤亡的赔偿责任限额为人民币 15 万元，对每名铁路旅客自带行李损失的赔偿责任限额为人民币 2000 元。"（2012 年 11 月 9 日删除该条款。）

路运输企业没有过错的情况下，额外负担的先予赔偿义务，加重了铁路运输企业的负担，且先行偿付后向第三人追偿也存在着不可预测的风险，因此，若此时不适用限额赔偿制度不利于保护铁路运输企业的利益。其二，在限额范围内进行先予赔偿，达到了最低救济的立法精神，保护了受害人的部分权益，受害人在接受先予救济之后，还可以就超出限额部分的损害继续向第三人追偿，并不会导致受害人的权益受到损害。

②铁路运输企业有过错的，根据其承担补充赔偿责任或先予赔偿责任进行划分。一是铁路运输企业有过错承担补充责任时，在其责任范围内承担完全赔偿责任，不适用限额赔偿制度；二是当第三人不明确或第三人无力承担损害赔偿时，铁路运输企业对该第三人责任范围内的赔偿部分承担先予赔偿责任时，应当适用限额赔偿。[1]

3. 制定合理的赔偿计算标准。《铁路事故条例》曾经规定了旅客每人的人身伤亡赔偿责任限额为15万元，尽管该数额是随着我国经济发展状况做出的提高，较以往的《铁路旅客运输损害赔偿规定》大幅增加，但还是远远低于当时其他运输行业的限额赔偿。此外，应当注意的是，损害赔偿的数额与我国经济发展状况密切相关，同样数额的货币，在通货膨胀时与通货紧缩时的实际赔偿效果不同。因此，在制定人身损害赔偿限额制度时，应当注意以下几方面。（1）对损害赔偿限额的标准应当进行科学充分的计算与考量，充分听取民众、企业代表、经济学者、社会学者等多方意见，结合经济发展水平，科学合理地制定我国铁路旅客人身损害赔偿限额。（2）借鉴《蒙特利尔公约》中的限额复审程序，根据我国经济发展的水平与速度或者其他有关因素，明确规定定期的限额复审程序。同时，除规定正常进行限额复审程序的年限外，还应当规定例外进行限额复审的情况，如通货膨胀率变化幅度较大、超过1/3的复审委员会专业人员申请进行限额复审等。

4. 设立铁路交通事故责任强制保险。铁路事故人身损害有时涉及人员较多，常常出现具体损害赔偿额计算困难、诉讼程序发展过慢以及受害人无法得到及时赔偿等问题。为了更充分地保障受害人的合法权益，使受害人能够及时得到赔偿救济，同时分散铁路运输企业的风险，还应当建立铁路交通事故责任强制保险。关于铁路交通事故责任强制保险的有关完善建议，将在下文我国铁路旅客人身伤

---

[1] 参见侯晨晓：“关于重建我国铁路交通事故人身损害限额赔偿制度的研究”，北京交通大学2017年硕士学位论文，第26~27页。

害保险制度的完善中详细探讨。

三、铁路旅客意外伤害强制保险制度的法律问题

（一）铁路旅客意外伤害强制保险制度的界定

强制保险，是指国家通过法律法规规定某一范围内的个人或者单位都必须投保的保险。强制保险来源于社会保险。强制保险目的是通过社会保险的强制性对商业保险进行规范，发挥保险分解风险、分担损失的作用，稳定社会生活。

通常认为，强制保险有三个特征。其一，保险合同的强制性。强制保险一般由国家法律、法规规定。凡是国家法律法规明确规定强制保险，无论法人或是自然人，无论是否自愿，都必须进行投保。如果被保险人未缴纳保险费，保险人可以按照规定收取违约金，但不能以此为由解除保险合同或者拒绝承担保险责任。其二，强制保险的保险金、费率和保险期限的统一。保险金、保险期限等由法律法规进行规定，双方当事人不能约定或者改变。其三，保险责任自动生效。投保强制保险的保险标的，其保险责任依据法律法规的规定自动生效和终止，投保人和保险人无权进行约定。[1]

意外伤害保险，是被保险人在保险期限内，遭受意外伤害而导致残废或者死亡时，保险人按照约定支付保险金。[2]因此，铁路旅客意外伤害强制保险制度是有关铁路旅客意外伤害的强制保险制度。亦即，它是指国家通过法律法规规定铁路旅客或者有关单位必须投保的保险，铁路旅客（被保险人）在保险期限内，遭受意外伤害而导致残废或者死亡时，保险人按照约定支付保险金的制度。

（二）我国铁路旅客人身伤害保险制度变迁与现状

1. 制度变迁。1951 年《铁路旅客意外伤害强制保险条例》规定旅客持票乘坐国营或者专用火车的，都应当投保铁路旅客意外伤害险。保险金额为每人 1500元，保险费按照票价的 2%收取。1959 年铁道部接管铁路旅客意外伤害强制险业务。此后 20 年的时间，我国国内没有任何保险业务。在改革开放后，我国经济不断快速发展，国内保险市场重新起步。1959 年规定的意外伤害强制险的 1500 元

---

[1] 参见张长青、郑翔：《铁路法研究》，北京交通大学出版社 2012 年版，第 248 页。

[2] 参见李玉泉主编：《保险法学——理论与实务》，高等教育出版社 2007 年版，第 306 页。

保险责任限额与社会经济发展水平脱节，远远不能满足社会的要求。[1]

1992 年《铁道部关于提高铁路旅客意外伤害保险金额的通知》规定将人身意外伤害强制险的保险金额提高到每位旅客 2 万元。2011 年 7 月 23 日 "甬温线特别重大铁路交通事故"，暴露出 2 万元的强制保险金额与我国经济发展水平和人民群众的期望的巨大差距。在该起事故中，赔偿金出现了三级跳。在第一个赔偿方案给出后，遇难者最多只能获得 17.2 万元的赔偿金，包括受害旅客人身损害赔偿限额 15 万元，保险赔偿金额 2 万元，行李损失赔偿限额 2000 元。该方案公布后，引发社会公众强烈不满。最后，通过与遇难者家属进一步协商，按照《铁路运输人身损害赔偿解释》，赔偿权利人有权选择按当时的《中华人民共和国侵权责任法》要求赔偿的规定，根据该法确定此次事故损害赔偿的标准，共计赔偿 91.5 万元。[2]

国务院宣布自 2013 年 1 月 1 日起废止《铁路旅客意外伤害强制保险条例》。自此，铁路旅客意外伤害强制险被取消。此后，铁路旅客意外伤害强制保险处于立法空白状态。

2. 制度现状：铁路人身意外伤害险。2015 年中国铁路财产保险自保有限公司成立，该公司是原中国铁路总公司（今国铁集团）的子公司。其保险产品包括交强险、企业财产保险、团体人身意外伤害保险和铁路乘意险等。铁路乘意险指的是铁路旅客向中国铁路财产保险自保有限公司投保，自保公司对旅客在铁路运输过程中受到的人身意外伤害根据其与旅客乘意险合同的约定对于符合赔付范围内的损失进行赔付。铁路乘意险保费 3 元，旅客在购买火车票时自愿选择购买。最高保险金额为 30 万元意外身亡、伤残和 3 万元意外医疗保险金。2020 年 5 月 10 日，铁路 3 元乘意险升级，铁路乘意险保障额度从 33 万元提高到 55 万元。[3]

（三）铁路旅客人身伤害强制保险制度借鉴

1. 国内其他运输行业旅客人身伤害保险制度法律规定。

（1）航空旅客运输人身损害赔偿保险法律规定。1951 年《飞机旅客意外伤害强制保险条例》曾经规定中国境内持票乘坐飞机的旅客，均应购买飞机旅客意外伤害保险。旅客人身损害赔偿保险金额最高为 1500 元。保险金额与医疗津贴

---

[1]　参见李丽："我国铁路旅客运输保险制度立法研究"，西南交通大学 2015 年硕士学位论文，第 10 页。

[2]　参见侯晨晓："关于重建我国铁路交通事故人身损害限额赔偿制度的研究"，北京交通大学 2017 年硕士学位论文，第 6 页。

[3]　参见百度百科 "铁路乘意险" 词条。

是法定给付的最高责任。除此之外，旅客及其亲属不得再要求航空公司承担额外的给付，[1]免除了航空公司的全部责任，损害赔偿责任由保险公司承担。

1982年，广西桂林发生空难，随着经济发展水平的提高，国务院批准同意在原来保险金赔偿的基础上，再给予慰问金1500元，根据受害人生前供养的人数，分别再发放1000元、2000元的补助金，但累计的损害赔偿金额每位旅客不得超过5000元。按照1955年《海牙议定书》的标准对受到人身损害的港、澳地区和外国旅客每人赔偿20 000美元。

1988年1月18日，重庆空难，国务院批准将损害赔偿金额调整每人最高8000元。1989年，颁布《国内航空运输旅客身体损害赔偿暂行规定》（以下简称《暂行规定》）。《暂行规定》宣布废止《飞机旅客意外伤害强制保险条例》，规定旅客可以根据自愿原则投保航空运输人身意外伤害险。每位受害旅客可以向航空承运人请求最高为20 000元的赔偿金额。此外，《暂行规定》区分了保险责任与赔偿责任，保险人承担保险责任后，航空承运人的赔偿责任不归于消灭，应当继续承担赔偿责任。此时的强制保险是对航空承运人的要求，航空承运人需要投保旅客法定责任险。1993年《暂行规定》对每位受害旅客人身损害最高赔偿金额提高到每人70 000元。1995年颁布的《中华人民共和国民用航空法》将航空旅客人身损害赔偿限额授权给国务院民用航空主管部门制定。但此后几年内，国务院并没有根据该条文制定有关限额赔偿的规定。2006年《国内航空运输承运人赔偿责任限额规定》将航空旅客的人身损害赔偿责任限额提高到每人40万元。2010年河南空难，航空运输企业对受害旅客的人身损害赔偿额最高达到96万元。

（2）海运旅客运输人身损害赔偿保险法律规定。1951年《轮船旅客意外伤害强制保险条例》曾经规定旅客持票乘坐国营、公司合营或者私营的轮船的，都应当投保轮船旅客意外伤害险。保险金额每名旅客最高为1500元，保险费按照票价3%收取。[2]2017年修订的《国内水路运输管理条例》规定，水路旅客运

---

[1]《飞机旅客意外伤害强制保险条例》（已失效）第1条规定，凡在中华人民共和国境内持票搭乘飞机之旅客，均应依本条例之规定，向中国人民保险公司投保飞机旅客意外伤害保险。第5条规定，旅客之保险金额，不论全票、半票、免票，一律规定为每人人民币1500万元。（折合1955年新币1500元）。第8条第1款规定，旅客遭受意外事故受有伤害，以致死亡、残废、丧失身体机能或失踪者，除依照第7条之规定给付医疗津贴外，另由保险公司依照下列规定给付保险金：甲、死亡者，给付保险金额全数。第10条规定，本条例所列之保险金额连同医疗津贴，系属法定给付之最高责任，如遇意外事故发生，旅客或其家属不得再向航空公司要求任何额外给付。

[2]《轮船旅客意外伤害强制保险条例》（已失效）第1条规定，凡持票搭乘国营、公私合营或私营轮船公司所有轮船之旅客，均应依照本条例之规定，向中国人民保险公司投保轮船旅客意外伤害保险……

输业务经营者应当为其客运船舶投保承运人责任保险或者取得相应的财务担保。

（3）道路旅客运输人身损害赔偿保险法律规定。《中国人民银行关于公路旅客意外伤害保险业务有关问题的通知》规定，公路旅客自主决定是否向保险公司投保人身意外伤害险。比较我国其他运输行业的旅客人身损害保险法律制度，在1951年，政务院颁布的铁路、航空、海运三大运输领域的强制保险条例，都分别规定旅客意外伤害强制责任险。随着社会快速发展，我国逐渐将航空、海运领域的旅客强制意外伤害保险制度取消，并规定承运人投保强制责任保险制度。由此可见，由承运人投保强制责任险已成为一种发展趋势。

2. 外国和我国台湾地区铁路旅客人身伤害保险制度法律规定[1]。

俄罗斯以及我国台湾地区将铁路旅客人身伤害保险作为强制保险。美国则是根据旅客自己的意愿自行决定是否投保。

表6-4　外国和我国台湾地区铁路旅客人身损害保险制度法律规定

投保方式	强制保险		自愿投保
国家/地区	俄罗斯	我国台湾地区	美国
铁路旅客人身伤害保险制度法律规定	《俄罗斯联邦铁路运输法》第31条：在公用铁路运输中，铁路长途旅客运输的旅客应当办理强制保险。经常出差的公用铁路运输工作人员和公用铁路运输单位的领导，在派往紧急情况地区或被实施监控的列车工作时，参加铁路运输设备或其他技术设备的试验人员，保卫部门的工作人员在执行任务时，必须进行强制保险。	"铁路法"第63条规定：铁路旅客之运送，应依"交通部"指定金额投保责任保险。	铁路旅客根据自己的意愿自行决定是否购买普通责任人身损害保险。此外，还有超额责任保险与伞式责任保险。商业超额责任保险指的是对普通责任保险限额外损害进行赔偿，其与普通责任保险的合同条款、条件、免责事由大致相同。伞式责任保险的保障更加广泛。其在普通责任保险、机动车险、劳工补偿的雇员责任保险部门的责任限额之上建立相对高的责任限额。

（接上页）第5条规定，旅客之保险金额，不论舱位等次、全票、半票、免票，一律规定为每人人民币1500万元。（折合新人民币1500元）。第6条中规定，旅客之保险费，包括于票价之内，一律按基本票价3%收费。

〔1〕 参见王海霞："铁路旅客人身保险法律问题研究"，北京交通大学2018年硕士学位论文，第23~24页。

（四）我国铁路旅客人身伤害保险制度的完善

1. 设立铁路运输企业责任保险制度。

（1）铁路运输企业责任保险的含义。铁路运输企业以其在运输过程中对第三人的损害赔偿为保险标的，保险人基于被保险人对第三人的损害事实，在保险责任限额内对第三人赔付保险金。铁路运输企业责任保险的保险标的是铁路运输企业在铁路旅客运输合同中应当承担的民事责任，包括侵权责任与合同责任。下面分别对这两种责任进行讨论。①侵权责任分为一般侵权与特殊侵权。一般侵权中，只有当铁路运输企业存在过错，铁路运输企业责任保险才承担赔偿责任。对于铁路运输企业故意造成的损害，保险人对该损害不承担赔偿责任。在特殊侵权责任中，铁路运输企业运输旅客属于使用高速轨道运输工具作业的行为，根据法律规定，除不可抗力或者受害人故意造成的损害，保险人都需要承担赔偿责任。②违约责任。在铁路运输企业没有按铁路旅客运输合同的规定履行合同规定的义务或者履行不适当，以致损害了旅客的利益，铁路运输企业应当向旅客赔偿损失。该违约责任应当划入铁路运输企业责任保险的范围。

（2）铁路运输企业责任保险的必要性。①保障受害旅客及时获得赔偿救济。铁路交通事故发生后往往需要经过漫长的司法程序，受害人需要等待很长一段时间才能获得损害赔偿，如此不仅给受害人造成身体痛苦，还可能需要承担巨额医疗费用。通过给铁路运输企业设定铁路交通事故责任强制保险，受害人能够快速及时地得到赔偿救济。《中华人民共和国保险法》（以下简称《保险法》）规定在第三者责任险中，被保险人可以依照法律或合同直接向第三者赔付保险金。如果被保险人在该起事故中责任确定的，保险人应直接对第三者支付保险金，被保险人怠于请求支付保险金的，第三者有权直接向保险人主张。[1] 该条文中第三人直接请求赔偿权的前提是"被保险人对第三者应负的赔偿责任确定的"，而我国铁路交通事故领域对于人身损害赔偿适用无过错责任，除法定免责事由，铁路运输企业都应当承担损害赔偿责任。相对于确定铁路运输企业的赔偿责任，赔偿责任的法定免责事由更加容易确定。因此，我国设定铁路交通事故责任强制保险时，应当规定："在铁路交通事故责任强制保险中，被保险人因法定免责事由以

---

[1]《保险法》第65条第1款和第2款规定："保险人对责任保险的被保险人给第三者造成的损害，可以依照法律的规定或者合同的约定，直接向该第三者赔偿保险金。责任保险的被保险人给第三者造成损害，被保险人对第三者应负的赔偿责任确定的，根据被保险人的请求，保险人应当直接向该第三者赔偿保险金。被保险人怠于请求的，第三者有权就其应获赔偿部分直接向保险人请求赔偿保险金。"

外的原因造成第三人损害的，保险人应当根据被保险人的请求直接向该第三者赔偿一定数额的保险金。如果被保险人不向保险人请求支付保险金的，该受损害的第三者有权直接向保险人请求先行支付一定数额的保险金来弥补损害。"同时应当注意，保险公司向铁路旅客受害人支付赔偿金后并不代表免除了铁路运输企业的责任，铁路运输企业仍然应当对受害旅客超出保险金额范围之外的可归责于铁路运输企业的损失承担相应的责任。[1]②分散铁路运输企业的赔偿压力。铁路旅客运输，最重要的就是保障旅客的生命健康安全，旅客受到人身损害之后，除法律规定不需要赔偿的情形外，铁路运输企业需要对旅客承担侵权责任和违约责任，负担压力较大。尤其是出现重大旅客伤亡事故时，铁路运输企业需要用一大笔资金来对受害者进行赔偿，而其自身也需要大量资金对本次事故被破坏的铁路设施进行修复、重建，这无疑是铁路运输企业的巨大负担。事故责任强制保险能够让铁路运输企业对未来可能发生的事故赔偿风险进行防范，将部分风险分散到保险公司上，可以减轻铁路运输企业的压力，使其可以将更加充足的资金投资于铁路事业的建设中，促进铁路运输蓬勃发展。

2. 完善铁路旅客人身意外伤害保险。铁路乘意险的承保范围是在我国境内乘坐列车时受到意外伤害导致旅客死亡、伤残或者进行治疗的铁路旅客。发生承保事项后投保人可以请求铁路自保公司根据保险合同赔付。铁路乘意险种类分为指定行程与固定期限。指定行程的铁路乘意险由旅客在购买火车票时自愿购买，保费3元，2020年5月铁路3元乘意险升级，保障额度从33万元提高到55万元。固定期限的铁路乘意险由投保人、保险人双方协商确定保险金额。[2]

（1）铁路乘意险的优势。其主要体现在：①购买渠道便捷。旅客可以通过登录中国铁路客户服务中心网站、铁路售票窗口等渠道购买铁路乘意险。购买铁路乘意险的父母携带不满10周岁身高在1.2米以下的儿童可以免费为该儿童领取一份乘意险。②承保范围拓宽。铁路乘意险的保险责任范围从旅客持票实名制验证或检票进站时起至旅客到达所持车票载明的车票检票出站时止。③出险后，被保险人可直接向现场铁路客运工作人员报案，解决渠道便利。[3]

（2）铁路旅客人身保险制度的完善。许多商业保险公司推出了各种交通工

〔1〕参见侯晨晓："关于重建我国铁路交通事故人身损害限额赔偿制度的研究"，北京交通大学2017年硕士学位论文，第32~33页。

〔2〕参见百度百科"铁路乘意险"词条。

〔3〕参见刘卫红、尹冰艳、安世谨："关于完善我国铁路乘意险保险制度的思考"，载《石家庄铁道大学学报（社会科学版）》2018年第2期，第85页。

具人身意外险产品，其中也包括铁路运输意外险。但 12306 网站以及铁路售票窗口都只向乘客推荐铁路财产自保公司的铁路乘意险，使得许多社会公众认为只有铁路乘意险一种保险，这种做法使得旅客缺少选择铁路旅客人身保险险种的自由，也有可能形成垄断。铁路运输企业应当引进更多有资质的销售铁路乘意险的商业保险公司，使得更多不同特色、灵活多样的铁路乘意险公平竞争，让旅客可以有更多的选择，更好地保护旅客利益。[1]由于很大一部分旅客在购买车票时不会选择购买铁路乘意险，因此铁路乘意险的购买率较低。铁路运输企业应当向旅客讲解和宣传乘意险，提高旅客预防风险的意识，同时推出部分优惠活动来提高铁路乘意险的购买率。

3. 设立铁路交通事故社会救济基金。铁路旅客运输具有比较高的风险，并且一旦发生重大旅客人身损害赔偿，数额往往也比较巨大。我国铁路旅客运输领域可以借鉴道路交通领域的做法，[2]设立铁路交通事故社会救济基金，从而进一步保证受害旅客可以及时获得救济。

（1）铁路交通事故社会救助基金的性质。铁路交通事故社会救助基金应当作为铁路运输企业强制责任保险的补充，用于对铁路受害旅客人员的抢救，为无法立即获得赔偿的旅客支付抢救费用。该项基金具有公益性，不宜过分考虑成本与收益率，又要避免公共管理部门"不计成本"地滥用的危险，故应当由政府进行监督管理。[3]

（2）铁路交通事故社会救济基金的来源。其中包括：①铁路运输企业。作为侵权行为人，铁路承运人应当为铁路交通事故社会救济基金提供资金支持。②未按照规定投保铁路运输企业强制责任保险的罚款抽取部分比例用于铁路交通事故社会救济基金。③作为铁路运输企业强制责任险保险人的保险公司也应当提供部分保险费支持铁路交通事故救济基金。[4]

（3）铁路交通事故社会救济基金的适用情形。铁路交通事故社会救济基金的金额是有限的，该项制度设立的目的也不是弥补受害者的全部损失。救济基金

---

[1] 参见刘卫红、尹冰艳、安世瑾："关于完善我国铁路乘意险保险制度的思考"，载《石家庄铁道大学学报（社会科学版）》2018 年第 2 期，第 86~88 页。

[2]《道路交通安全法》第 17 条规定："国家实行机动车第三者责任强制保险制度，设立道路交通事故社会救助基金。具体办法由国务院规定。"

[3] 参见张长青、郑翔：《铁路法研究》，北京交通大学出版社 2012 年版，第 271 页。

[4] 参见侯晨晓："关于重建我国铁路交通事故人身损害限额赔偿制度的研究"，北京交通大学 2017 年硕士学位论文，第 34~36 页。

应当用于因铁路交通事故致使旅客生命健康陷入危险期需要紧急抢救的情况，不能适用于其他病因的抢救或者脱离危险后的后续治疗。救济基金的管理机构针对铁路交通事故中为救助受害旅客所支出的铁路交通事故社会救济基金，有权向铁路旅客运输事故负责人追偿。

第三节　铁路行李包裹运输合同法律问题

本节将从行李包裹运输合同的一般问题、行李包裹运输合同的特殊问题两方面来展开。

一、行李包裹运输合同的一般问题

这里拟对行李包裹运输合同的概念和行李包裹运输合同的类型进行讨论。

（一）铁路行李包裹运输合同的概念

1. 行李包裹运输。行李包裹运输是指旅客通常签有运输合同、行李装在车内或由旅客自行携带，以及由行包运输车载运的一种小件快速货运形式。其中铁路行李包裹运输，简称铁路行包运输，是指与铁路签有运输合同、装在旅客列车编挂的行李车内或由旅客自行携带，以及由行包运输列车载运的一种小件快速货运形式。[1] 铁路行包运输的货物来源除了旅客自身托运的行李，还有其他需要邮寄的物品，主要以小件物品为主。铁路运输凭借其运送范围广、运输速度快、比较准时的优点，加之铁路行包运输批量到站、分散到站的特点，受到了广大人民群众的喜爱，成为了大部分人运输行李包裹的一种方式。因此，随着市场经济的发展，以铁路作为运输行李包裹的方式逐渐盛行，为铁路事业的发展带来了机遇。

在市场经济快速发展的大背景下，由于交易间的经济模式发生转变，大众对零售商品的需求日益增长，其中以小件物品为代表，铁路行包运输作为小件物品快速运输的一种方式，满足市场经济在货物运输这一领域中所具有的灵活性与时效性的需求，同时凭借其安全性、大容量、快捷性等特点，迎来了一大批受众群体，具有广阔的发展前景。尽管目前铁路运输行李包裹的运量要比整车运送的数量小，但是以铁路运输行李包裹的单价要比其他货物高，因此，其所带来巨大的经济效益也是令人咋舌。据中铁快运公司官方发布信息，2017年4月份完成行包

---

[1] 参见陈牛生：“浅析中国铁路行包运输”，载《物流科技》2006年第2期，第38页。

发送量 6.2 万吨，同比增长 3.1%，完成行包收入 7418 万元，同比增长 3.4%，实现运量、收入双增长。铁路行包运输运量的增长反映了行包运输的数量在不断增加，收入的增长则反映了铁路行包市场存在巨大的发展空间。因此，应当大力发展铁路行包运输，加强技术投入，发挥专业的市场经济，提质增效，强化质量，培育专业化的人才队伍，提高铁路行包运输的市场竞争力。[1]

我国在借鉴国外小件商品运输的经营策略和营销手段上，结合我国自身实际，经过几年的沉淀与摸索，以行包运输为核心的小件快运在货物运输中已经占有一席之地。此外，在其他运输行业，行李包裹的运输发展速度也十分惊人。据盘锦市交通局公布的信息，截至 2017 年 11 月，辽宁省盘锦市公路运输货运量累计完成 12 468 万吨，同比上一年增长 4%。从统计数据上看，一方面，公路运输的货运量受到高铁、私家车、民航增长的影响呈现出缓慢增加趋势；另一方面，也透露出铁路行包市场的兴起之势。行包运输广泛见于我国东部的铁路局，确切地说，主要分布于我国东北部、东南部以及东部地区的铁路局，北、上、广、郑、沈、哈及济这七个城市的铁路局（集团公司）成为我国铁路行李包裹运输的领头羊。据数据统计，整段路程的铁路行李包裹运量在这七个铁路局占到了80%左右。[2] 可想而知，东部地区的铁路局（集团公司）成为我国铁路行包运输的主要市场。同时，铁路行包运输过程中所设立的行包办理站点，绝大部分也设立在上文提到的七个铁路局（集团公司）中的车站处，其目的主要是服务一些需要铁路来运输行李包裹的个体。

上文已经提到，铁路行包运输产品具有安全性、大容量、快捷性的特点，因此，发展长途运输是顺应铁路行包运输的优势所在。而对于其他领域的行包运输来说，例如公路运输，囿于其自身特性，就不能胜任路途过于遥远的长途运输。所以对上海地区来说，东北的哈尔滨、长春以及沈阳等；西南的成都、重庆；西北的兰州、银川、西宁，尤其乌鲁木齐更是热门线路。特别是气候异常时，铁路行李车的运输更是显示出不可替代的作用。[3]

2. 行李包裹运输合同。它是指承运人与托运人之间在达成合意的前提下，按照指定的方式来运输行李包裹所签订的合同。合同形式通常是书面合同。当

---

〔1〕 参见高李鹏、谢筱文："铁路行包运输经营网络实现优化升级"，载《人民铁道报》2017 年 5 月 12 日，第 A1 版。

〔2〕 参见陈牛生："浅析中国铁路行包运输"，载《物流科技》2006 年第 2 期，第 38 页。

〔3〕 参见张瑞荣："当前铁路行包运输存在问题分析及对策"，载《上海铁道科技》2014 年第 4 期，第 139 页。

然，对于旅客乘坐交通工具时附带托运的行李包裹来说，旅客的车票就相当于行李包裹运输的凭证；对于单独邮寄的行李包裹来说，托运人向承运人提供的货运单据，就是我们通常说的快递单，就是行李包裹运输的凭证。该行李包裹运输合同的内容包括两个方面：一是承运人负有如实填写单据以及支付对价的义务，并保证所托运的行李包裹中无违规、违禁品；二是托运人负有按照约定的时间将行李包裹运送到指定地点的义务，并保证所接受托运的行李包裹完好、无损、整洁。另外，对于需要保价的行李包裹，托运人应负有提醒注意义务，为承运人提供更多选择的同时，更好地保障承运人的经济利益。

（二）行李包裹运输合同的类型

根据不同的交通形式，行李包裹运输合同相应地涉及铁路、航空和海运等形式。因此，行李包裹运输合同的类型通常包括铁路行李包裹运输合同、航空行李包裹运输合同和轮船行李包裹运输合同等。

1. 铁路行李包裹运输合同。在铁路行李包裹运输合同中，承运人和托运人作为合同的两方主体，各自享有不同的权利并承担相应的义务。首先，托运人将行李包裹交付给承运人时，不仅要准确填写托运单，还要支付相应的费用到承运人处，承运人应在承诺的期限内将托运人的行李包裹运送至目的地。其次，在此过程中，承运人负有照看并保持托运人行李包裹完好的义务。如在托运过程中，发生包裹损坏、灭失等情形，承运人应按照行李包裹运输合同对托运人在相应的范围内承担赔偿责任。最后，为了维护铁路行包运输的安全，承运人有权拒绝托运有毒、有害等违禁物品。若托运人违规托运违禁物品给承运人造成损害的，应在其过错范围内对该损害承担赔偿责任。

2. 航空行李包裹运输合同。自二战以来，航空行李包裹运输由于其速度快、安全性高等优势，在实际生活中得到飞速的发展。主要表现在航空快递服务这一领域。航空行李包裹运输合同，是指承运人与托运人在达成合意的前提下，双方签订以空运的方式来运输行李包裹的合同。具体说来，就是除了用客机搭载乘客的同时，在机舱托运行李，还利用货机通过寄快递的方式，如航空公司工作人员上门取件，采用航空运输，将行李包裹运送到指定机场，并由相关指定人员将其送到收货人处。该种方式最大的优点就是便捷、安全和高效。但缺点是运费较高，当然，时而还会因空间不足而面临无法托运的情况。[1]当航空运输出现纠纷时，适用的法律通常有《中华人民共和国民用航空法》和国际货规以及《民

---

〔1〕　参见谢春讯、李智忠、徐阳主编：《航空货运代理实务》，清华大学出版社2008年版，第39页。

法典》中关于航空运输的规定。

3. 轮船行李包裹运输合同。我国海域辽阔，轮船运输十分广泛。20 世纪集装箱运输开始盛行，国内水路货物运输市场逐渐庞大。轮船行李包裹运输成为该种水路货物运输的一部分，在一定程度上也为旅客提供了更多的选择。轮船行李包裹运输合同是指承运人与托运人在达成合意的前提下，双方签订以水路方式来运输行李包裹的合同。为了促进我国水路运输市场的发展，我国对国内水路运输采用的是过错责任制，在承运人存在过失或者驾驶有过错时，应当承担损害赔偿责任。

二、行李包裹运输合同的特殊问题

此处只重点对铁路行李包裹运输合同的特殊问题进行探讨。

（一）我国铁路行李包裹运输的现状

铁路行包运输主要由铁路直通火车、高铁、动车组列车组成。从我国铁路局（集团公司）的行包运输情况来看，我国绝大部分行包运输被上海、北京、广州、哈尔滨、成都等铁路集团公司承包。[1] 铁路行包运输主要包括三个部分，分别是发送、中转和到达。所谓发送，就是顾客根据自己的需求，将要托运的包裹交付给车站托运，同时在托运单上写明承运的日期以及包裹的相关信息；而车站工作人员则根据顾客填写的托运单来检查和计费，编制装车清单，填写票据。而中转则是将来自全国各地的行包运输到各个地方，经过一次或几次中转，才能到达行包的目的地，行包中转是一个按照流向进行分拣整理的过程。[2] 到达则主要涵盖了卸货、核验、票据交换等流程。随着社会经济的发展，铁路行包运输量呈现出增长态势，加挂空车厢的数量也与行李包裹运输量成正比。以铁路方式来运输的小件商品逐渐成为人们生活中不可或缺的一部分，该种运输方式在整个交通方式中占据着越来越重要的位置。[3]

与此同时，随着高速铁路的快速发展，普通列车在提高运行速度的同时也带来了停靠站点的减少，铁路运输行业管理得不够科学化、营销手段滞后以及缺乏对老客户关系的维护等问题，在一定程度上也阻碍了行包运输的发展，铁路行包运输正面临着巨大的挑战与考验。

---

〔1〕 参见孙有伦："当前铁路行包运输的现状分析"，载《中国高新区》2017 年第 13 期，第 178 页。
〔2〕 参见孙有伦："当前铁路行包运输的现状分析"，载《中国高新区》2017 年第 13 期，第 178 页。
〔3〕 参见黄银霞等："浅议铁路行李包裹运输与市场经济"，载《中国铁路》1995 年第 4 期，第 32 页。

当前铁路行包运输中主要存在以下几方面的问题：

（1）停靠站点的减少。普通列车不断提速，这为铁路行包运输提供了更加优势的条件。然而，列车提速后也相应地导致了停靠站点的减少以及列车停靠站点时间的缩短，这种情况不可避免地减少了铁路行包运输的客流量。与此同时，公路行包运输市场逐渐发展起来，主要体现在物流行业，像当下一些大型物流企业不但拥有自己专门的运输路线，还配有专门的运输队伍。跟铁路运输相比，公路也有其显在的优势，如在中长途运输中的价格比铁路运输低，时间也比铁路运输快，这是铁路运输很难与其竞争的一部分。运输里程就像是数学里谈到的临界点一样，在这个临界点之内，跑公路运输的优势明显超于铁路运输；超过这个临界点，综合成本还是铁路运输占优势。另外，由于短里程内的公路运输还可以满足"上门取货、送货上门"的需求，与铁路运输的"取货到站、送货上门"的方式相比，明显节省了大量时间与额外费用。[1]

（2）管理不够科学化。随着市场经济的发展，铁路行包运输的发展缺乏明确的经营理念与发展方向。很多人仍停留在传统观点阶段，认为铁路行包运输就是运送行李和包裹，没有意识到铁路行包运输通过运送小件商品所带来的巨大收益以及潜在的发展前景，从而没有主动去抢占市场，在市场的运输份额中占有一席之地。另外，由于受到传统理念的影响，我国铁路管理部门和行包运输管理部门在进行对接协调时，往往不能有效对接，于是出现各自为政的局面，影响整体运输。最后，行包运输过程中不能为旅客提供人性化的服务也是制约其发展的一个重要因素。最明显的就是发生问题后互相推诿，旅客在行包丢失、损坏后得不到应有的赔偿。其中主要有两个原因：一是工作人员在发现行包损坏需要赔偿后，不仅对该问题互相推脱，还对被损坏的行包乔装改扮、蒙混过关；二是旅客在托运行包时，为了少付费用，往往对该保价的行包不保价或少保价，导致发生问题时只能按照相应标准进行赔付，得不到应有的赔偿。上述两个原因不仅导致旅客蒙受损失，产生负面情绪，抵触铁路运输，还降低了铁路运输的声誉，制约了铁路行包运输的发展。[2]

（3）营销手段滞后。受传统观点的影响，大部分车站没有深入市场、分析市场、占有市场。仅有的营销动力来自于完成上级下达的任务，采用的营销方式

---

〔1〕　参见张瑞荣："当前铁路行包运输存在问题分析及对策"，载《上海铁道科技》2014年第4期，第139页。

〔2〕　参见孙有伦："当前铁路行包运输的现状分析"，载《中国高新区》2017年第13期，第178页。

也仅停留在分发宣传资料、召开座谈会等传统做法上。没有深入分析行包运输的发展方向及利弊点，盲目地制定优惠政策，没有结合客观实际，没有去参照同行业其他领域的做法，没有做到从根本上把握市场，对客户产生吸引力。例如，没有学习一些大型物流企业所采用的运费垫付、量大折扣等有效的营销策略，不可避免地出现揽不进新货源，留不住旧货源的局面。另外，铁路行包运输收入分配机制与职工劳动量不匹配也是阻碍行包运输发展的一大要点。没有建立"多劳多得"的分配机制，以致不少职工存在"干多干少一个样"的思想，当付出和收入不成正比时，职工就会缺乏主动性、积极性，也就不会深入市场研究调查，掌握市场需求，为行包运输创造收益。最后，阻碍铁路行包运输的根本原因是行包运输缺乏灵活的运价机制。影响行李包裹托运费用的因素有货物种类、货物重量和货物的运送里程。一般情况下，行李包裹的托运费用是根据一定的标准计算出来的，鉴于其严格性，一般没有特殊情况是不能随意调整的。然而公路行包运输、航空行包运输的价格则非常灵活，当接到大批货物需要运输时，为了促成生意的成交，运输费用往往会进行相应的下调或打折，操作十分灵活。有的邮局为了刺激员工的积极性，扩大货源量，不仅开设代办点，还拿出邮费的10%奖励代办点人员，这些优惠政策不仅提高了员工的主动性，还避免了大宗货源的流失，为邮局创造了巨大的收益。[1]

(4) 硬件设施投入不足。随着旅客列车的大量换型，以往利用空车厢加挂在客运列车末端来运送行包的方式已经不合时宜。同时，利用该种方式增加托运数量也存在一定的安全隐患。因此，铁路行包运输要想持续发展下去，要耗费大量资金来建造新型安全的货运列车，这就需要加大货运列车的经济投入和技术投入。如果继续使用传统的加挂车厢的方式来满足大量的货源存放，显而易见是不可行的。例如，上海开往乌鲁木齐的货运列车是常年满载，由于货源量比较大，同时又没有投入建造新的货运列车，要想运输大量的货源，只能申请加挂车厢。然而由于考虑到安全隐患，相关部门并没有批准空车厢的加挂，使得车站错失大货源的客户。客户不得不寻求其他运输方式，然而当客户在选择其他便捷、安全的运输方式后，很难再次选择铁路运输，最终因为货运列车硬件设施投入不足，导致客户的彻底流失。[2]

---

〔1〕 参见陈牛生："浅析中国铁路行包运输"，载《物流科技》2006年第2期，第40页。
〔2〕 参见张瑞荣："当前铁路行包运输存在问题分析及对策"，载《上海铁道科技》2014年第4期，第139页。

因此，在保证安全运输的前提下，增加客户货源量，才能够助力铁路行包运输企业的快速发展。切不可盲目追求经济效益，忽视安全问题。在新时代背景下，提高行包运输服务质量，加大软硬件设施的投入，同时树立安全第一的意识，开展各种安全活动，是确保铁路行包运输得以健康发展的必要条件。

（二）解决铁路行李包裹运输问题的基本对策

1. 在大中城市开展接取送达业务。铁路行包运输不比公路运输，其主要运货点仍是车站。运输行李包裹时，无论是工作人员还是旅客本人，都需将行李包裹带至车站。随着运输市场的发展，行李包裹两端的接取送达业务成为旅客热衷的一种运输方式，也是行包运输吸引货源的重要手段。然而，对于一些行包量比较少并且离车站很远的旅客来说，如果此时还采取行包接取送达业务，这显然是成本高于收益。因此，要想开展行包的接取送达业务，行包量是保障该项业务开展的重要支撑。如果可以选择性地在一些中大城市开展此项业务，由车站和当地的中铁快运合作是完全可行的。同时开发适合铁路"站到站"运输的客户，建立客户档案资料，有需要的还可以和其他公路运输物流公司合作，实现"门到站、站到门"[1]运输，这样不仅方便了旅客货主，也为铁路运输及公路运输带来可观的经济效益，实现共赢。[2]

2. 树立大局意识，靠服务赢得市场。铁路行包运输不是靠一个部门发展起来的，它是由管理部门、行包收发部门、业务部门等多个部门构成的。虽然各个部门分工不同，但是这不否认它具有整体性，牵一发而动全身。因此要树立大局、整体意识，自觉维护铁路行包运输的整体发展。例如，在铁路行包运输的运营管理方面，为了避免冗长繁琐的审批手续，可以简化流程，如发放行包通行证。在运输组织方面，为了最大程度调度所有行包车辆，可以制定车辆运行图，加快行包车辆运转流程。在人员管理上，要对员工进行专业化培训，培育专业化的行包服务队伍，提高行包服务质量，从而不断增强行包运输的市场竞争力。[3]

在运输过程中不可避免地会出现行包损坏、丢失等情况，为了积极应对该种情况，要先跟旅客普及保价行包运输的优势所在。由于行包运输的特点，保证每一个行包都完好无损地运往目的地显然是有难度的。因此为了更全面地维护旅客

---

〔1〕　门到站，是一个物流术语，是由发货人货仓或工厂仓库至目的地或卸箱港的集装箱货运站。站到门，指的是由起运地或装箱港的集装箱货运站至收货人的货仓或工厂仓库。

〔2〕　参见张瑞荣："当前铁路行包运输存在问题分析及对策"，载《上海铁道科技》2014年第4期，第140页。

〔3〕　参见陈牛生："浅析中国铁路行包运输"，载《物流科技》2006年第2期，第40页。

的权益，要将这种可能出现的赔付告知旅客，保价后的赔付往往会更符合旅客的需求，在此基础上大力推广行包保价运输，是保障货主和旅客权益的重要手段。当面临需要赔偿的情况时，铁道部门应按照货主和旅客保价的金额进行赔偿，没有保价的，按照一般赔付规则进行赔偿，不可相互推诿，将问题搁置不处理。为了加快赔付问题的处理速度，应采取"先赔付，后定责"的原则来保障货主和旅客权益，维护铁路运输行业声誉。[1]

最后，还要制定有效的沟通交流机制，对于行业内新出的规定及优惠政策要上下级均通知到位，当出现行包损毁等问题时也要及时处理，尽量解决和满足旅客的需求和要求，避免因为沟通不畅而出现影响行包运输的问题。

3. 拓宽"揽货渠道"，充分发挥现有运价政策的优势。所谓拓宽揽货渠道，就是增大货源量。我们都知道，铁路一般都建在城市外围，而拥有大量货源的客户群体不一定也是居住在外围部落。我们可以简单设想一下，当客户的货源不是很多时，考虑到成本问题，一般会选择离自己比较近的公路运输；当客户的货源很多时，考虑到运输成本，加上公路运输的优惠政策，很有可能就不会选择铁路运输。为此，要想拓宽铁路行包运输的揽货渠道，首先要解决从客户家门口到铁路运输之间的这段距离。于是，日渐兴起的物流企业为这种困境提供了出路。铁路车站可以选择和物流企业合作，由物流企业负责将货物从客户处运送到车站处，然后通过铁路运输送往目的地，再由与车站合作的物流企业将货物运送至客户指定地点。这样不仅使客户选择了优质、便捷、安全的运输方式，还增大了车站货源量，加快了铁路行包运输的发展。除此之外，不仅要在运送方式上便捷客户，更要在价格上吸引客户。当下的很多家物流运输企业，都实行量大折扣大的政策。铁路行包运输不能拘泥于当下利益，要有长远的发展目光。稳定住客户才是铁路行包运输企业持续发展的重要途径。[2]

综上所述，在现阶段物流运输市场中，铁路行包运输应充分发挥自身优势，同时利用优惠政策，不断提升铁路行包运输的服务质量，为客户提供更为优质的体验，从而吸引更多的旅客货主通过铁路进行行包运输，从而促进铁路行包运输得到更快、更好地发展。[3]

---

〔1〕 参见张瑞荣："当前铁路行包运输存在问题分析及对策"，载《上海铁道科技》2014年第4期，第140页。

〔2〕 参见孙有伦："当前铁路行包运输的现状分析"，载《中国高新区》2017年第13期，第178页。

〔3〕 参见张瑞荣："当前铁路行包运输存在问题分析及对策"，载《上海铁道科技》2014年第4期，第140页。

第四节　铁路货物运输合同重点法律问题

本节主要从铁路货物运输损害赔偿、铁路货物运输限额赔偿、铁路货物运输保险与保价制度、多式联运合同问题、中欧班列货物运输法律问题五个方面展开讨论。

一、铁路货物运输中的损害赔偿问题

（一）归责原则与认定依据

1. 归责原则。根据我国《民法典》第 832 条以及《铁路法》有关条款，[1] 我国铁路货物运输损害赔偿适用的是无过错归责原则。

2. 认定依据。我国铁路货物运输采取无过错归责原则，因此，当满足下列条件时，铁路货物承运人应当承担赔偿责任：一是铁路货物承运人实施了运输货物的行为；二是所运输的货物受到损害；三是铁路承运人运送货物与货物受到损害之间有因果关系。在无过错责任的情况下，被侵权人只需要证明上述三个条件，就需要承担侵权责任，即同时具备行为、受害人有损害，侵权行为与损害结果之间具有因果关系，而不需要证明铁路承运人是否具有过错。[2] 当铁路货物承运人存在法律规定的免责事由时可以免除其赔偿责任。

（二）责任期间、责任范围和责任方式

1. 责任期间。责任期间指的是承运人需要承担货物损害赔偿责任的时间段。根据《铁路法》规定[3]，在承运人接受托运人所要托运的货物并在铁路货物运单上加盖了发站车站的承运日期戳时，开始计算铁路货物承运人的责任期间。铁路货物承运人履行向收货人交付货物的义务后，铁路货物承运人责任期间终止。

2. 责任范围和方式。（1）责任范围。根据《铁路法》的规定，在责任期间，

---

[1]《民法典》第 832 条规定："承运人对运输过程中货物的毁损、灭失承担赔偿责任。但是，承运人证明货物的毁损、灭失是因不可抗力、货物本身的自然性质或者合理损耗以及托运人、收货人的过错造成的，不承担赔偿责任。"《铁路法》第 18 条规定："由于下列原因造成的货物、包裹、行李损失的，铁路运输企业不承担赔偿责任：（一）不可抗力。（二）货物或者包裹、行李中的物品本身的自然属性，或者合理损耗。（三）托运人、收货人或者旅客的过错。"《铁路法（修订草案）》（征求意见稿）中，相关条文表述有所修改。

[2] 参见李显东：《侵权责任法》，北京大学出版社 2014 年版，第 81 页。

[3]《铁路法》第 17 条："铁路运输企业应当对承运的货物、包裹、行李自接受承运时起到交付时止发生的灭失、短少、变质、污染或者损坏，承担赔偿责任……"。《铁路法（修订草案）》（征求意见稿）中，相关条文表述有所修改。

货物发生灭失、短少、变质、污染、损坏和逾期到站等情形的，铁路货物承运人应当承担赔偿责任。[1]（2）责任方式。在货物毁损、灭失、变质等情况下，铁路货物承运人主要是通过赔偿损失来承担违约责任。在货物逾期到站的情况下，逾期未超过 30 日的，应当支付违约金；逾期超过 30 日的，按照货物、包裹灭失的标准承担损害赔偿责任。货物发生逾期到站并受到损害时，铁路运输企业不仅要支付违约金还需要赔偿损失。铁路货物运输企业承担损害赔偿的数额将在下文进行探讨。运送的货物或者设备毁坏的，铁路货物承运人也可以通过支付加工或修理费用的方式承担违约责任。

（三）赔偿数额的计算标准

如果托运货物办理了保价运输，在保价金额范围内按照货物的实际损失赔偿。没有办理保价运输的，在法律法规规定的最高赔偿限额内按照实际损失赔偿，但如果货物的损害是因铁路承运人的故意或者重大过失造成的，不适用限额赔偿制度，按照实际损失赔偿。若托运货物办理了保险，则按照保险合同约定的金额赔偿。[2]

根据 2020 年修正的《最高人民法院关于审理铁路运输损害赔偿案件若干问题的解释》，《铁路法》第 17 条中"实际损失"指的是货物因灭失、短少、变质、污染、损坏产生实际价值的损失。如果货物发生短少或者灭失，按照货物实际价值给予赔偿。如果货物因为变质、受到污染、毁坏使得原有价值降低的，可以赔偿货物受损前后实际价值的差额或者支付修理费。受损货物的实际价值中没有包含已经支付的铁路运杂费、包装费、保险费等费用的，则应当按照损失部分的比例加算。

（四）免责事由与时效期间

1. 免责事由。我国铁路货物运输中铁路货物承运人对责任期间的货物损失

---

〔1〕《铁路法》第 16 条："铁路运输企业应当按照合同约定的期限或者国务院铁路主管部门规定的期限，将货物、包裹、行李运到目的站；逾期运到的，铁路运输企业应当支付违约金。铁路运输企业逾期 30 日仍未将货物、包裹、行李交付收货人或者旅客的，托运人、收货人或者旅客有权按货物、包裹、行李灭失向铁路运输企业要求赔偿。"该法第 17 条还规定了货物毁损、灭失情况下铁路货物承运人应当承担的责任。《铁路法（修订草案）》（征求意见稿）中，相关条文表述有所修改。

〔2〕《铁路法》第 17 条第 1、2 款规定：铁路运输企业应当对承运的货物、包裹、行李自接受承运时起到交付时止发生的灭失、短小、变质、污染或者损坏，承担赔偿责任："（一）托运人或者旅客根据自愿申请办理保价运输的，按照实际损失赔偿，但最高不超过保价额。（二）未按保价运输承运的，按照实际损失赔偿，但最高不超过国务院铁路主管部门规定的赔偿限额；如果损失是由于铁路运输企业的故意或者重大过失造成的，不适用赔偿限额的规定，按照实际损失赔偿。托运人或者旅客根据自愿可以向保险公司办理货物运输保险，保险公司按照保险合同的约定承担赔偿责任。"《铁路法（修订草案）》（征求意见稿）中，相关条文表述有所修改。

适用无过错归责原则，因此只有法律法规规定不承担损害赔偿责任的情况，才能够免除责任，这些情况就是免责事由。根据《民法典》以及《铁路法》的规定，我国铁路货物运输中铁路货物承运人的免责事由包括：①不可抗力；②货物自身的自然属性或者正常损耗造成；③因托运人或收货人的过错导致。[1]

2. 时效期间。《民法典》规定民事权利的诉讼时效期间为 3 年；如果法律另有规定，依照其规定。《铁路法》目前没有对铁路货物运输中的货物、包裹、行李发生损失或者逾期，向铁路货物运输企业请求赔偿的期间作出规定。[2] 但是，《铁路货物运输合同实施细则》第 22 条规定，承运人同托运人或收货人相互间要求赔偿或退补费用的时效期限为 180 日（要求铁路支付运到期限违约金为 60 日）。托运人或收货人向承运人要求赔偿或退还运输费用的时效期限，由下列日期起算：货物灭失、短少、变质、污染、损坏，为车站交给货运记录的次日；货物全部灭失未编有货运记录，为运到期限满期的第 16 日，但鲜活货物为运到期限满期的次日；要求支付货物运到期限违约金，为交付货物的次日；多收运输费用，为核收该项费用的次日。承运人向托运人或收货人要求赔偿或补收运输费用的时效期限，由发生该项损失或少收运输费用的次日起算。该法规第 23 条还规定，承运人与托运人或收货人相互提出的赔偿要求，应自收到书面赔偿要求的次日起 30 日内（跨及两个铁路局以上运输的货物为 60 日内）进行处理，答复赔偿要求人。索赔的一方收到对方的答复后，如有不同意见，应在接到答复的次日起 60 日内提出。对此，笔者认为，根据新法优于旧法，上位法优于下位法的原则，我国铁路货物运输损害赔偿的诉讼时效应当适用《民法典》规定的 3 年诉讼时效期间。

二、铁路货物运输限额赔偿问题

这里重点对其限额赔偿的标准问题及其完善进行研讨。

---

〔1〕《民法典》第 832 条规定："承运人对运输过程中货物的毁损、灭失承担赔偿责任。但是，承运人证明货物的毁损、灭失是因不可抗力、货物本身的自然性质或者合理损耗以及托运人、收货人的过错造成的，不承担赔偿责任。"《铁路法》第 18 条规定："由于下列原因造成的货物、包裹、行李损失的，铁路运输企业不承担赔偿责任：（一）不可抗力。（二）货物或者包裹、行李中的物品本身的自然属性，或者合理损耗。（三）托运人、收货人或者旅客的过错。"

〔2〕《民法典》第 188 条："向人民法院请求保护民事权利的诉讼时效期间为三年。法律另有规定的，依照其规定。诉讼时效期间自权利人知道或者应当知道权利受到损害以及义务人之日起计算。法律另有规定的，依照其规定。但是，自权利受到损害之日起超过二十年的，人民法院不予保护，有特殊情况的，人民法院可以根据权利人的申请决定延长。"

（一）铁路货物运输限额赔偿的标准

1. 立法现状。《铁路法》第 17 条第 1 款第（二）项规定，"未按保价运输承运的，按照实际损失赔偿，但最高不超过国务院铁路主管部门规定的赔偿限额；如果损失是由于铁路运输企业的故意或者重大过失造成的，不适用赔偿限额的规定，按照实际损失赔偿。"此处的规定只是明确适用限额赔偿，但限额赔偿的标准，《铁路法》《民法典》等有关法律没有作出规定。

另外，值得指出，《铁路货物运输规程》曾经规定，承运人对铁路运输过程中货物的毁损、灭失承担损害赔偿责任，除铁路承运人故意或者重大过失造成货物损失的按照货物的实际损失承担赔偿责任，其他情况下造成的损失在法定最高赔偿限额内按照实际损失赔偿。对没有办理保价运输的货物，如果货物是只按照重量办理托运的，每吨货物最高赔偿 100 元。如果货物既按照重量又按照件数办理托运的，每吨货物最高赔偿 2000 元。对个人办理托运的搬家货物和行李，每10 公斤最高给予 30 元的赔偿。但是该部门规章的制定时间比较早，显然其规定的最高赔偿限额不能适应我国目前经济社会的发展水平。即使 2011 年修订的《铁路货物运输合同实施细则》（2022 年 5 月 1 日起失效）也存在一定的问题。在其中第 18 条规定承运人的责任时，除承运人不负赔偿责任的情形以及因特殊情形之一[1]未按货运合同履行而按车向托运人偿付违约金 50 元外，还规定货物灭失、短少、变质、污染、损坏的按规定赔偿，[2]承运人错将货物误运到站或误交收货人的，应免费运至合同规定的到站并交给收货人；未按期运至到站，向收货人偿付该批货物所收运费 5% 至 20% 的违约金；承运人故意的，除按规定赔偿实际损失外，处损失部分 10% 至 50% 的罚款。其中第 19 条规定托运人的责任，除因特殊情形之一[3]未按货运合同履行而按车向承运人偿付违约金 50 元外，还

---

[1] ①未按旬间日历装车计划及商定的车种、车型配够车辆，但当月补足或改变车种、车型经托运人同意装运者除外；②对托运人自装的货车，未按约定的时间送到装车地点，致使不能在当月装完；③拨调车辆的完整和清扫状态，不适合所运货物的要求；④由于承运人的责任停止装车或使托运人无法按计划将货物搬入车站装车地点。

[2] ①已投保货物运输险的货物，由承运人和保险公司按规定赔偿；②保价运输的货物，承运人按声明价格赔偿，但货物实际损失低于声明价格的按实际损失赔偿；③除上述一、二两项外，均由承运人按货物的实际损失赔偿。赔偿的价格如何计算，由铁道部商国家物价局、国家工商行政管理局另行规定。

[3] ①未按规定期限提出旬间日历装车计划，致使承运人未拨货车（当月补足者除外），或未按旬间日历装车计划的安排，提出日要车计划；②收货人组织卸车的，由于收货人的责任卸车迟延，线路被占用，影响向装车地点配送空车或对指定使用本单位自卸的空车装货，而未完成装车计划；③承运前取消运输；④临时计划外运输致使承运人违约造成其他运输合同落空者。

规定招致运输工具、设备或第三者的货物损坏按实际损失赔偿的情形。其中第20条是收货人按实际损失赔偿的规定，第21条是承运人或托运人免除责任的规定。由此可见，其中仍然有部分最高赔偿限额。特别是50元的赔偿额显然已失去惩罚的意义，已经落后于时代，需要适度提高其数额。

2. 司法现状。从中国裁判文书网上可发现，在近些年有关铁路货物损害赔偿纠纷的司法实践中，法院审理铁路货物运输合同纠纷，主要是以《合同法》（被废止前）第312条（现被吸纳为《民法典》合同编第833条）、《铁路法》第17条、第18条以及《最高人民法院关于审理铁路运输损害赔偿案件若干问题的解释》的规定作为判定铁路货物承运人承担货物损害赔偿责任以及赔偿数额的依据。

（二）铁路货物运输限额赔偿标准的完善

国务院铁路主管部门应早日完善有关限额赔偿数额的规定。随着我国经济发展水平提高，铁路货物运输的价值也呈现普遍上升的趋势，铁路主管部门在制定详细的铁路货物限额赔偿标准后，应当根据一定的指数（如通货膨胀指数）或者一定年限对赔偿数额标准进行适当的调整，从而适应我国经济社会的发展。

三、铁路货物运输中保险与保价运输问题

（一）货物运输保险与保价运输

1. 货物运输保险的界定和特点。（1）货物运输保险。它是指投保人向保险人支付一定的保险费，将运输过程中的货物作为保险标的。当货物在运输过程中受到合同约定的承保范围内的损害时，保险人向被保险人支付一定数额保险金的制度。（2）货物运输保险的特点。①被保险人易变性。作为保险标的的货物在铁路运输期间可能会发生多次买卖关系，因此最终的运输保险合同受益人可能不是保险单上记载的保险人，而是保单的实际持有人。②保险利益的转移性。保险利益随着作为保险标的的货物发生所有权转移时而转移。③保险标的具有流动性。货物运输保险的保险标的，通常是动产。④承保风险广泛性。承保范围包括来自海上的、陆上的以及空中的风险、因自然灾害和意外事故导致的风险、动态和静态风险等。⑤承保价值的合意性。承保的货物可能随着时间、地点不同而价格不同，保险人和投保人可以通过约定来确定投保货物的保险金额。⑥保险合同的可转让性。货物保险运输合同可以随着保险标的的转移通过背书或者其他习惯的方式随之转移。保险运输合同发生转移时，既不需要通知保险人，也不需要征得保险人的同意。⑦保险利益的特殊性。货物运输险通常采用"不论灭失与否条

款"。意思是在运输保险投保人订立运输保险合同之前或者订立时，货物已经灭失，但投保人事先不知情并且没有任何隐瞒，事后发现承保风险造成承保货物灭失的，保险人同样给予赔偿。⑧合同解除的严格性。依据《保险法》的规定，在保险责任开始后，合同当事人不得解除合同。[1]

2. 货物保价运输的界定和特点。（1）货物保价运输。保价运输是指托运人在货物办理托运时，将货物的实际价值告知承运人，并向承运人支付一定的货物保价费，如果货物在运输过程中出现毁损、灭失的情况，铁路货物承运人应当按照托运人声明的货物价值进行赔偿。（2）货物保价运输的特点。①保价运输的自愿性。在订立铁路货物运输合同时，铁路货物承运人负有合理的提示义务，询问托运人是否办理保价运输，托运人根据自己的意愿选择是否办理保价运输。若承运人没有尽到合理的提醒义务，那么该托运单中规定的铁路货物承运人责任限额的格式条款无效。[2]②保价运输的货物采用更加安全的运输管理。保价的货物不适用限额赔偿制度，按照托运人办理保价运输时声明的价值赔偿。因此，为了更好地保证保价货物的安全，铁路货物运输企业一般都会对这种货物采用更加严密的保护，如使用更加适合的装运容器、采用更加安全平稳的运输路线、适用更加严格的交接方式来最大程度保证货物的安全。③保价运输货物赔偿以托运时声明价值为限。铁路货物承运人在办理货物托运时会要求托运人按照不超过货物的实际价值声明货物的价值。除发生法律规定的免责事由外，货物如果发生毁损、灭失的，铁路承运人赔偿货物的实际损失以托运人声明的价值为限。

（二）我国铁路货物运输保险与保价的现状

1. 立法现状。关于货物保险保价制度，我国《铁路法》和《铁路货物运输合同实施细则》（已失效）[3]都作出了相关规定。

其中《铁路法》第17条规定："铁路运输企业应当对承运的货物、包裹、行

---

[1] 参见张长青、郑翔：《铁路法研究》，北京交通大学出版社2012年版，第298页。

[2] 参见张长青、郑翔：《铁路法研究》，北京交通大学出版社2012年版，第299页。

[3] 该细则第8条规定托运人应承担的多项义务。其中规定"货物按保价运输办理时，须提出货物声明价格清单，支付货物保价费""国家规定必须保险的货物，托运人应在托运时投保物运输险，对于每件价值在700元以上的货物或每吨价值在500元以上的非成件货物，实行保险与负责运输相结合的补偿制度，托运人可在托运时投保货物运输险，具体办法另行规定。"而且，该细则第18条规定了"从承运货物时起，至货物交付收货人或依照有关规定处理完毕时止，货物发生灭失、短少、变质、污染、损坏"的赔偿义务。其中规定"已投保货物运输险的货物，由承运人和保险公司按规定赔偿"；"保价运输的货物，由承运人按声明价格赔偿，但货物实际损失低于声明价格的按实际损失赔偿"；此外，"均由承运人按货物的实际损失赔偿。赔偿的价格如何计算，由铁道部商国家物价局、国家工商行政管理局另行规定。"

李自接受承运时起到交付时止发生的灭失、短少、变质、污染或者损坏，承担赔偿责任"。而且规定，"托运人或者旅客根据自愿申请办理保价运输的，按照实际损失赔偿，但最高不超过保价额。""未按保价运输承运的，按照实际损失赔偿，但最高不超过国务院铁路主管部门规定的赔偿限额；如果损失是由于铁路运输企业的故意或者重大过失造成的，不适用赔偿限额的规定，按照实际损失赔偿。"同时还规定，"托运人或者旅客根据自愿可以向保险公司办理货物运输保险，保险公司按照保险合同的约定承担赔偿责任。""托运人或者旅客根据自愿，可以办理保价运输，也可以办理货物运输保险；还可以既不办理保价运输，也不办理货物运输保险。不得以任何方式强迫办理保价运输或者货物运输保险。"

2. 司法现状。在司法实践中，法院审理办理保价或保险货物运输损害赔偿纠纷时，以《铁路法》第 17 条以及《最高人民法院关于审理铁路运输损害赔偿案件若干问题的解释》（2020 年修正）第 3 条、第 4 条、第 5 条等规定为依据，对保价货物、保险货物以及保价又保险货物的赔偿责任进行判定。

该司法解释第 3 条规定：《铁路法》第 17 条第 1 款第 1 项中规定的"按照实际损失赔偿，但最高不超过保价额"，是指保价运输的货物、包裹、行李在运输中发生损失，无论托运人在办理保价运输时，保价额是否与货物、包裹、行李的实际价值相符，均应在保价额内按照损失部分的实际价值赔偿，实际损失超过保价额的部分不予赔偿。如果损失是因铁路运输企业的故意或者重大过失造成的，比照《铁路法》第 17 条第 1 款第 2 项的规定，不受保价额的限制，按照实际损失赔偿。

该司法解释第 4 条规定：投保货物运输险的货物在运输中发生损失，对不属于铁路运输企业免责范围的，适用《铁路法》第 17 条第 1 款第 2 项的规定，由铁路运输企业承担赔偿责任。保险公司按照保险合同的约定向托运人或收货人先行赔付后，对于铁路运输企业应按货物实际损失承担赔偿责任的，保险公司按照支付的保险金额向铁路运输企业追偿，因不足额保险产生的实际损失与保险金的差额部分，由铁路运输企业赔偿；对于铁路运输企业应按限额承担赔偿责任的，在足额保险的情况下，保险公司向铁路运输企业的追偿额为铁路运输企业的赔偿限额，在不足额保险的情况下，保险公司向铁路运输企业的追偿额在铁路运输企业的赔偿限额内按照投保金额与货物实际价值的比例计算，因不足额保险产生的铁路运输企业的赔偿限额与保险公司在限额内追偿额的差额部分，由铁路运输企业赔偿。

该司法解释第 5 条规定：既保险又保价的货物在运输中发生损失，对不属于铁路运输企业免责范围的，适用《铁路法》第 17 条第 1 款第 1 项的规定由铁路运输企业承担赔偿责任。对于保险公司先行赔付的，比照本解释第 4 条对保险货物损失的赔偿处理。

（三）我国铁路货物运输保险与保价制度的完善

目前我国对于铁路保险保价的货物损害赔偿作出了比较系统的规定。铁路保险货物与保价货物最大的问题是管理与运营方式的问题。铁路运输企业应当优化保险与保价货物的管理与运营方式，提高两种货物运输的优越性，吸引托运人进行选择。我国铁路货物保价运输存在货源不足的问题。随着全球经济结构的调整，我国经济增长适度放缓，煤炭、钢铁、水泥等大宗物资需求下降，保价货源结构性减少。此外，大规模的高速铁路建设，释放了既有线的运能也是铁路保价货物运输运量减少的重要原因。而且，保价运输的理赔服务质量有待提升，营销机制也有待优化。[1] 因此，为提升铁路保价保险货物的运量，促进铁路保价保险货物运输的发展，铁路货物运输企业应当考虑采取设立铁路保价运输及货损处理专职机构，推进铁路保价营销与货运整体营销相结合，拓展保价运输市场等措施。[2]

四、多式联运合同问题

（一）多式联运合同的界定、特征与类型

1. 多式联运合同的界定。多式联运合同是指货物托运人或者旅客与多式联运经营人之间签订的以运送货物或者旅客为标的，由多式联运经营人依照与托运人或者旅客的约定，采取两种以上不同运送方式运送货物或者旅客的合同。多式联运经营人负责收取运费、对货物或者旅客负有完成运送或者组织完成运送的义务，对全程运输享有承运人的权利，承担承运人的义务，托运人或旅客向其支付运费。[3]

2. 多式联运合同的特征。（1）采用多种运输方式。多式联运合同是由多个

---

〔1〕 参见龚月华："铁路货物保价运输发展状况与对策探讨"，载《铁道货运》2021 年第 10 期，第 39~40 页。

〔2〕 参见兰顺顺："新形势下发展铁路保价运输的思考"，载《铁道货运》2018 第 6 期，第 58~59 页。

〔3〕 参见孙林主编：《运输法教程》，法律出版社 2010 年版，第 348 页。

实际承运人采取多种不同的运输方式相继履行运输义务的合同。（2）多式联运合同中，承运人为数个人，属于多数人之债。由多式联运经营人与货物托运人订立货物多式联运合同。经营人对托运货物责任区间范围覆盖运输的全过程。经营人可以将部分运输区段以自己的名义委托给其他承运人代理，在这种多式联运合同中，实际承运人承担连带责任。[1]（3）多式联运合同中参加联合运输的各方承运人可以互为代理人，第一区段承运人可以作为其他区段的承运人的代理人与托运人签订多式联运合同，其他区段承运人根据多式联运合同在自己负责运送的区段履行义务，承担责任。（4）多式联运合同全程适用一份多式联运单据。经营人收到在托运的货物时需要向托运人签发一份货物多式联运单据，该单据在下一个承运人承运时不需要更换。多式联运单据的作用：①证明多式联运合同的存在；②说明多式联运经营人已经接管货物并且将其作为交付的单据。[2]（5）其他运输区间的实际承运人对运输期间内发生在其运输区段的货物毁损、灭失或者迟延运输造成的损失承担连带责任。我国《民法典》规定了多式联运的经营人可以与其他区段的实际承运人约定在某一区间段的责任大小、责任比例、责任承担等。[3]《海商法》也对多式联运经营人与实际承运人之间的责任承担原则进行了规定。[4]

3. 多式联运合同的分类。（1）根据合同的内容是否含有外国的因素，可以将多式联运合同分为国内多式联运合同和国际多式联运合同。国内的多式联运是指多式联运参与人和发送到达的地点均在国内。国际多式联运合同是指多式联运参与人、货物出发地、到达地中至少有一个是在国外。国内多式联运合同应当适用我国国内的相关运输法律规范。而对于国际多式联运合同除了适用我国国内法以外，还主要适用有关国际多式联运的公约、协定等。（2）根据多式联运合同中运送对象的不同，可以分为货物多式联运合同和旅客多式联运合同。（3）根据多式联运合同可能涉及的运输工具不同，可以分为铁海多式联运合同、水陆空多式联运合同、铁路公路多式联运合同等。

---

[1] 参见张长青、郑翔：《铁路法研究》，北京交通大学出版社2012年版，第307页。

[2] 参见孙林主编：《运输法教程》，法律出版社2010年版，第345页。

[3] 《民法典》第839条规定："多式联运经营人可以与参加多式联运的各区段承运人就多式联运合同的各区段运输约定相互之间的责任；但是，该约定不影响多式联运经营人对全程运输承担的义务。"

[4] 《海商法》第63条规定："承运人与实际承运人都负有赔偿责任的，应当在此项责任范围内负连带责任。"

（二）多式联运合同的成立与生效

多式联运合同第一区段承运人按照与各区段承运人共同商定的内容与托运人签订合同，对各区段的承运人都具有约束力。

多式联运经营人对收到托运人交付的运输货物进行验收后，应当向托运人签发多式联运单据。多式联运单据能够证明多式联运合同初步成立。

根据我国《民法典》的规定，我国的多式联运合同在没有法律另外规定或者当事人另有约定的情况下，自成立时生效。[1]

（三）多式联运合同的履行、变更与解除

1. 多式联运合同的履行。履行多式联运合同时，应当注意以下问题：（1）多式联运各区段承运人应当认真验收托运人交付运输的货物，对不符合运输条件的货物告知托运人改善，符合要求后才能承运。（2）多式联运各区段承运人必须认真办理交接，保证各区段承运人的责任清楚，防止互相推诿。（3）货物运输的终点站区域段的承运人要认真履行货物交付义务，与收货人办理交接手续，避免因为交接不清造成损失承担责任。

2. 多式联运合同的变更与解除。合同成立后如果托运人想要解除合同，应当向始发站提出请求。变更多式联运合同，由托运人或者收货人向到达站提出。如果托运货物已到达中转地但还没有进行换装工作时，托运人可以向中转地提出变更到站或者变更收货人的要求。多式联运合同只能变更一次，并且不得反复变更换装地点或者变更一批货物中的一部分。托运人提出的变更合同的要求只有经过承运人同意后才能生效。由于货物种类不同，变更要求同意生效的程序也不相同。如果请求整车货物变更到站的，则还应当征得相应主管部门的同意。零担货物变更只需要换装站或者到达站同意即可。如果因为自然灾害或者重大事故导致运输中断或者中转地点发生堵塞需要紧急疏运时，交通管理部门可以统一调度安排疏导，多式联运承运人应当进行配合，合同当事人应及时协商变更或者解除合同。[2]

（四）多式联运合同的法律责任

1. 多式联运经营人的责任。根据我国《民法典》《海商法》等法律法规的规定，多式联运经营人是多式联运合同的缔约方，多式联运经营者需要对全程

---

〔1〕《民法典》第502条第1款："依法成立的合同，自成立时生效，但是法律另有规定或者当事人另有约定的除外。"

〔2〕参见张长青、郑翔：《铁路法研究》，北京交通大学出版社2012年版，第310页。

运输承担责任。如果能够查明损害发生在哪个区段，责任承担就适用调整该区段方式的法律，如果不能确定损害发生在哪个区段，就适用一般承运人的责任制度。[1]

2. 各区段承运人的责任。多式联运各区段承运人是按照多式联运经营人的指令或者委托完成本区段的运输任务，通常不与货主产生直接的关系，只有到达区段的承运人负有将货物交付给收货人的义务。各区段的承运人要按照彼此间的约定履行义务，否则承担相应的责任。此外，根据我国《海商法》的规定，如果多式联运经营人与某区段实际承运人对货物的损失都应当承担赔偿责任的，二者应当在该区间责任范围内承担连带责任。

3. 托运人的责任。托运人应当保证在多式联运单据中所提供的货物的种类、件数、重量、危险性真实准确，运输危险物品应当告知承运人该危险品的特性，并且对货物按照标准进行包装。托运人对因过错给多式联运经营人造成损害的承担赔偿责任。即便托运人已经转让了多式联运单据，也仍应当对损害承担赔偿责任。

（五）货物多式联运的国际统一立法状况

1. 《联合国国际货物多式联运公约》。1980 年《联合国国际货物多式联运公约》对多式联运经营人和托运人之间的权利、义务以及国家对多式联运的管理进行了规定。

（1）公约的适用范围。该公约适用于货物运输的起点或终点站位于缔约国境内的国际货物多式联运合同。

（2）多式联运经营人的赔偿责任。①赔偿责任的归责原则。该公约对多式联运经营人设定了完全的过错推定归责原则。即多式联运经营人应当对他本人或者其受雇人、代理人在受雇范围内造成的货物损害和迟延交付造成的损失承担赔偿责任。如果运营人证明其本人、受雇人或者代理人为避免发生损害后果已经采取了一切可能的合理要求的措施，则不承担责任。[2]②承担赔偿责任的形式。公约规定多式联运经营人对于赔偿责任采用统一责任制。即经营人的责任期间是全程负责制，自其接受货物时起到承运人交付货物时止。多式联运经营人不仅对

---

〔1〕《海商法》第 60 条第 1 款："承运人将货物运输或者部分运输委托给实际承运人履行的，承运人仍然应当依照本章规定对全部运输负责。对实际承运人承担的运输，承运人应当对实际承运人的行为或者实际承运人的受雇人、代理人在受雇或者受委托的范围内的行为负责。"其他相关规定可参阅后文第六部分"多式联运立法现状"相关表中内容。

〔2〕参见张长青、郑翔：《铁路法研究》，北京交通大学出版社 2012 年版，第 311 页。

其受雇人员和代理人员职责内的行为负责，同时还要对各区段实际承运人的行为负责。若货物损害发生能够确定发生在某一个特定运输区段，并且调整该区段运输方式的国际公约或者强制性国内法的规定高于本公约规定的赔偿责任，则选择赔偿责任高的公约或国内法作为法律依据进行赔偿。这种制度也可以被称为经过修正后的同一责任制。[1] ③赔偿责任限额。公约规定对货物的损害赔偿责任限制按照毁损货物的每件或者其他货运单位 920 计算单位（特别提款权[2]）或者按照货物毛重每千克 2.75 计算，以赔偿较高者为准。对迟延交付的货物应当赔偿相当于迟延交付的货物应付运费的 2.5 倍，但以多式联运合同约定的应付运费的总额为限。如果能够确定发生货损的区段，调整该区段内运输方式所适用的某项国际条约或者强制性国内法所规定的赔偿限额高于本条约的赔偿限额的，则适用规定较高赔偿额的国际条约或者国内法。多式联运合同双方当事人也可以在多式联运合同中约定高于《联合国国际货物多式联运公约》所规定的赔偿数额。如果多式联运经营人故意欺诈，在联运单据上列有不实资料的，或者以故意、明知可能造成损失而不加以防范而对货物造成损害的，多式联运经营人不适用条约关于限额赔偿的规定。[3] ④管辖权仲裁。该公约对管辖国际货物多式联运纠纷的法院作出了规定，包括：被告方的主要营业场所、多式联运合同的订立地点、货物接受地点或者交付地点以及多式联运合同或者单据中载明的地点。但如果索赔发生后，双方已经约定在其他地点进行诉讼的，达成的协议有效。有关国际多式联运的任何争议当事人均可以通过书面协议提交仲裁解决，申诉方有权选择仲裁地点，但是应当在上述有管辖权的法院所在地国提交仲裁。⑤诉讼时效。收货人应当在货物交付的下一个工作日将索赔的通知书面向多式联运经营人提出，逾期提交，则认为交付的货物与单据相符，收货人可能失去索赔胜诉的可能。在货物损害不明显的情况下，收货人必须在接收货物后 6 日内提交书面索赔通知才能有效。若货物是现场验货交付的，则不必提交书面通知。对于迟延交货造成的损失，收货人应当在收到货物后 60 日内向多式联运经营人提交书面的索赔通知。

---

〔1〕 参见张长青、郑翔：《铁路法研究》，北京交通大学出版社 2012 年版，第 312 页。

〔2〕 如前所述，特别提款权，亦称"纸黄金"，它是国际货币基金组织原有的普通提款权以外的一种补充，所以称为特别提款权。发行特别提款权旨在补充黄金及可自由兑换货币以保持外汇市场的稳定。2016 年 10 月 1 日，特别提款权的价值是由美元、欧元、人民币、日元、英镑这五种货币所构成的一篮子货币的当期汇率确定，所占权重分别为 41.73%、30.93%、10.92%、8.33%和 8.09%。参见百度百科"特别提款权"词条。

〔3〕 参见张长青、郑翔：《铁路法研究》，北京交通大学出版社 2012 年版，第 312 页。

如果因发货人或其代理人的过失造成损失的，多式联运经营人应当在损害发生后90日内向发货人送达书面索赔通知，否则，即作为多式联运经营人未因发货人的过失而遭受损失的初步证据。公约规定当事人的诉讼时效为2年，但如果受损害一方没有在货物交付之日起6个月内提出书面的索赔通知，将会超过诉讼时效。[1]

2. 《联合运输单证统一规则》。1973年国际商会制定的《联合运输单证统一规则》虽然不具有强制性，但经常被国际多式联运合同当事方作为发生纠纷时适用的规则。（1）多式联运经营人赔偿责任归责原则以及责任方式。该规则规定多式联运经营人实行网状责任制的归责原则。如果货物发生损害、灭失能够查明是具体发生在某一运输区段，并且这个特定运输区段实际承运人和多式联运经营人已经订立了单独的直接的合同，那么就适用有关的国际公约或者国内法确定多式联运经营人的责任和义务。不能确定货物损害发生的区段时，则根据完全的过错原则要求多式联运经营人承担赔偿责任。（2）多式联运经营人的责任区间。多式联运经营人的责任区间为自接管货物时起到交付货物时止，在联合运输期间对任何地方发生的货物的损失都要对托运人承担责任，对规则规定的免责条款，由多式联运经营人承担举证责任。（3）赔偿责任限额。多式联运经营人的赔偿责任限额最高按照毁损货物毛重每公斤30金法郎进行计算，并且不得超过索赔人的实际损失。（4）诉讼时效。收货人应当在确认收货前或者收货时，采用书面方式告知多式联运经营人货物的毁损和灭失情况，并向其索赔。如果货物的损害或者灭失不明显，则收货人最迟应当在收到货物7日内提交书面索赔通知，否则，将作为多式联运单据记载与货物相符的初步证据。发生货物灭失、损害或者迟延运输向多式联运经营人提起诉讼的时效期间为9个月。[2]

（六）我国货物多式联运立法现状

我国关于货物多式联运的规定，散落于诸多法律法规规章中（见下表）。

---

〔1〕　参见张长青、郑翔：《铁路法研究》，北京交通大学出版社2012年版，第312页。

〔2〕　参见张长青、郑翔：《铁路法研究》，北京交通大学出版社2012年版，第313页。

货物多式联运立法现状	具体规定
《中华人民共和国民法典》	第 838 条：多式联运经营人负责履行或者组织履行多式联运合同，对全程运输享有承运人的权利，承担承运人的义务。 第 839 条：多式联运经营人可以与参加多式联运的各区段承运人就多式联运合同的各区段运输约定相互之间的责任；但是，该约定不影响多式联运经营人对全程运输承担的义务。 第 840 条：多式联运经营人收到托运人交付的货物时，应当签发多式联运单据。按照托运人的要求，多式联运单据可以是可转让单据，也可以是不可转让单据。 第 841 条：因托运人托运货物时的过错造成多式联运经营人损失的，即使托运人已经转让多式联运单据，托运人仍然应当承担赔偿责任。 第 842 条：货物的毁损、灭失发生于多式联运的某一运输区段的，多式联运经营人的赔偿责任和责任限额，适用调整该区段运输方式的有关法律规定；货物毁损、灭失发生的运输区段不能确定的，依照本章规定承担赔偿责任。
《中华人民共和国海商法》	第 102 条：本法所称多式联运合同，是指多式联运经营人以两种以上的不同运输方式，其中一种是海上运输方式，负责将货物从接收地运至目的地交付收货人，并收取全程运费的合同。前款所称多式联运经营人，是指本人或者委托他人以本人名义与托运人订立多式联运合同的人。 第 103 条：多式联运经营人对多式联运货物的责任期间，自接收货物时起至交付货物时止。 第 104 条：多式联运经营人负责履行或者组织履行多式联运合同，并对全程运输负责。 多式联运经营人与参加多式联运的各区段承运人，可以就多式联运合同的各区段运输，另以合同约定相互之间的责任。但是，此项合同不得影响多式联运经营人对全程运输所承担的责任。 第 105 条：货物的灭失或者损坏发生于多式联运的某一运输区段的，多式联运经营人的赔偿责任和责任限额，适用调整该区段运输方式的有关法律规定。
《中华人民共和国铁路法》	第 29 条：铁路运输企业与公路、航空或者水上运输企业相互间实行国内旅客、货物联运，依照国家有关规定办理；国家没有规定的，依照有关各方的协议办理。 第 30 条：国家铁路、地方铁路参加国际联运，必须经国务院批准。
《中华人民共和国民用航空法》	第 106 条第 3 款：对多式联运方式的运输，本章规定适用于其中的航空运输部分。
《铁路货物运输规程》	第 3 条第 4 款：全国营业铁路的货物运输，除国际联运、水陆联运、军事运输另有规定外，都适用本规程。

此外，涉及货物多式联运的法律法规规章还包括：《中华人民共和国海关法》《中华人民共和国进出口商品检验法》《国际海运条例》《国际货物运输代理业管理规定》等。

特别需要指出，包含多式联运合同内容，对我国生效的国际公约包括：1972年《集装箱海关公约》、1933年《华沙公约》、1963年《统一国际航空运输某些规则的公约的议定书》（又被称为《海牙议定书》）、2003年《统一国际航空运输某些规则的公约》（通常被称为《蒙特利尔公约》）等。[1]

（七）货物多式联运立法的完善

1. 完善多式联运法律法规的相互衔接。从上述立法现状可见，我国对多式联运合同的规定分散在《民法典》《海商法》等各个部门法中，目前没有统一的专门调整货物多式联运的法律法规。但即便是分散式立法，也应当具备相应的理想模式。即针对多式联运中的各类事项分别进行单独立法规定，这些不同的法律规范之间的法律位阶相同，相互之间能够具有协调性、衔接顺畅。我国当前对于多式联运合同在航空、铁路等方面缺少关于货物多式联运的具体规定。我国在多式联运的立法上应当注意法律法规上的衔接，并且要避免出现法律真空运输区段。

2. 多式联运法律制度缺失。[2]多式联运法律制度，包括多式联运合同制度、多式联运单证制度、多式联运经营人管理制度、多式联运经营人责任制度、多式联运时效制度等。[3]目前仅有《民法典》《海商法》对多式联运合同概念作了简单的规定，而缺少对多式联运合同当事人的权利、义务作出针对性的具体规范，缺少对货物多式联运单证的内容、种类、效力等具体的单证制度规范。在多式联运经营人管理制度中，目前也没有生效的法律进行规范，缺少对货物多式联运市场的统一管理规范。《民法典》《海商法》都规定了如果货物发生毁损、灭失区段能够确定或者不能够确定时，多式联运经营人的责任承担方式，但对于多式联运中承运人迟延交付的损害赔偿责任还缺少法律法规的规定。

因此，应当及时进行多式联运制度的相关立法工作，完善多式联运的法律体系，以适应我国快速发展的全球贸易。

五、中欧班列货物运输法律问题

这里拟从中欧班列开行与发展的现状及其民事法律问题等几方面展开探讨。

---

〔1〕　参见蔺妍：“我国货物多式联运立法研究”，大连海事大学 2017 年博士学位论文，第 65~66 页。
〔2〕　参见蔺妍：“我国货物多式联运立法研究”，大连海事大学 2017 年博士学位论文，第 67~68 页。
〔3〕　参见蔺妍：“我国货物多式联运立法研究”，大连海事大学 2017 年博士学位论文，第 118 页。

（一）中欧班列开行与发展的现状

据总台央视记者申杨、杨弘杨报道，外交部发言人赵立坚主持例行记者会，他在答记者问时指出，自 2011 年~2021 年，中欧班列开行累计突破 4 万列，仅 2020 年一年就突破了"万列"大关，合计货值超过 2000 亿美元，打通了 73 条运行线路，通达欧洲 22 个国家的 160 多个城市。10 年来，中欧班列为数万家中外企业带来商机，为沿线数亿民众送去实惠，开创了亚欧陆路运输新篇章，铸就了沿线国家互利共赢的桥梁纽带。

中欧班列从 2011 年开行以后，迸发出了强大的生机与活力。到 2019 年 12 月底，中欧班列累计开行数量达到 2 万列，扩展了与欧洲 15 个国家 44 个城市之间的贸易交流往来。2020 年疫情暴发后，中欧班列凭借其零接触装箱卸货等独特优势，实现逆势增长，全年开行 12 406 列，发送 113.5 万标箱，相比以往增长 50%，为全球产业供应链以及运送抗疫物资等方面发挥了重要作用，成为中国"一带一路"建设的重要载体和名片。[1]

（二）中欧班列开行与发展中的民事法律问题

1. 中欧班列铁路运单在实践中的局限性。（1）铁路运单不具备权利凭证的属性。铁路运单不具有物权属性，银行不能通过运单取得货物的权利，故银行就不愿接受铁路运单而为买卖双方提供融资，因此铁路运单不同于海运提单，买卖双方不能通过银行信用证结汇来缓解资金压力，从而不愿意通过铁路联运运输货物，这大大制约了中欧班列的开行与发展。（2）铁路运单具有不可转让性。卖方不能通过在途货物买卖的方式来促进货物的流通。（3）国际货协运单有国际货约运单的换单问题。目前主要有《国际铁路货物运送公约》（以下简称《国际货约》）和《国际铁路货物联运协定》（以下简称《国际货协》）两大公约。因为中欧班列途经不同的国家，两大公约的成员国之间使用不同的铁路货物运输带，存在可能需要更换铁路运输单据的情形，较为繁琐。我国是《国际货协》的成员国，在中欧班列的开行与发展中主要可以使用三种运输单据，包括：国际货协运单、国际货约+国际货协运单的换单、国际货约与国际货协统一运单。出现这种情况的原因是《国际货协》与《国际货约》成员国分别适用不同的货物运输单据。国际货约与国际货协统一运单在实践中使用需要提前获得途经国家的同意，且统一运单使用的语言也没有统一，因此这种运单没有得到广泛的

---

［1］ 参见孙永剑："去年中欧班列全年开行总量 12406 列"，载 https://m. gmw. cn/baijia/2021-01/20/1302054628. html，最后访问日期：2021 年 6 月 22 日。

使用。[1]

2. 国际铁路货物运输规则不统一。由于过境自由与国家主权之间的矛盾，铁路合作组织、国际铁路运输委员会在对话机制上的长期缺失等方面的原因，《国际货协》与《国际货约》在法律规定上有许多冲突的地方。

（1）法律适用范围方面的冲突。《国际货约》规定的一系列规则适用于成员国之间运送货物的始发站与到达站为不同国家的铁路货物运输合同。除此之外，铁路运输合同当事方也可以选择使用《国际货约》规则体系，但是在始发站与到达站中必须有一个是位于缔约国境内。《国际货协》只能在成员国之间、货物始发站与到达站均位于成员国境内的跨国铁路货物运输合同中适用。

（2）货物运输合同具体规则不同。《国际货约》没有对规定合同变更限制次数。《国际货协》中规定发货人和收货人各自只能变更一次。并且如果变更合同时，货物已经处于进口国境内，则不适用公约的规定，应当依照该进口国的国内法有关规定变更。

（3）货物赔偿标准不同。《国际货约》规定对受损货物的损失赔偿的计算标准，按照货物交付地交付时的市场价格或同种货物消费价格计算。铁路承运人的货物赔偿的最高赔偿限额为毛重短少每公斤 17 个特别提款权。如果合同当事人双方对货物的赔偿额另有约定的，按照其约定进行赔偿。《国际货协》规定的货物损害赔偿按照国外供货商账单所记载的价格为依据。如果是赔偿货物质量降低造成的损失则按照降低价格的百分比计算赔偿额。铁路货物承运人对货物损失的赔偿限额以货物全部灭失时的价格为限，适用该赔偿限额时不需要考虑铁路承运人的主观过错程度。[2]

（4）技术标准不统一。欧洲范围内的国际铁路运输委员会成员国采用《国际货约》规则体系下的技术规则。俄罗斯与中亚各国达成了《1520 毫米铁路合作统一原则声明》等一系列多边条约，目的是通过这些公约对该地区铁路的技术标准进行统一。如此，班列沿线的各个国家在铁路轨距、集装箱尺寸、机车类型、运输能力等方面都有明显差异，铁路技术标准的不统一增加了铁路货物运输途中换车、换装的工作量，降低了运输效率。

---

[1]　参见张丽英、邵晨："中欧班列铁路运单的公约困境及解决路径"，载《国际贸易》2021 年第 3 期，第 60 页。

[2]　参见曾文革、王俊妮："'一带一路'视野下亚欧铁路运输条约体系的冲突与协调"，载《国际商务研究》2019 年第 1 期，第 62 页。

（三）中欧班列开行与发展中的民事法律问题的解决路径

1. 构建起支撑铁路提单物权凭证属性的法律规则。

（1）铁路提单的界定。2013 年的"一带一路"发展的倡议使得中欧的陆上贸易迎来了新的发展战略期。近年来，中欧班列发展迅猛，为中欧陆上贸易提供了新的便捷快速的方式。中欧班列的持续开行与发展，为国际贸易货物运输提供了强大力量，也对传统的铁路运单提出了流通、质押等要求。由于铁路运单不具有物权凭证的性质，制约了中欧贸易的快速发展以及中欧班列的发展，需要对此进行改革。2017 年 12 月，重庆物流金融公司首次提出"铁路提单"，合同当事人可以通过合同约定，谁持有"铁路提单"，谁便享有提单所列明货物的处分权。此时，铁路提单虽然在实务和媒体报道中出现，但官方还未认可。2019 年 8 月，国家发改委印发《西部陆海新通道总体规划》首次使用了"铁路提单"这一概念，并提出"推动并完善国际铁路提单融资工程，使其在国际贸易中更好发挥作用"的目标，如此，"铁路提单"得到官方认可。[1] 铁路提单的出现和推广将会为中欧班列的开行带来巨大的便利，有力推动了"一带一路"倡议的实施，促进中欧铁路贸易的发展。

（2）铁路提单的性质。铁路提单是借鉴海运提单的制度内容提出并使用的。其目的是使铁路提单与海运提单一样具有物权属性，从而使得陆上贸易中也有具有物权属性的单证，使得托运人与收货人双方对在途货物的买卖更加便捷，体现铁路货物运输的优势。具体来说：一方面，铁路提单是证明铁路货物承运人与提单持有人之间存在铁路货物运输合同的凭证。铁路提单由运输合同或货运代理人、托运人和金融机构的三方协议为依托签发，能够证明货物运输合同的存在。另一方面，铁路提单能够作为铁路货物承运人接收托运货物的证据。铁路提单比照海运提单依据的《海牙—维斯比规则》，在作为收货依据时对货物的数量、体积和表面状态等进行记载，货代只需对签发提单时货物的外在状态负责，无需对货物品质负责。[2] 让铁路提单具备物权凭证属性，这是创制铁路提单的本意与动机。当铁路提单是物权凭证时意味着提单的持有人对铁路提单所记载的货物具有所有权，并且只能持铁路提单进行提货。交付铁路提单相当于交付了货物，二

---

〔1〕参见杨临萍："'一带一路'背景下铁路提单与铁路运单的协同创新机制"，载《中国法学》2019 年第 6 期，第 71 页。

〔2〕参见杨临萍："'一带一路'背景下铁路提单与铁路运单的协同创新机制"，载《中国法学》2019 年第 6 期，第 73 页。

者产生的法律效力相同。[1]

法学界对铁路提单的性质有着不同的理解。其中铁路提单目前尚不具备物权凭证属性的主要原因大致体现在：

①目前我国铁路提单还没有形成商事习惯，缺少具体成型的商业规范，也没有获得我国国内法和国际法的确认。铁路提单是模仿海运提单形成的，但并没有形成像《海牙规则》承认海运提单物权凭证属性的国际公约。[2]《国际货协》和《国际货约》两个公约都只规定了铁路货物运单的规则，而没有提到过铁路提单，更没有对其进行详细规定。并且，海运提单是物权凭证，具备核心要素：一是转让不需要通知承运人，转让提单就表示货物所有权变动；二是提单持有人提货时必须向货物承运人提交提单。除了具备这些核心要素外，海运提单还有若干辅助规则来帮助物权的实现。其中主要包括：规定货物的运输控制权只有提单持有人享有，这样就可以使得转移提单相当于转移货物所有权；记载的提单条款既包含当事人债权性质的权利，也包含物权性质的权利，两种性质权利的实现都依赖于提单的记载。如果善意第三人成为提单的持有人，海运提单此时是提单持有人和货物承运人之间货物运输的绝对证据。[3] 目前，我国铁路提单的提货功能依赖于意思自治而非法律规定。我国法律没有对铁路提单作出相关规定，根据物权法定的原则，铁路提单自然不会成为物权凭证。[4]

②若铁路提单具备物权凭证性质，要求承运人凭单交货，这就会与现行的法律和国际公约产生矛盾。我国《民法典》规定货物到达目的地后，货物承运人应当及时通知收货人提取货物，而没有要求收货人出示相关单证。[5]《国际货协》和《国际货约》也有类似的规定，国内外的法律都不要求承运人凭单交货。因此，如果使铁路提单具备物权凭证属性，则在货物交付时要求承运人凭单交货，这增加了承运人的义务，与现行的法律规范发生冲突。中欧班列的持续蓬勃

〔1〕 参见张虎、胡程航："铁路提单的性质、风险及应对——兼评'铁路提单第一案'"，载《中国海商法研究》2021年第1期，第72页。

〔2〕 参见邢海宝："'一带一路'背景下铁路提单的法律支撑"，载《河北法学》2021年第4期，第42~43页。

〔3〕 参见邢海宝："'一带一路'背景下铁路提单的法律支撑"，载《河北法学》2021年第4期，第48~51页。

〔4〕 参见张虎、胡程航："铁路提单的性质、风险及应对——兼评'铁路提单第一案'"，载《中国海商法研究》2021年第1期，第73~78页。

〔5〕 根据《民法典》第830条的规定，货物运输到达后，承运人知道收货人的，应当及时通知收货人，收货人应当及时提货。

发展需要铁路提单的存在，铁路提单的构造和使用也需要法律的支撑，其相关的法律规则可以参考海运提单规则。为此，必须掌握海运提单作为物权凭证的原理要义。

综合来看，当前在铁路运输领域通过国际合作设计出具有物权凭证属性的铁路提单的可能是微乎其微的。目前我们需要以现行的法律制度为背景，结合物权凭证的要义和原则，立足于提单流通转让、凭单交货提货、货物运输控制等，有选择地借鉴域外经验，在我国构建起支撑铁路提单物权凭证属性的法律规则，运用到国际铁路货物运输领域。其中包括：其一，确认交付铁路提单相当于托运货物交付，二者法律效力一致；其二，明确关于货物物权的设立和转让，铁路提单可以适用民法典的相关规则；其三，通过特别法明确规定铁路提单上的物权应当排斥或者优于实物物权；其四，构建相应的规则，明确哪些铁路提单可以进行流通转让以及如何转让作出具体的规定；其五，明确在签发可流通铁路提单的情况下，提单是唯一的提货凭证，只有提交铁路提单货物承运人才能够放货，收货人不提交提单不能提取货物；其六，明确规定只有提单的持有人才享有对货物的运输进行控制的权利。[1]

2. 积极推动国际统一运输法的形成。

在尊重他国主权，协调兼顾他国利益，坚持共商共建共享原则的基础上，积极推动国际统一运输法的形成。世界经济发展迅速，《国际货约》与《国际货协》的一些规则已经比较落后，不能满足现在实践中的需求。未来国际物流的趋势是多式联运、电子通关和无纸化。我国应当顺应"一带一路"的发展大潮流，顺势推动国际社会对国际铁路货物运输规则进行统一。

第五节　铁路交通事故民事法律问题

本节主要将从铁路交通事故的概念与特征、铁路交通事故损害赔偿的归责原则、铁路交通事故损害赔偿的免责事由、铁路交通事故赔偿原则与赔偿数额以及我国铁路交通事故赔偿法制的完善五方面展开探讨。

---

〔1〕　参见邢海宝："'一带一路'背景下铁路提单的法律支撑"，载《河北法学》2021年第4期，第53~55页。

一、铁路交通事故的概念与特征

据兰州铁路局官方微博通报，2021年6月4日上午5时左右，武威工务段在兰新铁路玉石至金昌区间下行线组织大机维修作业时，施工作业人员侵入上行线路，被正在通过的K596次列车碰撞，致9人不幸遇难。究竟是施工人员工作失误，还是相关部门管理失职？至今尚无事故责任原因的报道。[1]对于责任划分，《铁路事故条例》有所规定，下文也将详细讨论。

（一）铁路交通事故的概念

何谓铁路交通事故？《铁路交通事故调查处理规则》第2条规定，铁路交通事故是指铁路机车车辆在运行过程中发生冲突、脱轨、火灾、爆炸等影响铁路正常行车的事故，包括影响铁路正常行车的相关作业过程中发生的事故；或者铁路机车车辆在运行过程中与行人、机动车、非机动车、牲畜及其他障碍物相撞的事故。[2]由此可见，铁路交通事故主要包括两类：一类是铁路机车车辆在运行过程中因非自身原因产生的碰撞；另一类是铁路机车车辆因自身原因产生的碰撞。对于第二类铁路交通事故，由于其多受信号故障、设施检修维护不当等自身因素影响，造成车辆内部人员伤亡的后果；该类型的事故属于广义的铁路交通事故范畴。本章主要探讨第一种类型的交通事故，铁路机车车辆在运行过程中因非自身原因所造成的人身伤亡事故。

（二）铁路交通事故的特征

近些年来，随着铁路网线的不断延伸发展以及铁路机车的几次大规模提速，铁路交通事故的发生频率明显上升，基于此得不到很好赔偿的人身损害案件也逐渐增加，最明显的就是法院受理此类案件的数量增加。比较过去发生的铁路交通事故，发现其往往具有相似性。

1. 中断交通，恢复时间长。由于铁路轨道的连贯性与固定性，每条列车都有自己固定的运行轨道，它不像公路交通，运行路线交叉分离，即使前方发生交通事故，也可以换条线路继续行驶。铁路机车一旦发生交通事故，该条铁路线路便会中断，从而影响该线路的其他列车的正常运行。据统计，一般发生铁路交通

---

[1]　参见"刚刚，官方通报：彻查！"，载 https://www.163.com/dy/article/GBLM4AMH0514BICS.html，最后访问日期：2021年6月20日。

[2]　参见陈雷、张斗："浅析铁路交通车辆责任事故的原因与防范"，载《铁道车辆》2018年第9期，第34页。

事故后，大部分会造成后续铁路行车中断数十小时以上，有的甚至更久。1981年7月9日从成都开往昆明的线路上发生的重大铁路交通事故导致该条铁路运营中断超过半个月。[1]

2. 极易引发其他事故。一旦发生铁路交通事故，其他连锁反应也会接踵而至。一是由于碰撞等因素致使列车断电，容易导致电路短路，引发火灾。二是强烈的撞击会使得铁轨断裂，极易导致脱轨等事故发生；当列车行驶在高架桥上发生事故时，剧烈的撞击还会使得高架桥坍塌，加大事故严重性。三是铁路交通事故的发生会使得大量人员伤亡与滞留，紧张的氛围不仅容易发生群体性事件，还会加大事故的处理难度。

3. 增大救援难度。不同于公路交通事故，事故发生后救援工作可以紧跟着进行处理，更全面、更高效地控制事故进一步发展，减少受伤人员与财产损失。铁路基于其轨道复杂性，在一些地区，不同铁路之间的轨道会形成一个立体交通网，其目的是满足高速铁路运行的需要。然而，这些地方一旦发生事故，其后果往往是致命性的，这种特殊的构造将会进一步增大救援的难度。在实践中，大型吊机往往是在发生铁路交通事故时进行救援不可或缺的装备，而上述地方由于其轨道构造的特殊性，通常导致大型吊机无法靠近事故现场，工作人员无法及时施救，从而增大了救援的难度。[2]另外，铁轨的铺设往往远离市中心，一般分布于城市外围等偏僻路段。因此，铁路轨道独特的铺设特点也使得铁路交通事故发生时，救援人员不能第一时间赶到，救援工作不能及时进行。同时，铁路轨道处的某一段还设有隔离网，这也使得发生铁路交通事故时救援车不能很好地进入救援，这些都加大了救援难度。

4. 人员伤亡和经济损失大。当年发生的"7.23"甬温线动车事故，被列为中国铁路史上最惨烈事故之一。该次事故直接造成40人死亡，直接经济损失超过1亿元。[3]由于列车的运行速度较快，当事故发生时，其不可避免地会在惯性的作用下，使得车厢遭受撞击和挤压，造成人员伤亡。货运列车发生事故时其损失通常是有价值的物品，不像客运列车，一趟列车通常乘坐几十人至几百人，

---

[1] 参见杨兴坤、陈鑫磊："铁路交通事故防治策略与建议"，载《交通企业管理》2013年第12期，第64页。

[2] 参见杨兴坤、陈鑫磊："铁路交通事故防治策略与建议"，载《交通企业管理》2013年第12期，第64页。

[3] 参见孙林："温州动车事故赔偿的法律实践与铁路法的完善"，载《综合运输》2011年第10期，第41页。

一旦发生事故，很容易造成旅客群死群伤，其后果不容乐观。另外，由于铁路轨道的连贯性与固定性，每趟列车都有自己的专属路线，一旦该趟列车发生交通事故，鉴于其中断交通，恢复时间长的特点，往往也会影响到在同一铁路轨道上运行的其他趟次的列车，包括客运和货运，对此造成的直接经济损失非常大甚至难以计算，间接经济损失更是无法估量。

5. 影响社会和谐稳定。由于其轨道分布与设计的特殊性，当发生交通事故时，往往会加大救援难度。同时当铁路机车为客运列车时，几百人同时被困于一处，容易引发群体性矛盾，造成社会秩序紊乱，阻碍社会经济的恢复。如 2008 年春节前后，因气候灾害等原因导致铁路交通中断，造成大量乘客聚集在列车上无处可去。这不仅不利于事故处理，还容易引起新的纠纷，也易引发外媒关注，产生不良的社会影响。如果后续赔偿工作处理不到位，容易激化矛盾，影响社会稳定。

二、铁路交通事故损害赔偿的归责原则

铁路交通事故损害赔偿的归责原则，是指在铁路交通事故发生后，应该以什么样的标准来确定侵权人的民事责任的根据和标准。本章第一节中提到，铁路交通事故的概念可从与自身因素是否有关等角度分为两大类型。以此类推，铁路交通事故损害赔偿也可以分为两种情形，一是铁路机车在高度危险作业中发生铁路交通事故所造成的人员伤亡而产生的特殊侵权关系；二是铁路机车在运输旅客过程中致使旅客遭受损害，旅客应该依照何种原则和标准来主张赔偿责任。实践中对于铁路交通事故所产生的损害赔偿，应该适用什么样的归责原则存在争论，只有准确把握归责原则的适用情形，才能维护受害方权益，减少矛盾发生，妥善处理案件，维护社会稳定。

（一）过错原则之争

从我国现有法律来探寻铁路交通事故损害赔偿的归责原则，目前在处理铁路交通事故损害赔偿案件中适用的法律依据主要是《民法典》与《铁路法》。然而，二者在具体规定方面又存在不同。首先，无过错原则可以追溯到《中华人民共和国民法通则》第 123 条，而今已涉及《民法典》第 1236 条和第 1240 条等条文，[1]

---

[1]《民法典》第 1236 条规定："从事高度危险作业造成他人损害的，应当承担侵权责任。"该法典第 1240 条还规定，"从事高空、高压、地下挖掘活动或者使用高速轨道运输工具造成他人损害的，经营者应当承担侵权责任；但是，能够证明损害是因受害人故意或者不可抗力造成的，不承担责任。被侵权人对损害的发生有重大过失的，可以减轻经营者的责任。"

其中涉及对特殊侵权中高度危险作业致人损害问题的原则性规定，包括铁路运输企业的责任规定。即在何种情况下损害赔偿责任应如何承担、由何方承担。从中可以得出，铁路机车属于高速运输工具，由此产生的事故对他人造成损害的，应该由铁路运输企业承担无过错责任，即适用无过错原则。所谓无过错原则，顾名思义，不论铁路运输企业是否存在过错，只要损害行为和损害结果之间存在因果关系，其都应当为铁路机车发生事故造成的人员伤亡承担责任。但该条文最后一句指出例外情形，当受害人对该事故的发生存在过错时，其将成为铁路运输企业的免责事由，铁路运输企业才不承担损害赔偿责任。然而，在《铁路法》中，[1]对铁路交通事故的归责原则采用了过错责任原则，即只有当铁路机车因自身原因造成人员伤亡的，铁路运输企业才对受害人承担损害赔偿责任。换而言之，若是该损害是因为不可抗力或者受害人存在故意的情形造成的，如受害人违章违规等情形，铁路运输企业不承担损害赔偿责任。即不可抗力和受害人自身原因，包括故意和过失，均成为了铁路运输企业的免责事由。对于举证责任的划分，实行过错推定原则，即该种情形由铁路运输企业来对自己没有过错进行证明。从表面看来，这两部法律对铁路交通事故的赔偿原则的规定就存在差别，这使得实践中法官裁判陷入了困境。[2]如何判定铁路交通事故损害赔偿的归责问题也一直是理论界与实务界的共同争议。

从铁路交通事故损害赔偿的两种情形可以得出，基于此所产生的损害赔偿也就存在两种情况。一是基于铁路机车在高度危险作业中发生铁路交通事故所产生的赔偿责任。这就是铁路运输企业职工造成他人损害，按照雇主责任原则，应由铁路运输企业承担侵权赔偿责任。此乃适用《民法典》第1236条的无过错责任原则。亦即，这种赔偿责任是一种替代责任原则。此处替代原则与国外的雇主原则是一致的，即不需要证明雇主是否存在过错，只要雇员的行为对他人造成了损害，不论故意或过失，只要构成了侵权，雇主就应当对受损害人承担责任，这是严格意义上的雇主责任制。换言之，铁路运输企业职工在高度危险作业中发生事故造成人员伤亡的，不问铁路运输企业有无免责事由，均应当对伤亡人员承担无

---

〔1〕《铁路法》第58条规定："因铁路行车事故及其他铁路运营事故造成人身伤亡的，铁路运输企业应当承担赔偿责任；如果人身伤亡是因不可抗力或者由于受害人自身的原因造成的，铁路运输企业不承担赔偿责任。违章通过平交道口或者人行过道，或者在铁路线路上行走、坐卧造成的人身伤亡，属于受害人自身的原因造成的人身伤亡。"

〔2〕参见张雯琳："审理铁路交通事故人身损害赔偿案件的思考"，复旦大学2008年硕士学位论文，第14~15页。

过错责任。[1]二是基于双方之间的铁路运输合同，从权利义务的角度来说，铁路运输企业负有安全运送旅客到达目的地的义务，若在此途中发生意外致使旅客受伤，则旅客可以依据铁路运输合同要求铁路运输企业承担违约责任。该种违约责任的承担是基于铁路运输企业没有履行相应的义务，不论其是否存在过错。因此，从这个角度看，在铁路机车运输旅客过程中致使旅客遭受损害，应由铁路运输企业承担无过错赔偿责任。

从以上分析可知，铁路机车在交通事故中产生的损害赔偿，铁路运输企业无论是承担替代责任还是违约责任，从铁路运输企业的角度来说，不论其是否存在过错，其承担的损害赔偿归责原则都是无过错原则。

（二）无过错责任原则在适用中应注意的问题

无过错责任原则在适用中应注意举证责任的划分以及责任方式的承担等问题。

关于举证责任的划分，《最高人民法院关于民事诉讼证据的若干规定》第1条中规定了"谁主张，谁举证"的责任方式。亦即，"原告向人民法院起诉或者被告提出反诉，应当提供符合起诉条件的相应的证据。"那么，在一般侵权行为中，侵权行为成立，则由受害方证明加害方实施了损害行为。因加害方的损害行为造成受害方的损害结果，同时该损害行为与损害结果之间有因果关系。受害方还要证明加害方在实施侵权行为时存在故意或过失。

而无过错责任原则，则无需证明加害方是否存在过错。直接证明加害方实施了损害行为，并且该损害行为造成了损害结果，以及该损害行为与损害结果之间存在因果关系即可。对于该种类型的举证责任如何分配？存在八种举证责任倒置的情形，分别是发明专利的举证责任、高度危险作业中的过错举证责任、环境污染中的免责事由及因果关系的举证责任、饲养动物中的过错举证责任、建筑物上搁置物的过错举证责任、缺陷产品中的免责事由、共同危险行为中的因果关系、医疗行为中的因果关系及其过错举证责任。举证责任转移的规定，其列举的适用范围基本上都属于无过错责任原则的领域。被侵权人的举证责任，只要证明侵权事实的存在即可。若侵权方想证明自己没有实施该侵权行为，则需要按照法律规定的情形来承担举证责任。

无过错原则作为归责原则的一种，在民事领域中侵权纠纷造成损害赔偿时作

---

[1]　参见章迪思："铁路明年再次大提速"，载《解放日报》2005年7月8日。

为适用依据，一般只是粗略地规定了侵权一方应当承担民事责任。纵观世界各国关于无过错原则的规定，大多数国家只有在追究损害赔偿责任时，才会选择适用无过错原则。[1]

但是，无过错责任原则并不是所有情况下都要承担侵权责任，也是存在例外情形的。如《铁路法》中明确规定了不可抗力和当事人自身原因这两种情形是铁路运输企业免责的条件，即这两种情况下铁路运输企业并不需要对损害后果承担侵权责任。因此，所谓无过错责任原则，也只是原则上无过错。因为不可抗力是民事法律上所有侵权行为的免责条件。而当事人自身原因，则会根据不同的规定而有所不同，其可以成为减轻加害方承担责任的情形，也可以成为加害方免责的情形。从这个意义上来说，没有绝对的无过错责任原则。

三、铁路交通事故损害赔偿的免责事由

以下从铁路交通事故侵权行为免责事由的规定及其适用两方面讨论。

（一）铁路交通事故中侵权行为免责事由的规定

1. 《民法典》中有关免责事由的规定。《民法典》第 1236 条规定，从事高度危险作业造成他人损害的，应当承担侵权责任。但如果可以证明受害人存在主观故意，则从事高度危险作业的人对该损害不承担民事责任。

2. 《铁路法》有关免责事由的规定。根据《铁路法》第 58 条的规定，[2]铁路机车在运营过程中发生交通事故造成人身伤亡的，由铁路运输企业承担赔偿责任。若可以证明该人身伤亡的后果是受到不可抗力以及当事人自身原因的影响，则成为铁路运输企业不承担该结果的免责事由。

3. 司法解释有关免责事由的规定。《铁路运输人身损害赔偿解释》第 5 条规定了铁路运输企业的三种免责事由，分别是不可抗力、受害人故意和其他法定情形。

（二）铁路交通事故中铁路运输方适用免责事由的探讨

1. 受害人故意是否为免责事由。从广义角度来说，《民法典》第 1240 条规

---

〔1〕 参见张雯琳："审理铁路交通事故人身损害赔偿案件的思考"，复旦大学 2008 年硕士学位论文，第 17 页。

〔2〕 该条规定："因铁路行车事故及其他铁路运营事故造成人身伤亡的，铁路运输企业应当承担赔偿责任；如果人身伤亡是因不可抗力或者由于受害人自身的原因造成的，铁路运输企业不承担赔偿责任。违章通过平交道口或者人行过道，或者在铁路线路上行走、坐卧造成的人身伤亡，属于受害人自身的原因造成的人员伤亡。"

定的免责事由是受害人存在故意情形，以及《铁路法》第58条将其延伸到受害人自身原因，主要包括违章通过铁道口、在铁路线路上坐卧等情形，都可以将其概括为受害人本身存在故意。因为受害人本身存在故意，并且意识到自己的行为会造成严重后果，同时放任该种结果的发生，铁路运输企业为此发生事故造成损害的，可以不对受害人承担赔偿责任。但如果受害人属于无民事行为能力人违章通过铁道口以及坐卧在铁路线路上，因此发生事故造成的损害，不属于铁路运输企业的免责事由。根据《铁路运输人身损害赔偿解释》第7条第1款的规定，铁路运输造成无民事行为能力人人身损害的，铁路运输企业应当承担赔偿责任；监护人有过错的，按照过错减轻铁路运输企业的赔偿责任。

2. 不可抗力是否为免责事由。对于不可抗力能否成为铁路运输企业在发生事故后的免责事由，学界有不同的看法。有学者认为，《民法典》第180条规定的不可抗力作为侵权行为的免责事由只适用于一般侵权行为，[1] 对于高度危险作业这类特殊侵权来说，其明确规定了只有受害人故意才能作为侵权行为的免责事由，而不可抗力则不可以。也有学者认为，《铁路法》中明确规定了发生铁路交通事故时，铁路运输企业的免责事由为受害人自身原因与不可抗力，因此将不可抗力作为铁路运输企业的免责事由毋庸置疑。[2] 在此，笔者认为，虽然《民法典》与《铁路法》关于铁路运输企业免责事由的规定存在差异，但是《民法典》作为基本民事法律，对各种法律行为的价值起到总领作用。而《铁路法》作为部门法，具有浓厚的部门法保护色彩，对于是否应该将不可抗力作为铁路运输企业在发生事故时的免责事由，应该从多方面进行考虑，从社会地位来说，铁路运输企业的经济地位明显要强于一般人；另外，从社会基础与法理依据来说，对于高度危险作业的免责事由不应将不可抗力纳入其中；最后，从《民法典》的基本法地位来说，《铁路法》的相关规定与其相冲突的，应依照《民法典》规定的相关情形。因此，从加害方与受害方的强弱对比关系以及维护社会稳定的角度来看，不能简单地将不可抗力作为铁路交通事故的免责事由，只有当损害是由受害方故意造成时，铁路运输企业才可以适用免责事由。

3. 具有"法律规定铁路运输企业不承担赔偿责任的其他情形"，则铁路运输

---

〔1〕《民法典》第180条第1款："因不可抗力不能履行民事义务的，不承担民事责任。法律另有规定的，依照其规定。"

〔2〕参见隋怡："铁路运输人身损害赔偿若干问题研究"，山东政法学院2016年硕士学位论文，第10~11页。

企业不承担赔偿责任。2021年12月8日《铁路运输人身损害赔偿解释》。第5条中规定："铁路行车事故及其他铁路运营事故造成人身损害，有下列情形之一的，铁路运输企业不承担赔偿责任"；并增加一项作为第3项规定："法律规定铁路运输企业不承担赔偿责任的其他情形造成的。"这一新增情形是典型的兜底条款。其中"法律规定"中的"法律"应当指的是狭义的法律，不宜包括法规规章等。例如，《民法典》第823条规定，承运人应当对运输过程中旅客的伤亡承担赔偿责任；但是，"伤亡是旅客自身健康原因造成的或者承运人证明伤亡是旅客故意、重大过失造成的除外"。其中其他情形包括"伤亡是旅客自身健康原因造成的或者承运人证明伤亡是旅客重大过失造成的"等情形。其中适用于按照规定免票、持优待票或者经承运人许可搭乘的无票旅客。

四、铁路交通事故的赔偿原则及赔偿数额

广义的铁路交通事故的损害赔偿包括路内损害赔偿与路外损害赔偿。路内损害赔偿，是指铁路职工在铁路机车运营过程中发生的伤亡。此种类型的赔偿考虑到铁路职工与铁路运输企业之间存在劳动关系，职工伤亡属于工伤，按照工伤程序处理即可，在此不予赘述。本节主要探讨的是路外损害赔偿，即非铁路职工在铁路机车运营过程中发生的铁路交通事故或者在铁路旅客运输过程中发生的人身伤亡赔偿。[1]从概念可知，路外损害赔偿也有两种类型，分别是铁路交通事故损害赔偿与铁路旅客运输人身损害赔偿。

如前所述，我国处理铁路交通事故人身赔偿采取的赔偿原则曾经是限额赔偿，后来取消了最高限额。限额赔偿是指发生事故时，法律规定在赔偿数额上有最高限制。目前我国铁路交通事故的损害赔偿主要依据有《铁路运输损害赔偿解释》、《铁路运输人身损害赔偿解释》与《铁路事故条例》等。我国关于铁路交通事故的赔偿原则与赔偿数额散见于一些部门法及司法解释中。《铁路法》第58条和《铁路事故条例》第32条规定了铁路运输企业的免责事由，即损害是由于不可抗力和受害人自身原因造成的，不承担责任。不难发现，这与前述司法解释的三种免责规定貌似不同，实际上基本一致，即"受害人自身原因造成的"包括"伤亡是旅客自身健康原因造成的或者承运人证明伤亡是旅客故意、重大过失造成的"等情形。

---

〔1〕 参见徐威亚："论铁路人身损害赔偿法律制度的完善"，中国政法大学2007年硕士学位论文，第3~4页。

另外，《铁路运输人身损害赔偿解释》第 5 条，在将受害人故意作为铁路运输企业发生交通事故免责事由的基础上，对受害人故意的情形作出了更详细的规定。若受害人存在故意卧轨及碰撞的方式造成损害，铁路运输企业不承担民事赔偿责任。但是根据该解释第 6 条，如果铁路运输企业不能证明自己尽到安全保障义务的，对受害人以卧轨、碰撞的方式以及其他方式造成损害的，按照双方的过错程度来减轻铁路运输企业对造成的损害承担责任。因受害人的过错行为造成人身损害，依法应由铁路运输企业承担赔偿责任的，如前所述，根据受害人过错程度可适当减轻铁路运输企业的赔偿责任。区分其不同情节，铁路运输企业未充分履行安全防护、警示等义务，承担事故主要责任的，应在全部损害的 90% 至 60%之间承担赔偿责任；铁路运输企业承担事故同等责任的，应在全部损害的 60% 至50% 之间承担赔偿责任；铁路运输企业承担事故次要责任的，应在全部损害的40% 至 10% 之间承担赔偿责任；铁路运输企业已充分履行安全防护、警示等义务，受害人仍施以过错行为的，铁路运输企业应在全部损害的 10% 以内承担赔偿责任。因此，该司法解释对不同情形的认定确立了铁路运输企业承担赔偿责任的不同比例，使规定更有可操作性。尽管如此，如何进一步把握其中的幅度，进一步科学合理地控制其自由裁量权，仍然值得研究。

五、我国铁路交通事故损害赔偿法律制度的完善

（一）修改《铁路法》进一步完善限额赔偿制度

如前所述，《铁路事故条例》中的最高限额条款被废止的根本原因在于其合法性缺失。《立法法》中明确规定，为了保证社会经济的稳定运行，对于涉及重大民生利益的重要法律制度，必须由最高国家权力机关统一立法。铁路交通事故领域内的损害赔偿制度涉及重大民生利益的问题，因此，应由全国人民代表大会及其常务委员会以法律条文形式加以规定。另外，作为部门法的《铁路法》是调整我国铁路运输领域的主要法律规范，但其内部关于铁路交通事故损害赔偿的法律规定却少之又少，因此，将铁路交通事故损害赔偿法律制度由其来调整，不仅利于完善《铁路法》中有关损害赔偿制度问题，还为损害赔偿制度的合法性提供了法律依据。

（二）进一步明确限额赔偿的范围，科学规定限额赔偿的标准

我国目前的限额赔偿制度并没有明确规定赔偿的范围。通常都是根据其他法律、法规、司法解释以及民法原理来确定赔偿的范围。然而，要最大程度地保护

旅客和铁路运输企业的合法权益，建立一套健全、完善并行之有效的民事赔偿制度是不可或缺的。[1] 因此，立法者在制定该种民事赔偿法律制度时，应在参考其他法律的基础上，明确限额赔偿的范围，同时要以社会发展为依托，合理规定限额赔偿的标准，使每一位当事人都能在事故处理中感受到公平正义。要从全面维护旅客权益出发，最大程度上保障旅客切身利益，使现行铁路交通事故损害赔偿中的原则性规定更加具体，有效地维护旅客和铁路运输企业的合法权益。[2]

另外，鉴于我国当前铁路交通事故损害赔偿制度存在的缺陷，也有不少专家学者对此提出了具有建设性的意见。对于曾经的绝对限额赔偿制度，因其采用的是一个统一的最高赔付额度的赔偿方式，没有对限额赔偿的赔付范围进行细化，也没有对铁路运输企业在事故中承担的责任大小进行区分，只是简单地将限额赔偿制度全盘适用于铁路交通事故损害赔偿中，难免会出现与社会发展格格不入的情形。因此，对于限额赔偿制度应当建立一套科学合理的赔偿标准，在社会经济快速发展的背景下，采用最高赔付额度的赔偿方式已不能够被社会大众所接受。反之，立法者应与时俱进，采用合理的计算方式，根据人们的收入水平以及物价标准来计算损害赔偿的金额，使得旅客得到应有的赔偿，更好地维护旅客的合法权益。同时，也可以参照其他法律，如《中华人民共和国民用航空法》第129条和《海商法》第117条、第210条、第211条虽然也规定了限额赔偿，但没有对最高额进行限定，而是采用灵活的计算方法，对不同情形的伤者进行不同赔付。该种方式避免了因统一限额赔偿而可能造成社会混乱的情形，同时也利用科学、合理的方式更大程度上地保障当事人的权利，促进铁路行业的发展。

（三）建立铁路旅客运输人身损害强制保险制度

铁路运输企业在铁路交通事故中承担的是无过错责任，一方面它更全面地保障了受害方的权益，另一方面也在无形中增大了铁路运输企业的经营压力。因此，建立铁路旅客运输人身损害强制保险制度就显得很有必要，该制度通过支付一定数额的保费，来转嫁发生事故时所要承担的巨大赔付风险，不仅降低了经营成本，还更充分地保障了受害方的赔付需求，不存在铁路运输企业赔付不全而让

---

〔1〕参见崔丽东："关于铁路旅客运输人身损害限额赔偿的思考"，载《交通企业管理》2009年第7期，第73页。

〔2〕参见李欣："铁路交通事故旅客人身损害限额赔偿制度研究"，西南财经大学2010年硕士学位论文，第22~23页。

受害方自己买单的情况。这一制度的建立对推动整个运输企业的发展作用无疑是巨大的，真正做到了出行有保障。近年来，随着社会保险制度的兴起，几乎每个领域都有保险参与，极大地减轻了责任事故方承担的压力。[1]

同时，基于铁路旅客人身损害强制保险制度的特性，也为该制度的建立得以顺利运行保驾护航。首先，该人身损害强制保险制度具有强制性。其强制性主要体现在：一是投保主体必须投保。这与机动车车主为自己的车购买交强险是一个道理；二是有明确的法律依据和法定程序来实施强制保险，任何与其相抵触的法律规定均无效。其次，该人身损害强制保险制度具有公益性。所谓公益性，从保险公司设立的初衷就可以看出，该制度的建立并不以营利为目的，而是助力于铁路运输行业的快速发展。关于其保费以及保额的确定，将会在国家有关部门的监督下设立。最后，该人身损害强制保险制度具有利他性。顾名思义，该强制保险制度的建立，最根本是为了保障受害人以及铁路运输企业的权益。[2]铁路交通事故中的受害人寻求救济时，可以向铁路运输企业主张赔偿，也可以越过被保险人直接向保险公司求偿。对于被保险人来说，通过每年投保一定的费用，来转嫁事故发生时带来的巨大风险，使得公司更持续稳定地运营下去。

由此通过铁路交通事故责任强制保险制度的建立，不仅能够及时、全面地维护受害方的权益，更能够转嫁铁路运输企业的经营风险，在铁路运输企业面临巨大损失时，及时发挥保险公司的保障作用，同时，更好地助力铁路运输企业的发展。[3]

（四）完善铁路交通事故旅客人身损害限额赔偿的例外

如前文所述，根据《民法典》以及《铁路法》的相关规定，在发生铁路交通事故时，铁路运输企业承担的是无过错责任，但是也存在例外情形。如果是因不可抗力和受害方故意以及其他法定免责情形而导致的损害，那么铁路运输企业不承担赔偿责任。因此，该三种情况下，铁路运输企业不需要对受害方承担损害赔偿责任。对于不可抗力是否可以作为铁路运输企业的免责事由，学界存在不同看法。不可抗力是不能预见、不能避免且不能克服的客观情况。不可抗力也存在两种情形，一是自然界的不可抗力，如暴雨、台风、洪水等。二是社会因素导致

---

[1] 参见徐威亚："论铁路人身损害赔偿法律制度的完善"，中国政法大学 2007 年硕士学位论文，第 42 页。

[2] 参见施文森：《保险法论文集》，五南图书出版公司 1982 年版，第 199 页。

[3] 参见李欣："铁路交通事故旅客人身损害限额赔偿制度研究"，西南财经大学 2010 年硕士学位论文，第 24 页。

的不可抗力，比如战乱等。这里讨论的就是自然因素引起的不可抗力，即在铁路运输过程中，突遇暴风、骤雨等恶劣天气，由此造成旅客伤亡的，铁路运输企业是否可以借此适用免责事由？可以说，在运输过程中，遇到不可抗力是在所难免的，如果将遇到这种事故产生的损害后果全部转由旅客来承担，而免除铁路运输企业的赔偿责任是不现实的。其他国家的做法是不将不可抗力作为免责事由。如德国的《航空法》中规定了若因航空事故造成乘客损害的，航空公司不存在免责事由，要对受害乘客所产生的损失承担全部赔偿。法国的《公路交通事故赔偿法》中明确规定，不可抗力不能作为运输企业的免责事由。[1]然而在我国，尽管《铁路法》规定了不可抗力和受害人自身原因作为铁路运输企业的免责事由，但是，有人认为，《民法典》明确规定了铁路运输企业的免责事由不包括不可抗力。《民法典》作为我国的基本民事法律，在我国铁路交通事故损害赔偿制度中，对于铁路运输企业的免责事由，只能包括因受害人自身原因所造成的情形。对此，仍值得进一步研讨。

第六节　铁路运输领域知识产权民事法律保护

本节拟从铁路运输领域知识产权民事立法和铁路运输领域民事司法两个部分来探讨。

一、铁路运输领域知识产权民事立法

下文将从我国铁路运输领域的民事立法规定及其不足与完善进行讨论。

（一）我国铁路运输领域知识产权民事立法规定

1. 相关法律的规定。如前所述，铁路知识产权没有统一的铁路知识产权法，而是以《民法典》为制度基础，以《专利法》《商标法》《著作权法》等民事特别法为制度载体加以规定的。《民法典》中涵括铁路运输领域知识产权的条款，采取"点—线"相结合的立法体例。其中，"点"为"总则编"第123条知识产权定义条款，对知识产权的民事权利属性以及专有权利类型作了原则规定，铁路运输领域知识产权，包括：（1）发明、实用新型、外观设计；（2）商标；（3）商业秘密；（4）集成电路布图设计；（5）法律规定的其他客体，如域名及服务标志。"线"为各分则有关的专门规定，包括知识产权出质（"物权编"第440条、

---

〔1〕　参见郭宝辉："铁路交通事故损害赔偿研究"，山东大学2009年硕士学位论文，第18页。

第 444 条、第 445 条）、知识产权合同（"合同编"第 501 条、第 600 条、第 843
~887 条）、知识产权与人格权关系（"人格权编"第 1013 条、第 1019~1022 条、
第 1027 条）、夫妻共有的知识产权（"婚姻家庭编"第 1062 条）、知识产权惩罚
性赔偿（"侵权责任编"第 1185 条）等。对相关知识产权问题设置了基本法准
则，具有单行立法指引或规范补充适用的功能。[1] 其中根本没有区分铁路建设
领域和铁路运输领域的知识产权民事立法。因为其共性十足，其个性微不足道。

2. 相关法规规章的规定。如前所述，2010 年交通运输部修订和颁行新的
《交通运输行业知识产权管理办法》。随后，为配套实施当时知识产权法律，国
务院颁布一系列的行政法规，如《专利法实施细则》《商标法实施条例》《著作
权法实施条例》《计算机软件保护条例》等。国务院各部委为细化行政法规，制
定并出台知识产权规章，如《专利代理管理办法》《专利审查指南》《规范商标
申请注册行为若干规定》《著作权质权登记办法》《互联网域名管理办法》等。
同理，其中也根本不必区分铁路建设领域和铁路运输领域的知识产权民事立法。

（二）立法不足及其完善

1. 立法不足。正如前已述及，我国目前没有专门的铁路知识产权保护的综
合性部门规章，更无专门的铁路知识产权保护法规。由于没有直接针对性的相关
立法规定，或者一些法律、法规和规章的衔接和落实存在模糊区域，在实践中不
易操作。《交通运输行业知识产权管理办法》也需要与时俱进地加以修正和补充。

2. 立法完善。尽管在立法上区分铁路建设和铁路运输两个领域的知识产权
保护几无意义，但是无法否认，适时制定一部与时俱进的有关铁路知识产权综合
性的部门规章，或者适当增加有关铁路交通和其他交通差异性内容的交通行业知
识产权法规，具有重要的意义和价值。

二、铁路运输领域知识产权民事司法

如前所述，相对立法而言，在司法上区分铁路建设和铁路运输两个领域知识
产权保护的差异性研究可能更有意义。铁路建设领域知识产权纠纷的案件数，可
能多于铁路运输领域知识产权纠纷的案件数，对此可以进行长期的实证研究。

我国当前知识产权类司法解释有专利权纠纷司法解释、商标权纠纷司法解
释、著作权纠纷司法解释等。其中除了几个涉及铁路法院关于知识产权案件管辖

---

〔1〕 参见吴汉东："试论'民法典时代'的中国知识产权基本法"，载《知识产权》2021 年第 4 期，
第 4 页。

权的批复之外，几乎没有直接针对铁路知识产权保护的批复类司法解释。

我国铁路运输法院的管辖权体制改革还在探索之中，其管辖有关知识产权的案件中包括但不限于铁路知识产权的案例。将来可能出现涉及铁路领域知识产权的司法解释或者指导性案例。对于铁路行业知识产权的个案，可以进行类型化研究。探究其中的司法规律，可为深化知识产权研究乃至铁路法治研究作出更大贡献。

典型案例评析：

一、铁路旅客运输合同纠纷案[1]

（一）案件事实

2015年6月7日，陈某持当日有效的K226次列车火车票（硬座15号车厢91号位）从广州站进站乘车欲去往陕西宝鸡。6月8日10时许，列车到达武昌站站停期间，陈某在车厢内突然晕倒受伤。列车工作人员及时对陈某进行救助并交由武昌站工作人员将陈某送往武汉科技大学附属天佑医院以"摔倒致头部外伤1小时"及"Ⅱ级颅脑外伤"收治入院，6月24日，陈某出院。出院诊断为重型颅脑损伤，左额颞部硬膜下血肿，右额叶脑挫伤，蛛网膜下腔出血，脑疝肺部感染。出院医嘱：建议继续住院治疗。武昌车站为兰州铁路局垫付了陈某此次住院救治产生的费用共计131 000.61元。6月26日，陈某以"重型颅脑损伤术后、肺部感染"再次前往武汉科技大学附属天佑医院入院治疗，12月8日，陈某出院。出院诊断为：1.脑外伤后遗症：颅骨缺损、脑积水、四肢痉挛；2.左额颞部硬膜外血肿；3.肺部感染。出院医嘱：1.注意休息，加强营养；2.继续肢体功能康复治疗；3.避免头部外伤，不适随诊。陈某在住院期间共支付医疗费用202 593.29元。

原告陈某在诉讼中提交了其委托陕西宝鸡中园法医司法鉴定所就其受伤伤残等级、后续治疗费、误工期限、营养期限、护理依赖程度进行评定的鉴定意见，陕西宝鸡中园法医司法鉴定所出具的鉴定意见载明：1.被鉴定人陈某构成二级伤残；2.被鉴定人陈某后期预防褥疮用品、清洁用品、消毒及卫生用品两年内，每月需400元；3.被鉴定人陈某误工期限为评残前一天；营养期限评定为181

---

[1] 参见广州铁路运输中级法院（2016）粤71民终107号民事判决书。

天；属于大部分护理依赖。

另查明，陈某系陕西省凤县人，城镇户口，未婚。陈某的父母系农村居民，共育有两名子女。村民委员会出具证明，证实其父母患有疾病，无生产能力亦无生活来源。凤县民政局在该证明上加盖公章并注明"属实"。

一审广州铁路运输第一法院作出判决后，原告陈某、被告兰州铁路局均不服上诉，后二审广州铁路运输中级法院作出终审判决。

（二）法院裁判

一审判决：1. 被告兰州铁路局于本判决生效之日起 10 日内赔偿原告陈某人民币 124 282.43 元。2. 驳回原告陈某的其他诉讼请求。

二审判决：1. 撤销广州铁路运输第一法院（2016）粤 7101 民初 116 号民事判决；2. 兰州铁路局于本判决生效之日起 15 日内向陈某支付赔偿款 507 207 元；3. 驳回陈某的其他诉讼请求。

（三）简要评析

本案系铁路旅客运输合同纠纷，根据合同的相对性，兰州铁路局是承运人，陈某是旅客，双方基于铁路旅客运输合同形成权利义务关系；广深公司不是本案铁路旅客运输合同相对人，无需承担赔偿责任，陈某要求广深公司承担责任没有依据。根据《合同法》第 290 条、第 302 条的规定，承运人应当在约定期间或者合理期间内将旅客、货物安全运输到约定地点；承运人应当对运输过程中旅客的伤亡承担损害赔偿责任，但伤亡是旅客自身健康原因造成的或者承运人证明伤亡是旅客故意、重大过失造成的除外；铁路旅客运输合同的承运人对运输过程中旅客的伤亡承担的是无过错责任。只有承运人能举证证明是旅客自身健康原因造成的或者承运人证明伤亡是旅客故意、重大过失造成的才可以免责。本案中，陈某在运输过程中人身受到损害，根据上述规定，兰州铁路局应当对陈某在运输过程中的人身损害承担赔偿责任，除非其能证明该损害是陈某自身健康原因造成的或者是陈某故意、重大过失造成的。兰州铁路局主张陈某是停站时突然晕倒受伤，属于其自身健康原因造成，且在其他人均没有出现晕倒、摔倒的情况下晕倒摔伤，有重大过失。对此，陈某是在列车停站时突然晕倒，导致落在地上受伤，但陈某晕倒的原因不明，存在自身疾病原因、列车环境原因等多种可能，且陈某治疗过程中的医疗记录均无显示其存在极可能导致其晕倒的疾病。本案中亦没有证据显示是陈某自己疾病的原因导致其晕倒，故兰州铁路局提供的证据不足以证明是陈某自身健康原因导致其受伤。兰州铁路局也未能指出陈某具体存在何种重大过失的行为，故其主张陈某存在重大过失的理由亦不成立，兰州铁路局应当对陈某的人身损害承担赔偿责任。至于兰州铁路局应当承担的赔偿责任比例，考虑到陈某作为完全民事行为能力人，在列车停站期间晕倒在列车上，对自身和周围环境未完全尽到一般理性人的注意义务，存在一般过失，自身应承担相应的责任。

二、铁路货物运输合同纠纷案[1]

（一）案件事实

2015年8月31日，新疆湘某旭工贸有限公司委托新疆通某国际货运代理有限公司将一批瓷餐具发运至乌兹别克斯坦丘库尔赛车站（含报关），双方签订了《委托运输及报关协议》。之后，因新疆通某国际货运代理有限公司暂无车皮配额，故为了尽快将该批瓷餐具运抵协议目的地，2015年9月6日，新疆通某国际货运代理有限公司转托新疆亿某达国际物流有限公司发运（含报关），且双方也签订了《国际货运代理协议》，该协议约定：新疆通某国际货运代理有限公司负责向新疆亿某达国际物流有限公司提供准确的货物品名、件数、车数、到站及收发货人名称等装货信息；准确及时将货物运至新疆亿某达国际物流有限公司指定的起运地点；货物在运输途中发生货损货差，新疆亿某达国际物流有限公司根据收货人自境外铁路出具的国际铁路组织规定的《商务记录》原件，协助原告向相关部门进行索赔。然后，该新疆亿某达国际物流有限公司与中国铁路乌鲁木齐局集团有限公司乌鲁木齐西站签订了铁路运输合同——运单。据运单显示：发货人是被告新疆亿某达货运有限公司，始发站是乌鲁木齐西站，收货人是乌兹别克斯坦，运单里有中国铁路乌鲁木齐局集团有限公司乌鲁木齐西站的运签，承运人是中国铁路和哈萨克斯坦铁路，承运的货物为1110件纸箱子瓷餐具。乌鲁木齐海关出口货物报关单显示：该集装箱货物的出口口岸为阿拉山口，运抵国为乌兹别克斯坦，运输方式为铁路运输，货物名称为瓷餐具，件数为1 100件，净重为24 648.67公斤，毛重为29 800.91公斤。2018年，托运人——新疆湘某旭工贸有限公司起诉新疆通某国际货运代理有限公司要求赔偿货差，折合人民币208 760.19元。查明，于2018年10月22日乌鲁木齐铁路运输法院作出的（2018）新7101民初63号民事判决书认定了"2015年9月11日，该集装箱货物通过铁路运输方式运达乌兹别克斯坦丘库尔赛车站海关监管区。2015年10月9日，收货人在提货时，由于卸载该集装箱货物的吊车显示的重量与运单上的信息不符，重量过

---

[1] 参见乌鲁木齐铁路运输中级法院（2020）新71民终44号民事判决书。

轻，丘库尔赛车站则根据收货人 2015 年 10 月 9 日第 7 号函的委托，在丘库尔赛车站站长、区货物主任、乌兹别克斯坦专家代表、丘库尔赛车站海关官员及收货人现场参与下，对该集装箱货物进行了检验并出具了 No.013885/9 号商务记录。该商务记录载明：CCLU7522014 号集装箱货物通过国际联运发运，运单背面的商务记录附有日期为 2015 年 8 月 31 日、发票号码为 20150831、装箱单号为 201508—31，上面载有陶瓷餐具件数为 1 110 件、重量为 29 800.91 公斤。该集装箱到达时发货人铅封 153077 完好，开箱后，箱内实际货物为 340 件，比单证上少了 770 件，乌鲁木齐铁路运输法院支持了该案原告的诉讼请求，该判决书认定货物损失人民币 208 760.19 元。

另查明，2015 年 8 月 31 日，通某公司与艾特克公司签订《委托运输及报关协议》，约定艾特克公司为通某公司办理 CCLU7522014 集装箱（发运货物瓷餐具）从中哈边境多斯特克至乌兹别克斯坦丘库尔赛车站的国际联运业务，通某公司向艾特克公司支付运费。通某公司在二审庭审中自述涉案集装箱货物的运输分为境内段、境外段两部分，亿某达公司只承担了涉案集装箱货物从中铁乌西站至阿拉山口境的境内运输部分。

（二）法院裁判

一审法院判决：1. 被告新疆亿某达国际物流有限公司于本判决生效之日起 10 日内向原告新疆通某国际货运代理有限公司支付货物损失 208 760.19 元；2. 驳回原告新疆通某国际货运代理有限公司对被告中国铁路乌鲁木齐局集团有限公司乌鲁木齐西站的诉讼请求。

二审法院判决：1. 维持乌鲁木齐铁路运输法院（2019）新 7101 民初 694 号民事判决第二项即"驳回新疆通某国际货运代理有限公司对中国铁路乌鲁木齐局集团有限公司乌鲁木齐西站的诉讼请求"；2. 变更乌鲁木齐铁路运输法院（2019）新 7101 民初 694 号民事判决第一项"新疆亿某达国际物流有限公司于本判决生效之日起 10 日内向新疆通某国际货运代理有限公司支付货物损失 208 760.19 元"为"驳回新疆通某国际货运代理有限公司对新疆亿某达国际物流有限公司的诉讼请求"。

（三）简要评析

本案是铁路货物运输合同纠纷，首先根据合同法规定，中国铁路乌鲁木齐局集团有限公司乌鲁木齐西站并非本案运输合同相对方，原告要求被告中国铁路乌鲁木齐局集团有限公司乌鲁木齐西站承担赔偿责任的请求，缺乏事实和法律依据，中国铁路乌鲁木齐局集团有限公司乌鲁木齐西站在本案中不承担赔偿责任。其次，本案铁路运输虽然跨越国境经多国铁路运输，但并不是国际铁路货物联运，而是在不同国家运输分别订立两个没有联系的运输合同，新疆亿某达国际物流有限公司只是国内运输段的承运人，其提供证据证明货物在该段运输过程中完好，已完全履行相应义务，出关时货物完好，托运人新疆通某国际货运代理有限公司要求其赔偿无事实法律根据，故二审法院驳回其诉讼请求。

国际铁路货物联运是指两个或者两个以上国家铁路运输中，使用一份运输单据，并以连带责任办理货物的全程运输，无需发、收货方参加。铁路当局对全程运输负连带责任。本案中新疆亿某达国际物流有限公司只是境内运输段的承运人，其与境外段承运人没有关联，其在境内运输过程中未违反合同约定，且运输货物在境内运输时完好，故其不承担托运人新疆通某国际货运代理有限公司的货运损失。

从本案中可见，国际贸易涉及国际铁路运输最好选择国际铁路联运。国际铁路联运是指使用一份统一的国际铁路联运票据，由跨国铁路承运人办理两国或两国以上铁路的全程运输，并承担运输责任的一种连贯运输方式。从定义中可以看出国际铁路联运具有以下两点优势：一是效率更高，发货人只需办理一次托运手续即可将货物通过国际铁路运抵另一国；二是运输更安全，发货人只需在本国找承运人不需要去找其他国家的承运人，如果在运输途中发生货损，不论在本国境内，还是在他国，承运人都需承担责任。

第七章

铁路行政法治问题研究（一）

本章将从铁路建设领域行政法治问题概述、铁路用地管理的现状和发展趋势、铁路建设用地征收、合资铁路用地的行政执法、铁路建设领域知识产权行政法律保护等几方面展开讨论。

第一节　铁路建设领域行政法治问题概述

本节主要对铁路建设领域行政法治的界定与特征、铁路建设领域行政法治的重点内容加以概述。

一、铁路建设领域行政法治的界定与特征

（一）铁路建设领域行政法治的界定

铁路建设领域的行政法治，是铁路行政法治的基本组成部分，是与铁路建设有关的行政法治，也是铁路行政法治在铁路建设领域的具体化。从法治运行的环节和系统结构可知，铁路建设领域的行政法治，包括铁路建设领域的行政立法、铁路建设领域的行政守法、铁路建设领域的行政执法、铁路建设领域的行政诉讼、铁路建设领域的行政法律监督等。这些不同环节与内容形成一个有机动态的法治系统，而且与外部环境发生相互作用。

（二）铁路建设领域行政法治的特征

1. 行政法治特征。行政法治，是指法治在行政领域的具体化，法律作为政府行使权力的来源和依据，行政行为受法律规制，并承担相应的法律后果。行政法治的本质就是依法行政。其包括三方面内容：（1）行政行为必须依据法律。没有法律授权的行政行为是无效的，政府的一切行为要有法可依；（2）行政行为必须符合法律。行政行为在法律授权范围内行使，行政活动的主体、内容以及

目的应符合法律规定。（3）行政行为必须承担法律后果。行政机关作出行政行为是权责统一的行为，在依法行使行政权力时，也要依法承担行政行为导致的法律后果。[1]

行政法治主要包含四大内容：行政组织法定、行政职权法定、行政程序法定以及行政责任法定。行政组织法定是指行政组织的设立、变更和撤销应依法施行，未按照法律规定设立的行政组织不是行政主体，不享有行政权力；行政职权法定是指行政主体的行政权力及其管辖权限要有法律明确授予和明确规定；行政程序法定是指行政机关在行使行政职权的过程中所遵循的一系列前后衔接的步骤、顺序、时间、方式的总称；行政责任法定是行政组织及其行政人员要履行法律及社会所赋予的义务和责任，在违反行政法律法规后应承担相应的法律后果。[2]政府是法律有力的执行者和维护者，倘若国家权力执行者的政府不能依法行政，由此可能导致行政权滥用，使现代法治基础的民主制度受到威胁。

2. 特殊的建设领域。铁建行政法治，作为铁路行政法治中不可或缺的一部分，既不同于公路工程建设领域、海港工程建设领域和空港工程建设领域的行政法治，更不同于铁路运输领域和铁路监管领域的行政法治。它既是一种特殊的建设工程领域，又是具体的铁路工程领域。研究其特殊性，不是否定其普遍性，而是重视其差异，使研究更为精细和深刻。

二、铁路建设领域行政法治的重点内容

这里先概述几个重点内容，然后分节展开讨论。

（一）铁路用地管理的法治问题

1. 铁路用地管理的界定。铁路用地管理，是在贯彻土地基本国策的前提下，制止乱用、占用土地的违法行为，适应铁路运输安全生产和建设发展需要的管理。2016 年我国国土资源公报的数据表明，在贯彻土地国策的方针下，我国的耕地保护，建设用地利用率以及土地恢复见效显著。在我国谋求发展的过程中，在土地利用方面存在很多瑕疵，尤其是违法占用、乱用土地现象严重，铁路建设也陷入了这个怪圈。铁路建设部门在土地利用时多申报少使用或者不申报便占用的行径并不少见，这也造成了土地利用率低下和土地资源严重浪费的恶性循环。铁路用地管理的推进是为了适应铁路建设和发展的需求，使其与我国其他方面建

---

〔1〕 参见李升元编著：《中国行政法学导论》，中国人民公安大学出版社 2014 年版，第 82 页。
〔2〕 参见宋光周编著：《行政管理学》，东华大学出版社 2019 年版，第 187 页。

设共同发展。针对铁路用地，我国出台了《铁路用地管理办法》，明确了管理机构的职责，建设用地的规划和保护及其奖励与惩罚。[1]

铁路用地管理的基本任务是为铁路改革发展提供保障和服务，以保证运输生产需要，规范铁路用地秩序，实现铁路用地保值增值为目标，按照国家规定和要求，通过一系列管理行为，保护好、规划好、利用好、开发好铁路用地。[2] 铁路用地管理有地籍管理、规划管理、利用管理、征地和验收管理、监察管理五大基本内容。

（1）地籍管理。地籍管理是通过对土地利用相关信息的整合和处理，实现数字数据库、土地信息数据库的浏览、查询、统计和利用。

（2）规划管理。规划管理是利用科学技术使铁路用地达到效益最大化。依据土地的自然特征和铁路发展的需求，因地制宜，在不同地域内对铁路建设作出不同的规划，在时间和空间上对铁路用地的勘测、开发、调整、保护活动作出部署和安排。规划管理要根据铁路建设和生产的需要，优化土地结构、提高土地利用效率，统筹和协调土地开发同铁路建设的关系，实现土地利用和铁路建设发展双赢。[3]

（3）利用管理。铁路用地的利用，要依据国家铁路发展的大政方针，根据相关土地使用和铁路发展的国家法律法规，建立规章制度和技术标准；按照铁路用地的审批内容，合理合规地开发铁路用地，严格控制土地的用途和使用方式，禁止乱用、占用土地违法行为；掌握和及时更新铁路用地的利用动态，做好突发状况的备用措施。

（4）征地和验收管理。这是铁路建设需要和后续运营顺畅使用土地的前提保障。铁路用地依据土地征收征用的法律规定；铁路有关部门应当参与铁路建设项目的设计和审查，协调铁路建设用地和土地征收的关系，协调既有线路改造和土地验收交接的工作。[4]

（5）监察管理。铁路用地的监察管理，是依据相关法律法规，对铁路用地范围内、路内外的单位和个人使用铁路用地的情况，进行监督审查和违规处理的活动，也是规范铁路用地使用和保护铁路用地权益的有效手段。监察管理的主要

---

〔1〕　参见铁道部运输局：《铁路用地管理》，中国铁道出版社 2009 年版，第 27 页。
〔2〕　参见周宏奎："铁路用地管理信息系统的研究"，载《企业科技与发展》2017 年第 3 期，第 56 页。
〔3〕　参见周宏奎："铁路用地管理信息系统的研究"，载《企业科技与发展》2017 年第 3 期，第 57 页。
〔4〕　参见张长青、郑翔：《铁路法研究》，北京交通大学出版社 2012 年版，第 96 页。

方式是宣传铁路用地管理和使用的法律和政策规定，规范铁路用地的使用，协调处理土地权属纠纷等。[1]

（二）铁路建设用地征收

1. 土地征收。我国实行土地的社会主义公有制，即全民所有制和集体所有制，我国《宪法》第10条第3款规定："国家为了公共利益的需要，可以依照法律规定对土地实行征收或者征用并给予补偿。"而且，我国《民法典》、《中华人民共和国土地管理法》（以下简称《土地管理法》）、《中华人民共和国土地管理法实施条例》对土地征收制度也作了一些可操作性的规定，形成了我国土地征收制度的基本框架。

《民法典》第243条规定，为了公共利益的需要，依照法律规定的权限和程序可以征收集体所有的土地和组织、个人的房屋以及其他不动产。征收集体所有的土地，应当依法及时足额支付土地补偿费、安置补助费以及农村村民住宅、其他地上附着物和青苗等的补偿费用，并安排被征地农民的社会保障费用，保障被征地农民的生活，维护被征地农民的合法权益。征收组织、个人的房屋以及其他不动产，应当依法给予征收补偿，维护被征收人的合法权益；征收个人住宅的，还应当保障被征收人的居住条件。任何组织或个人不得贪污、挪用、私分、截留、拖欠征收补偿费等费用。《土地管理法》第2条第4款规定，国家为了公共利益的需要，可以依法对土地实行征收或者征用并给予补偿。这些法律规定罗列了土地征收的法律措施及法律义务，但没有对土地征收进行具体定义。

因此，我们认为，土地征收是指发生在国家和农民、农村集体之间的土地所有权转移，是国家为了社会公共利益的需要，按照国家法定权限和程序取得被征收土地的所有权，给予原土地所有权人一定补偿后，将土地另行支配的行政行为。[2]

土地征收的主体只能是国家，土地征收必须是为了公共利益的需要，由政府以行政行为实施征地行为。其目的是实现将集体所有的土地转化为国家所有的法律效果。基于行政行为的强制性，土地征收必须严格按照法定程序并给予被征收者相应的补偿。

2. 铁路建设用地征收。铁路建设用地征收是典型的土地征收行为，具有土地征收行为的一般特征，即基于公共利益的需要、由国家征收并给予补偿、具有

---

〔1〕 参见张长青、郑翔：《铁路法研究》，北京交通大学出版社2012年版，第97页。

〔2〕 参见吕燕："土地征收纠纷案件存在的司法困境及其出路"，浙江农林大学2011年硕士学位论文，第9页。

强制性的行政行为，同时具备一定的独有特点。铁路建设征地因铁路自身线长点多的特点，需地涉及铁路沿线及周边，需地体量巨大，征地时间跨度长，同时铁路贯穿多个地区，需地类型多样化，布局结构复杂，涉及住房、农田等征收。根据我国《铁路法》第35条第2款规定："铁路建设用地规划，应当纳入土地利用总体规划。为远期扩建、新建铁路需要的土地，由县级以上人民政府在土地利用总体规划中安排"。该法第36条规定："铁路建设用地，依照有关法律、行政法规的规定办理。有关地方人民政府应当支持铁路建设，协助铁路运输企业做好铁路建设征收土地工作和拆迁安置工作。"在修订中的《铁路法（修订草案）》（征求意见稿）中，对此也正在考虑作出若干修改。其中拟把"协助铁路运输企业做好铁路建设征收土地工作和拆迁安置工作"中的"协助铁路运输企业"几个字删除。因此，铁路建设用地征收，是指国家为建设铁路交通基础设施，指令地方政府对集体所有的土地及附属物按法定程序予以征收并给予相应补偿的行为。

（三）合资铁路用地的行政执法

1. 合资铁路。合资铁路通常是指铁道部与地方政府、企业或其他投资者（即中央和地方）合资建设和经营的铁路。合资铁路是我国铁路建设从计划经济向市场经济模式转变的产物。[1] 合资铁路打破多年来我国铁路建设投资主体单一局面，调动中央和地方两个积极性，拓宽筹资渠道，铁路建设初步形成投资主体多元化的格局。合资铁路缓解了规模铁路建设资金紧缺的问题，以新型铁路建设的形式促进铁路建设的发展，充分发挥政府与企业的双重优势，公司运作模式的引入，为铁路建设带来大量的投资，增强了铁路运输在运输市场的竞争力。铁路建设截至2017年末，我国合资铁路公司已达到两百多家，营业里程达到六万余公里。以北京铁路局集团公司为例，营业总里程近九千公里，其中国家铁路五千余公里，合资铁路近四千公里，国铁与合资铁路体量趋于相近。[2]

合资铁路是铁路改革后形成的新型铁路发展模式。其具备常规铁路的特征，又具有自身的专属特点，主要表现为独具特色的经营方式和体制架构。在合资铁路的管理模式上，其中主要有委托运营管理模式、自营自管的科学模式和PPP（公私合营）模式。

在合资铁路的投资运营过程中，委托运营管理模式是一种科学高效的管理模

---

〔1〕参见张长青、郑翔：《铁路法研究》，北京交通大学出版社2012年版，第113页。

〔2〕参见马兴华："合资铁路运营管理中存在的问题分析及改进建议"，载《科技风》2018年第31期，第218页。

式，能够将资产管理和资产使用有效分离，因此大多数的合资铁路公司使用该模式。[1] 在这种运营管理模式下，铁路运输企业俨然以一种执行者的姿态参与铁路运输的管理，推进合资铁路的运营和发展。委托运营管理模式，合资公司和铁路运输企业以签订协议与合同的方式，划定双方权利与责任的边界并明确委托的具体内容。

而在自营自管的科学模式中，合资公司作为铁路投资建设的主体，同时负责铁路的具体维护与运营，将整个管理权限收归到自己手中，以实现更好的管理与控制。在铁路运营发展过程中，合资公司可能会寻求铁路运输企业的支持与配合，积极向他们寻求经验和方法，以更好地提升铁路运营管理的整体水平。[2] 在运营管理过程中，合资公司依据当代公司的运营模式，划分不同的管理部门以及分配具体的工作岗位，专业的分工使铁路运输更好地适应市场的需求。

还需要指出，PPP 模式的产生，意味着鼓励社会民间资本有所作为，让非公共部门所掌握的资源参与提供公共产品和服务，通过合资达到更有利的效果。该模式有力地促进了铁路建设，不仅解决了资金问题，更重要的是将优质的企业资源，尤其是先进的现代企业管理制度和市场理念以及优秀的人才引入铁路建设和运营当中，为铁路经营注入了新鲜的血液，让铁路运输更好地融入市场经济中。合资铁路公司侧重于经济效益，为了赢得市场和经济回报，间接促使合资铁路公司采取各种方式提高服务质量来吸引旅客消费。[3]

2. 合资铁路用地。合资铁路用地是合资铁路公司依法取得使用权的国有土地，大多以划拨的方式将国家土地使用权转让给合资铁路企业，除财产属性外，合资铁路用地的功能、特点和国铁是一致的。合资铁路用地是合资铁路企业的重要财产。合资铁路企业不仅要依法使用合资铁路用地，还要使合资铁路用地保值增值，实现合资铁路用地的可持续发展。铁路用地委托管理的主要内容，包括铁路用地的守护和巡视，用地界桩的补设与日常养护维修，制止和纠正违法违规用地行为，及时处置危及运输安全的用地活动等。从合资铁路用地管理的实践看，这是对铁路用地管理的重要补充，但因种种原因，合资铁路用地管理中仍存在一些急需解决的问题。

---

〔1〕 参见曾佳："合资铁路运营模式现状与对策探究"，载《当代会计》2020 年第 10 期，第 117 页。

〔2〕 参见张振凯、段海峰、赵尚卿："煤炭企业控股建设运营合资铁路的'朔黄模式'研究"，载《煤炭经济研究》2006 年第 11 期，第 33~34 页。

〔3〕 参见张志勇主编：《行政法学概论》，浙江人民出版社 2000 年版，第 149 页。

3. 合资铁路用地的行政执法。行政执法是指行政主体依照行政执法程序及有关法律、法规的规定，对具体事件进行处理并直接影响相对人权利与义务的具体行政法律行为。合资铁路用地的行政执法，是铁路监管部门以及地方政府就铁路建设的用地管理问题依法执法的行为，主要是对铁路用地严格审批和有效监管，使土地依据法定用途进行铁路建设，以防铁路用地的乱占与乱用行为。

（四）铁路建设领域知识产权行政法律保护

铁路建设领域的知识产权，主要是指铁路建设过程中的技术创新与保护。铁路建设不是简单的管道铺设工程，而是勘察设计、原料锻造、地质开发等众多技术性工程。例如隧道施工的技术含量极高，稍有偏差便会延误建设工期甚至导致铁路建设难以进行，隧道施工包含许多技术性专利，应该纳入知识产权的法律保护之中。又比如桥梁施工，包含桥梁施工技术与施工组织、施工管理、施工质量等内容，铁路建设难以避免会穿过河流，此时就必须建造桥梁保证铁轨的铺设，而桥梁建设也同隧道施工一般，是技术性极高的工程，其中包含的设计专利与创新专利的保护也不容小视。

我国对知识产权保护的主要依据是有关知识产权法律法规。以往一般认为，知识产权的保护是一种私权利的救济，不应纳入到行政保护的范畴当中。但是知识产权法律法规中涉及了大量的行政法规范，因此知识产权的行政保护也成为必然。知识产权行政保护是行政机关对知识产权的全面保护，指行政机关根据法定职权和程序，依据权利人申请或其他法定方式履行职责，授予或确认权利人特有权利，管理知识产权使用、变更、撤销等事项，惩治侵权违法行为，保护各方合法权益，维护知识产权秩序的活动。[1] 简言之，在铁路建设领域中，铁路企业应以民事主体的身份寻求行政管理机关的知识产权保护，而不应如同原铁道部那样政企不分，以行政主体的身份，既做权利受保护者又做权利保护者。当下知识产权行政保护的基本问题是知识产权法与相关法律法规需要更好地衔接，在立法、法律解释和执法方面都存在尚待解决的问题。对铁路建设领域知识产权行政法律保护问题，将在本章第五节展开探讨。

第二节　铁路用地管理的现状和发展趋势

本节拟从我国铁路用地管理的意义、现状和未来发展等方面展开讨论。

---

[1] 参见曲三强、张洪波："知识产权行政保护研究"，载《政法论丛》2011 年第 3 期，第 57~58 页。

一、铁路用地管理的意义

优化铁路用地管理是在法律规定的土地使用范围内，更好地保障铁路运输安全生产和铁路建设发展。铁路用地管理的意义也是围绕它的概念展开。其主要有两方面的意义：一是对铁路自身发展方面的意义；二是关于土地利用方面的意义。

（1）有利于提高铁路土地资源利用率。铁路建设需要占用大量的土地，而建设用地与耕地（农业用地）是相互制约和此消彼长的关系，建设用地占用量越大，农业用地保存量越少。我国幅员辽阔，人地矛盾突出。国土面积总量位居世界第三，但人均土地面积却只有世界平均的三分之一。土地利用问题一直是制约我国发展的重大因素。人多、人均地少、耕地后备资源不足，是我国土地资源的基本国情。铁路运输作为我国常见和普遍的交通运输方式，铁路建设对土地的需求量也是极大的。2016年我国国土资源公报中显示，我国的建设用地需求量逐年增加，在土地利用紧张的基本态势下，必须保证铁路用地的可持续开发和利用。亦即，我国耕地资源紧张，人地矛盾一直是制约我国经济建设的重要因素，铁路建设对土地的需求量极大，一些铁路企业盲目追求铁路里程的数字目标，以致铁路用地利用率低，土地资源浪费严重，铁路用地资产大量流失。面对铁路建设中土地利用水平和质量不高的部分现状，铁路相关部门有必要加强铁路用地管理，做到铁路建设高速度和土地使用高质量，通过一系列的用地管理措施，优化土地资源配置，维持铁路用地资产，充分发挥铁路用地的经济效益和社会效益。[1]

（2）有利于保障铁路运输安全。铁路运输安全是铁路建设发展的重中之重。铁路用地与铁路运输安全息息相关，铁路用地的开发和利用必须以安全为第一标准，结合区域内地形地势合理规划铁路运输路线，保障运输路线的平稳、高效和安全。同时，严厉打击危害铁路运输安全、侵占铁路用地、破坏铁路设施、阻碍铁路工作人员维护铁路用地的行为。铁路相关部门应加强铁路用地情况的检查，督促维护铁路运输安全的相关人员尽职尽责，发现问题及时解决，防止因铁路用地问题影响运输安全。[2]

（3）有利于维持铁路建设发展。铁路建设依托于土地的开发利用，铁路用

---

〔1〕 参见武淑梅：“铁路用地的特性与管理方式”，载《铁道运输与经济》2010年第9期，第64页。

〔2〕 参见田一杰：“我国合资铁路用地管理法律问题研究”，北京交通大学2009年硕士学位论文，第3页。

地是铁路建设和发展的决定性因素，铁路的基础设施建设，如铁轨铺设、火车站的建设都需要占用大量土地。尽管土地资源的稀缺性制约着我国的铁路建设，但通过加强铁路用地管理，使有限的土地资源发挥最大效益，能够在一定程度上缓和二者间的矛盾。[1]如今人们对铁路交通出行的依赖性越来越强，加大铁路建设的投入是顺势而行，如何做到使铁路建设满足国民交通出行的需求，协调铁路建设与土地利用矛盾的关键，就在于铁路用地管理水平能否显著提高。[2]

（4）有利于维护铁路企业合法权益，盘活铁路土地存量资产。铁路用地是铁路企业资产的重要组成部分。若将其价值化，则土地资产在任何一家铁路企业的总资产中都占有相当大的比例。如何保护好和利用好铁路土地资产，是维护铁路企业财产权及其相关合法权益的重要内容。除了为铁路运输主业提供必要的支持和保障外，铁路企业还应充分利用国家政策法规，根据市场需求和铁路用地实际，盘活铁路土地存量资产，以提高铁路资产的利用率，切实维护铁路企业的合法权益。[3]

二、我国铁路用地管理的现状：成绩与问题

《国务院办公厅转发国家发展改革委等单位关于进一步做好铁路规划建设工作意见的通知》指出，铁路是关系国计民生的重要基础设施。当前我国铁路建设已取得辉煌成就，铁路建设带动了周边地区的经济发展，也给国家带来了不菲的收入，已成为国家现代化建设的重要引擎。

经济建设对土地资源的需求是极大的，铁路建设同样有着极大的铁路用地需求，但土地稀缺的现状导致我国铁路用地陷入内外交困的尴尬处境，也制约着铁路的建设和发展。一方面，土地资源稀缺，人地矛盾突出的基本国情在短时间内难以改善，铁路用地的大量需求和土地供给的有限问题依旧突出。除铁路用地外，商业用地、建设用地和房屋用地以及其他交通运输用地的需求也在逐步提高，在有限的土地供给下，多种用途的土地使用如何协调，铁路用地的划拨量能否得到提高依旧是个问题。另一方面，我国的铁路用地管理仍然存在一系列问题，如片面追求高质量、高速度，不顾区域内土地资源的现状，未作合理的规

---

〔1〕 参见党政宏："实现铁路土地科学管理和综合开发利用的思考"，载《产业与科技论坛》2019年第21期，第235、236页。

〔2〕 参见黄振岭："关于对铁路土地管理的分析"，载《黑龙江科技信息》2016年第27期，第287页。

〔3〕 参见张长青、郑翔：《铁路法研究》，北京交通大学出版社2012年版，第99页。

划，导致铁路建设和土地利用不协调；部分单位和个人受利益的驱使，不顾国家法律的规定，违法占用、乱用土地等。

其一，土地权属和资产分配不清晰。我国铁路运营方式众多，铁路网错综复杂，遍布全国，铁路站点数量众多，基本实现了市级城市的全覆盖。近年来伴随着铁路网的不断更新扩大，铁道部门也相继依照相关法律法规对铁路沿线土地资源进行接收、征用和转让等处理，聚集了一大批铁路土地资源。与此同时，政府部门也不忘对这些铁路土地资源进行规划整改，但是都没能摸索出一套完善的管理办法，甚至相关铁路部门连某些土地归属问题都没能处理妥当，致使土地资源分配紊乱，有些直接由铁道部（现为国铁集团和国家铁路局）管辖，有的又归属地方铁路局管理，还有的在基层运输站段。[1] 管辖不一导致土地权属关系混乱和资产分配不清晰，以至土地资源闲置和浪费，降低了土地为铁路建设带来的经济效益。

其二，历史遗留问题突出。就中国铁路太原局集团有限公司而言，管辖南北同蒲、侯月、大秦、石太、京原、太焦、侯西、瓦日、迁曹等十大干线和介西、忻河、太岢、云冈等十条支线，线路总延长 8 682km，铁路用地总面积 172.44km^2，因修建铁路初期拆迁不彻底，后期管理不善等原因造成历史形成的违章建筑多达 448 处，面积 0.704 4km^2。[2] 这虽然是个别城市的遗留问题，却可以映射出其他城市和地区铁路建设遗留的大量违章建筑问题，土地利用规划不合理，预备方案不充足的缺陷，不仅会出现大量的违章建筑，也对当地的生态环境有一定的影响，例如，遗留的缆线会危及飞行动物的安全，遗留的铁路轨道会影响公路交通的建设，遗留的建设原材料会污染当地的土质等。

其三，违法占地现象时有发生。出于铁路运输安全的考虑以及公共设施的多功能需求，隔离车站的防护墙不能按照铁路用地的范围完全封闭，因此铁路用地封闭性不强。区间设置护网主要是为了防止无关人员、牲畜、猫、狗等动物侵入线路，影响行车安全，并且护网设置大部分不在地界上，护网外有大量铁路用地，往往给人造成护网外用地与铁路无关的印象，给故意侵占铁路用地的不法人员以可乘之机。[3]

---

〔1〕 参见朱先军："铁路土地管理的思考"，载《黑龙江科技信息》2016 年第 6 期，第 297 页。

〔2〕 参见孙喜华："全面提升铁路用地管理水平的措施研究"，载《科技与创新》2019 年第 2 期，第 32 页。

〔3〕 参见孙喜华："全面提升铁路用地管理水平的措施研究"，载《科技与创新》2019 年第 2 期，第 32 页。

其四，铁路用地闲置问题突出。铁路土地闲置主要包括两个原因，第一是铁路自身留用，第二是考虑到城市规划问题。铁路自身留用地的用处包括修建完善的排水系统、铁路沿线的绿化和稳固地基等，但是这些在土地管理办法中是不属于闲置地的。这部分土地只在需要时用到，平时基本是空置的。这就在另一个层面说明了这部分土地确实是被闲置的。[1]部分闲置的土地往往会被违法占用乱用，故而不能为铁道部门带来良好的经济效益。另一部分的闲置土地被纳入到城市规划之中，城市规划的调整日新月异，纳入城市规划的铁路用地不仅要考虑城市建设，也要考虑铁路建设的因素，包括土地备用问题，土地闲置似乎陷入一个恶性循环之中。

其五，清理违规用地难度大。根据调查显示，非法占用铁路用地的不仅有个人和某些单位，甚至有地方党政机关。这类情况在全国范围内普遍存在并且屡禁不止。由于铁道部门土地管理人员不具备执法功能，对于很多违法现象无法采用有效手段进行惩治，只能对这些违法现象给予劝退。从以上分析就不难看出铁路用地被非法占用的局面是不太好处理的。

其六，铁路系统与政府部门用地管理价值取向存在分歧。在铁路用地管理的主体—政府（中央和地方政府）和国家铁路局以及铁路企业之间存在着信息不对称、利益取向、地位差异、对土地使用方向的不同，各自所采取的铁路用地管理措施也大相径庭。政府基于人多地少的国情和多方面的建设需求严格控制建设用地的供给，铁路局基于高质量、高速度的铁路建设目标争取更多铁路用地的划拨，而铁路企业为追求铁路建设和发展的高回报、高效益更是对建设用地的所求毫无止境。[2]同时，由于国家掌握土地的所有权，政府掌管土地分配给个人和单位使用的权限，而铁路企业只拥有铁路用地的使用和经营的权利，因此在权利上各个主体是不对等的。

铁路用地往往地理位置优越、商业开发价值较大，成为地方政府紧盯、铁路系统不放的"肥肉"。地方政府、国家铁路局和铁路企业之间，权利和权利、职责和义务的分配不平衡，导致各个主体在铁路用地管理方面争权夺利十分严重。土地市场优化配置已经造成铁路系统与地方政府在铁路用地之间的矛盾，越是（城市）土地供应紧张、市场优化配置程度较高的地区，这种矛盾越发突出，主要表现为土地使用者和管理者、政府管理土地与铁路系统管理土地、政府实施土

---

〔1〕　参见朱先军：“铁路土地管理的思考”，载《黑龙江科技信息》2016年第6期，第297页。

〔2〕　参见张长青、郑翔：《铁路法研究》，北京交通大学出版社2012年版，第101页。

地统一管理与铁路系统用地自用自管之间的矛盾。[1]

其七，一部分铁路用地管理人员资产意识和管理意识较弱。大部分铁路用地的取得方式是国家的划拨，这种无偿的取得方式导致有的铁路用地管理人员难以意识到土地资产的重要性，以致铁路用地的低效利用和无序使用。例如，有的闲置铁路用地被无偿提供给其他单位使用，有的低价租借，不仅没有发挥其应有的价值，还致使铁路用地使用效益不高，甚至带来土地权属纠纷等法律风险，影响铁路用地的开发利用。

其八，铁路用地基础设施配套不完善。铁路用地的利用，不仅有关轨道、缆线等相关铁路运行的设施建设，也涉及铁路运输安全设施和居民正常生活保障设施的建设，以及受当地环境因素影响的环保设施建设等。2021 年 4 月 19 日在我国台湾发生的列车脱轨事故，也给我国大陆铁路运输安全的设施建设敲响警钟。我国的铁路运输安全级别是极高的，但客观的安全隐患也是存在的。例如在铁路通过的桥梁上仅设置一张安全网，这很难防止安全事故的发生。在铁轨与居民方之间一般会设置隔离墙以保障居民的正常生活，但多数隔离墙并未更新换代，只是砌一面普通的砖墙，没有较好的隔音效果，因此很大程度上影响着居民的生活。铁路用地规划与建设需与当地的自然地理相协调，铁路发展也应贯彻绿色发展的原则，不能破坏当地的自然生态。

其九，铁路用地监察和执法有待完善。铁路土地管理机构设置不合理。就铁路内部而言，土地管理机构没有进行专业设置，监察管理、地籍管理、规划利用管理没有单独设置部门，只划分工程师和监察两种岗位，造成管理职责不清，工作分工不细。长期以来，在计划经济体制下，铁路用地一直实行无偿划拨使用，使基层单位土地管理干部土地守护意识淡薄，对土地管理工作重视不够。[2] 尽管土地资产不断升值，基层管地单位严格落实监管责任的意识仍然薄弱，以致铁路用地违法乱用、占用的问题突出，土地监察执行不到位，导致该制度形同虚设。

三、铁路用地管理的发展趋势：良法善治

铁路用地管理存在大量的问题，其根源就在于铁路用地管理的法律不完善，

---

〔1〕 参见张长青、郑翔：《铁路法研究》，北京交通大学出版社 2012 年版，第 101 页。

〔2〕 参见李志刚："铁路用地监察存在的问题与对策"，载《企业科技与发展》2016 年第 9 期，第 104 页。

或是执法人员没有严格按照法律规定进行管理，因此有必要完善铁路用地管理的法律制度，从立法、司法以及执法措施三个方面提出合理建议。

（一）铁路管理制度的立法完善

目前，我国有关铁路用地的法律法规规章有《土地管理法》《铁路法》《铁路安全管理条例》《铁路用地管理办法》等，直接相关的法律法规数量较少，内容不全面，给铁路用地管理带来较大的困扰。《铁路法》在1990年颁布时，我国还处于有计划的商品经济时期。我国法制建设也起步不久，当时许多规定过于简单和原则。该法虽经几次修订，仍然不适应完善社会主义市场经济体制的要求，[1] 也不适应当前我国法治建设的需要。关于涉及铁路用地管理内容的法律规范，需要进一步完善，更好地规制铁路用地的违法乱象，适应当代铁路建设的发展。

（二）司法解释的完善

法律适用离不开司法解释，法律的普遍性意味着法律是固定的、长期的、不能反复更改的，因此法律一旦实施就不能随意修订与废立，既不能随意制定一部新法，也不能任意废除旧法。社会的复杂多变要求通过解释使现有的法律适用错综复杂的社会状况。在现有的铁路法律法规欠缺而短时间内无法改变的现实条件下，通过解释已有铁路法律法规以适应当代铁路建设发展是最有效的途径。法律不重诵读，而重理解。[2] 理解法律的途径便是解释法律，使用法律解释的方法让解释在法律涵摄的范围内更好地发挥规范作用。例如，《铁路法》第36条第1款规定，"铁路建设用地，依照有关法律、行政法规的规定办理。"该法条中"依照有关法律、行政法规的规定办理"是模糊的，在司法过程中难以直接适用，对此法条进行解释就具有必要性。此处的"有关法律"和"行政法规的规定"，必须是有关土地使用和涉及土地管理的法律法规，而不是其他与土地使用内容无关的法律法规。

（三）执法措施的改进

当前铁路用地管理执法过程中存在一些不当之处，比如办案时轻时重，随意行使自由裁量权，办"人情案""关系案"；公安机关执法中还存在部门行业保护主义；公安工作的一些方式和制度不适应公安工作，导致许多方面工作效率不

---

〔1〕 参见田根哲："加强铁路法制建设　促进铁路跨越式发展"，载《铁道经济研究》2006年第4期，第6页。

〔2〕 参见郑玉波：《法谚（一）》，法律出版社2007年版，第34页。

高等。因此，要坚持从抓队伍建设入手，具体采取相应措施，认真加以整治，尽快提高队伍的整体执法水平，以适应新时期公安工作的需要。[1]将转变执法观念摆在改进执法的首要位置，必须大力开展转变执法观念的教育，增强服务意识，始终牢记人民满意的执法才是最好的执法。创新形式，加强执法队伍建设，在队伍建设过程中，注重实现规范化管理，落实执法主体责任，制定相应的考核制度，出台有关的评议办法，考核和评议执法人员的能力与业绩，督促其依法合规，尽职尽责。建立有效的信息平台和沟通机制，积极推动联合执法，铁路执法部门应当积极与辖区内的政府安监部门，交通、水利、土地等职能部门和公检法机关，以及铁路运输企业、铁路建设单位、铁路设备生产企业等，建立信息平台和有效的沟通协作机制。[2]在有效的信息联动和提高执法水平的同时，规范铁路建设用地的科学合理使用，使铁路用地管理的行政执法符合国家铁路法治建设的要求。

第三节　铁路建设用地征收

本节将对我国铁路建设征收措施存在的问题及其法律完善展开若干讨论。

一、我国铁路建设征收措施存在的问题

铁路是国民经济的大动脉，是国家的重要基础设施和普惠性的交通工具，我国对于铁路建设一直都非常重视。不论是国内的"八纵八横"铁路规划还是"一带一路"铁路建设，我国铁路建设水平都取得了巨大提升。但是铁路建设初期的征收程序落实并不理想。其主要表现在两个方面：一是政策法规落实不力，对失地农民保护不足；二是农民对政策法规理解不充分，不善于运用法律维权，且只图眼前利益，不顾将来生计。

（一）政府对政策法规落实不力，对失地农民保护不足

近年来，国家对于征地拆迁法规和政策的不断完善，在程序上弥补了《土地管理法》征地工作操作性的不足，但有的地方政府的征地组织实施机构在执行时却大打折扣。例如公告、听证制度等流于形式，未考虑农民因渠道不通或能力不

---

〔1〕　参见刘文华："当前铁路公安机关执法中存在的问题及对策"，载《铁道警官高等专科学校学报》2004 年第 3 期，第 100 页。

〔2〕　参见刘瑞全："铁路安全执法的难点及对策研究"，载《铁道经济研究》2017 年第 3 期，第 25 页。

足而无法获得信息或所获信息不充分的问题。在实践中，主要有公告、听证制度等程序来保障失地农民的知情权，但因法定程序执行不到位致使有的失地农民的知情权被剥夺，影响了被征地农民信息的获得和反馈。完善的土地征收法规和执行程序可以规范征收行为的实施，一方面使被征收者清楚了解征收的决策、执行依据和程序等信息，另一方面，征收者有法可依，增强征收工作的权威性和公信力。这样能有效缓解征收者与被征收者的矛盾，有利于土地征收工作顺利开展和征收目的高效实现。政府征收土地及其附属物，多采取短平快的货币安置补偿手段，货币安置具有短期性，无法解决失地农民的就业、保障等长久问题。失地农民因自身立场及规划不足易受眼前利益诱惑，多数都选择货币补偿方式，对未来长久的生活出路没有充分考虑，失地农民的补偿款用完后，生计就会陷入困难。这种货币化的安置方式只能解决被征地人的近忧，却未充分考虑到保障他们的将来，因此可能导致有的被征地人既失地又失业。可见这种单一的货币补偿方式是不够完善的，无法解决铁路征地中失地农民的就业和长久生计问题。[1]

（二）农民对政策法规理解不充分，不善于运用法律维权，往往只图眼前利益而不顾将来生计

被征地农民相对于政府处于弱势地位，由于对政策法律不知或不了解，权利受到侵害都可能不知或即使知道也不懂维权，相应的权利无法得到充分保障。当对征收行为或征地补偿不满时，被征地农民又本能地认为土地是自己的，土地的补偿和提供的决定权在自己手中，土地补偿不满意就直接阻碍土地征收，不懂得通过法律途径维权。一方面造成征收方与被征收方矛盾加剧，可能产生不良的社会影响，另一方面也直接导致土地征收时限拖延，土地征收目的难以实现。同时，由于农民失去土地后多选择货币安置方法进行补偿，补偿款用完后也会产生后续生存难题。

二、我国铁路建设用地征收的法律完善

上述问题主要是由于作为征收主体的政府，在实施征收过程中全面落实规定的主动性不足和工作能力受限，以及被征收的农民选择全面稳妥的长久保障的主动性不强和能力不足等原因所导致的，因此要改变这些现象，可以考虑设置和完善相关程序。一是对于政府方面，增强新建铁路征地程序的透明性和协商性；二是对于农民保障方面，改变单一的补偿方式，推行安置方式的多样化。

---

〔1〕　参见代琼："我国新建铁路征地法律制度研究"，华中科技大学 2011 年硕士学位论文，第 35 页。

（一）增强新建铁路征地程序的透明性和协商性

征地程序透明性的关键在于对征地信息的公开。我国现有的土地征收法律制度中明确规定了听证、公告程序，用以保障被征地者的知情权、参与权和申诉权。但是问题往往产生在实施过程中。征地者应严格执行公告和听证程序，履行征地告知及公示义务，保障被征地者的知情权、参与权和申诉权。这是权利保障的基础。从纵向来看，建立征地主体终身负责制，完善终身问责机制，加强地方人大监督的作用，使征地程序的监督不流于形式；从横向来看，完善对征地过程的实时监督与全局监督，土地征收过程中征地主体的责任义务覆盖全部征地权力领域。比如征地前告知程序、确认程序、听证程序、实施程序、安置补偿程序等所有领域，权力就代表着责任，与责任相辅相成，没有监督的权力是无法代表被征收人的利益的。[1]征收作为一种剥夺被征地者权利的行为，行使不当必然会对被征收人造成严重的损害并使征地者与被征地者产生深刻矛盾，因此征收过程中不但要透明公开，而且要赋予被征收人及利害关系人相应的权利，建立被征地者参与机制，如被征地者的协商程序。应明确铁路建设征地过程中被征地者所享有的一定程度的谈判权，如对地上附着物补偿标准的制定过程能有所参与，以使其与征收者之间尽量处于一种协商的地位。在征地方案审批之前把社会中所反映出来的问题一一筛选和完善，被征收者有权提出征收建议，当影响自己实质性权利时，可进一步提出申诉而非处于一种绝对服从的地位，以预防政府"独断专行"。[2]这无疑会更加有利于保护被征收人的权利。

（二）改变单一的补偿方式和推行安置方式的多样化

单一的货币补偿，对完全依靠土地生活同时缺乏其他生产技术的农民而言，是保护不足的。应当按照农民对土地的依赖程度，积极探索多样化的补偿方式，做到既满足眼前要求，又考虑到长远生计。根据我国典型地区征地农民社会保障的经验启示，首先应针对不同地区的具体经济状况，有步骤和计划地将被征地农民纳入城市社会保障体系。[3]现有最低生活保障、养老保险和医疗保障三方面的制度保障机制可适度采用。其中失地农民最关心的是生计问题，包括现在的生存问题和未来的养老问题，因此满足失地农民的养老和医疗需求是最基本的。在

---

［1］ 参见贾雯博："我国土地征收程序完善研究——以裁判文书为分析样本"，华中师范大学 2019 年硕士学位论文，第 33~34 页。

［2］ 参见贾雯博："我国土地征收程序完善研究——以裁判文书为分析样本"，华中师范大学 2019 年硕士学位论文，第 36 页。

［3］ 参见代琼："我国新建铁路征地法律制度研究"，华中科技大学 2011 年硕士学位论文，第 44 页。

采用货币补偿方式时，可以提取部分资金用来缴纳基本的养老和医疗保险，或者降低货币补偿金额来给失地农民创设就业安置岗位。例如在征地所在地成立政府主导的合作企业提供工作安置，将部分货币补偿投入社会再生产，使农民可以按时取得分红，还有更多的安置方式可以在现实中实践并逐步完善。

第四节　合资铁路用地的行政执法

本节将对合资铁路用地的行政执法问题以及合资铁路用地管理的完善进行探讨。

一、合资铁路用地的行政执法问题

我国合资铁路建设取得的成效是显著的，但在合资铁路建设和发展的过程中对合资铁路用地的执法管理上仍然遗留了一些亟待解决的问题。

（一）铁路用地执法监察难以履职到位

土地执法权的行使难以到位，因为现行法律没有赋予铁路执法部门切实可行的强制执行的权力。土地执法查处权难以落实。土地违法案件按照法定程序，办理时间一般需两三个月甚至更长，给案件的查处执行带来困难。在案件办理过程中，土地违法行为人往往加快施工进度，造成既成事实，而非法占地建筑物的清除必须依法向人民法院提出申请强制执行，但实际执行中因各种原因往往久拖不决，使得违法用地状态无法消除。[1] 久而久之，违法用地越积越多，呈蔓延态势。[2]

（二）铁路用地执法监察缺乏必要的保障

铁路用地执法监察装备不足。各级铁路用地执法监察队伍缺少执法专用设备，难以保障执法的及时性和准确性。土地联合执法机制不健全。缺少土地联合执法的文件，需要其他单位配合时往往出现推诿现象，使执法监察人员在查处违法用地中孤军奋战，执法威慑力不强。违法用地责任追究机制不健全。尽管铁路用地管理实行"一票否决"和责任追究制，但缺乏执法的可操作性与准确性，也没有较为统一的执法标准。同时，对于疏于土地管理的执法人员，没有严格的

---

〔1〕 参见李朝勇："当前铁路用地执法监察存在的问题及对策"，载《河南铁道》2011年第4期，第227页。

〔2〕 参见秦海燕："浅谈基层国土资源执法监察工作"，载《商情》2018年第8期，第279页。

追责制度，多采用批评教育的方式加以惩戒，导致部分土地执法人员的积极性不高和责任意识不强。[1]

（三）其他相关问题

1. 土地开发推进迟缓。由于大部分合资铁路项目科研批复中未规划综合开发用地，且地方政府尚未出台贯彻落实国办发〔2014〕37号文的具体实施细则，铁路既有土地综合开发项目无法纳入地方规划办理报规报建手续，常因"申请开发项目与城市规划有冲突"而难以获得批准；与地方政府各部门对接方案及办理规划时手续繁杂、难以协调。[2]另外，合资铁路用地开发需要先行缴纳出让金，而土地价位较高则提高了土地经营开发建设成本，增加了铁路土地开发投资风险。

2. 外部环境管理问题。城市化进程的加速造成土地供需紧张的局面日益突出。合资铁路用地被侵占的现象时有发生，侵占最为严重的是在城市周边以及城乡结合区域，铁路沿线区域的土地更是成为外界侵占的第一目标。一些单位和个人在线路周边违法修建仓库、住房等，个别单位甚至披着"为群众办事""搞好铁路建设"的外衣非法蚕食土地。此等违法侵占、乱用滥用铁路用地情况，既会严重损害城市周边环境，又会对铁路的运输安全造成不可估量的安全风险。[3]由此给铁路用地的保护和清理整治带来了极为沉重的压力。

3. 土地权属不完善问题。铁路用地管理工作缺乏法律凭证仍是现阶段合资铁路用地管理的一个问题。大多数合资铁路公司未完成建设用地确权领证工作，甚至存在未能取得国有建设用地批复，造成建设项目用地手续不全，不能办理土地使用权的现象。土地权属不清的问题，在铁路建设完成并运营后会带来一系列土地权属纠纷等法律问题。作为土地权利人，依法拥有国有土地使用权的证明，土地权属明确，使用范围清晰，对铁路建设和发展的影响是巨大的。合资铁路公司应当意识到铁路用地确权工作的重要性，紧抓铁路用地确权工作，避免因权属纠纷影响铁路建设的有序展开。

4. 综合开发问题。合资铁路用地是合资公司的重要财产，合资铁路公司应担当实现铁路用地资产保值增值的责任，加强铁路用地资产的管理。从现阶段各

---

〔1〕 参见李朝勇："当前铁路用地执法监察存在的问题及对策"，载《河南铁道》2011年第4期，第227~228页。

〔2〕 参见杨爱珍："创新合资铁路管理工作的思考"，载《铁道运营技术》2019年第3期，第51~52页。

〔3〕 参见王伟："合资铁路用地管理中若干问题的探讨"，载《上海铁道科技》2018年第1期，第125页。

合资铁路公司开发利用情况看，存在的问题主要有：一是铁路用地开发利用方式不够灵活，绝大部分仍局限于出租出借、设定他项权利等简单形式，造成土地利用价值低甚至无价值体现等情况；二是铁路用地开发利用管理制度不健全，审批和监管方面存在漏洞。[1]部分合资公司对铁路用地的开发利用往往追求市场机制的利润最大化，以经济效益为首要目标，忽视了与铁路用地管理单位的沟通，造成用地单位的管理空白。

二、合资铁路用地管理的完善

加强合资铁路用地管理，不仅有利于土地的开发与利用，也对合资铁路的发展大有裨益，针对以上出现的问题，合资铁路用地管理工作，应在执法监察、管理制度、土地确权、组织建设和人员管理等方面做出改变。

（一）进一步完善立法并强化铁路用地执法监察保障

建立健全铁路土地管理制度，引入合理机制，加强内部管理规章制度的执行力，是解决当前铁路土地管理问题的关键。建立健全铁路局（集团公司）领导小组—局土地办（所）—局属各单位的三级土地监察机构，建立三级土地监察联合机制，层层落实责任，任务分配到人，将全局土地划分若干区域，每一项铁路用地巡查和守护、制止违法占地的责任落实到具体岗位和个人，明确各级监察范围和职责，落实考核、监督等相关配套制度，使铁路用地监察管理制度常态化。[2]同时，建立多部门联合执法监察机制，各部门相互监督、相互促进保障监察执法的有序进行，具体措施是建立以地方行政执法部门为后盾，以政府土地管理部门为依托，以围绕铁路土地管理部门为中心的三方机构联合监察执法机制。

（二）合资铁路用地管理的模式转变

合资铁路公司大多实行委托运输管理模式，铁路用地委托管理的主要内容包括铁路用地的守护和巡视，用地界桩的补设和日常养护维修，以及制止、纠正违法违规用地行为，及时处置危及运输安全的用地活动等。[3]这种委托式的管理

---

〔1〕　参见王伟："合资铁路用地管理中若干问题的探讨"，载《上海铁道科技》2018年第1期，第125~126页。

〔2〕　参见李志刚："铁路用地监察存在的问题与对策"，载《企业科技与发展》2016年第9期，第104~105页。

〔3〕　参见王伟："合资铁路用地管理中若干问题的探讨"，载《上海铁道科技》2018年第1期，第125页。

模式在铁路用地的应用上显得十分突兀，将合资铁路用地的监管和执法权力委托给企业单位顺应了政府简政放权的要求，但不分主次、全面委托的方式会带来一系列的矛盾和纠纷。铁路土地管理机构希望土地的使用能够带来良好的社会效益，但合资公司更多的是以追求经济效益最大化的目的来开发和利用土地，因此存在着土地使用目的不同而导致的意见分歧。合资公司土地使用自决权的完全自主以及土地监管执法权力的获得，给违法占用乱用土地的行为留下了空间，增加了违规土地清理的难度，因此有必要转变土地内容的管理模式。转变管理模式的主要方式便是对合资铁路用地管理的内容进行划分，以部分委托的方式代替全面委托，将铁路用地的监管执法牢牢抓紧在用地管理机构手中，而将铁路用地的养护维修、巡视和安全维护委托给合资公司，这样不仅能调动用地管理机构的执法积极性，促使其更好地履行自己的职责，也能防止合资公司非法蚕食土地的行为，督促其为实现更好的铁路用地管理尽一份责任。

(三) 合资铁路用地管理的制度完善

首先，合资铁路的良性发展需要以完备的管理制度为依托。要抓紧制定合资铁路用地征收、确权、监察、登记等管理办法，重视铁路用地的登记和确权管理，规范铁路用地的投资项目规划以及收支活动，制定一套主动预防和被动查处的监察体系，建立全方位、多层次的铁路用地管理体制。其次，合资铁路的有序发展需要以健全的法律法规为依据。缺乏完善的法律法规的保障会使合资铁路的投资者有后顾之忧，巨大的经营风险造成合资铁路的市场活力不足、市场竞争力不强。有关部门要落实现有铁路用地管理的各项规章制度，明确各级政府和企业在铁路投资、建设和运营等方面的职能和责任，各合资公司再结合现有规章制度提出具体的细化及执行措施，规范合资铁路用地的日常管理，国家铁路局应对合资公司的铁路用地管理情况进行监督，通过考核，实现对合资铁路用地的有效管理。[1]另外，有关部门要基于社会调查与论证分析的基础数据，针对合资铁路用地现存的问题，可参照《铁路用地管理办法》出台专门规制合资铁路用地的"合资铁路用地管理办法"，进一步明确铁路相关部门、各级政府和铁路企业关于铁路用地的权责，加强对合资铁路用地的管理。最后，合资铁路的高效发展还要以政策落实为保障。法规与政策的出台若得不到有效落实则只是一纸空文，因此要严格落实现有的规章制度，要根据法律法规的立法目的和土地政策的指示精神，落实合资铁路用地的管理，提高合资铁路建设成效。

---

[1] 参见张长青、郑翔：《铁路法研究》，北京交通大学出版社2012年版，第115页。

（四）合资铁路用地管理的组织建设

合资公司参照现代公司企业的管理制度，在内部设立股东会、董事会、监事会和经理层人选的管理制度，然而这种借鉴在相当大的程度上只有象征意义的外壳，在实际操作中与企业管理仍有差距。为规范合资铁路用地的管理，依据《公司法》的规定，将合资公司管理体制的内部改革与现代公司企业管理体制接轨的意义是重大的。一是优化董事会组成结构。建立以董事会作为平衡各方利益的核心决策平台，要依法落实和维护董事会行使重大决策、选人用人、薪酬分配等权利，增强董事会的独立性和权威性。[1]完善董事会的决策程序，建立股东会、董事会和监事会公司内部管理的权责制衡机制。二是强化监事会的作用。监事会是保障公司合法经营、决策合理、运营高效的专责监督机构，应当优化监事会成员结构，控制监事会内部成员和外聘人员的比重，减少兼职监事，增加专职监事。同时要加强培训监事成员的业务能力，提高监事人员的法律素质，让监事成员精通公司业务、财务和法律，使监事会更好地规范公司经营，成为公司真正的运营和决策的监督机构。三是规范经理层的运作机制。公司经理是股东会、董事会决策的执行者，是公司经营管理的实际执行人员，对公司的影响是举足轻重的。根据企业产权结构、市场化程度等不同情况，有序推进职业经理人制度建设，对经理层成员实行与选任方式相匹配、与企业功能性质相适应、与经营业绩相挂钩的差异化薪酬分配制度，实行内部培养和外部引进相结合，畅通企业经理层成员和职业经理人的身份转换通道，逐步扩大职业经理人队伍，有序实行市场化薪酬，强化经营业绩考核，探索完善中长期激励机制。[2]

（五）合资铁路用地管理的确权措施

合资铁路用地权属不清的问题，应通过实施有效的确权措施来解决。用地权属管理可分为建设期与运营期两个阶段。在建设期的管理中，从申请用地，到国土部门审批用地，到实际取得用地、拆迁安置，到用地投入使用，每一个环节都要有相应的管理制度，并且要严格落实。[3]合资铁路公司应积极配合当地政府协调处理土地征收过程中的问题，及时进行土地信息的登记，当因征收补偿工作导致土地审批使用迟缓时，应当暂缓铁路项目的前期工作，优先解决土地征收问

---

〔1〕参见李亮、宋金海、周冬梅："关于合资铁路公司国铁股权管理的实践与思考"，载《铁道经济研究》2018年第3期，第20页。

〔2〕参见李亮、宋金海、周冬梅："关于合资铁路公司国铁股权管理的实践与思考"，载《铁道经济研究》2018年第3期，第20~21页。

〔3〕参见张长青、郑翔：《铁路法研究》，北京交通大学出版社2012年版，第115页。

题。同时，合资铁路公司要积极与铁路用地管理机构沟通，规范产权关系、厘清土地资产关系、确定土地使用方式，落实相关政策，维护各方权益。在运营期管理中，合资铁路公司应将铁路用地的完整资料移交给铁路用地管理部门，做到工作交接的及时性与准确性。对于业已改变的铁路用地情况，要及时更新和补全相关信息，建立高效的信息对接机制，确保铁路用地管理无死角。对遗留问题的解决要充分考虑项目本身合资的特点，发挥地方政府作为出资一方优势，协调推进合资铁路用地确权工作，争取国家及地方政策上的支持，待条件和时机成熟后再进行确权登记，最终为土地管理提供有效依据。[1]

（六）合资铁路用地管理的人员管理

任何政策和法律的执行，最终都要落实到具体人员，因此改进合资铁路用地的人员管理制度是加强铁路用地管理的关键环节。铁路建设管理人员良莠不齐、队伍结构不够合理以及日常管理工作不到位等问题，对此要制定相应的改进措施。

1. 优化队伍结构。当前铁路用地管理人员大部分没有接受铁路建设的专业能力培训，同时存在一人任多岗位的安排，熟悉铁路用地勘验监察和建设规划的人才紧缺。因此在选拔管理人员时，要注重优先任用具有铁路建设从业经验的专业管理人员，培养一批专业化的建设和运营管理后备人才。[2]

2. 加强工作人员管理意识教育。目前合资公司的工作人员依然固守旧的土地管理观念，认为合资公司主要承担铁路用地的巡视、维修等辅助性工作，对铁路用地属于合资公司重要资产的意识不到位，对铁路用地管理的积极性不高。因此必须加快转变铁路用地管理人员的观念，让其意识到铁路用地资产不仅是合资公司的重要财产，更切实关系到其自身的利益；意识到只有维护好铁路用地资产，才能为其自身带来更高的经济回报和创造更好的提升机会，激发铁路用地管理人员监察执法的积极性和主动性。

3. 提高铁路用地管理人员的业务水平和能力。工作人员较强的业务能力对铁路用地管理水平提升的作用是显著的。合资公司应制定相应的办法增强管理人员的工作能力。首先要坚持准入培训，在新员工入职之前要求其熟悉用地管理业务，保障其在以后的工作中避免出现不该出现的错误。其次要加强定期轮训，制

---

〔1〕 参见王伟："合资铁路用地管理中若干问题的探讨"，载《上海铁道科技》2018 年第 1 期，第126 页。

〔2〕 参见郭磊："加强铁路机构管理人员队伍建设探讨"，载《管理观察》2018 年第 28 期，第 22 页。

定有序的培训计划，普及铁路用地管理的相关知识，改进铁路用地管理的工作方法。最后要紧抓日常培训，总结管理人员在日常工作中的失误和不足，交流工作方法和分享工作经验，防微杜渐。[1]

第五节　铁路建设领域知识产权行政法律保护

本节拟从铁路建设领域知识产权行政立法与行政诉讼两方面来讨论。

一、铁路建设领域知识产权行政立法

下文将从我国铁路建设领域行政立法规定及其不足与完善进行探讨。

（一）我国铁路建设领域知识产权行政立法规定

1. 相关法律的规定。前已述及，我国没有统一的关于铁路知识产权的法律。我国涉及铁路的知识产权行政立法规定，是以《专利法》《商标法》《著作权法》等法律中的行政法律规范为基本载体的。为加强对知识产权的保护，全国人大常委会修改了《专利法》《商标法》《著作权法》，对知识产权法律全面"升级"，使知识产权保护"带电"（例如，加大侵权处罚力度）。不难发现，上述法律没有专门针对铁路行业，但可以适用于铁路行业的知识产权。其中主要表现在涉及有关铁路的专利权、商标权和著作权的行政管理条款以及行政违法行为的法律责任条款。需要指出，立法上没有区分铁路建设和铁路运输两个领域的知识产权行政法律保护的差异性。

2. 相关法规规章的规定。国务院颁布一系列的行政法规，如《专利法实施细则》《商标法实施条例》《著作权法实施条例》等。国务院各部委为细化行政法规，制定并出台知识产权规章，如《专利代理管理办法》《规范商标申请注册行为若干规定》《著作权质权登记办法》等。其中也没有专门针对铁路行业知识产权的行政立法规定。

还要指出的是，《铁道部科技创新知识产权管理办法》（铁科技〔2013〕8号）属于部门规章，但由于铁道部被撤销及《中国铁路总公司科技创新知识产权管理办法》（铁总科技〔2014〕175号）的颁行而发生变更。特别是，在《国家铁路局关于原铁道部规范性文件第三批清理结果的通知》（国铁科法〔2017〕58号）中已明确，将原铁道部该办法"交由中国铁路总公司管理，中国铁路总

---

〔1〕　参见郭磊："加强铁路机构管理人员队伍建设探讨"，载《管理观察》2018年第28期，第22页。

公司可继续执行，亦可修改或停止执行，修改或停止执行之日，原文件废止"。因此，"铁科技〔2013〕8 号"文件已被"铁总科技〔2014〕175 号"文件废止。而中国铁路总公司的管理办法，属于企业内部管理办法，因其失去国务院部委的行政立法属性而不是部门规章。

尽管原交通部 2003 年颁行了《交通运输行业知识产权管理办法（试行）》，并于 2010 年修订颁布实施《交通运输行业知识产权管理办法》（共 6 章 43 条）。但是，该部门规章是否适用于铁路交通行业，可能有不同认识。因为 2003 年至 2010 年期间，铁道部与交通运输部相互并立，其实当时原交通部有关知识产权的部门规章，难以对原铁道部主管的铁路交通产生明显的实质性影响。否则，2013 年《铁道部科技创新知识产权管理办法》就没有必要出台。鉴于原铁道部有关部门规章已经失效，国家铁路局又隶属于交通运输部，在当前缺乏铁路行业知识产权部门规章的情况下，我们认为，交通运输部 2010 年有关知识产权的部门规章可适用于铁路交通行业。

（二）立法不足及其完善

1. 立法不足。我国目前没有专门的铁路知识产权保护的综合性部门规章，更无专门的铁路知识产权保护的法规。然而，因没有直接针对性的相关立法规定，或者一些法律、法规和规章的衔接和落实存在模糊区域，在实践中不易操作。《交通运输行业知识产权管理办法》也需要与时俱进地加以修正和补充。

2. 立法完善。进一步完善铁路知识产权行政立法体系。可适时制定一部关于铁路知识产权的综合性部门规章。在立法方面形成一个铁路知识产权保护体系，特别是要重视其中行政立法与相关法律法规的衔接，更好地为我国铁路企业保驾护航。在修改《交通运输行业知识产权管理办法》中，适当增加有关铁路交通和其他交通的差异性内容。或许有人会对制定一部铁路知识产权综合性部门规章的必要性存疑。所以，需要从综合利弊和长远发展的角度来认识。

还要指出，在实际作用上，与其在知识产权立法上（部门规章）区分铁路建设和铁路运输领域的差异性，可能不如在司法上区分两领域差异性那么有意义。不过，这不等于否定其部门规章中区分两者的全部价值。铁路技术发明专利、实用新型专利和外观设计专利，大多分布在铁路建设领域，因为这是由铁路建设工程项目复杂程度本身所决定的。而铁路商标权和铁路著作权（图形设计、科研论文论著等）的领域分布，则没有那样明显。因此，这种领域分布的特点可能影响到铁路知识产权纠纷的发生数量。亦即，铁路建设领域知识产权纠纷的案件数，可能多于铁路运输领域知识产权纠纷的案件数。但是，知识产权行政诉讼的数量，在铁路建设和铁路运输两个领域的分布情况如何？对此，值得长期进行实证研究，由此发现司法规律，推进法治文明的更好发展。

二、铁路建设领域知识产权行政诉讼

这里，拟从铁路建设领域知识产权相关司法解释入手，分析其不足并对其司法认定中的疑难问题略作探讨。

（一）相关司法解释之规定及不足

1. 相关司法解释的规定。如前所述，我国当前知识产权类司法解释有专利权纠纷司法解释、商标权纠纷司法解释、著作权纠纷司法解释等。其中除了几个涉及铁路法院关于知识产权案件管辖权的批复之外，几乎没有直接针对铁路知识产权保护的批复类司法解释。另外，我国铁路运输法院的管辖权体制改革仍然在探索之中，其管辖有关知识产权的案件中包括但不限于铁路知识产权的案件。未来也可能出现铁路知识产权行政诉讼案件的司法解释或者指导性案例。

2. 相关司法解释的不足。为适应《专利法》等知识产权法律的修改，根据审判实践的需要，最高人民法院修改了《最高人民法院关于审理侵犯专利权纠纷案件应用法律若干问题的解释（二）》等18件知识产权类司法解释，并于2021年1月1日生效。其中许多司法解释均与铁路知识产权司法有关。但是，对有关法律条款的规定，仍然有待作出补充解释和说明。特别是关于《商标法》《著作权法》《专利法》中适用行政处罚的规定，以及相关责任条款中的处罚幅度与数额问题，如何具体把握更为公平合理，仍有待进一步研究和明确。

（二）司法认定的疑难问题及其思考

铁路知识产权行政罚款数额的认定问题。2019年修正的《商标法》及2020年修正的《著作权法》和《专利法》均规定侵权行为情节严重的，适用赔偿数额1倍以上5倍以下的惩罚性赔偿。然而在我国知识产权司法中，知识产权的无形性和其背后价值的难以确定性，使得被侵权人因侵权人的侵权行为遭受的损失也难以精确地计算。如何更好地确定其基础赔偿数额，如何更好地在1倍以上5倍以下这一弹性幅度内，确定其惩罚性赔偿数额，值得进一步研究。

另外，在司法实践中，铁路知识产权行政诉讼案件可能很少。笔者2021年9月20日在中国裁判文书网，通过高级检索"全文：铁路建设"＋"案由：知识产权与竞争纠纷"+"案件类型：行政案件"+"文书类型：全部"，搜索结果0篇文书。通过高级检索"全文：铁路建设"+"案由：行政案由"+"案件类型：行政案件"+"文书类型：全部"，共检索到2935篇文书。然而，在前述检索中增加"法律依据：《中华人民共和国专利法》"或"法律依据：《中华人民共和国商标法》"或"法律依据：《中华人民共和国著作权法》"，均检索到0篇文书。这表明，从我国目前该网站公布的有关"铁路知识产权"的行政案件文书来看，没有"铁路建设"领域的知识产权行政诉讼文书。

总之，对此还有待进一步观察和研究。在探索一个令人信服的确定幅度层级和数额级差的操作指南上，不仅要重视区分必要的变量因素，还要结合司法大数据分析利弊规律以及辅以案例指导的方式来推进其改革。

典型案例评析：

一、渝怀铁路项目征收房屋案[1]

（一）案件事实

因实施渝怀铁路二线（秀山段）工程项目，秀山土家族苗族自治县土地房屋征收办公室（以下简称秀山县征收办）与严某胜于2015年8月19日签订了《渝怀铁路二线（秀山段）建设项目房屋征收协议书》，该协议约定被征收房屋位于秀山土家族苗族自治县（以下简称秀山县）平凯街道下坝村下坝组，被征收房屋补偿金额为536 714.5元，附属建筑补偿金额21 847.96元，附属设施及室内装饰补偿金额27 413.78元，临时过渡安置费7 200元，提前搬迁奖励13 441元，搬迁补助费2 400元，空地补偿金额6 210.27元，一次性经营损失补助费10 000元，实际补偿金额625 228元。秀山县征收办系2011年设立的独立事业单位，具体履行秀山县土地征用、征收及房屋征收的有关工作。具体职责是：负责依法组织实施全县土地统征和房屋征收；负责征地和房屋征收补偿资金管理，实施征地和房屋征收过程中的补偿和人员安置；负责调处征地和房屋征收补偿安置过程中的矛盾纠纷；负责征地和房屋征收过程中的资料收集、整理、立卷归档等工作；承办主管部门交办的其他事项。

2016年6月29日，国土资源部作出国土资函〔2016〕333号《国土资源部

---

〔1〕 参见重庆市第四中级人民法院（2019）渝04行终62号行政判决书。

关于渝怀铁路涪陵至梅江段增建第二线工程建设用地的批复》，批准建设用地228.688 9 公顷作为渝怀铁路涪陵至梅江段增建第二线工程建设和改路改沟用地。2016 年 8 月 30 日，重庆市人民政府作出渝府地〔2016〕1287 号《重庆市人民政府关于渝怀铁路涪陵至梅江段增建第二线工程秀山段建设用地的通知》，同意将秀山县 8 个镇（街道）29 个村（居）101 个组集体农用地 61.113 1 公顷连同集体未利用地 0.409 2 公顷转为建设用地予以征收，另征收集体建设用地 1.182 6 公顷。2016 年 9 月 12 日，秀山县政府作出了关于征收部分集体土地的公告。2016 年 9 月 28 日，秀山县国土房管局作出了秀山国土房管征补公〔2016〕364 号关于征收部分集体土地补偿安置方案的公告。2016 年 10 月 27 日，秀山县政府作出秀山府〔2016〕265 号关于征收部分集体土地补偿安置方案的批复。严某胜的涉案房屋位于秀山县平凯街道，系集体土地上的房屋，在渝府地〔2016〕1287 号批复征收范围内。严某胜未领取其与秀山县征收办签订的《渝怀铁路二线（秀山段）建设项目房屋征收协议书》中约定的补偿款项，因严某胜认为补偿标准太低，其房屋应当参照国有土地上房屋的征收补偿标准进行补偿。严某胜以该协议违反法律规定为由，诉至一审法院请求确认该协议无效。

（二）法院裁判

一审法院并没有支持严某胜的诉讼请求，于是严某胜又提起上诉，最终二审法院驳回上诉，维持原判。

二审法院认为，《行政诉讼法》第 75 条规定，"行政行为有实施主体不具有行政主体资格或者没有依据等重大且明显违法情形，原告申请确认行政行为无效的，人民法院判决确认无效。"故本案争议的焦点是：严某胜与秀山县征收办签订的房屋征收协议是否存在重大且明显违法情形。根据《中华人民共和国土地管理法实施条例》第 25 条的规定，征地补偿安置系由市、县人民政府的土地行政主管部门组织实施。本案中，被诉的房屋征收协议系秀山县征收办与严某胜签订，秀山县征收办系具体实施秀山县土地征收工作的征收实施单位，其从事征收工作系受秀山县土地行政主管部门的委托，故秀山县征收办签订本诉房屋征收协议的法律后果应由秀山县土地行政主管部门即秀山县规划局承担，因此，本诉房屋征收协议的签订主体适格，秀山县规划局亦是本案适格的被告。《土地管理法》第 44 条第 1 款、第 2 款规定，"建设占用土地，涉及农用地转为建设用地的，应当办理农用地转用审批手续。省、自治区、直辖市人民政府批准的道路、管线工程和大型基础设施建设项目、国务院批准的建设项目占用土地，涉及农用地转为建设用地的，由国务院批准。"《建设用地审查报批管理办法》第6条第1款规定，"国家重点建设项目中的控制工期的单体工程和因工期紧或者受季节影响急需动工建设的其他工程，可以由省、自治区、直辖市国土资源主管部门向国土资源部申请先行用地。"本案中，因实施渝怀铁路二线（秀山段）工程项目需征收严某胜在集体土地上的房屋。秀山县征收办与严某胜签订本诉房屋征收协议之前，国土资源部办公厅已作出了同意渝怀铁路重庆涪陵至梅江段增建第二线控制性工程先行用地的复函，并要求控制工期的单体工程施工用地前，要依法及时足额兑现先行用地所涉及被用地单位、群众的补偿，重庆市国土房管局也作出了渝怀铁路重庆涪陵至梅江段增建第二线控制性工程先行用地的通知。严某胜与秀山县征收办签订本诉房屋征收协议之后，提起本案诉讼之前，经国务院批准，国土资源部作出了渝怀铁路涪陵至梅江段增建第二线控制性工程建设用地的批复，秀山县政府也据此作出征地公告，秀山县国土房管局也制定了集体土地补偿安置方案并经秀山县政府批准。因此，本诉房屋征收协议不存在没有依据等重大且明显违法情况，严某胜主张在签订协议时未获得征地审批，无安置补偿方案，故本诉房屋征收协议应确认无效的理由不成立，本院不予采纳。

（三）简要评析

本案所涉铁路工程渝怀铁路二线系国家中长期铁路网规划和国家铁路十二五发展规划的重要建设项目。根据《建设用地审查报批管理办法》第6条第1款"国家重点建设项目中的控制工期的单体工程和因工期紧或者受季节影响急需动工建设的其他工程，可以由省、自治区、直辖市国土资源主管部门向国土资源部申请先行用地"的规定，秀山县征收办按照《国土资源部办公厅关于渝怀铁路重庆涪陵至梅江段增建第二线控制性工程先行用地的复函》和《重庆市国土房管局关于渝怀铁路重庆涪陵至梅江段增建第二线控制性工程先行用地的通知》对渝怀铁路二线（秀山段）进行先行用地符合法律规定。严某胜与秀山县征收办在签订房屋征收协议时，虽然重庆市人民政府未下文批准征收本案所涉土地，但重庆市国土房管局根据国土资源部的批复，同意渝怀铁路重庆涪陵至梅江段增建第二线控制性工程先行用地，并要求国土资源和房屋管理部门依法及时足额兑现补偿。严某胜与秀山县征收办签订本诉房屋征收协议之后，提起本案诉讼之前，经国务院批准，国土资源部作出了渝怀铁路涪陵至梅江段增建第二线控制性工程建设用地的批复，秀山县政府也据此作出征地公告，秀山县国土房管局也制定了集体土地补偿安置方案并经秀山县政府批准。因此本案房屋征收协议的内容和程序并不存在没有依据等重大且明显违法情况。

二、清理整治站前违法建设案〔1〕

（一）案件事实

2017 年 4 月 21 日，中华路街道办事处作出《关于清理整治南关岭火车站站前地区各类违法建设的通告》（以下简称"《通告》"）。其主要内容为：近两年来，为贯彻落实辽宁省住建厅《关于开展城市建成区违法建设专项治理五年行动方案》及大连市政府关于加强社会环境综合整治工作精神，全市各区严控新增违建，强力拆除历史遗存违建。据不完全统计，2016 年我市主城区已拆除私搭乱建 20 余万平方米。南关岭火车站前居民区私搭乱建突出，阻塞交通，破坏环境，存在重大消防和治安隐患，违反了《中华人民共和国城乡规划法》《大连市城市市容管理条例》等规定，群众举报强烈，被政府列为重点整治区域。为改善居住环境，畅行交通，消除隐患，街道办事处决定联合执法、公安等部门，对这一区域的私搭乱建依法拆除。相关事宜通知如下：一是整治区域。华北路北侧区域（华北路—南关岭火车站），华北路南侧区域（南岭街 49 号—113 号）。二是整治步骤。先主要道路两侧，后居民区内。三是整治时间。主要道路两侧限期 2017 年 5 月 10 日前自行拆除。居民区内拆除时间另行通知。对逾期没有自行拆除的，街道办事处将协调组织公安分局、区行政执法局、城建局和市场监管局等单位依法强制拆除。对阻碍执行公务的依法查处，情节严重的，移送司法机关追究刑事责任。

1982 年 8 月 30 日，大连铁路分局大连房产建筑段与"王某全"达成私人占用铁路用地补签协议书，批准"王某全"占用位于南关××区段××西××组土地建设房屋一处，占地面积 19 平方米；1983 年 6 月 30 日，大连铁路分局土地管理办公室批准"王某全"在大连市××区南区××西××组建设房屋 2 间，建筑面积 19.2平方米，用途为住人，借地期间自 1983 年 7 月 1 日至 1984 年 6 月 30 日；1993 年 6 月 29 日，大连市甘井子区公路路政监理所批准"王某全"在南关岭街××西洼村临时建设偏厦 1 间，建筑面积 15 平方米，用途为厨房。2018 年 3 月 27 日，街道办事处将案涉上述三处房屋拆除。

根据户籍档案记载，王绶某（户籍证明上姓名书写为"王绶某"）已死亡（具体时间不详），其妻高某云，长子王某德，次女王某清，三女王某香。作为王绶某的法定继承人，四名原告向法院提起行政诉讼，要求确认被告强制拆除案

---

〔1〕　参见辽宁省大连市中级人民法院（2019）辽 02 行终 169 号行政判决书。

涉房屋行为系违法事实行为，并要求行政赔偿。

（二）法院裁判

一审法院认定街道办事处强制拆除房屋行为系违法行为，并在一定期限内予以赔偿。街道办事处和四名原告不服裁判结果又提起上诉，最终二审法院判决一审法院法律适用错误并依法予以改判。

二审法院认为，根据全国人大法工委办公室《对关于违反规划许可、工程建设强制性标准建设、设计违法行为追诉时效有关问题的意见》（法工办发〔2012〕20号）规定，"违反规划许可、工程建设强制性标准进行建设、设计、施工，因其带来的建设工程质量安全隐患和违反城乡规划的事实始终存在，应当认定其行为有继续状态，根据《行政处罚法》第29条规定，行政处罚追诉时效应当自行为终了之日起计算。"《最高人民法院行政审判庭关于如何计算土地违法行为追诉时效的答复》〔（1997）法行字第26号〕认为，"非法占用土地的违法行为，在未恢复原状之前，应视为具有继续状态，其行政处罚的追诉时效，应根据《行政处罚法》第二十九条第二款的规定，从违法行为终了之日起计算。"根据上述意见可知，我国最高立法机关和最高司法机关对于非法占用土地、违反规划许可等违法建设的建筑物，并不因其存续时间长就认可其合法，故原审法院基于"法的安定性原则"，以案涉三处房屋形成时间较长为由认定其系合法建筑的观点，缺乏法律依据，不能成立。

我国分别自1982年2月13日起在农村村庄和集镇、自1983年6月4日起在城镇要求任何组织和个人进行各项建设，必须取得有权机关的批准，否则即为违法。具体到本案，法院认为，街道办事处认定案涉被拆除的三处房屋均属于违法建筑，并无不妥。理由如下：第一，大连铁路分局大连房产建筑段与"王某全"于1982年8月30日签订的《私人占用铁路用地补签协议书》明确约定，不得在案涉土地上修建永久性建筑物。这意味着，依照该协议所建房屋存在一定的批准使用年限。而根据我国关于临时建筑的相关法律规定，其批准使用年限一般不得超过两年。在无据证明该房屋办理了续存批准手续的情况下，结合该房屋已经建成三十余年的事实，可以认定依照该协议所建房屋显已超出了合法的批准使用年限，属于超过批准使用期限的违法建筑。第二，大连铁路分局土地管理办公室于1983年6月30日批准"王某全"建设房屋，其时《城镇个人建造住宅管理办法》已经施行。根据该办法第6条第2款之规定，城镇个人建造住宅，需经城市规划管理机关审查批准并发给建设许可证。现上诉人王某德、高某云、王某清、王某香提交的《使（借）用铁路土地执照》仅能证明该房屋的建设依照该办法第 3 条第 2 款之规定，取得了所在地房地产管理机关的批准，无据证明其也经过了城市规划管理机关的批准。因此，该案涉房屋属于未经批准建设的违法建筑。第三，大连市甘井子区公路路政监理所于 1993 年 6 月 29 日批准"王某全"建设房屋，当时《土地管理法》和《中华人民共和国城市规划法》均已施行。上诉人王某德、高某云、王某清、王某香提交的《公路控制线内临时建筑申请表》仅能证明该房屋的建设取得了公路主管部门的批准，无据证明其依照《土地管理法》和《中华人民共和国城市规划法》的有关规定以及《公路控制线内临时建筑申请表》确定的批准程序，依法履行了相应审批手续。因此，该案涉房屋也属于未经批准建设的违法建筑。

案涉强制拆除行为作为一种行政强制手段，法院认为，应受《中华人民共和国行政强制法》的调整和制约。《中华人民共和国行政强制法》第 44 条规定，"对违法的建筑物、构筑物、设施等需要强制拆除的，应当由行政机关予以公告，限期当事人自行拆除。当事人在法定期限内不申请行政复议或者提起行政诉讼，又不拆除的，行政机关可以依法强制拆除。"据此，如何具体实施强制拆除行为，应根据《中华人民共和国行政强制法》第四章"行政机关强制执行程序"的有关规定执行。《行政诉讼法》第 34 条规定，"被告对作出的行政行为负有举证责任，应当提供作出该行政行为的证据和所依据的规范性文件。被告不提供或者无正当理由逾期提供证据，视为没有相应证据。"本案中，上诉人街道办事处虽然提交了《中共甘井子区委甘井子区人民政府关于进一步加强城市管理工作的指导意见》，证明其系受大连市甘井子区人民政府的责成而具有组织实施强制拆除行为的权限，但其并未提交证据证明其系依照《中华人民共和国行政强制法》的规定在履行了催告、作出强制执行决定、公告等相应法定程序后依法强制拆除了案涉房屋。此外，上诉人街道办事处也无据证明其依照国务院《城市市容和环境卫生管理条例》第 37 条之规定履行了作出责令限期拆除决定程序。根据前述规定，上诉人街道办事处应当就此承担举证不能的不利后果，也即案涉强制拆除行为应视为没有履行相应程序。《行政诉讼法》第 74 条第 2 款规定，"行政行为有下列情形之一，不需要撤销或者判决履行的，人民法院判决确认违法：（一）行政行为违法，但不具有可撤销内容的：……"因案涉强制拆除行为属于事实行为，且已经实施完毕，不具有可撤销内容，故依照该规定应确认其违法。

《中华人民共和国国家赔偿法》第 2 条第 1 款规定，"国家机关和国家机关工作人员行使职权，有本法规定的侵犯公民、法人和其他组织合法权益的情形，造成损害的，受害人有依照本法取得国家赔偿的权利。"本案中，如前所述，案涉三处房屋均属于违法建筑，不属于合法权益的范畴，故上诉人王某德、高某云、王某清、王某香要求按照周边相临地段的房屋征收补偿标准对案涉房屋予以赔偿，并支付相应利息的主张没有法律依据，法院不予支持。此外，通过适当、合法方式拆除可得的废旧建筑材料，属于合法权益。行政机关对违法强制拆除造成的其可回收的废旧建筑材料损失，依法本应予以赔偿。但从现已查明的事实看，上诉人街道办事处于 2017 年 4 月 21 日作出《通告》，明确告知自行拆除的截止时间为 2017 年 5 月 10 日，并最终于 2018 年 3 月 27 日作出案涉强制拆除行为。上诉人王某德、高某云、王某清、王某香在行政机关已明确告知并指定的自行拆除的合理期限内未自行拆除案涉房屋，应视为其放弃了对可回收的废旧建筑材料的相关权利，相应损失应由其个人承担。故上诉人街道办事处对违法强制拆除造成的可回收的废旧建筑材料损失亦无需赔偿。

（三）简要评析

受历史因素的制约，我国的城乡用地、建房审批制度在实践中曾存在执行不完全到位的情形。但作为使用土地进行建设的单位或者个人，不能以此作为其不遵守当时法律规定的借口或者理由，除非其有证据证明在当时特殊的历史条件下，当时的审批机关已明确告知其无需再办理相关审批手续，其系基于对行政机关的合理信赖建设了案涉房屋。本案中，上诉人王某德、高某云、王某清、王某香对此并无相关证据证明存在此类情况。此外，认定此类违法建筑应当遵循"尊重历史、注重现实"的行政执法原则和理念，妥善处理历史遗留问题。对此，1988 年《城乡建设环境保护部关于房屋所有权登记工作中对违章建筑处理的原则意见》规定，各地房屋所有权登记发证工作中，普遍反映涉及许多历史遗留的违章建筑问题．因情况比较复杂，需要慎重对待，妥善处理。为了确保城市规划的实施和严格执法，保障产权人的合法权益，维护社会的安定团结，促进房屋所有权登记发证工作顺利进行，现根据各地在房屋所有权登记发证工作中存在的问题，提出如下原则意见：一是时间界限。考虑到《城市规划条例》是国务院1984 年新颁发的，各地制定审批城市规划也有先有后，各市、县可根据实际情况合情合理地确定处理违章建筑的时间界限，各地在处理违章建筑时，对时限以前的可适当放宽，时限以后的应从严处理。二是地域界限。凡影响近期规划建设或城市发展的重要地段，违章建筑应从严处理，其它规划发展地区可适当放宽。

三是凡直接影响交通、消防、市政设施、房屋修缮施工、绿地、环保、防灾和邻里居住条件的违章建筑应从严处理，反之可适当放宽。四是参照以上原则确定从宽处理的范围。只要房屋建筑正规，结构合理，经过一定的申报审批程序，给予批评教育或适当罚款之后，可以补办手续，确认其所有权，发给产权证件。

该意见已于 2011 年 1 月 26 日起失效。根据该意见可知，认定违法建筑的权力在各地方行政机关，而非人民法院。《行政诉讼法》第 6 条规定，"人民法院审理行政案件，对行政行为是否合法进行审查。"行政诉讼具有不同于刑事诉讼、民事诉讼的构造和特点，其除了具有保障人权的基本价值外，还不得不重视权力分立的价值，即在行政诉讼注重司法权对行政权的控制和审查的同时，也要防止司法权对行政权的过度侵入，从而妨碍行政权的独立行使。具体到本案，对于涉及历史遗留问题的违法建筑的认定，系由行政机关根据其行政管理的需要，在充分考虑历史、地域等因素后予以确定，属于行政机关行政判断权的范畴。从上诉人街道办事处和被上诉人甘区执法局的陈述意见看，案涉被拆除房屋已被行政机关认定为违法建筑，其认定标准为法律的明确规定，即其采取的是从严处理的认定标准。人民法院在进行本案被诉行政行为合法性审查时对行政机关确定的该标准，应予充分尊重。

本案所涉房屋系违法建筑、临时建筑，根据行政行为的程序正当性原则，即使是对违法建筑、临时建筑强制拆除，也应遵循正当程序，符合《中华人民共和国行政强制法》关于执法程序的规定要求。此外，如确因经济社会发展和城市规划建设等公共利益所需，应对案涉类似建筑物予以拆除的，相关部门应当通过征收补偿等正当程序作出处理。

在铁路运输行政领域，主要调整的是有关铁路运输中的行政法律关系。本章将从铁路运输领域行政法治问题概述、铁路运输市场准入的法律规制[1]、铁路运输安全行政法律保护、铁路运输领域知识产权行政法律保护问题等几方面展开。

第一节　铁路运输领域行政法治问题概述

本节将先从铁路运输领域行政法治的界定与特征、铁路运输领域行政法治的重点内容等方面略加讨论，后续几节再详细研讨其重点内容。

一、铁路运输领域行政法治的界定与特征

（一）铁路运输领域行政法治的界定

如前所述，铁路行政法治，就是与铁路有关的行政法治，也是铁路法治在行政领域的具体化，是铁路法治的基本组成部分。[2]

铁路运输领域的行政法治，是铁路行政法治的基本组成部分，是与铁路运输有关的行政法治，也是铁路行政法治在铁路运输领域的具体化。从法治运行的环节与系统结构可知，铁路运输领域的行政法治，包括铁路运输领域的行政立法、铁路运输领域的行政守法、铁路运输领域的行政执法、铁路运输领域的行政诉讼、铁路运输领域的行政法律监督等。这些不同环节和内容也形成一个有机动态

---

　　[1]　有人可能会认为，对此应纳入铁路民商经济法治的部分研讨。我们认为，虽然这涉及经济法的因素，但是本章相关市场准入的内容侧重从行政许可角度来考查，因此将其纳入行政法治仍然是合理的。

　　[2]　参见曾明生："铁路法治的基本范畴及其理论体系论纲"，载《铁道警察学院学报》2021年第4期，第9页。

的法治系统，并且与外部环境发生一定的作用。

（二）铁路运输领域行政法治的特征

1. 具有行政法治特性。（1）具有法治的特性。在我国法治国家建设过程中，铁路运输领域的依法行政活动和法治政府建设体现出法治的特点。（2）存在行政法治的形式和内容。行政法治是法治在行政领域的具体化，也是法治的基本组成部分。行政法治，要求行政权力的取得须有法律的设定，行政权力的运用合法，违法行政必须担责。其中对铁路行政机关职权法定、依法立法、依法行政和依法处罚的要求，是铁路行政法治的核心内容。[1]

2. 处于特殊的运输领域。如前所述，在我国铁路运输过程中，列车开行密度大、间隔时间短和路网交织复杂，一个微小的破坏行动都可能引发"蝴蝶效应"，造成全路高铁网络局部滞留、晚点甚至瘫痪。在设备设施方面，高铁线路广泛分布着通讯基站、变电站和中继站等特有的通讯、信号和电力等行车设施设备，对各种危险因素十分敏感。铁路在建造中大多采用高架线路，桥梁和隧道数量大，受到爆炸或破坏时，容易造成列车颠覆，可能造成特别重大的人员伤亡和财产损失。因此，铁路运输不同于公路、水路、航空等交通运输，具有自身的特殊性。

二、铁路运输领域行政法治的重点内容

这里对铁路运输市场准入法律规制、铁路运输安全行政法律保护和铁路运输领域知识产权行政法律保护的内容略加铺垫，后文将进行专节讨论。

（一）铁路运输市场准入法律规制

1. 铁路运输市场准入。

（1）市场准入的含义。通常认为，"市场准入"一词是通过 Market Access 直译而来，是我国在申请恢复关税与贸易总协定（GATT）谈判成员国地位的过程中，理论界介绍研究有关法律文件和他国相关制度时直译过来使用的。其最早出现在正式的法律文件中是 1992 年的《中美市场准入谅解备忘录》。[2]

英文 Market Access 在国外多用于国际贸易谈判，并在相应文件中形成专业术语。它是指一国允许外国货物、劳务和资本参与国内市场的程度。以《服务贸

---

〔1〕　参见何海波："行政法治，我们还有多远"，载《政法论坛（中国政法大学学报）》2013 年第 6 期，第 27 页。

〔2〕　参见于晓芳："我国市场准入制度之法律问题思考"，中国社会科学院研究生院 2013 年硕士学位论文，第 1 页。

易总协定》为例，如果一成员国做出承诺协定中的第一类"过境交付"贸易服务的市场准入义务，并且跨越国境的资本流动是该项服务的主要部分，那么该成员国就有义务允许进行这类资本流动。如果一成员国承诺协定的第三类"商业存在"贸易服务的市场准入义务，那么该成员国应允许有关的资本转移至境内。这样的规定实际上允许外商的汇付自由。市场准入原则旨在通过增强各国对外贸易体制的透明度，减少和取消关税、数量限制和其他各种强制性限制市场进入的非关税壁垒，切实改善各缔约方市场准入的条件，实现国际贸易畅通。[1]

此后，"市场准入"被广泛运用于经济学界和法学界，其字面意思可以理解为允许进入市场。其含义与范畴包含了国际法意义上的市场准入，且更大范畴地运用到政府对本国企业的管理。政府为有效监督企业等经济主体依法经营，通过登记和审批等程序，确认经济主体取得经营主体资格及相应经营范围、交易对象。

因此，可以认为，市场准入是指国家或者政府为实现某种公共政策，通过立法并依据法律程序，允许市场主体进入某个市场的直接控制或干预。这里的市场准入已经不限于工商登记、行政许可意义上的一般性市场进入，其范围已经扩大到平等参与市场竞争这种实质上、广义上的市场准入。[2]

（2）市场准入的特征。①市场准入的实施主体是国家或政府。国家或者政府通过法律或其他形式规范市场行为，主要通过登记和审批等措施依法对市场主体、经营范围及交易对象进行确认，事后进行执法监督。国家或政府是市场准入制度的实施者，依据法定职权对市场准入进行规范，根据当时的政治社会经济情况来确定市场开放程度。②市场准入的执行主体是各种经济主体。其中主要是企业，经国家或政府确认后取得市场主体资格，在许可范围内经营被许可经营的交易对象，必须接受国家或政府的依法监督，违反经营规则会受到相应处罚。③市场准入的目的是国家或者政府为了履行市场监督职责及实行公共政策。市场可以配置生产资料的流通，但完全依赖市场必然会导致垄断等市场失灵现象，反过来阻碍市场经济发展，政府依法履行市场监督职责能有效克服市场配置资源存在的缺陷。某些行业涉及国家利益或者公共利益需要，国家或者政府对这些行业就会设定更为严格的市场准入制度来规范市场发展。④市场准入是一个综合的、动态

---

〔1〕　参见百度百科词条"市场准入"。最后访问日期：2021 年 6 月 19 日。

〔2〕　参见王嘉彧："铁路运输市场准入法律制度研究"，北京交通大学 2010 年硕士学位论文，第 2~3 页。

的监督干预体系。国家或者政府根据本国经济发展水平、市场及市场主体发育程度、国家干预经济的水平、国际竞争力强度等因素综合地、动态地调整市场准入制度。

（3）铁路运输市场准入。由上文可推知，铁路运输市场准入，是指对进入铁路运输市场、成为铁路运输市场主体的条件和资格的申请、审核和确认的过程。其中包含以下几个要素：首先，要明确具备什么条件的企业才能从事铁路运输业务；其次，要明确企业进入铁路旅客和货运市场需遵守哪些程序；最后，还要明确铁路运输经营者的权利义务和责任。[1]

2. 铁路运输市场准入法律规制。铁路运输直接关系社会公共利益与公众生命财产安全，同时又有很强的网络特征和规模经济效应。从事铁路运输经营的企业，必须具备相应的安全保障能力、运输管理能力、持续经营能力和经济实力。[2] 对进入铁路运输市场的企业主体的条件和资格的申请、审核和确认的程序，需要进行制度规范。特别是需要对其加强法律的规范和控制，使其公平健康有序地进行。其中可以规定铁路运输企业应当落实安全生产主体责任，承担铁路公益性运输义务；为提高企业安全保障能力，可以从安全机构设置、制度办法等方面设置许可条件。为鼓励铁路运输企业持续健康经营，可以将许可有效期设定为 20 年，并对企业的停业、歇业提出限制性要求等。[3] 铁路运输市场准入的法律规制，属于市场准入制度体系的关联范畴。市场准入制度体系，包括一般市场准入制度、特殊市场准入制度、涉外市场准入制度。[4] 因此，铁路运输市场准入的法律制度体系，是一种特殊市场准入的制度体系。其法律规制就是其制度体系的运作活动。本章第二节将对铁路运输市场准入的法律规制进行具体讨论。

（二）铁路运输安全行政法律保护

1. 铁路运输安全。铁路运输安全，是铁路安全的基本内容。其安全状况反映铁路的管理水平、设备质量、人员素质和社会秩序的状况，是铁路运输质量的重要表现。

---

〔1〕　参见孙林："铁路货物运输市场准入法律问题研究"，载《铁道货运》2005 年第 5 期，第 40~41 页。

〔2〕　参见齐慧："鼓励和引导社会资本投资建设经营铁路——国家铁路局相关负责人详解铁路运输市场准入新规"，载《经济日报》2014 年 12 月 26 日，第 15 版。

〔3〕　参见齐慧："鼓励和引导社会资本投资建设经营铁路——国家铁路局相关负责人详解铁路运输市场准入新规"，载《经济日报》2014 年 12 月 26 日，第 15 版。

〔4〕　参见李昌麒主编：《经济法学》，中国政法大学出版社 2002 年版，第 149 页。

铁路运输是国民经济发展的重要组成部分，自我国发展铁路以来，铁路系统逐渐完善，铁路运输拉动国民经济大幅度增长。在民生福祉方面，铁路运输极大方便人们出行，且售价相较于陆运汽车、民航飞机和海运客船的票价要更便宜，所以铁路客运也是大多数出行者选择的出行方式。据人民网北京 2019 年 3 月 2 日电，记者从中国铁路总公司获悉，3 月 1 日，为期 40 天的 2019 年铁路春运圆满结束，其中全国铁路累计发送旅客 4.1 亿人次。[1]因此，保证铁路运输安全在铁路体系中至关重要，铁路运输安全管理在铁路运营中是重中之重。

2. 铁路运输安全行政法律保护。铁路运输安全不仅需要铁路运营企业高度重视，制定企业内部关于铁路运输安全管理的准则来约束职工，更需要在立法上加以规定。通过法律来规制铁路运营过程中存在或者即将出现的危害安全的行为、预防危害安全的危险情况发生。以法典形式规定铁路运输安全的是《铁路法》，这是新中国管理铁路的第一部法典，其中就有对铁路运输安全保障的规定，包括铁路运输设施的安全保障、铁路路基的安全保护、旅客列车和车站的安全保障、铁路行车安全和事故的处理、铁路沿线环境保护等。国务院颁布《铁路安全管理条例》《铁路事故条例》《危险化学品安全管理条例》等，这些都是有关铁路运输安全的行政法规，是铁路行车安全管理的重要法规依据。此外，交通运输部、原铁道部制订的有关铁路运输安全的办法、规则也是行政方面部门规章对铁路运输安全的保护规定，如《高速铁路安全防护管理办法》《铁路机车车辆驾驶人员资格许可办法》《铁路旅客运输安全检查管理办法》《铁路危险货物运输安全监督管理规定》等，相关研讨将在本章第三节具体展开。

（三）铁路运输领域知识产权行政法律保护

1. 铁路运输领域的知识产权。我国铁路技术快速发展，取得了许多举世瞩目的成就，形成了一大批达到世界先进水平且拥有自主知识产权的关键技术。[2]在对铁路运输相关技术展开自主研发和创新的同时，铁路运营企业不可避免地需要对研发、创新技术进行保护，而国家也需要实施知识产权战略对研发成果进行保护。铁路运输领域的知识产权，是指从事铁路运输行业的企业及其技术人员就其在铁路运输领域研发、创新技术成果所依法享有的专有权利，通常是国家赋予铁

---

〔1〕 参见："2019 年铁路春运圆满收官"，载 http://society.people.com.cn/n1/2019/0302/c1008-30953618.html，最后访问日期：2021 年 9 月 20 日。

〔2〕 参见赵有明等："铁路国际合作创新中心知识产权管理运行机制探析"，载《中国铁路》2020 年第 2 期，第 22 页。

路运输企业对其智力成果在一定时期内享有的专有权或独占权。

2. 铁路运输领域知识产权的行政法律保护。铁路技术的自主研发和持续创新，对我国铁路高质量持续快速发展至关重要。科学技术是第一生产力，这句名言在铁路运输领域同样适用。正因为我国自主研发和创新的铁路技术对我国铁路发展如此重要，所以有必要在法律层面对铁路运输领域的知识产权进行行政法律保护。铁路运输领域知识产权的行政法律保护，是指知识产权行政管理机关，根据相关法律规定，运用法定行政权力和遵循法定行政程序，用各种行政手段对铁路运输领域的知识产权实施全面的法律保护。[1] 在我国，国家行政管理机关除了对知识产权予以法律确认外，还依法运用行政调处、行政裁决、行政处罚等行政执法手段对知识产权进行较为全面的保护。[2] 对此拟在本章第四节具体讨论。

第二节　铁路运输市场准入的法律规制[3]

这里拟从市场准入制度的法律规制的必要性、铁路运输市场准入法律制度的构成、铁路运输市场准入法律规制的完善来讨论。

一、铁路运输市场准入法律规制的必要性

铁路运输属于广义的轨道交通运输，以机车作为动力源牵引列车在两条平行的轨道上行驶，如今已发展出地面普速铁路、地铁、轻轨、高铁和跨海铁路等多种形式。轨道运输的形式要求铁路运输必须具备体量巨大的铁路轨道。这就造成铁路运输天然的规模经济和范围经济，具有自然垄断性，故成规模的铁路网络均是国家修建并运营。随着经济的发展，物资流动要求更多更快，铁路运输的优势越发凸显，理论上铁路运输在配置得当的情况下可以比其他路面运输例如公路运输运载同一重量物时节省 5~7 成能量。目前我国铁路运输还是以国家营运为主，只有少量地方铁路及专有铁路除外，主要是因为我国铁路运输市场准入制度相对滞后。建立和完善铁路运输市场准入制度，是铁路市场开放的现实需要，是促进

---

〔1〕 参见王晔："知识产权行政保护刍议"，载《北大知识产权评论》（第 1 卷），法律出版社 2002 年版，第 194 页。

〔2〕 参见王晔："知识产权行政保护刍议"，载《北大知识产权评论》（第 1 卷），法律出版社 2002 年版，第 195 页。

〔3〕 有人可能会认为，对此应纳入铁路民商经济法治的部分研讨。我们认为，虽然这涉及经济法的因素，但是本节相关市场准入的内容侧重从行政许可角度来考查，因此将其纳入行政法治仍然是合理的。

铁路运输市场健康发展的需要，是维护铁路运输客户合法权益的需要。[1]

（一）铁路市场开放的现实需要

铁路市场的开放指允许资本、服务进入铁路市场，但由于铁路建设投入巨大和沉淀资本收回时间长，同时铁路大多关系到国家和公共利益，让社会资本独自开辟一个铁路网络进行运营是不现实的，既增加成本，又缺乏效率，因此铁路市场开放的表现形式主要是指其他经营主体主要为私营企业进入铁路某个业务环节或者出资者将资本投入到铁路建设和经营的某个业务环节。当前，我国营商环境变化巨大，国家管理理念也由以前的让市场在资源配置中起基础性作用变化为让市场在资源配置中起决定性作用，铁路运输高效、快捷、运量大和成本低廉，铁路运输市场潜力巨大，铁路市场开放一方面刺激铁路运输市场合理安排运量，提升运输效率，另一方面能够满足社会其他经营主体经营发展。[2]

（二）促进铁路运输市场健康发展

我国目前铁路绝大多数都是国有铁路，极少量铁路是地方铁路及专有铁路；国有铁路和地方运营主体均是全民所有制企业，专有铁路多用于企业自用，经营模式单一，造成铁路运输方面还是缺乏竞争，没有创新，不利于铁路运输市场的健康发展。相对于铁路运输，其他陆上运输发展得更为充分，从资金引入这一项比较，铁路运输发展就相对落后，若能引入社会资本，既能减轻国家资金投入压力，又能盘活社会资本，同时引入竞争，增进整个行业的主体多元化，更有利于我国铁路运输市场的发展。铁路运输市场准入法律规制包括两个方面：一是对尚存的自然垄断领域实施激励性的进入规制；二是对自然垄断与竞争的界面或在从自然垄断向充分竞争过渡过程中实现以保护有效竞争为目的的规制。[3]

（三）维护铁路运输客户的合法权益

目前我国铁路运输自然垄断性现象突出，可竞争性发展不足，造成铁路运输价格定价权行使单一化，消费者别无选择，在没有对比的情况下无法去评判铁路运输票价是否合理，相比较飞机票经常有特价票，有时价格还低于火车票价格，而火车票价格几乎不会变化（目前有些列车推出月程票、季程票总体价格略有优惠）。引入竞争，让消费者享有选择权，对铁路运输消费者更为有利。同时，铁路运输准入制度对铁路运输市场准入主体进行全面高要求的评估，更能保障铁路

〔1〕参见张长青、郑翔：《铁路法研究》，北京交通大学出版社2012年版，第122~124页。
〔2〕参见张长青、郑翔：《铁路法研究》，北京交通大学出版社2012年版，第122页。
〔3〕参见戴霞："市场准入法律制度研究"，西南政法大学2006年博士学位论文，第66~67页。

运输客户的合法权益。

二、铁路运输市场准入法律制度的构成

以下拟从铁路运输市场准入制度的基本要求、铁路运输市场准入制度的主要内容和框架、违反铁路运输市场准入规定的法律责任等方面展开讨论。

（一）铁路运输市场准入制度的基本要求

1. 符合国家铁路发展规划和宏观调控。"十三五"时期，《铁路"十三五"发展规划》的目标已较好地达成，实现了网路建设快速发展、运输质量显著提高、装备水平全面提升、铁路改革逐步深化、国际合作成果丰硕。铁路"十四五"规划也已制定。铁路行业监管体系逐步完善，政府职能转变和简政放权成效显著，铁路投融资体制改革不断深化，地方政府、社会资本投资铁路比例大幅提升。由此可见，引入多元化投资的竞争机制，带动了整个铁路运输市场的竞争，带来了技术的快速进步和设备的更新换代。铁路运输法制化、市场化改革进一步深化，营商环境进一步改善，在市场主体的主动竞争和政府监管的相互配合下，铁路市场体系发展更加完善。[1]

2. 利于充分利用铁路网运输能力，提升运输效益。经济的高速发展，全社会客货交流快速增长，运输体量越来越大，要求也越来越高，这就要求铁路运输结构要有所改变。一方面要求铁路扩能改造，增加铁路运力；另一方面引入竞争，更加合理充分利用现有铁路网络运力，提高运输效率，增加铁路运输效益。因此铁路运输市场准入要求要高于一般企业，根据铁路网络运力图定性规划好铁路运输市场准入数量限制，同时要求设定退出机制，优胜劣汰。[2]

3. 保障铁路运输安全，提高铁路运输服务质量。旅客货物安全是铁路运输的生命线，是首要的条件，因此是铁路运输市场引入竞争，扩大市场主体要考虑的首要因素，引入竞争的底线是必须保证铁路运输安全可靠。在安全可靠的前提下，可以进一步提高铁路运输服务质量，服务质量主要依据旅客及货主对铁路运输主体提供的运输服务的评价来衡量，以往单一市场主体运营下的铁路，即使旅客或货主对该市场主体服务评价不高也不得不继续接受其提供的铁路运输服务，市场主体的多元化必将打破该垄断行为，有利于促进铁路运输行业整体服务质量

〔1〕 参见张长青、郑翔：《铁路法研究》，北京交通大学出版社2012年版，第124~125页。
〔2〕 参见张长青、郑翔：《铁路法研究》，北京交通大学出版社2012年版，第125页。

的提高。[1]

（二）铁路运输市场准入制度的主要内容和框架

1. 我国铁路运输市场准入制度的现状。近些年来，国务院、原铁道部、交通运输部出台了一些关于铁路运输市场准入或者涉及铁路运输市场准入的法规规章等。其中，2014 年 12 月 8 日交通运输部公布《铁路运输企业准入许可办法》（2015 年 1 月 1 日起施行）。后于 2017 年 9 月 29 日略作修正。该办法可以被认为是我国铁路运输市场准入的直接法律规范依据。该办法根据高速铁路旅客运输、城际铁路旅客运输、普通铁路旅客运输及货物运输的不同特点，明确相应的准入条件。2013 年 3 月国务院办公厅发布《国家铁路局主要职责内设机构和人员编制规定》，取消一些铁路领域需要行政审批的事项，如取消企业自备车辆参加铁路运输审批、取消企业铁路专用线与国铁接轨审批等行政审批事项。这在一定程度上淡化了铁路垄断地位，相当于放宽了企业进入铁路市场的条件。

虽然近些年我国不断完善铁路运输市场准入制度的相关规定，但是从总体上看，关于铁路运输市场准入制度的具体规定较少，涉及铁路运输市场准入的相关规定大多零散规定在其他法律法规规章中，并未形成专门的严格意义的法律制度体系。

2. 我国铁路运输市场准入制度的主要内容。铁路运输市场准入制度的直接目的，是规范铁路承运人资格的获取和撤销。铁路运输相较于其他运输灵活性更弱，受限于轨道网络，轨道网络一经确定，铁路运力资源也就确定，为了更好地使用这些运力资源，铁路运输市场准入一方面需要引入市场竞争，另一方面也要规范市场竞争，确保有限的运力资源最高效率地利用，产生最大的经济效益。

铁路运输市场准入的主体是铁路承运人，一般所说的铁路承运人都是具有法人资格的企业。铁路运输领域的企业必须具有相应的责任能力，取得铁路运输经营许可证，而且应当具有与其从事铁路运输业务相关的运输工具和从业人员。[2]

铁路运输市场承运人资格的获取需经过申请和审批。事前的审批主要是审核申请人的经营能力、责任能力和财务状况。经营能力要求申请人必须具备相应的运输设备和从业人员，责任能力要求申请人具备相应的运输能力及应对各种突发事件的能力，财务状况要求申请人经济能力需满足运输企业正常运营。[3] 铁路

---

〔1〕 参见张长青、郑翔：《铁路法研究》，北京交通大学出版社 2012 年版，第 125~126 页。

〔2〕 参见张长青、郑翔：《铁路法研究》，北京交通大学出版社 2012 年版，第 128~129 页。

〔3〕 参见《铁路运输企业准入许可办法》《铁路运输企业准入许可实施细则》规定的内容。

运输市场准入的程序。其一，申请。铁路承运人申请铁路运输经营许可证，应当提交国务院主管部门规定的相应的文件材料。其二，审查批准。国家铁路局和工商行政等管理机关对铁路运输经营者的开业或者停业进行行政管理。经营铁路运输的一切单位和个人只有按照规定程序经过行政审批后，才可以合法开业，开业、停业才取得法律效力。[1]

然而，铁路承运人的经营行为必须接受监督。铁路运输关系国计民生，铁路的建设运营必须符合国家铁路发展总体规划，必须保障铁路和旅客的运输安全。在满足上述要求后，为满足人民群众对美好生活的需要，铁路承运人应提升服务质量，从而提升竞争能力。在监督过程中，发现铁路承运人存在违规违纪行为的，对其处罚并限期改正，严重违反规定或拒不改正的，撤销其许可证。

亦即，铁路运输市场准入的监管包括两方面：一是对许可证的监管；二是对经营行为进行监管。对行政许可的监管是保障铁路运输领域市场健康发展的第一道屏障。只有将不具有铁路运输领域经营主体资格的企业和个人排除在铁路领域经营主体之外，才能从基础上保证铁路运输领域市场健康发展。在对许可证进行有效监管的前提下，对经营行为的监管是保障铁路运输领域市场长期、稳定发展的关键。

（三）违反铁路运输市场准入规定的法律责任

《铁路运输企业准入许可办法》《铁路运输企业准入许可实施细则》《国家铁路局行政许可实施程序规定》，均规定了铁路监管部门（即国家铁路局与地区铁路监督管理局）具有监督和管理的权限。铁路监管部门依据职责和权限，依法对被许可企业从事许可事项活动情况、许可条件保持情况以及遵守铁路行业管理相关规定等实施监督检查，受理相关投诉举报，查处违法违规行为。未经行政许可，不得从事铁路运输营业。被许可企业不得涂改、倒卖、出租、出借或者以其他形式非法转让铁路运输许可证。对于违反相应法律法规的，可以予以制止，责令改正，给予行政处罚，直至追究刑事责任。

三、铁路运输市场准入法律规制的完善

我国市场准入法律多以个别的、单独的法律法规形式体现，尚未形成自己的法律体系，在铁路运输市场准入法律制度方面更是需要完善实体法和程序法，主要从立法和执法两方面来进行完善。

---

[1] 参见张长青、郑翔：《铁路法研究》，北京交通大学出版社 2012 年版，第 130~131 页。

（一）铁路运输市场准入法律制度的立法完善

我国至今仍未出台"铁路运输市场准入法"，在铁路运输方面主要有《铁路法》《铁路安全管理条例》等法律法规。这些法律法规中将铁路运输主体统称为铁路运输企业或者承运人，并未对铁路运输主体进行规范的认定。我国法律将铁路划分为国有铁路、地方铁路、专用铁路和铁路专用线，实际上我国铁路绝大多数是国有铁路，因此私营铁路运输企业必须从国家或地方铁路管理部门租赁线路或专列来经营铁路运输。这些情形都亟需制定法律制度来规范。交通运输部公布的《铁路运输企业准入许可办法》和国家铁路局公布的《铁路运输企业准入许可实施细则》有待完善。尤其是随着当前我国高铁技术的快速发展及"一带一路"贸易的需要，制定铁路运输市场准入法律制度有利于引进来和走出去，从而在铁路方面形成我国的话语权和主导权。[1] 为落实党中央、国务院关于深化铁路行业改革和推进铁路市场化改革的有关要求，促进铁路运输市场主体多元化，推进铁路高质量发展，结合近年来铁路运输市场改革发展实际情况，国家铁路局对原《铁路运输企业准入许可实施细则》进行修订。2021 年 1 月 6 日，以国铁运输监规〔2021〕2 号公布并实施。其中进一步放开铁路运输市场，[2] 进一步明确许可范围，[3] 及时掌握铁路运输企业办理危险货物运输情况，[4] 落实安全生产责任保险制度，[5] 明确简化提供申请材料的情形[6] 以及涉及其他的修订

---

〔1〕 参见曾广颜："'一带一路'让中国铁路标准'走出去'"，载《理论视野》2017 年第 6 期，第67~68 页。

〔2〕 一是适应铁路运输市场改革发展实际，促进铁路运输业务市场主体多元化和竞争性环节市场化，删除对独立、合作、委托运输经营方式的定义。二是对照上述修订，同步删除申请材料中要求填写的相关内容。参见《国家铁路局关于印发〈铁路运输企业准入许可实施细则〉的通知》（国铁运输监规〔2021〕2 号）的起草说明。

〔3〕 一是要求在许可申请材料的"申请许可范围"栏目，填写相应许可范围对应的经营线路。二是在许可证背面增加许可范围明细表，记载被许可企业相应许可范围对应的经营线路基本信息。

〔4〕 一是在申请材料中增加危险货物专用货车、危险货物专用集装箱基本信息，以及企业危险货物办理站信息。二是被许可企业危险货物办理站信息记载事项发生变化后，应在规定时间内报地区铁路监督管理局备案。三是在运输年度报告中增加危险货物发送量、危险货物周转量信息。

〔5〕 在"监督管理"章节增加相应条款，要求铁路运输企业落实《中共中央国务院关于推进安全生产领域改革发展的意见》有关规定，通过履行安全生产责任保险制度，提高被许可企业对旅客、托运人等第三者人身伤亡和财产损失的赔偿能力。

〔6〕 一是对同类型经营线路发生变更的被许可企业，简化其重新申请许可时提交的材料。二是修订附件中关于不需提供第十、十一、十二项申请材料的情形。修订后，申请企业以新建线路申报许可时，均需提报第十、十一、十二项申请材料。

内容。[1]

（二）铁路运输市场准入法律制度的执法完善

国家铁路局作为行政许可单位，同时也是铁路监管部门，地区铁路监督管理局也是铁路监管部门。现有的交通运输部公布的《铁路运输企业准入许可办法》和国家铁路局公布的《铁路运输企业准入许可实施细则》，对行政许可申请的审核包括书面的审查和实地的考察，以此来确保审批的正当合理。但书面审查与实地考察之间如何过渡并未明确，在实施过程中有待积累经验并加以完善。铁路运输企业进入市场后，也必须接受监管，包括安全监管，工程监管和设备监管等，若失职或滥权则应依法承担相应的法律责任。这些都要在不断健全法律制度的同时，在严格执法中继续改善执法的效果。

第三节　铁路运输安全行政法律保护

对铁路运输领域行政法治问题的研究，离不开对铁路运输安全行政法律保护问题的探究。铁路运输安全是铁路运输领域关注的重中之重，是铁路运输市场能够健康、稳定发展的前提和基础。本节拟从铁路运输安全行政立法、铁路运输安全行政执法、铁路运输安全保护的行政诉讼几方面展开讨论。

一、铁路运输安全行政立法

下文将从我国当前铁路运输安全行政立法的基本问题以及立法完善的路径进行探讨。

（一）我国当前铁路运输安全行政立法的基本问题

目前我国有关铁路立法的法律法规，大多围绕《铁路法》而制定。这些法规规章大体上可分为两类：第一类属于铁路系统内部管理方面的法规和规章，涉及铁路运输业务、铁路运输安全、铁路职工权益保护等问题；第二类属于调整铁路与其他行业或其他领域间法律关系的法规或规章。虽然铁路行政法规或规章较多，涉及面广，但是尚未形成统一完善的铁路法律体系。[2]

---

〔1〕　一是按照铁路行业统计调查制度和《铁路事故条例》，要求铁路运输企业报送铁路交通事故、行业统计等信息。二是将被许可企业提报运输年度报告的对象由国家铁路局改为地区铁路监督管理局。

〔2〕　参见樊绍文、李莹："完善中国铁路立法的借鉴与探索"，载《法制与社会》2012 年第 18 期，第 272~274 页。

1. 铁路立法比较缓慢，严重滞后，特别是铁路运输安全管理方面还要进一步完善。关于铁路方面的法律少规章多，只有一部《铁路法》统领我国铁路法律体系，但是作为上位法的《铁路法》无法完全涉及铁路的方方面面，特别是铁路运输安全方面尚有法律空白点或模糊区域，有时仍然难以对下位法起到强有力的约束作用。

2. 铁路立法体制仍要进一步健全，目前尚未形成完备统一的铁路法律体系。国家铁路行政机关在制定铁路领域的规章时，必须要以宪法、法律为依据，不能做出与其上位法相悖的规定，否则下位法的规定无效。同时上下级规范性文件之间也应和谐一致，级别低的行政机关所制定的规范性文件不能同级别高的行政机关制定的规范性文件相抵触。因我国缺少统一的铁路安全法律规定（目前只有相关行政法规），各省、自治区的人民代表大会及其常务委员会在制定本行政区的地方性法规时，可能对同一领域内的相同或相似的问题做出不同的规定。而这些同一级别的法规可能出现矛盾，这不利于我国铁路运输安全领域的统一管理，不利于规制我国铁路运输安全领域的问题，也不利于我国铁路法律体系的统一和建设。特别是城市轨道交通的制度建设，需要加强法制的统一。

3. 对铁路安全行政立法的有效监督也有待进一步加强。行政立法权的行使非常重要，但对这种权力的行使有一个完备监督程序更为重要。铁路运输领域行政立法的出台、法规、规章的发布，都会给该领域带来或多或少、或大或小的影响，更重要的是新的行政立法的出台影响铁路运输领域行政相对人相应的权利，所以更加需要强有力的监督程序对铁路运输领域的行政立法进行有效监督。我国宪法赋予权力机关撤销行政机关违法和不正当的法规、规章的权力，但这种监督没有完善的程序予以保障，在一定程度上难以落实。我国目前的法律只赋予人民法院对行政立法一定的审查权，但无撤销权。由此可见，行政立法在监督程序上的有效性大打折扣，对行政立法的监督制度需要进一步完善。

（二）我国铁路运输安全行政立法的完善路径

1. 制定"铁路安全法"。新中国的铁路法制建设，主要始于 1990 年通过的《铁路法》。这部法律的目的在于"保障铁路运输和铁路建设的顺利进行，适应社会主义现代化建设和人民生活的需要"。当时《铁路法》只有两个条文（第 67 条和第 68 条）涉及行政处罚，且都是治安处罚。有关铁路运输合同的内容在《铁路法》中占据较多篇幅。这样的制度设计表明，中国铁路安全法律制度以事后救济、个案救济为主，而个案救济的消极性和被动性决定了它不能解决广泛区域内出现的铁路安全问题，也无法应对铁路风险防范。《铁路安全管理条例》在一定程度上改变了这种局面，但该条例规制范围、规制手段比较有限，法的效力层级属于行政法规。因此，我国制定一部专门的"铁路安全法"，确认安全保护作为公民的法律权利，可以提升效力层级，强化其保护力度，不仅是现实所需，也有宪法基础。[1]

2. 完善有关铁路安全行政组织的规定。我国现行铁路监管体制，经历 2013 年撤销铁道部实行政企分开的体制改革，目前已形成以交通运输部、国家铁路局及其地区监督管理局为主要职能部门的行政管理格局。[2] 尽管与原铁道部相比，铁路监管部门加强了铁路安全行政职能，但它仍要兼顾促进铁路市场发展和安全规制的双重政府职能。这就导致铁路监管部门在实施规制时仍可能面临处理铁路安全与铁路市场发展之间关系时的失衡问题。[3] 因此，在铁路安全行政组织体系的立法完善方面，我国应朝着加强统一性、专业性的方向发展。其一，结合行政审批制度改革，把铁路运输活动作为铁路监管部门安全规制的重点。其二，促进安全规制和铁路市场发展的政府职能进行充分的分离。其三，赋予铁路监管部门全面的铁路安全监管权，厘清它和其它涉及铁路安全事务的行政机关的权力界限。其四，在铁路监管部门的内设机构和人员组成上，增设铁路安全方面的职位、增加具有铁路安全专业知识和经验的人员。特别是，应考虑建立一支专业化、人员充足的国家铁路安全检查员队伍，以形成政府对铁路运输活动的统一有力监督，改变目前基层铁路安全执法依靠铁路企业自我规制的局面。[4]

3. 立法优化铁路安全规制工具和执行手段。我国铁路安全立法，一方面应加强传统规制工具和执行手段的运用，另一方面也应发展出旨在预防风险或者旨在激励企业自觉守法、有助于减轻行政负担的新型规制手段。可从以下几方面展开：（1）立法明确授予行政机关检查和调查权，明确规定检查或调查的方法，包括铁路企业的自行检查义务、铁路企业记录与安全有关的经营活动或者就特定安全事项进行报告的义务。在行政检查与铁路企业自查的关系上，铁路企业自查

---

〔1〕　参见栾志红："铁路安全的行政法规制：经验与借鉴"，载《北京交通大学学报（社会科学版）》2021 年第 1 期，第 161 页。

〔2〕　参见《铁路安全管理条例》第 3 条第 1 款。

〔3〕　参见韩春晖、盛泽宇："协同执法：铁路安全监管体制变革之维"，载《行政管理改革》2018 年第 10 期，第 71~72 页。

〔4〕　参见栾志红："铁路安全的行政法规制：经验与借鉴"，载《北京交通大学学报（社会科学版）》2021 年第 1 期，第 161 页。

是确保采取适当预防措施的主要手段，行政检查是对铁路企业活动的监督。（2）明确将研究开发、测试、评估等方面纳入铁路安全法律法规中，增强铁路安全行政规制的风险预防功能。（3）完善公民对行政立法过程的参与制度。（4）对违法的企业和个人，立法适度加大惩处力度。进一步完善现行立法中责令立即排除安全隐患的适用对象和条件，以保障公民生命财产安全。增设铁路机车驾驶人员的职业禁入规定，以制裁包括酒后驾车等危害铁路安全的行为。[1]

4. 改进行政立法程序。行政立法程序具有两方面的功能，即保障公民权利、利益和保障公民参与。前者源于法治国家的要求，后者源于民主国家的要求。[2]铁路安全行政立法的上述特点决定了其行政立法程序的设置应当重视这两方面功能，强化立法的程序监督。（1）听取意见程序。一方面，应完善铁路安全行政立法程序中的公众参与环节，以容纳与铁路安全相关利益者的要求；另一方面，应立法完善行政行为的听证程序。[3]（2）信息公开程序。铁路安全行政立法中的信息公开应包括：一是规定行政机关对铁路安全状况公开；二是规定铁路企业对列车运行安全信息的公开。在某些情形下，后者甚至更为重要。例如，铁路沿线居民对高速铁路或者满载危险品的列车通过社区存有安全方面的疑虑，可能产生不满。如果规定铁路企业能在铁路建设或列车经过社区之前向居民提供相关信息，将有助于这些居民发表意见，也有助于有关行政决定获得居民的理解和支持。[4]

二、铁路运输安全行政执法

这里拟从我国当前铁路运输安全行政执法的基本问题及其完善路径两方面进行探讨。

（一）我国当前铁路运输安全行政执法的基本问题

1. 铁路运输安全立法层面的不完善导致执法中的困惑。[5]（1）上位法依据不足。《铁路法》实施于1991年，有大量计划经济的痕迹，特别是2013年铁路改革实行政企分开以来，原《铁路法》中的内容与今天铁路发展的现状更加脱

---

〔1〕 参见栾志红："铁路安全的行政法规制：经验与借鉴"，载《北京交通大学学报（社会科学版）》2021年第1期，第162页。

〔2〕 参见［日］盐野宏：《行政法总论》，杨建顺译，北京大学出版社2008年版，第176~177页。

〔3〕 参见余凌云：《行政法讲义》，清华大学出版社2019年版，第307页。

〔4〕 参见栾志红："铁路安全的行政法规制：经验与借鉴"，载《北京交通大学学报（社会科学版）》2021年第1期，第163页。

〔5〕 参见刘瑞全："铁路安全执法的难点及对策研究"，载《铁道经济研究》2017年第3期，第24页。

节，不能适应当今形势下铁路安全执法的现状。我国正在修订《铁路法》以适应当前铁路安全形势，并在 2019 年 7 月公开征求《铁路法（修订草案）》的意见。但直至今日，修订中的《铁路法》仍在讨论中。(2)《安全生产法》的修改给铁路安全执法提出了更高要求。党的十八大以来，党中央、国务院对加强安全生产工作、落实企业安全主体责任等提出了一系列新要求，新修正的《中华人民共和国安全生产法》(以下简称《安全生产法》) 于 2021 年施行。此次修法力度大，涉及内容多，突出强化了安全红线意识和底线思维。《铁路安全管理条例》作为下位法，必须体现《安全生产法》的新规定，结合铁路安全监管特点，补充完善相关内容，以保证对危及铁路安全的行为进行及时纠正和处理。(3)《铁路安全管理条例》自身的不完善之处，给铁路安全执法工作带来困惑。

2. 铁路运输安全执法人员的执法能力有待提高。铁路行业的安全执法人员与一般执法人员有所不同，需要熟悉铁路行业特点和铁路安全生产规律，并具备一定的铁路建设、设备、运营等专业知识，同时谙熟相关法律，具备一定的法学专业理论素养。从目前队伍组成的现状看，部分人员既懂法律，又熟悉铁路行业，且有长期的铁路安全执法工作经验，是铁路安全执法队伍中不可多得的人才；还有部分人员来自铁路工作一线，具备铁路行业的专业知识，但没有接受过法学专业系统培训；另有部分人员从院校法学专业毕业后，直接加入执法队伍，虽然接受过法学专业培训，但对铁路的作业流程和安全生产情况不甚了解，尚需在工作中不断磨炼。总之，铁路安全执法工作需要一支思想作风过硬、具有一定法律专业知识且熟悉铁路工作的执法队伍，对此尚有较大的努力空间。[1]

3. 铁路运输安全的行政执法力度不够。一直以来我国“重实体，轻程序”执法思维未得到根除，同时执法环境和执法设备的限制导致铁路安全执法中，执法人员有时会疏忽执法程序，以致在行政执法中的现场调查、证据采集、当事人权益保护等环节都有可能出现程序性瑕疵。[2]

4. 执法力度不够，违反铁路运输安全的行为频发。铁路执法部门的行政执法力度不够，行政处罚没有达到预期效果。行政处罚既有惩戒意义也有教育意义，铁路运输安全管理是要长期坚守的执法领域，既要行政管理部门的监督管理，也要经营主体常抓不懈。但是当下行政处罚往往一罚了之，即使执法人员能够及时做出处罚且让企业及时整改，因违法成本低，经过一段时间后经营主体又

---

[1] 参见刘瑞全："铁路安全执法的难点及对策研究"，载《铁道经济研究》2017 年第 3 期，第 25 页。
[2] 参见魏力："加强道路运输安全行政执法对策"，载《中国道路运输》2019 年第 6 期，第 38 页。

会故态复萌，这也是专项整治后容易出现周期性反弹的原因。[1]

（二）我国铁路运输安全行政执法的完善路径

1. 整章建制，夯实执法基础。健全完善铁路行政执法规章制度。在已出台《违反〈铁路安全管理条例〉行政处罚实施办法》《铁路行政执法人员管理办法》的基础上，2015 年又颁行了《铁路建设工程质量监督管理规定》《铁路危险货物运输安全监督管理规定》《铁路专用设备缺陷产品召回管理办法》《铁路安全生产违法行为公告办法》等规章和规范性文件，使铁路行政执法规章制度进一步健全。[2]

2. 严格执法监督，提升执法水平。（1）加强对铁路安全执法的监督检查，设立内部防错纠错程序，树立"有错必须纠，有错及时纠"的工作理念。[3]（2）执法机关需要经常性地总结交流执法经验、检查不足，特别是涉及遵守法定程序、证据收集、行使自由裁量权等方面，更应加强法学理论学习，使执法人员对法条的理解和遵循力求达到精准无误。[4]（3）持续规范行政执法行为，梳理行政处罚具体事项和法律依据，明确行政处罚工作流程，加强行政处罚自由裁量权的审查把关，对新进入执法队伍的人员进行资格培训考试，对全部既有执法人员进行知识更新培训，加大行政执法检查监督和责任追究力度，不断提高行政执法工作水平和案件办理质量。[5]

3. 加强铁路法治执法队伍人才建设。铁路安全执法工作需要一支作风硬、专业精、懂铁路的队伍。一方面，加强对铁路安全执法人员的职业道德教育，强化法律知识和铁路常识的学习和培训，提高执法人员工作中进行有效沟通协调的自觉意识；另一方面，积极引进专业人才，采取多种形式加大对初任和在职执法人员的培训力度，通过集中授课、外出交流、典型案例研讨、编制执法手册、到铁路运输企业安监部门挂职锻炼等形式，培养和提升履职能力和办案质量。[6]

4. 提高全民安全意识，努力做好铁路安全宣传工作。铁路行政管理机关应

---

〔1〕 参见魏力："加强道路运输安全行政执法对策"，载《中国道路运输》2019 年第 6 期，第 38 页。

〔2〕 参见《2015 年国家铁路局行政执法情况综述》，载 http://www.nra.gov.cn/xwzx/xwxx/xwlb/202204/t20220405_279770.shtml，最后访问日期：2021 年 5 月 12 日。

〔3〕 参见刘瑞全："铁路安全执法的难点及对策研究"，载《铁道经济研究》2017 年第 3 期，第 26 页。

〔4〕 参见刘瑞全："铁路安全执法的难点及对策研究"，载《铁道经济研究》2017 年第 3 期，第 26 页。

〔5〕 参见《2015 年国家铁路局行政执法情况综述》，载 http://www.nra.gov.cn/xwzx/xwxx/xwlb/202204/t20220405_279770.shtml，最后访问日期：2021 年 5 月 12 日。

〔6〕 参见刘瑞全："铁路安全执法的难点及对策研究"，载《铁道经济研究》2017 年第 3 期，第 26 页。

以多种形式做好《铁路安全管理条例》和铁路安全的宣传教育工作，促进全民提高守法意识、安全意识，让社会公众明白铁路安全不只是铁路企业、铁路行政管理机关的事，而是全体国民、全社会的事。[1]

三、铁路运输安全保护的行政诉讼

铁路运输安全保护的行政诉讼，是指铁路运输企业、铁路运输托运人、旅客认为铁路监管部门、公安机关及其工作人员所实施的具体行政行为侵犯其合法权利，依法向人民法院起诉，人民法院在当事人及其他诉讼参与人的参加下，依法对被诉具体行政行为进行审查并做出裁判，从而解决铁路运输安全行政争议的一种诉讼形式。

根据《铁路安全管理条例》第 3 条、第 56 条、第 96 条和第 99 条的规定，对铁路运输安全行政监管的执法主体是铁路监管部门和公安机关；有关铁路运输安全的行政监管对象是铁路运输企业、铁路运输托运人、旅客等与铁路运输安全密切相关的单位和个人。

（一）管辖法院

根据《行政诉讼法》关于管辖法院的规定，如第 13 条、第 17 条、第 18 条、第 21 条规定的内容可知，对于发生在一个行政区里的行政案件，由该行政区的基层人民法院管辖；对于发生在跨行政区的行政案件，两个或两个以上人民法院有管辖权的，由最先立案的人民法院管辖。

但是，2014 年 7 月最高人民法院发布的《人民法院第四个五年改革纲要（2014～2018）》，提出要探索建立与行政区划适当分离的司法管辖制度；[2] 2014 年 12 月，根据中央全面深化改革领导小组第七次会议通过的《设立跨行政区划人民法院、人民检察院试点方案》，上海市和北京市依托各自所属的铁路运输中级法院，先后成立了上海市第三中级人民法院和北京市第四中级人民法院，作为全国首批跨行政区划法院，开展改革试点工作。2015 年 2 月最高人民法院发布的《人民法院第四个五年改革纲要（2014～2018）》进一步明确了"将铁路运输法院改造为跨行政区划法院"的改革任务，在全国推广试行。[3] 2015 年

---

[1]　参见刘瑞全："铁路安全执法的难点及对策研究"，载《铁道经济研究》2017 年第 3 期，第 26 页。

[2]　参见杨艺："关于将铁路运输法院改造成跨行政区划法院的几个问题"，载石家庄铁路运输法院网。访问日期：2021 年 5 月 12 日。

[3]　参见曹也汝："跨行政区划法院的性质与功能——以铁路运输法院改革试点为参照"，载《法治现代化研究》2018 年第 4 期，第 152 页。

5月1日起施行的《行政诉讼法》第18条第2款规定："经最高人民法院批准，高级人民法院可以根据审判工作的实际情况，确定若干人民法院跨行政区域管辖行政案件。"行政诉讼跨行政区划管辖制度由此有了明确的法律依据。[1] 同时，纲要对改革路径和内容也进一步明确，"将铁路运输法院改造为跨行政区划法院，主要审理跨行政区划案件，重大行政案件，环境资源保护、企业破产、食品药品安全等易受地方因素影响的案件、跨行政区划人民检察院提起公诉的案件和原铁路运输法院受理的刑事、民事案件"。[2]

因此，如果铁路运输法院成为跨行政区划审理行政案件的法院，那么跨行政区域的铁路运输安全行政案件也会由铁路运输法院来审理。但是铁路运输法院跨行政区划审理行政案件还在试点中，未形成统一审理规定，所以相关的跨行政区划铁路运输安全行政案件仍依据《行政诉讼法》第21条规定来确定管辖法院，即由最先立案的人民法院管辖。

（二）诉讼模式

1. 普通行政诉讼模式——民告官。

上文提及对铁路运输安全行政监管的主体是铁路监督管理机构（包括铁路公安机关）；铁路运输安全行政监管的对象是铁路运输企业、铁路运输托运人、旅客等与铁路运输安全密切相关的单位和个人。由此可知，在"民告官"的普通行政诉讼模式中，铁路运输企业、铁路运输托运人、旅客等与铁路运输安全密切相关的单位和个人是"民"，铁路监督管理机构和公安机关是"官"。因"民"对"官"做出的行政处罚或者行政强制措施存有异议，故而向具有管辖权的人民法院提起行政诉讼以维护自己的合法权益。比如铁路监督管理机构因铁路运输托运人运输危险货物未配备必要的应急处理器材、设备、防护用品，或者未按照操作规程包装、装卸、运输危险货物，而责令其改正并处1万元以上5万元以下的罚款，但是被行政处罚的铁路运输托运人对该处罚决定存有异议，认为铁路监督管理机构作出的行政处罚过重或者认为铁路监督管理机构对案件事实认定不清导致其含冤受罚，而通过行政救济手段来维护自己的合法权益，向具有管辖权的法院提起行政诉讼，要求法院判决撤销或者变更该铁路监督管理机构的行政

---

〔1〕 参见马晓龙："行政诉讼案件跨行政区划管辖研究——以徐州铁路运输法院为样本"，南京师范大学2019年硕士学位论文，摘要页。

〔2〕 参见曹也汝："跨行政区划法院的性质与功能——以铁路运输法院改革试点为参照"，载《法治现代化研究》2018年第4期，第153页。

处罚决定。再如旅客认为其携带的物品不属于其他违禁物品而不认可公安机关给予的治安管理处罚，因此选择向人民法院提起行政诉讼来维护自己的合法权益。

2. 公益诉讼模式——检察机关作为原告提起诉讼。

（1）公益诉讼的原告资格。2017 年修正的《行政诉讼法》第 25 条第 4 款，确立了我国行政公益诉讼制度。2018 年"两高"出台《解释》规定检察机关以公益诉讼起诉人身份提起公益诉讼，为我国提起行政公益诉讼的唯一主体，[1]但是却未对行政公益诉讼的原告资格予以明示。即存在危害公共安全的危险而相关的行政机关并未采取措施预防危害发生时，应由哪个行政区划、哪个级别的人民检察院提起行政公益诉讼，并不明确。

根据《民事诉讼法》第 58 条的规定可知，人民检察院有资格提起民事公益诉讼，但是《民事诉讼法》也没有明确应由哪个行政区划哪个级别的人民检察院提起民事公益诉讼。根据《检察机关行政公益诉讼案件办案指南（试行）》关于管辖的一般规定，有提起民事公益诉讼原告资格的人民检察院与案件具有联系，即为侵权行为地或者被告住所地的市级别的人民检察院。

由此可推知，具有行政公益诉讼原告资格的人民检察院（不包括指定管辖和管辖权的转移），一般应当与该案件有联系，而且是市级以上人民检察院，即一般为侵权行为地或者被告住所地的市（分、州）人民检察院。

（2）公益诉讼的案件类型。《行政诉讼法》第 25 条第 4 款规定："人民检察院在履行职责中发现生态环境和资源保护、食品药品安全、国有财产保护、国有土地使用权出让等领域负有监督管理职责的行政机关违法行使职权或者不作为，致使国家利益或者社会公共利益受到侵害的，应当向行政机关提出检察建议，督促其依法履行职责。行政机关不依法履行职责的，人民检察院依法向人民法院提起诉讼。"有学者认为，2017 年修正的《民事诉讼法》和《行政诉讼法》赋予检察机关提起公益诉讼的职能，并对提起公益诉讼的领域进行限定。但在限定的同时，也在具体列举公益诉讼领域之后加了"等"字的表述，为之后扩大适用范围留有余地。在司法实践中，检察机关探索适当扩大提起公益诉讼的领域，取得了很好的效果。铁路特别是高铁运输安全日益受到重视和关注，该学者对有必要将其纳入公益诉讼范围深以为然，其相信将铁路运输安全纳入公益诉讼范围会

---

〔1〕 参见葛君："行政公益诉讼原告资格研究"，载《东南大学学报（哲学社会科学版）》2020 年
S2 期，第 38 页。

更有利于保护不特定多数旅客的合法权益，提升铁路运输安全治理水平。[1] 我们基本赞同这一观点。

铁路运输安全特别是高铁运输安全日益受到重视和关注，有必要将其纳入公益诉讼范围，同时，将铁路运输安全纳入公益诉讼范围更有利于保护旅客的合法权益，提升铁路运输安全的治理水平。

综上所述，虽然无法律条文明确把铁路运输安全领域纳入行政公益诉讼范围，但是《行政诉讼法》第 25 条第 4 款规定的"等"字却给司法实践留有探索的余地，因此可将铁路运输安全领域与生态环境和资源保护、食品药品安全、国有财产保护、国有土地使用权出让领域进行同类解释。如此解释既符合逻辑，也有实际需求。

第四节 铁路运输领域知识产权行政法律保护

本节拟从铁路运输领域知识产权行政立法及其行政诉讼方面来探讨。

一、铁路运输领域知识产权行政立法

以下从我国铁路运输领域知识产权行政立法规定及其不足与完善来展开讨论。

（一）我国铁路运输领域知识产权行政立法规定

知识产权的行政立法，既是知识产权的行政法律规制，又是知识产权的行政法律保护，这是一体两面的关系。知识产权行政法律保护，是指知识产权行政管理部门在遵循法定程序和运用法定行政手段的前提下，依法处理各种知识产权纠纷、维护知识产权秩序的一种保护方式。[2] 在知识产权保护方式上，我国实行的是"双轨制"保护模式，即采用司法保护与行政保护两种模式。在全球化背景下，知识产权是国家综合竞争力的重要战略资源。为了增强我国铁路运输方面的核心竞争力，应当重视对铁路运输领域知识产权的行政保护，力求为我国铁路运输发展营造更好的市场环境。

---

〔1〕 参见王凯："公益诉讼'等'外范围应当包含铁路运输安全领域"，载《人民检察》2019 年第 Z1 期，第 169 页。

〔2〕 参见邓建志、单晓光："我国知识产权行政保护的涵义"，载《知识产权》2007 年第 1 期，第 67 页。

1. 相关法律的规定。目前，我国在铁路领域的法律仅颁布了《铁路法》，而关于铁路运输领域的知识产权保护没有专门的法律条文，在处理铁路知识产权纠纷案件中，仍是参照传统的知识产权法律条文进行释法。例如，在发生铁路相关的知识产权侵权纠纷情况下，通常适用的是《商标法》《专利法》《著作权法》等相关法律。我国知识产权行政保护制度发端于改革开放之初。20世纪80年代初，我国首部《商标法》和首部《专利法》均对行政保护作出了明确规定。例如，我国首部《专利法》第60条，以及1982年的《商标法》第39条都规定行政管理部门可以对知识产权进行保护。这些都通过法律明文规定从而赋予行政机关对于知识产权行政保护的权力，并且相关法律在历次修订中还不断强化了这一制度。对比《商标法》《专利法》《著作权法》三部主要的知识产权法律在行政保护方面，主要有两点相同之处：其一，《商标法》《专利法》《著作权法》中历次修订的文本中都有关于行政保护的规定。其二，从历年几部法律修订的情况来看，知识产权行政主管部门保护的权利范围也在逐渐扩大。[1]

2. 相关法规规章的规定。如前所述，国务院颁布了一系列的知识产权行政法规，如《专利法实施细则》《商标法实施条例》《著作权法实施条例》等。国务院各部委为细化行政法规，制定并出台知识产权规章，如《专利代理管理办法》《规范商标申请注册行为若干规定》《著作权质权登记办法》等。但是，其中没有专门针对铁路行业的知识产权立法规定。

另外，原交通部对2003年11月公布的《交通运输行业知识产权管理办法（试行）》进行了修订，并于2010年2月1日颁行《交通运输行业知识产权管理办法》。修订后的办法总体分为6章43条。由于当时有铁道部，因此该办法当时只适用于其他交通运输行业。该办法明确了知识产权管理的机构与职责，规定了交通运输行业主要的几种知识产权权利归属提出了知识产权保护和管理办法，并提出奖惩办法。该办法的目的在于规范交通运输行业知识产权相关工作，加强交通运输行业对知识产权的创新、运用、保护与管理。办法的颁布实施，在规范交通运输行业知识产权管理、加强知识产权保护、促进科技创新与科技进步等方面发挥重要作用。这标志着交通运输部进一步强化知识产权管理工作。

2010年1月为加强和规范对交通运输科技成果的管理，根据科技部《科技成果登记办法》并结合交通运输工作实际，交通运输部科技管理部门制定了《交通运输部科技成果登记办法》。其中登记办法第9条规定："凡存在争议的科

---

〔1〕　参见邓建志：《WTO框架下中国知识产权行政保护》，知识产权出版社2009年版，第24~40页。

技成果，在争议未解决之前，不予登记；已经登记的科技成果，发现弄虚作假、剽窃、篡改或者以其他方式侵犯他人知识产权的，除注销登记外，并记录在案或予以公示。"这一规定意从源头上就打击侵犯知识产权的违法行为，为铁路科技成果的创造提供了良好的制度参考。

2017 年 4 月，为促进交通运输行业科技成果转化，交通运输部依据《中华人民共和国促进科技成果转化法》制定了《交通运输部促进科技成果转化暂行办法》。该办法主要从科技成果的转化方式和技术权益、成果转化机制建设、成果转化收益分配和激励、科技成果转化经费投入、科技人员兼职兼薪和离岗创业等方面提出了 44 条政策措施。

2019 年交通运输部发布了关于修改《铁路机车车辆设计制造维修进口许可办法》的决定。该许可办法规定型号合格证、制造许可证、维修许可证和进口许可证，都要无知识产权侵权的情况下才能取得，这也是对铁路行业知识产权的重要保护。

(二) 立法不足及其完善

立法是一种实践性活动，需要科学正确的理论指导，正确的立法理念有助于法律效力的充分发挥。知识产权保护始于惩戒侵权违法行为，而最终还是要回到有助于激励创新与维护利益平衡的原则上来。[1] 所以，知识产权立法的理念，应当是鼓励创新，平衡社会公共利益，最终促进社会技术进步、文化繁荣和经济发展。因此，在法律法规修订中也应注重将这一理念贯穿其中。

1. 立法不足。前已指出，我国目前没有专门的铁路知识产权保护综合性部门规章，更无专门的铁路知识产权保护的法规。正由于没有直接针对性的相关立法规定，或者一些法律、法规和规章的衔接和落实存在模糊区域，铁路知识产权保护在实践中才不易操作。《交通运输行业知识产权管理办法》也需要与时俱进地加以修正和补充。

2. 立法完善。进一步完善铁路知识产权行政立法综合体系。可适时制定一部铁路知识产权综合性的部门规章。在立法方面形成一个铁路知识产权保护体系，更好地为我国铁路企业保驾护航。在修改《交通运输行业知识产权管理办法》中，适当增加有关铁路交通和其他交通的差异性的内容。或许有人会对制定一部铁路知识产权综合性的部门规章的必要性存疑。对此，仍要从综合利弊和长

---

[1] 参见陈波："知识产权'两法衔接'机制的立法完善"，载《西安财经学院学报》2015 年第 1 期，第 105 页。

远发展的角度来认识。

二、铁路运输领域知识产权行政诉讼

近年来，我国对铁路运输领域内知识产权的保护不断增强，同时铁路知识产权纠纷日益增多。知识产权案件通常会涉及一些专业性较强的理工类知识，这就要求法官不仅需要具备扎实的法学理论基础，还应适当了解一些涉及专利的相关知识。知识产权纠纷的产生势必会导致行政相对人对相关行政机关提起知识产权行政诉讼。我国知识产权行政诉讼，是行政诉讼中的重要组成部分。知识产权行政诉讼也可分为两类：一是基于知识产权确权引起的行政诉讼；二是因知识产权执法行为而提起的行政诉讼。[1]

（一）相关司法解释规定之不足

1. 知识产权行政诉讼法院内部分工管辖问题。知识产权行政案件，相对于其他行政诉讼案件来说更为复杂，因为其不仅专业性强，还容易与民事纠纷掺杂在一起涉及行民交叉案件法院内部分工问题。一方面，就知识产权确权案件来说，行政相对人不服知识产权主管部门的决定而提起的诉讼，既是知识产权案件又是行政案件。根据 2002 年最高人民法院发布的《最高人民法院关于专利法、商标法修改后专利、商标相关案件分工问题的批复》（已废止）的规定，法院审理此类案件的内部划分存在不合理的地方，因为《民事诉讼法》和《行政诉讼法》对于案件的审查范围、审查程度、判决方式都完全不同，不同的法院对此的做法也不一致，这就导致知识产权审判庭和行政审判庭对于案件的内部管辖出现不同的理解。[2]鉴于此，在 2020 年《最高人民法院关于北京、上海、广州知识产权法院案件管辖的规定》中将民事、行政审判二合一，统一将该类案件由知识产权庭审理。

值得指出的是，有的铁路运输法院受理跨行政区域的行政诉讼案件，正在探索之中。未来也可以把某些探索出来的有益规则，通过最高人民法院以司法解释方式予以规定。

2. 知识产权执法的行政诉讼问题。目前，知识产权行政执法机关作出行政

---

〔1〕　参见马迅："我国知识产权司法保护体制之缺陷及完善"，载《中国科技论坛》2008 年第 2 期，第 122~123 页。

〔2〕　参见张玉瑞、韩秀成："我国知识产权司法体制改革报告"，载《中国知识产权报》2006 年 8 月 23 日。

决定的案件有两种。一种是行政机关主动对侵犯知识产权违法行为进行查处；另一种是依据商标或专利等权利人的请求，请求行政执法机关对民事侵权行为进行处罚而作出的行政决定。在后一种情形下，行政诉讼中通常存在民事侵权纠纷的认定问题。根据现行司法解释规定，[1] 在行政机关作为被告的诉讼中，对行政机关的行政决定，一并解决民事争议。民事纠纷与行政纠纷相联系的案件本身就加大了案件审理难度，更何况还涉及知识产权专业性较强的问题。如此在行政诉讼中一并解决民事争议难免使审判难度增加。对此也可以探索并归纳相关规则，将其上升为司法解释。

（二）司法认定的疑难问题及其思考

1. 司法认定疑难问题。近年来，铁路运输领域内知识产权行政诉讼的案件，往往是有关商标相似性以及混淆可能性认定的案件。如 2019 年的郑州福来特铁路器材发展有限公司诉国家知识产权局一案就涉及这一问题。在我国 2001 年制定的《商标法》中，并未将混淆可能性规定为商标注册、侵权认定的要件。而 2013 年修正的《商标法》第 57 条第 2 项[2]，在对商标侵权判断标准中正式引入了混淆可能性这一认定标准。侵权人模仿注册商标和商品的特征，其目的在于仿造出商标相同或近似、商品相同或类似的环境，使消费者对需购买的商品或者服务产生混淆误认，从而影响消费者购买。侵权人的目的在于使消费者发生混淆而由此从中获利，而对商标权人商标和商品的模仿仅仅是手段。《商标法》需要规制的，是导致消费者混淆、扰乱市场经营秩序的侵权行为。而相似性，仅仅是影响消费者商标识别的外在因素，是判断消费者是否容易发生混淆的考量因素。消费者的混淆可能性才应是商标侵权认定的标准基础。长久以来我国司法审判的传统做法，是考察商标的近似性和商品的类似性。只有满足商标的近似性和商品的类似性的要件，才会进一步考察商标侵权是否成立。该种判定方式是将混淆可能性认定纳入到相似性的判断标准中，即相似性与混淆性判断同步进行。2013 年修订的《商标法》已经将我国传统商标侵权判定的混淆性相似标准转变为了"相似性+混淆可能性"标准。商标的相似性和混淆可能性成为了商标侵权判定两个独立的要件。两者具有逻辑上的关系，相似性判断标准为混淆可能性的前置要

---

〔1〕《最高人民法院关于适用〈中华人民共和国行政诉讼法〉的解释》第 138 条："人民法院决定在行政诉讼中一并审理相关民事争议，或者案件当事人一致同意相关民事争议在行政诉讼中一并解决，人民法院准许的，由受理行政案件的人民法院管辖。"

〔2〕其中规定："未经商标注册人的许可，在同一种商品上使用与其注册商标近似的商标，或者在类似商品上使用与其注册商标相同或者近似的商标，容易导致混淆的"。

件。即先判定商标是否存在相似性，若达到相似性的标准，则进入下一步混淆可能性的判断，这样使得商标侵权判定更具科学性。其中，就有学者认可了《商标法》的这一修改，认为如此厘清了相似性与混淆可能性的关系，使商标权的保护更加符合商标立法的本意，也更加符合商标司法中侵权认定的实际情况。[1] 其中相似性和混淆可能性的认定主观性很强，参考的标准不同也可能导致对侵权结果认定的不同。如何解释这一法律规定？司法实践中存在对相似性和混淆性判断标准认定适用的困惑。

2. 相关思考。我国商标侵权相似性和混淆可能性的判断标准如何在实践中适用？有学者认为，可以从主体、程度、类型三方面对《商标法》第 57 条第 2 项规定进行判定。首先，从主体上认定，混淆可能性的主体主要为购买相关商标标识商品或服务的消费者，同时，也应考虑到与商标专用权人相联系的其他非消费者。立法上将这些消费者与非消费者概括为"相关公众"。因此，相似性混淆性的主体应为"相关公众"。其次，在程度认定方面，混淆可能性对被混淆的消费者的范围、数量和认知有一定要求，需要《商标法》规制和干预的混淆不能是个别的、偶然的，而应当是有一定程度的，需要存在相当数量的购买人才能被认定为《商标法》上的混淆，此时才需要《商标法》介入。一般认为，只要存在相当可观的理性消费者可能对近似商标发生混淆，才会成立商标侵权。可是何种数量为"相当可观"，立法与司法并未对此作出明确规定。司法实践中，全国各地的法院对此的认定也存在不同。有法院认为 8.5% 的消费者的混淆就是证明混淆可能性的有力证据，另有法院认为这一比例应达到 15%。因此，似乎消费者的混淆并不意味着一定要相关消费者的大多数发生混淆。有人认为，"必须视个案情况认定之。不过一般而言，相关事业或消费者中有 10% 受到混淆之虞，应该是国际上普遍接受的合理门槛。"[2] 司法实践中，一般认为有 30% 以上的相关消费者对商品或服务容易产生混淆的，才能认定为商标混淆。对此，也存在一个问题，这些相关消费者的范围如何认定？毕竟大多数商品或服务的消费者有庞大的群体。此外，相关公众对于商标标识的商品或服务存在的混淆可能性并非一般可能性，而应是高度盖然性，具有较大的现实可能性。在类型方面上，我国商标法中主要的混淆类型应包括来源混淆和关联关系混淆。其中来源混淆即消费者将侵权人的商品或服务误认为是商标权人所提供。关联混淆则指的是消费者误认为两

〔1〕　参见张今："商标法第三次修改的几个重大问题解读"，载《中华商标》2013 年第 11 期，第 17 页。
〔2〕　参见刘孔中：《商标法上混淆之虞之研究》，五南图书出版公司 1997 年版，第 4 页。

者的生产者之间存在商标许可或关联企业等关系。[1] 另外，在相似性标准判定上，不宜把相似性要件证明标准定得过高。在实务中，混淆才是商标侵权判定的关键。只要案件中争议商标或商品类别有一定程度的近似或类似，即符合相似性的要求。要综合案情考察其相似程度是否极有可能导致消费者混淆。[2] 商标的相似性和混淆性的判断，对法院认定商标侵权案件具有重大意义。司法实践中法官在认定商标侵权案件时应正确把握相似性和混淆可能性的关系，统一判定要件的裁判标准，防止相似案件不同判决。

典型案例评析：

一、刘某萌诉上海铁路公安局案[3]

（一）案件事实

2017 年 3 月 13 日刘某萌带其子到南京南站乘坐火车，其丈夫赵某送站。在进入候车室进站候车前的安检阶段，刘某萌与安检员李某因安检发生争执，刘某萌将安检员李某的工号牌撕下拒绝归还。正在车站值班的另一位安检员周某华和执勤民警至现场协调处理，刘某萌又与上述人员发生争执，又将安检员周某华的工号牌撕下。争执过程中，刘某萌不听劝阻，对民警和安检员使用言语威胁，并用手中小包挥打民警和安检员，造成现场秩序混乱。在民警告知其涉嫌阻碍执行职务并对其口头传唤到派出所接受调查处理后，刘某萌拒绝服从，继续用小包挥打民警，并趁乱走上电梯到达候车室二楼。在候车室二楼，增援民警使用手铐将刘某萌强制传唤至南京南站派出所接受调查处理。同日，上海铁路公安局南京公安处（以下简称南京公安处）作出宁铁公（宁南）受案字〔2017〕120 号受案登记，立案受理该案。同日 10 时至 15 时，南京公安处依照法定程序分别询问了刘某萌、赵某、李某、周某华等人，并制作了询问笔录，刘某萌、赵某、李某、周某华分别在笔录上签名捺印。南京公安处制作行政处罚告知笔录，询问刘某萌是否提出陈述、申辩，刘某萌明确表示放弃陈述、申辩。嗣后，南京公安处对其

---

〔1〕参见孔祥俊：《商标与反不正当竞争法：原理和判例》，法律出版社 2009 年版，第 260 页。

〔2〕参见姚鹤徽："论商标侵权判定的混淆标准——对我国《商标法》第 57 条第 2 项的解释"，载《法学家》2015 年第 6 期，第 63 页。

〔3〕参见南京铁路运输法院（2017）苏 8602 行初 894 号行政判决书；江苏省南京市中级人民法院（2017）苏 01 行终 1049 号行政判决书。

违法行为作出了《行政处罚决定书》。同日 23 时 40 分，刘某萌在 2019 号《行政处罚决定书》上签署"此决定书已向我宣读并送达"并签名。同日 23 时 50 分，南京公安处通知刘某萌丈夫赵某。2019 号《行政处罚决定书》课予的行政拘留从 2017 年 3 月 13 日执行至 2017 年 3 月 18 日。2017 年 5 月 26 日，刘某萌向法院提起行政诉讼。

（二）法院裁判

一审法院驳回了原告刘某萌的诉讼请求。原告不服判决上诉至江苏省南京市中级人民法院，二审法院审理后认为上诉人刘某萌的上诉理由缺乏事实和法律根据，原审判决认定事实清楚，适用法律、法规正确，审判程序合法。据此，驳回上诉，维持原判。

（三）简要评析

本案主要有三个争议焦点：1. 刘某萌是否存在阻碍执行职务的行为。2. 被告作出被诉行为适用法律是否正确。3. 南京公安处作出被诉行为是否履行了法定程序。

第一，刘某萌所谓因安检员态度不好而拒绝继续安检、撕下安检员工号牌拒绝归还、言语威胁和挥打安检员、引起现场秩序混乱导致一列安检队伍无法正常进行，均属阻碍执行职务。根据《铁路法》第 43 条〔1〕的规定，本案中被上诉人南京公安处系铁路公安，依法具有维护车站治安秩序的法定职责。公安民警维护车站治安秩序的行为属于执行职务，原告阻碍了该职务的执行。第二，刘某萌存在包括言语威胁和挥打民警、安检员在内的多项阻碍执行职务的行为，行为对象包括人民警察，地点在南京南站这一重要公共场所，时间恰逢全国两会会期，情节较为严重，应当从重处罚。因此，2019 号《行政处罚决定书》适用法律正确，处罚裁量并无不当。而且，南京公安处能够考虑刘某萌无前科劣迹以及归案后的态度，在法定幅度内选择最轻程度的处罚，体现了处罚与教育相结合的立法精神。第三，在案证据显示，南京公安处已履行立案受理审批手续，制作询问笔录，已告知权利义务，履行听取陈述、申辩程序、已通知家属和送达法律文书，符合公安机关办理行政案件程序规定，行政程序合法。因此，一审法院驳回刘某萌的诉讼请求。

---

〔1〕 该条规定："铁路公安机关和地方公安机关分工负责共同维护铁路治安秩序。车站和列车内的治安秩序，由铁路公安机关负责维护；铁路沿线的治安秩序，由地方公安机关和铁路公安机关共同负责维护，以地方公安机关为主。"

本案涉及铁路旅客运输安全检查问题以及行政机关在行政执法过程中执法行为是否得当问题。首先，依据《铁路旅客运输安全检查管理办法》第7条〔1〕的规定，旅客对于运输企业的安检工作有配合义务。该办法系交通运输部制定的部门规章，铁路运输企业在车站执行安全检查系受规章所授权，以国家权力作为后盾和保障。在此场合铁路运输企业属于行政主体（规章授权的组织），所为安全检查行为属于广义的行政行为。铁路运输企业安检员对刘某萌执行安检的行为属于执行职务，刘某萌具有行政法上予以配合的义务。同时依据该办法第17条第1款〔2〕的规定，因此，南京公安处执勤民警具有协助铁路运输企业安全检查、维护南京南站治安秩序的职责。铁路运输企业安检行为与公安机关维护治安秩序行为均属行政行为，无论上述行为是否存在瑕疵，旅客首先应当予以配合。其次，行政机关对刘某萌予以行政处罚时，也必须注意执法手段的合理性问题，一个行政行为的作出，不仅要合法，同时要合理。铁路运输企业与旅客之间本是利益共同体，铁路运输企业为保障铁路运营安全，要保障其他乘客的安全，对乘客进行安检无可厚非，但其中是否也应考虑安全检查行为时安检人员执行职务的态度，避免此类事件的发生，以保证铁路运行秩序。最后，乘客在搭乘火车时，也应按照相关法律法规的规定，积极配合安检人员及其他铁路工作人员，这样才能营造良好的铁路出行环境，使得铁路运输企业与乘客达到共赢。

二、"班列购"商标注册案〔3〕

（一）案件事实

2018年1月18日，原告河南中某进出口公司向国家知识产权商标局申请注册第28769052号以及第28788111号"班列购"商标，其中第28769052号"班列购"商标指定使用商品为：计算机程序（可下载软件）；可下载的计算机应用软件；计算机硬件；可下载的手机应用软件；网络通讯设备；遥控装置；集成电路；电子钥匙（遥控装置）；电子防盗装置；防盗报警器。第28788111号"班列购"商标指定使用服务类型为：广告；广告代理；计算机网络上的在线广告；商

---

〔1〕 该条规定："旅客应当接受并配合铁路运输企业的安全检查工作。拒绝配合的，铁路运输企业应当拒绝其进站乘车和托运行李物品。"

〔2〕 该条款规定："公安机关应当按照职责分工，维护车站、列车等铁路场所和铁路沿线的治安秩序。"

〔3〕 参见北京知识产权法院（2019）京73行初6431号行政判决书；北京知识产权法院（2019）京73行初6433号行政判决书。

业信息代理；商业信息；提供商业和商务联系信息；商业中介服务；进出口代理；替他人推销；为商品和服务的买卖双方提供在线市场。商标局驳回了原告的申请，原告对驳回其第 28769052 号 "班列购" 以及第 28788111 号 "班列购" 商标注册申请不服之后，向商标局申请了复审，其认为申请商标经宣传和使用已在国内具有较高知名度与影响力，并与申请人形成一一对应关系，具有显著特征，遂请求准予申请商标初步审定。之后，商标评审委员会作出了驳回申请商标的注册申请的决定。原告不服该驳回申请决定，向北京知识产权法院提起诉讼，原告认为被告并无证据证明诉争商标注册使用在计算机程序（可下载软件）、计算机硬件等商品上或进出口代理等服务上，不易被识别为商标，整体缺乏注册商标应有的显著性，应承担不能举证的不利后果。而且诉争商标系原告独创品牌名称，是臆造词汇，无特殊含义，作为商标注册使用，能够起到区分商品或服务来源的作用，具备商标应具有的识别功能。诉争商标经过原告长期使用和广泛宣传，已具有较高市场知名度和影响力，已经同原告建立起唯一对应联系。在审理过程中原告方向法院提交了诉争商标设计合同及发票、计算机软件著作权登记证书、"班列购" 电子商务网站截图、中文国际站开发合同及付款发票、商城系统技术服务合同、咨询协议及付款发票、媒体宣传报道及商店照片、进口货物报关单、原告电商资质证书及荣誉证书，以证明原告申请注册的商标完全符合《商标法》的规定。对此，被告认为申请注册的商标由汉字 "班列购" 构成，将其作为商标注册使用在进出口代理等服务上，不易被消费者识别为商标，整体缺乏注册商标应有的显著性。而且，原告河南中某进出口公司提交的证据未能证明其申请 "班列购" 商标具有可注册性，遂商标评审委员会驳回了原告注册商标申请。

（二）法院裁判

北京知识产权法院认为原告的诉讼理由均不能成立，对其诉讼请求本院不予支持，被诉决定虽存在部分瑕疵，但审查结论正确，因此，驳回了原告河南中某进出口公司诉讼请求。

（三）简要评析

本案的争议焦点在于：诉争商标是否具有显著特征。根据《商标法》第 11 条规定，其他缺乏显著特征的标志不得作为商标进行注册。[1] 商标的功能在于

---

[1]《商标法》第 11 条规定："下列标志不得作为商标注册：（一）仅有本商品的通用名称、图形、型号的；（二）仅直接表示商品的质量、主要原料、功能、用途、重量、数量及其他特点的；（三）其他缺乏显著特征的。前款所列标志经过使用取得显著特征，并便于识别的，可以作为商标注册。"

识别和区分商品或服务的来源，如果某一标志使用在指定商品或服务上，相关大众无法将其作为商标认知，则该标志原则上不具有显著性，不能进行商标的申请注册。本案中，诉争商标是纯文字商标"班列购"，在中欧班列已经开通运行多年并成为国际物流陆路运输骨干的背景下，"班列购"用于指定的服务，易被相关公众理解为"通过中欧班列或其他国际铁路货运班列购买"的含义，系直接表示服务内容的用语，而不会被视为商标。因此，诉争商标缺乏固有显著性的特征。另外，缺乏固有显著性的标志，如已通过使用在特定商品或服务上达到了一定知名程度，足以使相关公众或消费者将其作为商标标识进行识别，则可认定该申请注册的商标在这一商品或服务上通过使用已具有显著性的特征，也就能够作为商标进行注册。本案中，原告提交的证据尚不足以证明诉争商标在指定使用的服务上达到必要的知名度，足以使其产生识别服务来源的意义。

本案涉及的是《商标法》第 11 条关于"其他缺乏显著性特征"的认定问题。商标本质上是一种标记，其功能为对商品或服务进行区分。而商标显著性则是这种标记必须具备的核心属性，其重要性在对商标的定义中一目了然，故被称作为"商标保护之灵魂"。商标显著性可被定义为，能够表明其商品或服务出处并与市场其他商品或服务相区别之属性，这种属性由可视或可听，甚至可嗅之要素形成或组成标识所拥有。[1]根据商标法的基本原理，任何具有显著性的标识都可以被注册为商标，而显著性就体现为有关标识具备区分某种产品或服务不同提供者的能力，当某个标识先天缺乏这种区别能力时，通过使用而产生的实际显著性也可以被商标注册制度认可。显著性是市场公众对商标的一种认知评判，即为消费者的一种主观心理态度，而这种态度又随着主客观原因产生着变化。根据《商标法》第 9 条规定，申请注册的商标应当具有显著性，便于识别。生产经营者通过注册商标来达到推介自己的商品或服务的目的，相关公众便可以通过商标权人申请注册的商标来区别不同生产经营者的商品或服务。在本案中，河南中某进出口公司申请的商标"班列购"属于纯文字商标，其会使得消费者将其与中欧班列相联系在一起，易被相关公众理解为"通过中欧班列或其他国际铁路货运班列购买"的含义，有直接表示服务内容的之歧义，其申请的该商标就不具有显著性特征，原告也没有其他证据证明该商标在指定使用的服务上达到必要的知名度。因此，无法认定该申请商标经过宣传使用而使得该标志具备显著性的特征。

---

〔1〕 参见赵析蔓："商标显著性研究"，载《公民与法（法学版）》2016 年第 7 期，第 10~11 页。

第九章

铁路行政法治问题研究（三）

本章将从铁路监管领域行政法治问题概述、铁路监管领域的行政立法、铁路监管领域的行政执法、铁路反恐标准的制定与实施等几方面展开讨论。

第一节　铁路监管领域行政法治问题概述

本节拟对铁路监管领域行政法治的界定与特征以及有关内容略加概述，为后文的重点论述做一些铺垫。

一、铁路监管领域行政法治的界定与特征

对于当代中国而言，行政法治原则是近十多年前提出的一种新兴理念。如果说 1989 年《行政诉讼法》的正式颁布是我国行政法治初具雏形的标志，那么 1996 年《行政处罚法》的颁布则可以看成是行政法治的日益茁壮成长。此后 2003 年《行政许可法》的通过更是为我国的行政法治理念添上了丰满的羽翼，从理念的初步形成到原则内核的丰富，我们见证着我国行政法治全方位发展的欣欣向荣之势。[1] 在铁路监管领域里，无论在立法顶层设计层面，还是在执法部门主体层面，都立场鲜明归属于行政法律部门。可以清晰地找到行政法这一法律部门内部概念的明确标志。故而，对于铁路监管领域行政法治问题的探究，应当从对铁路监管领域行政法治进行概念界定出发，并在此基础上厘清其特征。

（一）铁路监管领域行政法治的界定

"监管"是指监视与管理、监督和管理。铁路监管，是指具有监督管理职权

---

〔1〕 参见沈福俊：《实践视角下的行政法治》，北京大学出版社 2019 年版，第 12~13 页。

的单位和部门对铁路行业实施的监督管理活动。行政法治意味着由法律来规定行政活动的机关、权限、手段、方式和违法的后果，并使该行政活动服从于法律。其具体包括四层涵义：一是法律制定良好；二是行政行为必须依据法律；三是行政行为应当符合法律；四是行政机关必须采取行动（包括接受社会监督等），确保法律规范的执行。

因此，对铁路监管与行政法治两概念有机组合后，铁路监管领域行政法治的界定也变得明朗，即铁路监管领域发生的行政法治。亦即，铁路监管领域的行政法治也是铁路行政法治的基本组成部分，是与铁路监管有关的行政法治，也是铁路行政法治在铁路监管领域的具体化。从法治运行的环节与系统结构可知，铁路监管领域的行政法治，包括铁路监管领域的行政立法、铁路监管领域的行政守法、铁路监管领域的行政执法、铁路监管领域的行政诉讼、铁路监管领域的行政法律监督等。这些不同环节和内容也形成一个有机动态的法治系统，并且和其外部环境发生一定的作用。

（二）铁路监管领域行政法治的特征

1. 具有行政法治特性。（1）具有法治特征，它不同于人治。在法治国家建设过程中，铁路运输领域的依法行政活动和法治政府建设体现出法治的特点。（2）存在行政法治的形式和内容。行政法治是法治在行政领域的具体化，也是法治的基本组成部分。铁路监管领域的行政法治，要求铁路行政权力的取得须有法律的设定，铁路行政权力的运用合法，铁路违法行政必须担责。其中对铁路行政机关职权法定、依法立法、依法行政和依法处罚的要求，是铁路行政法治的核心内容。行政法治，不同于民事法治或者民商经济法治和刑事法治。铁路法治政府的建设是一项系统性的重大工程，需要各个环节环环相扣，共同发挥作用，它是铁路行政法治中的一项重要内容。

2. 处于特殊的监管领域。铁路系统乃国家之命脉，关系国计民生，其重要性自不待言。长期以来，铁路监管作为一个重要领域，亦一直是我国政府工作的重点之一。随着时代的发展和新问题的出现，铁路行业的监管机制也在不断创新，这说明该领域的监管工作也有其特殊性。它不同于航空、水路、公路的监管领域。

二、铁路监管领域行政法治的重点内容

以下拟对铁路监管领域的行政立法、行政执法以及铁路反恐标准的制定与实施等几部分的内容略作铺垫，进一步的论述在后文以专节探讨。

（一）铁路监管领域的行政立法

通常认为，行政立法有两种含义：一是指行政机关制定行政法规和规章的立法活动；二是指国家机关制定行政性的法律、法规和规章的活动。本书持前一种相对狭义的立场。这里所称行政立法，是指国家行政机关依据法定权限和程序制定行政法规和规章的活动。[1] 因此，铁路监管领域的行政立法，是指特定行政机关依据法定权限和程序，制定有关铁路监督管理内容的行政法规和规章及其相关条款的活动。

1. 铁路监管领域行政立法的意义。在包含依法行政、职权法定、权责一致等重要原则的行政法治中，成文的法律法规是除行政立法外的其他一切行政行为之根本，行政立法为行政执法、行政诉讼提供了坚实的基础，铁路监管领域中的行政立法行为亦如此。铁路监管领域行政立法具有重要意义，只有拥有较好的法律、行政法规和规章时，政府和其他有关机关在该领域内的权力才能得到有效监督和制约，其对行政权的行使才能正确且合法，公民基本权利的实现才能得到保护，铁路监管领域也方能实现真正的依法行政。就本文而言，铁路监管领域行政立法的重要意义相当于万物生长之沃土，为后文所探讨的铁路监管领域行政执法和铁路反恐标准的制定与实施提供生存的空间和养分。

2. 铁路监管领域行政立法的类型。我国行政立法的主体，专指依据宪法和组织法的规定享有行政法规或部门规章或政府规章制定权的国家行政机关。[2] 其中包括国务院、国务院各部委、国务院直属机构等国家机构和中央部门的行政机关；以及省、自治区、直辖市人民政府，省、自治区人民政府所在地的市人民政府，国务院批准的较大的市人民政府，经济特区所在地的市人民政府等地方政府行政机关。但以上所罗列的享有行政立法权的全部行政机关，并非在铁路监管领域均有行政立法权。

以行政立法主体的级别为标准，可将铁路监管领域行政立法分为中央部门的行政立法和地方政府的行政立法。

（1）中央部门的行政立法。国务院作为国家最高行政机关，根据宪法和法律的规定，统领各部委的工作，统筹制定行政法规，当然具有铁路监管领域行政立法权。除此之外，国家铁路局于改革后承担的诸多职责均为行政属性，也就是说，原铁道部在铁路监管领域内享有的行政立法权已转移至国家铁路局，所以该

---

〔1〕　参见胡建淼：《行政法学》（第四版），法律出版社 2015 年版，第 486 页。

〔2〕　参见王淑华、谭志福主编：《行政法学》，山东人民出版社 2011 年版，第 96 页。

局所隶属的交通运输部也享有铁路监管领域的行政立法权，即制定相关的部门规章。其中行政法规和部门规章中，可以设置有关规制铁路监管规定的条款。

（2）地方政府的行政立法。省、自治区、直辖市人民政府作为省级国家行政机关，依照法律规定的权限，管理本行政区内的各类行政事务。基于此，省、自治区、直辖市人民政府在本行政区内的铁路监管领域享有行政立法权。同理，省、自治区人民政府所在地的市人民政府，国务院批准的较大的市人民政府，经济特区所在地的市人民政府亦均在本行政区内的铁路监管领域享有行政立法权。政府规章中，也可以依法依规设置有关规制铁路监管活动的条款。

（二）铁路监管领域的行政执法

行政执法是指行政主体依法实施的直接影响公民、法人或者其他组织权利和义务的行为，或者对个人、组织的权利和义务的行使和履行情况进行监督检查的行为，如行政处罚、行政确认等。[1]

1. 铁路监管领域行政执法的界定。如前所述，铁路监管是指政府及其他有关部门对于铁路行业所实施的监督和管理。铁路监管领域的行政执法，是指政府和其他有关部门等行政主体在铁路行业内依法实施的直接影响公民、法人或者其他组织权利和义务的行为，或者对个人、组织的权利和义务的行使和履行情况进行监督检查的行为。

2. 铁路监管领域行政执法的基本类型。以实施行政执法行为的主体为标准，铁路监管领域行政执法可以分为铁路监管部门的行政执法、铁路口岸海关的行政执法、铁路公安机关的行政执法以及地铁执法部门的行政执法四个基本类型。

（1）铁路监管部门的行政执法。依据《国家铁路局主要职责内设机构和人员编制规定》，新组建的国家铁路局之下设立沈阳、上海、广州、成都、武汉、西安、兰州铁路监督管理局等 7 个地区铁路监督管理局和北京铁路督察室，负责辖区内铁路监督管理工作。

各地区的铁路监督管理局在其职责范围内承担了七项具体行政执法职责。[2]

---

〔1〕 参见王淑华、谭志福主编：《行政法学》，山东人民出版社 2011 年版，第 76 页。

〔2〕 铁路监督管理局的行政执法职责：①监督管理铁路运输安全、铁路工程质量安全、铁路运输设备产品质量安全。②监督相关铁路法律法规、规章制度和标准规范执行情况，负责铁路行政执法检查工作，受理相关举报和投诉，组织查处违法违规行为。③依法组织或参与铁路交通事故和铁路建设工程质量安全事故调查处理，负责事故统计、报告、通报、分析等工作。④研究分析铁路安全形势、存在问题，提出改进安全工作的措施要求并监督实施。⑤监督规范铁路运输和工程建设市场秩序的政策措施实施情况，监督检查铁路行政许可产品和许可企业，监督铁路运输服务质量和铁路企业承担国家规定的公益性运输人

这里，以西安铁路监督管理局为例，对地区监督管理局内部在铁路监管领域行政执法的职责权限进行分析。作为国家铁路局下属的地区铁路监督管理机构，西安铁路监督管理局在行政级别上为正局级，其内部共设立综合处、监管一处、监管二处、监管三处、监管四处、执法监察办公室、机关党委（人事处）7个处室。而该铁路监督管理局内部各部门的职责权限，在铁路监管局所承担的全部行政执法职责的基础上又进行了更细致的权限划分。其一，综合处承担的职责包括保障机关的日常运转以及综合的监管执法。其二，监管一处的主要职责为监督辖区内各铁道部门对于法律法规等规范的执行，解析当前的铁路形势，从实际存有的问题出发提出意见；参与铁路事故调查并进行分析；以及综合的监管执法。其三，监管二处的主要职责为辖区内铁路运输全盘情况的监督工作和综合的监管执法。其四，监管三处的工作重点在于对铁路工程市场秩序的监督、把控，以及综合的监管执法工作。其五，监管四处的工作重点在于对与铁路相关的各类产品、设备的质量进行监督，并负责召回其中的缺陷设施，以及综合的监管执法工作。其六，执法监察办公室的主要任务包括组织各类制度的落实，审查西安铁路监督管理局作出的各类行政行为的合法性，对涉及西安铁路监督管理局行政案件的出庭应诉任务，以及组织辖区内工作人员的培训。其七，机关党委（人事处）的职责在于组织落实上级党组织及国家铁路局党组的重大决策部署。

（2）铁路口岸海关的行政执法。依据《中华人民共和国海关法》的规定，我国海关承担进出境监管、查缉走私、编制统计和征税这四项基本职能。其中，符合本文所论述的行政执法的权力共有六项，[1]基本覆盖了海关管辖范围内涉及其

（接上页）物情况，监督工程建设招标投标工作。⑥负责与地方政府及相关执法部门的工作联系，指导协调地方铁路相关部门工作，建立相关信息通报和监管协调机制，协调组织开展铁路沿线安全综合治理和相关铁路突发事件应急工作。⑦完成国家铁路局及其领导机关交办事项。参见"主要职责"，载国家铁路局官网（nra. gov. cn），最后访问日期：2021年5月29日。

〔1〕海关在铁路监管领域的行政执法权力：①检查进出境运输工具，查验进出境货物、物品；对违反本法或者其他有关法律、行政法规的，可以扣留。②查阅进出境人员的证件；查问违反本法或者其他有关法律、行政法规的嫌疑人，调查其违法行为。③查阅、复制与进出境运输工具、货物、物品有关的合同、发票、账册、单据、记录、文件、业务函电、录音录像制品和其他资料；对其中与违反本法或者其他有关法律、行政法规的进出境运输工具、货物、物品有牵连的，可以扣留。④在海关监管区和海关附近沿海沿边规定地区，检查有走私嫌疑的运输工具和有藏匿走私货物、物品嫌疑的场所，检查走私嫌疑人的身体；对有走私嫌疑的运输工具、货物、物品和走私犯罪嫌疑人，经直属海关关长或者其授权的隶属海关关长批准，可以扣留；对走私犯罪嫌疑人，扣留时间不超过二十四时，在特殊情况下可以延长至四十八小时。在海关监管区和海关附近沿海沿边规定地区以外，海关在调查走私案件时，对有走私嫌疑的运输工具

权责范围的各类事项，诸如进出境运输工具、货物、人员的检查，海关监管区内众多事项的检查等。法律法规中这般详实、细致的规定对于海关行政执法权的行使大有裨益，保障了执法权的依法、高效利用，也限制了权力在上述范围之外的滥用。

（3）铁路公安机关的行政执法。铁路公安机关，是为保障铁路运输安全而设立的公安机关，负责管理国家国有铁路内的公共安全，受公安部垂直领导。目前全国共有 18 个与地方铁路局集团公司对应的铁路公安局。铁路公安机关的主要职责，包括公安机关的一般职责以及铁路领域的特殊职责。其铁路监管领域行政执法的主要职责共有九项，[1] 诸如保卫辖区内车站的安全，处理列车乘警交站事项等。虽然同属于国家公安系统，但相比于普通公安机关，铁路公安机关的管辖范围和职能大不相同，其所管辖的是铁路运输沿线之范围。换言之，凡是有铁路线铺设、运输的地方就隶属于铁路公安辖区，而对该区域内的危害运输安全、威胁旅客安全等违法、犯罪活动，铁路公安机关均有行政执法权。

（4）城市轨道交通（主要是地铁）执法部门的行政执法。如前已述，它包括地铁公安机关及其他相关执法机构的行政执法，是指地铁公安机关及其他相关执法机构（例如依法依规成立的地铁行政执法大队、依法依规接受有关执法单位委托行使行政执法权的地铁运营管理办公室等），在有关地铁安全管理工作或者轨道交通管理工作中的行政执法活动。地铁公安机关，通常负责地铁交通经营单位、路线、站区（点）及地铁上盖物业等单位的治安管理工作；负责地铁线路、车辆及站区（点）各类刑事案件的调查处理和侦破工作；负责地铁交通范围内的突发事件处置与安全保卫工作；指导、监督和检查地铁交通范围内各单位的消

（接上页）和除公民住处以外的有藏匿走私货物、物品嫌疑的场所，经直属海关关长或者其授权的隶属海关关长批准，可以进行检查，有关当事人应当到场；当事人未到场的，在有见证人在场的情况下，可以径行检查；对其中有证据证明有走私嫌疑的运输工具、货物、物品，可以扣留。海关附近沿海沿边规定地区的范围，由海关总署和国务院公安部门会同有关省级人民政府确定。⑤在调查走私案件时，经直属海关关长或者其授权的隶属海关关账批准，可以查询案件涉嫌单位和涉嫌人员在金融机构、邮政企业的存款、汇款。⑥法律、行政法规规定由海关行使的其他权力。

〔1〕 铁路公安机关在铁路监管领域的行政执法职责：①保卫国家警卫对象在车站乘降的安全；②接受处理列车乘警交站事项；③领导车站治安保卫委员会、义务消防队和治安联防组织的工作。会同地方和铁路有关部门，在车站和关内铁路沿线组织开展群众护路联防活动；④协同公安、司法、国家安全机关在车站执行侦查、逮捕、押解犯罪嫌疑人任务工作；⑤会同有关部门，做好军运、特运的安全保卫工作；⑥对旅客进行防爆、防火灾、防盗窃、防自然灾害事故和法制宣传工作；配合车站客运部门查堵旅客非法携带、托运的危险品；⑦协助车站领导落实内部安全保卫责任、负责车站内部安全保卫工作；⑧会同安全监察部门，调查处理车辆肇事、路外伤亡等事故；⑨其他辖区内涉及的安保方面的业务。参见 360 百科词条"铁路公安"，最后访问日期：2021 年 5 月 29 日。

防工作等。其他相关执法机构，也可依法享有对地下铁道或轨道交通的安全管理权和行政处罚权等行政执法权。

（三）铁路反恐标准的制定与实施

铁路反恐工作是铁路监管领域的重要任务之一，铁路系统乃国家的命脉系统，该领域反恐工作的重要性无需赘言。铁路反恐工作不仅极为重要，且工作开展的难度系数较大，主要原因就在于铁路反恐标准至今仍未完善。

对恐怖主义进行有效防范，其关键在于抓住恐怖主义活动之要害，而恐怖主义活动赖以存在的基础是其要素在区域间的流动。恐怖势力及其活动的诸要素的流动被有效遏制、限制后，恐怖活动就基本被控制，这是反恐怖防范工作的基本思路。[1] 而恐怖势力及其活动诸要素流动的有效遏制、铁路反恐具体工作的高效开展则有赖于铁路反恐标准的制定与实施。

铁路反恐标准，通常是指各地、各行业依据《中华人民共和国反恐怖主义法》（以下简称《反恐怖主义法》）的规定编制和发布的有关反恐怖主义的地方标准和行业标准，以配套实施反恐怖防范工作。本章第四节将对此进行讨论。

第二节　铁路监管领域的行政立法

此处拟从铁路监管领域行政立法的问题、原因分析和完善思考等方面进行探讨。

一、铁路监管领域行政立法问题

剖析铁路监管领域行政立法的问题，应从我国铁路监管领域相关的立法主体、已有的行政法规和规章这一系统的行政立法现状出发，纵观全局，方可更好地发现相关问题。总体而言，铁路监管领域行政法制体系有待进一步完善。

（一）存在部分缺漏的条文

有学者曾经指出，相较于老式的行政命令和政策调整这类手段，当代铁路监管领域必须即刻作出改变，取而代之以经济的和法律的规制工具和技术。[2] 这涉及法律法规体系作为我国铁路监管领域规制工具应当发挥的重要作用。

截止到当前，我国现有的对铁路监管的相关规定，包括法律法规规章及其他

---

〔1〕 参见张金平：《当代恐怖主义与反恐怖策略》，时事出版社 2018 年版，第 143~144 页。

〔2〕 参见喻文光："论铁路改革的法治化路径"，载《国家行政学院院报》2013 年第 4 期，第 97 页。

规范性文件等，在大体上已勾勒出了以行政法律、法规以及规章为轴心的行政法律规范体系。然而，这里主要是从狭义的行政立法（行政法规和规章的制定）角度来考察的。其中仍然存在部分遗漏的缺憾问题。例如，在《铁路安全管理条例》第 88 条关于危害铁路线路安全保护区而危及铁路安全的规定中，铁路监管机构可以处责任单位 5 万元以下的罚款，对个人则可以处 2 000 元以下的罚款。其中罚款的规定只明确其上限而缺少其下限的规定。另外，《铁路工程建设项目招标投标管理办法》的第 56 条规定招标人不按规定编制招标文件，情节严重的，铁路监管部门可以对其处 3 万元以下的罚款；该办法第 57 条规定投标人或其他利害关系人捏造事实、伪造材料或者以非法手段取得证明材料进行投诉，情节严重的，铁路监管部门可以对其处 3 万元以下的罚款。其中罚款的规定都只明确其上限而缺少下限的规定。而且，其中又缺少对其同时与违反《治安管理处罚法》规定存在违法竞合的处理规定。该办法还缺少对铁路监管人员渎职行为的法律责任规定。还有，《铁路事故条例》第 38 条规定铁路运输企业及其职工不立即组织救援，或者迟报、漏报、瞒报、谎报事故的，铁路监管部门可以对个人处 4 000 元以上 2 万元以下的罚款；属于国家工作人员的，依法给予处分。那么，其中两者如何衔接？而且，该条例第 40 条规定干扰、阻碍事故救援、铁路线路开通、列车运行和事故调查处理的，铁路监管部门可以对个人处 2 000 元以上 1 万元以下的罚款；情节严重的，铁路监管部门可以对个人处 1 万元以上 5 万元以下的罚款；属于国家工作人员的，依法给予处分。那么，其中"罚款"如何与"处分"衔接呢？特别是，干扰、阻碍事故救援的行为，同时又与违反治安管理规定存在违法竞合的，如何处理呢？该条例对此也没有明文的规定。

（二）立法内容相对滞后

法律法规有其固有的滞后性，在铁路监管领域亦然。立法内容的相对滞后不可避免地成为了铁路监管领域在行政立法方面存有的问题之一。

例如，《中华人民共和国公职人员政务处分法》已经于 2020 年 7 月 1 日生效。其中第 39 条规定，对于"滥用职权，危害国家利益、社会公共利益或者侵害公民、法人、其他组织合法权益的""不履行或者不正确履行职责，玩忽职守，贻误工作的"行为，造成不良后果或者影响的，予以警告、记过或者记大过；情节较重的，予以降级或者撤职；情节严重的，予以开除。

可是，在《铁路建设工程质量监督管理规定》（2021 年修正）第 74 条、《铁路旅客运输安全检查管理办法》第 20 条、《铁路旅客车票实名制管理办法》第

17 条以及《铁路运输企业准入许可办法》第 28 条中，对监督人员渎职的"依法给予行政处分"。还有，铁道部虽然已经被撤销，但是铁道部颁行的部门规章有的还在发挥作用，例如《铁路交通事故调查处理规则》，该规则中第 49 条关于事故责任分为"全部责任"、"主要责任"、"重要责任"、"次要责任"和"同等责任"。而且，其第 76 条规定，"负有事故全部责任的，承担事故直接经济损失费用的 100%；负有主要责任的，承担损失费用的 50% 以上；负有重要责任的，承担损失费用的 30% 以上、50% 以下；负有次要责任的，承担损失费用的 30% 以下"，"负同等责任的单位，承担相同比例的损失费用"。实际上，该分类的科学性是值得商榷的。"主要责任"是相对于"次要责任"而言的，而"重要责任"是相对于"非重要责任"而言的。"主要责任"和"次要责任"，应当都是一种"重要责任"，但三者不是并列关系。

（三）部分立法效力层级较低

铁路监管领域部分行政立法的效力层级较低的问题，主要体现在交通运输部和地方政府的立法主体所制定的规章上。这两类立法主体为自身的层级所限制，其制定的部门规章、地方政府规章，自"诞生"之日起便存在效力层级较低的问题。

为了加强高铁安全防护，防范铁路外部风险，保障高速铁路安全和畅通，维护人民生命财产安全，交通运输部、公安部、自然资源部、生态环境部、住房和城乡建设部、水利部、应急管理部联合发布《高速铁路安全防护管理办法》，自 2020 年 7 月 1 日起施行。这有利于完善高速铁路综合治理长效机制，形成综合施策、多方发力、齐抓共管、通力协作的高速铁路安全防护管理工作格局，为确保高速铁路安全提供制度遵循和法治保障。该办法共 6 章 48 条，从高铁线路安全防护、高铁设施安全防护、高铁运营安全防护以及高铁监督管理方面，织密高铁安全防护网络。

尽管如此，也要注意到《高速铁路安全防护管理办法》的局限性，它只是部门规章，立法效力层级较低。当与法律、行政法规或者地方性法规发生冲突时，其处于劣势地位。因此，为了更好地强化对高铁安全的防护管理，应当努力将其提升为行政法规。

另外，关于地铁执法管理的立法，交通运输部制定的《城市轨道交通运营管理规定》已于 2018 年 7 月 1 日起施行，这是一个部门规章。许多地方也制定了地方性法规"城市轨道交通条例"。但是我国当前缺乏全国性的"城市轨道交通安全法"。

（四）行政处罚规定之间及其与刑罚规定之间的衔接问题

在《铁路安全管理条例》第88条关于危害铁路线路安全保护区而危及铁路安全的规定中，铁路监管机构可以处责任单位5万元以下的罚款，对个人则可以处2 000元以下的罚款。其中单位最高罚款是个人最高罚款的25倍，但是罚款的规定只明确其上限而缺少下限的规定。而该条例第90条规定在铁路线路安全保护区及其邻近区域违反铁路建筑限界或者安全防护距离的规定而危及铁路安全的，铁路监管机构可以处责任单位5万元以上20万元以下的罚款，对个人则可以处1万元以上5万元以下的罚款。该条款为何规定单位的处罚下限是个人的5倍而上限却又是4倍呢？而且，该条例第95条规定毁坏铁路防护设施、危及铁路设施安全、非法拦截列车、击打列车等危害铁路安全的，铁路公安机关可以处责任单位1万元以上5万元以下的罚款，对个人则可以处500元以上2 000元以下的罚款。该条款为何又规定单位的处罚下限是个人的20倍而上限却是25倍呢？

另外，《铁路事故条例》第38条规定不立即组织救援，或者迟报、漏报、瞒报、谎报事故的，铁路监管部门可以处责任单位10万元以上50万元以下的罚款，对个人则可以处4 000元以上2万元以下的罚款。该条款为何规定单位的处罚下限和上限都是个人的25倍呢？而且，该条例第40条规定干扰、阻碍事故救援、铁路线路开通、列车运行和事故调查处理的，铁路监管部门可以处责任单位4万元以上20万元以下的罚款，对个人则可以处2 000元以上1万元以下的罚款；情节严重的，铁路监管部门可以处责任单位20万元以上100万元以下的罚款，对个人则可以处1万元以上5万元以下的罚款。该条款为何规定单位的处罚下限和上限都是个人的20倍呢？

还要注意的是，根据《铁路建设工程质量监督管理规定》（2021年修正）第71条，依照《建设工程质量管理条例》第73条规定，给予单位罚款处罚的，对其直接负责的主管人员和其他直接责任人员处单位罚款数额5%以上10%以下的罚款。而该条款又为何规定单位的处罚下限是个人的20倍而上限是个人的10倍呢？上述种种情况值得通盘考虑。

尤其需要指出的是，铁路法规规章中的行政处罚与刑事处罚的立法衔接问题。在《铁路安全管理条例》第84条中没有明确对单位直接负责的主管人员和其他直接责任人员的行政法律责任。而若铁建单位职工的行为导致铁路运营安全事故，造成严重后果的，依据《刑法》第 132 条，可对该违反规章制度的铁路职工处的最低法定刑为拘役。而其中缺少对个人的行政处罚规定，无法与相关刑事处罚形成轻重责任的衔接。另外，依据我国《刑法》第 137 条的规定，工程重大安全事故罪属于单位犯罪，但是只处罚直接责任人员，而不对单位处以罚金。这是一种单罚制。可是，依据交通运输部《铁路建设工程质量监督管理规定》（2021 年修正）第 67 条和第 71 条，有发生工程质量安全事故的违法行为，既对单位又对个人进行行政处罚。对发生工程质量安全事故的违法行为的，采用双罚制，同时对单位及其直接责任人员处以一定数额的罚款。由此直接导致单位行政处罚的规定与其刑事处罚的规定衔接失当，这有违法律责任公平原则。对此第十章第二节也将进行更具体的探讨。

二、铁路监管领域行政立法问题的原因分析

物有本末，事有始终，知所先后，则近道已。基于对我国铁路监管领域行政立法现状的分析，可以发现其存在上述问题的原因是多方面的，诸如主观原因和客观原因、现实原因和历史原因。这里主要从主客观两方面原因进行探讨。

（一）客观原因

1. 铁路监管领域的行政立法，既受制于铁路监管的体制机制，也受制于行政立法的体制机制；铁路监管领域的行政立法，需要接受司法实践的检验，必然要接受人民群众的监督甚至批判，需要与我国基本国情相适应。立法内容相对滞后，也是难免的，但是立法滞后性的程度和具体状况，与立法者的立法能力和立法态度及其社会环境密切关联。部分立法的效力层级较低，也是各种力量博弈的结果。其何时修正，修正的具体内容，以及何时能够升级为更高层级的立法，都是特定时空条件下各种力量不同程度博弈和相互作用的结果。

2. 立法工作通常会受到立法理论工作者的重大影响，而立法理论工作者的研究能力和科研水平，受制于特定的时空条件。目前我国法学界尚无大量关于刑事处罚与行政处罚衔接上的立法完善的研究成果，当前高质量的铁路法治研究以及铁路监管领域行政立法研究的成果较少，因此其对立法实践缺乏强有力的理论指导力。参与立法的人，难以获得相关立法足够数量的科学参考意见。在立法中其立法能力局限较大，其问题就容易发生。

（二）主观原因

1. 思想认识上的原因。对于缺漏处罚下限的规定或者缺漏相关条文规定，

其主要原因可能是有的立法者没有注意到这一问题或者有的虽然注意到但却不以为然。对于立法内容相对滞后的问题，这与人的思维认识的有限性和社会变化的复杂性有关。立法滞后的具体情况，也与主导相关立法的人对修法的紧迫性和必要性的认识和重视程度有关。有的立法效力层级较低，这也和立法者的思想认识有关。因为多数立法者予以认同才能使其获得通过。关于行政处罚规定之间及其与刑罚规定之间的相互衔接问题，涉及处罚轻重的立法衔接问题和公平正义问题，部分立法者尚缺乏大系统的观念，只从局部角度看问题。在一定程度上可能忽视处罚轻重衔接协调的重要性。

2. 其他主观原因。人们通常有急功近利的思想，往往更重视应用研究（对策研究），而轻视或者不愿意从事时间较长、难度较大的基础研究；或者强调抓大放小，而轻视或者忽视次要的问题或领域，由此导致漏洞或薄弱环节；等等。

三、铁路监管领域行政立法完善

（一）修补部分缺漏的条文

在《铁路安全管理条例》第 88 条、《铁路工程建设项目招标投标管理办法》第 56 条、第 57 条中，应兼顾相关比例倍数，增加其中罚款下限的规定。另外，应增补对其同时与违反《治安管理处罚法》规定存在违法竞合的处理规定。该办法还应当增加对铁路监管人员渎职行为的法律责任规定。还有，《铁路事故条例》第 38 条、第 40 条，铁路监管部门可以对个人处以罚款；属于国家工作人员的，"依法给予政务处分"。其中"罚款"与"处分"的轻重需要适当衔接，需要体现对国家工作人员从严要求的精神，可以考虑并处适当的罚款。对于干扰、阻碍事故救援的行为，同时又与违反治安管理规定有违法竞合的，可以在修改该条例时增补择一从重处罚的规定。

（二）与时俱进地修改立法内容

将《铁路建设工程质量监督管理规定》（2021 年修正）第 74 条、《铁路旅客运输安全检查管理办法》第 20 条、《铁路旅客车票实名制管理办法》第 17 条以及《铁路运输企业准入许可办法》第 28 条中，对监督人员渎职的"依法给予行政处分"修改为"依法给予政务处分"。还有，修改《铁路交通事故调查处理规则》中第 49 条关于事故责任分为"全部责任"、"主要责任"、"重要责任"、"次要责任"和"同等责任"的规定。可以考虑把"次要责任"，分为一级"次要责任"和二级"次要责任"，把"主要责任"，分为一级"主要责任"和二级"主要责任"，删除"重要责任"。而且，可以考虑将第 76 条规定修改为"负有事故全部责任的，承担事故直接经济损失费用的 100%；负有一级主要责任的，承担损失费用的 75% 至 95%；负有二级主要责任的，承担损失费用的 55% 至 75%；负有一级次要责任的，承担损失费用的 25% 以上 45% 以下；负有二级次要责任的，承担损失费用的 5% 以上 25% 以下"，"负同等责任的单位，承担相同比例的损失费用。"

（三）提高部分立法的效力层级

为了进一步加强高铁安全防护，防范铁路外部风险，大力保障高速铁路安全和畅通，维护人民生命财产安全，有必要将《高速铁路安全防护管理办法》升级为行政法规，提升其立法的效力层级。

另外，有必要加强地铁执法管理的立法，加强《城市轨道交通运营管理规定》部门规章与众多地方性法规"城市轨道交通条例"之间的协调。而且，我国应当制定全国性的"城市轨道交通安全法"，依法保障城市轨道交通安全。

（四）完善行政处罚规定之间及其与刑罚规定之间的衔接关系

我们认为，需要注意相关条文的协调性、统一性和公平性。原则上单位责任和个人责任的处罚比例和倍数应当大体一致，但是特殊情况除外。通过综合比较发现，单位责任和个人责任的处罚倍数大体在 20 倍。因此，可以考虑修改《铁路安全管理条例》第 88 条关于危害铁路线路安全保护区而危及铁路安全的规定，铁路监管机构可以处责任单位 1 万元以上 5 万元以下的罚款，对个人则可以处 500 元以上 2 500 元以下的罚款。修改该条例第 90 条关于在铁路线路安全保护区及其邻近区域违反铁路建筑限界或者安全防护距离的规定而危及铁路安全的规定，铁路监管机构可以处责任单位 10 万元以上 50 万元以下的罚款，对个人则可以处 1 万元以上 5 万元以下的罚款。该现行条文中对单位规定的 5-20 万元罚款太低，宜适度提高，使其中单位责任和个人责任的承担与其认为的社会危害性相适应，同时兼顾立法条文之间的协调性。而且，建议修改该条例第 95 条关于毁坏铁路防护设施、危及铁路设施安全、非法拦截列车、击打列车等危害铁路安全的规定，铁路公安机关可以处责任单位 2 万元以上 10 万元以下的罚款，对个人则可以处 1 000 元以上 5 000 元以下的罚款。

另外，修改《铁路事故条例》第 38 条关于不立即组织救援，或者迟报、漏报、瞒报、谎报事故的规定，铁路监管部门可以处责任单位 10 万元以上 50 万元以下的罚款，对个人则可以处 5 000 元以上 2.5 万元以下的罚款。而《铁路建设工程质量监督管理规定》第71条，即依照《建设工程质量管理条例》第73条规定，给予单位罚款处罚的，对其直接负责的主管人员和其他直接责任人员处单位罚款数额5%以上10%以下的罚款。其中规定单位的处罚下限是个人的20倍而上限是个人的10倍，考虑到规定一个幅度可以更有利于贯彻罪刑相适应原则，因此对其倍数规定可以继续坚持。

第三节　铁路监管领域的行政执法与行政诉讼

对铁路监管领域的行政法治进行比较系统完整的探讨，仅仅着眼于行政立法上存在的问题及完善措施是不够的，还需关注该领域内的行政执法现状、行政执法完善路径以及与行政诉讼相关的问题。

一、铁路监管领域行政执法的现状

（一）成绩

铁路行业实施政企分开改革后，监管领域亦是不可避免地实行了大刀阔斧的改革，在短短几年间就经历了巨大革新。现今，该领域的行政执法权由国家铁路局及其地区铁路监督管理局（室）、铁路口岸海关、铁路公安机关以及地铁执法部门等单位或部门行使。从整体上来看，它们基本上做到了各司其职、秉公执法，积极行使宪法法律法规赋予的权力，对公民、法人或者其他组织的行为加以引导，并对他们的权利、义务的行使、履行情况进行监督、检查。兢兢业业、勤勤恳恳，在铁路交通行业内取得了显著的成绩。

沈阳、上海、广州、成都、武汉、西安、兰州等7个地区铁路监督管理局和北京铁路督察室，自其相继设立以来，以《铁路安全质量监督检查指导意见》（国铁安监〔2015〕40号）为基本遵循，全面推进铁路监管领域行政执法工作的开展，实施安全监督检查的年度计划，进一步促进行政执法工作的规范化和标准化。以上海铁路监督管理局为例，国家铁路局发布《行政处罚管理办法》（国铁安监〔2015〕44号），《关于进一步加强和规范铁路行政处罚工作的通知》后，该局采取一系列措施以保障此要求的全面落实。先是在原有划定的铁路安全范围基础之上做了进一步扩大，在扩大后的范围内增设保护设施；此外对于铁路运行中的各项数据进行细致分析，寻找在运行中可能危及运输安全的潜藏风险，力求尽可能降低这类潜藏要素之危害；还对现有的铁路监督管理制度加以完善和严格执行，提高内部工作人员的安全保护意识。上海铁路监督管理局力求从管理制度到执法人员，从安全范围到危险要素，全方位地规范该局的行政执法行为，进而保障辖区内的铁路运行安全。[1]

党的十八届三中全会提出了"建设国际物流大通道，发展多式联运，形成横贯东中西、联接南北方的对外经济走廊"的战略部署，此后多式联运工程的重要性日益突出，并在我国物流业发展中占据了一席之地。国务院出台的《物流业发展中长期规划（2014~2020年）》中，多式联运工程更是位列重点工程之首。与此同时，多式联运海关监管中心在铁路监管领域行政执法中所发挥的作用也是愈来愈重要。在《我国多式联运海关监管中心业务模式探析》中，作者指出了多式联运监管模式的创新之处，其在实质上属于对现有转关过境模式的一种整合，即"在监管中心内，海关、检验检疫部门对进出口货物实施'一次申报、一次查验、一次放行'"。[2]相比于传统的模式而言，多式联运模式无疑具有巨大优势，譬如在不同的运输方式之间，一次性的申报、查验和放行免去了诸多不必要的程序，为自由转换提供了极大的便利，该模式在多程运输中所体现出的快速、便捷也是如此。众所周知，在多式联运这一运输模式中，铁路运输是不可缺少的一个运输环节，多式联运海关监管中心在铁路监管领域开拓思路、创新理念，研究提出该领域行政执法的建设标准，对监管制度和相关配套信息化设施设备也提出更高要求。海关部门要提高运作效率以应对繁重的联运工程，同时还要履行职责进行有效监管。

隶属公安部垂直领导的铁路公安机关更是肩负着保卫铁路运输安全的重要使命，各地铁路公安在保卫车站客货、物流等铁路运输的一线作出了重要贡献，铁路公安队伍中的一线干警更是不辱使命，勇敢同威胁铁路运输安全的违法、犯罪分子作斗争，威严的铁路公安部门以及有组织有纪律的执法队伍共同维护着我国铁路之维稳运行。截至2019年底，我国铁路营业里程达13.9万公里，我国高铁营业里程达3.5万公里。2019年我国铁路客运量累计值达366 002万人次。除此之外，近几年来我国电商经济繁荣发展，呈现迅猛之势，大量快递行业的企业将目光对准铁路运输，积极寻求合作，以期望利用铁路运输的优势提高其公司自身

〔1〕　参见陈德光："上海铁路监督管理局监管机制创新研究"，南京理工大学2018年硕士学位论文，第15~16页。
〔2〕　参见陈宁、王小乐、张玲："我国多式联运海关监管中心业务模式探析"，载《物流技术》2016年第8期，第41页。

在行业内的竞争力，这也促进了铁路行包量的加速上涨。[1]铁路行业这样大体量客货运输、物流运输的平稳发展，与铁路公安机关、铁路监管部门和铁路口岸海关等执法部门作出的积极努力密不可分。

（二）不足之处

解析某一领域的现状，切不可紧盯其成就夸夸其谈，更要透过表面的光鲜发掘内里的缺陷，通过对于缺陷的填补以求得到更好更完美的整体。在探讨铁路监管领域行政执法时，亦是如此，切不可仅仅关注该领域所取得的成绩，在肯定铁路监管部门、铁路口岸海关和铁路公安机关等单位所作出的突出贡献的同时，也要关注其行政执法过程中仍然存在的不足之处。

1. 混同的执法主体。政企分开的改革使得原本混同的行政角色和企业角色彼此分开、各自独立，国家铁路局承接了原铁道部的行政职责，故而其铁路监管领域的行政执法工作中，应当属于行政主体。铁路总公司承接了原铁道部的企业职责，那么该公司本应当顾其本分，扮演好自己的企业角色，亦即行政执法行为中的行政相对人，然而在现实中，铁路总公司曾经同时充当行政执法者这一角色的事件时有发生，其行为僭越了与国家铁路局之间的职能界限，从而导致了执法主体的混同。因此，国铁集团需要努力扮演好企业的角色。

2. 交叉的权责范围。在我国铁路监管领域行政执法中，以实施行政执法行为的主体为标准，可以将其分为铁路监管部门、铁路口岸海关和铁路公安机关的行政执法等几个基本类型。这几类主体履行各自的职能，共同对铁路行业实施监督管理，保障铁路行业的平稳健康高效运行。但是它们的权责范围又存在一定程度的交叉。在本章对铁路监管部门、铁路口岸海关和铁路公安机关这三者各自职责进行具体罗列的内容中，不难发现这一问题，这也体现了在行政执法上职能划分的繁复冗杂。应当肯定其分工与合作，配合与制约的关系，但是必须关注和妥善处理其中相关问题。

3. 被动的行政执法。随着铁路行业的快速发展，客货运输、物流运输的体量大幅激增，行政执法队伍人员短缺、自顾不暇，面对大量出现的案件显得力不从心，二者共同促成了行政执法的被动现象。某些地方一度出现了事故发生前不闻不问，事故发生后方着手处理；对于日常隐患选择性忽视，险情发生后才动手执法；监管要求不怎么执行，监管形式反而条条框框规定诸多的场景，在某些时

---

[1] 参见钱长源："加强管内铁路行包安检工作探析——以徐州铁路公安处为视角"，载《铁道警察学院学报》2018 年第 3 期，第 94 页。

刻上述局面甚至成为工作常态。[1]

4. 执法监管的重心错位。通常情况下，行政执法的对象是指公民、法人和其他组织。然而有的地方具体实际执法过程中的情况却不是如此，相关行政机关往往本末倒置、重外轻内，将监管工作的重心放错了位置。此类问题亦存在于铁路监管领域之中。据研究显示，领域内相关行政机关的监管对象和执法重点高度集中在"非运输企业及个人"，错位的执法行为一度造成了被监管者、被处罚人均为铁路行业外的单位或个人的尴尬局面。引起更多争议的是，对于本该重点监管、执法的那些铁路运输企业，当其行为涉及违法违规时，相关行政机关反而常以行业或企业内部规定"简单处理"了事。[2]

5. 不规范的执法程序。海关总署于 2018 年通过的第 239 号令中，废止了《出入境检验检疫行政复议办法》《出入境检验检疫行政处罚程序规定》两部规章，此次废止有利于避免一个部门同时存在两套行政处罚、行政复议程序这一问题。但在行政执法程序方面仍有问题亟待解决：对于铁路监管领域内性质相同、类型相似的行政执法行为运用不同的执法程序。[3]

二、我国铁路监管领域行政执法的完善路径

（一）进一步落实政企分离，推进职能独立

2013 年铁路行业实施政企分开的改革方案，中国铁路总公司（今国铁集团）与国家铁路局分别承担企业职能和行政职能。然而正如中国社会科学院法学研究所研究员王晓晔所说，铁路政企分开是改革的第一步。[4]改革不可能将问题一下子全部解决，而是需要一个循序渐进的过程，在迈出第一步之后，所要做的是在轨道内将其向着最终的目标推进。面对此前铁路总公司僭越其企业职能的行为频发这一情况，需要进一步将政企分开落到实处，进一步明确对企业职责与行政职责所进行的界限划分，推进彼此职能独立。

（二）找准部门定位，明确机关职责

在铁路监管领域内拥有行政执法权的各个部门应当对照着本部门设置之目的

---

〔1〕　参见沈国平："铁路安全行政监管执法体系构建的法治研探"，载《铁道经济研究》2013 年第 1 期，第 43 页。

〔2〕　参见沈国平："铁路安全行政监管执法体系构建的法治研探"，载《铁道经济研究》2013 年第 1 期，第 43 页。

〔3〕　参见陈晖主编：《海关法评论》（第 9 卷），法律出版社 2020 年版，第 39 页。

〔4〕　参见陈玉峰："王晓晔：铁路政企分开是改革第一步"，载《法人》2013 年第 4 期，第 27 页。

要求，找准部门定位，明确各个机关之职责，从而良好地体现机关于行政执法上的任务与能力。以海关部门的定位为例，可以在传统海关职能的基础之上有所拓宽。例如进一步完善海关边境口岸反恐怖职能，此外，亦可丰富海关的执法手段以保障其行政执法权的有效行使，但是同时务必加强对海关执法工作的监督。

（三）明晰权责界限，避免繁复冗杂

从铁路监管领域行政执法多类主体的视角出发，在铁路监管部门、铁路口岸海关和铁路公安机关等几类执法主体之间，需要进一步明晰彼此之间的权责界限，对其权责范围进行梳理和细化。例如依照上述机关在实施行政执法行为过程中各自的实际需要对权责进行罗列，以减少权责范围在内容上的交叉，也有利于繁复冗杂问题的有效避免。应当继续强调其分工与合作，配合与制约，但是必须关注和妥善处理其中突出问题，进一步明确其责任制。

（四）壮大执法队伍，实施系统管理

面对铁路行业客货运输、物流运输等体量激增所带来的问题和大幅上涨的案件数量，壮大铁路监管领域行政执法的队伍不失为一种较好的应对方式。执法队伍的扩充、执法人手的增加，也有助于扭转行政执法被动化的消极局面。此外，对于行政执法队伍要实施系统化的管理，散漫的、无组织纪律性的执法人员的增加，对于当下困境的消解并不能发挥效用，除了徒增行政机关的日常开支之外别无他用。只有建设一支系统高效的行政执法队伍，方能在铁路监管领域实现行政执法的规范化和有效化。

（五）加强法律学习，强化法治意识

在对于指导思想及相关专业法律知识的学习方面，行政执法部门内部的工作人员需加强学习，从而提升铁路监管领域行政执法系统整体的法治意识。系统整体及内部人员法治意识的提升，一是有助于对于自身职能、职责的更好理解，可以更好地以法为根、依法执法；二是有利于对铁路运输企业的违法违规行为不再以宽容、放纵的态度按照行业、企业内部规定予以处理，对内部和外部的监管对象做到一视同仁，从而有助于执法对象外部化问题的解决；三是有助于铁路监管领域行政执法队伍的建设，有助于行政执法水平的提高，以实现该监管领域行政执法的完善。

三、铁路监管领域的行政诉讼

有违法行为的发生就会有执法，而有执法行为的实施就会产生矛盾纠纷，从而引起行政诉讼。执法者与行政相对人之间的矛盾一直存在，在铁路监管领域，行政相对人因对于行政执法行为不满而提起的行政诉讼案件也是日益增多。

根据《行政诉讼法》的规定可知，铁路监管领域的行政诉讼，是指行政相对人与行政执法主体就该行政法律关系发生纠纷后，行政相对人向人民法院提起诉讼，人民法院依法定程序对铁路监管领域行政主体实施的行政行为合法性进行审查，并判断相对人的主张是否妥当以作出裁判的一种活动。需要指出的是，此处所探讨的行政诉讼，特指对具体的行政执法行为不认同而提起之诉讼，抽象性质的行政立法行为并不在受案范围之列。

（一）管辖法院

行政诉讼管辖，是指人民法院受理第一审行政案件的分工与权限。[1] 其中具体包括级别管辖、地域管辖和裁定管辖。

级别管辖（针对第一审行政案件），以《行政诉讼法》中相关规定为依据，针对国务院部门或者县级以上地方人民政府所作的、海关处理的、本辖区内重大、复杂的行政行为提起的行政诉讼由中级人民法院管辖；高级人民法院、最高人民法院分别负责本辖区内、全国范围内重大、复杂的行政案件；此外的行政案件均属基层人民法院管辖。此为级别管辖在普通行政案件上的划定，铁路监管领域内亦是如此。

关于地域管辖的规定，依据《行政诉讼法》第18条，行政案件由最初作出该行为的机关所在地人民法院管辖；经复议的案件可由复议机关所在地人民法院管辖。经最高人民法院批准，高级人民法院可以根据审判工作的实际情况，确定若干人民法院跨行政区域管辖行政案件。具体到本章节所探讨的铁路监管领域，在该领域内享有行政执法权的主体有铁路监管部门、铁路口岸海关和铁路公安机关以及地铁执法部门等。针对它们实施的具体行政行为提起的行政诉讼，则可以由实施该行为的机关所在地人民法院管辖。

铁路监管领域内的行政诉讼案件，由各级人民法院内设的行政审判庭予以审理，此外，我国专门针对涉及铁路运输、铁路安全、铁路财产纠纷案件而设置的铁路运输法院对此也具有一定的管辖权。特别是有的铁路运输法院在进行跨地区行政诉讼集中审理的试点和探索。

（二）诉讼模式

在我国行政诉讼类型的模式上，通常认为存在行政撤销诉讼、课予义务诉

---

〔1〕　参见陈伯礼、潘丽霞、徐信贵：《行政法与行政诉讼法》，武汉大学出版社2011年版，第345页。

讼、行政给付诉讼、行政确认诉讼等四类诉讼模式。

行政撤销诉讼，是指行政主体实施的具体行政行为有违法律，致使公民、法人或者其他组织的权益受到侵害，后者因此向法院提起诉讼请求撤销该具体行政行为。课予义务诉讼，是指公民、法人或者其他组织向行政主体提出申请请求其实施某一行政行为，而该行政主体予以拒绝或逾期未予答复致使前者权益受损，此时前者向法院提起诉讼以求该行政主体作出其之前申请实施的行政行为。行政给付诉讼有广义和狭义之分，广义上的行政给付诉讼又涵盖了原告向法院提起诉讼请求法院命令行政主体作出具体行政行为的特种给付之诉；而狭义上的给付诉讼仅仅包括原告向法院提起诉讼请求法院命令行政主体作出具体行政行为之外的其他给付行为。行政确认诉讼，顾名思义，即公民、法人或者其他组织向法院起诉，以期由法院所作出的"确认判决"来确认其与行政主体之间具有争议的具体行政行为是否违法，该行政法律关系又是否存在。[1]

在铁路监管领域的行政诉讼中，依据公民、法人或者其他组织向管辖法院起诉时所提出的具体诉讼请求，亦可分为上述四类诉讼模式。

1. 从行政撤销诉讼模式来看，原告起诉的目的是希望法院可以撤销铁路监管领域行政执法主体所实施的该被诉具体行政行为，最终从源头上使得该具体行政行为失效，从而使原告因该具体行政行为而受到侵害的权益名正言顺地得到恢复。在铁路监管领域中，原告对于相关行政执法主体之行为向法院提起此类诉讼，从原因上来说，其认为该领域行政执法主体所作出的行为与法律法规之条文内容不相符合，当然，根本原因在于该违法性行政行为直接侵害了原告的正当利益，此项原因亦是原告对该行为得以向法院提起诉讼之根基和前提。

2. 从原告就以上这两不同类型的行政不作为行为起诉至人民法院，二者各自所要满足的起诉要件亦存在差别之处，需分别进行细致分析。

对于怠于处分的课予义务诉讼而言，应当具备四个起诉要件：其一，行政相对人向人民法院起诉，其诉讼请求应当为请求判令铁路监管领域行政执法主体进行行政处分或特定内容的行政处分；其二，行政相对人已经依法向铁路监管领域行政执法主体提出申请，该行政执法主体依法有作出行政处分的义务却并不遵守，在法定期间内未进行任何决策；其三，铁路监管领域行政执法主体的该不作为行为损害了行政相对人于法律上的正当利益；其四，行政复议程序是必要的，

---

〔1〕 参见吴华：《行政诉讼类型研究》，中国人民公安大学出版社 2006 年版，第 219、257、274、298 页。

行政相对人应当先申请复议，在仍没法取得合理救济的情况下，方可针对该懈怠行为提起课予义务诉讼。[1]

另外，相比于行政机关怠于处分的情形，提起拒绝处分的课予义务诉讼在诉讼要件上亦需要满足上述一、三、四个要件，其不同主要体现在第二要件上。在此种行政诉讼的情形下，行政相对人理当已经依法向铁路监管领域行政执法主体提出申请，而该行政执法主体在收到申请并进行审查后，对于行政相对人所申请的事项予以拒绝，此拒绝可以是程序上或者实体上的拒绝，也可以是全部或者部分拒绝，即驳回了原告所提出的申请；当然，此种课予义务诉讼模式下的"经过复议程序仍得不到救济"是指相对人向行政机关申请行政处分而遭到驳回。

3. 从行政给付诉讼模式来看，原告对铁路监管领域行政执法主体提起的行政给付诉讼通常包括财产上的、非财产上的和行政合同三个种类的给付诉讼。关于财产上的给付诉讼，必须要明确的是该诉讼需可"直接"行使给付请求权。[2]而在非财产上的给付诉讼中，行政相对人对铁路监管领域行政执法主体提起行政给付诉讼，其诉讼请求所针对的是其他非财产上的给付请求。此外，行政合同给付诉讼不同于其他类型的行政诉讼，其具有独特性，该独特之处体现在以下两个方面：其一，铁路监管领域内的行政合同本身就是独一无二的，其订立在性质上属于一种行政性的双方行为，是该领域内的行政机关为完成自己的监管职责才和行政相对人订立下这份双方的权利义务协议；其二，当铁路监管领域行政合同订立的内容涉及铁路监管领域行政机关实施某些具体行政行为，而该行政机关不作为时应当提起的是课予义务诉讼，行政合同给付诉讼只有在涉及该铁路监管领域行政合同的订立、财物的给付等事项时方能被提起，此为行政合同给付诉讼要件的特殊性。

4. 从行政确认诉讼模式来看，相较于上述其他三类诉讼模式，铁路监管领域的行政确认诉讼仅仅具有补充性质，即只有当其他诉讼模式的条件均不被满足时，方可提起确认诉讼，可以看出其具备增补性、辅助性、附属性的特征。[3]对铁路监管领域行政确认诉讼模式的分析，将从特殊诉讼要件的角度展开：首先，在一般情况下，该诉讼模式下所针对的诉讼对象是该领域内行政执法主体所实施的无效或者违法的具体行政行为；其次，行政相对人对该执法主体提起行政

〔1〕 参见蔡志方：《行政救济法新论》，元照出版有限公司 2007 年版，第 293 页。
〔2〕 参见吴华：《行政诉讼类型研究》，中国人民公安大学出版社 2006 年版，第 275 页。
〔3〕 参见吴华：《行政诉讼类型研究》，中国人民公安大学出版社 2006 年版，第 298 页。

确认诉讼之前，必须先向作出该行为的原机关请求确认此行为违法，当遇到原机关驳回、原机关超过合法期间仍未进行回复这两种情形时，才能正式向法院提起行政确认诉讼，即应当先经相关的行政确认程序；最后，行政相对人在法律上还必须有即刻需要通过法院的确认判决予以保护的权益，而就目前的状态而言，其权益在法律上并不十分明确。因此，其中也有争议。有法官在（2017）最高法行申 1174 号裁定书中就指出，在一些国家和地区，的确要求当事人在提起确认行政行为无效之诉时，必须已向作出行政行为的机关请求确认行政行为无效而未被允许或未获答复。规定此一先行程序，有利于穷尽更为便捷的行政救济手段，避免滥诉。但该先行程序通常应基于法律的明文规定。而在我国，行政诉讼法以及其他法律法规对此并未规定，对此值得进一步研究。

关于上述四类诉讼模式，也可结合有关典型案例的评析来探讨。

第四节　铁路反恐标准的制定与实施[1]

本节拟从铁路反恐标准的制定和铁路反恐标准的实施两方面展开探讨。

一、铁路反恐标准的制定[2]

（一）成绩

2016 年我国颁布实施《反恐怖主义法》，从此我国反恐怖工作全面展开，并且走上了法治化和规范化的道路，反恐怖的立法、宣传和防范等工作因此进入了一个快速发展时期。各省市以及各行业依据《反恐怖主义法》的规定，陆续编制发布了一些有关反恐怖主义的地方标准和行业标准，配套实施反恐怖防范工作。例如，天津市市场质量监督管理委员会于 2017 年 5 月 3 日发布《反恐怖防范管理规范第 1 部分：通则》。[3] 郑州市市场监督管理局于 2019 年 5 月发布了《反恐怖防范管理规范第 1 部分：通则》，该规范填补了河南省反恐怖防范地方标准的空白。[4] 广州市市场监管局、市反恐怖工作领导小组办公室联合发布

---

〔1〕　本节基本上节录于笔者与另外两位作者的合作论文。特此说明和致谢。参见刘卫、王名雷、曾明生："我国铁路反恐怖防范标准的实施问题探讨"，载《铁道警察学院学报》2021 年第 1 期，第 5~10 页。

〔2〕　参见刘卫、王名雷、曾明生："我国铁路反恐怖防范标准的实施问题探讨"，载《铁道警察学院学报》2021 年第 1 期，第 5~6、8~9 页。

〔3〕　http://www.safehoo.com/item/489212.aspx，最后访问日期：2020 年 9 月 20 日。

〔4〕　https://news.dahe.cn/2019/05-29/491092.html，最后访问日期：2020 年 9 月 20 日。

《反恐怖防范管理第 2 部分：党政机关》18 项地方标准，并于 2020 年 2 月 10 日正式实施。[1] 其中有的标准比较细致。例如，中国石油天然气集团有限公司牵头，联合公安部治安管理局、公安部科技信息化局、公安部反恐怖局、公安部第一研究所、中国石油化工集团有限公司安全监管局等 15 家单位和部门编制的《石油石化系统治安反恐防范要求》（标准号 GA1551-2019），涵盖油气田企业、炼油与化工企业、成品油和天然气销售企业、工程技术服务企业和运输企业五个部分，内容全面翔实。有的标准已经过数次增补修订。例如，由交通运输部牵头，交通运输部水运科学研究院和上海市交通委员会在 2015 年编制《交通运输行业反恐怖防范基本要求》（标准号 JT/T 961-2015）之后，2020 年，交通运输部水运科学研究院又联合交通运输部公路科学研究院进行完善，修订新的《交通运输行业反恐怖防范基本要求》（标准号 JT/T 961-2020）。

在铁路行业的反恐怖标准方面，中国国家铁路集团公司（原中国铁路总公司）起步较早，在 2016 年《反恐怖主义法》颁布施行的当年，就起草印发了《高速铁路反恐怖和治安防范标准（试行）》，从人力防范、实体防范、技术防范等方面进行了详细的规定，包括抗冲撞、硬隔离、阻攀爬、防侵入以及安检、验证、监控等人防、技防、物防的技术规范，对于指导铁路反恐怖防范工作发挥了重要的作用。

其实，恐怖主义在中国的活动可以追溯到 1992 年"东突"组织在乌鲁木齐实施的公交车爆炸事件，但我国反恐怖工作正式走向台前，是在 2014 年 3 月昆明火车站发生暴力恐怖活动之后。当月，国家反恐怖工作领导小组牵头，公安部会同全国人大常委会法工委、国安部、工信部、人民银行、国务院法制办、武警总部等部门，组成专班，起草我国《反恐怖主义法》，2015 年 12 月 27 日经第十二届全国人民代表大会常务委员会第十八次会议审议通过，于 2016 年 1 月 1 日起正式施行。可以说，党和国家对铁路反恐怖工作给予了最高程度的重视，做好反恐怖防范工作是铁路部门的重要使命。2015 年 2 月 3 日，原中国铁路总公司印发了《铁路反恐怖防范基础工作规范（试行）》，2016 年 7 月 19 日，原中国铁路总公司又印发了《高速铁路反恐怖和治安防范标准（试行）》。这两个文件常被称为"反恐怖两个规范"，是铁路运营单位开展反恐怖防范工作和铁路公安机关进行反恐怖管理监督的重要依据。尤其是《高速铁路反恐怖和治安防范标准

---

〔1〕 http://www.cqn.com.cn/zj/content/2019-12/30/content_ 7970322.html，最后访问日期：2020 年 9 月 20 日。

（试行）》，是目前铁路运营单位落实反恐怖防范工作的操作手册。

（二）不足之处

1. 《高速铁路反恐怖和治安防范标准（试行）》一直没有正式备案为国家标准，至今也未进行修订完善。

2. 老旧车站和普速铁路的反恐怖防范标准处于空白状态。《高速铁路反恐怖和治安防范标准（试行）》是针对高速铁路的反恐怖防范标准，该标准也注明适用于设计时速250公里、初期运营时速200公里以上的高速铁路车站、列车和线路，不适用于普速铁路和老旧车站。然而，截至2020年7月底，中国铁路营业里程达到14万多公里，其中高铁3.6万公里。[1]也就是说，目前中国只有不到1/3的铁路在执行此标准，还有近11万公里的普速铁路没有明确的反恐怖防范标准。而国内外恐怖袭击事件的教训和掌握的现有情报表明，恐怖分子并不只针对高速铁路发动袭击。普速铁路和老旧车站由于当年施工标准不高，又已运营多年，车站建筑、设施设备已经陈旧，防范恐怖袭击的能力较为薄弱。而且，老旧铁路和车站还往往地处老城区，车站周边商贸往来活跃、道路曲折、人员密集复杂，多种因素叠加，面临的恐怖威胁风险要高于新建铁路和高铁车站，因此非常有必要将其纳入反恐怖防范标准加以规范。《新时代交通强国铁路先行规划纲要》指出，到2035年，全国铁路网运营里程达到20万公里，其中高铁7万公里。[2]届时，中国仍然有13万公里的普速铁路需要反恐怖防范标准。

3. 铁路内部各专业部门的反恐怖标准不够清晰。《高速铁路反恐怖和治安防范标准（试行）》中明确了高铁车站、列车和线路的反恐怖防范标准，全文只涉及两个具体的单位：高铁车站和动车段。但是对于铁路众多的其他专业部门，如机务、电务、信号、通信、工务、车辆等部门，没有明确的规范；对于货场、油库、变电站、长大桥梁、隧道、给水所等重要部位是否应当按照《反恐怖主义法》的规定评定为重点目标，应当采取哪些具体的反恐怖防范措施，没有具体涉及。在基层的反恐怖防范实践中，需要各自揣摩、解读各种精神，往往产生误解和争议。

（三）建议

可以邀请相关职能部门和专门行业参与铁路反恐怖标准的编制及完善工作。

---

〔1〕 "全国铁路营业里程已达14.14万公里 其中高铁3.6万公里"，载中国新闻网 http://www.chinanews.com/cj/2020/08~09/9260313.shtml，最后访问日期：2020年9月20日。

〔2〕 "中国铁路明确2035年及2050年发展目标"，载央视网 https://news.cctv.com/2020/08/13/ARTIIEstxStuNWML1DBsf1B6200813.shtml，最后访问日期：2020年9月20日。

交通运输部国家铁路局作为国家铁路的行政主管单位，肩负铁路反恐怖标准的编制责任，应当会同公安机关、铁路行业的其他相关单位、研究机构，共同完善铁路反恐怖标准的编制。《反恐怖主义法》中涉及的与铁路运输生产有交叉的邮政、互联网、油气、危爆、电力等其他领域的行政主管部门，都应当参与到铁路反恐怖标准的编制工作中来。在标准的内容上，鉴于目前《高速铁路反恐怖和治安防范标准（试行）》的局限与不足，应当补充编制完善普速铁路和老旧车站反恐怖标准。可以参考借鉴石油行业发布的《石油石化系统治安反恐防范要求》的编制理念和结构，编制铁路反恐怖防范标准，涵盖各种类型的铁路，包括各种铁路专用线、地方铁路、广深港铁路，以及合资铁路、跨境铁路、国际铁路。

随着国家全面深化改革工作的推进，铁路系统和司法体系都面临重大改革，特别是铁路系统政企分开后，铁路公安转隶公安部，对今后的反恐怖防范工作提出了新的要求，需要新的思路。铁路反恐怖防范的标准编制要有前瞻性。要尽快制定和完善与《反恐怖主义法》及铁路反恐怖标准相适应的配套法规，解决铁路公安机关还在使用铁路内部考核办法来进行"家法"管理的窘状。同时，应进一步规定加强反恐怖经费保障力度，进一步明确严格依法追究其责任主体经费保障不到位的法律责任，确保反恐怖资金专项专立、专款专用。进一步完善铁路公安机关对铁路运营单位在执行铁路反恐怖标准方面的监督检查和执法机制的标准化规定。

二、铁路反恐标准的实施[1]

（一）成绩

原中国铁路总公司的"反恐怖两个规范"对规范和加强铁路反恐怖防范工作，保障铁路公共安全和旅客群众生命财产安全，发挥了积极有效的作用。特别是《高速铁路反恐怖和治安防范标准（试行）》规定，原中国铁路总公司及各铁路局统筹企业效益与反恐怖基础防范投入，持续推进人防、物防、技防建设，不断巩固和完善高铁反恐怖防范基础。对确定的防范重点目标，采取重点措施，实施重点防护。在此标准的规范下，铁路各单位各部门落实反恐怖防范安全风险管理的要求，制定层级分明、责任清晰、相互承接的高铁反恐怖防范制度，并纳入铁路公安机关管理的制度体系。反恐怖防范制度包括了工作例会、人员职责、

---

[1] 参见刘卫、王名雷、曾明生："我国铁路反恐怖防范标准的实施问题探讨"，载《铁道警察学院学报》2021年第1期，第6~7、9~10页。

检查考核、信息报告、学习培训、经费保障、奖罚办法等方面内容。各铁路局集团公司及所属单位要经常性地对此标准的执行情况开展自查，并接受公安机关的监督管理，严格落实奖惩考核。标准实施五年来，铁路行业按此标准的要求建设新的高速铁路，推动既有铁路的反恐怖防范措施改造，总体上取得了制度防范有规则、人力防范有要求、技术防范有标准、实体防范有保障、监督管理有力度的良好效果。

（二）不足之处

1. 铁路反恐怖防范标准在法律法规适用上有较大难度。《反恐怖主义法》和各地各行业反恐怖防范标准颁布实施以来，全国公安机关针对违反该法的行为已经开始行动，打击处理了一些涉恐人员和拒不配合反恐怖防范工作的单位和个人。据了解，迄今为止铁路系统还没有反恐怖行政处罚案例，这不是说没有违反反恐怖防范标准的行为，而是对于违反铁路反恐怖防范标准的行为，在法律法规适用上有较大难度。比如，涉及铁路运营单位在反恐怖防范设备设施投入使用后发生的擅自挪用、违规改变用途的行为、车站改扩建时损坏原有反恐怖防范设备设施的现象、一些老旧车站租赁闲置空间产生的涉恐隐患、无人机飞越铁路上空带来的袭击风险和安全隐患等问题，都需要有更齐备的法律法规配套适用，才能有效保障标准的实施，并对违反标准的行为进行约束和处罚。

2. 反恐怖专项经费尚未落到实处。《反恐怖主义法》第 32 条明确规定重点目标的管理单位要建立反恐怖主义工作专项经费保障制度，而且《高速铁路反恐怖和治安防范标准（试行）》中也有相应要求，但从目前铁路各单位的落实情况看，还有差距。其中存在的主要问题有：高铁有经费，普铁没经费；高铁虽然有经费，但并没有专项设立，做到专款专用，而是统筹在综合治理、民兵训练等其他款项内等等。资金保障尚不充足，使用效果也不理想。铁路各单位对于反恐怖资金的使用，往往通过购买反恐怖书籍、宣传册、保安服、盾牌和警棍等比较简单的反恐怖装备应付了事。视频监控的补强、作业场所的封闭、进出通道的门禁系统、公共区域的防冲撞装置等资金使用量较大的反恐怖技防、物防项目，报批比较困难，经常久拖不决，不了了之。

（三）建议

1. 加强与学术研究机构的交流和合作。我国反恐怖工作总体上起步于2014年，这是一个较新的领域，反恐怖基层实战单位亟需学术研究机构的理论指导和专业建议，学术界也需要结合基层单位实战经验做好理论研究。公安部铁路公安局和铁道警察学院联合举办的"铁路安全与反恐"论坛，为学术界和实战单位搭建了一个非常好的研讨交流平台，给实战单位带来了很多权威的理论和新的观点，专家学者也能在交流中了解反恐斗争的现实情况，促进双方的提升发展。2020年8月，华东交通大学铁路法治研究院在南昌铁路公安局、赣州公安处和鹰潭公安处开展调研和座谈讨论，收获颇丰。研究院研究人员对铁路反恐怖防范工作有了直观了解，铁路公安一线单位也从该院得到了新的法理解答，双方初步形成了长期战略合作意向，决心通过紧密联合，促进双方共同发展，进一步提高铁路反恐怖工作水平。

2. 增强铁路公安机关管理与监督的能力。随着国家政法体制改革的深入，铁路公安机关已回归公安部，作为司法行政机构继续履行国家赋予的职责，承担铁路行业的反恐怖任务，同时负责对铁路运营单位的反恐怖防范工作进行管理和监督。根据现有的实践经验和对存在问题的思考，有必要从以下三方面加强其管理和监督：

一是提前介入铁路规划设计。根据《反恐怖主义法》第32条的规定，重点目标的管理单位应当对重点目标同步设计、同步建设、同步运行技防和物防设备、设施，即重点目标的技防和物防设备、设施应当同重点目标的设计、建设、运行同步进行。在具体的实践中，公安机关和有关部门不应当等到重点目标建设完成以后再将其列为重点目标，而应当在设计阶段就介入评估，列为重点目标，并督促其按照规定提前同步设计、同步建设、同步运行有关的技防和物防设备、设施。从目前铁路反恐怖防范标准的实施现状看，由于对反恐怖防范工作理解的差异和其他因素的影响，有些反恐怖防范设备、设施在设计时与使用目标有所脱节。例如，有的车站防冲撞装置的规格与标准差距较大，防护效果有限；有的线路应采用实体围墙的区域，却只使用了金属围栏；有的视频监控装置分布不合理，达不到全覆盖；还有的车站实名验证和安全检查区域规划预留空间太小，造成人员拥堵；有的通道和自动门布局不合理，出现管理漏洞；还有的新型列车没有安装视频监控装置。这些问题往往在车站交付使用之后才逐步被发现，此时再进行修修补补，既增加建设成本又降低了使用效果。因此，铁路公安机关反恐怖职能部门提前介入新建铁路的设计非常有必要，既能够为规划设计部门提供指导性意见，提前纠正设计上的缺陷，又能够为铁路建设中和运营使用后落实反恐怖防范措施节约成本、减少弯路。

二是积极参与铁路施工监督。目前，铁路公安机关已经通过组建预介入组的形式提前介入新建铁路的施工过程，对新建铁路施工单位在物防、技防施工和安全生产方面给予指导和协助，由此发挥了越来越积极的作用，也为新建铁路交付使用后铁路安全保卫工作迅速开展创造了提前磨合、高效衔接的合作方式，但这种介入的性质主要是合作而不是监管。过去，铁路公安机关消防部门参与新建铁路的验收，对新建铁路严格按照国家标准施工发挥了良好的监管作用。但随着国家消防和应急管理体制的改革，铁路公安机关消防部门面临撤并，在有的铁路局集团公司，消防验收工作已经移交给地方应急管理部门，铁路公安机关对新建铁路在施工过程中的监管作用正在弱化，这对于施工单位的违规行为和工程不达标的现象难以发挥有效的制约和纠正作用。因此，需要从制度上予以规范，铁路公安机关反恐怖部门应当积极参与施工监管，并成为验收成员单位，这样才能保证反恐怖防范标准在建设中得以严格执行。

三是精细管理铁路日常反恐工作。反恐怖工作一日也不可懈怠。铁路公安机关反恐怖部门通过多年的摸索，已经逐步建立起一套行之有效的工作机制。在日常工作中，结合重大安保行动，开展以宣传展板、宣传册、宣传视频为形式的反恐怖防范宣传教育；举行以形势讲座、反恐法规解析、违法案例警示为内容的专项培训；发动铁路各单位定期进行有针对性的反恐怖演练；组织治安、安检等其他部门对铁路各单位的反恐怖防范工作实施常态化的检查、暗访，并依托铁路局集团公司的授权进行考核。通过多种形式运用反恐怖法律法规和反恐怖防范标准，促进铁路运营单位打造反恐怖总体防线。随着法律法规和规范标准的不断完善，铁路反恐怖防范工作必将日益精细化、高效化。

▌典型案例评析：

一、五某公司诉兰州铁路局案[1]

（一）案件事实

本案原告为五某桥梁工程有限责任公司（以下简称五某公司），被告为中国铁路兰州局集团有限公司（以下简称兰州铁路局）。为了五某山旅游项目的开发以及商铺的建设，2016年6月6日，五某公司向兰州铁路局递交了书面申请，即"关于扩建五某天桥跨铁路项目的报告"，准备在五某天桥的两侧共加宽60米，

---

〔1〕 参见兰州铁路运输中级法院行政裁定书，（2016）甘71行初160号；另见甘肃省高级人民法院行政裁定书，（2017）甘行终85号；另见最高人民法院行政裁定书，（2017）最高法申3180号。

越过铁路线，还准备于五某天桥上方新建仿古的房屋建筑。2016 年 10 月 27 日，兰州铁路局总工程师室以总技函 (2016) 90 号《关于回复五某公司扩建项目的意见》(以下简称回复意见)，驳回了五某公司申请的项目。据此，五某公司以兰州铁路局为被告向兰州铁路运输中级法院提起行政诉讼，原告的诉讼请求为请求批准五某扩建项目并收回回复意见。而被告兰州铁路局在答辩状中称，兰州铁路局是国家铁路运输企业，其在性质上属于企业法人，而不是行政机关，该局并不具有行政属性，所以也不是本案的适格被告；此外，兰州铁路局认为驳回五某公司所申请项目的行为属于其企业权利的正当行使，并无任何违法、不当的情形，况且五某公司的扩建项目将会对兰州铁路枢纽的发展以及现有的铁路运输安全产生不利影响，其答复意见亦是合理、合法的。

(二) 法院裁判

兰州铁路运输中级法院在裁判理由中称，根据兰州铁路局所提交的营业执照，兰州铁路局在性质上属于全民所有制企业，不是行政机关，故而该局不是本案适格被告。依据《铁路安全管理条例》第 30 条[1]之规定，五某公司所申请的项目符合第 30 条的 "在铁路线路安全保护区内建造建筑物、构筑物等设施"，兰州铁路局驳回五某公司申请项目的行为是其企业权利的行使，而不属于行政行为的范畴，且该行为也无违法之处，本案亦不在行政诉讼的受案范围之列。综上，原告五某公司的诉讼请求，不符合《行政诉讼法》第 49 条的规定，故而作出驳回原告五某公司起诉的裁定。

后上诉人 (原审原告) 五某公司对该一审行政裁定不服，上诉至甘肃省高级人民法院。甘肃省高级人民法院在裁判理由中称，铁路总公司自设立之初直至今日，一直承担的是企业职责，而兰州铁路局在铁路总公司成立后就纳入其麾下，并自此改变了其原有属性和职能。自 2013 年起，兰州铁路局在性质上与职能上均从原来的行政、企业复合属性转变为单一的企业属性，其企业性质亦有由甘肃省工商局颁发的《营业执照》这一证据予以印证。所以兰州铁路局不是适格被告，兰州铁路局总工程室作出回复意见的行为也不是行政行为，五某公司诉该回复意见不属于行政诉讼受案范围。综上，认定原审裁定驳回起诉正确，并作

---

[1]《铁路安全管理条例》第 30 条："在铁路线路安全保护区内建造建筑物、构筑物等设施、取土、挖砂、挖沟、采空作业或者堆放、悬挂物品，应当征得铁路运输企业同意并签订安全协议，遵守保证铁路安全的国家标准、行业标准和施工安全规范，采取措施防止影响铁路运输安全。铁路运输企业应当派员对施工现场实行安全监督。"

出驳回上诉，维持原裁定的终审裁定。

再审申请人（一审原告、二审上诉人）五某公司对该二审行政裁定不服，向最高人民法院提出再审申请。最高人民法院在裁判理由中称，本案的焦点问题为"作出回复意见是否属于行政行为，对此起诉是否属于行政诉讼受案范围"。对于《铁路安全管理条例》第30条，在通常情况下，认为该条所规定的行为在性质上为铁路运输企业行使企业自主权的企业行为，并不在行政诉讼受案范围之列。但根据《铁路安全管理条例》第27条第3款〔1〕之规定，可知前述第30条所指的铁路线路安全保护区和铁路用地范围并不完全一致，两者各自所划定的范围之间的关系可能是相等的、大于的和小于的。铁路运输企业针对铁路用地范围内的活动作出第30条规定的行为，性质上为企业行为，针对此行为起诉并不在受案范围之列，此种情况下，本案一审、二审法院作出的裁判就是正确的。但是，当铁路运输企业于铁路用地范围之外又仍在铁路线路安全保护区内的活动作出行为时，不能忽视该行为的公共行政管理属性，应当认为其在性质上属于行政行为，此时对此不服提起诉讼属于行政诉讼受案范围之列。本案五某公司所申请的建设项目中涉及的范围，与兰州铁路局铁路用地领域的符合情况并非十分明确，一审、二审法院亦未查明此事项，作出的裁判属于认定事实不清、证据不足。综上，最高人民法院裁定指令甘肃省高级人民法院再审本案。

（三）简要评析

依据上述案件事实和各级法院的裁判，可以看出在兰州五某公司诉中国铁路兰州局集团有限公司一案中，兰州铁路局作出的回复意见是否属于行政行为以及对此不服提起的诉讼是否属于行政诉讼的受案范围是本案的焦点问题，针对该争议焦点的不同看法亦是各级法院作出不同判决的原因所在，其中，兰州铁路运输中院和甘肃省高级人民法院均认为，兰州铁路局隶属于铁路总公司，其性质与职能自2013年改革后均从原来的行政、企业复合属性转变为单一的企业属性，其企业性质亦有由甘肃省工商局颁发的《营业执照》这一证据予以印证。因此，兰州铁路局总工程师室向五某公司作出的回复意见不属于行政行为，五某公司的

---

〔1〕《铁路安全管理条例》第27条第3款："在铁路用地范围内划定铁路线路安全保护区的，由铁路监督管理机构组织铁路建设单位或者铁路运输企业划定并公告。在铁路用地范围外划定铁路线路安全保护区的，由县级以上地方人民政府根据保障铁路运输安全和节约用地的原则，组织有关铁路监督管理机构、县级以上地方人民政府国土资源等部门划定并公告。"

诉讼亦不在行政诉讼的受案范围之列。最高人民法院从《铁路安全管理条例》第30条、第27条第3款规定相结合的角度作出认定，认为铁路运输企业针对铁路用地范围内的活动作出第30条规定的行为，原则上为企业行为，针对此行为起诉并不在受案范围之列；但是，当铁路运输企业于铁路用地范围之外又仍在铁路线路安全保护区内的活动作出行为时，不能忽视该行为的公共行政管理属性，应当认为其在性质上属于行政行为，此时对此不服提起诉讼属于受案范围之列。故此，从现有证据来看，本案在兰州铁路局行使的是企业自主权还是公共事务管理权这一问题上还存有争议，亟待查清。

二、赤某公司诉沈阳铁路监管局案[1]

（一）案件事实

本案原告为赤某市政工程有限责任公司（以下简称赤某公司），被告为沈阳铁路监督管理局（以下简称沈阳监管局）。在铁路运输企业并未同意且没有与之订立安全协议书的情况下，赤某公司于施工过程中在铁路线路安全保护区内进行了挖沟、推土，还在2016年4月7日13时30分左右挖断了铁路的电力电缆，导致一定区域内的配电所断电，并进一步对铁路运输造成不良影响。针对赤某公司的上述行径，沈阳监管局于2016年6月2日作出行政处罚决定书，责令赤某公司立即改正，并处罚人民币9.5万元。赤某公司称其挖沟、推土行为并没有触及铁路安全保护区的范围，更没有因此造成配电所停电，影响铁路运输安全；其行为属于情节轻微，9.5万元的行政处罚明显不适当；沈阳监管局作出的此项行政处罚行为在程序上也存在瑕疵之处，故向沈阳市皇姑区人民法院提起行政诉讼，请求撤销该行政处罚。此外，赤某公司另称，沈阳铁路局通辽供电段已经于同年4月7日处罚其2.2万元，其也已经完成交付。

（二）法院裁判

沈阳市皇姑区人民法院在裁判理由中称，沈阳监管局做出的该被诉行政处罚行为符合其法定职权，其提供的证据亦可以清晰地证明赤某公司的违法事实。以相关法律法规[2]的具体规定为根据，沈阳监管局作出的该行政处罚行为是合

---

〔1〕 参见沈阳市皇姑区人民法院行政判决书，（2017）辽0105行初54号；另见辽宁省沈阳市中级人民法院行政判决书，（2017）辽01行终932号；另见辽宁省高级人民法院行政裁定书，（2017）辽行申1355号。

〔2〕 沈阳监管局行政处罚行为的法律依据：《铁路安全管理条例》第89条、《违反〈铁路安全管理条例〉行政处罚实施办法》第25条、第76条、《行政处罚法》第42条。

法、适当的，且该行为在程序上亦无违法之处。对于赤某公司所提出的通辽供电段对其进行的2.2万元处罚，事实上该笔款项属于设备赔偿款，这与沈阳监管局行政处罚行为所针对的违法行为并不存在矛盾。综上，判决驳回原告诉讼请求。

后上诉人（原审原告）赤某公司对一审判决不服，上诉至辽宁省沈阳市中级人民法院。辽宁省沈阳市中级人民法院在裁判理由中称，沈阳监管局所作出的该行政处罚行为属于其法定职权范围，其提供的证据能够证明其在行政处罚决定书中认定的赤某公司所为之违法事实，所以沈阳监管局依法作出的该行政处罚行为在实体上、程序上均未失妥当；赤某公司向通辽供电段交纳的2.2万元属于设备赔偿款，故本案不属于重复处罚。综上，判决驳回上诉，维持原判。

再审申请人（一审原告、二审上诉人）赤某公司对二审判决不服，向辽宁省高级人民法院提出再审申请。辽宁省高级人民法院在裁判理由中称，本案原审法院依据现有证据对赤某公司施工行为的违法性、沈阳监管局行政处罚行为的合法性所作出的认定基本准确无误。认定赤某公司的再审申请不符合法定情形，裁定驳回其再审申请。

（三）简要评析

依据本章对于铁路监管领域行政诉讼的论述，可知在赤某公司诉沈阳监管局一案中，其在行政诉讼的模式上应当属于行政撤销诉讼。在本案中，沈阳监管局对赤某公司作出行政处罚这一行为，其在行政主体上并无争议，该具体行政行为毫无疑问属于行政诉讼的受案范围。针对赤某公司在铁路运输企业并未同意且没有与之订立安全协议书这一情况下，其于施工过程中在铁路线路安全保护区内进行挖沟、推土，还挖断铁路电力电缆导致一定区域内配电所断电的违法事实，沈阳监管局依法认定该行为对铁路运输安全造成不良影响，并据此作出行政处罚决定书。沈阳监管局该行政处罚行为在实体上、程序上均符合法律法规的规定，不存在欠妥之处，皇姑区人民法院、沈阳市中级人民法院和辽宁省高级人民法院的判决、裁定亦均对沈阳监管局的行政处罚行为予以一致的肯定。

对于本案的案件事实，如果仔细思考赤某公司在向皇姑区人民法院起诉时所提出的诉讼请求及理由，其实可以发现身为原告的赤某公司实际上已经认识到了其自身行为的违法属性，所以赤某公司只能对自身行为违法的严重程度，或者是沈阳监管局作出处罚行为于程序上是否存在瑕疵等这类"可能影响行政处罚轻重"的问题进行辩驳，以期侥幸获得较轻的处罚。可惜最终事与愿违，赤某公司仍是得到应有的惩处。本案作为典型案例也体现出其积极意义。其一，给"行政相对人"群体以警示，行政相对人对自身所为的违法事实不可存有侥幸心理，诉讼、上诉也不可能成为庇佑"弱者"的有效途径；其二，行政执法者应当依法执法，保证自身行为始终位于法律的轨道上，在应对行政相对人时方能有理有据、从容应对；其三，本案亦为法院对于行政案件的处理提供了正面典范，即应当保持中立、公正司法、切忌偏倚。

第十章

铁路刑事法治问题研究（一）

铁路建设领域的刑事法治，主要调整的是铁路建设领域发生的各种刑事法律关系。本章将从铁路建设领域的刑事法治问题概述、铁路建设领域的刑事立法和刑事司法、铁路建设领域的重点刑事法律问题等几方面展开。

第一节　铁路建设领域刑事法治问题概述

本节主要将从铁路建设领域刑事法治的界定与特征、铁路建设领域的刑事法治重点问题展开讨论。

一、铁路建设领域刑事法治的界定与特征

（一）铁路建设领域刑事法治的界定

如前所述，铁路建设领域的刑事法治，可以简称为铁建刑事法治。它是铁路刑事法治中的重要内容。从法治运行环节与系统结构看，铁建刑事法治可以衍生出铁建刑事立法、铁建刑事守法、铁建刑事司法、铁建刑事执行、铁建刑事法律监督。

其中可以涉及铁建领域的刑事立法问题、铁建领域的刑事司法问题、铁建领域公共安全刑事法律保护问题（包括反恐问题）等。其中包括铁建领域故意犯罪和过失犯罪的刑法规制问题，特别是讨论司法认定中的疑难问题，包括研讨有关领域破坏交通设施案、重大责任事故案等。还有必要研讨铁建领域知识产权刑事法律保护问题等。

（二）铁路建设领域刑事法治的特征

1. 具有刑事法治的特性。铁建刑事法治，是铁路刑事法治中的一部分，是在铁路刑事领域的法治运行的具体化。它不同于铁路建设领域的民商经济法治，

也区别于铁路建设领域的行政法治。其探讨和要解决的问题，是铁路建设领域的犯罪预防问题、惩罚犯罪和改造犯罪人的问题。其中通过刑事立法、守法、执法、司法及其法律监督等多环节的立体动态的相互作用，形成强有力的法治后盾系统。

2. 处于铁路建设领域。铁建刑事法治，作为铁路刑事法治中不可或缺的一部分，既不同于公路工程建设领域、海港工程建设领域和空港工程建设领域的刑事法治，更不同于铁路运输领域和铁路监管领域的刑事法治。它既是一种特殊的建设工程领域，又是具体的铁路工程领域。研究其特殊性，不是否定其普遍性，而是重视其差异，使研究更为精细和深刻。

二、铁路建设领域公共安全及其知识产权的刑事法律保护

铁路建设领域公共安全刑事法律保护，是相对铁路运输领域和铁路监管领域的公共安全刑事法律保护而言的，其中主要包括刑事立法保护和刑事司法保护。公共安全，是非常重要的法益，因为涉及不特定多数人的生命健康和财产利益等，是刑事法律的重点保护对象之一。铁路工程建设的质量，不仅关系到铁路交通运输的公共安全保障，还涉及工程建设过程中公共安全的保障。而铁路建设领域知识产权的刑事法律保护，与此也有一定的关联。当然，其中也存在一些差异，值得研讨。

第二节　铁路建设领域的刑事立法

本节拟从铁路建设领域的刑事立法问题、原因分析及其立法完善三方面来讨论。

一、铁路建设领域刑事立法问题

如前所述，铁路建设，是指有关新建铁路或者改建铁路的工程建设活动，其中包括铁路路网规划、铁路项目投资、立项决策、勘察设计、工程实施和竣工验收等建设行为。当前我国铁路建设领域的刑事立法，几乎只涉及刑法典和附属刑法。其刑事立法问题，主要表现在犯罪圈[1]的大小问题和刑事处罚与行政处罚

---

〔1〕 犯罪圈是现代刑法学上的重要概念，是指一国当下刑法中犯罪的数量及具体犯罪外延的大小，合理的犯罪圈是社会文明进步的体现。参见姜涛："追寻定性与定量的结合——《唐律》立法技术的一个侧面"，载《安徽大学学报（哲学社会科学版）》2016年第1期，第133页。

的立法衔接问题两方面。至于其立法模式虽可探讨，但其讨论的意义较小，故此处从略。

（一）犯罪圈的大小问题

后文第四节铁建领域公共安全刑事法律保护的部分，第五节铁建领域知识产权刑事法律保护的部分，都将对相关立法问题展开讨论，而这里主要是侧重从宏观层面加以研讨。铁建领域公共安全刑事法律涉及入罪的罪状和罪名问题，其罪名有与铁路建设领域直接相关的罪名和间接相关的罪名。前者如破坏交通设施罪（破坏正在验收的高铁交通设施，足以导致试运行的列车倾覆的），以及危险作业罪，强令、组织他人违章冒险作业罪，重大责任事故罪，重大劳动安全事故罪，工程重大安全事故罪等；后者如铁路建设领域中的放火罪、铁路建设领域中的故意杀人罪等。其入罪的罪状涉及定罪的底线标准问题，最低档刑罚对应的罪状，涉及危险犯、情节犯还是结果犯或者是行为犯？其既涉及入罪的定性和定量问题，又涉及故意犯罪和过失犯罪问题，其中入罪的"量"（程度）如何设定和把握？这直接关联犯罪圈的大小问题。

那么，如何评判犯罪圈大小的科学性和适度性？我们认为，应当尽可能减少对刑事法治资源的浪费，最大程度优化民事、行政和刑事的法治效能。犯罪圈不能犹如橡皮筋随意地可大可小，弹性十足，而是要服务于刑法的目的和任务，要与国情的实际相适应，[1]要经得起时间和历史的检验。总体上而言，我国当前的刑事法律划定的犯罪圈，基本上与当前的国情相适应。但是，有时可以适当微调。例如，《中华人民共和国刑法修正案（十一）》（以下简称《刑法修正案（十一）》）增设了危险作业罪等新罪名。相关规范如何修改、何时修改，都应当依法通过民主程序完成。对其中如何实现最大程度优化法治效能及其评判标准等问题，值得深入研究。

（二）刑事处罚与行政处罚的立法衔接问题

1. 我国目前铁路法律中的行政处罚与刑事处罚的立法衔接问题。在现行《铁路法》中，除一条关于擅自铺设平交道口、人行过道的法律责任条款外，没

---

〔1〕 如何划定犯罪圈？这和立法技术有关。在犯罪圈划定中，各国立法者经常会遭遇"定性抑或定量"的重大分歧，单纯定性就是犯罪圈的扩大，意味着刑法干预范围较宽；既定性又定量就是压缩犯罪圈，意味着刑法干预的慎重，因为采用定性与定量相结合的立法技术不仅要求实施刑法所禁止的行为，而且需要行为造成的结果达到一定量的要求。这些看似简单的立法技术，却又蕴含着重要的制度价值。参见姜涛："追寻定性与定量的结合——《唐律》立法技术的一个侧面"，载《安徽大学学报（哲学社会科学版）》2016年第1期，第133~134页。

有其他对铁建领域违法行为的行政法律责任的规制条款，因此缺少相关行政处罚与刑法中涉及铁建领域刑事处罚的立法衔接的规定。即使在《铁路法（修订草案）》（征求意见稿）中，增加了有关单位的行政法律责任规定，也仍然缺少有关个人行为危害工程建设安全的行政处罚规定，如此也无法与刑法中涉及铁建领域刑事处罚的立法相衔接。例如，其中缺乏与刑法中的危险作业罪，强令、组织他人违章冒险作业罪，重大责任事故罪，重大劳动安全事故罪相衔接的个人行政法律责任的规定。虽然征求意见稿规定"违反本法规定，尚不够刑事处罚，应当给予治安管理处罚的，依照治安管理处罚法的规定处罚"，但是现行《治安管理处罚法》中没有与上述犯罪相衔接的个人行政法律责任的相应规定。

2. 我国当前铁路法规中的行政处罚与刑事处罚的立法衔接问题。《铁路安全管理条例》第 84 条规定，"铁路建设单位未对高速铁路和地质构造复杂的铁路建设工程实行工程地质勘察监理，或者在铁路线路及其邻近区域进行铁路建设工程施工不执行铁路营业线施工安全管理规定，影响铁路运营安全的，由铁路监管部门责令改正，处 10 万元以上 50 万元以下的罚款。"该条没有明确对单位直接负责的主管人员和其他直接责任人员的行政法律责任。而若铁建单位职工的行为导致铁路运营安全事故，造成严重后果的，依据《刑法》第 132 条，可对该违反规章制度的铁路职工处的最低法定刑为拘役。由此可知，其中缺少对个人的行政处罚规定，无法与相关刑事处罚形成轻重责任的衔接。而且，对铁路运营安全事故罪，也缺少单位承担刑事责任的规定，然而行政处罚时却有单位罚款的规定。如此出现了问题：违法则明确规定处罚其单位（行政处罚为罚款），而犯罪则只处罚个人而不处罚其单位（无刑事责任）。

3. 我国现行铁路规章中的行政处罚与刑事处罚的立法衔接问题。依据我国《刑法》第 137 条的规定，工程重大安全事故罪属于单位犯罪，[1] 但是只处罚直接责任人员，而不对单位处以罚金。这是一种单罚制。可是，依据交通运输部《铁路建设工程质量监督管理规定》（2021 年修正）第 67 条和第 71 条，有发生工程质量安全事故的违法行为的，既对单位又对个人进行行政处罚。其中第 67 条规定："监理单位与建设单位或者施工单位串通，弄虚作假、降低工程质量的；或者将不合格的铁路建设工程、建筑材料、建筑构配件和设备按照合格签字的，

---

〔1〕 参见王爱立主编：《中华人民共和国刑法——条文说明、立法理由及相关规定》，北京大学出版社 2021 年版，第 449~450 页。也有学者认为，该罪不应认定为单位犯罪。参见张明楷：《刑法学》（第五版）（下），法律出版社 2016 年版，第 731 页。

由地区铁路监督管理局依照《建设工程质量管理条例》第六十七条规定，责令改正，按以下标准予以罚款，建议降低资质等级或者吊销资质证书；有违法所得的，予以没收：（一）未造成铁路建设工程质量事故的，处 50 万元以上 60 万元以下的罚款；（二）造成铁路建设工程质量一般事故的，处 60 万元以上 70 万元以下的罚款；（三）造成铁路建设工程质量较大事故的，处 70 万元以上 80 万元以下的罚款；（四）造成铁路建设工程质量重大及以上事故的，处 80 万元以上 100 万元以下的罚款。"而且，其中第 71 条又规定："依照《建设工程质量管理条例》第七十三条规定，给予单位罚款处罚的，对单位直接负责的主管人员和其他直接责任人员处单位罚款数额 5% 以上 10% 以下的罚款。"从上述两条规定可见，对发生工程质量安全事故的违法行为的，采用双罚制，同时对单位及其直接责任人员处以一定数额的罚款。由此直接导致单位行政处罚的规定与其刑事处罚的规定衔接失当。这有违法律责任公平原则。

二、原因分析

这里从主客观两方面展开讨论。

（一）客观原因

1. 犯罪圈大小的设定以及刑事处罚与行政处罚的立法衔接，需要接受司法实践的检验，必然要接受人民群众的监督甚至批判，需要与我国基本国情相适应。

2. 理论工作者的研究能力和科研水平，受制于特定的时空条件。目前我国法学界尚无大量关于刑事处罚与行政处罚衔接上的立法完善的研究成果。2021 年 9 月 22 日，笔者在中国知网上查找主题"刑事处罚与行政处罚衔接上的立法完善"的文章，检索结果只有 4 篇（其中博士学位论文 1 篇，硕士学位论文 3 篇）；查找主题"刑事处罚与行政处罚衔接上的立法"的文章，检索结果只有 56 篇（其中博士学位论文 20 篇，硕士学位论文 34 篇，期刊论文 1 篇，会议论文 1 篇）；查找主题"刑罚与行政处罚衔接上的立法"的文章，检索结果只有 37 篇（其中博士学位论文 16 篇，硕士学位论文 20 篇，期刊论文 1 篇）。经仔细复核，第一次检索的 4 篇，全部被后面的文章包含，因此需要扣除。后两次检索共有 22 篇（其中博士学位论文 11 篇，硕士学位论文 11 篇）重复计数，因此也要将其扣除，即结果总数为 71 篇（其中博士学位论文 25 篇，硕士学位论文 43 篇，期刊论文 2 篇，会议论文 1 篇）。而且，其中尚未检索到一篇关于铁路领域刑事处罚与行政处罚立法衔接问题的研究成果。

由上大致可见，当前高质量的相关法学理论研究成果不足，因此其对立法实践缺乏强有力的理论指导。参与立法的人，难以获得足够数量的科学参考意见，进而在立法中其立法能力局限较大，其问题就容易发生。

（二）主观原因

1. 思想认识上的原因。对于动用刑法定罪问题，人们比较重视，因而关注较多，研究也比较多。这涉及犯罪圈的设置和动态调整的认识问题，以及与国情相适应的认识问题。另外，长期以来，人们对恐怖主义的认识停留在特定地区的暴力袭击事件上，而且总感觉恐怖主义离生活很遥远，离建设工程施工现场更是遥远。[1] 因而部分立法者也没有重视在反恐立法中明确对建设工程中恐怖主义犯罪的规制。还有，对于处罚轻重的立法衔接问题，部分立法者尚缺乏大系统的观念，只从局部角度看问题，在一定程度上可能忽视处罚轻重衔接协调的重要性。

2. 其他主观原因。人们通常有急功近利的思想，往往更重视应用研究（对策研究），而轻视或者不愿意从事时间较长、难度较大的基础研究；或者强调抓大放小，而轻视或者忽视次要的问题或领域，由此导致漏洞或薄弱环节；等等。

三、铁路建设领域刑事立法完善

（一）关于犯罪圈的立法完善

需要坚持刑法最后手段（刑法谦抑）原则，同时力求最大优化法治资源配置，形成最大法治合力。适度调整刑法典的犯罪圈，使之与时俱进，与国情实际相适应。

另外，在《反恐怖主义法》中，增加对有关在建重大工程项目的保护规定。应当在防范恐怖袭击的重点目标中列明重大建设工程项目，特别是防范在建重大工程中定时定点的恐怖袭击。

（二）关于刑事处罚与行政处罚衔接上的立法完善

1. 我国目前铁路法律中两罚立法衔接的完善。应当修订《铁路法》，增加对铁建领域违法行为的行政法律责任的规制条款，使之与刑法中涉及铁建领域刑事处罚的立法衔接。不仅要增加有关单位的行政法律责任规定，而且要有对个人行

---

〔1〕　参见牛胜彬："关于建设工程施工现场开展反恐怖主义工作的思考"，载《石油化工建设》2019年第 S1 期，第 25 页。

为危害工程建设安全的行政处罚规定。例如，增加与刑法中的危险作业罪、强令、组织他人违章冒险作业罪、重大责任事故罪、重大劳动安全事故罪相衔接的个人行政法律责任的规定。将来也应当修改《治安管理处罚法》，在其中增加与上述犯罪相衔接的个人行政法律责任的有关规定。

2. 我国当前铁路法规中两罚立法衔接的完善。在刑法典中修改铁路运营安全事故罪的立法，增加单位犯罪的刑事责任规定。在《铁路安全管理条例》第84条中，增加直接责任人员行政处罚的规定。可考虑将原条文修改为："铁路建设单位未对高速铁路和地质构造复杂的铁路建设工程实行工程地质勘察监理，或者在铁路线路及其邻近区域进行铁路建设工程施工不执行铁路营业线施工安全管理规定，影响铁路运营安全的，由铁路监管部门责令改正，对单位处10万元以上50万元以下的罚款，对个人处1万元以上5万元以下的罚款。"使其对个人的行政处罚规定，与相关刑事处罚形成轻重责任的衔接。

3. 我国现行铁路规章中两罚立法衔接的完善。虽然交通运输部的《铁路建设工程质量监督管理规定》属于部门规章，效力层级明显低于法律（刑法），但是刑法典内部有关单位过失犯罪的处罚规定之间，就存在不统一不协调的规定。双罚制是原则，单罚制是例外。我国《刑法》第31条前段对单位犯罪规定了"双罚制"，但后段规定："本法分则和其他法律另有规定的，依照规定"。所以，在刑法分则中就出现了不处罚单位而只处罚单位某些人员的"单罚制"。

对于单罚制中的单位是否应当承担刑事责任，法学界有不同观点。其中一种观点认为，单罚制的单位犯罪没有改变其属于单位犯罪的基本属性，只是基于特殊的刑事政策因素考量而对单位没有规定相应的刑罚，属于对单位的特殊豁免。而另一种观点认为，从刑法理论上讲，即使是免予刑事处罚也应以承担刑事责任为前提，既然刑法没有对单位规定刑罚后果，就说明单罚制中的单位不承担刑事责任，也就不构成犯罪。[1] 若认为单罚制中的单位不构成犯罪，该单位犯罪不是"单位"犯罪，则问题是：单位不构成犯罪的背后根据，是单位没有犯罪事实还是情节显著轻微、危害不大？其实不然。以我国《刑法》第161条为例，有人批判指出，该单罚制条款的"立法原意"已丧失正当性依据，不处罚单位不仅导致违法与犯罪二元论的制裁体系混乱，使得刑罚与行政处罚倒挂，同时也严重影响对犯罪的打击效果。"治本之策"是应当尽快废除《刑法》第161条"单

---

[1] 参见王拓："废除'单罚制'恢复'双罚制'的本来面貌"，载《检察日报》2020年7月23日，第3版。

罚制"规定，恢复"双罚制"的"本来面貌"，规定单位应当构成犯罪，并对单位判处罚金。这一修法建议不仅适用于违规披露、不披露重要信息罪，也同样适用于其他单罚制的"单位"犯罪。[1] 因此，从法制统一和立法协调的大局看，应当对工程重大安全事故罪增加单位罚金的规定，使单位行政处罚的规定与其刑事处罚的规定衔接适当。

第三节　铁路建设领域的刑事司法

本节拟从铁路建设领域刑事司法的现状及其完善路径展开讨论。

一、铁路建设领域刑事司法的现状

（一）成绩

1. 铁路建设领域刑事司法系统管理体制改革取得胜利。如第四章已述，我国铁路司法系统经历了"两立两撤"。铁路建设领域的刑事犯罪，一般由铁路运输检察院审查起诉到铁路运输法院，由铁路运输法院进行审判。铁路运输中级法院和铁路运输法院的两级审判业务，由各铁路运输中级法院所在地的高级人民法院指导，人、财、物曾经隶属各铁路局和铁路分局。2009 年年底，全国铁路公安全体转为公安部直接垂直领导管理，铁路警察转为中央国家机关公务员身份。2012 年 7 月，全国 17 个铁路运输中级法院和 59 个铁路运输法院全部整建制移交地方管理，在人财物上与铁路部门脱钩。同时，全国铁路检察机构也全部移交地方管理。[2] 改制以前，铁路法院的法官履行法官职务，行使司法职权，享受的却是铁路职工待遇。这种人事任免及财政保障体制，不可避免地使得铁路法院在履行职能中受到公众对司法公正的合理怀疑。而改制后，铁路法院人财物完全脱离铁路企业，改变了法官双重身份的尴尬局面，其司法属性更加明晰。自此，我国形成了由中国铁路总公司（今国铁集团）领导党政工作，公安部领导公安业务工作的铁路公安局行使侦查权，[3] 最高人民检察院和省级人民检察院领导两级铁路检察院行使铁路刑事案件的检察权，最高人民法院和高级人民法院指导两

---

〔1〕 参见王拓："废除'单罚制'恢复'双罚制'的本来面貌"，载《检察日报》2020 年 7 月 23 日，第 3 版。

〔2〕 参见徐向春："做好新形势下铁路领域刑事检察工作的几个问题"，载《人民检察》2014 年第 4 期，第 22 页。

〔3〕 参见蔡曦蕾："中国铁路犯罪：回顾与反思"，载《北京社会科学》2018 年第 3 期，第 32~33 页。

级铁路法院行使铁路刑事案件的审判权的格局。

2. 开展严打铁路建设领域各类刑事犯罪显成效。2013 年以来，最高人民检察院开展各项专项活动，严打危害铁路行车安全犯罪，保障铁路大动脉安全畅通；集中查办一批基础设施建设，铁路征地拆迁，铁路物资采购，铁路国有企业改制过程中发生的涉及民生民利的职务犯罪案件；严厉查办重大铁路运营安全事故、铁路建设重大事故背后的渎职犯罪，国家机关工作人员利用职权实施的非法拘禁、非法搜查、刑讯逼供、暴力取证等侵犯公民人身权利的犯罪，危害司法公正渎职侵权犯罪。[1] 2019 年以来，公安部"云剑"专项行动部署，结合铁路公安实际开展"云捕"专项行动，组织"铁鹰"小分队强化打击现行盗窃犯罪，破获铁路设施被盗案件数十起，打掉犯罪团伙数百个，挽回经济损失数千万元。经过努力，铁路建设领域刑事案件数量呈现下降趋势，司法专项活动成效显著。[2]

3. 依托铁路运输法院和铁路运输检察院，推进跨行政区划改革工作取得阶段性成效。2014 年年底，北京、上海两地分别依托铁路法检机关，挂牌成立北京四中院、北京人民检察院第四分院和上海三中院、上海人民检察院第三分院，探索跨行政区划改革试点。[3] 2016 年，试点工作取得阶段性成效，主要表现在法检机关机构设置进一步优化、职能管辖范围基本确定，办理了一批典型案例。例如上海三分院办理了案值近 7000 万元的虚开增值税专用发票案、"11·25"特大销售不符合安全标准的食品案，北京四分院办理了首起跨行政区划行政诉讼监督案、京能集团原董事长陆海军特大受贿案等。[4] 跨行政区划法院检察院是司法改革的产物，在优化机构设置、司法人员配备、司法责任制等方面积极探索，为全面深化司法改革提供了可持续、可复制的实践经验。

（二）不足之处

1. 铁路司法机关自身素质不能完全适应制度变革，是制约铁路建设领域刑事检察工作和刑事审判工作健康开展的重要因素。长期以来，由于受铁路建设领

---

〔1〕 参见许一航："高检院在全国铁检机关部署开展专项活动"，载中华人民共和国最高人民检察院网站，https://www.spp.gov.cn/zdgz/201404/t20140404_70344.shtml，最后访问日期：2021 年 7 月 3 日。

〔2〕 参见张子扬："中国铁警公布 2019 年以来'战报'：全国铁路刑事案件发案同比下降 17%"，载中国新闻网，https://ishare.ifeng.com/c/s/7wIqKLMMnTc，最后访问日期：2021 年 7 月 3 日。

〔3〕 参见王秋良："深入推进跨行政区划法院改革"，载《人民法院报》2017 年 10 月 12 日，第 2 版。

〔4〕 参见高旭红："跨行政区划检察院改革试点取得阶段性成果"，载《检察日报》2016 年 2 月 3 日，第 2 版。

域司法体制改革、案件管辖、人员配备等一系列重大问题和方向性问题的影响，在管理体制改革之际，一定程度上又受到求安求稳思想的影响，铁路刑事检察部门的工作基本上处于看家守业的状态，整体力量较为薄弱。如刑事检察部门的办案骨干力量持续削弱，不能及时调整和补充；部分干警的自身素质和执法理念还处于较为陈旧落后的状态，需要尽快更新；工作中对铁路公安机关开展的各类专项行动的有效跟进还不够；更好地为铁路建设领域刑事改革发展稳定大局服务的意识还不强、办法和措施还不多等。〔1〕铁路法院也存在类似问题。〔2〕

2. 现阶段，全国铁路运输检察机关，除北京、上海等地在试点过程中扩充了铁检机关受案范围外，多数铁路检察机关公益诉讼管辖范围还局限于与铁路相关的案件，或者是由上级机关交办的案件，面临"无米之炊"的局面。受制于管辖范围的限制和现行法律法规、司法解释的层级规定等，一些铁路检察机关既不能通过日常办理刑事案件获得案件线索来源，也不能从惯常的属地管辖中获取线索。目前铁路检察机关管辖权往往根据每个路局辖区设立，而全国各铁路局并非按照现有行政区划划分，这就造成了铁路检察机关的管辖范围多跨越若干省份，容易造成行政区划级别管辖争议。〔3〕

3. 铁路建设领域职务犯罪预防机制不完善。铁路工程建设领域作为职务犯罪高发区、重灾区，该领域的职务犯罪预防工作形势严峻。近些年来，一些贪官插手工程建设，大搞权钱交易。目前，铁路工程建设资金大、建设周期短、工程密集，大规模的铁路建设不但面临着工程质量、工程安全等全方位的严峻考验，而且也使党风廉政建设和反腐败斗争面临着重大考验。如何通过职务犯罪预防工作减少职务犯罪案件的发生，从而保障铁路重大建设工程实现"工程优质，干部优秀"的目标，是大规模铁路建设面临的紧迫而又重大的课题。〔4〕

二、我国铁路建设领域刑事司法的完善路径

（一）推进铁检机关侦查办案一体化机制建设

上级铁检机关在加强组织指挥工作的同时，要带头查办大案要案。同时，要

〔1〕 参见徐向春："做好新形势下铁路领域刑事检察工作的几个问题"，载《人民检察》2014年第4期，第23页。

〔2〕 参见阿计："铁路法院，深度改革进行时"，载《法治与社会》2018年第11期，第7页。

〔3〕 参见文砚之："破解铁路运输检察机关公益诉讼案件线索来源不足困境"，载《广西法治日报》2020年7月28日，第B03版。

〔4〕 参见苏华平、宋玲国："铁路重大工程同步预防职务犯罪机制研究"，载《法治论丛（上海政法学院学报）》2008年第1期，第39页。

按照"共建共治"的理念协力打造新时代法治铁路。铁路建设单位和检察机关在保障铁路项目高质量建设上有着共同的使命和责任，服务保障重大项目建设是检察机关义不容辞的政治责任和法律责任。铁路检察机关可以在铁路建设单位设立"检务联络室"，各铁路沿线检察院都要主动与铁路建设单位加强沟通联系，把"检务联络室"建起来，把检察服务融入铁路建设的每一公里。要切实改进司法办案方式，最大限度减少办案给项目建设带来的不利影响。要当好铁路企业的"法治参谋"，近距离提供法律咨询和法律服务。要结合办案提出检察建议，协助铁路项目建设单位完善制度、加强管理、堵塞漏洞，帮助防范廉政风险。要主动接受涉铁单位和各方面监督，严格遵守相关规定，做到既靠前服务又清廉自守。[1]

（二）采取切实有效措施保持办案规模

有条件的铁路运输检察分院可以积极争取省院支持指定管辖，规范铁路建设领域刑事犯罪案件管辖。2012年最高人民法院作出了《关于铁路运输法院案件管辖范围的若干规定》的司法解释，明确规定铁路法院可以通过指定管辖方式受理部分其他案件。对于铁路建设领域刑事案件，尤其是铁路建设领域职务犯罪案件，铁路运输法院管辖权尚不明晰，各地铁路运输法院可以通过指定管辖扩大办案规模。

（三）大规模铁路建设要求加强铁路工程建设领域职务犯罪预防

要以当前开展工程建设领域突出问题专项治理为契机，重点查办发生在铁路工程建设管理、承发包、项目施工和物资采购等环节的职务犯罪案件；涉及铁路领导干部、涉及民生的职务犯罪案件；群众反映强烈的渎职犯罪案件。同时，要协调有关部门，及时介入铁路重大事故的调查，严肃监督查办涉及的刑事犯罪以及背后的职务犯罪。铁路检察机关要加大对职务犯罪审查批捕工作和大案要案公诉工作的指导和协调力度。[2]铁路法院也要强化审判职能，公正司法，进一步强化法律效果、社会效果和政治效果的有机统一。

（四）加强对铁路建设领域刑事检察和刑事审判专门人才的培养

铁路案件具有特殊性，这种特殊性给铁检刑检和刑审人才的培养提出了专门的要求，因此，要强化对铁路司法机关专门人才的培养。铁路刑事检察和审判人

〔1〕 参见李丽、谭卫华、汪娟："新形势下深化检务公开的路径选择"，载《湖南行政学院学报》2015年第6期，第115~117页。

〔2〕 参见简敏才："为和谐铁路建设提供有力的司法保障"，载《人民检察》2010年第1期，第57页。

员，既要努力学习刑事检察审判工作的新法规、新知识，增加法律知识的储备，又要努力学习和钻研铁路建设领域刑事案件的规律、特点和法律适用难点与对策，形成具有铁路刑事检察审判特色的业务知识体系，以适应铁路刑事检察审判工作科学发展的新形势和新任务。各铁路司法机关要有专门部门和专人负责此项工作。要通过各种有针对性的专题培训、知识竞赛、业务实践观摩等形式，提高铁路司法机关对铁路建设领域基础知识的掌握。[1]

通过完善上述可行性措施，为推动铁路建设领域刑事司法工作迈上一个新的台阶提供新的方向。

第四节　铁路建设领域公共安全刑事法律保护

本节拟从铁路建设领域危害公共安全犯罪的界定、铁路建设领域危害公共安全犯罪的立法规定、司法认定疑难问题以及铁路建设领域反恐问题等方面进行探讨。

一、铁路建设领域危害公共安全犯罪的界定

铁路是国家战略性、先导性和关键性重大基础设施，是国民经济大动脉、重大民生工程和综合交通运输体系骨干，在经济社会发展中的地位和作用至关重要。然而，随着国家铁路建设事业的迅猛发展和列车运行速度的不断提高，铁路建设领域相关事故数量及其危险性和危害性也日益增加，危害列车运行安全犯罪也因此受到人们越来越多的关注。故而有必要对铁路相关的刑事案件进行专门性研究，以进一步强化铁路建设事业的法治保障。

（一）铁路建设领域危害公共安全犯罪的概念

"公共"是指向社会公众、国家范围的，与其相对的是个人。公共安全是指社会群体成员的生命、身体、重大公私财产不受威胁，没有危害和损失的一种状态。一般意义上的"公共安全"所包含的政治安全被规定在危害国家安全罪中，经济安全属于破坏社会主义市场经济秩序罪的内容，环境安全则是妨害社会管理秩序罪的组成部分。刑法意义上的"公共安全"是指处在社会中的不特定多数人的人身安全和财产安全以及公众生活的平稳与安宁。[2]

---

〔1〕　参见阎敏才："为和谐铁路建设提供有力的司法保障"，载《人民检察》2010年第1期，第57页。

〔2〕　参见章璐璐："危害公共安全罪中'公共安全'的界定"，华东政法大学2018年硕士学位论文，第22页。

铁路建设领域危害公共安全的犯罪，是指在铁路建设过程中以及后续修缮施工中发生的、破坏火车、轨道、铁路桥梁、铁路隧道或者其他破坏建设中的火车设施设备，造成严重后果的，或者足以使火车发生倾覆、毁坏危险，尚未造成严重后果的犯罪行为。

根据《公安机关办理刑事案件程序规定》第 26 条第 1 款的规定，铁路建设相关的危害公共安全犯罪可能发生的空间范围为，铁路系统的机关、厂、段、院、校、所、队、工区等单位发生的刑事案件，车站工作区域内、列车内发生的刑事案件，铁路沿线发生的盗窃或者破坏铁路、通信、电力线路和其他重要设施的刑事案件，以及内部职工在铁路线上工作时发生的刑事案件。[1]

我国《刑法》上，关于危害列车生产建设领域公共安全的罪名主要有 8 个：①破坏交通设施罪；②以危险方法危害公共安全罪；③过失损坏交通设施罪；④过失以危险方法危害公共安全罪；⑤重大责任事故罪；⑥危险物品肇事罪；⑦工程重大安全事故罪；⑧不报、谎报安全事故罪。这 8 个罪名中，从主观方面而言，既有故意犯罪又有过失犯罪；从犯罪既遂的表现形式而言，既有危险犯也有结果犯。学界对铁路建设领域的犯罪研究涉足不多，加之铁路建设领域本身的特殊性，造成司法实践中公安司法机关对相关问题认识不一，处理上也非常混乱，这在一定程度上影响了法律的统一正确实施。

（二）铁路建设领域危害公共安全犯罪的构成要件

以传统四要件角度探讨铁路建设领域危害公共安全犯罪：

其犯罪客体要件是"公共安全"，理论界通说认为它是指不特定多数人的生命或者人身或者重大公私财产以及其他关乎重大公共利益的安全。[2]

客观方面的具体表现，有两个方面：其一是危险方法对公共安全已经造成了实际的损害，即已经危害到公共安全；其二是危险方法的运用还没有对公共安全造成既成的损害，但是已经构成严重的威胁。

本罪的行为主体为一般主体，没有特殊要求，具备相对刑事责任能力即可。

本罪的主观方面包括故意和过失。其故意包括直接故意和间接故意，过失包括疏忽大意的过失和过于自信的过失。

（三）铁路建设领域危害公共安全犯罪的重点

在理解本罪时，应特别注意对"不特定性"的理解，这是确定是否按本罪

---

〔1〕 参见贾永生："论铁路刑事案件的分类与特点"，载《铁道警官高等专科学校学报》2013 年第 6 期，第 11 页。

〔2〕 参见何秉松主编：《刑法教科书》（下卷），中国法制出版社 2000 年版，第 670 页。

定罪处罚的关键。如果以"不特定+多数"的方式对公共安全进行限定，显然不当地缩小了危害公共安全犯罪的处罚范围。它意味着，侵害特定多数人的生命、健康或财产安全，不可能成立危害公共安全方面的犯罪。同时，以"不特定"作为界定"公共"一词的关键要素，也有未切中要害之嫌。我们认为，公共安全中的"公共"，应当以多数人为核心进行理解，即"多数"是"公共"概念的核心。正如张明楷教授所言，刑法规定危害公共安全罪的目的，是将生命、身体等个人法益抽象为社会利益作为保护对象，[1] 所以应重视其社会性。"公众"与"社会性"势必要求重视量的多数。当然，此处所谓的"多数"并不要求一定是现实的多数，也包含潜在的或者可能的多数。即使侵害对象是特定的，若行为具有随时危及潜在多数人安全的可能性，则也属于危害公共安全。[2]

二、铁路建设领域危害公共安全犯罪的立法规定

（一）铁路建设领域故意危害公共安全犯罪的刑法规制

以下重点讨论破坏交通设施罪。

1. 破坏交通设施罪的含义。破坏交通设施罪，是指破坏正在使用中的轨道、桥梁、隧道、公路、机场、航道、灯塔、标志或者进行其他破坏活动，足以使火车、汽车、电车、船只、航空器等交通工具发生倾覆、毁坏危险，或已经造成严重后果的应承担刑事责任的行为。破坏交通设施的行为方式是"破坏"。破坏，在《辞海》的解释是摧毁、毁坏，在《刑法》中的"破坏"却是对原本的"破坏"进行了限缩解释，破坏交通设施罪条文中的"破坏"并不是简单的损害或损毁，强调的是足以使交通工具（如火车）倾覆、损毁或者有倾覆、损毁危险的行为。"破坏"分为三种情形：最常见的是第一种物理破坏，一切的"敲打击砸炸"是物理破坏，弄断、弄破、弄残缺都是其表现形式，当然使用化学剂的腐蚀行为也同样是物理破坏；第二种"加法法则"的增设障碍物和"减法法则"位移交通设施的类物理破坏；第三种是内在信息欺骗的破坏。[3]

破坏交通设施的行为方式，从刑法角度可分为作为和不作为两种。作为方式通常和主动"破坏"相挂钩。一般而言，破坏交通设施行为都是主动为之，都

〔1〕 参见张明楷："论以危险方法危害公共安全罪——扩大适用的成因与限制适用的规则"，载《国家检察官学院学报》2012年第4期，第46页。

〔2〕 参见劳东燕："以危险方法危害公共安全罪的解释学研究"，载《政治与法律》2013年第3期，第26页。

〔3〕 参见方芳："论破坏交通设施罪的行为"，湘潭大学2015年硕士学位论文，第13页。

是以作为的方式进行。例如为了钱财而窃取铁路交通设施的零部件，使得火车倾覆或有倾覆危险；为了杀害特定的人，却对铁路交通设施进行破坏，牵连其他无辜的不特定多数人的行为。以不作为方式去破坏铁路交通设施，是属于少数的行为方式，主要原因是对行为人进行了限定，要有一定维护和作为义务的人才能以不作为方式破坏铁路交通设施。每年交通设施的维修都要花费大量的人力、物力和财力，但如果有证据表明，有相关义务的当事人是在明知的情况下而放任不管，那么这样的行为是不能被包容的。无论是作为还是不作为地破坏铁路交通设施的行为，只要其触犯刑法就都是要打击的行为。

2. 破坏交通设施罪行为构造。破坏交通设施的行为对象是"交通设施"（包括铁路交通设施）。交通设施是承载了保障公共交通安全使命的物质载体。交通设施的正常运行是对交通安全最直接的保障，涉及不特定多数人的人身财产安全。

刑法中规定的"交通设施"有以下几个条件：第一，强调的是真正被使用；第二，所纳入范围的设施有轨道、标志、桥梁、灯塔、隧道、航道、机场、公路；第三，其他与保障公共交通安全息息相关而没有在列举之内的交通设施。[1]

对于"正在使用中"的理解，就是发挥事物（铁路交通设施）所有应用价值的行为，只有正在使用中的交通设施才能真正为交通工具所依附和利用，如果行为人破坏的是处于暂时或停止使用的交通设施，此时的交通设施并未发挥其功效，只是具有财物属性，破坏它不属于刑法意义上的破坏交通设施行为。"正在使用中"一般而言有三种情形：一是交通设施正在被交通工具安全运行而运作；二是交通设施正处于已经交付，准备随时进入使用状态；三是交通设施维修后不需要再检查修理而进入使用的状态。[2]

对铁路交通中"交通设施"范围的理解，应当包含以下几种：①轨道分为铁轨道、轻轨道、便轨道等；②标志分为信号灯、指示牌、路标等；③桥梁按照不同的成分分为钢筋混凝土桥梁、铁桥等；④隧道为火车轨道。同时，还应注意对附属设施的保护。例如铁路沿线供列车和火车站使用的大小电力设备、设施，以及供列车安全运行的通讯设备等。铁路是各种生产设施设备组成的"大联动机"，与铁路运输生产相关的设备对象一旦遭到违法犯罪侵害，会直接影响铁路

---

〔1〕 参见方芳："论破坏交通设施罪的行为"，湘潭大学 2015 年硕士学位论文，第 14 页。

〔2〕 参见方芳："论破坏交通设施罪的行为"，湘潭大学 2015 年硕士学位论文，第 15 页。

运输秩序，给铁路这一国民经济大动脉带来直接和间接的重大损失与影响。[1]

关于破坏交通工具罪，因为其侵害的犯罪客体是交通运输安全，所以对其将在第十一章相关部分中探讨。

（二）铁路建设领域过失危害公共安全犯罪的刑法规制

1. 重大责任事故罪。

（1）重大责任事故罪的定义。重大责任事故罪是指从事一定生产活动的相关人员在生产、作业过程中违反有关国家安全管理法律法规及其他规章制度的规定，因而出现重大伤亡事故或者造成其他严重后果的应承担刑事责任的行为。铁路建设工程领域重大责任事故罪特指在铁路建设工程活动中违反国家颁布的各类有关安全生产的法律、法规及建筑行业有关安全管理的规定，从而造成重大伤亡事故或其他严重后果的行为。

（2）重大责任事故罪的构成要件。重大责任事故罪在客观上表现为在生产、作业中违反有关安全管理规定的行为。这里的"生产、作业"涵盖了取得合法建筑资质的建筑企业在进行各类建设工程项目的建造作业及施工、建造作业之外的工程项目检查、消防安全检查及其他日常管理活动。在司法认定中尤其要注意的是不要单纯地理解为建造施工生产、作业，对整个建设项目的检查、日常维护也应认定为在生产、作业中。从本质上看，行为人的行为首先必须是从事生产、作业的行为；其次，行为人行为时间必须是在生产、作业中，不能是生产、作业之外的任何时点；最后，行为人的行为必须是违反有关安全管理规定的行为，除此之外的如生产管理规定、质量管理规定、人员管理规定等都不符合重大责任事故罪中的客观行为。另外，关于不同主体的生产、作业时点应作区别，因不同主体对建设项目的介入时间不同，比如施工单位是在中标后开始介入建设，监理单位是在接受建设单位委托后开始介入，因此在具体的案件中，当出现对不同主体进行定罪处罚时，要把各自不同的生产、作业时间点考虑进去。[2]

重大责任事故罪必须满足的一个条件是，相关责任人员的行为必须是违反国家有关安全管理规定的行为。而有关国家安全管理规定又必须借助其他法律法规、规章制度才能认定。这类规定主要是指国家颁布的有关安全管理方面的法律

---

[1]　参见贾永生："论铁路刑事案件的分类与特点"，载《铁道警官高等专科学校学报》2013年第6期，第13页。

[2]　参见郭川："建设工程领域重大责任事故罪司法适用研究"，中南财经政法大学2019年硕士学位论文，第12页。

法规、各行业的行业规范以及各行业长期形成的得到认同的操作习惯和惯例。如《安全生产法》《中华人民共和国劳动法》《生产安全事故报告和调查处理条例》《安全生产许可证条例》等适用于各行各业的全国性法律、法规，以及地方性的安全管理规范，还有仅适用于建设工程领域的《中华人民共和国建筑法》《建设工程安全生产管理条例》《建筑施工特种作业人员管理规定》等法律法规。

2. 强令、组织他人违章冒险作业罪。在《刑法》中与重大责任事故罪并列的是强令、组织他人违章冒险作业罪。《刑法修正案（十一）》取消了强令违章冒险作业罪罪名，将其更名为"强令、组织他人违章冒险作业罪"，同时增加了"或者明知存在重大事故隐患而不排除，仍冒险组织作业"的行为方式。此处"强令"不一定表现为恶劣的态度、强硬的语言或行动。只要利用组织、指挥、管理职权，能对工人产生精神强制、使其不敢违抗命令，不得不违章冒险作业的，就可构成"强令"。《安全生产法》第118条第2款规定："国务院应急管理部门和其他负有安全生产监督管理职责的部门应当根据各自的职责分工，制定相关行业、领域重大危险源的辨识标准和重大事故隐患的判定标准。"据此，本条中规定的"重大事故隐患"应按照法律、行政法规或安全生产监督管理部门发布的有关国家、行业标准确定；"明知"指行为人在主观上对事故隐患的存有可能导致危害后果虽不是积极追求，但存在鲁莽或轻率心态；"不排除"是指对重大隐患不采取有效措施予以排除危险；"仍冒险组织作业"是指明知具有重大事故隐患未排除，仍组织冒险作业，如已发现事故苗头却不听劝阻、一意孤行，拒不采纳工人和技术人员意见，导致事故发生的，或通过恶劣手段掩盖安全生产隐患，蒙骗工人作业，在出现险情的情况下仍继续生产、作业或指挥工人生产和作业等。[1]

另外，关于《刑法》第137条对工程重大安全事故罪的规定及其立法问题，在本章第二节已略有述及，此处从略。

三、铁路建设领域危害公共安全犯罪的司法认定疑难问题

以下着重从罪的区别和罪的证明标准等几方面来讨论。

（一）破坏交通设施罪与盗窃罪的区别

实务中，行为人通常出于非法占有的目的，盗窃了交通设施的组成部分，例

---

[1] 参见王爱立主编：《中华人民共和国刑法——条文说明、立法理由及相关规定》，北京大学出版社2021年版，第425～426页。

如盗割铁路专用电缆、偷拆电气设备的电子元件等。从行为模式上看，这些情形时常临界于破坏交通设施罪与盗窃罪之间，容易导致罪名认定上的失当。

考察破坏交通设施罪与盗窃罪的区别，主要存在以下几个方面：

（1）盗窃对象不同。普通盗窃行为的对象是普通的公共财物，具有一般性，而破坏交通设施行为的对象是正在使用的交通运输安全设施，具有特殊性。比较而言，破坏交通设施行为不仅侵犯了财产利益，而且侵犯了公共交通的安全。

（2）侵犯客体不同。普通盗窃的犯罪行为侵犯的客体是公私财产权利，而破坏性盗窃交通设施的行为不仅侵害公私财产权利，而且侵害公共交通运输的安全。这是一种复合型的法益，也是破坏性盗窃交通设施犯罪与普通盗窃罪或者盗窃未投入使用的交通设备、不影响交通运输安全的行为存在的本质区别。

（3）主观内容不同。普通盗窃行为只有非法占有公私财物的故意，但破坏性盗窃交通设施的行为人，不仅有非法占有公私财物的直接故意，还对盗窃交通设施行为可能造成交通工具倾覆或者毁坏危险也有一定的预知而仍持放任态度，此时又多表现为间接故意。因此，破坏性盗窃交通设施的犯罪行为既有直接故意，也包含间接故意。行为人主观上受数种罪过支配而实施破坏性盗窃的，是一种观念上或者罪过上的竞合。对该行为应根据 2013 年《最高人民法院、最高人民检察院关于办理盗窃刑事案件适用法律若干问题的解释》第 11 条第 1 项规定，采用破坏性手段盗窃公私财物，同时构成盗窃罪和其他犯罪的，择一重罪从重处罚。[1]

（二）破坏交通设施罪的证明标准问题

实践中，有人根据《刑法》条文中"足以"与"尚未"之间语义上的联系，将"尚未造成严重后果"理解为：在"足以使火车发生倾覆、毁坏危险"的情况下没有出现火车倾覆、毁坏的实际后果。即把"严重后果"与"火车的倾覆、毁坏"等同起来。[2]受其影响，相当一部分以拆盗等破坏性手段破坏交通工具和交通设施的案件，虽然造成中断行车、重大财产损失的严重后果，但因没有或不足以使火车发生倾覆、毁坏，而既未适用《刑法》第 119 条第 1 款的规定，也未适用《刑法》第 116 条、第 117 条的规定，仅根据盗窃数额按盗窃罪进行了处

---

[1] 参见唐立："破坏性盗窃铁路设施设备犯罪案件疑难问题研究——基于 S 省铁检分院相关数据的分析"，载《江西警察学院学报》2019 年第 4 期，第 96 页。

[2] 参见江宜怀："铁路'五类典型案件'行为性质的探讨"，载《铁道警官高等专科学校学报》2006 年第 2 期，第 10 页。

理。这样处理带来了两个消极后果：一是法定刑较低，加之办案人员把拆盗案件当成一般盗窃案件来办，忽视了拆盗行为的严重危害性，导致处罚较轻；二是相当部分案件因盗窃数额不足千元，不够定盗窃罪的起点而被治安行政处罚或教育释放。因此应该明确破坏交通设施罪的证明标准问题，才能更好地指导司法实践工作。

1. 火车倾覆或毁坏是判断标准，不是必要条件。从文义上看，火车等交通工具足以发生倾覆或毁坏是危险的唯一判断标准，而中断行车等因素则显然不在此列。而作为该罪量刑情节的后果的判断标准，既包含危险结果，即火车等交通工具处于可能倾覆、毁坏的危险状态；又包括实害结果，即破坏交通设施行为对公共安全法益造成的现实侵害事实，包括火车等交通工具的倾覆或者毁坏，以及人员的伤亡或财产的损毁，中断行车对铁路运营安全和运营秩序的危害、对旅客公共安全感的影响等。

2. 较长时间中断行车等因素应当作为铁路运输领域破坏交通设施罪严重后果的判断标准。

破坏交通设施罪属于危害公共安全罪，而危害公共安全罪的保护法益是不特定或多数人的生命、健康或重大公私财产安全。尽管司法解释没有明确铁路运输领域中破坏交通设施罪严重后果的判断标准，但在公共安全法益受到侵害这一前提下，结合司法实践及相关的刑事司法解释，应分别考虑以下因素：

（1）较长的中断行车时间。最高人民法院 2007 年颁布的《最高人民法院关于审理破坏电力设备刑事案件具体应用法律若干问题的解释》规定"造成一万户以上用户电力供应中断六小时以上，致使生产、生活受到严重影响的"属于严重后果，因此将中断电力供应的时间作为严重后果的判断标准与将中断铁路行车的时间作为严重后果的判断标准在规范层面具有相同的价值取向。[1] 在司法判例中也曾有具体的判例验证该因素的合理性：2015 年福州陈某破坏铁路信号控制装置、通信光缆导致阻断高速铁路正常运行 5 小时左右，致使 17 趟列车晚点，大量旅客滞留，并造成直接经济损失 15 万余元，属于重大的直接经济损失，后果严重，最后二审法院确认陈某犯破坏交通设施罪，判处有期徒刑 10 年。值得指出的是，铁路建设领域和铁路运输领域，都存在破坏交通设施罪。

（2）直接经济损失。在我国刑法分则中，公私财产遭受重大损失一般被作

---

〔1〕 参见徐英荣："较长时间中断铁路行车属于破坏交通设施罪的'严重后果'——南昌铁路运输中院判决陈勇破坏交通设施案"，载《人民法院报》2016 年 4 月 14 日，第 6 版。

为严重后果的判断标准，在对铁路运输领域破坏交通设施罪的量刑时也应坚持这一通常标准，具体可参照同属第119条调整的有关破坏电力设备罪、盗窃油气或破坏油气设备的司法解释，定为50万元或100万元以上，其计算范围应当包括火车及铁路设施被损毁设备材料的购置、更换、修复费用，以及因中断行车给旅客带来的直接经济损失等。

（3）人员伤亡。这是危害公共安全罪严重后果的基本情形和通常标准，死亡直接导致人的生命丧失，一定数量人员的重伤或轻伤都严重危害了人的健康，社会危害性十分明显。

（三）工程重大安全事故罪与重大责任事故罪的界限[1]

两者主要区别：（1）客观表现不同。工程重大安全事故罪在客观上表现为违反国家规定，降低工程质量标准，造成了重大安全事故；重大责任事故罪则表现为在生产、作业中违反有关安全管理的规定，因而发生了重大伤亡事故或者造成了其他严重后果。（2）犯罪发生的时空范围不同。工程重大安全事故罪发生在工程（包括铁路工程）建设、设计、施工、监理的过程之中；而重大责任事故罪却不限于此，凡是在生产、作业过程中，除法律有特别规定以外，都有可能出现此类犯罪。（3）行为主体不同。工程重大安全事故罪的行为主体是建设单位、设计单位、施工单位、工程监理单位。该罪属于单位犯罪，但处罚的是直接责任人员。重大责任事故罪的行为主体是一般主体，主要是工厂、矿山、林场、建筑企业或者其他企业（包括铁路建设企业）、事业单位的职工。重大责任事故罪是自然人犯罪。那么，如果行为人盲目赶时间违章施工，降低铁路工程质量标准的行为，不是领导同意、批准的，也不是集体讨论决定的，就不能认为是单位意志下的行为，而是纯个人行为，因此发生犯罪的，只能是自然人犯罪，而非单位犯罪。这种行为就只能构成属于自然人犯罪的重大责任事故罪，而非属于单位犯罪的工程重大安全事故罪。

四、铁路建设领域的反恐问题

铁路建设领域的反恐问题和铁路运输领域的反恐问题有许多共同性。反恐目的任务相同，反恐方式大致相同，但是其主要区别在于各自处于不同的环节和领域。铁路建设领域的反恐问题，属于生产领域；而铁路运输领域的反恐问题，属于流通领域、消费领域或作业领域。

---

〔1〕 参见王作富主编：《刑法分则实务研究》（第五版），中国方正出版社2013年版，第172页。

铁路建设领域的反恐问题，也存在立法问题与执法问题等。此处从略。其类似内容可参阅第十一章的相关部分。

第五节 铁路建设领域知识产权刑事法律保护

以下将从铁路建设领域的知识产权刑事立法和刑事司法进行展开。

一、铁路建设领域知识产权刑事立法

（一）我国铁路建设领域知识产权刑事立法规定

1. 相关法律的规定。我国在铁路的建设方面，原铁道部积极组织相关力量进行技术攻关，无论是在信息化建设、行车安全保障体系、工业技术装备和高难度建设施工技术等方面均取得了创新性成果，在部分重大核心技术领域也取得了相应的自主知识产权，足见创新与知识产权保护的重要性。我国对于知识产权的保护除了民法、行政法之外，最为有效的当属于刑法保护。1997 年，在吸收了1979 年刑法和附属刑法基本内容的基础上，修订后的新刑法增设了侵犯商业秘密罪，并在第三章"破坏社会主义市场经济秩序罪"中专设第七节为"侵犯知识产权罪"，从第 213 条到第 219 条设置了关于商标权、专利权、著作权和商业秘密等知识产权七个罪名。[1] 由此开始，我国铁路建设领域的知识产权保护迈向了新的台阶。

刑法对不同类型的知识产权犯罪构建了不同的构罪衡量标准及其量刑准则。在对构罪标准的要求方面，对侵犯著作权罪的衡量标准为"违法所得"数额较大或其他严重情节。对商标类犯罪规定了 3 个罪名，分别为假冒注册商标罪、销售假冒注册商标的商品罪以及非法制造、销售非法制造的注册商标标识罪。侵犯商标类犯罪行为构罪与否的衡量标准为"情节是否严重"。除此以外，刑法在专利保护方面设置了假冒专利罪，其构罪与否亦视情节而定。在对侵犯商业秘密行为的刑事规制方面，罪与非罪的衡量标准具体为知识产权权利人所遭受的损失。在对侵害知识产权类犯罪行为的量刑标准方面，一般都设置了两档刑罚。另外，我国也进一步加强对知识产权的"严保护"态势，对相应的量刑规则进行调整。比如，2020 年《刑法修正案（十一）》对知识产权类犯罪进一步修改，将侵犯

---

〔1〕 参见唐丹优："侵犯知识产权犯罪的基本问题研究"，贵州师范大学 2008 年硕士学位论文，第11 页。

著作权罪的最高刑期由 7 年改为 10 年，使得相关的量刑规则更加适应司法实践的发展，变得更加完善、具体。

除了刑法集中规定保护外，对铁路建设领域知识产权的刑事保护还散见于相关的部门法之中。诸如《商标法》《专利法》《著作权法》，其与《刑法》在我国铁路建设的知识产权保护方面构成了有效的双重保护模式，形成软保护与强保护并行的"大保护"格局。而对于需要刑法规制的侵害行为，部门法中也有相应的规定。比如，在《专利法》中有必要规定，"构成犯罪的，依法追究刑事责任"。这一规定对铁路建设方面的发明创造以及基于建设与运营过程中的经验总结而形成的著作权等进行有效保护，但不可避免地会存在立法实践的差异，法律规定无法统一。因而完善不同法律之间的衔接，依然成为目前我国知识产权法律建设的重要内容。

2. 相关法规规章的规定。在当今信息化快速发展时期，铁路企业应把握、管理、运用好以专利为重点的知识产权制度，一方面维护且提高自身在铁路行业中的话语权，另一方面可以对自己的关键核心技术进行强有力的保护，更重要的是应实现专利成果的转化，使得这种无形的智慧财产权变为有形的经济效益，进而成为企业获得收益的源动力，发挥知识产权的最大化价值。[1]铁路总公司曾经也制定了相关管理制度办法，管理范围涵盖既有铁路、重载铁路、高原铁路、高速铁路的设计、装备制造和运营管理等技术标准，明确了技术标准管理归口部门及职责权限，铁路技术标准管理体系日趋完善，为铁路企业技术标准管理提供了重要支撑。

为保护铁路领域的知识产权，2014 年原中国铁路总公司印发《中国铁路总公司科技创新知识产权管理办法》。该法第 30 条规定，未经总公司同意，项目承担单位存在下列情形之一的，承担相应违约责任，其不良行为将记入总公司科研信用系统；给总公司造成损失的，项目承担单位负责赔偿；情节严重的，依照法律或总公司的有关规定追究相应责任。其中第（三）项列明了在申请专利以前，以任何形式进行公开的，如发表论文、技术评审、鉴定、参与标准的制定、公开展示或销售等影响专利申请。该办法第 30 条中规定的情节严重、可能构成刑事犯罪的情形中直接规定了"其他违反法律法规的行为"。该条虽然对于铁路领域的知识产权保护进行了相关制度方面的规定，但是"其他违反法律法规的行为"

---

〔1〕　参见黄枫、张晓晋、黄金："论铁路企业的知识产权管理与保护"，载《中国铁路》2015 年第 5 期，第 74 页。

具体类型有待进一步考究和明确。

（二）立法不足及其完善

1. 立法不足。以下拟从商标权领域、专利权领域和著作权领域等不同方面展开讨论。

（1）商标权领域。2021 年 6 月 18 日，笔者在国家知识产权局商标局中国商标网官方网站上，检索铁路建设领域企业商标申请的相关数据资料整理如下。[1]

我国铁路建设领域商标申请数量	
公司名称	商标数量（件）
中国铁建股份有限公司	644
中铁第一勘察设计院集团有限公司	2
中铁二院工程集团有限责任公司	16
铁道第三勘察设计院集团有限公司	21
中铁第四勘察设计院集团有限公司	87
中铁第五勘察设计院集团有限公司	20
中铁工程设计咨询集团有限公司	0
中铁上海设计院集团有限公司	0
中国中铁股份有限公司	25

从上述我国铁路建设领域申请的商标数量中不难发现：一是中国铁建股份有限公司的商标申请数量最多，为 644 件；二是铁路建设领域相关公司之间申请的商标数量差异较大；三是从总体来看，我国有关商标申请数量总体不足。究其原因，一方面是知识产权意识不强，另一方面是知识产权法律保护体系不完善。在知识产权领域，刑法对于侵害知识产权行为的规制以及国民知识产权意识的影响都有较大的意义，这也是刑罚的威慑力之所在。正如对于醉驾的刑事处罚更加严

---

[1] 其中检索的结果中显示：中国铁建股份有限公司起始申请日期是 2001 年 5 月 25 日；中铁第一勘察设计院集团有限公司起始申请日期是 1998 年 7 月 28 日；中铁二院工程集团有限责任公司起始申请日期是 2011 年 5 月 23 日；铁道第三勘察设计院集团有限公司起始申请日期是 2004 年 10 月 14 日；中铁第四勘察设计院集团有限公司起始申请日期是 2002 年 6 月 14 日；中铁第五勘察设计院集团有限公司起始申请日期是 2019 年 8 月 28 日；中国中铁股份有限公司起始申请日期是 2005 年 4 月 30 日。

厉之后，人们对于酒后不能驾车形成了普遍共识。

在铁路建设的知识产权领域，假使我国知识产权的刑事规制体系足够完善，相应地，国民知识产权意识就会大大提升。这与理想层面形成反差的是，我国每年商标侵权案件多发、屡禁不止，其中具体如下表所见。[1]

	2016 年	2017 年	2018 年	2019 年	2020 年
假冒注册商标罪	1793	1687	1852	2134	2260
销售假冒注册商标的商品罪	1543	1494	1724	2279	2528
非法制造、销售非法制造的注册商标标识罪	311	260	305	423	395

其中 2020 年全年的商标犯罪案件总数达 5000 余件，2016 年至 2020 年间商标犯罪案件数量总体上呈逐渐增长趋势。究其原因，就商标权的刑事保护体系而言，其中主要存在如下几个方面问题：

①相同商品方面。在我国，假冒注册商标罪是指犯罪行为人没有经过注册商标权利人的许可，在同一种商品上使用与注册商标相同商标的行为。而《商标法》中规定的商标侵权行为包括四种形式，分别为在同一类型的商品上使用相同商标，在同类商品上用相似商标，在相似商品上使用相同商标，在类似商品上用相似商标等。[2] 可见，我国对于商标的刑事保护范围较窄。在不完全符合刑法规定的商标侵权特征但造成社会危害性大的侵权行为下，刑法目前无法对其进行规制，导致部分危害性大的行为逃脱刑事法律的制裁。比如，实践中"打擦边球"侵害商标的行为不在少数，其利用法律的漏洞，赚取非法利润。[3] 部分民众被假冒品牌制品所误导，花费与品牌商品相应的对价却买不到品牌商品相应的质量。因此，对于该种行为的规制有待进一步完善。

②服务商标方面。依据《商标法》和《行政处罚法》，对于服务商标的侵权行为可以进行民事及行政领域的规范，但在《刑法》层面还未对服务商标构建起合理的保护体系。在《刑法》中，并未规定有关服务商标的罪与罚。依据"法无明文规定不为罪，法无明文规定不处罚"的原则，目前对服务商标的刑事

---

[1] 数据来源：国家知识产权局 2016~2020 年历年《中国知识产权保护状况》白皮书。

[2] 参见曹元春："我国商标权刑事保护研究"，西南政法大学 2013 年硕士学位论文，第 20 页。

[3] 参见蒋侃："假冒注册商标罪疑难认定问题研究"，载《中共山西省直机关党校学报》2014 年第 3 期，第 72~74 页。

保护存在缺漏。当今社会，大众对侵犯服务商标的行为已经司空见惯。如果只保护商品商标而忽视服务商标的存在，不仅会严重损害我国的商标管理体制，还会损害商标所有人的利益。[1] 根据《知识产权协定》（以下简称 TRIPs）相关规定，服务商标也属于商标的保护范畴，我国对商标侵权的刑事保护范畴与 TRIPs 协定内容并不相符。另外，我国有关服务商标的行刑衔接规定存在缺漏，即侵犯商标行为涉嫌犯罪的，应当向刑事司法机关进行移交，但在侵害服务商标案件中，尽管已造成足够大的危害结果，但最终也只能由行政机关进行处理。

（2）专利权领域。2021 年 6 月 18 日，笔者在"中国专利全文数据库（知网版）"网站上，检索铁路建设领域企业专利申请的相关数据资料整理如下。[2]

我国铁路建设领域专利申请数量	
公司名称	专利数量（件）
中国铁建股份有限公司	232
中铁第一勘察设计院集团有限公司	1709
中铁二院工程集团有限责任公司	3523
铁道第三勘察设计院集团有限公司	759
中铁第四勘察设计院集团有限公司	5917
中铁第五勘察设计院集团有限公司	892
中铁工程设计咨询集团有限公司	0
中铁上海设计院集团有限公司	356
中国中铁股份有限公司	160

从以上统计结果可知，我国铁路建设领域的专利申请数量较其他知识产权领域较多。其中，中铁第四勘察设计院集团有限公司的专利申请量最高，为 5917 件；中国中铁股份有限公司申请的专利数量为 160 件，中铁上海设计院集团有限

---

[1] 参见毛孜慧："论我国商标权的刑法保护"，长江大学 2020 年硕士学位论文，第 16 页。

[2] 其中检索的结果中显示：中国铁建股份有限公司起始申请日期是 2009 年 12 月 31 日；中铁第一勘察设计院集团有限公司起始申请日期为 2010 年 5 月 5 日；中铁二院工程集团有限责任公司起始申请时间为 2007 年 11 月 28 日；铁道第三勘察设计院集团有限公司起始申请时间为 2007 年 10 月 17 日；中铁第四勘察设计院集团有限公司起始申请时间为 2007 年 12 月 24 日；中铁第五勘察设计院集团有限公司起始申请时间为 2008 年 10 月 22 日；中铁上海设计院集团有限公司起始申请时间为 2009 年 10 月 7 日；中国中铁股份有限公司起始申请时间为 2008 年 9 月 3 日。

公司专利申请量为 356 件；中国铁建股份有限公司专利申请量为 232 件。可见，我国铁路建设领域的专利申请量在相关企业之间相差悬殊。从铁路建设领域所申请的专利总量而言，其数量并不多。为了促进知识产权的发展、促进创新，政府近几年加大投入科研力度，但与投入的资源相比，专利的拥有量并不符合预期。

究其原因，高铁技术中相当一部分具备技术创新和市场运用前景的科研成果都已经以科技论文、成果鉴定、学术交流等形式对外披露，形成了公知技术。由于没有及时申报专利，不能获得法律层面的保护，导致相关技术被无偿使用或流失。[1] 此外，在专利保护方面，我国法制仍有待进一步完善，加之人们专利权意识薄弱，专利侵权行为多发。据《2020 年中国知识产权保护状况》白皮书的统计结果显示，2020 年，全国地方人民法院共接收知识产权民事案件 443 326 件，审结 442 722 件；知识产权行政一审案件 18 464 件，审结 17 942 件。可见我国现实中有关专利权侵权案件较多。

	2016 年	2017 年	2018 年	2019 年	2020 年
假冒专利罪案件数量	5	1	2	1	2

但据上表统计结果显示，[2] 2016 年至 2020 年期间，各地法院所查获的假冒专利案件极少，只有个位数。因此，足以窥见我国刑法规制的不足。《刑法》对专利侵权犯罪行为规定了空白罪状。[3] 空白罪状有其灵活性的特征，但也有其缺陷。有学者认为，简单且粗糙地使用空白罪状会产生诸多问题，例如导致刑法条文规定不明确从而违反罪刑法定原则。[4] 也有相反观点认为，对专利犯罪采取空白罪状的规定能够适应市场以及政策的调整变化。我们赞同第一种观点。空白罪状虽能一定程度上适应政策的调整，维护《刑法》的稳定性，但在假冒专利罪中，对假冒他人专利的行为该如何确定，是否可以直接援引民事法律中有关假冒行为的规定，这在理论层面存在争议。如果直接援引民事法律的有关行为规定，那无疑会在一定程度上扩大刑法的打击范围。这是否违反了"罪刑法定"，

---

〔1〕　参见王春芳："中国高速铁路知识产权现状、风险及对策研究"，载《铁道建筑技术》2016 年第 2 期，第 2 页。

〔2〕　数据来源：国家知识产权局 2016~2020 年历年《中国知识产权保护状况》白皮书。

〔3〕　《刑法》第 216 条规定，假冒他人专利，情节严重的，处三年以下有期徒刑或者拘役，并处或者单处罚金。

〔4〕　参见张建军："论空白罪状的明确性"，载《法学》2012 年第 5 期，第 142 页。

不得而知。因此，实践中究竟该如何进行认定，需要进一步给出相应说明。

（3）著作权领域。比较商标权领域与专利权领域可知，我国铁路建设领域的著作权作品数量有待进一步提高。虽然铁路建设相关的企业作品拥有量尚且不足，但随着我国对知识产权重视程度的加深，以及目前其他领域著作权作品的迅猛发展，铁路建设领域的作品会越来越多。在刑事保护层面，目前最为有效的做法是为著作权的进一步发展提供良性市场。因此，需要不断对著作权的刑事保护体系进行完善。就全国的知识产权保护工作而言，2020 年，全国地方人民法院共接收著作权侵权民事案件 313 497 件，可见现实中著作权侵权案件多发。下表为 2016 年至 2020 年著作权类犯罪案件数量的统计结果。[1]

	2016 年	2017 年	2018 年	2019 年	2020 年
侵犯著作权罪案件数量	207	170	136	191	273
销售侵权复制品罪案件数量	4	4	6	8	17

根据以上有关著作权犯罪案件数量的统计结果可知，我国有关著作权犯罪案件的打击力度不足，主要存有以下几个方面的问题：

①信息网络传播方面。根据现有《刑法》对著作权行为方式的规定，其中仅规定了四种侵害著作权的行为。而随着网络的不断发展，侵害著作权的案件多发且方式各异，现有的刑事规定无法将现实情况中危害性较大的侵权行为归纳进去。对于信息网络传播行为，司法解释将其解释为复制发行行为，这在学界中引起了不小的争议。在《著作权法》的语境下对二者进行考察，二者最大的区别在于，"发行"行为在向公众提供作品的过程中必然会使作品原件或复制件的物质载体发生所有权的转移，而"信息网络传播"行为只是提供了公众获得作品的可能性。因此，有学者认为该司法解释与《著作权法》中规定的内容存在脱节。也有学者主张"发行行为"与"信息网络传播"无论是在适用环境还是行为特征上差异明显，司法解释将信息网络传播权包含于发行行为中的做法是对体系解释中"同一词语在同一法律文件中，在不同法律文件中，乃至于在不同的法律部门中通常应当作同一的意义理解和解释"这一同义规则的违背。[2]我们同

---

〔1〕 数据来源：国家知识产权局 2016~2020 年历年《中国知识产权保护状况》白皮书。

〔2〕 参见刘杨东、侯婉颖："论信息网络传播权的刑事保护路径"，载《法学》2013 年第 7 期，第 159 页。

意此种观点。信息网络传播行为需要一定的物质载体，在网络环境和现实环境中难以统一使用该种标准。如果将信息网络传播行为认定为复制发行，则对其作品数量就无法进行有效认定。比如，侵权行为人在网站上只盗取网络小说的部分章节进行传播，则一个完整的小说作品被打破后，如何对部分作品的数量进行认定就会成为难题。根据《最高人民法院、最高人民检察院关于办理侵犯知识产权刑事案件适用法律若干问题的意见》规定，侵权复制品数量在500件以上构成刑事犯罪标准，则该种情况下如何对侵权行为进行认定，无从可知。可见，将信息网络传播行为归纳入复制发行行为，无疑是增添了法律适用的困难。

②"以营利为目的"方面。《刑法》第217条和第218条均提出了以"营利为目的"这一条件。[1]抛却"以营利为目的"这一条件不谈，未经著作权人许可，去随意复制、发行著作权人相关作品，情节严重或者影响恶劣，这本身就已经给著作权人造成巨大的经济损失，尤其是在网络日益发展的今天，损失只会有增无减。而部分人不是以营利为目的，未经其许可复制发行计算机软件，同样也给著作权人带来了极大的损失，造成了恶劣的社会影响。但由于"以营利为目的"这一条件的限制，不可避免地会使得这部分人规避刑法处罚，也大大地提高了我国刑法在此方面适用的门槛。除此之外，同为知识产权类犯罪，有关专利、商标的刑事犯罪，并未对其主观须具有营利性的目的要求，而对于铁路建设方面的著作权保护，却要求具有营利性的主观目的，这无疑是提升了刑事门槛，与目前"第十四个五年发展纲要"并不相符。另外，主观目的具有潜在性特点，司法实践中难以对其进行查清。因此，降低入罪门槛，扩大打击范围，这才是对待日益增多的网络知识产权犯罪的正确之选。[2]

2. 立法完善。以下也从商标权领域、专利权领域和著作权领域等方面展开研讨。

（1）商标权领域。

①关于相同商品方面的立法完善。根据《刑法》的相关规定，行为人对商标的侵害行为中有关"商品"的规定指明的是相同商品，但《商标权法》中有关商标的保护还规定了相似商品或者同类商品。而现实中在相类似商品上的假冒伪劣产品较多，"打擦边球"现象较为严重。[3]而我国对于"相同商品"的规定

---

〔1〕《刑法》第217条中指出，以营利为目的，未经著作权人许可，复制发行其文字作品、音乐、电影、电视、录像作品、计算机软件及其他作品的，违法所得数额较大或者有其他严重情节的。
〔2〕参见朱莉："网络知识产权的刑法保护"，载《江苏经济报》2013年5月29日，第B03版。
〔3〕参见南京铁路运输法院（2019）苏8602刑初101号刑事判决书。

在一定程度上不利于商标犯罪行为的规制，其所保护的商标权益范围就比较窄，不利于保护商标权人和消费者的合法权益，也不利于市场经济秩序的良性循环。因此，应当在《刑法》中加入"近似商标"或者"类似商标"，对《刑法》有关商标的规定范围进行扩充；或者通过司法解释，将"相同商标"解释为"形式相同商标"和"实质相同商标"两种，再对"形式相同商标"和"实质相同商标"进行扩充，以达到完善现有刑法体系之效。

②关于服务商标方面的立法完善。我国《商标法》中对服务商标进行了规定，适应了我国第三产业快速发展的现状。从世界范围而言，发达国家的第三产业一般发展较好，因此，其对于服务商标的保护也较为完善。同时，《巴黎公约》中对服务商标也作了一些保护规定。可见，对于服务商标的法律保护逐渐成为一个趋势。与部分发达国家不同，从我国国情来说，第三产业并不是我国的最主要产业，如果全面效仿发达国家的服务商标保护规则，势必会使得法律与实践相脱节。但从我国的发展前景来看，我国服务业正欣欣向荣，服务业的发展正向部分发达国家逼近。因此，为我国服务业发展构建更好的市场环境，可考虑对"服务商标"的刑事规范进行初步构建和完善。基于我国服务业发展繁荣的美好愿景和国际趋势，我国《刑法》可适时将"服务商标"适度纳入到刑事规范的范畴。

（2）专利权领域。对于目前《刑法》中有关假冒专利罪规定的空白罪状，应当对假冒他人专利的行为进行规制，增设假冒他人专利的行为方式。有人认为应当在司法解释中对"其他情形"进行明确，将假冒行为列入到"其他情形"之中。[1] 但本书认为"其他情形"一般是指实践中发生较少、较为特殊、无法总结归纳进去的情形，并且"其他情形"是一个兜底性的规定，如果将其具体明确，将缩小打击范围，不能灵活应对现实中突发的各种情形。因此，有关空白罪状的规定模式更能适应我国目前经济类犯罪行为的规制现状，对《刑法》中的空白罪状的规定模式不应作出改变。为了适应专利侵权案件多发以及专利侵权行为方式多样的现状，可以通过发布司法解释的方式对假冒专利的行为进行明确解释。此外，也可以通过发布相关指导性案例的方式对司法实践进行良性引导，以解决刑法规定的不足。

（3）著作权领域。

①关于铁路建设领域的著作信息网络传播方面的立法完善。首先，如前文所

---

〔1〕 参见林娟："论刑法规制假冒专利行为的困境——以刑事判决的阙如为视角"，载《广州广播电视大学学报》2020年第4期，第104页。

述，司法解释将"信息网络传播行为"归入复制发行范畴的做法不仅造成了《刑法》与《著作权法》上无法统一的情形，也给侵犯著作权行为的定罪量刑标准实施方面造成了障碍。因此，本书建议对信息网络传播行为重新规定，将其作为一项新的犯罪类型进行规定，而不是将其纳含到复制发行当中。其次，根据《著作权法》第 10 条，信息网络传播行为的功能在于为不特定的社会公众提供接触作品的可能性，[1]在网上对作品的上传、获取、截图扩散、传播作品的行为均可归入到信息网络传播行为中去，因此可将"信息网络传播行为"与"复制发行"并列规定后，再借鉴"复制发行"的规定方法，通过发布司法解释，对"信息网络传播行为"进行细化，比如"信息网络传播行为"包括获取、截图扩散、上传等行为，以此来解决"信息网络传播行为"实践认定的不足。

　　②"以营利为目的"方面的立法完善。我国应取消"以营利性为目的"的规定。就国内而言，实践中，虽然大多数侵权行为是以营利为目的，但也存在不少并不以营利为目的侵权行为，如为追求虚荣剽窃他人作品，为诋毁他人而制售假冒他人署名的作品，出于朋友义气或其它非营利性目的销售侵权制品等，对这类行为情节严重的似乎也应该以犯罪论处。[2]但因我国法律对主观要件的限定使得这些侵权行为并不能受到相应的处罚，这似乎为出于各种原因的侵权行为提供了良好屏障。就世界范围来看，多数国家并没有对侵害著作权的行为提出营利性目的的限制，比如在主观要件的设置上，对于行为人使用自动复制机进行作品侵权的行为、修改著作权权利信息的行为、进口回流防止唱片的行为，日本《著作权法》对其设置了"以营利为目的"；对提供规避作品保护措施的行为，规定了出租或转让的目的。而除此之外的其他罪名中均未规定特殊目的要件，只需要具有故意即可。[3]因此无论是依据国际上有关 TRIPs 协定的规定还是我国有关其他知识产权犯罪的规定，都应当取消"以营利为目的"的规定。

二、铁路建设领域知识产权刑事司法

（一）相关司法解释规定之不足

2004 年《最高人民法院、最高人民检察院关于办理侵犯知识产权刑事案件

---

〔1〕　参见何俊："网络著作权刑法保护若干问题研究"，华东政法大学 2012 年硕士学位论文，第 15 页。

〔2〕　参见王小青："对侵犯著作权罪立法的几点思考"，载《行政与法》2006 年第 2 期，第 57 页。

〔3〕　参见付磊："侵犯著作权罪'以营利为目的'要件立法研究"，中国人民公安大学 2020 年硕士学位论文，第 19~20 页。

具体应用法律若干问题的解释》第 1 条对《刑法》第 213 条规定的"情节严重"进行了细化。其中规定了"非法经营数额在五万元以上或者违法所得数额在三万元以上"和"假冒两种以上注册商标，非法经营数额在三万元以上或者违法所得数额在二万元以上"的情形。对此规定较为细致明确，但是第三项中又同时规定了"其他情节严重"的情形。由此可见，司法解释对"情节严重"的有关解释仍有待进一步考究。除此之外，对于《刑法》第 213 条规定的"情节特别严重"，该解释对其进一步明确。除有明定的非法经营数额在 25 万元以上或者违法所得数额在 15 万元以上的情形、假冒两种以上注册商标，非法经营数额在 15 万元以上或者违法所得数额在 10 万元以上的情形之外，仍然保留了"其他情节特别严重的情形"这样的规定。虽然如此规定对于知识产权的现实复杂性来说，具有一定的灵活性，能够适应社会的发展以及情况的多变，但是同样，该规定仍有一定的模糊性，实践中难以把握。

《最高人民法院、最高人民检察院关于办理侵犯知识产权刑事案件具体应用法律若干问题的解释（二）》第 1 条，对侵犯著作权罪中的数量作出明确规定。即以营利为目的，未经著作权人许可，复制发行其文字作品、音乐、电影、电视、录像作品、计算机软件及其他作品，复制品数量合计在 500 张（份）以上的，属于《刑法》第 217 条规定的"有其他严重情节"；复制品数量在 2500 张（份）以上的，属于《刑法》第 217 条规定的"有其他特别严重情节"。可以看出，该解释对于严重情节以及特别严重情节进行了明确，适应了司法实践的发展。但是，随着科技的发展，对知识产权的侵害方式极其复杂，有些数量难以统计。比如计算机软件作品，仅依据点击率并不能明确其具体造成的影响后果，因此，对于该方面的解释仍有待于进一步完善。

2020 年《最高人民法院、最高人民检察院关于办理侵犯知识产权刑事案件具体应用法律若干问题的解释（三）》第 1 条对《刑法》第 213 条规定的"与其注册商标相同的商标"作出进一步的解释和说明。[1] 可见，相关司法解释虽

---

[1]《最高人民法院、最高人民检察院关于办理侵犯知识产权刑事案件具体应用法律若干问题的解释（三）》第 1 条对"与其注册商标相同的商标"进行了释明，即：（一）改变注册商标的字体、字母大小写或者文字横竖排列，与注册商标之间基本无差别；（二）改变注册商标的文字、字母、数字等之间的间距，与注册商标之间基本无差别的；（三）改变注册商标颜色，不影响体现注册商标显著特征的；（四）在注册商标上仅增加商品通用名称、型号等缺乏显著特征要素，不影响体现注册商标显著特征的；（五）与立体注册商标的三维标志及平面要素基本无差别的；（六）其他与注册商标基本无差别、足以对公众产生误导的商标。

然对相同商标进行解释，但是该解释第（六）项中的"其他"二字对该项规定的范围有所延展，但是其对于具体如何延展，在何种情况下参照怎样的标准并未作出明确具体的规定。因此，有深入探究的必要。

（二）司法认定的疑难问题及其思考

1. 司法认定疑难问题。以下主要从侵权产品计价问题、赔偿数额认定问题等方面讨论。

（1）侵权产品计价存疑。司法实践中对知识产权犯罪的非法经营数额的认定，一般适用犯罪既遂的情形。但在犯罪未遂的情形下，该如何具体认定较为困难。在实践中，制假售假犯罪分子为逃避刑事打击，往往采取分散环节、按需生产、限时拼装、货走人散等多种反侦查手法，极力压缩犯罪留痕的时限和空间，现场缴获足额的侵权产品并非易事。另外，制假售假犯罪分子擅于采取现金交易、异地结算等各种隐蔽手段，刻意不出具单据、不留存记录，或者即时销毁、篡改销售记录，导致以往的实际销售价格很难被查实。[1] 如果在已经制造了半成品，还未进行标价，不具有实际危害后果的情形下，应该如何认定成为司法难点。比如某些伪劣产品已经制造出来，但并未进行假冒商标的印刷，此种情形下可能并不具备现实威胁性。在 2011 年出台的《关于办理侵犯知识产权刑事案件适用法律若干问题的意见》中，[2] 将"半成品"有条件性地纳含到了"非法经营额"的计算当中。但是对于此类"半成品"如何具体计算犯罪数额，并未有明确规定，这在司法实践中产生了较大的争议。

（2）专利案件行政依赖性强。专利侵权犯罪属于行政犯，对行政犯的司法实践，在处理上通常比自然犯更为复杂，因为行政犯在实践中对行政机关有一定程度的依赖性。就专利犯罪案件而言，行政机关在对专利犯罪案件进行查处时，容易受到相关政策的影响。在严厉打击相关犯罪时期，行政机关对案件的查处要更加严格，同时行政犯最终以刑事案件结案的概率较高。另外，检察机关对行政犯的公诉有赖于行政机关所提供的证据及相应资料，行政机关提供证据的充分性与否，一定程度上影响到专利犯罪案件的刑事认定结果。总体而言，专利权的犯罪案件结果认定具有一定程度的被动性。

---

[1] 参见郎俊义、张国栋："试论知识产权刑事保护领域侵权产品正品化计价问题"，载《中国应用法学》2020 年第 4 期，第 158 页。

[2] 最高人民法院、最高人民检察院、公安部《关于办理侵犯知识产权刑事案件适用法律若干问题的意见》第 7 条。

（3）赔偿数额认定难。知识产权法对损害赔偿数额主要设置了四种确定方法：一是权利人的实际损失；二是侵权人的违法所得；三是许可费的合理倍数；四是"法定赔偿"。《著作权法》《商标法》《专利法》都规定了多种知识产权损害赔偿的确定标准，且"法定赔偿"标准应当是顺位适用的最后选择。但是，在具体司法操作中，大多数案件最终都是采用了"法定赔偿"标准。即便原告在主张赔偿额时提出了其实际损失或侵权人违法所得的具体计算方式，但法院在判决时最终适用原告主张的计算方式的仍为少数。法院一般会因为证据不确定或计算方法不科学严谨，将原告提供的证据仅作为参考因素或方法，最终适用"法定赔偿"。一方面，反映出当事人的举证能力、举证意识不足，另一方面也反映法院在审判实践中存在过度适用法定赔偿标准的问题，并不符合案件实际情况。

2. 有关疑难问题的思考。循序渐进，提高质量，解决问题。

（1）循序渐进，解决计价难题。2004 年《最高人民法院、最高人民检察院关于办理侵犯知识产权刑事案件具体应用法律若干问题的解释》第 12 条中规定，"侵权产品没有标价或者无法查清其实际销售价格的，按照被侵权产品的市场中间价格计算"。该标准中的"被侵权产品的市场中间价格"与侵权产品正品化计价不仅类似和相近，其实在一定意义上，就是正品化计价标准的体现和应用。[1] 但该种规定属于补充性的规定，即在不能查清涉案物值时才可适用。因此，在司法实践中不能将该补充性的规定提到首要位置，否则，必然会造成司法适用上的误区。我国目前该类案件的实践处理经验尚不足以形成行之有效的体系，建议出台更多的此类司法指导案例，以供指导具体的司法实践。在发展成熟时，可在充分的指导案例基础上，对相关理论经验进行总结归纳，进而再通过发布司法解释的方法，对实践中案件的处理进行统一。

（2）层层加码，助推执法公正。鉴于专利犯罪案件在司法实践中易受到行政机关的影响，建议对信息共享进行完善。实践中，行政机关对专利类犯罪案件的查处要比公安、检察机关更为迅速，因此专利类犯罪案件还应当由行政机关进行管理整治，同时，建议应当对行政机关办理案件的法律依据进行明确，必要时，检察机关要对行政机关案件的办理进行协助，或者经申请由检察机关主动介入行政机关案件办理工作，对行政机关的工作加强检查监督。

---

〔1〕 参见李晓："《关于办理侵犯知识产权刑事案件具体应用法律若干问题的解释》的理解与适用"，载公安部经济犯罪侦查局编：《公安机关办理经济犯罪案件相关法律适用问题批复汇编》，中国人民公安大学出版社 2015 年版，第 1199 页。

（3）提高质量，改善赔偿认定。在知识产权侵权诉讼中确定赔偿额时，应遵循现有法律规定、原则和精神，充分考虑知识产权客体的无形性对损害赔偿计算的影响，将查明被侵权实际损失数额或侵权实际获利数额作为侵权赔偿数额认定的基本手段，坚持全面赔偿原则。结合适用证据披露和举证妨碍制度，在知识产权侵权诉讼中，对一方当事人掌控而另一方当事人难以获得的涉及被控侵权人获利的证据，如当事人真实财务账册等，另一方当事人可申请人民法院责令证据持有人披露，被申请人负有披露该等证据的义务。若持有证据者无正当理由拒不提供，而对方当事人主张该证据内容可以证明其诉请的侵权损害赔偿数额成立的，法院可结合有关情况推定其主张成立。若当事人提供据以计算权利人损失或侵权人获利所需的销售数量等数据，其他所需数据尚不能确定的，人民法院可参考许可费、行业一般利润率、侵权行为的性质、持续时间以及当事人主观过错等因素，酌定计算赔偿所需的其他数据，以实际查明数额与酌定数额相结合的方法，计算实际损失数额或侵权人的侵权获利数额。总之，要充分体现知识产权侵权损害的全面赔偿原则，加大赔偿力度，给权利人充分救济。

值得指出的是，《最高人民法院关于依法加大知识产权侵权行为惩治力度的意见》（法发〔2020〕33号）指出，要加大刑事打击力度。该意见指出通过网络销售实施侵犯知识产权犯罪的非法经营数额、违法所得数额，应综合考虑网络销售电子数据、银行账户往来记录、送货单、物流公司电脑系统记录、证人证言、被告人供述等证据认定。对主要以侵犯知识产权为业以及因侵犯知识产权受到行政处罚后再次侵犯知识产权构成犯罪的情形，依法从重处罚，一般不适用缓刑。依法严格追缴违法所得，加强罚金刑的适用，剥夺犯罪分子再次侵犯知识产权的能力和条件。

典型案例评析：

一、李某元破坏交通设施案[1]

（一）案例事实

1. 基本情况

李某元，男，湖南省长沙市浏阳市人，汉族，初中文化，农民，住湖南省浏

---

[1] 参见长沙铁路运输法院（2016）湘8601刑初27号刑事判决书。严格而言，这是铁路运输领域的刑事案例。因考虑到铁路建设领域破坏交通设施罪的案例极少，特此暂且安排近似的案例，以作参考。

阳市。2016年6月2日因涉嫌破坏交通设施罪被刑事拘留，同年6月14日被逮捕。

2. 诉辩主张

长沙铁路运输检察院以长铁检诉刑诉（2016）26号起诉书指控被告人李某元犯破坏交通设施罪，于2016年9月8日向长沙铁路运输法院提起公诉。长沙铁路运输法院于同日立案，并依法适用简易程序，并组成合议庭，公开开庭审理了本案。长沙铁路运输检察院指派代理检察员李莉出庭支持公诉，被告人李某元到庭参加诉讼。现已审理终结。

长沙铁路运输检察院指控：被告人李某元因对沪昆客专项目建设及沪昆高铁运行中遗留的房屋拆迁、补偿等事项的处理心存不满，遂产生报复心理。被告人李某元为此事先购买了两个全丝螺杆螺帽，并于2016年5月28日11时许带至浏阳市普济镇一从事电焊加工的私人机械门店，要求该店按照其设计制作了一个U型钢铁制装置拟置放于沪昆高铁轨道上。2016年5月29日22时许，被告人李某元携带该装置窜至沪昆高铁醴陵东至长沙南区间的石塘子1号大桥西头，用老虎钳剪断水泥护栏立柱的铁丝进入路基，尔后将水泥立柱和碎石放置在沪昆高铁下行线K1043 850米轨道处，并将携带的U型钢铁制装置固定在钢轨上，致使上海虹桥站至长沙南站的G1365次列车当日22时48分撞上上述障碍物，造成G1365次列车机车破损并停车。

对起诉书指控的上述事实，被告人李某元在开庭审理过程中无异议。

3. 认定犯罪证据

认定上述事实证据有公安机关出具的被告人归案情况说明，扣押物品、文件清单及发还清单，长沙市公安局物证鉴定所出具的检验报告，广州铁路公安局司法鉴定中心出具的鉴定文书，现场勘验笔录，案发现场方位图，案发现场平面示意图，现场照片，广州铁路（集团）公司安全监察室"5·29"破坏交通设施案鉴定意见书、广州铁路（集团）公司安全监察室出具的两份证明，被告人李某元的供述，多名证人确认的证人证言、辨认笔录，视频资料，李某元的现实表现证明等证据证实，足以认定。

（二）法院裁判

1. 判案理由

被告人李某元为泄私愤，企图报复社会，故意在高铁轨道上放置钢铁障碍物，足以使高铁发生倾覆、毁坏危险，导致G1365次列车破损并停车，并造成直接经济损失 103 085.08 元，其行为已危害公共安全，尚未造成严重后果，构成破坏交通设施罪。但被告人李某元自愿认罪，并如实供述自己的罪行，可以酌情从轻处罚。

2. 定案结论

被告人李某元犯破坏交通设施罪，判处有期徒刑八年。扣押的作案工具，依法予以没收。

（三）简要评析

李某元构成破坏交通设施罪。

1. 李某元的主观方面符合破坏交通设施罪。破坏交通设施罪的主观状态为故意，即明知自己的行为会导致发生危害社会的后果，却希望或放任自己的行为促使结果的发生。本案中李某元出于报复社会的目的，明知自己破坏高铁轨道的行为可能会导致难以估量的危害结果发生，却希望以此达到自己的犯罪目的，主观罪过较大。

2. 李某元的行为方式符合破坏交通设施罪的行为模式。最典型的破坏交通设施行为是通过一切的"敲打击砸炸"物理破坏把正在使用的交通设施弄断、弄破、弄残缺。除此之外，使用添附的方法对交通设施进行添加，其根本目的就是使原本的交通设施不能发挥或者完全发挥其效用。本案中李某元的行为就是通过在高铁轨道上放置钢铁障碍物的方式导致了 G1365 次列车机车破损并停车。

3. 李某元的行为对象是"交通设施"。刑法中规定的"交通设施"有以下几个条件：第一，强调的是真正被使用；第二，所纳入范围的设施有轨道、标志、桥梁、灯塔、隧道、航道、机场、公路；第三，其他与保障公共交通安全息息相关而没有在列举之内的交通设施。此处着重强调的是只有"正在使用中的"交通设施。因为"正在使用"才能真正为交通工具所依附和利用，如果行为人破坏的是处于暂时或停止使用的交通设施，此时的交通设施并未发挥其功效，只是具有财物属性，破坏它不具有刑法意义上的破坏交通设施行为。"正在使用中"一般而言有以下三种情形：一是交通设施正在被交通工具安全运行而运作；二是交通设施正处于已经交付，准备随时进入使用状态；三是交通设施维修后不需要再检查修理，进入使用的状态。在本案中，李某元破坏的交通设施为正在使用中本应安全运行的沪昆高铁下行线的部分轨道，同时侵害的法益是以高铁轨道为载体的公共交通安全，以及不特定多数人的人身财产利益。

4. 李某元的行为结果，不属于破坏交通设施罪加重处罚的严重后果。

根据《刑法》第 117 条、第 119 条第 1 款的规定，破坏交通设施罪是具体的危险犯,只要破坏行为足以使火车发生倾覆、毁坏危险的,就可成立本罪。在本案中,李某元故意在钢轨上固定自备的 U 型钢铁制装置,具有造成火车倾覆、毁坏的紧迫危险,其行为构成了破坏交通设施罪。同时从打击犯罪的角度出发,较长时间中断行车时间,使交通秩序陷入瘫痪、公共交通安全受到损害的情形也应当被认定为破坏交通设施的行为。

二、梁某重大责任事故案[1]

(一)案例事实

2018 年 5 月 30 日 20 时 28 分,梁某在驾驶成都供电段广元西接触网工区作业车在宝成线广元南至走马岭下行线进行维修作业换端起车时,违反作业车操作规程和安全管理规定,错误操作导致作业车溜逸,并违章解除 GYK 防溜控制功能,致使作业车撞上 331 某号接触网支柱处的两名作业人员,造成一人死亡、一人重伤。其中一名被害人为广元西接触网工区区长,事故发生后抢救无效死亡;另一名被害人为广元西接触网工区实习职工,经四川省华西法医学鉴定中心鉴定构成重伤二级。

事故发生后,中国铁路成都局集团有限公司成都供电段对"5·30"事故进行了善后处理,对死亡的被害人按国家工伤保险条例支付工亡丧葬补助金、工亡抚恤金,合计 70 余万元,支付给辛某某合法继承人。对重伤的被害人预付了医疗费用。

2018 年 6 月 11 日,成都铁路公安处将被告人梁某传唤至广元车站派出所接受调查,梁某到案后配合调查,如实供述案件的相关情况。2018 年 6 月 27 日被告人梁某因涉嫌犯重大责任事故罪被取保候审。

认定上述事实有经原审庭审质证的受案登记表、受案回执、归案情况说明、被害人袁某的陈述、证人证言、被告人梁某的供述与辩解、勘验笔录、急诊病历、死亡证明书、病情证明书、司法鉴定意见书、作业行车日记和台账、工作票、作业分工表、铁路交通事故认定书、事故调查报告、认罪认罚具结书等证据予以证实。

另查明:案发后梁某在知晓单位报警的情况下在原地等候处理,当晚民警对包括梁某在内的在场人员进行询问时,梁某当即承认有违反操作规程、错误操作设备导致轨道车溜逸的行为。二审期间,上诉人梁某对被害人袁某及被害人(死者)辛某某之妻杨某道歉并积极进行了赔偿,袁某及杨某均表示对梁强予以谅

---

[1] 参见成都铁路运输法院(2019)川 7101 刑初 12 号刑事判决书、成都铁路运输中级法院(2020)川 71 刑终 1 号刑事判决书。严格而言,这也是铁路运输领域的刑事案例。暂且将其安排与此,以作参考。

解，请求法院不追究梁某的刑事责任，对梁某免予刑事处罚。

（二）法院裁判

1. 一审判决

被告人梁某在驾驶接触网作业车作业中违反有关管理规定，因而发生重大伤亡事故，其行为已构成重大责任事故罪，成都铁路运输检察院对梁某犯重大责任事故罪的指控成立。梁某犯罪后自动投案，如实供述自己的罪行，是自首，可以从轻处罚。鉴于梁某自愿认罪认罚且本案的发生被害人辛某某存在过错，量刑时酌情予以从轻考虑。在量刑上，因本案造成一死一重伤的严重后果并且根据相关规定，梁某关闭、破坏必要的安全监控和报警设备，应当从重处罚，且事发后，梁某未取得被害人及被害人家属的谅解，因此，公诉机关提出的量刑建议不当，不予采纳。一审法院以重大责任事故罪，判处梁某有期徒刑 2 年，缓刑 3 年。

2. 二审判决

撤销原判。梁某犯重大责任事故罪，但可免予刑事处罚。

（三）简要评析

1. 梁某构成重大责任事故罪。

（1）梁某符合重大责任事故罪的主体身份要求。鉴于社会情势变更以及安全事故多发的情况，2006 年《中华人民共和国刑法修正案（六）》取消了重大责任事故罪中对主体的限制性要求，只要实际从事生产活动的主体都可以成为重大责任事故罪的主体。因此梁某作为成都供电段轨道车司机，具有企业、事业单位的职工身份，符合本罪的主体要求。

（2）梁某的主观方面符合重大责任事故罪的要求。重大责任事故罪的主观责任要件主要为过失。这表现为行为人对于危害结果的发生具有预见义务，但是因疏忽大意或轻信能够避免而没有预见。在本案中，虽然裁判文书没有对梁某的主观方面进行阐述，但是显然本案中梁某对危害结果持否定态度。

（3）构成重大责任事故罪必须具备以下四个方面：

一是行为人必须具有违背生产作业安全管理规定的行为。安全管理规定，是指保障安全生产、作业有关的各种规章制度。根据有关司法解释，安全管理规定辐射的范围既包括国家颁布的各种关于安全管理方面的规范性文件，以及企业、事业单位及其上级管理机关制定的关于安全管理方面的各种规章制度。本案中，梁某主要违反了驾驶接触网作业车作业的有关操作规程和安全管理规定，并且直接导致了作业车溜逸以及责任事故的发生。

二是行为人违反安全管理规定的行为，只能发生在生产作业过程中或者与生产作业过程有直接关系。生产、作业时重大责任事故罪发生的重要时空条件，在司法认定中不能单纯地理解为仅是建造施工生产、作业，对整个建设项目的检查、日常维护也应认定为在生产、作业中。本案中的事故发生时间主要是在梁某驾驶成都供电段广元西接触网工区作业车进行维修作业换端起车时，符合生产、作业的时间限制规定。

三是该行为必须造成了重大伤亡事故或者其他严重后果。《最高人民检察院、公安部关于公安机关管辖的刑事案件立案追诉标准的规定（一）》（公通字〔2008〕36号）第8条，对重大责任事故罪的这两个标准作了规定。重大伤亡，是指致人死亡1人以上，或者致人重伤3人以上的；严重后果，是指造成直接经济损失50万元以上，发生矿山生产安全事故，造成直接经济损失100万元以上；或者其他造成严重后果的行为。本案中，梁某违反有关安全生产的规定，导致发生了重大伤亡事故，造成一人死亡、一人重伤的严重后果，已经构成了重大责任事故罪。其关闭、破坏必要的安全监控和报警设备，应当从重处罚。

四是行为人的违规行为与危害结果之间具有直接因果关系。本案中梁某在进行维修作业换端起车时，违反有关规章制度，关闭、破坏必要的安全监控和报警设备，导致了重大伤亡事故的发生，具有因果关系。

2. 梁某免除责任的条件分析。

（1）本案严重危害结果的产生系多因行为，不能完全归责于梁某。本案中，虽然相关证据不可知，但是铁路交通事故认定书、事故调查报告等在案证据均证实，本案事故发生为多种因素所致，本案被害人亦存在一定过错。在这里，梁某辩护人采用了民法中的混合过错概念进行抗辩，它的法律后果是过失相抵。在混合过错中，受害人的损害是加害人与受害人双方的过错行为结合而造成的，这两种过错并不是基于双方的意思联络，而是多种不同形式的偶然结合共同作用导致的事实上的侵权，当事人没有主观上的侵权罪过。所以本案中重大责任事故的发生，虽然梁某具有一定的过失，但是多重因果下并不能将责任事故完全归责于梁某。

（2）事故发生后梁某自动投案，如实供述自己的罪行，具有自首情节。

（3）梁某积极承担赔偿责任，取得被害人及其家属谅解，具有悔罪表现。

第十一章
铁路刑事法治问题研究（二）

在铁路运输刑事领域，主要调整的是有关铁路运输中的刑事法律关系。本章将从铁路运输领域刑事法治问题概述、铁路运输领域票务犯罪问题、铁路运输领域公共安全刑事法律保护、铁路运输领域知识产权刑事法律保护等几方面展开研讨。

第一节　铁路运输领域刑事法治问题概述

本节是对铁路运输领域刑事法治问题的概述，主要从铁路运输领域犯罪的类型与特点及其原因分析来讨论。

一、铁路运输领域犯罪的类型与特点

（一）犯罪类型

1. 票务犯罪。这里的票务犯罪，主要是指倒卖车票罪。随着大数据时代的到来，以及实名制、电子化火车票的逐渐普及，传统形式的倒卖车票罪几乎不复存在。代购和网络软件一键抢票等开始出现在大众视野中。对于代购行为以及网络软件抢票行为是否符合非法倒卖车票罪的构成要件，实务界和学术界都有着不同的观点。票务犯罪在铁路运输过程中的发生概率仍然较高，有必要对其进行深入研讨。在（2020）吉 7101 刑初 24 号案件中，朱某德于 2018 年 12 月至 2019 年 9 月间，通过微信向郭某以每张火车票额外加价 50 元的价格出售火车票共计 34 张，票面金额 8000 余元，获利人民币近 2000 元。法院经审理认为其高价倒卖车票，以非法营利为目的，情节严重，其行为已成立倒卖车票罪。但是倒卖车票罪的入罪标准，究竟应当如何具体把握？其定罪数额是否需要上调？这些都值得研究。

2. 盗窃罪和诈骗罪。据报道，2021 年 1 月份，全国铁路公安机关共破获涉

票案件 900 余起，抓获涉票嫌疑人 1100 余人，查缴车票 4200 余张、假火车票 7 万余张，破获"盗抢骗"等各类刑事案件 2000 余起，打掉团伙 87 个，抓获犯罪嫌疑人 730 余名。[1] 在铁路运输中，侵犯财产类犯罪是最常见的犯罪。铁路运输大致分为货运和客运两种。在货运中，可能因工作人员监管不力或前后交接存在疏漏，容易发生货物失窃的情况。另一方面，在客运中，火车站人流量大、客流层次复杂以及人员流动性高，容易滋生盗窃、抢劫、诈骗等侵犯财产类犯罪，尤其是盗窃罪和诈骗罪频发。近些年，火车站售卖假充电器、假手机，以及编造谎言博取同情骗取财物等事例屡屡被曝光，但是此类案件仍层出不穷。另外，当前铁路系统存在无法避免的问题，一些犯罪分子购买短途车票或者是送站车票，混入候车大厅乃至火车上。这种通过买短途车票混进去的人，可能存在于一般的绿皮火车或者动车、高铁上。他们利用候车大厅的无序性以及火车上空间的密闭性，趁受害人不注意迅速扒窃旅客手机、钱包、行李箱等贵重财物。[2] 一些过夜车更是受到犯罪分子的青睐，夜晚受害人睡着后可能放低警惕，犯罪分子便会瞄准这个时机下手，夜间在火车各车厢流窜作案，主要是趁候车旅客休息或睡熟时，将行李包拎走。

3. 危害公共安全罪。与铁路运输领域关系最密切的危害公共安全罪，这里主要是指破坏交通工具罪和破坏交通设施罪。破坏交通工具罪在铁路运输领域主要表现为通过破坏列车，使列车发生倾覆、毁坏等危险。本罪的犯罪对象必须是正在使用中的交通工具。此处，应从广义理解"正在使用"。"正在使用"，是指正在使用中、或者处于随时使用的状态、不需要再检修就使用以及不需要停机待修马上投入使用的。若破坏的是尚未交付的列车，一般不会危及公共安全，则不构成本罪。[3] 而破坏交通设施罪在铁路运输领域主要表现为通过破坏轨道、桥梁、隧道等活动，发生足以造成列车毁坏或者倾覆的危险。同时，本罪与其他犯罪还可能产生一系列竞合现象。这就需要对破坏交通设施罪与其他犯罪加以区分。例如，破坏交通设施行为与盗窃行为、故意损坏财物行为都存在一定的交

---

〔1〕 参见赵晓雯、梁西征："全国铁路公安机关今年以来抓获涉票嫌犯千余人 查获假火车票 7 万余张"，载 http://news.china.com.cn/txt/2021-02/02/content_ 77180659. htm，最后访问日期：2021 年 6 月 20 日。

〔2〕 参见王瑞："铁路运输中的犯罪及其防治研究"，中国社会科学院研究生院 2017 年硕士学位论文，第 7 页。

〔3〕 参见王瑞："铁路运输中的犯罪及其防治研究"，中国社会科学院研究生院 2017 年硕士学位论文，第 6 页。

叉。此种情况下存在竞合情况的罪名的界限，最终还是要回归到"正在被使用""交通设施""足以……可能"这三个构成要件中。

4. 铁路知识产权犯罪。2014年，中新网报道了一则新闻：自2010年以来，某铁路行包房职工李某某、易某某等人从北京购进大量假酒假冒"红星二锅头""牛栏山二锅头"销售给郴州下线商户。同时，李某某等人利用职务便利，逐步形成了"铁路货"这一所谓特色，仅该地域涉案金额就高达4600万元。[1]李某某的行为已经触犯了销售假冒注册商标的商品罪。《刑法》第214条规定："销售明知是假冒注册商标的商品，违法所得数额较大或者有其他严重情节的，处三年以下有期徒刑，并处或者单处罚金；违法所得数额巨大或者有其他特别严重情节的，处三年以上十年以下有期徒刑，并处罚金。"最高人民法院、最高人民检察院、公安部《关于办理侵犯知识产权刑事案件适用法律若干问题的意见》第8条，以及《最高人民法院、最高人民检察院关于办理侵犯知识产权刑事案件具体应用法律若干问题的解释》第2条和第9条中，规定了有关"明知"的情形以及有关"销售金额"。由此可知，李某某的行为构成销售假冒注册商标的商品罪。另外，在铁路运输领域中，还有可能触犯销售侵权复制品罪。若销售量很小，违法所得数额不大，则不构成犯罪。在绿皮火车或者是长途列车上，经常可见列车员售卖商品，如果对于售卖商品的来源不进行较谨慎地排查筛选，数额巨大，有可能会侵犯他人知识产权相关的权益，甚至构成本罪。

5. 其他犯罪。在铁路运输领域中，除上述较有代表性的犯罪外，还可能涉及走私、贩卖、运输、制造毒品罪以及侵犯公民人身权利、民主权利罪，甚至涉及贪污贿赂罪和渎职罪等相关罪名。在铁路运输领域，因铁路系统的独立性和封闭性，容易缺乏有力的监督制约机制，再加上货物运输的巨额利益输送，容易导致权力滥用和腐败的滋生，因而走向贪污贿赂和渎职犯罪。而且，近些年来，在铁路运输中，常常有人携带毒品，甚至还出现了"人体藏毒""伪装物藏毒"等新型犯罪手段。2017年西昌铁路公安处在西昌火车站破获一起特大跨省体内藏毒运输贩卖毒品案件，行为人于中缅边界的南伞吞咽了62粒毒品乘车到西昌市预备进行交易。诸如此类，还有将毒品伪装成威化饼干、藕粉、冰糖等一系列物品的伪装物藏毒手段。正是此类行为的频频发生给正常的铁路运输秩序带来了很大的影响。此外，还有将人推下站台、因矛盾向他人泼开水等恶性伤人事件。拐

---

〔1〕 参见鲁毅："铁路职工运售假'二锅头'警方联手斩断铁路货"，载 http://www.cssn.cn/zx/shwx/shhnew/201411/t20141120_1409276.shtml，最后访问日期：2021年6月20日。

卖妇女、儿童以及拐骗儿童犯罪，铁路更是频发地。铁路作为目前我国中转运输最常用的交通工具之一，在运输中发生拐卖儿童的情况也是可能的，尤其是没有办理身份证明的婴幼儿乘坐火车时，不需要通过火车站的实名制验证，这也加大了犯罪的可能性。

（二）铁路运输领域犯罪特点

1. 跨区域犯罪比例高，侦破难度大。铁路运输领域中的相关犯罪，跨地区犯罪比例高、侦破难度大，是与铁路运输本身的特性息息相关的。犯罪分子在实施犯罪后，容易迅速地由一个地点转移到另一个地点，并且可能进行"接力"作案或者"流窜"作案，对公安机关的抓捕工作提出了更高的要求。因铁路运输人流量大且复杂，在铁路运输过程中实施犯罪所留下的证据也容易被销毁和隐匿，这对公安机关的侦查而言是巨大的挑战。

2. 犯罪主体多元化。随着时代的不断发展，铁路运输中的犯罪主体也同样具备了多样性、隐蔽性和专业性等新时代特点。刑事犯罪主体不再局限于无业游民、社会闲散人员等人们传统观念里的群体，铁路运输领域的犯罪主体也一样。他们中不仅包含有无业人员、在职员工、在校大学生、网络黑客等常见群体，乃至一些农民、残疾人士等弱势群体也可能成为犯罪主体。角色的扮演转换往往也有极大的蒙蔽性和隐蔽性。很多行为人并不以真实身份作案，会进行一定的乔装使人难以识别其真实身份。[1]另外，犯罪分子也逐渐由"单独为战"的模式转变为"团伙作案"。他们会利用铁路线路长、点多、难严守的特点大肆进行盗窃、抢劫等犯罪。

3. 传统型犯罪频发，新型犯罪涌现。随着大数据时代的到来，犯罪手段也变得日新月异。科技是一把双刃剑，尽管给我们的生活带来许多便利，但同时也带来了新型的犯罪工具和手段。在铁路运输中，通常还是传统型犯罪，但是以新型犯罪手段实施传统型犯罪已经屡见不鲜。如在走私、贩卖、运输、制造毒品罪等毒品类犯罪中，不仅是过去简单的"夹带型"作案方式，还出现了类似"体内藏毒"的新型作案手段。另外，网络新型犯罪也频发，如网络"黑客"利用技术手段制作抢票软件，对正常的售票秩序造成了扰乱。各种新型犯罪形式的不断涌现，给铁路运输企业的正常管理秩序以及公安机关对相关犯罪的打击工作带来了不小的挑战，铁路安全形势不容乐观。

---

[1] 参见王瑞："铁路运输中的犯罪及其防治研究"，中国社会科学院研究生院2017年硕士学位论文，第3页。

4. 职务类犯罪较多。国务院深化机构改革后，取缔铁道部，成立中国铁路总公司和国家铁路局，标志着我国铁路行业的深化改革、职能转型。内外监管滞后和法治漏洞使铁路系统职务犯罪行为有缝可钻，在监管"真空"或缺乏完善监管体制的背景下，领导层出现一些的腐败行为。例如，（2018）最高法刑申1032 号判决书，驳回曹某喜的申诉。法院认为，其利用作为太原铁路分局太原北车务段古东站装卸主任的职务便利，多次截留发货人应交给车站的装车费并据为己有，构成贪污罪；又如，（2020）粤刑终 329 号判决书中，法院判决中铁某集团湖南有限公司原党工委书记邢某跃犯贪污罪、挪用公款罪。

二、铁路运输领域犯罪特点的原因分析

事物的发生与发展都具有客观因果性，犯罪也不例外，也存在一定的客观规律。铁路运输领域犯罪的产生，都离不开社会、个人等方面的因素。[1] 其中具有客观和主观方面的原因。

（一）客观原因

铁路运输领域犯罪的客观原因，主要是因铁路运输的特点所形成的。铁路线路长，车站客流量大、人员密集的问题和隐患，给铁路安全管理与维护带来不小的难度。

而且，铁路运输管理上也有难以避免的疏漏，基础监控设备等有效管理手段不足等问题，极易给犯罪分子留下犯罪空间。因此导致我国有关部门对此类行为的打击难度大。同时，对于数额不是很大的财物损失，一些赶时间或者怕麻烦的旅客会默认为"破财免灾"，自认倒霉，所以这种对违法犯罪行为的"纵容"心理也加剧了犯罪分子的嚣张气焰。

在一些偏远落后地区，当地的教育文化水平不高，法律宣传还不到位，经常会发生一些类似拆盗、割盗、货盗的案件。2018 年，两男子在江湛铁路沿线多个站点流窜作案，短短两个月疯狂偷窃电缆 7 次，价值 20 余万元。法院认为其行为具备以非法占有为目的，盗窃他人财物，数额巨大的情况，以盗窃罪定罪量刑。一些犯罪行为在村民眼里觉得不算什么事，或者是为了一点蝇头小利，积少成多，最终触犯法律，甚至走上犯罪的道路。

（二）主观原因

铁路运输领域犯罪频发最主要的主观原因，是犯罪分子受到经济利益的驱

---

〔1〕　参见张远煌：《犯罪学原理》，法律出版社 2001 年版，第 167~178 页。

使，从而产生牟利和侥幸逃脱的主观想法。无论是一般身份还是特殊身份的犯罪人员，在巨大的经济利益面前，若不能坚持守法，就容易走向违法犯罪。

在铁路沿线坐落一些发展落后的村庄，经常可能发生盗窃铁路沿线基础设施设备的情况，或者对列车上的货物小偷小摸，在得逞尝到甜头后，他们可能会变本加厉。

另外，还可能存在其他的主观原因等。主客观原因综合作用，有机统一。

第二节　铁路运输领域票务犯罪问题

本节从铁路运输领域票务犯罪的界定、立法规定、倒卖车票罪的司法认定以及铁路运输领域票务犯罪预防与惩治等方面来探讨。

一、铁路运输领域票务犯罪的界定

铁路运输领域的票务犯罪主要是指倒卖车票罪。本罪的主体是一般主体，即达到刑事责任年龄、具有刑事责任能力的人都可以构成本罪。依《刑法》第231条之规定，单位亦能成为本罪的主体。本罪在主观方面表现为直接故意，且以营利为目的，此乃本罪在主观方面的两大构成要件，缺一皆不能构成本罪。关于本罪侵犯的客体，学界存在不同的观点。[1] 持"车票管理秩序说"的学者认为，倒卖车票罪侵犯的客体是国家对车票的管理秩序。张明楷教授在《刑法的私塾》中认为，可以尝试将这个罪的法益归纳为一般人能够平等买到车票、船票的秩序。触犯这个犯罪的行为，可能会导致有需要的人买不到车票、船票；即使有需要的人几经周折买到了票，但往往也为此多付出了时间、金钱等成本。但是，"车票管理秩序说"囊括的范围过大，使得处罚范围也过大。车票管理秩序包括车票的售购制度、收购渠道、价格、数量等一系列事项的管理，将如此复杂的内容统一概括为"管理秩序"，太过于抽象。[2] 而持有"运输秩序说"的学者认为，倒卖车票罪侵犯的客体是正常的铁路运输秩序，以及铁路的稳定治安。"运输秩序说"仍然过于宽泛，正常的运输秩序也是一种抽象的法益概念，倒卖车票罪中所蕴含的此种秩序只是法律的拟制规定，且该种秩序往往指向铁路运输的安全性，倒卖车票行为无法侵害铁路运输的安全性。此外，还有"铁路企业经济利

---

〔1〕　参见阮齐林主编：《刑法学》，中国政法大学出版社 2008 年版，第 536 页。

〔2〕　参见王作富主编：《刑法分则实务研究》（上），中国方正出版社 2003 年版，第 946 页。

益说"和"车票售购制度说"，将铁路企业的经济利益以及国家对车票的售购制度等作为倒卖车票罪的客体。这两种学说亦存在一定的弊端。无论是以何种方式购票，其源头都是从我国铁路企业直接购买，所以并未损害铁路企业经济利益和车票售购制度。[1] 高艳东教授认为，倒卖车票罪保护的法益是旅客自由购票的选择权。关于此罪的客观方面，近些年学界颇有争议。实名制售票正式实施后，传统的倒票现象几乎退出了市场，倒卖车票罪的行为方式有所改变，各种新的倒卖车票的手段、方式层出不穷。倒卖车票罪的犯罪方式是"倒卖"，关于倒卖车票罪中"倒卖"含义的解释各有不同。概括而言，大致存在以下三种观点：[2] 第一种观点认为，在刑法中，倒卖，是指按低价或平价购进，高价卖出或者转手贩卖的行为。[3] 持有相近观点的学者指出，倒卖，是指低价或平价购进，高价卖出的行为。"倒卖"这个词语可以分解为"倒"和"卖"，"倒"是指"转移、转换"。所以，"倒卖"包含买入和卖出两个行为。[4] 第二种观点认为，"倒卖"是指"运输、出售和以出售为目的购买行为"。[5] 第三种观点认为，所谓倒卖，应是指行为人买入车船票后售出，或者为出售而购买车船票的行为。[6]

本罪属于情节犯，倒卖车票的行为必须达到情节严重的程度才能构成其罪，情节不严重的，即使有倒卖车票的行为，也不能够以本罪论处。[7] 所谓情节严重，主要是指多次倒卖的；因倒卖获利较大的；倒卖数额巨大的；内外勾结套购车票；造成恶劣影响的等。根据1999年《最高人民法院关于审理倒卖车票刑事案件有关问题的解释》的规定，高价、变相加价倒卖车票或者倒卖坐席、卧铺签字号及订购车票凭证，票面金额在5000元以上，或者获利数额在2000元以上的，即属于情节严重。

---

〔1〕 参见高艳东、祁拓："互联网时代倒卖车票罪的规范解读——有偿抢票服务入罪论"，载《浙江社会科学》2017年第11期，第45页。

〔2〕 参见黄颖："实名制下代订购火车票行为的罪与非罪研究"，载《铁道警官高等专科学校学报》2011年第5期，第26页。

〔3〕 参见周道鸾、张军主编：《刑法罪名精释：对最高人民法院　最高人民检察院关于罪名司法解释的理解与适用》，人民法院出版社2007年版，第400页。

〔4〕 参见马克昌主编：《经济犯罪新论：破坏社会主义经济秩序罪研究》，武汉大学出版社1998年版，第611页。

〔5〕 参见刘家琛主编：《新刑法新问题新罪名通释》，人民法院出版社1997年版，第570页。

〔6〕 参见黄颖："实名制下代订购火车票行为的罪与非罪研究"，载《铁道警官高等专科学校学报》2011年第5期，第26页。

〔7〕 参见马克昌主编：《经济犯罪新论：破坏社会主义经济秩序罪研究》，武汉大学出版社1998年版，第611页。

在铁路票务犯罪问题上，利用抢票软件"有偿代买火车票"应界定为有偿代理民事行为还是倒卖行为入罪，成了社会热点问题。在纠结于这种行为性质的同时，不得不承认相关法规的不完善，有些甚至落后于时代的发展。当情理与法规相冲突时，维护现有法律的权威和有序的社会秩序，保持公正的原则，才是最能长远地保护民众最大利益的做法。

二、铁路运输领域票务犯罪的立法规定

（一）倒卖车票罪的刑法规制

《刑法》第227条第2款规定："倒卖车票、船票，情节严重的，处三年以下有期徒刑、拘役或者管制，并处或者单处票证价额一倍以上五倍以下罚金。"

《刑法》第227条本身并未对"倒卖车票罪"的罪状展开描述，而是仅规定达到严重程度的倒卖车票行为才能入罪予以刑罚处罚。就《刑法》第227条第2款规定的"倒卖车票情节严重"，相关司法解释从犯罪所得上予以界定。但对行为客观方面，也只能寻找到以"高价、变价、变相加价倒卖"的相关字眼来解释"倒卖"的规定。除此之外，2006年《铁道部、国家发改委、公安部和国家工商行政管理总局关于依法查处代售代办铁路客票非法加价和倒卖铁路客票违法犯罪活动的通知》中指出，"不具备代办铁路客票资格的单位和个人，为他人代办铁路客票并非法加价牟利的"，或"个人以营利为目的，买进铁路客票后又高于买进价卖出，或变相加价，从中渔利的"，属于倒卖铁路客票的违法犯罪行为，构成犯罪的，依法追究刑事责任。

根据《最高人民检察院、公安部关于公安机关管辖的刑事案件立案追诉标准的规定（一）》第30条，在票面数额和非法获利数额之间一般只要符合一项就可以认定"倒卖车票行为严重"，构成倒卖车票罪，处3年以下有期徒刑、拘役或者管制，并处或者单处票证价额1倍以上5倍以下罚金。

（二）立法的不足之处

现行《刑法》第227条第2款仅规定了倒卖车票罪的刑种和刑度。而对于罪状的表述过于简单，没有对"倒卖"行为的具体表现做出列举，也没有用相近的文字作出概括性的表述。现行"倒卖车票罪"的规范条文，在抢票软件、网络异化的行为面前呈现出滞后性。目前，线上实施的新型网络倒卖车票犯罪行为，能否运用该规范条文进行认定，在实践中产生了争议。另外，该条对倒卖车票罪的自然人规定了具体的罚金幅度，但未对单位主体作出相应规定。对于入罪

的标准，法条的表述是"情节严重"。对此有待司法解释作出补充规定。

三、倒卖车票罪的司法认定

行为人所实施的新型网络倒卖车票犯罪行为还有可能涉及"破坏计算机信息系统罪""非法经营罪""倒卖伪造的有价票证罪"等罪名，也需要探讨和厘清。《刑法》第 286 条规定的破坏计算机信息系统罪，主要是指行为人对计算机信息系统功能进行删除、修改、增加、干扰，造成计算机信息系统不能正常运行的危害结果，应当追究刑事责任的行为。倒卖车票罪的行为人，可能通过一些技术手段去抢票然后再卖，并没有侵入到计算机系统内部，更谈不上对其进行修改。这与"非法经营罪"的联系主要体现在，行为都有非法经营的性质，都有牟利目的。[1] 但是倒卖车票罪是专门针对国家专营车票的特殊规定，因此本罪与"非法经营罪"是特别法与一般法的区别。当以非法经营方式倒卖车票的，则应优先适用"倒卖车票罪"的有关规定。本罪与"倒卖伪造的有价票证罪"同属于《刑法》第 227 条，都是倒卖行为，但是倒卖的对象不同。[2]"倒卖车票罪"的犯罪对象限于真实的车票，而"倒卖伪造的有价票证罪"针对的是伪造的票证，不限于车票。另外侵犯的法益也不相同。[3] 倒卖车票罪侵害的法益是国家对车票的管理秩序、旅客的公平购票选择权等，而倒卖伪造的有价票证罪侵害的法益则是国家对有价票证的管理秩序。

因刑法条文的规定过于笼统和粗疏，司法解释等法律文件规定的范围又比较狭窄，司法实践中适用这些依据时并没有统一明确的标准。机械地适用先买进后卖出的行为模式以及票面数额、非法获利数额等标准来教条式地认定，无法从犯罪构成要件本身来进行实质层面的分析。认定标准的不统一导致所作出判决的社会效果大打折扣。因此，需要使裁判的法律效果与社会效果乃至政治效果更好地统一起来。

四、铁路运输领域票务犯罪的预防与惩治

其一，做好事前预防。从源头上降低犯罪发生的可能性，针对倒卖车票犯罪行为发生的具体原因进行预防。针对我国铁路运输供需不平衡的问题，可以通过

---

〔1〕　参见李永升、朱建华主编：《经济刑法学》，法律出版社 2011 年版，第 377 页。
·〔2〕　参见杨辉忠主编：《经济刑法：原理与实训》，南京大学出版社 2014 年版，第 349 页。
〔3〕　参见李永升、朱建华主编：《经济刑法学》，法律出版社 2011 年版，第 377 页。

大力发展铁路运输承载力，继续提高日常尤其是节假日的铁路运量和运能，来缓解公众的购票压力，[1]还可以大力发展公路、航空等其他类型的运输缓解铁路运输的压力。

其二，应该进一步完善司法解释，扩大法条适用范围。在"倒卖""情节严重"等重点敏感词汇上准确定位，使其细化，真正区分"代买与倒卖"以及如何定位高价出售等问题。顺应时代发展，密切监管网络倒票行为，并将密切监管和普法教育相结合。严格紧俏时期购票机制，加大铁路监管力度。尤其需要指正民众对票贩子的"崇拜"心理，同时还应大力宣传"倒票可耻"的精神理念，不可纵容此类行为。[2]

其三，严格依法对倒卖车票犯罪行为定罪量刑。在网络时代，行为人利用网络数据，为其实施的新型网络倒卖车票犯罪行为提供了极大的便利。网络犯罪超越了时间和空间的限制，通过网络的连接，犯罪行为人可以在任何地域和任何时间实施犯罪行为，通过网络的传播，犯罪的危害范围迅速扩大。因此在新型网络倒卖车票犯罪这个特殊的犯罪行为中，应当将"跨越时空的便利性"作为量刑的裁量情节进行考虑，对此类犯罪进行精准制裁和打击，才能切实保护社会法益。对新型网络倒卖车票犯罪行为的侦查要与时俱进，要利用高科技进行精准监控。司法机关在办案过程中还要注意证据的固定，要严格依照刑法对倒卖车票罪的规定进行定罪量刑，不可轻纵，也不可严罚。

其四，加强市场监督管理部门对行为人违法行为的监管。有些行为主体将"经营车票行为"作为"倒票犯罪行为"的掩护，以自己所从事的是经营行为来抗辩，市场监督管理部门应结合市场经济行为的特性严格区分经营行为和犯罪行为。对于行为人实施的有可能对经济秩序和市场竞争产生不良影响的违法行为也要监控，以防其转化为犯罪行为。

其五，要加大监管力度。加大对第三方网络平台经营资质和经营范围的审查力度，使其专心从事登记范围内的经营活动，而不能从事无授权的抢票倒票活动。

---

〔1〕 参见王志祥、李永亚、张园国："关于佛山代购火车票案定性的思考"，载《铁道警官高等专科学校学报》2013 年第 6 期，第 66 页。

〔2〕 参见杨帆、张鹏飞："倒卖车船票犯罪中几点法律问题之探讨"，载《消费导刊》2009 年第 7 期，第 163 页。

第三节　铁路运输领域公共安全刑事法律保护

本节拟从铁路运输领域危害公共安全犯罪的界定、该领域危害公共安全犯罪的立法规定、司法认定疑难问题、该领域反恐问题等四个方面展开讨论。

一、铁路运输领域危害公共安全犯罪的界定

铁路运输领域危害公共安全犯罪，是指在铁路运输中危害不特定多数人的生命、健康和重大公私财产安全，并且应该用刑法予以规制的行为。

二、铁路运输领域危害公共安全犯罪的立法规定

（一）铁路运输领域故意危害公共安全犯罪的刑法规制

1. 放火罪、爆炸罪、投放危险物质罪以及以危险方法危害公共安全罪。在铁路运输领域故意实施放火、爆炸、投放危险物质以及以危险方法危害公共安全的行为，构成犯罪的，依法追究刑事责任。依据《刑法》第114条的规定，放火、决水、爆炸以及投放毒害性、放射性、传染病病原体等物质或者以其他危险方法危害公共安全，尚未造成严重后果的行为，法定刑为3年以上10年以下有期徒刑。根据《刑法》第115条的规定，上述危险方法致人重伤、死亡或者使公私财产遭受重大损失的行为，法定刑为10年以上有期徒刑、无期徒刑或者死刑。

危害公共安全罪的行为主体属于一般主体。其犯罪客体是公共安全，包括不特定群体的人身、生命、财产安全以及社会公共生产、生活安全等。其中客观要件中"以其他危险方法"，是对放火、决水、爆炸、投放危险物质四种行为的兜底规定。根据刑法同类解释规则，对这四种行为之外的其他危险行为要认定为以危险方法危害公共安全罪，则应当要求其具有与该四种行为相当的危险性、破坏性，而不能泛指其他所有危害公共安全的行为。在主观上表现为犯罪故意，包括直接故意和间接故意。

2. 非法运输枪支、弹药、爆炸物等危险物质罪、非法携带枪支、弹药、管制刀具、危险物品危及公共安全的犯罪。在铁路运输领域故意实施非法运输枪支、弹药、爆炸物等危险物质、非法携带枪支、弹药、管制刀具、危险物品危及公共安全的行为，构成犯罪的，依法追究刑事责任。依据《刑法》第125条的规定，非法制造、买卖、运输、邮寄、储存枪支、弹药、爆炸物的行为，法定刑为

3 年以上 10 年以下有期徒刑；其中，情节严重的行为，法定刑为 10 年以上有期徒刑、无期徒刑或者死刑。非法制造、买卖、运输、储存毒害性、放射性、传染病病原体等物质，危害公共安全的，依照前款的规定处罚。单位犯前两款罪的，对单位判处罚金，并对其直接负责的主管人员和其他直接责任人员，依照第 1 款的规定处罚。根据《刑法》第 130 条的规定，非法携带枪支、弹药、管制刀具或者爆炸性、易燃性、放射性、毒害性、腐蚀性物品，进入公共场所或者公共交通工具，危及公共安全，情节严重的，处 3 年以下有期徒刑、拘役或者管制。

3. 破坏交通工具罪和破坏交通设施罪。故意拆卸、替换正在使用中的旅客列车螺栓，致使高速行驶中的列车车钩脱落，足以使列车发生倾覆，尚未造成严重后果，但是犯罪事实清楚，证据确实充分，其行为已构成破坏交通工具罪。根据《刑法》第 116 条规定，破坏火车，足以使火车发生倾覆、毁坏危险，尚未造成严重后果的，处 3 年以上 10 年以下有期徒刑。破坏交通工具罪在铁路运输领域主要表现为通过破坏火车，使火车发生毁坏、倾覆等危险，且该罪无论是否真正造成严重后果，均为犯罪既遂，属于危险犯。

（1）破坏交通工具罪的定义。通说认为，凡破坏五种法定交通工具——火车、汽车、电车、船只、航空器的行为，均构成破坏交通工具罪，而破坏非正在使用的交通工具的不属于破坏交通工具罪。我国《刑法》的第 116 条和第 119 条规定了破坏交通工具罪，其中第 116 条规定的是本罪的危险犯，第 119 条规定的是本罪的实害犯。

破坏交通设施罪和破坏交通工具罪是同类犯罪中的不同个罪，区分两罪的关键在于行为对象的差异，前者是正在使用中的轨道、隧道、桥梁、公路、机场、灯塔、航道、标志等保障交通工具正常行驶的交通设施，行为人通过对这些交通设施的破坏，从而引起火车、汽车等交通工具产生倾覆、毁坏的危险；而后者行为的对象则直指正在使用的火车、汽车、船只等交通工具，通过对这些交通工具的破坏，从而引起交通工具产生倾覆、毁坏的危险。如果行为指向的直接对象是交通工具，或者以破坏交通设施作为手段，间接性地导致交通工具产生倾覆、毁坏危险的，应当认定为破坏交通工具罪。在厘清不同罪名的基础上，根据《刑法》规定的量刑情节的不同，例如是否致人重伤、死亡等，分别作出升格或者降格的刑罚。

（2）破坏交通工具罪的行为构造。通说认为，本罪侵害的犯罪客体是交通运输安全。法条的描述为"足以使其发生倾覆、毁坏危险""造成严重后果"，字面上很容易会被交通工具本身的价值吸引，实际上立法者关注的是整个运输过程的安全。虽然在这里刑法把本罪限定为五种特殊的交通工具，但是决定犯罪性质的只能是犯罪客体——立法者所欲保护的法益，而不是犯罪对象。有学者认为，交通运输的安全应包括两个层面上的含义：一是交通运输过程本身的安全。即行驶中的交通工具及其所载人员、货物的安全和途中其他交通工具、人员、物品的安全。二是交通运输过程之外的、与特定交通工具相联系的社会公众的期待利益安全。[1] 在此可以看出这类学者对于"交通运输安全"的理解采扩大解释，不仅包括了交通运输过程本身的安全，还包括交通运输过程之外的、与特定交通工具相联系的社会公众的期待利益安全。然而笔者认为，应当限缩对"交通工具"的理解，没有必要将相关社会公众期待利益的丧失纳入到交通运输安全的考虑范围之内，因为这会导致与故意毁坏财物罪的混淆，所以从公共安全的角度考虑，交通运输安全应该理解为各种因交通工具被破坏或被毁坏而直接导致的或连带产生的对公共安全的危害情形。

破坏交通工具罪的犯罪对象为正在使用的法定的五种特别交通工具——火车、汽车、电车、船只、航空器。基于对公共安全法益的保护，应当特别注重对"正在使用"的理解，因与破坏交通设施罪中的含义相似，在此不做赘述。

另外，如果将护轮轨随意丢弃在正在使用中的铁路轨道上，给行驶的列车造成障碍，足以导致火车发生倾覆、毁坏危险，虽尚未造成严重后果，但其行为已构成破坏交通设施罪。根据《刑法》第 117 条的规定，破坏轨道、桥梁或者对其他基础性设施进行破坏活动，足以使火车发生倾覆、毁坏危险，尚未造成严重后果的行为，法定刑为 3 年以上 10 年以下有期徒刑。[2] 此罪的判定标准主要看最终造成的后果，简单地破坏交通设施并未影响行车安全和造成了严重后果的定罪量刑是有差异的，如果并未产生法条所规定的危害结果，则不构成本罪。

（二）铁路运输领域过失危害公共安全犯罪的刑法规制

1. 铁路运营安全事故罪。如果铁路职工在作业时违反相关工作规章制度，没有按照规定在列车来临前放下道口防护栏杆，致使列车与小轿车相撞，致使发生铁路运营安全事故，造成严重后果，其行为应当以铁路运营安全事故罪追究刑

---

〔1〕 参见陈跃辉、陈德日："重嚼'鸡肋'条款——破坏交通工具罪传统阐释的质疑"，载《广西政法管理干部学院学报》2001 年第 1 期，第 35 页。

〔2〕 参见夏尊文、隋幸华："论破坏交通工具罪的客体及对象"，载《云梦学刊》2008 年第 5 期，第 74~76 页。

事责任。根据《刑法》第 132 条规定，铁路职工违反规章制度，致使发生铁路运营安全事故，造成严重后果的，应当追究刑事责任，法定刑为 3 年以下有期徒刑或者拘役；造成特别严重后果的行为，法定刑为 3 年以上 7 年以下有期徒刑。关于此罪罪状，一般描述为"铁路职工违反规章制度致使发生铁路运营安全事故造成严重后果的"行为。该罪要求行为人的主观状态为过失。

2. 过失损坏交通工具罪和过失损坏交通设施罪。如果行为人在铁路沿线非法狩猎的过程中，击发的钢珠侵入高铁线路，与行驶到此区间的旅客列车司机室前挡风玻璃右上方（由外向内观察）碰撞，导致玻璃外层破损，列车降速运行，造成车次晚点和铁路企业经济损失，其行为构成过失损坏交通工具罪。根据《刑法》第 119 条的规定，过失破坏交通工具、交通设施，造成严重后果的，处 3 年以上 7 年以下有期徒刑；情节较轻的，处 3 年以下有期徒刑或者拘役。行为人的主观状态为过失。

三、铁路运输领域危害公共安全犯罪的司法认定疑难问题

（一）有关故意犯罪司法认定的疑难问题

一个行为可能触犯多个罪名的想象竞合犯，给司法认定带来了一定的难度。如破坏交通设施行为，与盗窃行为、故意损坏财物行为以及破坏生产经营行为，无论在理论界还是实务界都存在一定的争议。以破坏交通设施行为与盗窃行为的界限为例，存在符合"正在被使用""交通设施""足以……发生倾覆、毁坏危险"的一要件、两要件以及三要件说。目前理论界对该问题的争议较大，没有作出明确的区分，给司法实践带来了一定的难度。

另外，司法实践对于是否足以发生使铁路列车倾覆等危险，缺少明确的认定标准和鉴定机构，在处理损失评估时，对鉴定人、鉴定资质也都未做明确规定。对于"造成严重后果"等要件不易判断，也可能会导致实践中认定标准不一。

司法人员在可能遭受巨大的舆论压力面前，如何权衡利益？如何适用法律？随着新型媒体的兴起，信息传播速度也日益加快。人们可以随时随地接收到各种各样的信息，并且同时自身的言论自由也得到比较充分的释放。近些年来，一些危害公共生命健康、财产安全的事件频频发生，并且涉及的领域也很广泛，媒体为了博人眼球有时夸张报道部分"网红"的评论，并得到大量且迅速地扩散，再加之网民的从众心理，让这些事件在媒体和网络上不断发酵升温，在全民中展开热议，因此对审判人员形成巨大的舆论压力，让其不得不对大众的声音予以关

注。尽管在法律界，要求司法相对独立，排除来自社会各界的干扰，但舆论声之大，使得有些司法机关无法在法律与大众的舆论呼声之间做出较好的平衡，有时会出现民意左右法律，对被告人处以不妥当的较重刑罚的情况。为了达到舆论的期待，司法机关不得不将一些与危害公共安全相类似，但实质又不同的案件，按照"民意"认定为以危险方法危害公共安全罪。

（二）有关过失犯罪司法认定的疑难问题

关于铁路运营安全事故罪，因立法的不足，有些问题在理论界和实务界没有达成统一的认识。首先是此罪中所规定的"严重后果"，刑法条文和司法解释对此都未作明确规定。如果概括性地适用交通肇事罪的起刑标准，是不准确的。如果这一问题不解决，将给司法实践造成很大困扰。其次是本罪可否由危险犯构成？按照刑法理论通说，过失犯罪成立以发生法定结果为前提，危险犯的成立以发生法定危险状况为要件。如果坚持危害结果仅仅是实害结果，因为过失犯罪以结果无价值论为根据，所以不存在设立危险犯的可能性。鉴于铁路安全事故的巨大危害性，以及日本和意大利在此罪中明确引入危险犯的规定，我国刑法也应对此作出回应。

本罪对犯罪主体的描述过于简单，缺乏具体细致的规定。本罪主体为特殊主体似无争议，但不能认为所有铁路职工的行为都能构成本罪。实际上，看是否符合本罪行为主体要求，不应该看其身份，而应该看其犯罪时是否从事与铁路运行安全直接相关的业务活动。有的铁路职工，如从事后勤、环卫等工作的人员，其工作性质决定了他们与铁路运行安全没有直接联系，不可能因业务过失导致铁路运输过程中的运营安全事故，因而不可能成为本罪的主体。相反，即使不具有正式铁路职工身份的人，只要其从事与铁路安全运输有直接联系的工作，其行为就有铁路运营业务性质，就可成为本罪主体。所以笼统地说本罪的行为主体是"铁路职工"是不够严谨的，要结合其正在从事的业务进行准确判断。

另外，关于本罪中的"违反铁路运输规章制度"所包含的范围也没有明确的规定。行为人违反业务上的注意义务，这种注意义务的来源不仅包括法律明文规定的义务。[1] 在行为人作为专业作业人员的情况下，行为人应当了解职业或业务所要求的注意事项，除整个系统领域笼统的规章制度，是否还应包括每一小系统内部的规定，这都是值得进一步讨论和研究的。

---

[1]　参见万志鹏："论铁路运营安全事故罪"，载《西南交通大学学报（社会科学版）》2009 年第 1 期，第 138 页。

四、铁路运输领域的反恐问题

与其他行业的反恐问题相比，铁路在建设、运营等方面都有其特殊性。近些年来，我国铁路运输领域发生了多起暴恐事件。这些恐怖袭击事件均造成了人员的严重伤亡与巨大的经济损失，对社会稳定造成的负面影响更是特别巨大的。如2014年3月1日云南昆明火车站发生的暴力恐怖事件造成了31死141伤；2014年4月30日乌鲁木齐火车南站发生自杀式恐怖袭击事件，造成3人死亡，79人受伤，其中4人重伤。[1] 我国2016年1月1日起正式生效的《反恐怖主义法》，是我国第一部专门针对恐怖主义制定的法律，具有重大的开创意义。它与我国《刑法》一起对恐怖主义做出了强有力的回击。但是，我国铁路运输反恐领域在立法以及执法方面还存在诸多不足，要继续完善铁路安全恐怖防范的应对之策。

（一）铁路运输领域反恐的界定与特征

1. 铁路运输领域反恐的界定。铁路运输系统指的是为火车提供行驶条件的各类设施设备，包括铁路运输的各个组成单位和场所，以及计算机信息网络等。[2] 反恐一般延伸表达为反恐防范，是指打击恐怖主义和防范恐怖主义。铁路运输领域反恐是指预防并打击发生在铁路运输领域的恐怖主义活动。

2. 铁路运输领域反恐的特征。

（1）特殊的运输领域。铁路是重要的公共交通运输工具之一。公共交通运输工具之所以是恐怖主义分子青睐的重要目标，其中重要原因是公共交通运输工具人员密集、易于造成严重损失、易于实施恐怖袭击，而事发后又容易混入人群中逃脱。而且铁路车站空间相对封闭，人员更为密集，在发生恐怖袭击后疏散群众困难，难以进行高效的组织救援。正如前已述及，铁路运输过程中列车开行密度大、间隔时间短和路网交织复杂，一个细小的破坏行动都可能引发"蝴蝶效应"，造成全路高铁网络局部滞留、晚点甚至瘫痪。在设备设施方面，高铁铁路线路广泛分布着通讯基站、变电站和中继站等特有的通讯、信号和电力等行车设施设备，对各种危行因素十分敏感。铁路在建造中大多采用高架线路，桥梁和隧道数量大，受到爆炸或破坏时，容易造成列车倾覆，造成特别重大的人员伤亡和财产损失。这不同于公路运输和航空运输，具有铁路运输的特殊性。

---

〔1〕 参见费凤长："监控视频中人群异常事件检测方法的研究"，江西财经大学2018年博士学位论文，第3页。

〔2〕 参见秦进主编：《铁路运输安全管理》，中南大学出版社2011年版，第88~102页。

（2）反恐的任务。铁路反恐工作的重中之重是将各职能部门统一起来，综合科学系统地完善反恐怖主义的各事项。落实"人防、物防和技防"三防措施，提高防范、发现和处置恐怖事件的能力，建立健全较为完善的情报搜集以及传递系统，维护铁路运输秩序和旅客生命财产安全。

（二）我国铁路运输领域存在的反恐问题

随着《中华人民共和国刑法修正案（九）》和《反恐怖主义法》的制定和相继颁布，在国家的相关层面，我国反恐怖主义活动呈现出"以事前预防反恐怖主义活动"为原则，辅助以事后惩治。由此可见，我国现阶段的铁路安全反恐防范工作已经取得了一定的成效，但在相关的立法以及铁路领域反恐的执法方面还需要进一步完善。

1. 铁路运输领域反恐的立法问题。我国《宪法》第 1 条第 2 款以及第 4 条第 1 款，对于国家安全的总体情况提出了要求，虽然没有涉及反恐活动，但是也在一定意义上反映出我国反恐怖主义活动的决心。《反恐怖主义法》于 2016 年 1 月 1 日起施行。各铁路反恐职能部门应加强贯彻《反恐怖主义法》的精神，结合实际情况以及现实需要，制定本地域或者本职能单位内部有关反恐怖主义活动的相关法规以及规定，从而更好地落实和完善我国的反恐怖主义活动。

国际法与国内法的衔接也存在一定的问题。国际法并不能直接在国内适用，而是要首先通过国内立法转化为国内法才能够在国内适用。与此同时，多数反恐条约都要求缔约国要在国内立法中规定与该公约相关的罪名并且对犯罪者给予相应的制裁。我国刑法中还缺少对劫持列车犯罪的明确规定。

2. 铁路运输领域反恐的执法问题。通常认为，反恐的三防范，是指人力防范（以下简称人防）、物理防范（以下简称物防）、技术防范（以下简称技防）。人防：具有专业反恐能力的个人或者组织，包括人、组织和管理；物防：为了预防或者制止恐怖主义活动而建设的物理的实体的建设；技防：为了预防或者制止恐怖主义活动，相关专业的反恐技术人才或者严密的反恐技术工具所具备的一种技术能力与技巧。[1]

（1）铁路运输领域的"人防"问题。目前，我国反恐防范专职力量存在较大缺口这一问题。铁路公安机关作为反恐防范和应急处置的主要力量之一，目前存在专职民警数量严重不足、勤务模式与现实需求不匹配的显性矛盾。大部分人对反恐防范基本知识、防范标准、管理制度、监督管理、应急处置等基本业务掌

---

〔1〕　参见《中华人民共和国反恐怖主义法（附草案说明）》，法律出版社 2016 年版，第 4~43 页。

握不够深入，专业反恐防范人才更是寥寥无几。因人力防范存在一定的局限性而常常力不从心，使得反恐防范仍不够周密。我国应加大对反恐防范专业人才的培养；在确保"人防"资源的基础上，可以加强现代化科技手段，克服"人防"的局限性，以达到预防和打击恐怖主义的最佳效果。

发生重大事件之后，相关部门需要向上级领导或者上级部门请示该如何处置才能进行行动，有时会存在通知不及时、消息延误处置的情况，所以在面对紧急情况时，应给予相关部门独立处理事务的权力。在各平行部门都有权利处理的同时，极容易出现各部门互相推诿、都不想担责的情况，容易导致处理恐怖主义活动效率不高，所以要明确分工各部门的职责，在存在一定合作职能的同时也要考虑互相交叉的合理性，建立健全奖惩机制，鼓励"争当执法第一人"。

（2）铁路运输领域的"物防"问题。根据铁路沿线安防的现实需要，逐步补齐补强沿线物防水平。更新安检仪等智能设备；推进铁路实名验证系统更新，配备相关仪器，优化系统，规范旅客进站流程。较完备充足的反恐基础设施对于反恐工作的良好展开具有锦上添花的作用。所以，反恐基础设施的配备、运用与维护也应该成为铁路运输企业"物防"工作重要的一部分。另外，与消防设施相类似，反恐基础设施也会存在一定的人为和自然损耗，要对人为损坏的情况进行一定的惩罚，对自然损耗要及时发现并且及时处理、维修、换新。目前各地没有重视对反恐设施的配备问题，总认为此类事件发生的频率较低，但是一旦发生就为时已晚。[1]

（3）铁路运输领域的"技防"问题。"技防"具有一定的局限性和滞后性，所以需要比较完备的情报监测系统第一时间搜集整合资料。但是目前我国情报系统不完善，导致公安系统内部共同使用的反恐数据库更新有所迟缓，公安反恐工作人员不能第一时间掌握重点关注人员的动向，对恐怖分子以及恐怖活动的监测存在疏忽。另外，一些高技术的侦查识别手段，要具备专门知识与专业技能的人才进行运作，目前我国铁路系统对这一方面有所欠缺。"技防"不完全是全智能化自动化运转，也要一批专业人才跟踪与维护，所以，要加大对技术专业人才的培养力度，使得"技防"手段和设备能够更好地被利用和运作。

（三）我国铁路运输领域反恐措施的完善

在铁路运输领域，无论是对《反恐怖主义法》以及相关法律法规的贯彻落实，还是对"人防""物防""技防"的强化管理；无论是铁路反恐工作能力的

---

〔1〕 参见杨新贺："铁路安全恐怖风险防范研究"，石家庄铁道大学 2019 年硕士学位论文，第 45~46 页。

提高，还是对铁路反恐专业人才培养质量与水平的提升，都已成为铁路反恐实务部门和理论研究部门重点关注的问题以及共同面对的任务。

1. 可以在《宪法》中适当加入有关我国对恐怖主义的立场与政策等相关内容。是否应出台一部类似"预防恐怖主义犯罪法"的法律呢？肯定论者认为，该法重点在于规范各反恐相关部门在预防恐怖活动上的影响，使容易受到恐怖主义情绪煽动的群体受到一定的教育，将进一步实施恐怖主义活动的想法扼杀在摇篮里。如此立法同我国倡导的在反恐方面采取的标本兼治、防范和打击恐怖主义活动、努力消除产生恐怖主义的根源原则是相适应且相一致的。对此，我们认为，不一定需要出台"预防恐怖主义犯罪法"，因为只要进一步完善《反恐怖主义法》，就可以发挥其类似的作用。另外，在《铁路法》修订和铁路安全立法方面，可以适当加强与《反恐怖主义法》的衔接内容。特别是补充和完善有关铁路运输领域反恐的条款内容。

另外，促进国内立法与国际条约接轨。当前恐怖主义日益全球化和复杂化，我国应当与他国以及国际组织开展进一步深入的反恐国际合作。根据我国实际情况增加缔结的国际反恐条约的数量，这一方面有利于维护我国本身的社会治安，另一方面也有利于向国际反恐体系中灌输大国力量。为促进国际公约与我国国内法律法规进一步融合，加快国际条约趋近国内法化的速度和质量是非常有必要的。尤其是，我国可以考虑在刑法典中增设劫持列车罪。

2. 铁路运输领域反恐执法的强化。

（1）进一步确立铁路公安在铁路恐怖风险防范中的主体地位。铁路公安机关在铁路运输反恐怖工作中应该充分发挥主力军的作用。在当前恐怖形势严峻的情况下铁路安全恐怖风险防范工作都会摆在铁路公安工作的首要位置。但是，车站派出所每日执勤的民警要开展秩序维护、治安治理、案件打击等多重繁重的基础工作，实战训练，特别是枪支实弹射击训练次数不足，实景实兵实战能力还有所欠缺。对此，可以在铁路公安系统内建立和完善专门的铁路恐怖风险防范小组，免去他们日常繁杂的基础工作，专门进行防恐专项训练和反恐问题处置，努力提高防范铁路恐怖风险的能力，从事专门且专业的反恐工作。

（2）进一步明确地方公安与特警部队在铁路恐怖风险防范中的相应职责。地方公安机关要切实做好基础防范工作，如巡逻、监控工作。[1] 武警特警要做好第一时间应对处置工作。在恐怖事件发生时，武警特警应该迅速针对暴力事件

---

〔1〕　参见杨新贺："铁路安全恐怖风险防范研究"，石家庄铁道大学 2019 年硕士学位论文，第 53 页。

做出有效回应。进一步规范地方政府及相应部门在铁路运输反恐中的责任担当。无论是铁路运输领域的"人防"、"物防"还是"技防",都必须进一步明确地方政府的监管责任。关于物防设施的建设以及技防设备的安置以及维护,都涉及许多部门和企业,所以政府要发挥其在铁路运输防恐中的责任担当作用,形成多政府部门合作机制,发挥政府在恐怖主义情报搜集、反恐形势研判、反恐活动联合打击方面的作用。

（3）还要完善国家反恐预警机制。对恐怖主义活动的"事前预防"一定意义上比"事后惩治"更加重要,因为恐怖主义活动只要发生,其造成的危害可能是无法控制的,尤其是铁路运输系统中发生的恐怖主义活动。其一,应建立高效迅敏的反恐怖情报机制。[1] 情报反恐,是指情报工作贯穿于反恐的全过程,用情报解释反恐环境、影响反恐决策、作用于反恐效果。情报反恐,要加强各预警部门之间信息沟通传递机制,做到各平行部门和垂直部门之间的协商机制,以备及时作出应急措施,第一时间掌握恐怖主义活动的动向,尽可能第一时间将其动机扼杀在摇篮里。其二,要加强与国际组织反恐预警机构的合作,保证预警机制的多元化。

第四节　铁路运输领域知识产权刑事法律保护

以下将从铁路运输领域的知识产权刑事立法规定及其完善加以展开。

一、铁路运输领域知识产权刑事立法

（一）我国铁路运输领域知识产权刑事立法规定

1. 相关法律的规定。从世界铁路科技发展态势看,围绕高速化、智能化、无人化、便利化、人性化等方面,包括我国在内的很多国家相继推出创新举措,铁路技术竞争非常激烈,现在正是我国铁路从世界铁路强国中异军突起的一个创新机遇期,[2] 铁路领域知识产权发展迅速。1979 年《刑法》规定了有关知识产权犯罪的条款,为我国知识产权的发展提供了重要保障。但 1979 年《刑法》对知识产权的保护并不完善。比如,对侵犯著作权犯罪没有直接具体的罪名,对于

---

〔1〕　参见王沙聘:"我国面临的恐怖主义及情报反恐研究",载《中国软科学》2014 年第 2 期,第 6 页。

〔2〕　参见赵有明等:"铁路国际合作创新中心知识产权管理运行机制探析",载《中国铁路》2020 年第 2 期,第 23 页。

商标类犯罪进行了规定，但将该种犯罪主体只限定于工商企业，其他类知识产权犯罪的刑法规制一片空白。为了适应知识产权在新环境下的不断发展，1997 年《刑法》对知识产权进行了近乎全面的规定。在《刑法》分则中对知识产权犯罪进行了类别化的具体的罪名规定，对严重侵犯知识产权的行为进行严厉打击。1997 年《刑法》在对知识产权进行集中式立法保护时，规定了七种罪名。除此以外，知识产权的刑事保护还散见于《著作权法》《商标法》《专利法》之中。比如"情节严重，构成犯罪的，依法追究刑事责任。"因此，就目前而言，我国的《刑法》也确立了知识产权犯罪的保护种类和定罪量刑的基本规则，建立了一套相对比较完善的知识产权刑法保护体系，使我国的知识产权保护进入到了一个新的阶段。[1]

2. 相关法规规章的规定。随着全球化的加剧，有关知识产权的国际竞争越来越激烈。尤其在知识产权领域内部，技术的发明、创新对国家的经济发展具有重要意义。2008 年国务院出台了《国家知识产权战略纲要》，同时又在烟草、医药等行业研究制定了相应的知识产权战略。铁路运输行业的发展对我国经济的可持续发展有着强大的推动作用，因此，该部纲要的出台对我国铁路运输领域的知识产权管理与发展具有里程碑的意义。早在 2007 年，UNIFE（欧洲铁路行业联盟）主席那瓦利就预测，铁路运输行业的发展将成为全球经济可持续发展的重要因素，因此我国铁路运输行业如果能保持国际领先地位，将促进我国经济又好又快地发展。[2] 我国对知识产权的发展建设也加大了相应的投入力度，2015 年国务院发布的《国务院关于新形势下加快知识产权强国建设的若干意见》中，第 8 条特别强调了现如今要对知识产权侵权现象进行严厉打击。该意见指出，对于知识产权侵权类犯罪，应当提高其相应的赔偿上限，尤其针对情节严重以及犯罪数额巨大的主观恶性强的侵权人，不仅应对其采取惩罚性的赔偿措施，更要让其为被侵权人所遭受的损害负责，在一定程度范围内尽量由侵权人补偿权利人的合理损失。此外，该意见还指出应当重视对知识产权侵权案件的行政执法和刑事司法上的衔接工作，尽可能实现执法与司法两条途径的优势互补，在做好知识产权保障工作的同时，严厉打击侵害知识产权的行为，这也进一步促进我国铁路运输业知识产权制度的发展与保护。

---

〔1〕 参见李鹤林："知识产权刑法保护问题研究"，吉林大学 2018 年硕士学位论文，第 10 页。
〔2〕 参见赵庆国："高速铁路产业发展政策研究"，江西财经大学 2013 年博士学位论文，第 157 页。

（二）立法不足及其完善

1. 立法不足。以下拟从商标权领域、著作权领域和专利权领域等方面展开讨论。

（1）商标权领域的立法不足。当前我国铁路运输相关公司有关商标的申请数量并不多。但铁路运输领域的知识产权犯罪绝不仅限于相关企业层面，还包括在铁路运输途中发生及查获的有关知识产权犯罪的行为。比如，张某某销售假冒注册商标的商品案中，被告人张某某在城市轨道交通二号线上销售假冒的香奈儿包包以及假冒的欧米茄手表等，被上海市公安局城市轨道交通分局民警抓获。[1] 铁路运输领域发生的知识产权侵权犯罪案件并不罕见。究其原因，有主客观方面的原因。其中有主观牟利目的，客观上违法成本较低以及打击不力等。这与其立法的不足也有一定的关系。其立法不足主要表现为以下几方面：

一是关于驰名商标方面的法律保护不足。原国家工商行政管理总局发布了《驰名商标认定和保护规定》，无论是在空间（中国国内）、民众知悉度还是信誉方面，都对驰名商标作出了规定。但在现实生活中，假冒伪劣商品较多，甚至有种现象——品牌越有知名度，该种商品的商标被侵权的现象越多。[2] 比如，耐克、阿迪达斯等品牌，民众对他们的熟悉程度较高，而这种假冒品牌商标的案件就很多。比如在朱某朗假冒注册商标罪一案中，[3] 朱某朗与同伙制造假冒的"海之蓝""天之蓝"假酒进行牟利，被南京铁路运输检察院批准逮捕。再如，张某良销售假冒注册商标罪一案中，[4] 张某良销售假冒名牌的白酒被南京市铁路运输检察院提起公诉。《刑法》对驰名商标的条文规定也并不明确，更难谈及现实中有些驰名商标并没有进行注册，对该类驰名商标的刑事保护力度更是不足。

二是有关刑罚配置方面的不足。根据《刑法》第 213 条、第 214 条、第 215 条的规定，犯假冒注册商标罪，同时销售假冒注册商标的商品的，非法制造注册商标标识并销售的，若情节严重或销售金额数额较大的，处 3 年以下有期徒刑，并处或者单处罚金；而对于情节特别严重，数额特别巨大的，处 3 年以上 10 年以下有期徒刑，并处罚金。从其中对相关罪名的规定来看，对不同严重情节所采取的刑罚不同，符合罪责刑相适应的量刑标准。但从微观方面剖析，就会发现存

---

〔1〕 参见上海铁路运输中级法院（2015）沪铁中刑终字第 1 号刑事判决书。

〔2〕 参见毛孜慧："论我国商标权的刑法保护"，长江大学 2020 年硕士学位论文，第 17 页。

〔3〕 参见南京铁路运输法院（2018）苏 8602 刑初 103 号刑事判决书。

〔4〕 参见南京铁路运输法院（2017）苏 8602 刑初 12 号刑事判决书。

在问题。有关商标犯罪的三个罪名适用的是同一量刑标准，而根据现实所具备的社会危害性而言，制造假冒注册商标行为要比销售行为更加恶劣。如果没有制造假冒商标的行为，销售环节无从谈起。

有人认为，实施销售假冒注册商标行为人在明知其所售商标为假冒伪劣商品仍将其进行销售，就应认为生产制造者与销售者有共犯关系，其中制造者应为主犯，对其进行严厉打击。[1]不难看出，该种观点其实是对生产制造环节和销售假冒注册商标的商品环节区别对待，从给予相应行为人的刑事处罚认定上可以看出，其认为生产制造环节对社会造成的危害性更大。我们同意此种观点。但要对生产环节和销售环节做出刑事区分，不应只从共同犯罪领域进行规范，可以对我国刑法中有关该三种罪名的刑罚体系做出进一步的完善。

（2）著作权领域的立法不足。我国铁路运输领域的相关公司的著作权作品申请数量也比较少。与之形成鲜明反差的是，现实中知识产权侵权案件多发，每年的知识产权侵权案件可达上万件，在北大法宝中检索关键词"铁路""知识产权"，检索结果显示仅在铁路领域，相关的知识产权侵权案件数量就为275件。[2]譬如，在中国铁路沈阳局集团有限公司大连站等与汉华易美（天津）图像技术有限公司侵害作品信息网络传播权纠纷案中，中铁沈阳公司、中铁大连站因作品使用不当，一审被判连带赔偿汉华易美公司经济损失 4000 元。[3]结合相关知识产权发展实践，从刑法体系建设而言，其中主要存在以下几个方面的问题：

一是立法价值层面存在不足。我国国有企业中的重要组成部分——铁路运输企业是交通运输的关键，有利于提高铁路运输行业的核心竞争力，加大铁路运输行业的优势，推动我国国民经济的发展。[4]欲提高我国铁路运输行业的竞争力，就必须将知识产权的保护做大、做强，尽可能将刑事法律保护落到实处，推动知识产权向知识产"财"转化。但我国《刑法》将有关知识产权的内容规定在"破坏社会主义市场经济秩序"中。由此可见，我国《刑法》在对此规范时首先考量的是"公共利益"，其更多地立足于社会性的考量。知识产权不可避免地带有"私权利"的属性，而我国《刑法》对知识产权类行为进行评价时忽视了权

---

[1]　参见徐国江：＂假冒注册商标犯罪研究＂，苏州大学 2008 年硕士学位论文，第 8 页。

[2]　检索结果时间为 2021 年 6 月 15 日。

[3]　参见北京知识产权法院（2019）京 73 民终 2527 号民事判决书。

[4]　参见赵海洋：＂铁路运输行业知识产权保护研究＂，载《神州（上旬刊）》2018 年第 8 期，第 276 页。

利人所遭受的损失。在《专利法》第 1 条就指出："为了保护专利权人的合法权益……"可见，鼓励创新、平衡社会公共利益，促进社会技术进步、文化繁荣、经济发展是知识产权立法的基本宗旨和理念。[1] 因此，在承认知识产权作为私权的属性前提下，将知识产权保护的首要客体置于市场经济秩序与管理制度之下难免有失偏颇。

就相关刑罚体系而言，刑罚的威慑力对于国民法律意识的提升具有较大意义。比如，对于醉驾的刑事处罚更加严厉之后，人们对于酒后不能驾车形成了普遍共识。在铁路建设的知识产权领域，假使我国知识产权的刑事规制体系足够完善，相应地，国民知识产权意识就会大大提升。现实中，我们的知识产权成果转化率不高，高铁技术相当一部分具备技术创新和市场运用前景的科研成果都已经以科技论文、成果鉴定、学术交流等形式对外披露，形成了公知技术。由于没有及时申报专利，不能获得法律层面的保护，导致相关技术被无偿使用或流失。[2] 现实中有关专利侵权案件更是多发，比如，江苏源某照明器材有限公司与孔某、徐州市铁路建设办公室侵害外观设计专利权纠纷案，[3] 上海铁路联合电子技术研究所与沈某源专利权权属纠纷案件等。可见，我国目前的刑罚体系并未完全发挥出教育民众的作用。究其原因，我国刑法对知识产权类犯罪的刑事治理手段较为单一。现实中，对知识产权相关的犯罪更多的是严厉打击，在事发后再对其刑事规制，造成了一定的滞后性，一定程度上难以起到预防犯罪的作用。而国外发达国家对知识产权的保护，其一般都是多刑罚种类的结合。因为实施知识产权犯罪的行为人主观目的大多都是抢占市场份额，获取更多利润。因此，通过对该种经济类犯罪行为人主体资格的限制，限制其在市场上的生产、销售行为，能够在相对时间里减少侵权类事件的发生。这样不仅发挥了刑法的规制作用，也充分发挥了刑罚的威慑与教育作用，使部分行为人不敢犯、不能犯。尤其在网络时代，对于我国的知识产权保护工作而言，借鉴国外有关资格刑的适用规定，我国刑法的有效预防作用才能得到充分、有效的发挥。

二是权利人救济立法不足。我国的《刑事诉讼法》对刑事附带民事诉讼制度进行了规定，明确了被害人因被告人的行为而遭受物质损失的，在追究被告人

〔1〕 参见熊理思："知识产权刑事保护与其他法律保护之间的关系协调"，华东政法大学 2016 年博士学位论文，第 24 页。

〔2〕 参见王春芳："中国高速铁路知识产权现状、风险及对策研究"，载《铁道建筑技术》2016 年第 2 期，第 2 页。

〔3〕 参见江苏省高级人民法院（2018）苏民终 1288 号二审民事判决书。

的刑事责任时，有权提起附带民事诉讼。[1]在经济类的犯罪中，被害人一般更关注的是经济补偿，因此，在知识产权类侵权犯罪案件中，权利人关注是对于自身损失的填补而不仅仅是经济赔偿。而我国《刑事诉讼法》对刑事附带民事赔偿制度的规定内容在此显得略有不足。显而易见，知识产权犯罪案件中的被害人并不能通过该种诉讼途径得到完全补偿。此外，知识产权因其固有的特殊性和专业性，其诉讼成本较一般案件高，而刑事附带民事诉讼制度的应用必然是在刑事案件已经成立之后才能提起相应的民事诉讼，这也无形中增加了权利人求偿道路上的高昂成本。

（3）专利权领域的立法不足。从中国专利数据库查询到的结果可知，就我国铁路运输领域自身的专利申请数量统计结果而言，我国该领域的专利申请数量较少。要使我国铁路领域知识产权不断发展完善，就必须在法治领域健全知识产权保障体系，为我国铁路领域知识产权市场打好关键基础。就刑事领域而言，还有以下方面需要完善。

我国《刑法》对知识产权的保护对象仅有四种类型，范围较为狭窄。TRIPs协议中，规定了商标、版权及专利等七种知识产权的刑事保护对象。[2]我国在其他部门法及相关条例中对其进行了保护，但在《刑法》中对各项权利并未有明确充分的规定。因此，依照国际上对知识产权保护的要求来说，我国仍需进一步对该项权利保护进行完善。除此之外，我国《刑法》在对知识产权的保护中对客观层面侵犯知识产权行为的规制也存有漏洞。比如，在对专利权的刑事保护中，我国《刑法》仅把假冒专利的侵害行为纳进刑事规制的范围内，忽视了冒充专利的行为。从社会危害性而言，假冒他人的专利，从客观表面情况而言，一定程度上尚具有专利的某些特征，而冒充他人专利的行为在客观上与"专利"标准格格不入，其对社会造成的影响显然更大，而《刑法》在对知识产权进行刑事保护时却未将其纳入进去，其规定模式过于单一化。

2. 立法完善。以下也从商标权领域、著作权领域、专利权领域等方面展开研讨。

（1）商标权领域。国际社会中，许多国家早期签订了《巴黎公约》，提出应

---

〔1〕　参见邹莹莹："论我国侵犯知识产权罪的立法完善——以德国知识产权刑事保护为视角"，华中科技大学 2015 年硕士学位论文，第 30 页。

〔2〕　TRIPs 协议中，规定的有关知识产权刑法保护客体，分别为：版权和相关权利、商标、地理标识、工业设计、专利、集成电路布图设计（拓扑图）、未披露信息（商业秘密）。

对驰名商标进行保护。随着经济发展，我国也逐渐重视起了对驰名商标的保护。我国在《商标法》及《驰名商标认定和保护规定》中规定了对驰名商标的法律保护，但在《刑法》中并未对"驰名商标"作出相应的刑事保护规范。这导致我国虽已意识到了驰名商标保护的重要性，但对其保护的法律体系构建并不完善。应严厉打击侵害驰名商标的行为，把造成严重结果的侵害行为，纳入刑事保护范围。

我国《刑法》对侵害商标的行为规定了三种不同罪名，对三种侵害行为的严重程度进行了层级划分，并对不同严重层级规定了不同的刑事处罚标准，"社会危害程度"越大，刑事制裁一般越严厉。在商标犯罪的有关罪名中，生产制造假冒商标的行为带来的危害后果一般要比仅销售假冒商标带来的危害后果大，原因在于生产制造是一切销售传播行为的源头，因此只有遏制住源头，才能有效预防犯罪的发生。但在《刑法》中并没有对这三种行为的社会危害程度做出区分，刑法中对生产制造假冒注册商标和销售假冒商标规定了同种的量刑幅度。因此，建议对商标有关的三种类型犯罪作出区分，对假冒注册商标罪规定更加严厉的刑罚，对其他销售类商标犯罪规定相对较轻的刑罚，并且建议在对相关犯罪配置刑罚时，应扩大刑罚的种类，比如对于经营者或负责人增加资格刑，增设一定期限的从业禁止性规定，以起到净化市场的作用。

（2）著作权领域。这里主要从立法价值取向、刑罚设置和对被害人的保护等方面进行探讨。

①立法价值取向的调整。相较于国外知识产权的保护而言，我国刑事立法更注重对公共权益的保护，比如市场经济秩序等。而 TRIPs 协议中对有关知识产权的保护价值理念更多地在于对其私权利的注重。在国外有关知识产权的刑事保护中，极少有在认定行为构罪标准时将侵权人的"违法所得"构建进去。与此相比较，我国刑法对于知识产权犯罪更多的是从打击犯罪的立场进行规制，因此，更多的是将犯罪人的"违法所得数额"考量进去，从而对侵权人进行有效打击。通常来说，知识产权就是一种"私权利"，对于私权利的保护，借鉴民法规则而言，应当"恢复原状"或"赔偿损失"。而鉴于知识产权的无形性，"恢复原状"已然不可能，所以，应当对权利人进行损害赔偿。一部法律的完善与否，首先应看其对私权利的保护如何。因此，对于知识产权类犯罪，应当在公权力和私权利之间寻得平衡。在知识产权犯罪案件中，被害人的损失不仅是对侵权人量刑的一个参考标准，更多的应当是将其提升到构罪与否的层面，逐渐完善立法。[1]

---

〔1〕 参见王宗光："我国知识产权犯罪刑事政策论"，载《河北法学》2016 年第 1 期，第 187 页。

②完善刑罚设置。我国对于著作权侵权犯罪多是处以较重的自由刑，而罚金适用较轻。如此的刑罚设置对于暴力型犯罪规制效果显著，但对于经济类犯罪行为而言，其治标但不治本。对于故意杀人来说，行为人主观上是欲采取暴力侵害手段，因此自由刑对其较为适用。对于侵犯著作权而言，行为人主观更多的是欲谋取非法利益，故而对其进行经济上的严格限制，有利于该种犯罪的制裁与预防。需要指出，法国国会对侵犯著作权的行为人视情况剥夺其从业资格或者禁止其参加一定的社会活动。如此做的目的为，不仅可以对现实中的侵权犯罪行为进行严厉打击，还可以经过对违法行为的处理对其他从业人员、法人起到警示作用，促使其更好地珍惜从事著作权相关业务的资格，达到一般预防的目的。[1]而对侵犯著作权类型的经济犯罪，最好的制裁方法是对其资格上的限制，使其难以再犯。因此，我国应当扩充刑罚适用的种类，分情形进行规范，即对该种情况的法人适用资格刑，对该种情形的自然人处以较重的罚金刑。

③对被害人的保护进行专门的规定。在我国刑法对知识产权的保护过程中，更多的是对知识产权侵权人犯罪行为的追诉和规制，较少地去关注知识产权权利人一方的损失。随着社会的不断发展，著作、商标、专利等数量越来越多。因此，对知识产权应当愈发重视，有必要对知识产权权利人的特殊保护制定专门的法律。在刑事赔偿方面，应当解决我国目前刑事附带民事诉讼方式的不足，给予被害人以最大程度补偿。同时，鉴于知识产权相关诉讼所需成本较高，可以在刑事诉讼方面为知识产权权利人提供援助律师，并赋予其阅卷权。原因在于现实生活中，多数知识产权权利人受到侵权损害时，鉴于多方面的顾虑（知识产权诉讼所需成本高、获赔少），不会进行控告。因此，可以根据知识产权权利人的经济状况为其配备免费律师，一定程度上为其减轻经济负担。除此之外，我国在处理刑事附带民事诉讼时，一般都是先"刑事"后"民事"，这样并不利于对知识产权权利人的保护。因此，应当在制度建设方面对于特殊案件逐渐转向"先民后刑"的处理思路。

（3）专利权领域。如前文所言，专利犯罪的门槛较高，导致专利民事侵权案件以及专利侵权行政案件多发，但专利类犯罪案件较少的局面，这也从侧面反映出我国刑法的专利保护体系明显不足。有必要对专利侵权行为适当放宽入罪门槛，进行严厉打击。具体为违法所得数额 2 万元以上，单位违法所得数额为个人

---

[1] 参见罗隆绪："以法国为参考谈我国著作权刑事保护制度之完善"，载《中国出版》2013 年第 16 期，第 48 页。

的 5 倍以上。关于专利权人的损失数额标准，因现实中专利用途广泛，比如，同一专利因用途不同，其专利权人所获收益不同。所以，建议根据各地区经济发展水平以及被侵害专利的具体用途进行确定。铁路运输行业的发展涉及各种核心技术，因此，对铁路运输行业的知识产权保护应当着重对其专利技术加强保护。比如，铁路运输领域的智能交互技术和智能知识库技术，能够实现细颗粒度知识的高度复用，能够实现原子知识的精准定位和自然语言搜索，以及对网络、APP、微信等各种交互形式的支持。[1] 保护这些技术和相关系统，对促进我国科技进步有巨大的作用。因此，我国应当比照 TRIPs 协定的要求，结合我国知识产权发展的特点，尽可能使知识产权在刑事规制方面更加完善。鉴于我国《刑法》对知识产权保护规定的不足，建议扩大我国目前相应的罪名及其行为模式。首先，可新增非法实施他人专利罪。司法实践中，对于非法实施他人专利这样的侵权方式，权利人只能通过民事和行政渠道进行救济，其在刑事救济上一直以来存在立法缺漏，不足以对侵权人形成威慑。因此适当扩大刑事保护范围，更有利于刑法的补充完善。

二、铁路运输领域知识产权刑事司法

下文拟从司法解释之不足、司法认定的疑难问题及其思考来讨论。

（一）相关司法解释规定之不足

目前我国关于铁路运输领域也成立了一些科研团体，并且规模逐渐壮大，致力于铁路运输领域技术与管理的创新。[2] 对此我国应当在法律层面为其提供相对全面的保障，以刑事规范作为其科技研发工作的有力后盾，对侵权行为进行有力打击。从实体法标准来看，判断构成犯罪的主要条件是"情节严重"，与知识产权的刑事追诉标准相关度最大的是违法行为涉及的数额，从某种意义上来说，数额就是这类犯罪构成的"心脏"，舍"此"无"他"。然而，在《最高人民法院、最高人民检察院关于办理侵犯知识产权刑事案件具体应用法律若干问题的解释》第 1 条中，判断"严重情节"除却以数额多少为依据外，还规定了"其他情节严重的情形"，[3] 这就带来了侵犯知识产权犯罪认定标准上的模糊性。

---

〔1〕 参见孟川舒："铁路运输生产应急知识管理系统构建的研究"，载《铁道运输与经济》2016 年第 5 期，第 72 页。

〔2〕 参见路青："基于知识图谱的河北省公路运输领域科研合作分析"，载《山西科技》2019 年第 3 期，第 24 页。

〔3〕 参见李兰英、高扬捷等：《知识产权刑法保护的理论与实践》，法律出版社 2018 年版，第 46 页。

《最高人民法院、最高人民检察院关于办理侵犯知识产权刑事案件具体应用法律若干问题的解释（二）》中第4条对罚金的适用就进行了释明。该标准当前在我国属于一个比较合理的范围，但相较美国等发达国家还有提升空间。但实践中，法官的自由裁量权仍然非常大，不同地区、不同法官的处罚标准差别较大，所采取的倍数也没有一个参考标准，往往相似案件，不同法官审理，在罚金的适用上，可能得到相差很大的判决结果。

（二）司法认定的疑难问题及其思考

1. 假冒注册商标罪与生产、销售伪劣产品罪的区分。关于行为人既生产、销售伪劣产品又假冒注册商标的行为，该如何具体认定？学界有较大争议。第一种观点认为，应认定为牵连犯。其一，生产、销售伪劣产品行为与假冒注商标行为只有一个犯罪目的，即牟取暴利。其二，生产、销售伪劣产品行为与假冒注册商标行为实为独立存在的具有社会危害性的两行为，[1] 而假冒注册商标行为系为生产、销售伪劣产品行为的实现而存在，为生产、销售伪劣产品行为的实现手段，故应认定为从行为。第二种观点认为，该种行为同时符合两个构成要件，应当属于实质竞合，数罪并罚。[2] 第三种观点认为，行为人的行为构成假冒注册商标罪与生产销售伪劣产品罪的法条竞合，[3] 在具体刑法适用上，因假冒注册商标罪考虑到了行为的特殊性，故在刑法评价中应优先得到适用。[4] 第四种观点提出应将生产伪劣产品型假冒注册商标行为认定为生产、销售伪劣产品罪和假冒注册商标罪的想象竞合。[5] 基于不同观点的争议，司法实践的适用也较为困难。

其实，对于生产伪劣产品型假冒注册商标行为，其行为人同时触犯生产、销售伪劣产品罪与假冒注册商标罪，成立犯罪竞合，但法规范并未规定此种情况下应评价为何种竞合。司法解释也仅是规定了在此种竞合状态下的处罚原则，但亦未明确其所触犯的为何种竞合形态，[6] 因而造成适用困难。持想象竞合说和法条竞合说观点的学者认为，因生产、销售伪劣产品行为和假冒注册商标行为共同

〔1〕 参见齐文远、万军："WTO规则下假冒注册商标罪的思考：基于28案的实证考察"，载《中国刑事法杂志》2009年第2期，第30页。

〔2〕 参见朱孝清："略论惩治假冒商标犯罪的几个问题"，载《法学》1994年第2期，第21~22页。

〔3〕 参见张泗汉："假冒商标犯罪的若干问题研究"，载《政治与法律》2008年第7期，第35~36页。

〔4〕 参见郭大磊："侵犯注册商标权犯罪罪数形态问题研究"，载《太原师范学院学报（社会科学版）》2011年第2期，第52页。

〔5〕 参见孙青："知识产权犯罪的罪数形态五辨——以'大宝SOD蜜'为实例"，载《河南科技大学学报（社会科学版）》2012年第4期，第109页。

〔6〕 参见王昌超："侵犯知识产权犯罪竞合问题研究"，辽宁大学2019年硕士学位论文，第32页。

存在于一个生产行为，且此行为过程中仅存在一个犯意，故根据主客观相一致原则，在一个犯意支配下所实施的所有身体动作都应评价为一行为。[1]但这一个行为又同时可分解为假冒注册商标和生产、销售伪劣产品两个行为，并且分解后的两个行为的主观目的并不相同且两行为侵害的是两种不同法益，因此不可进行包容性评价。一般认为牵连犯具有两个行为，并且这两个行为相互之间具有手段和目的的关系或者是原因与结果的关系。[2]简而言之，生产、销售伪劣产品的行为的直接目的是牟取非法利益，假冒注册商标的直接目的是为谋取非法利益打开路径。因此，假冒注册商标的行为可以认定为牟取非法利益的实现手段，因此在司法实践中首先应当明确假冒注册商标和生产、销售伪劣产品是两个独立的行为，再将这两个行为认定为具有手段与目的牵连关系。

2. 侵犯商业秘密罪与盗窃罪的竞合问题。盗窃商业秘密的行为与盗窃罪存在诸多相似点，成为实践中认定的难题。同时，理论界对此也存在着不同观点之间的博弈。第一种观点认为该两罪之间构成想象竞合。从犯罪对象看，商业秘密可以同时成为侵犯商业秘密罪与盗窃罪的犯罪对象，在犯罪对象相同的情况下，侵犯商业秘密罪与盗窃罪的客观行为要件也是相同的。[3]第二种观点认为该种侵犯商业秘密的行为同时符合侵犯商业秘密罪与盗窃罪的构成要件，并且侵犯商业秘密罪与盗窃罪在法条上存在实质的交叉关系，因此成立法条竞合。第三种观点认为两罪名不具有竞合关系，理由在于两罪名所保护的法益不同，侵犯商业秘密罪既然所处"破坏社会主义市场经济秩序"一章，那么立法者所要优先保护的法益则为正常的市场竞争秩序和经济秩序。[4]而盗窃罪更加注重的是财产的保护，两者保护的法益截然不同，因此两罪名之间不具备关联性。在1997年侵犯商业秘密罪设立之后，司法实践对于该问题的处理仍未达成一致意见。既有判例认为应将盗窃商业秘密行为评价为侵犯商业秘密罪与盗窃罪的竞合，又有判例否认竞合的成立。[5]

我们认为，盗窃商业秘密罪的行为所直接触犯的是《刑法》中有关侵犯商业秘密罪的条文规定，侵犯商业秘密罪与盗窃罪并不具备竞合关系。其中主要有

---

〔1〕 参见胡荷佳："罪数论与竞合论的关系辨析"，载《法学》2017年第9期，第187页。

〔2〕 参见刘宪权：《刑法学》（第三版），上海人民出版社2012年版，第1004页。

〔3〕 参见胡云腾、刘科："知识产权刑事司法解释若干问题研究"，载《中国法学》2004年第6期，第144页。

〔4〕 参见刘春田、郑璇玉："商业秘密的法理分析"，载《法学家》2004年第3期，第106页。

〔5〕 参见王昌超："侵犯知识产权犯罪竞合问题研究"，辽宁大学2019年硕士学位论文，第6页。

以下几点原因：其一，在 1997 年《刑法》出台之前，盗取商业秘密的行为毫无疑问被认定为盗窃罪，现行之有效的司法解释也并未对其直接进行释明。因此，1997 年《刑法》之后，该种行为一般被视为侵犯商业秘密罪。其二，从反向推理而言，如果认定侵犯商业秘密罪与盗窃罪构成法条竞合，即两者存在特别法与一般法的区别，但两者的保护法益存在较大区别，一个是社会主义市场秩序，一个是财产属性。即使侵犯商业秘密罪的法益包含部分的财产属性，但于《刑法》而言，主要保护的是公法益（社会主义市场秩序），因此两者不具备法条竞合关系。其三，如果认定侵犯商业秘密罪与盗窃罪存在想象竞合关系，那么实践中就会按照从一重罪进行处理，就会回归至以盗窃罪进行认定结案。而这一结果就会使得 1997 年《刑法》所规定的侵犯商业秘密罪形同虚设，不利于现实中市场秩序的有效规制。其四，因盗窃罪与侵犯商业秘密罪相当量刑档次的犯罪数额相差悬殊，故罪名适用错误将会出现严重罪刑不均衡的现象。[1] 因此，无论是从法条规定来说，还是对现有争议来看，侵犯商业秘密罪与盗窃罪都相互独立，不具有竞合关系。

第五节　铁路刑事法律责任问题研究[2]

本节拟从《铁路法》刑事罚则设置原则、刑事罚则模式、伪造变造倒卖车票问题等三方面展开研讨。

一、《铁路法》刑事罚则设置原则

（一）穷尽原则

所谓"穷尽原则"是指其他非刑事法律规范手段没有穷尽，就不能启动刑法手段；刑法相关条款能够有效规制就不必新增罪名或条款，否则就有可能违反刑法的协调性要求。法律之间是一场接力赛，每一部法律都只能管好自己这一棒，显然刑法是成败定乾坤的最后一棒，因而，在其他法律规制不到位时，刑法这一棒不能轻易去干预，否则就违规了，就要被驱除"比赛"。同时我们还知道

〔1〕　参见周铭川：《侵犯商业秘密罪研究》，武汉大学出版社 2008 年版，第 754 页。

〔2〕　本节作者：熊永明（1969—），男，江西进贤人，法学博士，南昌大学法学院教授、副院长，博士生导师；主要研究方向为刑法学。本部分为国家社科基金项目"系统论视域下刑事立法协调化研究"（19BFX065）的阶段性成果。

运动员四个人之间有三个接力区的存在，运动员可以在规定的交接棒区域里完成交接棒，也就是说各运动员并非各自完整跑完 100 米，有的可能跑到 110 米，有的可能只跑到 90 米，之所以有此比赛规则就是为了促进四人之间配合协调，从而最大化提升比赛成绩。但并不能允许某个运动员能力强些就过度增大其短跑的距离，某个运动员能力弱些就过度缩短其短跑的距离。刑法与其他法律之间的关系莫不如此，刑法与其他法律共同完成对社会秩序的维护，各自管理一段，不能在其他法律可以管辖的情况下放任刑法过度提前进入，这也应该是法律规则维护社会秩序时的接力赛规则。

学术界与实务界关于是否应继续扩大轻罪范围以及刑法应以何种程度介入和调整社会生活，存在不同主张。一种观点认为，我国刑法原本就存在许多漏洞。在这种背景下，仍然采取消极刑法观，甚至主张今后只能实行非犯罪化的观点，并不合适。只有采取积极刑法观，利用刑法有效地保护法益，才能满足法益保护的合理需求。[1]另一种观点则认为，刑事立法对于过于积极的犯罪预防，应该反思其边界。刑法不能成为公众欲望的晴雨表，而应是理性主义的代名词；否则，刑事立法将日益脱离实效性。犯罪化根据应体现法治精神，且刑法立法的最终意旨是保护公民自由和为公民谋求幸福。然而，过度的"犯罪化的增加"恰恰"对法治本身而言亦具有破坏作用"。[2]

在探究铁路刑事罚则时，有观点强调，应注重刑事罚则（附属刑法）对刑法典的引导作用，在高铁安保新形势下，适度扩展应受行政处罚甚至入刑的危害行为范围，增加关于劫持、妨碍列车正常运行的相关行为、火车司机酒驾醉驾行为、伪造身份证件或盗用他人身份证件购票乘车行为法律责任的相关规定。[3]笔者认为要慎用刑法，应当提倡刑法参与社会治理的最小化，坚守近代社会所确立的刑法保护公民自由这一根本使命。[4]当然也并不是说一概不能增设轻罪。增设轻罪应当尽可能实现对类型化行为的规制，如果一个罪名所惩治的不是类型

---

〔1〕 参见张明楷："增设新罪的观念——对积极刑法观的支持"，载《现代法学》2020 年第 5 期，第 158 页；张明楷："增设新罪的原则——对《刑法修正案十一（草案）》的修改意见"，载《政法论丛》2020 年第 6 期，第 3~14 页。

〔2〕 参见刘艳红："积极预防性刑法观的中国实践发展——以《刑法修正案（十一）》为视角的分析"，载《比较法研究》2021 年第 1 期，第 74 页。

〔3〕 参见何恒攀："铁路改革发展的法治保障——'"一带一路"倡议背景下的铁路法治问题研讨会'综述"，载《铁道警察学院学报》2018 年第 1 期，第 121 页。

〔4〕 参见何荣功："社会治理'过度刑法化'的法哲学批判"，载《中外法学》2015 年第 2 期，第 547 页。

化的危害行为，该规定的司法适用空间就有限，这样的立法模式就不太理想。
〔1〕第一，刑罚本身的附随效果。刑罚毕竟是一种恶，其使得犯罪人留下前科的
烙印，影响就业和再生，给犯罪人家属留下耻辱，甚至刑罚的适用没有满足被害
人过于强烈的复仇欲望而对被害人所产生的微妙的心理不平衡，都构成了刑罚的
间接成本。对犯罪人家属的入学、升学、就业等都会有重要影响。司法实践中的
许多轻罪可能仅仅是民事违约、轻微的行政违法，都被纳入犯罪圈打击了。像喝
醉酒挪一下车算酒驾，服用精神管制药品，里面的毒品含量近乎无算吸毒，去超
市偷拿一个塑料袋算一次盗窃，去赌博游戏机工作室打一天工算赌博。这些人不
仅是犯罪嫌疑人，他们可能就是我们的邻居、亲人，甚至是贪小便宜、没有提高
生活注意义务的你我，他们就是我们的兄弟姐妹。刑法作为大杀四方的利器，挥
向他们时，指向的何尝不是我们自己？第二，刑罚的作用总是有限的。对此，马
克思早就指出过，"历史和统计学都非常清楚地证明，利用刑罚来感化或恫吓世
界就从来没有成功过。"德国犯罪学家施奈德也断言："刑事立法的过度反应将
会产生触犯犯罪和导致犯罪的作用"，另外刑罚功能自身能力具有有限性，刑罚
发生作用也需要一定条件等。〔2〕上述有关适度扩展刑法的建议并不妥当，有的
完全可以适用刑法解决（如伪造身份证件或盗用他人身份证件购票乘车），有的
没有必要（如劫持列车的行为〔3〕）等。

　　近些年不时出现高铁霸座现象，但事实上这种霸座现象的出现不过是社会道
德沦丧的缩影而已，而且事实上霸座现象对权益的侵害并不大，除非这种霸座形
成了剧烈的身体对抗，解决霸座现象可以有多种非刑事途径，如将其拉入黑名单
以贬损其社会信用，禁止其在一定时间内甚至是终身购买火车票、乘坐火车出
行，完善社会惩戒模式，设立考察期；或者列车乘警协同地方派出所共同联手处
以治安处罚等。即便这种现象频频发生，也鲜有人建言对此直接或者简单以刑事
手段应对的。倒是国家铁路局发布《铁路法（修订草案）》（征求意见稿）指明
了处置方式，将强占他人席位且不听劝阻、干扰站车秩序且不听劝阻，或者在车
站和旅客列车内寻衅滋事、扰乱公共秩序等行为列入禁止行为。其实这只是象征
性地增加了禁止规定，即便没有这种明确的禁止性规定，也不表示该行为现行法

---

〔1〕　参见周光权："论通过增设轻罪实现妥当的处罚——积极刑法立法观的再阐释"，载《比较法研究》2020 年第 6 期，第 51 页。

〔2〕　参见张绍谦：《反思刑罚功能的有限性和负面性》，载刘明祥主编：《武大刑事法论坛》（第 1 卷），中国人民公安大学出版社 2005 年版，第 76~79 页。

〔3〕　本节作者的观点与前文作者的观点不同，对此问题存在争论。特此保留和说明。

律不禁止；同时这里只是禁止性规定的罗列，依然没有直接以刑事手段处理。

（二）前置法原则

所谓"前置法原则"是指设置新的刑法条款，如果关联的非刑事法律规范中都没有规定或者规定模糊时就不宜启动刑事手段。这里的"前置法"是指刑法之外一切非刑法手段，包括其他法律手段，甚至行政手段等。原则上，只有在具有法益侵害的情况下才发动刑法，但是普遍法益的抽象化与暧昧化，在提升概念涵摄力的同时，也使得法益批判机能趋于崩溃。如果过度认定普遍法益，就可能从作为犯罪形态基本模式的侵害犯类型前移到危险犯类型特别是抽象危险犯类型，会带来缓和犯罪评价之限制条件的机能变化。刑法就可能不是法益保护的"最后手段"，而是法益保护的"最初手段"甚至是"唯一手段"。[1]对于这里的前置法，应该限于全国性法律文件，具体是指全国人民代表大会及其常务委员会制定的法律和决定，国务院制定的行政法规、规定的行政措施、发布的决定和命令。[2]应该在法律体系中建立一套多元化、体系化的制裁性规则，通过前期适时有度地惩戒而预防部分违法行为发展为犯罪行为，同时必要的话在最后设置刑事条款应对最后的惩治和威慑。如《铁路法》第71条规定，铁路职工玩忽职守、违反规章制度造成铁路运营事故的，滥用职权、利用办理运输业务之便谋取私利的，给予行政处分；情节严重、构成犯罪的，依照刑法有关规定追究刑事责任。该条款中的概念性名词需要进一步解释，如"规章制度"具体是指哪些，是否包括铁路部门的行业规则等，需要后续司法解释和相关规定的进一步明确，否则铁路运营安全事故犯罪的追究范围有可能扩大或者成为空谈。

近来学界围绕大量违法行为轻罪化问题出现争鸣，学术界与实务界关于是否应继续扩大轻罪范围以及刑法应以何种程度介入和调整社会生活，存在不同主张，实可谓百家争鸣。对此本书无欲介入，其实无论是扩张还是限制，无论是积极刑法还是消极刑法，都必须遵循一个基本前提，必须确立前置法和刑法链接的协调原则。如果前置法没有规定，动不动就启动刑法，显然这样的轻罪化不值得提倡，这样的积极刑法立法观不值得倡导。如在我国，一旦有人因犯罪判刑，则直接影响其家庭建设（如房贷）、子女读书就业等，但其实这种"株连"的细则还缺乏，还没有较好的配套措施，彼此之间的协调关系还没有较好地确立，所以

---

〔1〕 转引自李晓龙："刑法保护前置化趋势研究"，武汉大学2014年博士学位论文，第77页。

〔2〕 参见杨兴培编：《犯罪的二次性违法理论与实践：兼以刑民交叉类型案例为实践对象》，北京大学出版社2018年版，第107页。

这样的"入刑"就备受诟病。没有建立前科消灭制度，特别是我国特殊的就业、入伍等政审制度，前科影响的不仅是犯罪人本人短期的自由，更为严重的是可能对其子女的影响，这种影响反倒有可能是终身的、巨大的，所以不能滥用轻罪化。

如果将法律建立在耻辱文化观上，用法律介入我们日常的道德化生活，让人感觉违法是可耻的，轻罪化也未尝不可，但这个必须有配套的制度设施，除了前科消灭，我认为也可以考虑采取类似于行政处罚的后果那样的措施。社会生活、刑法、刑事诉讼法及公检法的活动等是有机的整体，牵一发而动全身，改革要系统全盘考虑。

（三）协调原则

所谓"协调原则"是指废改立刑事条款或法定刑时，必须考虑此罪与彼罪之间的平衡和一致。刑法总则根据各种行为的社会危害性程度和人身危险性的大小，规设轻重有别的处罚原则。

刑法毕竟是国家的基本法律，因而其他法律中设置附属刑法条款时必须考虑刑法的规定，大量设置附属刑法时，这些附属刑法条文必须"酌水知源"而不能忘"本"，必须使得其与刑法典之间具有内在的一致性。这里的特别刑法包括单行刑法和附属刑法等，附属刑法一般是指非刑事法律中的罪刑规范，因此，它首先应当与所附属的其他法律相协调；另外，附属刑法还应当同刑法典协调一致，即附属刑法所设置的罪刑关系应当同刑法典所设置的相应的罪刑关系协调一致。

刑法分则则根据犯罪的性质和危害程度，建立了一个合理的犯罪体系，便于为各种具体犯罪规定可以分割、能够伸缩、幅度较大的法定刑，司法机关可以根据犯罪的性质、罪行的轻重、犯罪人主观恶性的大小，对犯罪人判处适当的刑罚。"罪状建构的均衡性原则就是要求通过各种具体罪状的均衡来促进此刑与彼刑之间的均衡，进而确保刑法分则所有罪刑规范在横的方向（此罪与彼罪之间）和纵的方向（此罪与彼罪之间、此刑与彼刑之间）都符合罪刑相当的要求。"[1]

这种协调原则，要求铁路法律法规的制定、修改必须尽量保持与刑法之间的衔接，刑法的规定只能相对粗疏和概括，铁路刑事法律的司法适用需要奠基于铁路法律法规的明确规定。

---

〔1〕　参见刘树德：《罪状建构论》，中国方正出版社2002年版，第124~125页。

（四）法定原则

罪刑法定原则是中国刑法规定的一项基本原则。基本含义是"法无明文规定不为罪"和"法无明文规定不处罚"，即犯罪行为的界定、种类、构成条件和刑罚处罚的种类、幅度，均事先由法律加以规定，对于刑法分则没有明文规定为犯罪的行为，不得定罪处罚。刑法典毕竟粗疏，为了强化实践运用，就出台了必要的立法解释和司法解释，这要求刑法立法解释和刑法司法解释必须遵循罪刑法定原则，二者均不可随意突破（包括扩张和限缩）刑法典的精神和规定，否则就可能造成立法理解上的混乱，从而人为制造失调现象。

罪刑法定原则对刑法司法解释的制约表现在对刑法司法解释主体的制约、对刑法司法解释范围的制约、对刑法司法解释溯及力的制约、对刑法司法解释方式的制约等方面。[1]从刑法司法解释情况来看，对刑法典规定的突破更为常见的是对内容的突破，从而直接破坏司法解释与刑法规定之间的协调关系。2000年11月15日《最高人民法院关于对变造、倒卖变造邮票行为如何适用法律问题的解释》规定，对变造、倒卖变造的邮票数额较大的，应当依照《刑法》第227条第1款的规定定罪处罚，即按"伪造、倒卖伪造的有价票证罪"定罪处罚。如果按照狭义论的观点，这里的"伪造"行为仅仅指"伪造"，而不包括"变造"，按照罪刑法定原则，既然立法限定为"伪造"，那么司法解释的规定就突破了立法的规定，有悖法定原则。

（五）尊重原则

所谓"尊重原则"有两层含义，一是指低位阶的规定必须臣服于高位阶的法律，刑法规定必须与宪法规定保持一致性，刑法的规定只能在宪法框架内；二是指国内刑法规定必须与所认可和加入的国际条约保持一致，在已经加入的情况下就应该在国内刑法中积极兑现和落实，当然如果有声明保留，甚至反对的条款则不必遵循。

如何看待《铁路法》与《刑法》之间的位阶高低，有一种观点指出，现行《刑法》与《铁路法》是处于相同位阶的法律规范。但无论是在制定主体、立法权限，还是在制定程序上二者间均存在着明显的差异。因此，将《刑法》与《铁路法》界定为准同位法应当更为恰当。[2]

---

〔1〕 参见黄伟明："论罪刑法定原则与刑法司法解释"，载《法学评论》2001年第2期，第75~76页。

〔2〕 参见江宜怀："《铁路法》中刑事罚则适用问题研究"，载《铁道警官高等专科学校学报》2005年第1期，第40页。

　　从制定主体上看，《刑法》是由在我国国家机构体系中居于最高地位的全国人民代表大会制定的；而《铁路法》则是由隶属于全国人大、受全国人大领导和监督、向全国人大负责并报告工作的全国人民代表大会常务委员会制定的。我们知道，全国人大常委会是全国人大的常设机关，在全国人大闭会期间，行使宪法和法律赋予的职权。但这并不是说，全国人大常委会是一个独立于全国人大之外的最高国家权力机关。最高国家权力机关是全国人民代表大会，全国人大常委会是全国人大的常设机关，是最高国家权力机关的重要组成部分，在全国人大闭会期间行使最高国家权力。全国人大有权改变或者撤销全国人大常委会不适当的决定，有权依照法定程序罢免全国人大常委会组成人员。依据我国《立法法》第7条，全国人民代表大会和全国人民代表大会常务委员会行使国家立法权。全国人民代表大会制定和修改刑事、民事、国家机构的和其他的基本法律。全国人民代表大会常务委员会制定和修改除应当由全国人民代表大会制定的法律以外的其他法律；在全国人民代表大会闭会期间，对全国人民代表大会制定的法律进行部分补充和修改，但是不得同该法律的基本原则相抵触。

　　这意味着，当《铁路法》的规定与《刑法》规定不一致或者存在冲突时，当然以《刑法》为先，毕竟《刑法》位阶高于《铁路法》；当然如果《刑法》中有关铁路刑事罚则的规定落伍，已经不符合实际情况时，可以考虑将来对关联刑事罚则或者罪状进行修改和调适。

二、《铁路法》刑事罚则模式

　　我国《铁路法》第60条至第71条较为详尽地列举出了刑事责任条款，依据不同情形分别指引如何依照《刑法》处理。从学理上看，这种附属刑法具有其固有的特色和优势，也在历史上发挥过重要的作用。但现在看来，《铁路法》中刑事罚则的内容实际上已失去原有的立法价值，《铁路法》中不必设立刑事罚则条款。

　　一是因为我国采取大一统的刑法典模式，附属刑法没有余地空间。在刑法立法形式上，存在刑法典、单行刑法、附属刑法等多种不同方式。从我国现行刑法立法方式来看，基本上摒弃了单行刑法和附属刑法，而采取以修正案为主、立法解释和司法解释为辅的刑法修改和解释模式。附属刑法模式虽然有利于实现刑法典相对稳定性的要求，但由于附属刑法规范不具有刑法典的形式，其中的刑事责任条款的威慑力容易被社会所忽视，故不利于发挥刑法的一般预防作用。

追求法典万能的刑法立法，在实践中势必会导致刑法运行的不畅。刑法机制的科学构建与刑法运行的良好保障，在根本上要求刑法体系的协调发展，即妥善处理好刑法典、单行刑法和附属刑法之间的关系。诚然，刑法典在一国刑法体系中居于主导地位，但不能因此就否认单行刑法和附属刑法在刑法体系中的重要作用。虽然如此，这些年我国立法者一直坚定地恪守统一的刑法典模式，附属刑法就丧失了其应有的优势。从这个角度看，既然已经无从发挥其应对犯罪的优势，依然在《铁路法》中设置上述附属刑法规范就没有必要了，倒不如采取简单概括的规定"构成犯罪的，依照刑法追究刑事责任"之立法模式。

二是刑法典频频修改，直接动摇包括《铁路法》等在内的附属刑法规定。我国1997年《刑法》通过以来，先后11次对刑法作出修改，修改后的刑法与当初1997年《刑法》已经大相径庭了。司法实践的变化多端，时代发展日新月异，既有犯罪和新型犯罪总是处于不断地消亡、变迁之中，刑法总是呈现出一种活跃性姿态，刑法的活跃是永远的，在这种情况下还在刑法之外的其他法律中设置刑事责任的做法就显得不合时宜了，可以说刑法的一次小小变动势必引起其他法律中刑事责任条款的废弃、无效，从这个角度看也不宜在非刑事法律中规定刑事罚则规定。《铁路法》第60条至第71条详尽地把涉及的刑事责任条款具体化地规定了出来，这种方式就包括携带危险品，损毁、移动铁路装置，盗窃铁路器材，聚众拦截冲击列车，聚众哄抢铁路运输物资，抢劫伤害旅客，寻衅滋事，侮辱妇女，倒卖票证，以及铁路职工玩忽职守、滥用职权等多种情形。这种详尽的规定从表面看的确是利于法律的贯彻执行，但是形成了立法的疏漏，比如围绕侵财类犯罪，电信网络诈骗犯罪相对较突出。随着资金支付方式的转变，真正的兜里面带着钱甚至带着大宗资金的情况已经很少。盗窃的对象从现款转向随身携带的金银首饰、玉石等高附加值物品。

三是《铁路法》刑事罚则宜点到为止。围绕《铁路法》的修改，国家铁路局曾经发布《铁路法（修订草案）》（征求意见稿），其中第91条采取了简单明了又较好的表述"违反本法规定，尚不够刑事处罚，应当给予治安管理处罚的，依照治安管理处罚法的规定处罚。违反本法规定，构成犯罪的，依照刑法追究刑事责任。"与《铁路法》的详尽规定对比，这种表述更为科学合理。既有利于保持《铁路法》的稳定性和持续性，又不至于因为伸到刑法专业槽中吃一口而为人诟病。

2014年起开始实施的《铁路安全管理条例》第七章"法律责任"部分详细

列举出了各种行政违法行为，对每种行为配置了具体处罚，体现了该条例的行政法精神，条例毕竟无权设置刑事责任，因而该条例第 105 条第 2 款笼统规定，"违反本条例规定，构成违反治安管理行为的，由公安机关依法给予治安管理处罚；构成犯罪的，依法追究刑事责任"。这就把所有违反该条例严重到触及刑律的行为一概归之于刑法典了，体现了各负其责的精神。其实近年来通过的不少法律规定纷纷采取这种形式。[1]铁路法律法规应该尽可能加强对铁路运营、管理等责任权利的细密化、明确化和具体化，尽量采用"叙名式"的规定方式，一旦成立刑事犯罪，则可以为司法裁判提供良好的指引方向。

三、伪造变造倒卖车票问题

我国《刑法》对有关车票制假的禁止性规定，主要就是第 227 条第 1 款。该款规定："伪造或者倒卖伪造的车票、船票、邮票或者其他有价票证，数额较大的，处……"刑法的规定较为抽象、简约，什么是伪造，什么是变造，这在学理上存在争议。按照该条规定，行为方式限于伪造。司法机关，尤其是公安机关对此处理不会从严格意义上去区分是伪造还是变造，往往笼统表述为"制假"，相关新闻报道更是使用这种模糊表述，如南铁警方捣毁一制假窝点，缴获假火车票 690 张；[2]北京铁警捣毁一制假窝点，查获假火车票 2600 余张；[3]充值购买软件会员就能打印假火车票，制假窝点被捣毁[4]等。但是一旦刑事案件成立，进入诉讼程序，司法机关就得对案件性质属于伪造还是变造作出区分，而不能简单使用"制假"的模糊表达。

---

〔1〕 新近不少法律大抵都采取了这种方式。如 2020 年 10 月通过的《生物安全法》第 82 条规定：违反本法规定，构成犯罪的，依法追究刑事责任；造成人身、财产或者其他损害的，依法承担民事责任。2021 年 6 月通过的《数据安全法》第 52 条规定：违反本法规定，给他人造成损害的，依法承担民事责任。违反本法规定，构成违反治安管理行为的，依法给予治安管理处罚；构成犯罪的，依法追究刑事责任。2021 年 8 月通过的《个人信息保护法》第 71 条规定：违反本法规定，构成违反治安管理行为的，依法给予治安管理处罚；构成犯罪的，依法追究刑事责任。

〔2〕 "南铁警方捣毁一制假窝点，缴获假火车票 690 张"，载 https://new. qq. com/omn/20210126/20210126A0A6BH00. html，最后访问日期：2021 年 10 月 2 日。

〔3〕 "北京铁警捣毁一制假窝点，查获假火车票 2600 余张"，载 http://news. sina. com. cn/o/2019-12-08/doc-iihnzahi6039062. shtml，最后访问日期：2021 年 9 月 25 日。

〔4〕 "充值购买软件会员就能打印假火车票，制假窝点被捣毁"，载 https://www. sohu. com/a/449562131_ 119778，最后访问日期：2021 年 9 月 2 日。

（一）变造车票的处理

由于该条仅规定了"伪造"，而未将变造与其并列〔1〕，这便带来变造车票等有关票证是否成立犯罪的问题。学说上褒贬不一，出现肯、否两种观点的对立，肯定说认为第 227 条中的伪造包括了变造；〔2〕否定说则认为按照我国刑法分则的规定，同种物品的伪造与变造行为如果都构成犯罪的，都是在规定了伪造行为的犯罪之外再单独规定变造行为的犯罪，只不过罪名要么是独立罪名，要么是选择罪名，对变造行为的可罚性单独立法的规定表明，只规定了伪造而没有规定变造行为可罚性的行为，只能处罚伪造而不能处罚变造。本款对变造未规定，只规定了伪造，因而其中的伪造不包括变造。〔3〕现有司法解释采取了否定说的观点，2000 年 12 月 5 日《最高人民法院关于对变造、倒卖变造邮票行为如何适用法律问题的解释》规定，对变造、倒卖变造的邮票数额较大的，应当依照《刑法》第 227 条第 1 款的规定定罪处罚，即按"伪造、倒卖伪造的有价票证罪"定罪处罚。言下之意，《刑法》第 227 条既然没有列出"变造"，就说明变造行为不可罚，只是因为变造邮票的情形更为突出，才专门制定司法解释对变造邮票按照伪造邮票等同处理。

按照以上否定说的观点，该解释是存在问题的。如果该条没有设置变造，那么变造就不可罚。最高人民法院却对变造邮票的行为按照伪造邮票处理，明显属于越权解释，司法解释的制定权限明显违反了立法旨意而超越了立法权。

笔者认为，该解释不是因为越权解释而存在问题，而是根本没有必要。其一，最高人民法院有关变造邮票的司法解释纯属多余，因为没有这样的解释，对变造邮票的行为也可按照伪造处理；有了这样的解释，的确解决了变造邮票行为的性质，但对其它几种有价凭证的变造是按照伪造处理，还是不作为犯罪处理不免陷入尴尬境地，如果也可按照伪造行为进行处理，则这样的司法解释显得多余；如果对其它有价票证的变造行为不处理，仅处理变造邮票的行为，在处罚上又失却公平。其二，无论是伪造有价票证，还是变造有价票证，都会严重侵害有价票证的公共信用，出于刑罚理念和处罚的必要性，肯定说的观点是可取的。对

---

〔1〕《刑法》其他条款则使用了伪造和变造的并列表述。如《刑法》第 280 条第 1 款规定，伪造、变造、买卖国家机关的公文、证件的；该法第 280 条第 3 款规定，伪造、变造、买卖居民身份证的等。

〔2〕参见马克昌主编：《经济犯罪新论：破坏社会主义经济秩序罪研究》，武汉大学出版社 1998 年版，第 606~607 页；另见张明楷：《刑法分则的解释原理》，中国人民大学出版社 2004 年版，第 334 页。

〔3〕参见刘艳红：《开放的犯罪构成要件理论研究》，中国政法大学出版社 2002 年版，第 342~343 页。

本款中的"伪造"作扩大解释符合罪刑法定原则精神，符合立法保护文书信用和证据机能的宗旨。如果禁止这种解释，则刑事立法会变得僵化。

（二）伪造与变造的区别

"30元一张票，发顺丰运费到付，高仿，可扫二维码信息……"一套熟练的开场白后，一名提供定制火车票的卖家，要求记者发送姓名、身份证号、选定班次信息。10分钟不到，一张和高铁票一模一样的"仿制票"就制作好了。浅蓝色的票底、高铁动车的印花Logo、车辆班次信息、个人身份信息等一应俱全。这是我们能够看到现实中制假犯罪分子的现状。犯罪分子常利用各种软件（如CorelDRAW软件）伪造火车票，伪造方法具有仿真程度高、制作成本低廉、易于大量复制等特点。

那么，伪造和变造有什么差异呢？从理论上讲，刑法区分伪造和变造，是因为两者的社会危害性不同。一般认为改变了实质内容，变造就转化为伪造，变更的内容是否属于本质部分，关键看变更后的票证是否依然具有原真实票证所具备的证据功能。票证变更后仍然具有原来票证的证据功能，则可推定为只变更了票证的非本质部分，属于变造；反之，可推定为伪造。当然实际过程中，何为伪造，何为变造依然有不少问题。

案例1：两人没买到火车票，于是陈某便耍起了小聪明，用刀子从其他车票上挖了一个"3"贴到他们曾经用过的10月2日同次车票的"2"字上，本想趁人多蒙混过关，没想到检票时被识破。现代快报记者从徐州铁路公安处了解到，经调查后确定两张车票都是由陈某一人变造，铁路警方对同行的涂某进行了批评教育，对耍小聪明的陈某处以行政拘留10日处罚。[1]

案例2：男子杨某因未买到直达苏州的火车票，竟通过"剪切"旧车票，再"粘贴"至返程车票的方式手动更改车票目的地，将原车票上的"镇江"改为"苏州"。最终，杨某因变造火车票被上海铁路警方处以行政拘留5日的处罚。[2]

案例3：假票贩子先在正规网点购买带有火车短途票号的有效票纸，然后伪造成紧俏的长途车票倒卖，以前都是用废票造假，这次是有效票纸，一般人无法

---

〔1〕"涂改又拼贴！2日变3日，男子变造火车票被行拘"，载http://js.chinaso.com/tt/detail/20181005/10002000331187515387232655458179695_1.html，最后访问日期：2021年9月2日。

〔2〕"剪切粘贴更改目的地，男子变造火车票换来5天拘留"，载http://news.jstv.com/a/20191015/1571139125367.shtml，最后访问日期：2021年9月2日。

辨认。[1]

案例 4：利用电脑和彩色打印机等作案工具，一年来，共制作假火车票 460 余张、汽车票 3300 余张，其他假发票 1000 余张，通过自己熟悉的人将部分票证卖给旅客及他人，已谋取赃款数万元。平均每个月能卖出伪造车票、发票二三百张。[2]

以上四个案例有一定的差异，案例 1、2、3 都是对真车票的修补，是对真实车票的修改、挖补和粘贴；而案例 4 的制假却是"无中生有"，直接利用电脑和打印机制作而出，其并没有在真实纸质车票上修补，无论是案例 1、2、3 还是案例 4，司法机关都会将其视为伪造车票行为。但事实上判断所谓的制假是伪造还是变造，需要考察制假后的结果，如果修改的是本质部分，则视为伪造，反之则为变造。车票上的信息很多，包括姓名、身份证号码、乘车日期和地点等，究竟哪些信息属于本质部分，哪些属于非本质部分这又得事后做出判断。

（三）倒卖车票问题

《刑法》第 227 条对罪状的表述采取了简单罪状方式，对倒卖没有做出任何限制和修饰语，那么何为倒卖，如何理解倒卖车票的行为是成立犯罪还是不成立犯罪，就不免困惑。

案例 1：2017 年，江西小伙刘某在网上购买抢票软件，通过微信、QQ 等网络平台发布信息为他人代抢火车票，每张加收 50 元到 200 元不等的佣金。此后，刘某先后替他人抢购火车票 3749 张，票面金额 130 多万元，获利 34 万元。法院一审判决刘某有期徒刑 1 年 6 个月，并处罚金 124 万元，没收犯罪所得 31 万元和犯罪工具（包含电脑和手机）。[3]

案例 2：男子胡某某购买了刷票软件、虚拟服务器以及 50 个"12306"账号，用于在网上自动对火车票进行刷票抢票，然后囤票进行倒卖。2018 年 1 月 1 日至 2018 年 2 月 26 日期间，被告人胡某某通过刷票软件在互联网上抢票，后采

---

〔1〕 "成都捣毁建国以来西南最大伪造倒卖火车票团伙"，载 http://travel. huochepiao. com/jd3377，最后访问日期：2021 年 9 月 2 日。

〔2〕 "团伙伪造火车票供报销 20 块钱一张"，载 http://ln. ifeng. com/news/detail_ 2013_ 10/11/1313899_ 0. shtml，最后访问日期：2021 年 9 月 2 日。

〔3〕 "倒卖车票案刘金福：抢票是为帮助他人"，载 https://news. sina. com. cn/s/2020-01-12/doc-iihnzhha2004724. shtml，最后访问日期：2021 年 9 月 2 日。

取抢票、退票的方式为购票人购买车票，并以每张车票加收 10 元至 150 元不等的价格倒卖给购票人。至案发，胡某某倒卖车票 400 余张，票面价值人民币 130 余万元，非法获利人民币 5000 余元。[1]

案例 3：山西大同张某、盛某某倒卖车票一案：两被告通过窗口和铁路 12306 网站等购票方式，为他人多次加价代买火车票，共计为 38 人购入车票，涉案车票面值 9678 元，非法获利 1001 元。大同铁路运输法院依据《中华人民共和国刑法》《最高人民法院关于审理倒卖车票刑事案件有关问题的解释》，判决两被告均构成倒卖车票罪。[2]

案例 4：重庆郑某、刘某某倒卖车票一案：郑某、刘某某通过网络抢票插件，使用多个虚假身份信息在铁路 12306 售票网站上订购成都、西宁至拉萨多个车次的卧铺票。通过网络联系到买家后，两人即登录 12306 网站将已购的车票退票并同时使用抢票插件和乘车人真实身份信息将刚退掉的车票回购，共加价倒卖车票 82 张，票面价额 40 881 元。重庆铁路运输法院判决两被告构成倒卖车票罪，同时由于证据不足，法院对公诉机关指控的嫌疑人持有的涉嫌为旅客代订、代购的 169 张车票不予认定，对涉及该部分的犯罪金额均予扣减。[3]

以上四个案例都作出了成立倒卖票证罪的认定。但在笔者看来，时代变迁，尤其是实名制下的购票制后，司法实践部门要慎用刑罚处理，刑事问题与民事问题在该问题上的区分非常微妙。

倒卖，是指从事商业活动的单位扮演了中间商的角色，低价买入高价卖出，赚取差额利润的一种经济活动。在市场经济条件下，这是一种常见的现象。对于倒卖高铁、火车票的行为，国家一直在明令打击，并且出台了实名验证等一系列政策来降低代购车票的可能性，但是对于普通的商业倒卖行为，国家自计划经济结束以来仅设有物价局、质监局等单位规范和管理市场，从未限制对正规合法商品的倒买倒卖。所谓的倒卖火车票罪，是指主观上为获取不法利益为目的，客观上囤积了较大数目的车票，或者利用本身技术上的优越条件掌控票源，日后高价卖给不特定的购票者。行为人必须先围积车票或者控制票源，最后高价出售，谋取非法利益；而合法的民事代理是为旅客节约时间或帮助旅客解决困难。

---

[1]　"收费代抢火车票，男子被判倒卖车票罪"，载 https://www.sohu.com/a/350446893_161623，最后访问日期：2021 年 9 月 2 日。

[2]　参见大同铁路运输法院（2012）同铁刑初字第 30 号刑事判决书。

[3]　参见重庆铁路运输法院（2013）重铁刑初字第 26 号刑事判决书。

代购火车票，行为人是根据购票者的要求，得到旅客的授权而向铁路部口购得车票的行为。我国现行法律、法规对一般的代购车票行为并没有作禁止性规定。代购行为，从本质上来看是一种民事代理行为，代订代购的行为人按客户的要求，先登记购票人的身份证、乘车车次信息，然后通过正当的购票途径——通过网络售票、电话售票、售票窗口等购买车票，购置车票的行为方法与其他人处在同一竞争标准，费用都是根据事先商定的价款收取。"代购"过程中，收取了一定比例的佣金，这符合市场规律，例如，上述案例中的刘某可以选择收钱，也可以选择免费提供帮助，这属于市场调节和道德约束范畴，刑法目前没有条文对此加以限制。

实践中出现不少利用抢票软件购票的情形，平台只是利用合法技术去帮助没有时间自行抢票的乘车人，且乘车人自愿支出合理费用。像携程、飞猪等诸多互联网平台都推出了类似有偿服务。这种服务是双方的委托代购行为，是自主自愿做出的决定，不具有强迫性。也就是说，有偿抢票属于民事代理行为，消费者选择更为便利的平台代自己购票，且自愿支付未超出合理范围的报酬，这应该是民法而非刑法规制的范畴。从历史解释角度，立法的时候的确是为了打击非实名制购票。网络时代，问题的关键取决于如何理解倒卖，如果认为大平台的抢票服务不构成犯罪，那么个人的代购行为也不宜以犯罪论处，否则有违平等原则。

■典型案例评析：

一、刘某福倒卖车票案[1]

（一）案件事实

2017 年 7 月，刘某福为牟取利益，专职帮人抢购车票，抢购成功则向被帮助人收取 50 到 200 元不等的佣金。其间，刘某福先后在网上购买了专门的抢票软件，分别为 "heaven"（天堂）和 "Hero"（无底洞）抢票软件，并将其安装至专门购置的两台 SAMA 台式电脑上，同时以 30 元/万个的价格购得 "打码"，以2740 元购得 935 个 12306 网站的实名注册账号。在操作运营方面，刘某福专门购置了一部 "华为" 手机和一部 "苹果" 手机进行广告发布和接单活动。同时，为了顺利开展 "业务"，刘某福在电脑和手机上安装了远程操作装置 "Teamview-

---

[1] 参见南昌铁路运输法院（2019）赣 7101 刑初 35 号刑事判决书；另见南昌铁路运输中级法院（2019）赣 71 刑终 8 号刑事判决书。

er"。在所需装备齐全后，刘某福开始以"星星车票工作室"的名义发布帮人抢购车票的广告，利用先前安装好的专门抢票软件在全国范围内进行抢购火车票的活动。抢票软件利用"打码"破解铁路网站的验证码、自动将行程冲突的旅客进行移除，并且以多个不同账户自动重复登录 12306 网站提交车票订单、自动更改电脑 IP 地址的方式增加抢购车票成功的概率。抢票成功后，刘某福将车票信息打包发送至实际购票人的邮箱，并根据具体车程车次、发车时间段要求通过支付宝或微信转账方式收取 50 元以上 200 元以下范围内的佣金。2019 年 2 月 11 日，公安机关于井冈山市将其抓获并将其用于犯罪的 2 台电脑、2 部手机进行扣押。经调查发现，在 2018 年 4 月到 2019 年 2 月期间，刘某福已经为他人抢购车票 3749 张，票面金额共计 1 327 538.5 元，非法牟取利益 342 420 元。

（二）法院裁判

南昌铁路运输法院于 2019 年 9 月 13 日对被告人刘某福作出如下判决：认定被告人刘某福构成倒卖车票罪，判处有期徒刑 1 年 6 个月，并处罚金人民币 124 万元；非法获利人民币 317 770 元予以追缴，上缴国库；作案工具予以没收，上缴国库。[1] 宣判后，被告人刘某福提出上诉。

南昌铁路运输中级法院认为刘某福以牟利为目的，使用抢票软件严重干扰铁路正常售票秩序，侵害广大旅客平等购票权，其利用抢票软件的优势将获取的票源高价卖出，符合倒卖的本质特征，且达到"情节严重"的标准，其行为构成倒卖车票罪。南昌铁路运输中级法院于 2020 年 1 月 6 日对该案件作出终审判决：认定上诉人刘某福构成倒卖车票罪，判处有期徒刑 11 个月，并处罚金人民币 124 万元；非法获利人民币 342 420 元予以追缴，上缴国库；作案工具予以没收。[2]

（三）简要评析

我国《刑法》第 227 条采取了简单罪状的形式对倒卖车票罪进行规定，对倒卖车票罪的特征未加以明确。《最高人民法院关于审理倒卖车票刑事案件有关问题的解释》中第 1 条对倒卖车票罪的入罪标准进行了明确。但随着火车购票实名制的实行，在现有网络技术的不断发展下，原有司法解释已然无法对当下新型、复杂的抢票手段进行合理规制。在 2012 年 1 月 1 日起施行的火车票实名制的规定下，擅自使用抢票软件帮他人进行有偿抢票的行为究竟是否构成民事代理行为，亦或构成犯罪行为，在理论界存在一定争议。就一定程度而言，该争议也成

---

[1]　参见南昌铁路运输法院（2019）赣 7101 刑初 35 号刑事判决书。
[2]　参见南昌铁路运输中级法院（2019）赣 71 刑终 8 号刑事判决书。

为本案审理的焦点，同时也是学界争议的话题。一种观点认为，刘某福的行为不构成倒卖车票罪。其理由是：第一，刘某福帮忙购买车票的行为没有对铁路运输秩序产生影响，不具有社会危害性；第二，刘某福的行为属于帮忙代购后再收取雇佣金，付出了自己的被雇佣的劳动，其买入车票再将车票卖出的行为不属于倒卖。另一种观点认为，刘某福此种行为构成倒卖车票罪。其理由是：第一，刘某福对抢票软件的使用，严重干扰了铁路正常售票秩序，产生了严重社会危害性；第二，刘某福利用软件抢得车票，后再以高价卖出的行为具备倒卖的性质；第三，刘某福抢购的车票总金额巨大，获得非法利益较大，具备构罪所要求的"情节严重"标准。

我们认为，刘某福在该案件中抢票再卖出的行为构成倒卖车票罪。首先，刘某福利用非法抢票软件进行抢票时，明知该种行为会对正常的铁路秩序产生影响还继续实施，具有主观上的恶意。从客观具体行为而言，刘某福非法抢票再进行倒卖的行为在一定程度上限缩了不特定的其他人抢票成功的可能性，对公共利益造成了损害，产生了一定的社会危害。刘某福数千次的抢票代购行为，不仅侵犯了铁路客运车票依法管理的制度秩序，而且侵犯了普通旅客公平自由购票的选择权以及享受铁路车票原本赋予的公共福利的权利，从而扰乱了正常的售票市场和购票市场的管理秩序。其次，《最高人民法院关于审理倒卖车票刑事案件有关问题的解释》中规定了高价、变相加价倒卖车票的行为。[1] 因此，实名制下，刘某福抢购车票后卖出、收取雇佣费的行为属于变相加价，符合倒卖车票行为。其中倒卖车票罪中的"倒卖"，原意是指先低价买进，后高价转手卖出。因此，倒卖车票通常就是先低价买入并囤积大量车票，而后出卖给不特定的人。那么，在实名制购票推行之前，倒卖车票通常会发生车票所有权的转移情况。但是，正如我国《刑法》中"倒卖土地使用权罪"的规定所表明，倒卖的对象物不一定都要发生所有权的转移。所以，随着实名制下新情况新变化的出现，倒卖车票的行为也可能会有新的特点发生。倒卖车票的行为也可能以倒卖车票的相关凭证等车票控制权的特殊形式表现出来。我们认为，倒卖车票的本质特征，是车票的实际控制权因特定的利益交易而发生了转移。从表面上看，行为人以代购加价收受服务费之名，来完成车票实际控制权的转移，但是其牟利的目的没有变。倒卖车票

---

[1] 《最高人民法院关于审理倒卖车票刑事案件有关问题的解释》第 1 条对倒卖车票严重情节作了规定：高价、变价、变相加价倒卖车票或者倒卖坐席、卧铺签字号及订购车票凭证，票面数额在 5000 元以上，或者非法获利数额在 2000 元以上的，构成《刑法》第 227 条第 2 款规定的"倒卖车票情节严重"。

车利是一种附着在车票实际控制权发生转移之上的牟利。其中高价转售车票的实际控制权的行为，本质上就是倒卖车票的行为。[1] 对于那些低价转售车票的实际控制权的行为，可以认为是一般违法行为，考虑其一定程度的服务性和公益性的特点，不宜对其动用刑法加以打击。再其次，对刘某福帮助他人进行代理购票的观点不予认可。民事代理必定是基于双方自愿基础上进行的。从表面来看，找刘某福进行帮忙抢票的人员在收到相关车票信息后，自愿给予刘某福雇佣金，类似于平等的民事买卖。但就实际而言，人们在进行购票或者抢票之时，都是有一定的行程安排，而刘某福正是根据车票的紧俏程度决定收取费用的高低。看似属于自愿行为，实则是对民众"趁火打劫"，利用自己的非法"优势"地位变相强制与民众达成协议，不符合民事代理特征。最后，根据《铁路旅客运输办理细则》的规定，刘某福未经任何相关部门同意，擅自经营车票的出售业务，对中国铁路总公司的铁路运营造成了损害，具备社会危害性。关于处罚问题，本案若对其罚金刑罚予以适当的减轻处罚，则社会效果可能更佳，对实现全面小康和精准脱贫也可能是一种贡献。

我国铁路运输行业发展迅速，越来越多的人选择高铁出行。国家的铁路票价相对于其他运输行业票价而言，相对稳定，这在一定程度上给民众生活带来了便利。因此，对于恶意抢购车票、改变票价、破坏社会公平秩序的行为，应当对其进行公正评价，必要时追究其相应的法律责任。

二、马某辉合同诈骗案[2]

（一）案件事实

青岛国联物流有限公司（以下简称青岛国联公司）欲与国有铁道部门签订出口集装箱货物的运输协议。但按照铁道部门相关规定，过境集装箱货物的运费要低于出口集装箱货物的运费。2013 年 2 月份，青岛国联公司法定代表人马某辉为非法牟利，安排胡某国指使顾某明实施"出口套过境"的行为。具体为，对提货单进行伪造并填写虚假的运单，将出口的集装箱货物谎报成过境货物，通过另一个公司（中铁国际多式联运公司）以青岛国联公司名义与国有铁道部门签订了铁路运输合同。2013 年 2 月至 2013 年 7 月间，青岛国联公司通过"出口套过

---

〔1〕 参见曾明生："关于刘某某利用软件有偿抢票案的法律探讨"，载法律图书馆：http://www.law-lib.com，最后访问日期：2021 年 9 月 20 日。

〔2〕 参见上海铁路运输中级法院（2015）沪铁中刑终字第 21 号二审刑事判决书。

境"的方式发送的集装箱数量为 116 个，非法逃避铁路运费共计人民币 546 682.6 元。2014 年 8 月 10 日至 12 日，公安机关对马某辉、胡某国以及顾某明三人分别讯问，三人均对所犯事实供认不讳。期间，青岛国联公司于 2014 年 8 月 11 日退交赃款人民币 55 万元。

（二）法院裁判

被告单位青岛国联公司以非法占有为目的，在签订、履行合同的过程中伪造单证，将出口货物谎报成过境货物，通过铁路发送集装箱货物，骗逃铁路运费，数额巨大，构成合同诈骗。被告人马某辉作为单位负直接责任的主管人员，被告人胡某国、顾某明作为其他直接责任人员，应承担合同诈骗罪刑事责任。马某辉在合同诈骗罪中系主犯，胡某国、顾某明系从犯。马某辉、胡某国、顾某明接受公安机关讯问时即如实供述自己的罪行，系自首，可以减轻处罚。马某辉、胡某国、顾某明归案后积极退赃、预缴罚金，有一定的悔罪表现，无前科劣迹，可以酌情从轻处罚。判决被告单位青岛国联公司犯合同诈骗罪，判处罚金人民币 10 万元。被告人马某辉系主犯，判处有期徒刑 1 年 9 个月，缓期 2 年执行，并处罚金 5 万元。被告人胡某国、顾某明犯合同诈骗罪，分别判处有期徒刑 1 年 6 个月、缓刑 1 年 6 个月、并处罚金 2 万元及有期徒刑 1 年 6 个月、缓刑 1 年 6 个月、并处罚金 1 万元。判决后，被告单位青岛国联公司以原判事实不清、证据不足，法律适用不当提出上诉，具体有两点理由。其一，青岛国联公司认为连云港港口站与多式联运公司对于货物实为出口的事实应当是知情的。其二，青岛国联公司只是与多式联运公司签订了协议，与实际的承运铁路车站并不具备合同关系，因此其主张并不构成合同诈骗罪。

二审法院认为本案事实认定清楚、证据确实充分，量刑适当，驳回上诉，维持原判。[1]

（三）简要评析

被告单位青岛国联公司法定代表人马某辉及其单位工作人员胡某国等人，为获取非法利益以合同诈骗的方式与国有铁路部门签订运输合同，使国家财产损失严重，社会影响恶劣。在该案件中，被告单位进行了上诉，其理由主要为两点：其一，其主张青岛国联公司与国有铁路部门不具有合同关系，因此不构成合同诈骗罪。其二，其主张在犯罪实施过程中，连云港港口站与多式联运公司对于该具体事实知情。以下对此简要评析。

---

[1] 参见上海铁路运输中级法院（2015）沪铁中刑终字第 21 号二审刑事判决书。

　　针对第一点，铁路货物运输合同的双方应分别为发货人和承运人。从合同签订的形式来看，该份运输合同的发货人中，青岛国联公司的字样在运单发货人一栏中，合同内容协议享有相应权利并承担相应责任。从该份合同的实际履行来看，青岛国联公司为履行该份合同组织货源、收取了货主运费，并支付了该项运输合同的实际运费，积极履行了该份合同的主要义务。所以从具体实践来看，青岛国联公司为铁路运输合同的相对方。结合该份合同的内容形式与实际履行可知，青岛国联公司提出的上诉内容（青岛国联公司与国有铁路部门不具有合同关系，不构成合同诈骗罪）不具有合理性。

　　针对第二点，主要从两个层面进行分析。从第一层面来说，青岛国联公司与多式联运公司签订了运输代理协议，按照其运输代理协议的相关内容，由青岛国联公司对所提供的单据承担负责，多式联运公司在协议内容层面对单据的真伪性不承担责任。从第二层面而言，多式联运公司对相关运输单据进行实质审查时并不细致。但客观来看，多式联运公司已经要求了青岛国联公司提供相应的单证复印件，表明其履行了审查义务。至于在实质审查上的疏忽，其并不能等同于多式联运公司对该事实已经明知。对"明知"的认定牵涉到行为主体的刑事责任具备与否，应当具备充足的证据，否则，无法证实多式联运公司存在"明知"可能。

　　因此，在该起案件中，对于二审焦点的分析认定牵涉到该起案件的定性，二审法院对青岛国联公司的上诉进行驳回的做法合情合法，同时也为其他类似案件的认定提供了良好的借鉴。

在铁路监管领域涉及的刑事法治问题，主要调整的是有关铁路监管领域的刑事法律关系。本章将从铁路监管领域刑事法治问题概述、铁路监管领域职务犯罪预防与惩治、铁路监管领域的反恐问题等几方面展开探讨。

第一节　铁路监管领域刑事法治问题概述

下文拟从铁路监管领域刑事法治的界定与特征、铁路监管领域刑事法治问题的重点内容略加阐述。

一、铁路监管领域刑事法治的界定与特征

（一）铁路监管领域刑事法治的界定

铁路领域的监管是对铁路领域的工作人员履职行为的合法合规情况进行监督和管理。监管是一个多维概念，不仅可从监管的主体、性质、范围和方式等维度去解释，也可基于其下定义时所秉持观念的不同、所处国家历史阶段和方位差异以及社会现实的变迁，不同维度上持有各自不同的主张。

如前已述，铁路监管领域涉及的刑事法治，也可以简称为铁监刑事法治。它是铁路刑事法治中的重要内容。从法治运行环节与系统结构看，铁监刑事法治还可以衍生出铁监刑事立法、铁监刑事守法、铁监刑事司法、铁监刑事执行和铁监刑事法律监督。[1] 其中铁监刑事守法，涉及铁监刑事立法的遵守问题，可包括积极守法，也可包括消极守法，还包括不守法的问题。而不守法可能引发铁监刑

---

〔1〕 参见曾明生："铁路法治的基本范畴及其理论体系论纲"，载《铁道警察学院学报》2021年第4期，第11页。

事司法，进而引发铁监刑事执行和铁监刑事法律监督等。

（二）铁路监管领域刑事法治的特征

1. 具有刑事法治的特性。铁监刑事法治，也是铁路刑事法治中的一部分，也是铁路刑事领域法治运行的具体化。它不同于铁路监管领域的行政法治。其探讨和解决的问题，是铁路监管领域预防犯罪、惩罚犯罪和改造犯罪人的问题。其通过刑事立法、守法、执法、司法及其法律监督等多环节的立体动态的相互作用，形成强有力的法治后盾系统。

2. 处于特殊的监管领域。铁监刑事法治，作为铁路刑事法治中不可或缺的部分，既不同于公路工程监管领域、海港工程监管领域和空港工程监管领域的刑事法治，更不同于铁路建设领域和铁路运输领域的刑事法治。它既是一种特殊的铁路领域，又是具体的监管领域。研究其特殊性，不是否定其普遍性，而是重视其差异性，使研究更为精细和深刻。

二、铁路监管领域刑事法治问题的重点内容

这里先概述两个重点内容，然后分节进行重点讨论。

（一）铁路监管领域职务犯罪的预防与惩治

1. 职务犯罪的预防与惩治。

（1）职务犯罪。当前，我国学界对职务犯罪概念的理解有不同认识。之所以把若干罪名合在一起统称为职务犯罪，是因为它们具有共同的特征和危害。其主要表现在以下四个方面：第一，其职务犯罪的主体必须具有国家工作人员身份，这是构成职务犯罪的基本条件；第二，国家工作人员主观上必须具有故意或者过失；第三，客观方面必须是国家工作人员利用自身职位、职权和职责实施了超越权限或者不当行使权力的行为，如贪赃枉法、徇私舞弊；第四，这种行为必须亵渎国家公权力的清正廉明或损害国家机关的正常管理秩序，这是职务犯罪对行为侵害客体的要求。[1] 因此，职务犯罪是指国家工作人员故意或者过失，利用自身职位或职务便利条件，破坏国家工作人员职务行为的廉洁性或者国家机关正常管理活动的正当性。还可以认为，职务犯罪是刑法及其司法解释规定的有关职务类犯罪的总称，也就是指公职人员利用职务便利，滥用职权、玩忽职守、徇私舞弊，妨害国家的管理活动，并依照刑法应受刑罚处罚的行为。[2]

---

〔1〕 参见高铭暄、陈璐："当代我国职务犯罪的惩治与预防"，载《法学杂志》2011 年第 2 期，第 1 页。

〔2〕 参见孙谦、尹伊君："国家工作人员职务犯罪论"，载《法学研究》1998 年第 4 期，第 57 页。

与一般犯罪主体相比，职务犯罪的主体具有身份上的差异性。职务犯罪的主体，通常是特殊主体。职务犯罪是指国家机关、国有公司、企业事业单位、人民团体中行使国家公共管理职权的公务人员，利用自身职权或职位的便利条件，实施贪污、贿赂、滥用职权、玩忽职守等非法活动，侵犯公民人身权利、民主权利，对国家公务活动的规章规范造成了严重破坏，依照刑法应当予以刑事处罚的犯罪。我国《刑法》规定的职务犯罪主要有贪污贿赂犯罪、渎职犯罪和国家机关工作人员利用职权实施的侵犯公民人身权利、民主权利犯罪。

（2）职务犯罪的预防与惩治。和一般犯罪相比，职务犯罪因其犯罪主体的特殊性所产生的危害通常更为严重，其不仅严重危害国家和社会的稳定秩序、影响社会公众对公平正义的认同感、损害国家机关正常的活动和公务人员行使职权形象的公正廉洁性，还会给公私财产造成严重损失。预防职务犯罪是一项艰巨的工程，它需要长期不懈的努力才可能见效，并且实行过程也是相当复杂的。需要社会共同体的共同参与，还要通过法治教育、道德教育等多形式多途径综合预防。当今世界大多数国家都在实践中认识到预防和惩治职务犯罪仅靠单一部门法根本无法达到有效遏制职务犯罪的目的，而且职务犯罪的原因除了公务人员自身的主观恶性外，还有政治、经济、文化、法律、社会生活等各方面的复杂因素影响，因此要有效预防和遏制职务犯罪，除刑罚惩治以外，还要社会力量综合控制与预防。[1]

2. 铁路监管领域职务犯罪的预防与惩治。随着铁路运输企业的飞速发展，与之相伴随的是铁路监管领域职务犯罪也悄然滋生并且不断蔓延，铁路监管领域职务犯罪案件造成的社会影响越来越恶劣，日趋严重，不仅阻碍经济社会的健康发展，严重危害国家建设，而且与广大人民的利益有密切联系，已然成为各类职务犯罪中反映最集中、最紧迫、最严重的问题之一。铁路公务人员作为国家工作人员，最基本的要求是坚决捍卫法律法规赋予的职责，保证铁路监管的所有领域各项工作的有序开展，各项职能的充分实现。如果铁路监管领域决策和政策的制定者和执行者的行为违反法律法规，那么在一定程度上将会对其他公务人员产生误导作用，这会影响法律的公正性和权威性，导致法律原本应该具备的预防、调节和规制功能失灵。[2]

---

[1] 参见刘敏："论我国职务犯罪的预防与惩治"，载《长春大学学报》2013年第7期，第877、880页。

[2] 参见周吉英："S省铁路系统职务犯罪的对策研究"，暨南大学2015年硕士学位论文，第18页。

铁路监管领域中的职务犯罪，主要有以下五种类型：一是以职权谋取利益；二是以职务谋取利益；三是利用铁路及其附属设施本身及可能因此产生的收益谋取利益[1]；四是利用已报废的铁路运输设施谋取利益（如倒卖废铁、废车轴等）；五是从铁路工作人员的员工待遇或福利性政策中谋取利益（例如以分配住房名义谋取利益）。[2]

当前，预防和惩治职务犯罪已是铁路各领域的工作重点。近年来，各级铁路检察机关和铁路监督管理局积极发挥其监督和管理职能，借助反腐形势，已成功打击职务犯罪分子，反腐败斗争取得阶段性成效。但铁路监管领域的职务犯罪形势仍然十分严峻，尤其是数字时代，由于互联网工具和技术的加持，部分职务犯罪现象由明转暗，反腐工作更加困难，这给预防和惩治职务犯罪带来更大的挑战，预防和惩治职务犯罪的任务仍然任重道远。

（二）铁路监管领域的反恐问题

铁路作为我国最重要的交通运输载体，人员和财物高度聚集于一体，无论是在车站内还是在车内，人员都较密集且流动性大，因此铁路非常容易成为恐怖分子攻击的目标。其具体原因主要有：一是恐怖分子在列车发车前可能事先潜入空车安装爆炸装置，列车工作人员可能没有看管好停靠的列车，车内清洁人员可能没有仔细打扫，列车检查人员也可能没有细心检查车体内外是否有可疑物体；二是恐怖分子进站上车后可能将爆炸物放置在列车内，旅客可能携带爆炸物品上车，这说明列车安检时可能存在很大漏洞；三是列车运行过程中处于封闭状态，一旦有恐怖袭击的出现，监管领域的公务人员在安全检查过程中容易出现过失，公众不易逃脱并会造成车厢内部的秩序混乱，铁路执法人员很难实施有效救济。

尽管各国和国际组织对恐怖主义的定义和界定众说纷纭，但是，各国对恐怖主义的特点已有基本共识。其主要体现在：一是恐怖主义主要是针对不特定多数人的非法暴力的袭击活动，使得公众心理产生恐惧和不安全感，意图造成最大伤害；二是恐怖主义的根本目的在于宣扬其政治主张，恐怖分子多会在发动恐怖袭击时展示或宣扬其政治思想等；三是恐怖分子选择的袭击方式和手段大多有明显的暴力性，破坏力强、影响深远，极易对人的心理造成巨大恐慌。

---

[1] 例如在铁路工程建设等环节谋取利益，在招投标行为中干预插手、围标串标，工程计价中虚报开支等。

[2] 参见高春江："铁路货运领域职务犯罪侦查"，载《法制与社会》2012年第7期，第121-122页。

现阶段，我国已将反对恐怖主义纳入国家安全战略体系，并将其以专门法律的形式予以固定。在铁路行业内，国铁集团反恐怖工作领导小组是统一领导和指挥反恐工作的领导机构，负责组织研究和协调实施铁路反恐工作，公安部铁路公安局负责参与、指导、监督铁路反恐工作。

第二节　铁路监管领域职务犯罪的预防与惩治

本节拟从铁路监管领域职务犯罪的特点、铁路监管领域职务犯罪产生的原因及其预防对策进行讨论。

一、铁路监管领域职务犯罪的特点

职务犯罪一直是我国法治建设进程中的重点打击对象，特别是近几年来在全国性反腐建设的大背景下，职务犯罪的打击力度持续加大。一些不法分子更是借助互联网更新犯罪手段，企图掩盖违法犯罪行为，逃脱法律制裁，这就使职务犯罪隐蔽性更强，司法机关在查处职务犯罪案件时难度加剧。另随着铁路经济的不断繁荣和发展，以往发生在铁路监管领域权力部门内的职务犯罪案件开始向其他部门蔓延，涉案人员行政级别也普遍由高向低滋长。其具体特点主要有以下几个：

（一）利用职务便利和犯罪主体特定化

铁路监管领域职务犯罪最明显的特点，主要表现为铁路监管领域的公务人员利用职务上的便利，滥用职权以及不履行或不正确履行职责实施的犯罪行为，其最基本的要件是利用职务便利。

发生在铁路监管领域的刑事案件，其主体通常具有特定性，处罚对象是针对在铁路建设、铁路运输及铁路监管等领域的一系列制度规定的制定者和执行者。由于此类人员主要在安全运营、运输管理、工程建设、物资采购等方面行使管理职责，其管理职责有法定性、公务性、特殊性等性质，其基于法定职务授权、委托或特定业务范围所具有的作为义务，与其他普通员工的一般业务行为在性质上存在明显差异，其职务的特殊性决定了行为的涉及面更广、影响力更大，一旦发生事故造成的危害也更深刻。

在铁路监管领域的公务人员，具体可分为两类：一类是在铁路监管部门中从事公务的人员。这类人员由于在我国《刑法》中有明文规定，属于法定的国家工作人员范畴，因此，其当然具备国家工作人员的身份，理应属于铁路监管领域刑事法治的犯罪主体。目前，在铁路监管部门中从事公务的人员主要是铁路监督管理机构和部门[1]的公务员、铁路口岸的海关执法监管人员以及铁路公安机关的公务员；另一类是在铁路领域内从事其他公务的人员。对于这类公务人员是否具有国家工作人员的身份，因铁路监管领域内的人员范围较广且类型较多，应该按照其所从事公务的性质来具体判断其是否具备国家工作人员身份。

2013 年 3 月，国务院推动大部制改革，我国铁路领域开始实行政企分开制度，撤销原来的铁道部，全面分离其铁路行政管理职能和运营管理职能，交由国家铁路局和中国铁路总公司分别管理行政管理职能和铁路运营管理职能。为了更好地实现铁路领域监管、运输等目标，2018 年中国铁路总公司更名为中国国家铁路集团有限公司，但其职能未发生明显变化。基于铁路的公益性、基础性、垄断性等属性，铁路领域的企业改革成为国有控股型公司后，铁路领域的公职人员则由原铁道部的公职人员变为中国国家铁路集团有限公司和交通运输部（国家铁路局）的公职人员。由此，部分公职人员身份发生根本性变化，但是其职能的行使却无变化。此外，由于其他从事经营、管理的人员因其行为不仅仅是企业行为，还有可能具有一定的公务性，所以，"从事经营、管理的人员"也应按照其实际行使的职能明确为行使管理职责的公务人员，纳入"准国家工作人员"中。总的来说，其中行使公共管理职能的公务人员，包括国有独资的铁路运营企业中从事公务的人员；国有控股、参股的铁路企业中受国家机关、国有公司、企业委派从事公务的人员；受国家机关、国有公司、企业、事业单位、人民团体委托以承包、租赁、聘用等方式管理、经营铁路国有财产的人员。

（二）隐蔽性和犯罪手段多样化

在职务犯罪案件中当事人权钱交易、权权交易通常都是直接对接，没有第三方在场，这就决定了许多职务犯罪案件属于个人犯罪。涉案人员既是受贿人，同时又是行贿人，尤其是标的额较大的重点工程，其过程中牵扯到的制约环节较多，公务人员往往内外勾结，共同侵吞铁路领域资产，行贿人往往会分别对决策者、主管者和具体办事人员行贿。这些案件往往是查处一个，一连十，十连百，

---

〔1〕 根据《国家铁路局主要职责内设机构和人员编制规定》的规定可知，我国国家铁路局实行改革后，设立了沈阳铁路监督管理局、上海铁路监督管理局、广州铁路监督管理局、成都铁路监督管理局、武汉铁路监督管理局、西安铁路监督管理局、兰州铁路监督管理局共七个地区的铁路监督管理局。它们分别负责各自辖区内铁路监督管理工作。

环环相扣,从而形成查处一件、牵连甚多的现象。而部分共同犯罪案件中,各种单据的签字验收已经形成一条龙,犯罪证据相对隐蔽,不易被发现。[1]同时,随着网络技术发展,财产范围的扩张,虚拟财产与一般性的贿赂财产相比,更具隐蔽性、流通性,在部分职务犯罪中公务人员会选择虚拟财产进行权钱交易,使得职务犯罪的追赃难度也更大。网络职务犯罪中所能查找的证据多为电子数据,如果说公务人员在职务犯罪过程中将其中的一些数据进行篡改或者删除,都会给职务犯罪的侦查工作带来很大的困难,很难达到惩治职务犯罪的目标。

另外,铁路线路长、站点多、人员分布密集且流量大、空间密闭狭窄等铁路自身特有的外在原因,以及部分公务人员自身可能出现的利欲熏心、监管疏忽等内在原因相互交织。因此,在铁路监管领域较易滋生犯罪,且犯罪手段复杂多样。部分恐怖分子利用恐怖袭击具有伤亡率高、人员针对不特定的多数人、容易引起民众恐慌等特点,在铁路沿线投放危险物质或者持刀、持枪伤人。铁路运输单位属于反恐重点管理单位,部分公务人员具有排查铁路运输过程中安全风险和应急处理的责任,公务人员因内外原因的共同影响很可能触犯法律,有的甚至成为恐怖主义犯罪的共犯。部分在铁路监管领域重点岗位的公务人员,也有可能为满足个人私欲,利用自身的职位和职权,贪污受贿、挪用公款、套取工资奖金,利用铁路监管领域法治体系不健全、监督缺失的漏洞从而违法犯规,使得窝案、串案频发,触犯贪污贿赂罪、渎职罪等职务犯罪,导致酿成职务犯罪的恶果。

(三)犯罪方式团体化

铁路监管领域的犯罪逐渐出现团体作案方式,使得自然人犯罪与单位犯罪皆有。过去铁路监管领域的犯罪案件主要是发生于关键环节和重点岗位的自然人犯罪,部分公务人员利用自身职务便利,实施贪污、收受贿赂、挪用公款等行为。新形势下的铁路领域职务犯罪,常以一个单位或部门的部分公务人员共同构成一个犯罪主体。这些集体犯罪团体可能为了发放奖金、福利和为个人谋取私利等利益目标而非法利用各种监管领域制度漏洞来挪用或套取公款。近些年来出现了团体作案的案例,反映出一些行为人为追求团体利益,结成领导有序的组织体系,有组织地滥用权力寻求各自的私利。一旦被查处,便会出现"牵一发而动全身"的态势。"其犯罪的具体表现"往往是多个部门的工作人员利用制度漏洞或职位之便套取公款,相互勾结将套取的公款用于发放奖金或福利,以达到谋取个人私

---

[1] 参见汪娟娟:"由涉铁职务犯罪典型案例探究铁路系统职务犯罪预防",石家庄铁道大学2020年硕士学位论文,第13页。

利的目的。因缺乏完善的管理制度、监管制度，在铁路物资采购、机车维修等各方面都存在贪污受贿现象，甚至出现窝案和串案。部分工作人员在线路维修期间虚报工人数量，套取大量工资，这笔工资将挪作个人私利。例如，在铁路工程贿赂案件中，存在多个部门和多个工作人员同时贪污受贿的情况。[1]

（四）犯罪工具高科技化和犯罪后果严重

随着网络技术的发展，犯罪工具也逐渐网络化，在铁路监管领域的部分公务人员会借助 QQ、微信等网络工具与业务单位进行联系，侦查初期侦查人员常常无法通过常规手段从犯罪嫌疑人的通讯工具中收集到有价值的联系内容。只有充分利用现代信息技术，借助网络信息技术分析手段，才能从比较隐蔽的犯罪行为中找到蛛丝马迹。

在我国市场经济体系中，铁路经济发挥着重要作用，一旦铁路公务人员利用职务之便贪污受贿，就会破坏铁路经济秩序和社会主义市场经济的发展。铁路职务犯罪是铁路公务人员的权力寻租行为，其违法犯罪行为必然会浪费大量的资源，占用大量资金，无法实现铁路各项资源的合理配置，会导致我国铁路事业发展出现重重利益矛盾，不利于铁路经济的健康发展。

二、铁路监管领域职务犯罪产生的原因

（一）客观原因

在中国综合运输载体中，铁路运输占主导地位，近些年来我国为推动高铁经济的发展，对铁路事业的投入是巨大的，加速了铁路基础设施的建设。我国铁路领域国有资产投入越来越大，大部分铁路项目的涉及金额较大，投资项目较多。这就使得该领域中出现了较多的职务犯罪现象，且这些职务犯罪涉及不同层面和不同环节。

1. 铁路发展与技术欠缺的不匹配。我国近些年来铁路经济迅速发展，铁路基础建设处于高速发展阶段，国家对铁路事业发展投入是巨大的，特别是为推动高铁经济的发展，大量国有资产投入到铁路工程建设中，投资金额巨大、投资项目多、建设任务重，几乎可以涉及工程建设的各环节。例如物资采购、资金管理、征地拆迁环节等。铁路物资采购、铁路货物运输审批等存在处在不够公开透明的情形，市场竞争不够充分，缺少监督，因此，给铁路领域招投标、物资采

---

〔1〕 参见汪娟娟："由涉铁职务犯罪典型案例探究铁路系统职务犯罪预防"，石家庄铁道大学 2020年硕士学位论文，第 18-19 页。

购、货物运输等方面权力寻租留下了较大的操作空间。我国使用互联网的公众数量已经是世界第一，但仍有一些民众缺乏对网络的了解，不会使用互联网技术，也不能有效地利用网络手段对身边存在或发现的职务犯罪现象进行检举揭发。同时，虽然我国先后通过了《中华人民共和国网络安全法》《互联网信息服务管理办法》等法律法规，将现代信息技术运作到预防和惩治职务犯罪的铁路监管新领域，但这一技术目前仍处于不断探索和发展的基础阶段，在具体实施过程中也显现了不足之处，我们仍要在完善过程中寻求妥善解决问题的办法。

2. 铁路法律体系尚有不足。当前我国铁路领域已基本形成了法律制度框架体系，包含法律法规规章等。铁路行业内部也已经形成了行业自律规则。然而相比于铁路行业的快速发展现状，现有法律体系内容不全、内容滞后，不利于我国对铁路领域的合法监管。我国缺乏完善的铁路法规体系是导致铁路领域职务犯罪问题的重要原因之一。我国铁路已实行政企分开，未来仍要从立法上加强对铁路领域的市场化管理和市场化监督。

现有法律体系主要存在以下几方面的问题：一是铁路立法滞后且存在空白。在现有法律层面，主要有《铁路法》。该法于 1991 年 5 月 1 日生效，当前正在第三次修订。它是截至目前唯一一部国家专门管理铁路的基本法律，该法已不适应当前铁路改革发展格局。我国《刑法》也设置了专门章节对职务犯罪进行规制，意图达到预防和惩治职务犯罪的目的。另外《民法典》《安全生产法》《中华人民共和国招标投标法》等基础性法律也是铁路法律体系中法律方面的重要内容。在我国体制机制不完善以及还有许多历史遗留问题的影响下，立法供给机制不够及时有效、适应性不强，我国铁路领域未能有效运转"立改废释"机制，导致我国铁路领域中各个领域长期缺乏完善的法律制度，部分法律制度已经无法在现实中得到执行和落实。尤其是我国加入世界贸易组织以后，铁路领域中引入了更多的市场经营主体，在多元化投资主体的作用下，我国铁路行业不再由国家垄断，行业中出现了市场竞争。一方面，部分法规制定时间较早却长期未作修改，习惯于用指导意见、通知，甚至内部函件的形式取代规范的立法；有的仅有部门规章、规范性文件和行业规则，而这些规章和规则往往无法加强对市场的监管，难以充分发挥规范市场发展的作用；有的铁路法律文件或政策性文件曾经已明显过时却沿袭了较长时间。另一方面，一些铁路企业急需的法律法规还未出台。一些重要领域的铁路立法相对滞后，没有跟上时代的发展，包括铁路领域新型的业务领域、网络信息技术应用、高铁技术等领域，这些领域仍存在法律制度空白而无法可依。此外，我国还缺乏铁路领域的授权性立法，只依靠大量规范性文件和自律性规则来规范铁路领域的发展，而这些规范性文件和自律性规则往往缺乏明确的法律地位，法律效力不足，难以真正意义上规范市场发展，满足市场发展变化的需要。[1]

二是立法和执法的主体混同，出现"政企合一"的现象，未能明确区分立法主体和执法主体。我国现行的铁路企业的行政法规主要由原铁道部颁布，且目前仍由原制定机构负责对相关行政法规进行法律解释，他们既是行业法规、规章的制定者，又是这些行业法规、规章的执行者。同时，原铁道部还负责全国铁路运输和铁路建设等诸多事宜，铁路管理部门在招标投标、工程项目建设、物资采购、运输计划安排等方面具有直接话语权。如规范铁路货物运输的《铁路货物运输计划管理暂行办法》，仅对订单管理、货运计划编制、市场营销工作等内容进行了规定，对货物运输计划的审批流程、廉政风险防控等重要程序却缺乏必要的规定加以规范，使得货运计划的获得和实现存在巨大空间，为部分铁道部门公务人员利用手中的权力获取巨额利益提供了机会。《铁路法》中的内容未曾给铁路运输企业在市场经济下的运营提供指导，原铁道部作为国务院管辖的国家行政机构，一方面需要负责运营和管理铁路运输企业，另一方面还肩负着行政管理职能，这实质上有悖于我国市场经济体制下竞争机制的要求。由于我国未能建立健全政府作用发挥机制，导致我国铁路领域中较易出现职务犯罪现象。铁路企业作为国有企业，对我国社会经济发展做出了巨大贡献，在我国未曾建立完善的铁路领域相关的法律法规体系的情况下，极易诱发权力寻租行为。[2]

三是现行铁路法规对一般违法行为的规制力度不足。现行法规只是从总体上提出了铁路领域职务违法行为的惩处，但其内容却无法针对性地规制具体的职务犯罪行为，也缺乏明确性地针对扰乱铁路领域秩序的新型职务违法行为的规范，监管领域实践中难以将某些职务犯罪的公务人员纳入刑事追责的范畴。另外，我国现行法律法规所制定的惩处机制，难以覆盖越来越新的职务犯罪行为，且惩处力度较小，导致铁路监管领域职务犯罪的违法成本偏低，对违法犯罪行为的发生不足以产生有效的震慑。[3]同时，立法一般要经过非常复杂的程序，还会遇到

---

〔1〕　参见张长青、郑翔：《铁路法研究》，北京交通大学出版社 2012 年版，第 20~21、26~27 页。

〔2〕　参见汪娟娟："由涉铁职务犯罪典型案例探究铁路系统职务犯罪预防"，石家庄铁道大学 2020 年硕士学位论文，第 24~25 页。

〔3〕　参见汪娟娟："由涉铁职务犯罪典型案例探究铁路系统职务犯罪预防"，石家庄铁道大学 2020 年硕士学位论文，第 25-26 页。

其他困难，这些也是造成铁路监管领域法制建设落后的原因。法律的缺失，导致铁路监管领域的公务人员对日常工作中的某些行为无法辨别是否违法违规，在铁路法院对职务犯罪案件判决中，缓刑适用率较高，往往达不到震慑部分公务人员利用职务之便寻求私利的犯罪目的，使得没有从根本上遏制住职务犯罪现象。再次，行政手段具有迅速有效的特点，而法律手段产生的效果却通常是缓慢、平稳和长期的。针对铁路监管领域的职务犯罪，如果适用《中华人民共和国公务员法》和《中华人民共和国监察法》（以下简称《监察法》）规定的职务犯罪主体，其范围不能很好地概括在铁路监管领域发生的职务犯罪行为，在此范围之外的犯罪主体所产生的严重后果往往只有等到国家公务人员的贪腐、渎职行为发展到了犯罪时才会被有关部门所重视，而这时其犯罪行为给国家、人民造成的损失也可能已经无法挽救。

3. 铁路监管体制机制不完善。其一，监管滞后和法治不健全，使铁路领域职务犯罪行为仍有机可乘。当前铁路监管领域的监管大致可分为事前监管、事中监管、事后监管和内部监管、外部监管等分类。事前监管是指铁路领域制定一系列规章制度对公务人员行使公务的行为进行的指导和制约监管；事中监管多指铁路监督管理局对其公务人员行使公务的情况进行的实时监管；事后监管是指部分公务人员在行使公务过程中其行为触犯法律后，因其危害后果严重，而由刑法对其进行的刑事处罚。监管还存在内部监管和外部监管，内部监管主要是指各铁路监督管理局对铁路领域的公务人员行使职责的一种监管。外部监管主要是法律监管，表现在刑事法治方面则是刑事法律法规和司法机关对其进行的监管。在缺乏完善监管体制和监管手段的情况下，某些身居高位的公务人员较易出现职务犯罪行为。权力运作的规律表明，权力越大，就越应当受到规范和约束，[1]将权力关进制度的牢笼。

其二，有的监管机制尚未能发挥应有效果。我国铁路领域设置了级别监督、司法监督、纪检监察等多元化监督方式，共同对铁路领域实施监管。但现有的监管机制未能发挥应有效果，尤其是我国铁路领域的建设、运输和投资项目涉及资金较大，跨地域性较强就极大地增加了铁路监管领域的监管难度。同时，由于铁路领域自身突出的"线长人多"特点，部分施工单位长期与上级管理部门和监管部门相距甚远，在管理形式上形成了"割据地"局面，上级管理部门很难实

---

[1] 参见汪娟娟："由涉铁职务犯罪典型案例探究铁路系统职务犯罪预防"，石家庄铁道大学 2020 年硕士学位论文，第 26 页。

时有效监管。因此，监管问题的存在导致铁路领域中的公务人员频现职务犯罪现象，这也成为预防职务犯罪的难点和重点。

其三，大部制改革已初步实现形式上的铁道部门政企分离，但铁路领域长期实行的"政企合一"工作机制以及公务人员的惯性思维依然未发生根本转变。铁路企业既是铁路领域的执行者，也是铁路领域的管理者。铁路领域决策和政策的运行很多时候还是以行政式命令方式来完成。有些部门同时具有决策权与监管权，形成了自己既是参加者又是决定者的局面，这样即使有监管制度也难以发挥作用的。[1]一方面，铁路领域的人事安排绝大多数都是直接任免，下级单位负责人很大程度上受制于上级主管单位领导，这就使得他们不得不听从上级主管部门的意见和决策，监督者的人事权受制于被监督者，出于自身利益的考虑，监督者不敢大胆有效地监督，使监督很难发挥应有的作用；另一方面，职位升迁与经营管理绩效没有必然联系，因而部分铁路公务人员对企业经营业绩漠不关心，最重要的是在单位内部没有对领导公务人员经济决策开展监督以及评价考核，因而这些领导公务人员在本单位权力很大，甚至为所欲为，这就可能导致铁路领域管理者实施职务犯罪。政企不分导致监管机制不尽完善，铁路人员配置点多线长、官小权大，权力运作透明度不高、信息披露不透明，政务公开不落实以及监管机制失范，工作管理不到位、职务犯罪预防部门工作效率较低。在这种行政命令与市场调节并存的情况下，一些铁路基层单位领导公务人员，尤其是一把手掌握的权力很大。监管制度缺失导致内部监管力量薄弱，[2]再加上铁路基础工程建设多，建设材料需求量大，大量的资产设备维护和养护任务也很繁重，这些都给手中掌握一定权力的铁路公务人员利用职权谋取私利创造了条件。

（二）主观原因

1. 法律意识淡薄。正是因为我国立法缺乏对公务人员行使权利的约束，才导致铁路领域部分公务人员缺乏对国家法律法规的系统了解，并不具备良好的法治意识，甚至认为利用职务之便收费行贿属于正常现象，引发其滥用职权的现象，产生职务犯罪问题。铁路领域过去长期实行的"政企合一"模式，使铁路领域公务人员行使公务行为多用行政的手段，而一度忽视法律法规对其的法治约

---

[1] 参见康平生、郭娇玉："铁路物资运输领域职务犯罪研究"，载《潍坊教育学院学报》2012年第5期，第57—58页。

[2] 参见杜欣、耿辉建："行政监督必要性理论分析"，载《合作经济与科技》2007年第2期，第90页。

束，行政命令的权威往往大于法律的影响，即使是遇到与法律法规相悖的行政命令时，服从的还是行政命令，因而一些铁路公务人员法治观念极为淡薄，习惯于用行政手段取代法律的手段管理铁路领域事务。部分公务人员在谋取个人不正当利益、通过各种隐蔽的方式收取他人贿赂款后，自认为能够在和行贿人相互配合下通过种种隐蔽手段逃避法律责任，其忽视、无视法律责任的后果实际就是一种法律意识淡薄的侥幸心理。[1]

2. 挡不住利益的诱惑。尽管我国铁路领域顺应要求大力开展廉政教育和思想政治教育工作，但铁路领域中个别部门缺乏对廉政教育的重视，这就导致铁路领域部分公务人员缺乏对作为国家工作人员身份要求的廉洁性的恪守，并不具备良好的廉政意识和职务纯洁性认识。贪欲支配着铁路领域部分公务人员的思想，使其奋斗目标日渐模糊甚至发生变化。随着我国经济的高速腾飞、商品经济的迅猛发展和铁路领域的大力建设，部分铁路领域公务人员的思维方式和价值取向受到冲击、混淆和改变，刺激了他们的超前消费心理，在盲目攀比、高奢消费，网络时代"网红"经济收入的诱惑及个人相对低微收入的矛盾，使得一些意志薄弱的公务人员心理失衡，于是便将"等价交换"原则引入权力领域，将权力商品化，职务犯罪由此而生。[2]

3. 忽视思想改造。在市场经济的浪潮下，部分高层公务人员受到腐朽思想的侵袭，其价值观和世界观也发生了变化，最终在金钱等不法利益的驱使下，走向犯罪的深渊。这些犯罪人员普遍缺乏系统性和长期的法制教育和廉政学习，日常也只是形式主义地参加警示教育活动，廉政意识、法制意识极其淡薄。部分具有较强的专业管理能力并熟悉各项铁路领域监管制度的公务人员在收受贿赂的过程中，对自身行为性质会存在过分自信或疏忽大意，自认为贿赂款是自己为他人提供方便应得的报酬，将自己在权限范围内或超越权限范围为他人谋取非法利益的行为归属于一般性的违规行为，没有清楚认识自己作为国家工作人员所应保持的职务的纯洁性和正当性，甚至没有清晰意识到收取他人贿赂行为的性质是一种"权钱交易"。[3]

[1] 参见汪娟娟："由涉铁职务犯罪典型案例探究铁路系统职务犯罪预防"，石家庄铁道大学2020年硕士学位论文，第31页。
[2] 参见刘建国、郭斌、李晓妍："铁路贪贿职务犯罪案件特点及侦查机制浅析"，载《法制与经济（中旬）》2011年第11期，第20~21页。
[3] 参见汪娟娟："由涉铁职务犯罪典型案例探究铁路系统职务犯罪预防"，石家庄铁道大学2020年硕士学位论文，第31页。

三、铁路监管领域职务犯罪预防对策

（一）客观方面对策

1. 充分利用数字技术，深化铁路监管领域技术改革。

（1）充分运用信息化手段监督权力。网络信息技术的出现与发展极大地改变着人们的交流方式和工作模式，使有关部门在预防职务犯罪和调查职务犯罪方面也受到网络信息技术的影响。网络信息技术的应用在预防职务犯罪中主要体现为一种非权力团体对权力团体监督。例如，在互联网迅速发展的影响下，网民可以将自己所掌握的部分数据信息通过互联网传递给公众或有关部门，检举公务人员的职务犯罪行为，这实质上就是运用信息化手段预防职务犯罪的一种表现形式。公众在互联网上的曝光检举揭发行为能够快速吸引眼球，引起其他网友、媒体等的注意，快速引发社会舆论，使有关部门不得不在公众的监督下尽快查清事实，严格依照法律规定惩治公务人员的违法犯罪行为，防止引发其他职务犯罪。通过充分发挥社会公众的知情监督，加强对国家公务人员权力的约束与监督，增强预防和惩治职务犯罪工作的透明性和有效性，进而达到有效预防和惩戒职务犯罪行为的目的。[1]

（2）加强职务犯罪信息综合系统建设。积极开发、拓展铁路领域预防职务犯罪电子信息系统，逐步推进铁路领域业务网上办理，用市场化手段配置权力，数字化手段监督权力，做到权力运作过程高效、透明、合法、合理。首先，设计并构建铁路领域预防职务犯罪信息数据库，依托数字化软件，对铁路领域内职务犯罪信息数据库中的数据进行整合、统计、分析，总结、归纳铁路领域内职务犯罪案件的规律，全面性、精准化预测铁路领域内公务人员职务犯罪案件的发展趋势。其次，依托铁路领域预防职务犯罪信息数据库的建设，收集、分析职务犯罪有关信息，充分结合数字技术的科学严密性，将数字技术融入铁路领域公务人员的日常管理活动中。可分类建档管理铁路领域预防和惩治职务犯罪工作的各项数据以及实时动态，并能够从技术上为铁路领域预防和惩治职务犯罪提供数据证据支持，加强监管领域对铁路公务人员权力的制约与规范。在网络信息时代，利用电子数据全程记录铁路领域公务人员资金流转和权力运行情况，能够使权力的行使"阳光化"，实现人力监管向数字化监管的转型，促进主动发现铁路领

〔1〕 参见汪娟娟："由涉铁职务犯罪典型案例探究铁路系统职务犯罪预防"，石家庄铁道大学 2020 年硕士学位论文，第 32 页。

域职务犯罪问题，在事后追查和预防职务犯罪方面大力发挥数据监管的重要作用。[1]

（3）运用现代数字技术加大职务犯罪调查力度。在数字时代背景下，发生在互联网空间内的职务犯罪行为往往会留下难以磨灭的电子证据，包括资金流向、交易记录、交往记录等。监管机关可以有针对性地收集和分析有关数据，找到职务犯罪行为留下的证据。数字时代下的职务犯罪调查方式逐渐由被动化为主动，形成了技术密集型和精确性的调查模式。监管机关可以依托于人工智能技术、大数据技术、云计算技术、5G 技术等，展开对职务犯罪的线索分析以及证据收集整理工作，甚至利用云计算等数字技术分析、帮助确定行为人的行踪轨迹、身份信息、社交活动乃至相关犯罪事实。另外，随着职务犯罪手段的日趋复杂化、隐蔽化，监管部门更应当注重综合运用各种现代数字技术来引导、开展职务犯罪调查工作。[2]

2. 继续完善铁路监管领域相关法律体系。

（1）强化铁路监管领域的政治与法律协调作用。我国在全面推进依法治国的进程中，为预防铁路监管领域职务犯罪频发现象，必须构建完善的铁路监管领域法律体系，加大铁路职务犯罪成本，为铁路领域预防职务犯罪工作的开展创设良好的法律环境。从党的十八大以来，我国反腐倡廉取得重大的新进展，反腐力度逐渐加大，反腐决心也更加坚定。因此，继续完善铁路监管领域相关法律体系要坚决站在依法治国的立场上，把握铁路领域民事、行政、刑事立法规律，稳步推进铁路领域的法治创新发展，同时为铁路领域防治职务犯罪提供有力支撑。一方面，应当从铁路监管领域职务犯罪预防与惩治工作的现状及存在的难点、问题出发，构建铁路领域法规体系；另一方面，应当有效处理好铁路领域外部监管和铁路领域内部自治之间的关系，在铁路领域的法治建设过程中，有效防范职务违法犯罪风险，使铁路监管领域立法更有效地适应铁路监管领域改革创新发展的需要。[3]

当前，我国铁路领域呈现出基础性、公益性和经营性的多重属性。要从立法

---

〔1〕 参见汪娟娟："由涉铁职务犯罪典型案例探究铁路系统职务犯罪预防"，石家庄铁道大学 2020 年硕士学位论文，第33-34 页。

〔2〕 参见汪娟娟："由涉铁职务犯罪典型案例探究铁路系统职务犯罪预防"，石家庄铁道大学 2020 年硕士学位论文，第35-36 页。

〔3〕 参见汪娟娟："由涉铁职务犯罪典型案例探究铁路系统职务犯罪预防"，石家庄铁道大学 2020 年硕士学位论文，第36~37 页。

层面进一步明确铁路领域各部门的性质、权力与权利、职责和义务，进一步科学规范政府功能与企业功能二者之间的权责界限，通过相关法律法规明确政府和企业在铁路领域各项工作中的关系，有效协调政府和市场之间的关系；以立法的形式推动铁路领域市场在调节铁路领域资源中的作用，减少政府对铁路领域市场化运营的干预。同时，积极发挥中国共产党在我国铁路领域立法工作中的领导作用和在法治建设工作中的统筹协调作用，使铁路企业和政府职能部门正确行使权利与履行义务，相互独立，相互配合。

（2）完善铁路领域职务犯罪预防与惩治法律体系。继续研究和借鉴世界上其他国家和地区的一些关于职务犯罪立法的成功经验，进一步完善我国预防与惩治铁路领域职务犯罪的法制建设。要积极推进立法体系与社会改革的衔接，使其立法能够适应社会发展的需要。此前，我国检察机关开展预防职务犯罪工作的主要法律依据是《刑法》《刑事诉讼法》等刑事法律和司法解释，2018 年修订的《人民检察院组织法》以及最高人民检察院颁布的几个指导意见，通过检察机关查处职务犯罪以及进行预防宣讲教育活动等手段来实现，缺乏预防职务犯罪的一般立法。为了更好地预防和惩治职务犯罪，2018 年我国将监察部和国家预防腐败局并入国家监察委员会，不再保留监察部、国家预防腐败局。对国家公务人员职务犯罪有了专门的法律《监察法》来惩治和预防，但在其实践中仍需在法制统一的框架内，通过完善其他法律来配合使用，使其更好发挥作用。

（3）提高职务犯罪的惩罚力度，提高职务犯罪成本。通常而言，职务犯罪的预防效果好坏在于对职务犯罪惩治的及时性、相当性和准确度。对职务犯罪打击力度甚微，则会加大已经触犯职务犯罪行为的公务人员逃脱惩罚的概率。也就是说要使道德惩处、经济惩罚以及刑事判决等多方面同时发挥作用，在惩处职务犯罪公务人员时，通过社会、行政、经济和法律手段对职务犯罪人员不法行为进行处罚，严肃追究职务犯罪行为的刑事责任。同时，要结合铁路领域反腐败斗争和党风廉政建设，加强宣传反腐败教育工作，努力提高全铁路监管领域公务人员的道德水平，降低职务犯罪的可能性。在加大惩处力度的同时，还要提高违纪违法行为的成本，通过提高工作程序的透明度以及对权力的控制和监督，尽量压缩滋生职务犯罪的空间，减少其职务犯罪发生的可能性。[1]

3. 完善铁路监管制度，加强对公务人员行使权力的监管。

（1）强化行政监管。行政监管有两层含义。第一层的行政监管指的是由国

---

〔1〕 参见周吉英："S 省铁路系统职务犯罪的对策研究"，暨南大学 2015 年硕士学位论文，第 40 页。

家机关、社会团体或个人对铁路领域的公务人员行使权力所进行的监管,第二层的行政监管是指铁路监管领域内监管主体对其所进行的一种监管活动,也就是铁路监管领域的内部监管,这一部分已在上文提到。由于行政监管的主要目的是实现行政法治化,因此强化行政监管能够保证铁路领域内的行政政策能够贯彻执行和顺利进行。通过行政监管,能够更及时和实时保障铁路内部工作人员受到约束,增强铁路公务人员的服务意识,以确保铁路领域能够正常健康运转,有效保障国家利益、集体利益及其他公务人员的合法权益。

要适当扩大铁路监察机关的权限,完善铁路领域行政监察管理体制,使之能相对独立地行使监察权。此外,可以在立足《监察法》的基础上,加强行政监察队伍建设,在铁路监管内部培养一批知法懂法,并能熟练监察技巧的监察队伍来对铁路领域的公务人员实时监管,使其充分行使监管权,形成巨大的监管力量从而有效遏制和预防职务犯罪,积极推进铁路监管领域的执法人员在行使行政权力时做到公开透明。

(2)强化舆论监督。运用舆论的独特作用,使民众通过网络或其他媒介依法自由表达对公权力运作好坏的观点。网络信息媒体具有传播速度快、影响广泛等特点,舆论监督完全能够发展成为实现公民监督权的一种有效途径。总体而言,舆论监督有更加宽广的社会影响力,但是舆论监督也存在一些弊端,就是其反映的事实也并不一定是公正的。即便如此,铁路领域各单位仍要实行公开透明的监督制度。广泛联系社会各界,通过互通信息等方式,利用各种社会资源来共同开展铁路预防职务犯罪工作。充分利用电视、广播以及互联网等现代传播媒介,通过举办法制讲座、播放反腐倡廉教育警示片等传播形式,让媒体充分介入,及时报道相关工作动态,以使公众能够了解最真实、最完整的事件经过,充分保障公民的知情权,揭露铁路领域职务犯罪的危害性,让广大人民群众熟悉长期以来铁路领域预防职务犯罪工作的成果与经验。

(二)主观方面对策

1.加强铁路公务人员的政治教育。铁路领域发生的诸多职务犯罪案例证明,必须加大对铁路领域广大公务人员思想教育力度,从思想上强化预防和惩治职务犯罪的政治教育建设。政治理论是党和国家执政的基础理论,政治理论学习是广大公务人员思想教育的一种方式,目的在于提高广大公务人员的思想素质。完善铁路监管领域的监管,必须要注重广大党员公务人员的政治教育。因此,着重加强公务人员的政治理论学习,可以保证公务人员自身时刻遵从党的纪律、宗旨和政策, 在铁路领域广大公务人员的思想上筑起预防职务犯罪的坚固堤坝, 树立全心全意为人民服务的政治理想观。积极培养铁路公务人员的廉洁意识, 帮助广大公务人员培养其正确的荣辱观、价值观、金钱观和权力观, 建立牢固的思想道德防线, 改善铁路领域的工作作风, 重点提高铁路公务人员的法律意识, 对外界各种诱因要坚决拒绝, 达到自身不想犯, 警示他人不能犯的思想境界。[1]

2. 加强铁路公务人员的法治教育。作为铁路监管领域的公务人员, 必须要加强法制学习, 时刻牢记自己的使命、职责和义务, 不被社会不良因素影响、踏进违法犯罪的红线、走上职务犯罪道路。只有通过法治教育改造公务人员的道德观和提高公务人员的法治素养, 才能筑起一道坚固的道德底线, 使其不敢也不能违法犯罪, 真正预防职务犯罪现象。同时, 积极开展职务犯罪反面教材宣讲活动, 以案释法, 利用典型职务犯罪案例教育和警示广大铁路公务人员, 一旦触犯法律, 必将对其违法犯罪行为追究刑事责任, 判处刑罚, 犯罪者必然会受到法律的严厉制裁。[2]

3. 加强铁路公务人员的价值观教育。根据铁路领域的特有属性, 价值观教育应当深入具体的铁路领域。提高价值观教育的深度和广度, 用最浅显易懂的话、实实在在的案例对铁路领域的领导干部开展教育, 对所有公务人员一视同仁, 统一纳入教育范围, 开展价值观教育活动, 以保证教育的综合效果, 更要着重加强对重点岗位公务人员的价值观教育工作, 增强铁路领域公务人员的抗腐能力,[3] 防止其在职务犯罪的道路上越走越远。

第三节 铁路监管领域的反恐问题

研究铁路监管领域的刑事法治问题, 对反恐问题的探究是必不可少的。首先要明确我国对铁路监管领域反恐的界定与特征, 其次还要分析铁路监管领域的反恐问题 (立法问题、执法问题等), 如此方能更好地解决我国铁路监管领域的刑事法治问题。

---

〔1〕 参见郝守则: "公职人员职务犯罪的犯罪心理", 载《检察实践》2000 年第 6 期, 第 43 页。
〔2〕 参见周吉英: "S 省铁路系统职务犯罪的对策研究", 暨南大学 2015 年硕士学位论文, 第 41 页。
〔3〕 参见汪娟娟: "由涉铁职务犯罪典型案例探究铁路系统职务犯罪预防", 石家庄铁道大学 2020 年硕士学位论文, 第 43 页。

一、铁路监管领域反恐的界定与特征

(一) 铁路监管领域反恐的界定

我国《反恐怖主义法》第3条规定，恐怖主义，是指通过暴力、破坏、恐吓等手段，制造社会恐慌、危害公共安全、侵犯人身财产，或者胁迫国家机关、国际组织，以实现其政治、意识形态等目的的主张和行为。铁路作为一个庞大的人口聚集场所，往往是恐怖活动发生的聚集地，国家对铁路安全尤为重视，铁路反恐的工作也在快速进行中。"反恐"从字面上看，即反对并打击恐怖主义。一般而言，除了要大力地反对并打击恐怖主义，还包括预防恐怖主义。铁路反恐是特定区域的反恐，从主体责任上分析，反恐的主要责任部门除了政府部门、单位外，还包括铁路行业的管理部门、社会组织（团体）、公民等。当前我国国务院铁路行业监督管理机构和部门，就是铁路监管领域反恐的主要责任主体。其中以公安部铁路公安机关为主，国家铁路局和地区铁路监督管理部门也应当积极配合和参与。其主要反恐职责是监督检查铁路运输安全的反恐防暴情况，监督铁路反恐相关法律法规、规章制度及标准规范执行情况，指导并负责铁路行政执法监察工作等。从行为属性上分析，铁路反恐主要体现为预防性和系统性，是政府部门、单位以及从事铁路行业的管理部门、社会组织（团体）等采取多种措施，共同应对恐怖主义的扩散。其中通常有三种防范手段：人防、物防和技防。国家铁路局也要在其职权范围内对执行反恐怖防范任务的人员或团体进行监督管理，对用来防范、延迟恐怖风险事故发生的各种实体预防措施和方法进行监督和检查。[1]

通过对《反恐怖主义法》以及"反恐"含义的分析，可将铁路监管领域的反恐定义为：在铁路监管领域，为维护铁路运输安全和旅客生命财产安全，综合履行安全监察、运输监管、科技管理、执法检查等多种职责，在国家法律要求和统一领导下开展的铁路预防、打击和反对恐怖主义的活动。

(二) 铁路监管领域反恐的特征

1. 特殊的监管领域。作为国家的基础交通设施之一，铁路始终是恐怖分子关注的重点。铁路监管领域反恐作为一个特殊的铁路反恐领域，区别于铁路建设、铁路运输领域反恐，有其自身的特点。

---

〔1〕 参见王彬祥："新时代我国铁路运输系统反恐防范问题研究——以鲁南高铁为例"，山东师范大学2020年硕士学位论文，第13页。

　　一是有特定的反恐责任主体。当前我国铁路行业的政府监管机构为交通运输部和专业监管机构。交通运输部居于领导地位，类似于政策性监管机构，其监管主要体现在行政管理、立法指导与行业监督三个方面，并负责铁路行业发展规划的制订。[1] 这其中包括相关铁路反恐防暴的规定与通知。专业监管机构是指国家铁路局，由交通运输部管理，是政府监管的主要负责机构。国家铁路局不仅对铁路运输安全、铁路工程及设备质量安全的监督负责，还对国家铁路的公益性运输负责。通过监督与检查发现问题，督促企业、单位整改，及时消除恐怖主义隐患。除了国家铁路局，铁路口岸海关也具有一定的铁路货运监管权，对铁路货物出入境实行监督管理、查验和放行，严防恐怖人员和危险物品进站上车，杜绝恐怖主义事件的发生。

　　二是有特定的反恐职责。国家铁路局作为铁路安全监管的责任主体，在铁路反恐怖工作中有特定的要求。铁路局工作人员必须坚持"生命至上、安全第一"，始终将维护广大人民群众的生命和财产安全摆在第一位；要深化对铁路行车安全隐患的排查和治理，督促相关单位落实整改措施，集中力量遏制恐怖事件的发生；要研究并推出具有针对性的反恐风险防范举措，健全铁路监管的规章制度体系，推动重大标准的制定与修正；要加大反恐组织之间的沟通协调力度，推进各部门间的协作，压紧落实各方职责，确保反恐任务顺利进行；[2] 要坚持严格执法，强化处罚决策的执行力度，严厉遏制影响铁路安全的恐怖主义活动，用坚决且公正的监管履职来维护铁路运营的安全和稳定。只有国家铁路局切实履行特定的反恐职责，才能更好地保障铁路运输的安全，尤其是国际铁路联运反恐工作存在着管理不足、实施不力、沟通困难等问题，亟待国家铁路局采取相应的措施来解决。

　　三是有特定的反恐对象。虽然铁路监管领域不同于铁路建设、铁路运输领域，但仍离不开"铁路"二字，而铁路反恐就是以"铁的路"为中心展开的反恐，主要目标是防范打击针对"铁的路"的恐怖犯罪。这里的铁路包括以"铁的路"为中心的延伸以及直接或间接关联在"铁的路"上行驶的运载工具、停靠的站点、承运的人和物等。国家铁路局作为安全监管的责任主体，其反恐的目标和核心是通过监管、排查等手段预防针对在"铁的路"上行驶的火车（高

---

〔1〕　参见靖琦："我国《铁路法》之反思与重构"，西南交通大学 2016 年硕士学位论文，第 27 页。

〔2〕　参见"国家铁路局进一步加强普速铁路安全监管工作"，载 http://www.nra.gov.cn/xxgkml/xxgk/xxgkml/202005/t20200515_ 107730. shtml，最后访问日期：2021 年 4 月 16 日。

铁）、地铁及其运载的人与物、在站点候车的人、在货场或仓库存放的物的恐怖犯罪。[1] 铁路反恐工作必须在"铁的路"的视线之内进行，反恐对象相对固定。我国铁路遍布大江南北，经过各种复杂地形，呈现出路长和站点多的特点。这也就意味着我国铁路反恐防范区域大，铁路公安机关和国家铁路局的监管责任也更重大。

2. 反恐的任务。党的十九大提出要"加快社会治安防控体系建设""打造共建共治共享的社会治理格局"，对于改善我国铁路公共安全环境提出了新的更高要求。随着我国高铁网的快速构筑和"一带一路"倡议中高铁"走出去"战略进入"实质化"阶段，[2] 我国铁路反恐防范面临的压力也越来越巨大。其不仅要致力于减少暴力恐怖活动对铁路安全的威胁，还要防范针对铁路的个人极端犯罪行为。国家铁路局作为中央和国家机关部门，具有监督铁路安全的责任，更要在国家铁路反恐怖工作中做表率。铁路生产、运输的前提和基础是安全，保障还是安全。若没有安全，铁路运营就无从谈起。因此，维护铁路和旅客的安全是党和人民对铁路反恐怖斗争提出的首要任务。

加强铁路安全领域的监管有利于维护良好的公共秩序，促进铁路事业不断迈向新的台阶。无论是从社会关注层面，还是从大局关联方面，铁路安全均处于一个新的时代高点，让铁路反恐防范工作变得更加规律化和系统性，能有效遏制恐怖活动多发频发势头，事关我国铁路发展战略、事关人民群众切身利益、事关国家安全大局。[3] 铁路反恐防范的安全监督责任主要在国家铁路局与铁路公安机关，铁路如果发生重大反恐安全问题，国家铁路局和铁路公安均难辞其咎。这就要求国家铁路局在反恐怖主义工作中坚持专门工作与群众路线相结合、防范为主、惩防结合和先发制敌、保持主动的原则，强化铁路安全监管体系建设，提升安全监管履职能力，实施反恐防暴精准监管，为加快建设交通强国贡献力量，维护铁路运输安全和旅客生命财产安全。

---

〔1〕 参见姜丽丽、李明、孙丽娜："铁路反恐特点、难题和发展战略的理论探讨"，载《辽宁警察学院学报》2020年第5期，第40页。

〔2〕 参见张先军："'一带一路'倡议下中国高铁'走出去'的风险和挑战"，载《华南理工大学学报（社会科学版）》2018年第2期，第14页。

〔3〕 参见王彬祥："新时代我国铁路运输系统反恐防范问题研究——以鲁南高铁为例"，山东师范大学2020年硕士学位论文，第20页。

二、我国铁路监管领域存在的反恐问题

目前反恐问题是我国铁路安全发展的重大问题，反恐形势愈发严峻。我国铁路部门在预防与打击恐怖活动工作中已然取得显著成效，但仍存在一些问题，铁路监管领域也不例外。因此，我们必须尽快找出铁路监管领域中的反恐缺陷，对相关问题提出具有针对性的解决措施。

（一）铁路监管领域反恐的立法问题

1. 铁路行业缺乏专门的反恐法律法规。我国《反恐怖主义法》2016 年 1 月 1 日起施行。此法适用于我国有反恐怖主义职责和使命的所有单位和领域，铁路也不例外。该法虽然在原则性的问题上可以发挥一定的导向作用，但在具体实践中可操作性明显不足。对铁路实施的恐怖犯罪活动具有特殊性，对此的防范打击工作更具有复杂性，需要专门的法规规章或其他规范性文件来明确铁路反恐防范工作中各主体的法律地位、责任承担等相关法律问题。[1] 目前我国铁路行业仅存在《铁路反恐怖防范基础工作规范（试行）》《高速铁路反恐怖和治安防范标准（试行）》等一系列铁路反恐防范工作标准，但其中有些规定存在制度缺陷，有些规定的执行相对不到位，无法完全满足当前我国铁路反恐防范工作对法律规范的需求。再者，虽然我国《反恐怖主义法》和《刑法》的完善与修正对我国铁路反恐工作的开展有重大贡献，但这两部法律对铁路（地铁）反恐失职的法律责任的规定还不够细致，有关司法解释规定也不足，依然不能取代专门法律法规的作用。未来既可以考虑制定大交通领域的法规或者铁路反恐法规，也可以考虑完善各分散条款组成的反恐法律法规体系。

2. 铁路反恐怖防范标准设置不尽合理。《高速铁路反恐怖和治安防范标准（试行）》《铁路反恐怖防范基础工作规范（试行）》等一系列反恐标准的颁布，是对《反恐怖主义法》在铁路方面的细化与补充，不断完善我国铁路反恐怖防范制度。不过，铁路反恐防范标准仍有症结存在，可概括为以下几个方面：

一是《反恐怖主义法》中的些许规定与铁路反恐防范标准的规定存在偏离。例如关于采集的视频图像信息保存期限这个问题，《反恐怖主义法》规定的是不少于 90 日，而铁路反恐防范标准却规定保存 15 日或 30 日，如此明显不同的规定在具体实践操作中容易引发争议与误解，我国铁路反恐防范标准需尽快调整，统一相关法律规定。

---

〔1〕　参见杨新贺："铁路安全恐怖风险防范研究"，石家庄铁道大学 2019 年硕士学位论文，第 39 页。

二是铁路反恐防范标准未对老旧车站进行规定。《高速铁路反恐怖和治安防范标准（试行）》主要是针对高速铁路的反恐标准，并不适用于老旧车站与普速铁路。老旧车站已经运营多年，车站基础设施、防范设备过于陈旧，预防恐怖犯罪活动发生的能力较为薄弱，并且老旧车站大部分位于老城区，人流量大、商贸活动频繁，更易受到恐怖主义成员的"青睐"。因此，需要将其纳入反恐怖防范标准范畴并对其进行规范。[1]

三是铁路反恐防范标准中对铁路内部各部门的规定不够全面。《高速铁路反恐怖和治安防范标准（试行）》主要是对高铁车站和动车段两个单位明确了反恐防范标准，至于其他相关部门却没有进行规范。对于货场、油库、变电站、长大桥梁、隧道、给水所等重要部位是否应当按照《反恐怖主义法》的规定评定为重点目标，应当采取哪些具体的反恐怖防范措施，均未具体涉及。[2] 这可能需要铁路各专业部门进行自我揣摩、解读，导致具体实践过程中出现适用不当的情形，难以发挥其应然价值。

四是铁路反恐防范标准更新不及时，难以适应新的变化。国家铁路局作为铁路监管部门，与运营管理单位依据现行法律法规从宏观层面制定了相关技术标准和总体预案，清晰细致地明确了铁路内部相关单位的职责分工和预防应对破坏铁路运营安全案件的大致流程。[3] 但这些标准与规定不够全面，更新速度较慢，在实际执行中往往跟不上国际恐怖主义形势的变化，需要其他操作规范进行解释补充。[4] 如今，像生化污染、网络劫持等袭击行为逐渐成为恐怖主义活动的新方式，严重影响铁路运输与旅客的安全，铁路单位或许会因未及时更新反恐怖防范标准而导致新形势下的恐怖袭击威胁加重。

3. 铁路安全监督管理制度不完善。维护铁路安全是预防和打击恐怖主义的最终目的。自 2013 年铁路改革实现政企分开，我国铁路监管就逐步走上正轨，铁路安全监管制度也在不断推进。不过就算铁路安全状况总体稳定，其安全监管也存在诸多矛盾亟待解决：一是安全监督管理中政府职能不明确。当前我国

---

〔1〕 参见刘卫、王名雷、曾明生："我国铁路反恐怖防范标准的实施问题探讨"，载《铁道警察学院学报》2021 年第 1 期，第 6 页。

〔2〕 参见刘卫、王名雷、曾明生："我国铁路反恐怖防范标准的实施问题探讨"，载《铁道警察学院学报》2021 年第 1 期，第 7 页。

〔3〕 参见廖文举："我国铁路反恐怖和治安防范标准的实施与完善"，载《铁道警察学院学报》2021 年第 1 期，第 13 页。

〔4〕 参见王名雷："高铁反恐怖标准研究——《高速铁路反恐怖行业标准》体系的编制"，载《铁道警察学院学报》2018 年第 3 期，第 54 页。

对于铁路安全监督管理缺乏系统性和规范化，往往是重大恐怖事件发生后，由铁路监管局、铁路公安和地方铁路内部等相关单位进行一系列的检查和处置，而很少对其实施追踪监管，这样"重事故轻预防"的做法难以充分发挥铁路安全监督管理的功效。此外，还有铁路公安机关、国家铁路局、地区铁路监督管理局等部门多方管理且管理职权重合、管理要求不同等现象。[1]二是安全监督管理不到位。国家铁路局下属的各地区铁路监管局虽然开展了反恐防暴监督排查，但受人员编制等监管力量限制，对地方铁路的检查次数少，恐怖事故情况掌握不全，安全监督管理还不到位，未形成完善的铁路安全监督管理体系。[2]三是铁路安全监管法律落后，监管独立性弱。我国铁路行业的政府管理以行业管理为主，铁路监管独立性弱，职能较分散，监管法律与监管方法滞后，监管过程不透明。

（二）铁路监管领域反恐的执法问题

1. 对"人防"的监管问题。以下从反恐意识、安保人员和专门性反恐机构三方面探讨。

（1）反恐意识淡薄。对于我国铁路反恐工作，无论是铁路企业运营单位，还是铁路公安机关，甚至是肩负铁路监管职责的国家铁路局和地区铁路监管部门，对反恐的认识都是一知半解的。某些工作人员只想做好自己的分内事，像国家铁路局有的工作人员只想监督铁路安全生产、监督铁路安全运输，对恐怖活动抱有侥幸心理，以为恐怖袭击离我们的生活很遥远，这样的认知心理难以达到既要保证铁路安全生产又要做好反恐防范的"一岗双责"的要求。[3]国家铁路局的工作人员对反恐的认知不清晰，可能就会出现对地方铁路的安全监督管理工作采取只排查不督促，甚至是只罚款不问责的做法，在客观上削弱其安全监管的职能。有的铁路工作人员不仅对恐怖主义警惕不高，还对反恐工作缺乏主动性，其反恐怖工作演练经验较少，在部署反恐行动时有些方法比较落后。而且，铁路从业人员素质低下也会影响到铁路安全事故的发生率，当前我国地方铁路安全存在

---

〔1〕　参见连义平、王艳艳："我国地方铁路安全监督管理分析"，载《铁道运营技术》2017 年第 2 期，第 59 页。

〔2〕　参见梁娜："我国地方铁路安全监管存在的问题及对策分析"，载《中国安全科学学报》2018 年第 S1 期，第 115 页。

〔3〕　参见杨新贺："铁路安全恐怖风险防范研究"，石家庄铁道大学 2019 年硕士学位论文，第 33 页。

从业人员身心素质与业务素质同铁路反恐形势要求不相符的问题。[1]如部分从业者在岗期间因为遭遇恐怖袭击而惊慌失措，对现场防范装置不够了解，无法做到及时处理所有的突发情况。

（2）反恐安保人员严重不足。铁路反恐安全保护工作被认为是铁路反恐任务中最为重要的工作之一，需要投入非常多的人力、物力资源以推动其正常运转。这是一件极其复杂繁琐的事情，并不是弹指之间就能完成的。在我国铁路反恐工作实践中，很多部门都缺少相关的安保人员。国家铁路局也存在人员资源配备短缺现象，无法将铁路反恐工作落实到位。每当十一黄金周或春运时期，铁路局内部不得不抽调其他工作人员去火车站加班，负责安检等安保工作，这样大大降低了反恐工作效率。国家铁路局与铁路公安机关在反恐工作中都具有监督的职责，但铁路公安警员才是安保工作的主力军。观察如今的高铁，有的车次很多，但与之沿途配备的警员却较少，乃至于为了能增加更多的乘客，许多车次都在不断削减配备人数。安保人员的减少就说明乘警还需身兼数职，要进行抽查、巡讲等工作，这样的安排方式并没有促进安保工作质量的提升。有时铁路公安警员还要进行反恐防范宣传、隐患排除等繁杂任务，长此以往，铁路公安警察的压力与负荷就会越来越大，在恐怖袭击真的来临时不能全力投入作战。[2]

（3）专门性反恐机构有待强化。要想实现铁路反恐工作井然有序地进行，就要建立高度协调统一的铁路反恐领导机构。虽然目前我国各铁路局已经接连组织了反恐怖工作领导小组，但是还存在许多问题，如管理体制不健全，工作协调能力欠缺等。[3]而且那些反恐办往往虚靠于治安部门之下，里面的职员也大多是其他部门人员兼差，易造成跨部门跨岗位的反恐工作脱节，显然不够具有领导力、专业性和权威性，不能最大限度地发挥作用，使得反恐防范工作缺乏连贯性。铁路反恐工作需要各个部门齐心协力，如铁路运输企业与铁路公安之间、铁路公安与国家铁路局之间、铁路运输企业与国家铁路局之间都应相互配合，协同作战，推动反恐工作的有效进行。但在现实中各部门之间的关系相互不协调，信息也相互不畅通，想要形成强大合力有一定的难度。[4]除了强化专门性的反恐

---

[1] 参见连义平、王艳艳："我国地方铁路安全监督管理分析"，载《铁道运营技术》2017年第2期，第58页。
[2] 参见杨新贺："铁路安全恐怖风险防范研究"，石家庄铁道大学2019年硕士学位论文，第32页。
[3] 参见杨新贺："铁路安全恐怖风险防范研究"，石家庄铁道大学2019年硕士学位论文，第33页。
[4] 参见曹琪伟、专道远："完善铁路安全反恐机制的思考"，载《石家庄铁道大学学报（社会科学版）》2019年第3期，第65页。

机构，增加专业反恐队伍也是很有必要的。铁路公安的普通警员一般缺少专业的反恐知识，应对恐怖主义犯罪活动的经验较少，心理素质也没有专业反恐队伍强。由此可见，我国铁路反恐工作中亟需一支专业反恐知识过硬、实战经验老到的队伍。

2. 对"物防"的监管问题。以下从"物防"标准和"物防"监管情况来讨论。

（1）"物防"标准不明确。根据前文论述，我国主要的铁路物防标准在《铁路反恐怖防范基础工作规范（试行）》与《高速铁路反恐怖和治安防范标准（试行）》中有相关的规定。[1] 这两个规范分别针对普速铁路和高速铁路，2016 年出台的《高速铁路反恐怖和治安防范标准（试行）》对反恐物防建设的内容规定具体明确，对高速铁路初期建设产生巨大作用。而普速车站依据《铁路反恐怖防范基础工作规范（试行）》规定要"按照'先高铁后地铁、先大站后小站、先重点地区后一般地区'的原则，逐步采用围墙、栅栏（围栏）、防盗门、防盗网、防冲撞装置等实体防护设施进行封闭。进出站口、落客区等人员密集场所以及铁路重要部位应加装硬质封闭隔离设施和防冲撞设施。有条件的车站，应将隔离封闭区域扩延至路地临界区"的要求，但未明确大站与小站的界定，未划分重点地区和一般地区的范围，未标明防冲撞设施使用材质、规格和安装间距，普速列车车站在安装防冲撞设施过程中标准并不统一。[2] 由于物防标准不明确，实践中各火车站物防基础设施可能不达标，国家铁路局在抵御恐怖袭击上无法更好地履行安全监督管理职责。

（2）"物防"监管不到位。铁路监督管理机构和部门，虽然按反恐防范要求进行安全监督管理工作，但在实际执行过程中会存在逐级打折扣、逐级降标准的情况，越到基层动静越小，对反恐防范的物防设施监督流于形式。当前我国铁路仍有相当数量的重点场所、部位存在无防冲撞设施或质量不达标的情形，甚至有些地区的设施遭到破坏却未进行修缮；火车站内部的视频监控设施也存在隐患，如出现设施短缺造成监控死角、画面不清晰等问题。[3] 这些现象说明铁路监管部门在督促重点场所、重点部位安防体系建设、安防措施落实上失之宽、失之

---

〔1〕　参见高峰："反恐新形势下高速铁路安检工作'民航化'探析"，载《铁道警察学院学报》2018年第 1 期，第 25~32 页。

〔2〕　参见臧建国："铁路车站恐怖风险分析及评估研究"，载《湖南警察学院学报》2017 年第 4 期，第 75~79 页。

〔3〕　参见杨新贺："铁路安全恐怖风险防范研究"，石家庄铁道大学 2019 年硕士学位论文，第 35 页。

软，并不能有效预防恐怖事故发生，也不能及时打击恐怖袭击。[1]

3. 对"技防"的监管问题。以下从技术健全情况、情报处理和信息共享平台几方面来研讨。

（1）相应技术不够健全。随着人类社会科技的不断发展，科学技术在铁路反恐方面发挥了巨大作用。旅客安检是铁路反恐中的重要一环，目前我国安检实行物人分开检查的形式，行李过行李安检机，旅客通过安检仪后再由安检人员手持金属探测器进行人体探测。虽然该安检技术有一定的进步，但流程耗时较长且在人物分开安检时易发生行李丢失的情况。若能实现人员行李不分离安检并快速通过且有效监测携带的危险物，则安检时就可大大提高效率。[2] 在科技发达的背景下，恐怖分子也吸收了新知识，其危险物品层出不穷，某些危险爆炸物质普通的 X 光安检仪根本无法测出，恐怖威胁较大，要进一步提升安检技术。我国铁路如今已是自动化运行模式，离不开大数据的分析和支持。不过这种信息技术也不是完美的，其安全性不稳定，信息系统较脆弱，一旦被恐怖分子利用黑客技术入侵，就会造成列车运行混乱，危害旅客的安全。

（2）反恐情报处理工作存在漏洞。我国铁路反恐模式是非常被动的，往往是恐怖主义事故发生后各部门进行应对，而很少提前做好有效预防措施，工作人员对恐怖情报的掌握也不熟悉，不能从根源上打击恐怖主义。正所谓"知己知彼，百战不殆"，只有主动获取准确的恐怖情报，才能将潜在的恐怖威胁扼杀在摇篮中。然而现实情况却是各地区、各部门之间对于情报收集工作往往各自为战，所获得的情报也未及时共享，情报收集后各部门反恐情报人员对情报分析研究水平也参差不齐，导致情报交流的渠道不畅通，无法形成完整的链条，不利于指挥系统对反恐情报的资源整合和研判分析。[3]

（3）缺乏安全监管信息共享平台。世界已经进入信息化时代，我国铁路部门紧跟时代，推进资源与信息共享平台技术的普及。但在铁路安全监督管理方面仍存在些许问题。当前地方铁路内部的安全管理和地区铁路监督管理局未能实现全面信息共享理念，因其缺乏安全监督管理信息共享服务平台，使得铁路监管局不能够及时地获取最新的地方铁路内部运营情况和安全问题；地方铁路监管局在

---

[1] 参见马厅："昆明市公安机关反恐工作机制研究"，云南财经大学 2016 年硕士学位论文，第 29 页。

[2] 参见杨新贺："铁路安全恐怖风险防范研究"，石家庄铁道大学 2019 年硕士学位论文，第 36 页。

[3] 参见曹琪伟、亏道远："完善铁路安全反恐机制的思考"，载《石家庄铁道大学学报（社会科学版）》2019 年第 3 期，第 66 页。

对本地区域铁路实施安全检查后主要通过文件形式上传给地方铁路管理层，一般员工虽能通过信息网络系统进行了解，但不全面且效率低下，无法从根本上掌握所在单位及相同岗位存在的恐怖安全隐患。[1]

三、我国铁路监管领域反恐措施的完善

在我国铁路监管领域的反恐立法上，存在缺乏专门反恐法律法规、反恐防范标准设置不合理、铁路监管制度不完善等问题。反恐执法"人防"中存在反恐意识淡薄、安保人员不足、缺乏专门组织机构等问题。反恐"物防"中存在物防标准不明确，物防监管不到位等问题。反恐"技防"中存在相应技术不健全，情报处理工作薄弱，缺乏安全监管信息共享平台等问题。针对上述这些问题，应从立法和执法两方面来完善我国铁路监管领域反恐措施。

（一）铁路监管领域反恐立法的完善

1. 适时制定铁路行业专门反恐法律或法规。

首先，要明确《反恐怖主义法》在铁路反恐法制中的指导地位。我国《反恐怖主义法》是第一部专门为反恐怖主义而制定的法律，是特别法。其中涉及所有关于反恐工作的根本原则、恐怖主义活动组织和人员的认定、安全风险防范、情报信息、应对处置、国际合作、保护措施和法律责任承担等内容，在打击恐怖主义上发挥重大作用，与我国《刑法》共同保障新常态下反恐工作的开展。其他相关法规及规范性文件的内容不得违背《反恐怖主义法》的规定，在恐怖主义刑事犯罪所应当适用的法律法规中处于核心指导地位。在对铁路安全进行监督管理时，更是要把《宪法》和《反恐怖主义法》放在应有的指导地位。

其次，要与时俱进地丰富《反恐怖主义法》的内容。当前全球对恐怖主义犯罪的内涵并未达成共识，也没有统一的规定，更遑论铁路监管领域的恐怖主义的界定。我国反恐立法的重中之重就是要对恐怖主义的内涵进行明确界定。这就需要立法部门结合我国实际发展情况，听取国内反恐学者的专业意见，参考国外反恐法律和联合国相关国际条约，经过多方思考与探讨，完善恐怖主义的定义。[2]现实生活中恐怖犯罪的形式越来越新奇多样，网络恐怖主义犯罪发展更快，恐怖主义成员易对铁路网络信息通讯系统造成破坏，《反恐怖主义法》中的具体罪名

〔1〕 参见连义平、王艳艳："我国地方铁路安全监督管理分析"，载《铁道运营技术》2017年第2期，第59页。

〔2〕 参见杨新贺："铁路安全恐怖风险防范研究"，石家庄铁道大学2019年硕士学位论文，第50页。

不能完全应对目前已出现的恐怖犯罪行为多元化的局面，所以要不断完善其具体罪名，适当进行相应的立法补充。

最后，要根据铁路反恐现实要求制定与铁路反恐怖标准相适应的配套法规。在铁路反恐工作中维护铁路外部安全环境极其重要。对重点部分防护设施不健全、恐怖威胁排查不全面、设施巡查维护不到位、反恐防范形势严峻等问题，应根据《反恐怖主义法》、《铁路法》以及《铁路安全管理条例》等相关规定，在此基础上进一步明确铁路反恐防范监管主体和范围，细化执法监管职责和其他法律责任，完善铁路反恐怖防范工作中"人防、物防、技防"等基础。[1] 该专门法律或法规不能与《反恐怖主义法》冲突，要比《反恐怖主义法》的内容更加全面具体，同时也要更适用于铁路反恐怖防范工作。

2. 完善反恐怖防范标准。

（1）适时组织相关职能部门与业内人士参与铁路反恐怖标准的编制与更新工作。基于前文对国家铁路局职能的分析，我们认为，交通运输部国家铁路局作为国家铁路的行政主管单位，肩负铁路反恐怖标准的编制责任，应当会同铁路公安、铁路行业的其他相关单位、研究机构，共同完善铁路反恐怖标准。[2] 除此之外，会涉及恐怖主义威胁，与铁路运输生产有交叉的邮政、互联网、油气、危爆和电力等其他领域的行政主管部门，也应加入到铁路反恐怖标准的编制工作中来。关于标准内容方面，要制定、完善普速铁路和老旧车站的反恐怖标准，要对铁路沿线反恐防范区细化法律责任。这些相关职能部门与业内人士也要对铁路涉恐形势进行研究判断，充分发挥"铁路安全与反恐论坛"的探讨交流作用，不断了解反恐斗争的现实情况，逐步细化防范标准和预案的实施意见，尽快修订更新内容。[3] 铁路既有站线反恐防范设施、设备的升级改造是需要大量成本的，应进一步加强反恐怖经费保障力度，可通过上市融资、发行债券等方法拓宽反恐怖防范专项经费的来源渠道。同时，可加大对经费保障不到位责任人的惩处力度，确保反恐怖资金专项专立、专款专用。

（2）建立完善监督保障制度促进防范措施落实。《铁路法》对政府单位和铁路企业开展铁路安全监督管理工作起到指引作用，但细致性的铁路反恐怖标准仍

〔1〕 参见杨新贺："铁路安全恐怖风险防范研究"，石家庄铁道大学 2019 年硕士学位论文，第51页。
〔2〕 参见刘卫、王名雷、曾明生："我国铁路反恐怖防范标准的实施问题探讨"，载《铁道警察学院学报》2021 年第 1 期，第 8 页。
〔3〕 参见廖文举："我国铁路反恐怖和治安防范标准的实施与完善"，载《铁道警察学院学报》2021 年第 1 期，第 15 页。

处于行政规章层面，大多是铁路监管单位制定出台的标准或是铁路企业自行制定的规范标准，法律效力等级较低，普遍约束力较弱，执行效果往往不理想，缺乏对政府监管和企业主体责任落实。要在《铁路法》中进一步明确铁路监管机构的法律地位、隶属关系、职能权力、行为规范，法律不仅要维护铁路监管部门合法的监管地位及监管的权威性，还要对监管部门权力的行使起到约束监督作用，监督铁路监管机构落实责任。[1] 而且，必要时也可考虑制定"铁路安全法"，作为执行《铁路安全管理条例》及铁路反恐怖防范相关标准的强力法律后盾，对政府机关和铁路企业在铁路运营安全管理工作上的职责进行监督规范。[2] 只有建立完善的监督保障制度，才能突出各个铁路监管单位的监督职能，促进反恐怖防范措施的有效落实，推动铁路站线及周边环境的良好发展，更好地保障铁路运输领域的整体安全。

3. 完善铁路安全监督管理制度体系。

（1）进一步明确铁路安全监管对象。明确铁路安全监管对象是地区铁路监督管理局实施有效监管的前提。铁路监管局应全面把控辖区范围内铁路运输、工程质量和设备质量安全生产情况，仔细研究每个铁路公司的经营规模、管理形式、隶属关系和人员情况，以便分类制定不同的地方铁路安全监管目标。有时地方政府、铁路局、地区铁路监督管理局多部门之间会出现监管对象重叠的矛盾，影响到铁路安全监管体系的构建。因而，要构建起一个有效的、具有协调统一的层次结构和科学合理的职能结构的铁路安全监督管理体制，加强各地铁路监管部门间的协调与合作，落实分级、量化管理制度，明确铁路监管局的管理对象、管理重点，细化日常开展涉恐和治安隐患排查的应负职责，不断更新监督检查的措施，让安全监督管理可以涵盖到铁路运输和生产中的每一个环节，确保地方铁路安全的可靠性和稳定性。[3]

（2）进一步明确铁路监管部门和地方政府的监管责任。国家铁路局是我国的铁路监管机构，在铁路运输方面有着重要地位，是铁路安全监管领域的主要责任主体，负责起草铁路监督管理的政策文件及法规规章草案等。要进一步明确国家铁路局的监管责任，其在铁路反恐防范工作中应负责起草有效的关于监督管理

---

[1] 参见靖琦："我国《铁路法》之反思与重构"，西南交通大学 2016 年硕士学位论文，第 35 页。

[2] 参见廖文举："我国铁路反恐怖和治安防范标准的实施与完善"，载《铁道警察学院学报》2021 年第 1 期，第 15 页。

[3] 参见连义平、王艳艳："我国地方铁路安全监督管理分析"，载《铁道运营技术》2017 年第 2 期，第 59~60 页。

铁路企业恐怖风险防范工作的规范性文件。[1] 国家铁路局还担负着对铁路运输服务质量和工程建设质量进行监督的责任，运输服务与物防建设是铁路反恐防范工作中较为重要的部分，国家铁路局也应对铁路运输工作与铁路工程建设是否达到反恐防范标准进行监督。除了明确国家铁路局的监管责任，由于铁路反恐防范工作涉及面广、参与单位众多，还应高度重视各级地方政府的权力，明确地方政府监督检查的责任。地方政府要对铁路企业的规划建设、安全保卫、特殊时期的应急预案重点督查，及时介入指导，排查恐怖风险隐患，对出问题的铁路企业进行约谈问责、督促整改，确保铁路反恐防范工作的有效进行。

（二）铁路监管领域反恐执法的强化

1. 建设高素质的专业铁路反恐队伍。

一是要继续提高铁路工作人员的反恐意识，加强人员反恐培训教育。地方铁道部门、铁路公安应定期组织铁路相关工作人员掌握最新的反恐形势，学习掌握反恐怖防范标准，增强参训者内心对铁路反恐工作的认识，提升对恐怖主义风险的防范和鉴别能力，专门针对铁路这一特殊行业开展相应的反恐课程；铁路各部门也要定期配合铁路公安进行反恐演习，积累演习经验，提高心理素质，加强灵活应对各种突发情况的能力，为今后可能出现的实战做准备；铁路监管部门还要重视铁路安全文化建设，督促反恐宣传活动的有效落实，发挥文化的内在力量，让全体人民自愿投入到铁路反恐防范工作中。[2]

二是要增加铁路反恐执法人员。铁路反恐实践中存在着人员资源配备短缺、安保任务重、能力低等问题，应完善铁路反恐工作人员招录制度，根据各铁路线段的实际情况，适当增加员额数量，提高铁路工作人员的薪资待遇，引进更多专业优秀的反恐人才到铁路行业中来，以改善安保人员不足的情况。[3] 铁路监管部门也要加强对反恐人员的执法检查，明确其工作职责和相关要求，对在工作当中表现不佳或者能力不符的人员应及时予以清退，确保反恐队伍的专业性和整体素质。

三是完善铁路反恐防范体系。即使铁路公安机关是铁路反恐执法的主要战力，但复杂困难的反恐斗争并不仅仅依靠铁路公安就能取得胜利，需要地方政

---

〔1〕 参见杨新贺："铁路安全恐怖风险防范研究"，石家庄铁道大学 2019 年硕士学位论文，第 55 页。

〔2〕 参见曹琪伟、亏道远："完善铁路安全反恐机制的思考"，载《石家庄铁道大学学报（社会科学版）》2019 年第 3 期，第 67 页。

〔3〕 参见杨新贺："铁路安全恐怖风险防范研究"，石家庄铁道大学 2019 年硕士学位论文，第 41~42 页。

府、铁路监督管理部门、铁路企业的辅助与支持。因而，要在铁路反恐工作组织和机构的领导下，以铁路公安部门为主体来提供反恐保障的力量，让地方政府积极配合完善安全治理，让铁路交通运输企业履行其自身负有的对乘客进行安全保障的职责，让铁路监管部门加强对铁路反恐工作的检查和监督职能。[1] 此外，还需根据目前铁路安全反恐的现实要求，明确和强化专门铁路反恐工作组织机构的权能，统一管理具体的工作人员，使由其他部门临时聚集、随意管理和被动办事的现象应完全杜绝。在明确职能后，要努力提升机构的权威性和专业性，使其不仅有权专门办理铁路暴恐案件，也有权与各部门相互协调一齐完成铁路反恐工作，推动各部门间紧密配合，无缝衔接，形成更大合力来打造安全稳定的铁路运营环境。[2]

2. 健全铁路反恐怖应急处置机制。恐怖主义袭击事件往往突如其来，铁路反恐部门必须及时采取有效措施来减少损失。所以，建立健全的铁路反恐怖防范应急处置机制是当前工作的重中之重。

第一，要建立健全平时和战时铁路反恐应急处置机制。平时即没有恐怖活动时，对日常铁路反恐防范工作的处置，而战时即恐怖袭击发生后，对铁路反恐行动进行应急指挥调动，协调处置等。[3] 这种平、战时相结合的铁路反恐应急处置机制，划分了不同情况下的应急处置方法，能够迅速转换平、战时反恐应急指挥功能，极大提高反恐工作效率，减少内耗，实现无缝连接。

第二，要进一步明确铁路公安的职责。铁路公安机关在铁路反恐执法中处于首要位置，是打击和处置恐怖活动的先行者。铁路公安反恐领导部门应按暴恐事件规模大小和危害程度等划分应急处置机构等级，针对不同的破坏方式研究出不同的应急处置方案，并监督各级各类处置机构及时进入指挥岗位，发布指令，启动预案，调配人员，确定处置暴恐事件的措施。[4] 而执行民警则应在恐怖案件发生后尽快赶到现场，若事态紧急可先自行处理但需及时向上级汇报情况；当地公安接到报案后也要快速出警，维护现场民众安全，必要时可歼灭制造暴恐事件

---

〔1〕　参见曹琪伟、亢道远："完善铁路安全反恐机制的思考"，载《石家庄铁道大学学报（社会科学版）》2019年第3期，第66页。

〔2〕　参见曹琪伟、亢道远："完善铁路安全反恐机制的思考"，载《石家庄铁道大学学报（社会科学版）》2019年第3期，第66页。

〔3〕　参见胡晓辉、刘秋莲："铁路反恐怖机制建立路径探析"，载《政法学刊》2015年第2期，第126页。

〔4〕　参见胡晓辉、刘秋莲："铁路反恐怖机制建立路径探析"，载《政法学刊》2015年第2期，第127页。

的恐怖分子；同时要注意疏散人民群众，划定封锁区域，进行抢险救援等。

第三，铁路反恐防范应急处置机制的完善也离不开应急物防设施的建设。物防是基础，是对人防与技防的一种补充，铁路公安在进行反恐实战演练时需要物防装备的加持，乘车旅客在铁路运营过程中也需要安全基础设施的保障。铁路监管部门应进行充分地实地调研，转换角度思考问题，通过对车站各个进出口增设防护隔离装置，放置警灯、报告牌等设施，实行线路栅栏封闭，加强安全监督检查，落实应急处置装备等办法，将防范区域进一步扩大，健全铁路反恐应急处置机制。[1]

3. 完善铁路反恐情报体系。作为铁路安全和反恐工作的关键，情报信息的获取是掌控铁路反恐主动权的基础性举措，高效准确的情报可以避免一场灾难的发生，是预防恐怖主义违法犯罪最有力的方式。完善铁路反恐情报体系可通过情报信息收集、情报信息共享、情报信息分析三个方面来进行探讨。

一是拓宽反恐情报信息的来源。广泛搜集高效可靠的情报资料是反恐情报工作的核心内容。反恐部门既可利用专门情报机构的大数据网络技术和手段搜集情报，也可充分依靠基层民警，发挥各级公安机关公开治安管理的优势，建立一个立足铁路车站、列车、线路，辐射周边单位和地区的反恐情报网络，以期达到铁路反恐情报搜集工作的目的。[2]此外，社会力量也是情报收集系统里的顶尖力量，铁路反恐情报工作需要依靠广大人民群众，通过联合与运用社会力量，将情报触角深入到沿线的村落、乡镇、街区，扩大情报收集的来源，拓宽情报收集的渠道。

二是深化反恐情报信息的交流。在铁路反恐工作中，不能秉持守着"一亩三分地"的理念，要有协作共赢的意识。若各部门情报信息交流不畅通，会给铁路反恐情报体系的构建带来很大麻烦。因此有必要建立一个统一关联的信息化情报共享平台，该平台能够做到最大限度地实现情报资料的准确掌握、互换互享、动态管理及高效应对。[3]铁路系统也要加强同地方公安之间的情报沟通，及时地互换当地恐怖组织及其活动的资料，以便更快采取预防办法。也可从建立路地联

---

〔1〕 参见沈伟嗣、张景韵："我国铁路运输系统反恐模式研究"，载《铁道警察学院学报》2019年第3期，第29页。

〔2〕 参见胡晓辉、刘秋莲："铁路反恐怖机制建立路径探析"，载《政法学刊》2015年第2期，第125页。

〔3〕 参见吕红戈、张新："斯里兰卡连环爆炸案对铁路反恐重点目标反恐防范工作的启示"，载《第四届"铁路安全与反恐论坛"论文集》，中国人民公安大学出版社2019年版，第393~399页。

勤联动情报信息共享机制的角度出发，通过情报共享、情报协商、情报协作，实现路地联勤联动情报信息"预知、预警、预处"三大体系功能，打破信息壁垒。

三是加强反恐情报分析与应用能力。在信息爆炸时代，情报信息呈现出多且乱的特点，若不仔细甄别与分析，则可能无法获取真实有效的反恐情报，所以必须提升情报信息分析与应用能力。关于如何加强情报分析研判能力，一方面要加大对相关情报技术研判工具的开发力度，减轻人工/情报分析人员的压力，使分析出来的结果更加精准。[1]另一方面要注重反恐情报人才的培养，充分发挥好人力情报资源的优势，不断加强培育情报人员的先进反恐理念，让他们的情报信息筛查技术和应用能力越来越熟练。

典型案例评析：

一、赵某江挪用资金案[2]

（一）案件事实

赵某江，原中国甘肃中铁地质灾害防治公司地基与桥梁加固中心主任兼公司副总工程师，也曾担任项目部经理。在案件发生时担任公司总经理助理。2010年11月28日，赵某江在公司所执行的兰青线既有桥梁加固和柴达尔支线桥梁病害整治工程中担任现场负责人与项目经理。这期间其利用自己负责管理工程项目资金的便利，私自从以本人个人名义开设的用于项目资金管理的工商银行存款账户中取出40万元现金，并随后存进了自己的建设银行账户。同年11月30日，赵某江把建设银行存款账户内的635 215元（包含本人存款235 215元），全转入成都置业公司，用来购置一套商品房。2011年1月9日，赵某江支付2 716.78元工程项目试验费，但剩余的397 283.22元资金却超过三个月未归还。案发之前，赵某江已还清被挪用的资金397 283.22元。[3]

（二）法院裁判

1. 一审审理情况。

公诉机关指控，赵某江身为国家工作人员，利用其职务上的便利，挪用公款

---

〔1〕　参见曹琪伟、苪道远："完善铁路安全反恐机制的思考"，载《石家庄铁道大学学报（社会科学版）》2019年第3期，第67页。

〔2〕　参见兰州铁路运输法院刑事判决书（2014）兰铁刑初字第10号；兰州铁路运输中级法院刑事裁定书（2015）兰铁中刑终字第6号。

〔3〕　参见兰州铁路运输法院刑事判决书（2014）兰铁刑初字第10号。

达到39.7万多元，且超过三个月还未偿还，数额巨大、情节严重，应以挪用公款罪依法追究其刑事责任。

赵某江辩护人提出的辩护意见：（1）赵某江隶属单位中铁建设工程有限公司不是国有公司，而是国有控股公司，他进行的经营活动也不属于从事公务的范畴；（2）赵某江在2011年1月29日给自己的建设银行卡进账共达21万元，由于该笔钱款最后用在工程款上，故应当从其挪用的金额中划除；（3）赵某江是在立案之前就如实供述了自己的犯罪行为，属于侦查部门还未掌握的事实，构成自首；（4）赵某江在庭审中的认罪、悔罪态度良好，犯罪的主观恶性不大，情节显著轻微，危害后果轻，建议对其免予刑事处罚。

一审法院审理查明，认为赵某江接受国有控股公司的委派，在项目部担任经理一职，从事的业务属于公务活动，应认定其是国家工作人员。其利用职务便利与优势，挪用公款397 283.22元，归个人使用，数额巨大，情节严重，犯罪事实清楚，证据确实充分，其行为已然构成了挪用公款罪，公诉机关对其指控罪名成立。至于赵某江及其辩护人所提出的扣除21万元、赵某江不是挪用公款罪的主体、符合自首的辩护意见与庭审查明的事实不符，不予采纳。而辩护人关于甘肃中铁建设工程有限公司是国有控股公司、赵某江在案件发生之前已经归还全部资金、到案后主动供述自己的罪行、认罪态度良好、主观恶性和社会危害程度小的辩护意见，符合客观实际，有法有据，予以采信。辩护人还提出了免于被告人刑事处罚的量刑意见，但赵某江并没有法定减轻、免除处罚的情节，因此不予采纳。最终以挪用公款罪判处赵某江有期徒刑五年。[1]

赵某江不服一审判决，提起上诉。兰州铁路运输中级法院认为原一审判决认定赵某江犯挪用公款罪，部分事实不清，证据不足，依法裁定撤销原判发回重审。

经过法庭重新审理，法院认为，赵某江作为公司的一名工作人员，利用其职务上的便利，挪用397 283.22元资金归个人使用，数额巨大，构成了挪用资金罪。公诉机关所指控的罪名不恰当，予以更正。归案之后，赵某江如实交代自己所犯罪行，可从轻处罚。当庭自愿认罪、悔罪表现良好、属初犯、偶犯、主观恶性小、案发之前赃款已全部退还，均可酌情从轻处罚。辩护人关于减除21万元、构成自首的辩护意见，不符合庭审中查明的事实，不予采纳。不过其它的辩护意见与庭审查明的事实一致，可予以采信。因赵某江犯罪情节较轻，悔罪态度良

---

[1] 参见兰州铁路运输法院刑事判决书（2014）兰铁刑初字第10号。

好，没有再犯危险，且宣告缓刑对其所在社区没有重大不良影响，故可依法对其适用。最终以挪用资金罪判处赵某江有期徒刑三年，缓刑四年。[1]

2. 二审审理情况。

一审宣判后，兰州铁路运输检察院提出抗诉。兰州铁路运输中级法院依法组成合议庭，于2015年4月28日公开开庭审理此案。兰州铁路运输检察院以"被告人赵某江任职既符合委派的程序要件，又符合从事公务活动的实体要件，应依法认定为国家工作人员；原审判决，认定罪名错误，适用法律错误，重罪轻判"提出抗诉。

抗诉机关再次指出，中铁西北科学研究院有限公司与甘肃中铁建设工程有限公司均是国有控股公司；赵某江担任项目经理一职是由甘肃中铁建设工程有限公司经理王某某和副经理马某某沟通之后任命的，且经理王某某是能够代表该公司党政联席会的党支部书记的。因此赵某江的任命属于"经负有管理、监督国有资产职责的组织，批准或研究决定，代表其在控股公司及分支机构中，从事公务"，应认定其是国家工作人员。

原审被告人赵某江及其辩护人对原审判决认定的犯罪事实、证据以及判决结果都没有异议，但对兰州铁路运输分院向法庭申请出示的证明赵某江是国家工作人员的证据和出庭意见有异议。他们对此提出如下辩护理由与意见：赵某江是由甘肃中铁建设工程有限公司经理口头指派而担任项目经理一职，其从事的工作主要还是有关工程技术的事务性活动，不真正具有国家工作人员的身份。

二审法院经过审理认为，原审判决根据本案犯罪事实和证据，认定被告人赵某江犯挪用资金罪，归案后如实供述自己的罪行，当庭自愿认罪、属初犯、偶犯、主观上恶性小、案发前赃款已全部退还，且犯罪情节较轻，悔罪态度良好，没有再犯危险，宣告缓刑对其所在社区没有重大不良影响，可依法对其适用，酌情从轻处罚的量刑适当，符合刑法的罪责刑相适应原则。故不予采纳抗诉机关的所有抗诉理由。依法裁定驳回抗诉，维持原判。[2]

（三）简要评析

这是一起复杂疑难的案件，经历了一审、重审、二审等程序，控辩双方争执不休，其中最大的争议点是如下两个：一是赵某江属不属于国家工作人员；二是赵某江究竟构不构成挪用公款罪。

---

〔1〕　参见兰州铁路运输法院刑事判决书（2015）兰铁刑初字第1号。

〔2〕　参见兰州铁路运输中级法院刑事裁定书（2015）兰铁中刑终字第6号。

1. 赵某江是否为国家工作人员。要想对赵某江的身份进行认定，需要从"是否任命"和"是否从事公务"两方面来解读。

从庭审情况可知，赵某江在其公司（甘肃中铁建设工程有限公司）的主要职务是地基与桥梁加固中心主任兼副总工程师，且还担任了项目经理一职。这三项职务的任命与委派，都是由本公司的总经理直接口头指定而成的，既不属于经由国家机关、国有公司、企事业单位的提名、推荐、任命、审批，也不属于经由国家出资企业中负有管理、监督国有资产职能的组织的批准或决定。同时还有更重要的一点是，在赵某江担任多项职务的过程中中铁西北科学研究院有限公司（股东）并未行使相应的人事决定权和任免权。[1]因此，赵某江没有符合构成国家工作人员的形式要件。

至于赵某江是否构成"从事公务"的实质要件，通过审理情况可知，其在两个项目中的主要职责是"全面负责项目部工作"和"负责解决施工现场遇到的技术问题与工程问题，按单位规定运用现场资金"。从表面分析赵某江的确是在做有关工程技术的事务性活动，但兰青线既有桥梁加固工程项目和柴达尔支线桥梁病害整治工程均属于铁路运维项目，其依靠的是国有资金的支持。换句话说，赵某江在从事相关技术性、事务性工作的同时，还对国有资产负有管理、监督的职责，这完全具备公务活动的特点。[2]因而，赵某江是构成"从事公务"实质要件的。

综上所述，虽然赵某江符合"从事公务"的实质要件，但由于其不符合"任命"的形式要件，缺少了具备成为国家工作人员全部要素，所以赵某江不是国家工作人员。

2. 赵某江是否构成挪用公款罪。该案件经过重审后，由原来的挪用公款罪改判为挪用资金罪，控辩双方对此观点不一，这也变成了本案的另一个争议点。那么，究竟赵某江构不构成挪用公款罪？其分析判断如下：

根据《刑法》的规定，挪用公款罪是指国家工作人员利用职务上的便利，挪用公款归个人使用，进行非法活动，或挪用公款数额较大、进行营利活动，或挪用公款数额较大、超过3个月未还的行为。

---

〔1〕 参见李伟兵："国有控股公司中国家工作人员认定问题研究——以赵成江挪用资金案为例"，兰州大学2017年硕士学位论文，第26页。

〔2〕 参见李伟兵："国有控股公司中国家工作人员认定问题研究——以赵成江挪用资金案为例"，兰州大学2017年硕士学位论文，第26~27页。

该罪的主体是特殊主体，即国家工作人员。除了在国家机关里从事公务的国家工作人员，在国有公司、企事业单位里从事公务的人员，或者接到国有单位的指派而到非国有单位里从事公务的人员也都属于该罪的行为主体。该罪侵犯的主要对象是公款，既包括国家、集体所有的货币资金，也包括由国家管理、使用、运输、汇兑与储存过程中私人所有的货币。用于救灾、抢险、防汛、优抚、扶贫、移民和救济等特定款物也属于此行列。

该罪的客观行为是利用其职务上的便利，通过主管、管理或经手公款等优势，未经合法批准，擅自挪用公款归个人使用的行为。具体分为三种情况：第一种是挪来用于非法活动，只要是使用于走私、赌博等违法犯罪活动，均被认定成挪用公款罪，以5千元至1万元为追究刑事责任的数额起点，[1]而挪用的时长可忽略不计。第二种是挪来用于营利活动，要求数额较大，但对于挪用期限的长短、营利目的是否达到、公款是否归还却并无规定。按照《最高人民法院关于审理挪用公款案件具体应用法律若干问题的解释》的规定，此种情况以1万元至3万元为"数额较大"的起点，以15万元至20万元为"数额巨大"的起点。第三种是挪来用于其他用途，要求数额较大且超过3个月未还，该种情况对挪用的数额与时间都有考量，数额标准是同第二种情况一致的，而期限是超过3个月。该罪的主观方面是直接故意，即明知自己的挪用行为会侵犯公款的占有权、使用权，却仍希望这一结果发生。不过其主观特征，只是暂时非法取得公款的使用权，打算以后予以归还。若具有非法占有的目的，则可能构成贪污罪。

在对挪用公款罪的犯罪构成进行分析后，具体比对该罪的主体要件，不难发现，赵某江作为一名国有企业工作人员，并不属于上述的国家工作人员，不能满足挪用公款罪对行为主体的要求，所以赵某江不构成挪用公款罪。

对比挪用公款罪与挪用资金罪，这两罪最大的区别是行为主体和侵犯对象。挪用资金罪是以公司、企业或者其他单位的工作人员等非国家工作人员为行为主体，其侵犯的是单位资金。具体到赵某江案，被告人赵某江作为国有控股公司中的一名工作人员，利用其职务上的便利，故意挪用397 283.22元的单位资金归自己使用，构成挪用资金罪。[2]

---

〔1〕　参见《最高人民法院关于审理挪用公款案件具体应用法律若干问题的解释》（1998年5月9日施行）。

〔2〕　参见李伟兵："国有控股公司中国家工作人员认定问题研究——以赵成江挪用资金案为例"，兰州大学2017年硕士学位论文，第29~30页。

二、张某光受贿案[1]

(一) 案件事实

张某光，原中国铁道部副总工程师、运输局局长，也曾经担任中国铁道部运输局装备部客车处处长、装备部副主任。在 2000 年至 2011 年间，张某光分别通过利用担任原中国铁道部运输局装备部客车处处长、装备部副主任、运输局局长等多个岗位职务上的优势和便利，在解决蓝箭列车生产使用及列车零配件销售、科学技术产品应用、工程项目中标等问题上给广州中车轨道交通装备股份有限公司等 14 家单位提供了支持与帮助，并违法接收上述单位主要负责人赠送的款物折合人民币大约 4700 万元。2011 年 2 月 28 日中国铁道部会议正式对外宣布，张某光被停职且在接受调查中。2012 年 4 月 1 日张某光因其个人涉嫌犯受贿罪被刑事拘留，同年 4 月 13 日被批准逮捕。案发后，涉案的巨额赃款和财物已全部追缴，张某光也主动交代了办案机关还未掌握的大部分受贿事实。2013 年 7 月 16 日张某光被北京市检察院第二分院以受贿罪提起公诉，据检方公诉，张某光受贿的主要时间正值中国高铁跨越式发展的大时代。经公开审理后，2014 年 10 月 17 日，北京市第二中级人民法院对被告人张某光作出一审判决，以受贿罪判处其死刑，缓期二年执行，剥夺其政治权利终身，并处没收其全部财产。

(二) 法院裁判

法院最终认定，被告人张某光身为国家工作人员，利用职务便利为他人谋取利益，非法收受他人财物总计折合人民币 4700 余万元，其行为已构成受贿罪，受贿数额特别巨大，情节特别严重，依法应予惩处。被告人张某光所犯受贿罪罪行极其严重，论罪应当依法判处死刑，鉴于其在涉嫌受贿被依法立案调查后，主动向办案机关交代了还未掌握的大部分受贿事实，认罪、悔罪，赃款、赃物也已全部追缴，对其判处死刑，可不立即执行。根据被告人张某光所犯事实、犯罪的性质、情节和对于整个社会的危害程度，依法以受贿罪，判处张某光死刑，缓期二年执行。张某光没有上诉。

(三) 简要评析

历时两年多的"张某光受贿案"，在大众视野中终于落下帷幕。这个号称"高铁第一人"的人，却落得如此悲惨下场。这不仅给社会带来极大的影响，也

---

[1] 参见北京市第二中级人民法院刑事判决书（2013）二中刑初字第 1530 号。

对我国当前的反腐工作机制敲响了警钟，令人反思。

1. 案件评析。

（1）数额特别巨大，社会危害性大。从案件审理中可知，张某光从2000年到2011年这十一年中，利用职务便利收受他人给予的贿赂高达40余次，数额竟有4700余万元，造成国有资产的大量流失，突出了作案时间长、次数多、数额特别巨大等特点。而且，张某光在国家投入巨资、人民怀抱期望的高铁领域内进行巨额的权钱交易，以权换钱，肆意弄权，将国家赋予的权力当作自己个人谋私利的本钱，严重背离了社会主义国家对于公职人员廉洁清白的要求，使国家工作人员队伍在广大人民群众心目中的形象遭到损害，也严重影响高铁事业的健康可持续发展，破坏铁路经济秩序和社会稳定。[1]

（2）典型的权钱交易关系。张某光受贿案是一起典型的权钱交易案件，该案中14家单位的负责人均是为本单位能在铁路运输环节、铁路工程建设环节获利而给予张某光钱财，张某光也是清楚这些单位负责人想法的情况下，要么承诺帮助他人的请求，要么直接用行动为其谋取利益。这样明显的权钱交易，正如张某光在庭审中所说，"在他们企业的发展过程中，我给了他们很大帮助，我需要用钱，向他们要一点，对他们来说九牛一毛。再说，戈某某说需要我以后继续帮助，我觉得我有能力帮他，所以心里也很坦然。他们明白，我对企业以后的发展具有决定权。"这也侧面表示出张某光要钱要得心安理得，没有感觉任何不适，其认为他们之间就是"你给钱，我办事"的权钱交易关系。[2]

（3）张某光为高铁事业所作的贡献能不能认定为立功。本案中有一个值得注意的争议点，就是张某光为高铁事业发展所作出的巨大社会贡献能不能认定为其有重大立功表现。张某光的辩护律师提出，张某光应认定为重大立功。而法院却不赞同，其认为张某光所获得的外观设计专利证书、实用新型专利证书，在2008年至2010年连续三年获得国家科技进步一等奖奖状、十佳全国优秀科技工作者荣誉称号证书等证据，虽然确实能证明张某光为推动我国铁路快速建设与发展作出巨大贡献，但这些都是发生在张某光到案受审之前，与本案案件并无关联，

〔1〕　参见最高人民检察院铁路运输检察厅编：《以案明法 拒绝脱轨：涉铁职务犯罪案件警示录》，中国检察出版社2016年版，第20页。

〔2〕　参见最高人民检察院铁路运输检察厅编：《以案明法 拒绝脱轨：涉铁职务犯罪案件警示录》，中国检察出版社2016年版，第20页。

依法不能予以认定。[1]尽管张某光确有其他有利于国家和社会的突出表现，但是依照《刑法》第68条的规定，立功应该以犯罪分子到案后实施的行为为准，而张某光的贡献明显是属于在案前，因此不构成立功。

2. 警示教训。

张某光之所以会迎来这样的下场，主要有两方面的原因：一是个人私欲的膨胀，二是权力运作缺乏有效的监督制约。张某光的腐败之路，是从思想堕落开始的，他对不正之风缺乏警惕，对金钱、美色、虚名充满渴望，经不起重重诱惑，致使自己在犯罪的道路上越走越远，严重违反了党员干部廉洁从政的要求。同时，权力失去监督制约也必然会导致腐败，从案件审理情况可知，只要张某光有明确的推荐、授意，那些企业厂商的产品就能够进入列车配件市场，如此畅通无阻，更是滋长张某光的霸气习性，让他不能正确使用自己的权力。[2]没有有效的制度对该种以权谋私的行为进行监督制约，后果将不堪设想。对此，一定要反思与警示，要有效地遏制该类犯罪的发生，提出有建设性的防范对策。

（1）强化领导干部法治意识、廉政意识。唯物辩证法认为，任何事物的变化与发展，内因才是起主要作用的存在。只有正确指引领导干部的人生观、价值观和世界观，才能遏制腐败现象的发生。当前应切实提高领导干部的廉政意识和遵纪守法意识，通过组织廉政教育、举办法治系列讲座等措施，来加强领导干部抵御不正之风和腐朽思想的能力，消除诱发职务犯罪的内心起因。我们要让领导干部淡泊名利，洁身自好，不过于追求财富，不过于热衷名誉，要让他们知道作为领导干部，应当追求的是自己在领导岗位上为党和人民所作出的贡献，而不是科研人员设立的院士头衔。当然，领导干部还需要进一步树立模范和自觉践行社会主义核心价值观，弘扬良好的道德风尚，做社会主义道德的良好榜样和精神示范者，不断保持严肃的生活作风，珍重自己的人格，不做超越法律和党纪约束的任何事情。[3]

（2）完善监督制约机制。监督是对权力系统和权力运行的程序而言的，对权力的有效监督，是保证权力规范行使的重要基础。要对铁路工程建设领域和铁

---

〔1〕参见最高人民检察院铁路运输检察厅编：《以案明法 拒绝脱轨：涉铁职务犯罪案件警示录》，中国检察出版社2016年版，第21页。

〔2〕参见最高人民检察院铁路运输检察厅编：《以案明法 拒绝脱轨：涉铁职务犯罪案件警示录》，中国检察出版社2016年版，第22页。

〔3〕参见最高人民检察院铁路运输检察厅编：《以案明法 拒绝脱轨：涉铁职务犯罪案件警示录》，中国检察出版社2016年版，第23页。

路运输领域的关键环节、关键人员、关键时段、关键事项等进行有效的管理与监督，杜绝利益输送，防止"暗箱操作"；要进一步强化对权力运行的联控互控，认真贯彻落实行之有效的监督制约机制，压缩权力寻租空间；要加强集体决策，对于一些重大事项，必须通过集体商议来决定，防止权力太过集中；要进一步加强社会监督的力量，确保领导干部、党员在行使权力时做到公平、公正、公开，杜绝干部越权、侵权和以权谋私的违法行为，让权力在阳光下健康运行。[1]

（3）加强对领导干部的管理。加强对广大领导干部、党员的严格管理，能够有效预防干部由小错逐渐酿成大祸。一是要加强党员对廉洁自律、党纲政纪的学习教育，严格落实党委的主体职责和纪委的监督职责，在对党员进行提拔、任用时，多多听取纪委、监督部门的意见，对于守不住底线、抵不住诱惑的干部不能重用。二是要重视领导干部"八小时以外"的管理，要督促他们谨慎交友，对于个人廉洁（如收礼物、收红包）、参与兴趣活动、经济交往等内容应按时检查、全面掌握，时刻提醒领导干部自律自省。三是要推动干部轮岗，让领导干部按相应计划进行岗位轮换。这种职务交流不仅有助于拓宽干部的视野、提高干部的工作能力，还能有效阻止领导干部长期待在一个部门任职而产生许多弊端，以防遗患。

---

[1] 参见汪娟娟："由涉铁职务犯罪典型案例探究铁路系统职务犯罪预防"，石家庄铁道大学2020年硕士学位论文，第40页。

附录1:

让 "钢铁驼队" 走得更稳更远更好[1]

——中欧班列抗疫贡献及其疫情风险法律防控的调查研究[2]

陈彧奇[3]　　曾立伟[4]　　李诗烨[5]　　胡雪雪[6]

马莉莎[7]　　逢润瑞[8]　　姚玉琳[9]

目录

---

〔1〕 有专家认为，此处语言过于通俗，可以进一步凝练。因为难以找到更好的全面而又递进式表达文章目的的措辞，所以笔者仍保留了这一表述。

〔2〕 本调研报告是2021年度全国大学生挑战杯参赛项目的成果（指导教师：曾明生教授），特此予以收录。感谢本课题组全部调研对象的大力支持。同时感谢江西财经大学统计学院副院长潘文荣博士提供的智力支持。有专家认为，宏观上，从中国道路出发，讲好中国故事，其内容可以只写抗疫贡献。我们认为，本项目应该更侧重于试图解决相关难题，尤其是可能被一些被掩盖的问题。因此，这里将抗疫贡献部分内容简化，将重点放在疫情防控的部分。

〔3〕 华东交通大学2020级法硕研究生。

〔4〕 江西财经大学2019级民商法学硕士研究生。

〔5〕 华东交通大学2020级刑法学研究生。

〔6〕 华东交通大学2019级法硕研究生。

〔7〕 江西财经大学2019级统计学硕士研究生，主要负责其中的统计分析工作。

〔8〕 华东交通大学2020级法硕研究生。

〔9〕 华东交通大学2019级法学本科生。

引言：选题由来及意义、思路和方法

自 2013 年习近平总书记提出"一带一路"倡议以来，中欧班列开行班次日益增多。特别是，面对疫情挑战，中欧班列已经成为中欧抗疫合作的"生命通道"，[1] 而且成为稳定国际供应链的重要支撑，成为促进中国与沿线国家贸易合作的"黄金通道"，成为中国"一带一路"建设的重要载体和靓丽名片。但是，对中欧班列疫情风险法律防控问题，国内外法学界至今尚无公开发表的研究文章。这与铺天盖地的有关"中欧班列抗疫"的报道和评论形成鲜明的对比。这种对比是否说明中欧班列没有疫情风险或者其疫情风险微不足道呢？对此，我们表示怀疑。我国铁路法治研究领域缺乏实证研究，目前尚无公开发表的采用问卷调查方法的铁路法治学术文章。研究中欧班列抗疫贡献及其疫情风险的法律防控问题，主要是为了更好地防范各种疫情的发生和传播，更好地完善法律防控措施，更好地保护人民安全和促进经济长期发展，同时也有利于积极推进和拓展铁路法治理论研究，进一步夯实和丰富铁路法治的内容，为培养高素质铁路法治人才提供理论参考。其中也有利于加强对中欧班列疫情风险防控的立法、执法、司法、守法和法律监督的指导工作。由此积极助力于中华民族伟大复兴的事业。

我们通过大量的文本和数据研究，试图研讨中欧班列抗疫贡献的程度和大小，特别指出其中的疫情风险问题，以及发现其疫情风险法律防控的不足之处，分析其原因，探寻其应对之策。亦即，本项目围绕"中欧班列抗疫贡献及其疫情风险法律防控"这一主题，遵循"提出问题——分析问题——解决问题"的主要逻辑思路来展开。其中简略地研究中欧班列抗疫贡献，是为后文重点研究中欧班列的疫情风险法律防控问题做好基本铺垫，打好理论的基础。中欧班列在疫情期间发挥了显著的不可替代的作用，无论对于抗疫还是发展经济都非常重要。正因为如此重要，所以要确保其长期安全稳定运行。而运行中又会存在各种疫情风险。这些风险容易被掩盖或者忽视，因此，如何进行综合地长期有效地更好地防控其风险，值得重点研究，而且需要深入研究。其中法律防控措施存在许多不足之处，如何完善仍然需要各方面共同努力。不仅需要实践部门的智慧和耐心，还需要理论界的攻坚克难，提供更多科学合理的有力的理论指导。

---

[1] 参见任彦："中欧班列发挥了不可替代的重要作用"，载《人民日报》2020 年 11 月 30 日，第 3 版。

我们的调研活动（从 2020 年 8 月至 2021 年 4 月初）已历经 8 个多月的时间，采用多种研究方法，尤其是实证调研方法，采取宏观调查、中观调查和微观调查相结合，网络抽样调查和实地问卷调查相结合，以及采取文献法和深度访谈等方式，收集大量的权威文本资料和数据资料。

其中，在宏观调查层面，主要采用文献法（通过权威部门官方网站资料等文献对研究对象进行间接调查），收集全部公开的全国层面的有关中欧班列抗疫贡献的权威数据以及全部直接相关的法律法规规章等规范性文件（42 件）；在中观调查层面，对我国累计开行超过百列的 29 个城市，全部收集其公开的有关中欧班列抗疫贡献的权威数据以及直接相关的法规规章等规范性文件；在微观调查层面，采用访谈法（通过面谈、电话、微信或者邮件等方式获得资料），还采用网络观察法，搜集相关数据资料。由此相互验证与核对。

需要说明的是，其中问卷调查放在防控措施的部分。因为有关抗疫贡献的数据，基本上可从官方公开的权威信息中获取，所以该部分并无问卷调查的必要。关于疫情风险的部分，既需要结合实际情况来探讨，也可以从理论上推导出来，对其进行问卷调查的意义也不大。而将问卷调查放在防控措施的部分，研究影响防控限度的认识从而有望寻求更好的防控对策，如此研讨更有价值。

其中，对中欧班列疫情风险法律防控必要限度的认识和评价的主要影响因素进行考察，老师在指导下设计问卷，通过问卷星先后进行 321 个样本和 1053 个样本的网络抽样调查，[1] 获得基本类似的结论。考虑到网络调查样本的局限性（老年人偏少，学生分类也难以满足多级分层的高要求），因此又进行第三次验证。特别是对前两次有关不同专业和文化程度的影响问题，进行更进一步的研究。因为实践是检验真理的唯一标准，所以我们进行了实地问卷调查，在 10 所不同高校（交通类、财经政法类和医学类，区分高职专科生、本科生和研究生）以及社会居民中进一步采用分层抽样问卷调查。其中区分 11 个组别（社会居民作为对照组，来自东西南北中 5 个大家庭；另外 10 组是不同专业、不同学历层次的大学生，来自东西南北中，因此选择 396 个样本）进行研究，对比分析，对不同专业和文化程度的影响因素进行更细致的检验。基于此，对其法律防控提出更有针对性的对策和建议。

---

〔1〕 之所以分两次进行网络抽样调查，是因为一开始认为 300 个样本应该足够发现其基本问题。后来有专家质疑，因此笔者追加样本数量，进行 1000 个样本的检验性的调查。

在资料的分析方面, 我们既采用定性分析 (文献分析和深度访谈的内容分析), 又采用定量分析 (信度分析、效度分析等)。以下拟从中欧班列的抗疫贡献、疫情风险、防控不足及其完善等方面来展开研讨。

一、中欧班列的抗疫贡献和疫情风险

(一) 中欧班列的抗疫贡献

中欧班列除了运输防疫物资, 还运输其他进出口货物。防疫物资直接用于抗疫, 因此作出的是直接的抗疫贡献。而其他进出口货物的运输, 通常认为, 仍然对支持抗击疫情作出了重大贡献。那么, 这是一个间接贡献。因为疫情发生后, 全球航空和海运出现不同程度的禁飞、停运和减运等情况, 导致物流不畅以及贸易萎缩。中欧班列实行分段运输, 不涉及人员检疫, 在疫情防控形势下具有特殊优势。所以中欧班列呈逆势增长势头, 有力、高效地促进了中欧及沿线国家的抗疫合作, 降低了疫情对中欧产业链、供应链合作带来的冲击和影响。因此, 如果把运输防疫物资看作是抗疫的直接贡献, 那么运送其他物资的贡献则可视为对抗疫的间接贡献。其中, 既包含间接贡献又包含直接贡献的, 是广义的贡献; 若仅指直接贡献, 则是狭义的贡献。

1. 狭义的抗疫贡献 (直接贡献)。据国铁集团统计, 2020 年, 中欧班列累计发送国际合作防疫物资 931 万件、7.6 万吨 (见下表 1), 到达意大利、德国、西班牙、捷克、俄罗斯、波兰、匈牙利、荷兰、立陶宛、比利时等国家, 并辐射周边国家。据不完全统计, 部分城市对于中欧班列在抗疫方面也发挥了积极作用 (见下表 2)。

表 1 中欧班列 (狭义的) 抗疫贡献 (直接贡献) 统计表

2020 年月份	国际合作防疫物资 (万件)	重量 (万吨)
1~4 月	66	★
1~6 月	367	2.7
1~12 月	931	7.6

★表示缺少信息, 下同。数据来源: 国铁集团

表 2   我国部分城市中欧班列运输防疫物资情况统计表

城市	2020 年月份	口罩（万只）	防护手套（万双）	防护服（万套）	非接触式红外体温计（万个）	护目镜（万个）	可视测温热像仪（万套）
西安	1~3 月	9.2	★	2.3609	★	1.7581	★
成都	1~6 月	2315	450	25.6	0.2	314	★
	1~12 月	90 373.54	19 678.45	★	★	11 034.14	★
合肥	1~6 月	15	20	7.8	★	★	★
连云港	1~6 月	23	★	0.2	0.07	0.3	0.002
义乌	1~6 月	2516	★	40	★	★	★
济南	1~6 月	★	1050	★	★	★	★

数据来源：官方公开新闻报道

据此可见，中国在稳定国内疫情的情况下，主动承担起国际合作防疫物资的运送责任，通过中欧班列向国外运输防疫物资来支援国外抗疫。在全球遭受疫情冲击的背景下，中国展现出一个大国应有的沉稳、果决和担当。

2. 广义的抗疫贡献（包括抗疫的间接贡献）。据国铁集团统计，中欧班列 2020 年开行已达 1.24 万列，运送集装箱 113.5 万标箱，年度开行数量首次突破 1 万列，单月开行均稳定在 1000 列以上。其中前一季度开行数量 0.1941 万列，集装箱数量 17.4 万标箱；前两季度开行数量 0.5122 万列，集装箱数量 46.1 万标箱（见下表 3）。另外，全年 500 列以上的城市或线路已有 10 个，其中超过 1000 列的有 6 个，西安位居第一（见下表 4）。

表 3   中欧班列（广义的）抗疫贡献统计表

2020 年月份	开行数量（万列）	集装箱数量（万标箱）
1~3 月	0.1941	17.4
3 月	0.0809	7.3
1~4 月	0.2920	26.2
4 月	0.0979	8.8
1~6 月	0.5122	46.1

2020 年月份	开行数量（万列）	集装箱数量（万标箱）
1~11 月 5 日	1.018	92.7
11 月	0.1238	11.5
1~12 月	1.24	113.5

数据来源：国铁集团

表 4　我国十个代表城市中欧班列（广义的）抗疫贡献统计表

排名	500 列以上城市或线路	2020 年月份	开行数量（万列）	集装箱数量（万标箱）
1	西安	1~12 月	0.3720	★
2	成都	1~12 月	0.28	★
3	重庆	1~12 月	0.2177	22
4	"齐鲁号"	1~12 月	0.1506	★
5	郑州	1~12 月	0.1106	★
6	乌鲁木齐	1~12 月	0.1068	★
7	义乌	1~12 月	0.0974	8.0392
8	合肥	1~12 月	0.056 8	★
9	连云港	1~12 月	0.0553	4.5408
10	长沙	1~12 月	0.0528	4.641

数据来源：国铁集团

　　由此可知 2020 年我国总体情况和主要城市中欧班列的开行数量以及集装箱数量。这些数据展现了中欧班列对世界抗疫的重大贡献。

　　这些贡献充分表明中欧班列在疫情期间发挥了显著的不可替代的作用。无论对于抗疫还是对于发展经济，都非常重要。正因为如此重要，所以要确保其长期安全稳定运行。而运行中又会存在各种疫情风险，已知的和未知的、显现的和潜在的、现在的和未来的、已关注的和未关注的、出境的和入境的等诸多风险。

　　（二）中欧班列的疫情风险

　　这里主要从已知的和未知的、出境的和入境的中欧班列疫情风险来展开。

1. 已知的中欧班列疫情风险和未知的中欧班列疫情风险。

（1）已知的中欧班列疫情风险。此处的已知是相对人类而言，而不是相对个人来说的。当前人类正在经历的新冠病毒造成的疫情风险，以及以前人类社会所经历的为人类所感知和认识的疫情风险，都属于人类已知的疫情风险。而其中可以通过中欧班列进行传播的，就应当是已知的中欧班列的疫情风险。目前看来，人类有能力逐步应对已知的疫情风险，但其中造成的损失和代价是特别巨大的，甚至是许多人、许多国家和地区难以承受的。我们应当尽力避免已知疫情风险的发生和传播。

（2）未知的中欧班列疫情风险。未知的各种疫情风险，是指超出人类现有的感知和认识能力、难以识别和预测乃至难以应对的各种疫情风险。它们是潜在的、未被发现的、不被认识的、通常是未来的、境内的或者出入境的、人传人的或者物传人的疫情风险。它们往往容易被低估或者被忽视。而其中可以通过中欧班列进行传播的，就是未知的中欧班列的疫情风险。今后一段时期，务必注意物传人的各种潜在的、未知的、特定国际国内情势下人为的、可能更加危险的疫情风险。

2. 班列出境的疫情风险和班列入境的疫情风险。

（1）班列出境的疫情风险。2020 年 3 月 31 日，自武汉发出的、搭载了 166 吨疫情防护物资的中欧班列经阿拉山口口岸出境，驰援欧洲多国。这是自疫情发生以来，从武汉开出的首趟中欧班列。中欧班列（武汉）X8015 次于 3 月 28 日从中铁联集武汉中心站始发，终点是德国杜伊斯堡。此趟班列搭载的近九成货物为武汉本地企业生产，共计 50 节 100 个标箱，货重 408 吨，货值 392 万美元。其中，有支援欧洲各国的医用无纺布、医用桌布等疫情防护用品，共计 19 个集装箱、总重 166.4 吨，同时搭载的还有汽车配件、电子产品、通信光纤和用于匈塞（匈牙利—塞尔维亚）铁路工程建设物资。这表明，实现了从"世界援助武汉"到"武汉援助世界"的转变。那么，由武汉发出的物资有无潜在的病毒？有无传染风险？这并非没有可能。

当前，中国疫情防控已经常态化，疫苗已经上市接种，虽然零星小规模传染事件仍在发生，但相对稳定的经济发展大局仍没有变。因此，由我国境内发出的中欧班列携带新冠病毒的可能性大大减少。然而，其他疫情风险仍然需要注意防范。

（2）班列入境的疫情风险。2020 年 11 月 25 日，中国疾病预防控制中心首席流行病学专家吴尊友在"《财经》年会 2021：预测与战略"上指出，新疆喀什的疫情源头"和上海一样是集装箱"。调查发现，零号病例是一个装卸工，一个无症状感染者，他传染给他的妻子，他妻子又传染给他的丈母娘、小姨子，这样又带到了工厂，引起喀什暴发疫情。

另外，俄罗斯远东地区疫情发展形势严峻，身处全国疫情防控的最前沿，绥芬河站全面实现了口岸站疫情防控和运输畅通"双胜利"的目标。因为马凤臣带领职工坚守"中方员工出境到俄方工作零感染，俄方员工入境到绥芬河站工作零接触，新冠肺炎疫情在绥芬河站区零传播"的工作底线。[1]

相对而言，当前国外疫情仍较为严重，且防控措施不如国内周密，因此，中欧班列入境的疫情风险可能要大于其出境的疫情风险。而且，必须注意到，除了新冠疫情风险的防范之外，也要认真防范其他潜在的、未知的疫情风险，不可松懈。

需要强调的是，不可因为中欧班列的抗疫贡献而低估或者忽视其中潜在的各种疫情风险。务必注意物传人的各种潜在的、未知的、特定国际国内情势下人为的、可能更加危险的疫情风险。

二、当前中欧班列疫情风险法律防控的不足之处及其原因分析

对于如何做好中欧班列的疫情防控工作，海关总署专门制定了出入境列车卫生检疫作业指引，对申报、审核、登临检疫、现场处置以及卫生处理等各个环节都提出明确的要求，同时严格司乘人员的健康申报和健康监测，制定紧急处置预案。对可能被新冠病毒污染的列车，及时指导消毒，尽最大可能防止疫情通过班列传播。通过这些措施，海关总署全力保障中欧班列正常有序地运行。在地方层面，也采取了许多有效措施。例如，陕西省制定出台多项应对举措，在全力遏制疫情扩散蔓延的同时，确保中欧班列（长安号）安全稳定开行：一是开辟绿色专用通道，实行货车不停留、司机不离舱、站外零等待；二是制定严密方案，有序组织中欧班列（长安号）配套服务企业复工复产；三是加强疫情防控措施宣传，及时消除沿线市场恐慌。

其中法律防控措施如何？法律防控的限度又如何把握？这些都值得深入思考和研究。尽管前述措施取得了比较好的防控效果，但是，我们通过文献调查、实

---

〔1〕 参见胡艳波、时振刚、曲艺伟："有一种冲锋叫坚守——记全国抗击新冠肺炎疫情先进个人，绥芬河站党委副书记、站长马凤臣"，载《人民铁道报》2020 年 9 月 11 日，第 2 版。

地调研与深度访谈发现，也要注意其中的不足之处。

（一）不足之处

1. 立法上缺乏某些法律规定，行政措施较多。疫情防控中我国各地政府都制定行政规范性文件对相关问题进行规制，因为它相较其他行政立法，具有急速跟进、具体应对、针对性处置和及时纠错等优势。然而，部分行政主体制定的应对疫情的行政规范性文件存在不少乱象，如制定主体及行政万能、规避法定程序、创造制裁种类、乱设义务与责任等，导致行政规范性文件制定中上位法缺失、行政规范性文件相互之间冲突、滥设权力、限缩公民权利、加重公民义务等问题。

2. 执法体制机制不够顺畅，部分权力界限不明。原质量监督检验检疫部门主管出入境商品检验、出入境卫生检疫、出入境动植物检疫等职能归并于海关后的体制机制问题，使得在疫情防控工作中对于防疫检验工作具体分配的界限仍有不明之处。执法职能交叉，执法自由裁量权较大。导致一个直接问题，就是在防疫检验工作出现纰漏而需要追责时，机关间有可能互相推诿，逃避责任追究。

3. 司法方面新问题新情况，缺乏可供参考的案例指导。在司法审判中，指导案例一直是法院对案件作出裁判的重要参考。而中欧班列属于新生事物，且新冠疫情亦是于2019年年末开始滋生蔓延，故而对于与中欧班列疫情风险法律防控相关的案件，可供法院在裁判时参考的指导案例是极为匮乏的。供参考的指导案例的缺乏，则容易导致法院裁判难甚至是裁判不公的问题。此类新问题新情况，对司法机关及其工作人员提出了更高要求，要求其准确把握该类案件的实质，并深入理解相关的法律法规，以应对此类重大挑战。

4. 守法主体法律知识匮乏，缺少守法自觉性。在疫情防控过程中，政府发布相关规范性文件加以规制，各级机关单位也依此开展疫情防控上的具体工作。但政府及其他行政主体往往忽视对于与疫情防控相关的法律知识的学习，从而导致疫情防控法律知识比较匮乏，而这对于中欧班列各个环节的防范工作而言恰恰具有非常重要的指导意义。在各类行政主体忽视疫情防控相关法律知识学习的同时，诚然，其守法自觉性也是有所欠缺的，这亦不利于中欧班列疫情风险法律防控的完善。

5. 法律监督方面缺乏具体监督的程序和范围规定。在中欧班列的总体运营上，有中铁集装箱公司、海关、国际陆港企业以及其他企业等参与其中，并由各单位的相关工作人员具体实施。为提高工作质量，提升工作效率，法律监督是不可或缺的一个重要环节。但是在疫情防控工作中，对于疫情防控如检验检疫的机关或者人员，由谁来进行监督，如何开展监督工作即监督的具体程序，以及在多大程度上可以对此进行监督，此类问题仍无定论。

（二）原因分析

导致上述不足的原因，既有表层原因，又有深层原因；既有历史原因，也有现实原因；既有主观原因，又有客观原因。它们是相互联系、交叉发展的。这里，我们主要从主观原因和客观原因来展开。

1. 主观原因。从主观方面探究造成上述立法、执法、司法、守法以及法律监督上存在的不足之处的原因，应当对这五个不足所涉及的各类主体逐一分析。其中，主观因素影响较大的主要是在立法、司法以及守法方面。其一，立法机关虽然有积极修改有关法律法规的意图和行动，但是有的认识不统一，有的认为目前已基本可以应对，部分疫情风险防控措施也可以交由各级行政主体制定相关行政规范性文件予以规制，这些是导致立法方面不足的思想原因。其二，在司法方面，缺乏可供参考的案例指导而导致的裁判难的问题，其主观原因主要是部分司法人员过于依赖案例指导，不敢大胆创新，独立意识和钻研意识不强。其三，守法方面的诸多不足，更是深受主观因素影响，其中缺少守法自觉性问题，包括各类机关单位及其工作人员对于法律的主观认识不足，从而导致实践中法律意识淡薄等问题。此外，执法方面和法律监督方面存在的缺陷与主观因素也是密不可分的。

2. 客观原因。它们主要体现在以下几点：其一，在立法方面，各级行政主体所制定的相关行政规范性文件对于现阶段的疫情风险防控具有一定作用，从而在客观上弱化了立法主体制定有关疫情防控法律法规的积极性。其二，执法体制机制不够顺畅在一定程度上是行政机关自身职能过于冗杂繁复所致。其三，司法方面的不足受制于中欧班列新兴与新冠疫情滋生这二者的共同作用。其四，在法律监督方面，缺乏监督程序和范围的具体规定，也是由相关具体法律法规的欠缺所导致的。例如由谁来进行监督，如何开展监督工作，以及在多大程度上可以对此进行监督等问题均缺乏细致的法律规定。其实，立法、执法、司法和法律监督这四个方面的不足具有共通之处，实质上均是由现有的相关法律法规欠缺细致规定造成的，即法律法规的不完善是造成上述四点不足的共同的客观原因。

三、进一步完善中欧班列疫情风险法律防控体系的思考

如何评价法律防控措施？其防控的必要限度如何把握？以下将根据问卷调查

来进行探讨，然后运用规律提出继续完善防控保障措施的建议，使其风险降到最低。

（一）通过问卷调查，确定影响公民对法律防控限度认识和评价的主要因素

1. 问卷调查的基本情况。

（1）调查研究设置情况。调查问卷设计了调查对象基本信息（含二级指标11项，三级指标56项），调查对象对疫情风险法律防控措施的认知及评价（如疫情风险法律防控措施的种类，疫情风险法律防控措施的轻重程度，疫情风险法律防控网络的宽严程度，含二级指标11项，三级指标52项），调查对象如此评价的主要原因（含二级指标2项，三级指标16项），调查对象在疫情风险法律防控中的角色和行为表现（含二级指标2项，三级指标8项）以及调查对象完成问卷的态度和可信度（含二级指标2项，三级指标4项），共计5项一级指标，28项二级指标，136项三级指标。调查问卷采用了单选题、多选题等方式。

我们已通过问卷星在网络上进行了两次抽样调查，第一次累计发放调查问卷363份，回收363份，其中有效问卷321份。第二次累计发放调查问卷1100份，回收1100份，其中有效问卷1053份。

（2）调查对象人口特征。第一次抽样调查，其中男性168人，占52.34%，女性153人，占47.66%；汉族297人，占92.52%，少数民族24人，占7.48%；年龄分布在18~25周岁70人，26~30周岁72人，31~40周岁129人，41~60周岁50人，61~80周岁以上0人。另外，被调查对象的文化程度、政治面貌、职业分布、工作地或在读学生读书所在区域、在读学生学校情况，分别参见下图1、图2、图3、图4、图5。

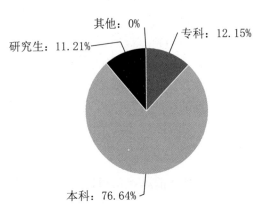

图1 被调查对象的文化程度

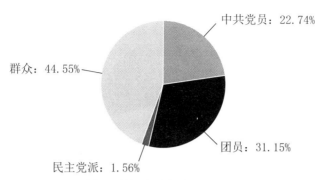

图 2 被调查对象的政治面貌

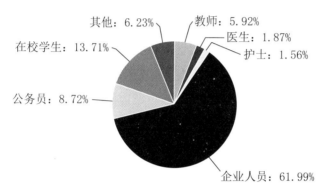

图 3 被调查对象的职业分布

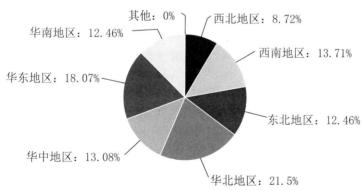

图 4 被调查对象工作地或在读学生就读地区域分布

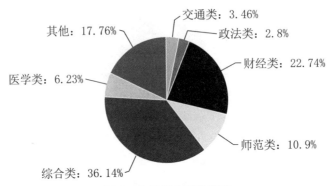

图 5　在读学生学校情况

　　第二次抽样调查，其中男性 535 人，占 50.81%，女性 518 人，占 49.19%；汉族 1006 人，占 95.54%，少数民族 47 人，占 4.46%；年龄分布在 18~25 周岁 246 人，26~30 周岁 302 人，31~40 周岁 407 人，41~60 周岁 96 人，61~80 周岁以上 2 人。另外，被调查对象的文化程度、政治面貌、职业分布、工作地或在读学生读书所在区域、在读学生学校情况，分别参见下图 6、图 7、图 8、图 9、图 10。

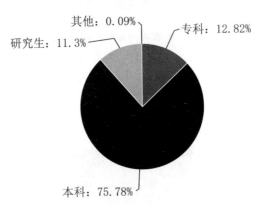

图 6　被调查对象的文化程度

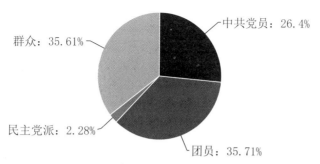

图 7　被调查对象的政治面貌

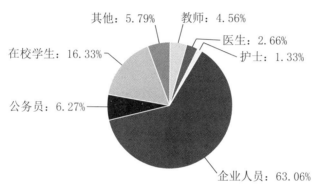

图 8　被调查对象的职业分布

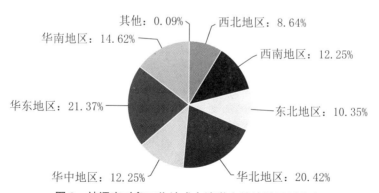

图 9　被调查对象工作地或在读学生就读地区域分布

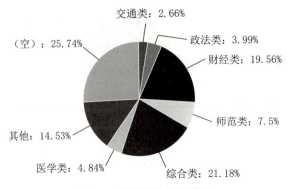

图 10　在读学生学校情况

2. 调查结论。通过分层抽样的问卷调查发现，关于主要影响公民对法律防控必要限度认识的因素，众说纷纭。

第一次 321 个样本的抽样调查研究发现，其中价值观影响最大，文化程度（学历高低）影响第二，然后依次是媒体报道、职业、家庭环境、地区、年龄、专业、民族、地位、党团员、性别等因素，其影响作用逐步减弱。由此可知，价值观、文化程度、媒体报道、职业、家庭环境、地区是影响公民对法律防控必要限度认识和评价的六大因素。这些因素影响公民对法律防控措施的基本认识，影响其守法态度、执法方式和司法状况乃至法律监督的能力等。

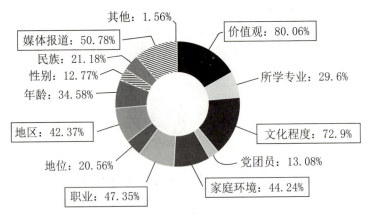

图 11　影响公民对法律防控必要限度认识的六个主要因素（321 个样本的调查结论）

（1）对 321 个样本结果的信度分析。对量表的可测变量进行信度检验，采用 Cronbach's α 系数来评测量表的内部一致性。如表所示，信度大于 0.7，说明量表信度较好。

Cronbach's α	项目个数
0.757	8

（2）对321个样本结果的效度分析。

Kaiser-Meyer-Olkin 测量取样适当性		0.627
Bartlett 的球形检验	大约卡方	1043.371
	Df	28
	显著性	0.000

（3）对321个样本结果的单因素方差分析。单因素方差分析，需要因变量为连续变量，自变量为分类变量，因此用第1~11题分别对我国内地疫情风险法律防控措施总体轻重程度的认知进行方差分析。

①原假设 H_0 为：不同性别的被调查者，对我国内地疫情风险法律防控措施总体轻重程度认知无显著差异。

	平方和	df	平均值平方	F	显著性
组间	0.539	1	0.539	2.374	0.124
组内	72.433	319	0.227		
总计	72.972	320			

当给定显著性水平 $\alpha = 0.05$ 时，概率 P 值大于显著性水平，应接受原假设，认为不同性别的被调查者，对我国内地疫情风险法律防控措施总体轻重程度认知无显著差异。

②原假设 H_0 为：不同年龄的被调查者，对我国内地疫情风险法律防控措施总体轻重程度认知无显著差异。

	平方和	df	平均值平方	F	显著性
组间	2.970	3	0.990	4.482	0.004

续表

	平方和	df	平均值平方	F	显著性
组内	70.002	317	0.221		
总计	72.972	320			

显著性水平小于 0.05，应拒绝原假设，认为不同年龄的被调查者，对我国内地疫情风险法律防控措施总体轻重程度认知有显著差异。（不同组别的具体差异可结合交叉表进一步分析）

③原假设 H_0 为：不同籍贯的被调查者，对我国内地疫情风险法律防控措施总体轻重程度认知无显著差异。

	平方和	df	平均值平方	F	显著性
组间	0.467	6	0.078	0.337	0.917
组内	72.505	314	0.231		
总计	72.972	320			

显著性水平大于 0.05，应接受原假设，认为不同籍贯的被调查者，对我国内地疫情风险法律防控措施总体轻重程度认知无显著差异。

④原假设 H_0 为：不同民族的被调查者，对我国内地疫情风险法律防控措施总体轻重程度认知无显著差异。

	平方和	df	平均值平方	F	显著性
组间	0.642	1	0.642	2.831	0.093
组内	72.330	319	0.227		
总计	72.972	320			

显著性水平大于 0.05，应接受原假设，认为不同民族的被调查者，对我国内地疫情风险法律防控措施总体轻重程度认知无显著差异。

⑤原假设 H_0 为：不同文化程度的被调查者，对我国内地疫情风险法律防控措施总体轻重程度认知无显著差异。

	平方和	df	平均值平方	F	显著性
组间	0.999	2	0.499	2.207	0.112
组内	71.973	318	0.226		
总计	72.972	320			

显著性水平大于0.05，应接受原假设，认为不同文化程度的被调查者，对我国内地疫情风险法律防控措施总体轻重程度认知无显著差异。

⑥原假设 H_0 为：不同专业的被调查者，对我国内地疫情风险法律防控措施总体轻重程度认知无显著差异。

	平方和	df	平均值平方	F	显著性
组间	1.223	5	0.245	1.074	0.375
组内	71.749	315	0.228		
总计	72.972	320			

显著性水平大于0.05，应接受原假设，认为不同专业的被调查者，对我国内地疫情风险法律防控措施总体轻重程度认知无显著差异。

⑦原假设 H_0 为：不同政治面貌的被调查者，对我国内地疫情风险法律防控措施总体轻重程度认知无显著差异。

	平方和	df	平均值平方	F	显著性
组间	1.508	3	0.503	2.230	0.085
组内	71.464	317	0.225		
总计	72.972	320			

显著性水平大于0.05，应接受原假设，认为不同政治面貌的被调查者，对我国内地疫情风险法律防控措施总体轻重程度认知无显著差异。

⑧原假设 H_0 为：不同职业的被调查者，对我国内地疫情风险法律防控措施总体轻重程度认知无显著差异。

	平方和	df	平均值平方	F	显著性
组间	2.565	6	0.428	1.907	0.079
组内	70.407	314	0.224		
总计	72.972	320			

显著性水平大于0.05，应接受原假设，认为不同职业的被调查者，对我国内地疫情风险法律防控措施总体轻重程度认知无显著差异。

⑨原假设 H_0 为：不同工作或在读区域的被调查者，对我国内地疫情风险法律防控措施总体轻重程度认知无显著差异。

	平方和	df	平均值平方	F	显著性
组间	0.591	6	0.098	0.427	0.861
组内	72.381	314	0.231		
总计	72.972	320			

显著性水平大于0.05，应接受原假设，认为不同工作或在读区域的被调查者，对我国内地疫情风险法律防控措施总体轻重程度认知无显著差异。

⑩原假设 H_0 为：不同在读学生学校情况的被调查者，对我国内地疫情风险法律防控措施总体轻重程度认知无显著差异。

	平方和	df	平均值平方	F	显著性
组间	3.016	6	0.503	2.256	0.038
组内	69.956	314	0.223		
总计	72.972	320			

显著性水平小于0.05，应拒绝原假设，认为不同在读学生学校情况的被调查者对我国内地疫情风险法律防控措施总体轻重程度认知有显著差异。（不同组别的具体差异可结合交叉表进一步分析）

⑪原假设 H_0 为：不同婚姻状况的被调查者，对我国内地疫情风险法律防控措施总体轻重程度认知无显著差异。

	平方和	df	平均值平方	F	显著性
组间	1.139	1	1.139	5.056	0.025
组内	71.833	319	0.225		
总计	72.972	320			

显著性水平小于0.05，应拒绝原假设，认为不同婚姻状况的被调查者，对我国内地疫情风险法律防控措施总体轻重程度认知有显著差异。（不同组别的具体差异可结合交叉表进一步分析）

值得指出的是，前述影响公民对法律防控必要限度认识的六个主要因素的基本结论，与第二次1053个样本的抽样调查结果大致相同。其中价值观影响仍然最大，文化程度（学历高低）影响仍然位列第二，然后依次是家庭环境、媒体报道、职业、地区、年龄、专业、地位、民族、党团员、性别等因素，其影响作用逐步减弱。据此可知，价值观、文化程度、家庭环境、媒体报道、职业、地区，仍然是影响公民对法律防控必要限度认识和评价的六大因素。只是其中“家庭环境”“媒体报道”“职业”三者之间以及“专业”“地位”“民族”三者之间的排序均有所波动。但是，这并没有影响前六位因素的主要地位。

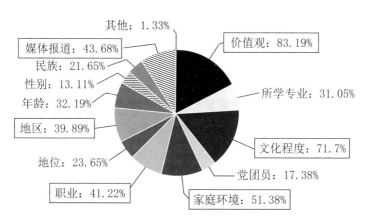

其他：1.33%
媒体报道：43.68%
民族：21.65%
性别：13.11%
年龄：32.19%
地区：39.89%
地位：23.65%
职业：41.22%
价值观：83.19%
所学专业：31.05%
文化程度：71.7%
党团员：17.38%
家庭环境：51.38%

图12 影响公民对法律防控必要限度认识的六个主要因素（1053个样本的调查结论）

（4）对1053个样本结果的信度分析。对量表的可测变量进行信度检验，采用Cronbach's α 系数来评测量表的内部一致性。如表所示，信度大于0.7，说明量表信度较好。

Cronbach's α	项目个数
0.802	8

（5）对 1053 个样本结果的效度分析。

Kaiser-Meyer-Olkin 测量取样适当性		0.692
Bartlett 的球形检验	大约卡方	3734.866
	Df	28
	显著性	0.000

（6）对 1053 个样本结果的单因素方差分析。单因素方差分析，需要因变量为连续变量，自变量为分类变量，因此用第 1~11 题分别对内地疫情风险法律防控措施总体轻重程度的认知进行方差分析。

①原假设 H_0 为：不同性别的被调查者，对我国内地疫情风险法律防控措施总体轻重程度认知无显著差异。

	平方和	df	平均值平方	F	显著性
组间	0.067	1	0.067	0.217	0.641
组内	323.386	1051	0.308		
总计	323.453	1052			

显著性大于 0.05，应接受原假设，认为不同性别的被调查者，对我国内地疫情风险法律防控措施总体轻重程度认知无显著差异。

②原假设 H_0 为：不同年龄的被调查者，对我国内地疫情风险法律防控措施总体轻重程度认知无显著差异。

	平方和	df	平均值平方	F	显著性
组间	0.811	4	0.203	0.659	0.621
组内	322.642	1048	0.308		
总计	323.453	1052			

显著性水平大于 0.05，应接受原假设，认为不同年龄的被调查者，对我国内

地疫情风险法律防控措施总体轻重程度认知无显著差异。

③原假设 H_0 为：不同籍贯的被调查者，对我国内地疫情风险法律防控措施总体轻重程度认知无显著差异。

	平方和	df	平均值平方	F	显著性
组间	4.293	7	0.613	2.008	0.051
组内	319.160	1045	0.305		
总计	323.453	1052			

显著性水平大于 0.05，应接受原假设，认为不同籍贯的被调查者，对我国内地疫情风险法律防控措施总体轻重程度认知无显著差异。

④原假设 H_0 为：不同民族的被调查者，对我国内地疫情风险法律防控措施总体轻重程度认知无显著差异。

	平方和	df	平均值平方	F	显著性
组间	0.642	1	0.642	2.831	0.093
组内	72.330	319	0.227		
总计	72.972	320			

显著性水平大于 0.05，应接受原假设，认为不同民族的被调查者，对我国内地疫情风险法律防控措施总体轻重程度认知无显著差异。

⑤原假设 H_0 为：不同文化程度的被调查者，对我国内地疫情风险法律防控措施总体轻重程度认知无显著差异。

	平方和	df	平均值平方	F	显著性
组间	1.289	3	0.430	1.399	0.242
组内	322.164	1049	0.307		
总计	323.453	1052			

显著性水平大于 0.05，应接受原假设，认为不同文化程度的被调查者，对我国内地疫情风险法律防控措施总体轻重程度认知无显著差异。

⑥原假设 H_0 为：不同专业的被调查者，对我国内地疫情风险法律防控措施

总体轻重程度认知无显著差异。

	平方和	df	平均值平方	F	显著性
组间	1.382	5	0.276	0.898	0.481
组内	322.071	1047	0.308		
总计	323.453	1052			

显著性水平大于0.05，应接受原假设，认为不同专业的被调查者，对我国内地疫情风险法律防控措施总体轻重程度认知无显著差异。

⑦原假设 H_0 为：不同政治面貌的被调查者，对我国内地疫情风险法律防控措施总体轻重程度认知无显著差异。

	平方和	df	平均值平方	F	显著性
组间	1.269	3	0.423	1.378	0.248
组内	322.184	1049	0.307		
总计	323.453	1052			

显著性水平大于0.05，应接受原假设，认为不同政治面貌的被调查者，对我国内地疫情风险法律防控措施总体轻重程度认知无显著差异。

⑧原假设 H_0 为：不同职业的被调查者，对我国内地疫情风险法律防控措施总体轻重程度认知无显著差异。

	平方和	df	平均值平方	F	显著性
组间	1.425	6	0.237	0.771	0.593
组内	322.028	1046	0.308		
总计	323.453	1052			

显著性水平大于0.05，应接受原假设，认为不同职业的被调查者，对我国内地疫情风险法律防控措施总体轻重程度认知无显著差异。

⑨原假设 H_0 为：不同工作或在读区域的被调查者，对我国内地疫情风险法律防控措施总体轻重程度认知无显著差异。

	平方和	df	平均值平方	F	显著性
组间	3.619	7	0.517	1.689	0.108
组内	319.834	1045	0.306		
总计	323.453	1052			

显著性水平大于 0.05，应接受原假设，认为不同工作或在读区域的被调查者，对我国内地疫情风险法律防控措施总体轻重程度认知无显著差异。

⑩原假设 H_0 为：不同在读学生学校情况的被调查者，对我国内地疫情风险法律防控措施总体轻重程度认知无显著差异。

	平方和	df	平均值平方	F	显著性
组间	0.947	7	0.135	0.439	0.878
组内	322.505	1045	0.309		
总计	323.453	1052			

显著性水平大于 0.05，应接受原假设，认为不同在读学生学校情况的被调查者，对我国内地疫情风险法律防控措施总体轻重程度认知无显著差异。

⑪原假设 H_0 为：不同婚姻状况的被调查者，对我国内地疫情风险法律防控措施总体轻重程度认知无显著差异。

	平方和	df	平均值平方	F	显著性
组间	0.000	1	0.000	0.000	0.986
组内	323.453	1051	0.308		
总计	323.453	1052			

显著性水平大于 0.05，应接受原假设，认为不同婚姻状况的被调查者，对我国内地疫情风险法律防控措施总体轻重程度认知无显著差异。

另外，通过问卷星（1053 样本）网络调查发现，利用交叉分析方法可以得出如下分析报告：

（1）关于"文化程度+专业"与"您认为我国内地疫情风险法律防控措施总体轻重程度如何？"的交叉分析报告表。

X＼Y	太轻	偏轻	适中	偏重	太重	小计
专科/法律	0（0.00%）	0（0.00%）	3（100%）	0（0.00%）	0（0.00%）	3
专科/交通	0（0.00%）	2（28.57%）	4（57.14%）	1（14.29%）	0（0.00%）	7
专科/管理学	0（0.00%）	3（9.09%）	29（87.88%）	1（3.03%）	0（0.00%）	33
专科/经济学	0（0.00%）	1（5.26%）	16（84.21%）	2（10.53%）	0（0.00%）	19
专科/社会学	0（0.00%）	0（0.00%）	6（100%）	0（0.00%）	0（0.00%）	6
专科/其他	0（0.00%）	9（13.43%）	55（82.09%）	3（4.48%）	0（0.00%）	67
本科/法律	1（2.5%）	6（15%）	29（72.5%）	2（5%）	2（5%）	40
本科/交通	0（0.00%）	2（6.45%）	24（77.42%）	5（16.13%）	0（0.00%）	31
本科/管理学	3（1.26%）	23（9.62%）	179（74.90%）	31（12.97%）	3（1.26%）	239
本科/经济学	2（1.26%）	21（13.21%）	118（74.21%）	16（10.06%）	2（1.26%）	159
本科/社会学	0（0.00%）	6（15%）	28（70%）	5（12.5%）	1（2.5%）	40
本科/其他	8（2.77%）	32（11.07%）	224（77.51%）	24（8.30%）	1（0.35%）	289
研究生/法律	0（0.00%）	2（18.18%）	6（54.55%）	2（18.18%）	1（9.09%）	11
研究生/交通	0（0.00%）	1（50%）	1（50%）	0（0.00%）	0（0.00%）	2
研究生/管理学	0（0.00%）	5（15.63%）	25（78.13%）	2（6.25%）	0（0.00%）	32
研究生/经济学	0（0.00%）	3（10%）	24（80%）	3（10%）	0（0.00%）	30
研究生/社会学	0（0.00%）	0（0.00%）	8（88.89%）	1（11.11%）	0（0.00%）	9
研究生/其他	1（2.86%）	2（5.71%）	28（80%）	3（8.57%）	1（2.86%）	35
其他/法律	0（0.00%）	0（0.00%）	0（0.00%）	0（0.00%）	0（0.00%）	0
其他/交通	0（0.00%）	0（0.00%）	0（0.00%）	0（0.00%）	0（0.00%）	0
其他/管理学	0（0.00%）	0（0.00%）	0（0.00%）	0（0.00%）	0（0.00%）	0
其他/经济学	0（0.00%）	0（0.00%）	0（0.00%）	0（0.00%）	0（0.00%）	0
其他/社会学	0（0.00%）	0（0.00%）	0（0.00%）	0（0.00%）	0（0.00%）	0
其他/其他	0（0.00%）	0（0.00%）	0（0.00%）	1（100%）	0（0.00%）	1

（2）关于"文化程度+专业"与"您认为我国内地疫情风险法律防控宽严程

度如何？"的交叉分析报告表。

X＼Y	太宽松	偏宽松	适中	偏严密	太严密	小计
专科/法律	0（0.00%）	0（0.00%）	3（100%）	0（0.00%）	0（0.00%）	3
专科/交通	0（0.00%）	1（14.29%）	5（71.43%）	1（14.29%）	0（0.00%）	7
专科/管理学	0（0.00%）	2（6.06%）	16（48.48%）	11（33.33%）	4（12.12%）	33
专科/经济学	0（0.00%）	0（0.00%）	13（68.42%）	6（31.58%）	0（0.00%）	19
专科/社会学	0（0.00%）	0（0.00%）	5（83.33%）	1（16.67%）	0（0.00%）	6
专科/其他	0（0.00%）	6（8.96%）	40（59.70%）	15（22.39%）	6（8.96%）	67
本科/法律	1（2.5%）	1（2.5%）	20（50%）	16（40%）	2（5%）	40
本科/交通	1（3.23%）	1（3.23%）	20（64.52%）	8（25.81%）	1（3.23%）	31
本科/管理学	1（0.42%）	12（5.02%）	129（53.97%）	83（34.73%）	14（5.86%）	239
本科/经济学	0（0.00%）	8（5.03%）	83（52.20%）	58（36.48%）	10（6.29%）	159
本科/社会学	1（2.5%）	1（2.5%）	19（47.5%）	19（47.5%）	0（0.00%）	40
本科/其他	1（0.35%）	11（3.81%）	175（60.55%）	87（30.10%）	15（5.19%）	289
研究生/法律	0（0.00%）	1（9.09%）	7（63.64%）	2（18.18%）	1（9.09%）	11
研究生/交通	0（0.00%）	1（50%）	1（50%）	0（0.00%）	0（0.00%）	2
研究生/管理学	0（0.00%）	2（6.25%）	20（62.5%）	9（28.13%）	1（3.13%）	32
研究生/经济学	0（0.00%）	1（3.33%）	19（63.33%）	8（26.67%）	2（6.67%）	30
研究生/社会学	0（0.00%）	0（0.00%）	6（66.67%）	3（33.33%）	0（0.00%）	9
研究生/其他	0（0.00%）	2（5.71%）	15（42.86%）	12（34.29%）	6（17.14%）	35
其他/法律	0（0.00%）	0（0.00%）	0（0.00%）	0（0.00%）	0（0.00%）	0
其他/交通	0（0.00%）	0（0.00%）	0（0.00%）	0（0.00%）	0（0.00%）	0
其他/管理学	0（0.00%）	0（0.00%）	0（0.00%）	0（0.00%）	0（0.00%）	0
其他/经济学	0（0.00%）	0（0.00%）	0（0.00%）	0（0.00%）	0（0.00%）	0
其他/社会学	0（0.00%）	0（0.00%）	0（0.00%）	0（0.00%）	0（0.00%）	0
其他/其他	0（0.00%）	0（0.00%）	0（0.00%）	1（100%）	0（0.00%）	1

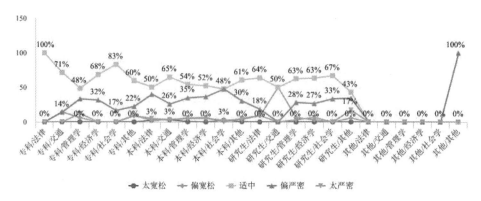

图 13　"文化程度+专业"与"您认为我国内地疫情风险法律防控宽严程度如何？"的交叉分析报告

特别需要指出的是，实践是检验真理的唯一标准。为了进一步验证其中"六大因素"的基本结论（以下简称"六因理论"），我们还在 10 所不同高校（交通类、财经政法类和医学类，区分高职专科生、本科生和研究生，合计 294 名学生）以及社会居民（来自东西南北中五大家庭，合计 102 名）中，进一步采用分层抽样问卷调查的方法，区分 11 个组别（社会居民作为对照组）进行研究，对比分析。其中具体分析图表，请参阅本书附录 2 关于"对策建议"部分的内容（"表 1 四样本影响因素排名表""图 1 四样本影响因素排名图"）。亦即，将第三次调查区分的两类样本与前两次调查的样本进行对比分析。

结论：（1）进一步验证前述网络调查结果的科学性；（2）进一步修正其中的误差，补强其科学性。

通过实地问卷调查发现，第三次进一步验证了前述网络调查基本结论的科学性。其中价值观影响仍然最大，文化程度（学历高低）影响仍然列居第二，然后依次是媒体报道、家庭环境、职业、地区、年龄、专业、地位、民族、党团员、性别等因素，其影响作用逐步减弱。因此，价值观、文化程度、媒体报道、家庭环境、职业、地区，就是影响公民对法律防控必要限度认识和评价的六大因素。虽然其中"家庭环境""媒体报道"之间以及"专业""地位"之间的排序略有波动，但这仍然没有影响前六位因素的主要地位。

（二）运用规律继续完善防控保障措施，使其风险降至最低

1. 完善立法保障。有必要对疫情防控期间行政规范性文件进行审查，包括疫情应对力度的审查、拓展疫情处置刚性权力的审查、因疫情限缩公民权利的审

查、臆造疫情应对"奇葩条款"的审查以及契合疫情应对上位法精神的审查。有必要对其中的疫情防控工作进行立法调整，包括突发事件应对法律法规的完善、防治传染病法律法规的完善、国境卫生检疫法律法规的完善以及其他影响中欧班列疫情风险防控工作的法律法规的完善。其中，特别要结合前述调研结论中所提出的影响法律防控必要限度的六大要素，应当在充分考虑价值观、文化程度、媒体报道、家庭环境、职业、地区等六大因素的基础上，进一步完善相关立法规定，尤其要强调社会主义核心价值观的引导和宣传。

特别是，《中华人民共和国突发事件应对法》（以下简称《突发事件应对法》）立足于国内外长期应急实践经验与规律的总结，经实践检验是符合国情，适应现实需求的。应当坚持"三不变"的原则：保持调整范围不变，涵盖自然灾害、事故灾难、公共卫生、社会安全四大类突发事件；保持框架结构不变，维持"预防准备、监测预警、处置救援、恢复重建"四大基本环节的总体架构；保持核心制度基本不变，进一步丰富完善细化。在"三不变"前提下坚持问题导向，针对此次疫情应对暴露的突出问题，聚焦三方面修改：一是提升理念，完善体制机制；二是堵漏洞，填空白，根据改革和实践需要，新增补齐有关制度措施；三是补短板，强弱项，针对有关制度优化、细化、实化和具体化，以便操作，增加实效。集中立法资源，解决关键问题。一些暂时不具备修订条件和基础的内容，可考虑在进一步推动相关改革的进程中，逐步有序修订，要不断在法治下推进改革，在改革中完善法治。[1]

2. 改善执法保障。有必要加强对疫情防控的执法队伍能力的提升和探索，包括疫情应对执法理念的提升、疫情应对执法制度的完善、疫情应对执法职权的明晰、疫情应对执法队伍的保障以及其他促进中欧班列疫情风险防控的执法队伍能力提升的环节。其中也要结合"六因理论"，改进执法保障工作。不仅要突出强调社会主义核心价值观的引导和更好地发挥媒体作用，也要重视结合执法对象的文化程度、职业、家庭环境和地区特点，活用"六因理论"科学地进行教育引导，提高执法效果。

疫情防控是对国家治理能力的大考，也是对海关、公安现场执法的实战检验。面对疫情防控和社会维稳双重责任，海关执法人员、公安民警勇于面临执法环境复杂、执法过程风险高、执法力度把控难、执法舆情影响大等诸多挑战，奋

---

[1] 参见钟雯彬："《突发事件应对法》面临的新挑战与修改着力点"，载《理论与改革》2020 年第 4 期，第 30~31 页。

战在抗疫一线。抗疫虽难，却应以此为契机，不断完善执法制度和执法细则，深入推进海关、公安执法规范化建设。全面提升海关执法人员、公安民警的现场执法能力，为疫情防控和维持经济社会秩序提供优质高效、坚强有力的执法保障。[1]

3. 强化司法保障。有必要对司法审判中法律适用的尺度进行准确把握，尤其是对于中欧班列疫情风险防控中出现的"刑民交叉"案件，可以适时发布有关疫情防控"刑民交叉"案件的指导意见和司法解释，统一司法裁判的尺度，更好彰显公平正义，优化营商法治环境。同时也要对综合影响法律防控必要限度的六大因素加以考察，根据当事人的价值观、文化程度、职业、家庭环境和地区特点，进行差异化的教育引导，提高司法效果。

在当前疫情防控形势依然比较严峻的情况下，依法从严从重从快打击各类疫情防控违法犯罪是主基调。是不是所有这类违法犯罪要一律从严从重从快地处罚、侦查、批捕、起诉和审判呢？我们认为，要从以下几方面思考和把握从严从重从快与宽严相济的关系。首先，从严从重从快和宽严相济，都要严格在法治轨道上、在法律规定的范围内综合考量。要准确理解和把握法律规定和司法解释，认真分析研究妨害疫情防控违法犯罪案件的事实和证据，在这基础上再考虑如何从严从重从快。决不能为了体现从严从重从快的打击要求，人为降低犯罪标准，模糊一般违法与刑事犯罪的界限。其次，从严从重从快要突出重点。对疫情中发生的扰乱医疗秩序犯罪、严重破坏社会秩序犯罪，以及主观恶性大、造成严重后果或引起重大社会恐慌的妨害疫情防控犯罪，要坚决依法从严从重从快惩处，并及时公开典型案例。只有这样才能震慑犯罪、维护稳定，教育广大群众遵守疫情防控规定。最后，司法要保持必要的谦抑性，充分贯彻宽严相济的刑事政策。[2]

4. 强调和促进守法。有必要加强疫情应对期间相关守法教育包括疫情防控法律体系的公民普及度、疫情防控法律体系的公民认同度、疫情防控法律体系的公民适应度、疫情防控法律体系的公民配合度以及其他影响中欧班列疫情风险防控守法教育效果的因素。特别需要注意影响法律防控必要限度的六大因素在守法环节中的实际应用。价值观、文化程度、媒体报道、职业、家庭环境和地区这六个主要因素，对公民守法态度的影响比较大。因此，强调和促进守法，从长远

---

[1] 参见刘金钟、罗斌、靳卫彬："疫情防控下公安现场执法的现实挑战与路径选择"，载《公安教育》2020 年第 5 期，第 49 页。

[2] 参见许俊："疫情防控中执法司法应注意的关系"，载《检察风云》2020 年第 11 期，第 56 页。

看，应当从这些主客观因素着手，多方面综合影响公民的基本认识，营造更好的促进其守法的大环境。

5. 加强法律监督的保障。有必要推进相关疫情应对中的法律监督作用的有效发挥，包括国家权力机关的监督、行政机关的监督、司法机关的监督、社会的监督以及党的监督，明确疫情风险防控的监督程序，有效避免中欧班列疫情风险防控工作陷入"同体监督"困境。在加强法律监督保障方面，法律防控必要限度的"六因理论"同样有着发挥积极作用的广大空间。从长远看，仍然要强调和注重社会主义核心价值观的引导和媒体报道作用的更好发挥，要结合人们的文化程度、职业、家庭环境和地区特点，充分利用有关条件，积极发挥主观能动性，营造更好的监督他人守法的大环境，增强法律监督力度和改善其监督效果。

结　语

中欧班列在疫情期间发挥了显著的不可替代的作用。无论对于抗疫还是对于发展经济，都非常重要。正因为如此重要，所以要确保其长期安全稳定运行。而运行中又会存在各种疫情风险，包括已知的和未知的、显现的和潜在的、现在的和未来的、已关注的和未关注的、出境的和入境的等。但是，不可因为中欧班列的抗疫贡献而低估或者忽视其中潜在的各种疫情风险。务必注意物传人的各种潜在的、未知的、特定国际国内情势下人为的、可能更加危险的疫情风险。

对于如何做好中欧班列的疫情防控工作，海关总署专门制定了出入境列车卫生检疫作业指引，对申报、审核、登临检疫、现场处置以及卫生处理等各环节都提出明确的要求，同时严格司乘人员的健康申报和健康监测，制定紧急处置预案。对可能被新冠病毒污染的列车，及时指导消毒，尽最大可能防止疫情通过班列传播。通过这些措施，海关总署全力保障中欧班列正常有序地运行。在地方层面，也采取了许多有效措施。尽管如此，通过文献调查、实地调研与访谈发现疫情风险法律防控体系仍然存在一些不足之处。其中既有表层原因，又有深层原因；既有历史原因，也有现实原因；既有主观原因，又有客观原因。它们是相互联系的，交叉发展的。

因此，应当进一步完善中欧班列疫情风险法律防控体系。通过调查发现，价值观、文化程度、媒体报道、职业、家庭环境、地区，是影响公民对法律防控必要限度认识和评价的六大因素。这些因素影响公民对法律防控措施的基本认识，影响其守法态度、执法方式、司法状况乃至法律监督的能力等。在完善中欧班列疫情风险法律防控体系（立体的防控体系）方面，特别要结合前述六大因素，进一步完善相关立法规定，尤其要强调社会主义核心价值观的引导和宣传。而且要结合六大因素，改进执法保障工作。不仅要突出强调社会主义核心价值观的引导和更好地发挥媒体作用，也要重视结合执法对象的文化程度、职业、家庭环境和地区特点，活用"六因理论"，科学地进行教育引导，提高执法效果和司法效果。尤其要注意六大因素在守法环节中的实际应用以及加强它们在法律监督保障方面的积极作用，营造更好的监督他人守法的大环境，增强法律监督力度和改善其监督效果。

　　总之，中欧班列的开行，为中西部城市触摸世界、登上全球舞台提供了机遇，通过中欧班列，中西部城市搭建了一条联通中亚、欧洲的开放、有效、快捷的"生命线"。古有丝绸之路商贸驼队，今有中欧班列"钢铁驼队"。我们盼望这些"钢铁驼队"走遍亚欧万里路，惠及沿线千万家，为全球早日战胜疫情点燃希望，为"一带一路"增光添彩。祝福"钢铁驼队"走得更稳更远更好！

附 I：《关于疫情风险法律防控的调查问卷》（A 卷、B 卷）

关于疫情风险法律防控的调查问卷 ［A］

（2021 年 3 月 1 日）

［为了更好地完善未来疫情风险法律防控措施和体系，总结人类的经验和教训，提高我国法治文明程度，助力于中华民族伟大复兴事业，推进有关法治问题研究，特此进行本次调查。谢谢大家的支持和配合。］

一、您的基本信息

1. 性别

□男　□女

2. 年龄

□18~25　□26~30　□31~40　□41~60　□61~80　□其他

3. 籍贯所在省份区域

□西北地区　□西南地区　□东北地区　□华北地区　□华中地区　□华东地区　□华南地区　□其他

4. 民族

□汉族　□少数民族

5. 文化程度

□专科　□本科　□研究生　□其他

6. 专业

□法律　□交通　□管理学　□经济学　□社会学　□其他

7. 政治面貌

□中共党员　□团员　□民主党派　□群众

8. 职业

□教师　□医生　□护士　□企业人员　□公务员　□在校学生
□其他

9. 工作地或在读学生读书所在区域

□西北地区　□西南地区　□东北地区　□华北地区　□华中地区　□华东

地区　□华南地区　□其他

10. 在读学生学校情况

□交通类　　□政法类　　□财经类　　□师范类　　□综合类　　□医学类　　□其他

11. 婚否

□是　□否

二、您对疫情风险法律防控措施的认知及评价

（一）我国疫情风险法律防控措施的种类

1. 行政管控：加强卫生检疫、交通管制、人员隔离、封闭管理、行政处罚等

□是　□否

2. 民事措施：赔偿损失、赔礼道歉等

□是　□否

3. 刑事处罚：定罪免刑或者定罪判刑等

□是　□否

（二）疫情风险法律防控措施的轻重程度

1. 您认为我国内地疫情风险法律防控措施总体轻重程度如何？

□太轻　□偏轻　□适中　□偏重　□太重

2. 您认为我国香港地区疫情风险法律防控措施总体轻重程度如何？

□太轻　□偏轻　□适中　□偏重　□太重　□不知道

3. 您认为美国疫情风险法律防控措施总体轻重程度如何？

□太轻　□偏轻　□适中　□偏重　□太重　□不知道

4. 您认为欧洲各国疫情风险法律防控措施总体轻重程度如何？

□太轻　□偏轻　□适中　□偏重　□太重　□不知道

（三）疫情风险法律防控网络的宽严程度

我国内地采取分级分类的防控，区分低风险、中风险、高风险地区，采取不同防控措施。低风险地区实施"外防输入"策略，中风险地区实施"外防输入、内防扩散"策略，高风险地区实施"内防扩散、外防输出、严格管控"策略。

1. 您认为我国内地疫情风险法律防控宽严程度如何？

□太宽松　□偏宽松　□适中　□偏严密　□太严密

2. 您认为我国香港地区疫情风险法律防控宽严程度如何？

□太宽松 □偏宽松 □适中 □偏严密 □太严密 □不知道

3. 您认为美国疫情风险法律防控宽严程度如何？

□太宽松 □偏宽松 □适中 □偏严密 □太严密 □不知道

4. 您认为欧洲各国疫情风险法律防控宽严程度如何？

□太宽松 □偏宽松 □适中 □偏严密 □太严密 □不知道

三、您对上述疫情风险法律防控问题如此评价的主要原因

1. 因为您认为

□自由第一，安全第二 □安全第一，自由第二 □其他顺序

2. 影响您对法律防控问题认识的几个主要因素是：

□价值观 □所学专业 □文化程度 □党团员

□家庭环境 □职业 □地位 □地区

□年龄 □性别 □民族 □媒体报道

□其他

四、您在疫情风险法律防控中的角色和行为表现（可多选）

1. 您在疫情风险法律防控中的角色

□志愿者 □执法者 □抗疫前线的医护人员 □其他人员

2. 您在疫情风险法律防控中的行为表现

□积极配合 □一般配合 □不配合 □很不配合

五、完成问卷的态度和可信度

1. 关于本问卷的回答，您是否独自认真完成的？

□是 □否

2. 如果其中的回答自相矛盾，或有一道题以上没有回答，就视为该份答卷答题无效，不予计入总数之中。您是否确认已经完成？

□是 □否

关于疫情风险法律防控的调查问卷 ［B］

（2021 年 3 月 10 日）

［为了更好地完善未来疫情风险法律防控措施和体系，总结人类的经验和教训，提高我国法治文明程度，助力于中华民族伟大复兴事业，推进有关法治问题研究，进一步验证问卷星网络调研结论，特此进行本次调查。谢谢大家的支持和配合。］

一、您的基本信息

1. 性别

□男　□女

2. 年龄

□18～25　　□26～30　　□31～40　　□41～60　　□61～80　　□其他

3. 籍贯所在省份区域

□西北地区　□西南地区　□东北地区　□华北地区　□华中地区　□华东地区　□华南地区　□其他

4. 民族

□汉族　□少数民族

5. 文化程度

（1）不是学生的填写：□专科　□本科　□研究生　□其他

（2）在读学生填写：

正在就读的学校名称＿＿＿＿＿＿＿＿＿＿＿＿＿＿＿

学历层次和年级：专科生（□一年级　□二年级　□三年级）

本科生（□二年级　□三年级　□四年级）

研究生（□一年级　□二年级　□三年级）

6. 专业

□法律　□交通　□医学　□管理学　□经济学　□其他

7. 政治面貌

□中共党员　□团员　□民主党派　□群众

8. 职业

□在校学生　□教师　□医生　□护士　□企业人员　□公务员

□其他

9. 工作地或在读学生读书所在区域

□西北地区　□西南地区　□东北地区　□华北地区　□华中地区　□华东
地区　□华南地区　□其他

10. 在读学生学校情况

□交通类　□政法类　□财经类　□医学类　□其他

11. 婚否

□是　□否

二、您对疫情风险法律防控措施的认知及评价

（一）我国疫情风险法律防控措施的种类

1. 行政管控：加强卫生检疫、交通管制、人员隔离、封闭管理、行政处罚等

□是　□否

2. 民事措施：赔偿损失、赔礼道歉等

□是　□否

3. 刑事处罚：定罪免刑或者定罪判刑等

□是　□否

（二）疫情风险法律防控措施的轻重程度

1. 您认为我国内地疫情风险法律防控措施总体轻重程度如何？

□太轻　□偏轻　□适中　□偏重　□太重

2. 您认为我国香港地区疫情风险法律防控措施总体轻重程度如何？

□太轻　□偏轻　□适中　□偏重　□太重　□不知道

3. 您认为美国疫情风险法律防控措施总体轻重程度如何？

□太轻　□偏轻　□适中　□偏重　□太重　□不知道

4. 您认为欧洲各国疫情风险法律防控措施总体轻重程度如何？

□太轻　□偏轻　□适中　□偏重　□太重　□不知道

（三）疫情风险法律防控网络的宽严程度

我国内地采取分级分类的防控，区分低风险、中风险、高风险地区，采取不同防
控措施。低风险地区实施"外防输入"策略，中风险地区实施"外防输入、内防扩

散"策略,高风险地区实施"内防扩散、外防输出、严格管控"策略。

1. 您认为我国内地疫情风险法律防控宽严程度如何?

□太宽松　□偏宽松　□适中　□偏严密　□太严密

2. 您认为我国香港地区疫情风险法律防控宽严程度如何?

□太宽松　□偏宽松　□适中　□偏严密　□太严密　□不知道

3. 您认为美国疫情风险法律防控宽严程度如何?

□太宽松　□偏宽松　□适中　□偏严密　□太严密　□不知道

4. 您认为欧洲各国疫情风险法律防控宽严程度如何?

□太宽松　□偏宽松　□适中　□偏严密　□太严密　□不知道

三、您对上述疫情风险法律防控问题如此评价的主要原因

1. 因为您认为

□自由第一,安全第二　　□安全第一,自由第二　　□其他顺序

2. 影响您对法律防控问题认识的几个主要因素是:

□价值观　　　□所学专业　　　□文化程度　　　□党团员

□家庭环境　　□职业　　　　　□地位　　　　　□地区

□年龄　　　　□性别　　　　　□民族　　　　　□媒体报道

□其他

四、您在疫情风险法律防控中的角色和行为表现 (可多选)

1. 您在疫情风险法律防控中的角色

□志愿者　□执法者　□抗疫前线的医护人员　□其他人员

2. 您在疫情风险法律防控中的行为表现

□积极配合　□一般配合　□不配合　□很不配合

五、完成问卷的态度和可信度

1. 关于本问卷的回答,您是否独自认真完成的?

□是　□否

2. 如果其中的回答自相矛盾,或有一道题以上没有回答,就视为该份答卷答题无效,不予计入总数之中。您是否确认已经完成?

□是　□否

附 Ⅱ：调研部分剪影

中欧班列开行和发展中的法律问题调研报告[1]

目　录

第一部分　主报告

一、调研课题的由来及其意义

（一）课题的由来

中欧班列从2011年起开行，特别是自2013年习近平总书记提出"一带一路"

---

〔1〕　课题组：华东交通大学铁路法治研究院曾明生博士的研究团队。感谢国家铁路局科技与法制司领导同志的信任和大力支持。

倡议以来，中国铁路打造的"中欧班列"品牌展现出了巨大活力和光明前景。从最初"一条线"，到现在"一张网"，中欧班列在世界舞台上的角色越来越耀眼。而且，中欧班列已经成为稳定国际供应链的重要支撑，促进中国与沿线国家贸易合作的"黄金通道"，成为中国"一带一路"建设的重要载体和靓丽名片。但是，中欧班列涉及沿线众多国家，因历史和地缘政治原因，不仅铁路的规格和制式不同，铁路运输的法律制度也有较大差别，中欧班列运行过程中需要协调的法律关系复杂，给跨境铁路运输的时效性和便捷性带来一定障碍，限制了中欧班列的运力和效率。此外，有人认为，货源不充足、价格竞争激烈等是中欧班列面临的主要挑战。也有人认为，中欧贸易不平衡，其他运输模式的竞争，以及缺乏可靠、集中的货物运量、速度、频率等基本信息是中欧班列面临的突出难题。实际上，这些问题是市场定位不清、协调机制低效和基础设施瓶颈等根本性难题的具体体现。尤其要指出的是，无法忽略的法律问题包括各国跨境铁路运输法律制度衔接问题、安全管理问题、海关查验问题、单证问题和铁路运输终端解决机制问题等，这些都值得研究。因此，国家铁路局科法司发布《中欧班列开行和发展中的法律问题研究》招标课题，通过评审，最终决定由北京交通大学和华东交通大学联合承担课题研究工作。

（二）课题的意义

1. 应用价值：（1）具有法律层面上的战略意义。中欧班列的开行和大力发展本身具有重大的战略意义：一是中欧班列为国家"一带一路"建设提供了强力运输保障；二是中欧班列使内陆城市沿海化。因此，对其中涉及的相关法律难题进行研究，就是在其法律层面上形成战略价值。（2）有利于更好地推进和完善中欧班列开行和发展的法治保障。（3）有利于更好地为中欧班列开行和发展的法律规则的制定和实施提供有益参考。（4）有利于促进我国交通强国战略的实施和法治文明的发展。

2. 学术价值：（1）积极推进中欧班列开行和发展的法治保障理论的新发展。（2）通过对中欧班列开行和发展的法治保障实证研究，进一步夯实和丰富国际经济法学内容以及犯罪学中预防跨国涉铁犯罪的研究。

综上，对中欧班列开行和发展中的法律问题进行研究，具有诸多应用价值和学术价值；而且，因为其中不仅有利于保障和推动中欧班列自身的顺畅运行和发展，还有利于为国际铁路运输法律制度完善积累有益经验，所以又有突出的时代意义和现实意义。

二、调研方法与过程

（一）调研方法

课题组主要采用实证调查方法，以实证调研为基础并综合运用文献阅读和理论分析等研究方法。

1. 资料的收集方法。在本报告的形成过程中，课题组采用多种研究方法，特别是实证调研方法，采取宏观调查、中观调查和微观调查相结合的方式，收集大量的权威资料和数据。

其中，在宏观调查层面，主要采用文献法（通过权威部门官方网站资料等文献对研究对象进行间接调查），收集有关中欧班列法律问题研究的全部公开的著述和权威数据以及全部直接相关的法律规范性文件。

在中观调查层面，对我国有关中欧班列主要集结点城市，尽可能收集其全部公开的法律问题研究资料。

在微观调查层面，采用访谈法（通过线上线下小型座谈会、一对一面谈、电话、微信或者邮件等方式获得资料），还采用网络观察法，搜集相关数据资料。由此相互验证与核对。

而且，对中欧班列疫情风险法律防控的必要限度的主要影响因素的考察，采用问卷星进行大量的网络问卷调查。由此发现影响公民对疫情风险法律防控必要限度认识的主要因素。因此，在未来铁路立法完善等法律防控过程中需要予以必要的关注。

2. 资料的分析方法。（1）定性分析。文献分析和深度访谈的内容分析等。（2）定量分析。先后对网络调查中的 321 份样本和 1053 份样本以及实地调查 396 份样本材料进行统计分析。鉴于其中能够严格遵守学术规范和适当地运用实证方法，所以本报告具有较强的科学性。

（二）调研过程

1. 2020 年 8 月 10 日至 11 月 30 日，课题组完善本课题的研究架构，并结合课题研究框架进一步地进行相关文献的阅读与分析，包括查阅官方文件、统计年鉴、工作报告、新闻报道等载体的信息，收集有关文献资料。

2. 2020 年 9 月 10 日至 28 日，曾明生研究员通过微信和电话访谈多位国际法学专家，探讨中欧班列开行和发展的法律问题，如中欧班列会涉及哪些铁路口岸站的法律适用问题。

3. 2020 年 9 月 20 日，课题组成员赴中铁南昌局集团有限公司了解铁路口岸情况。

4. 2020 年 11 月 8 日至 2021 年 5 月，课题组先后赴中铁集装箱运输有限责任公司南昌分公司以及中铁集装箱运输有限责任公司（北京）等单位调研。

5. 2020 年 12 月 6 日，课题组赴南昌向塘铁路口岸物流有限公司、南昌国际陆港开发公司调研（关于南昌铁路口岸二期建设情况）。

6. 2020 年 12 月 24 日至 26 日，课题组成员赴郑州参加铁路安全论坛（其中涉及有关中欧班列的执法安全研讨）并调研。

7. 2021 年 1 月 10 日，曾明生研究员与中铁集装箱公司郑州中心站市场部经理进行详细的微信访谈。

8. 2021 年 1 月 12 日，课题组成员赴江西省商务厅陆路口岸管理处调研。

9. 2021 年 1 月 13 日，课题组成员赴南昌县商务局、南昌县向塘开发区、南昌县 933 处（南昌铁路口岸一期）调研。

10. 2021 年 1 月 19 日至 20 日，课题组成员先后赴赣州车务段和赣州国际陆港公司调研。

11. 2021 年 1 月 28 日，曾明生研究员受邀参加首届中欧班列法治论坛线上会议。其中重点关注对重庆等运单物权化试点问题的研讨，关注重庆在国际铁路运输法律制度上的一系列探索，如创设"铁路提单"，开立全球首份"铁路提单国际信用证"，并实现批量化运用；推动《国际货运代理铁路联运作业规范》的标准制定，促进"铁路提单"的区域推广；关注重庆法院审理全国首例涉"铁路提单"纠纷案件的法官的裁判理由；以及认真研究其他专家的发言和观点。

12. 2021 年 1 月 20 日至 2 月 24 日，课题组多次联系南昌海关相关部门负责同志，协商调研线上线下座谈会等事宜。

13. 2021 年 4 月 7 日至 10 日，课题组成员赴武汉、西安调研中欧班列疫情风险法律防控问题，以及曾明生研究员受邀参加中国（西安）智慧交通博览会有关中欧班列与多式联运单元部分的线下会议。

14. 2021 年 4 月至 2021 年 5 月，课题组着手对中欧班列开行和发展法律保障机制的完善问题深入研究，探讨如何完善中欧班列的法律保障问题，撰写《中欧班列开行和发展法律问题研究》报告初稿，并征求相关实务部门意见。

15. 2021 年 6 月，整理课题研究材料，修改完成研究报告写作，向国家铁路局科法司申请鉴定结题。

三、缺陷与不足

一年来，因受新冠疫情复发和国际疫情严峻形势的影响以及相对有限的经费，在一定程度上制约了调研的广度和深度。因受欧洲新冠疫情严峻形势的影响，难以派员亲自前往国外调研。部分成员积极性不足，难以委托他人在国外进行调研，这些因素使得本课题的调研局限于国内，只能通过国内有关公司和单位了解相关信息。另外，科研团队中缺少海关人员的加入，在疫情防控的影响下，海关方面的配合非常有限，这一局限也制约了调研的深度和效度。

四、总体结论、理由分析与对策建议

（一）总体结论

中欧班列已经成为稳定国际供应链的重要支撑，促进中国与沿线国家贸易合作的"黄金通道"，成为中国"一带一路"建设的重要载体和靓丽名片。在抗击新冠疫情期间，中欧班列发挥了不可替代的重要作用。但是，因为当前中欧班列开行和发展中存在影响其质效提升的法律障碍和制约因素。它的运力和效率在一定程度上仍然受限。这些问题值得认真研究和努力解决。中欧班列需要长期安全稳定地开行和发展，应当力争适度提高其质量和效率，为我国经济发展以及中华民族伟大复兴事业作出新的更多更大的贡献。

（二）理由分析

1. 两大国际组织制定了不同的运输规则，统一运单的使用尚未全面普及且仍无法解决国际铁路运输规则破碎化的问题。

由于历史和地缘政治原因，各个国家和地区不仅铁路的规格和制式不同，铁路运输的法律制度也有较大差别，导致中欧班列运行过程中需要协调的法律关系复杂，给跨境铁路运输的时效性和便捷性带来一定障碍，限制了中欧班列的运力和效率。中欧班列横跨国际铁路合作组织（以下简称"OSJD"）和国际铁路运输政府间组织（以下简称"OTIF"）两大国际铁路运输组织。其中 OSJD 主要由传统东欧国家构成，包括俄罗斯、哈萨克斯坦、波兰等 28 个国家。而 OTIF 则以欧洲、北非、西亚等地 50 个国家作为成员国。OSJD 基本是以各国的铁路企业作为成员，OTIF 则主要是各国政府加入，两大国际组织分别制定了相应的运输规则，组织跨国界铁路运输。其中，OSJD 成员国在铁路货物运输方面主要以《国际铁路货物联运协定》（以下简称《国际货协》）为依据，使用"国际货协运单",而 OTIF 则以《国际铁路货物运输公约》（以下简称《国际货约》）为依据,使用"国际货约运单"。两大公约所涉成员国分而治之,各成员国仅依自己加入的公约作为跨境铁路运输的依据,未形成统一的国际铁路运输规则。这样带来的问题是跨境联运的货物必须在适当的边境站重新办理发运手续,重新制作另一运输法律体系的单据,制约了运输效率和运力。

　　为解决上述问题,两个国际铁路运输组织成立联合工作组,经过多次协商,最终共同制定了统一运单。但是,这也仅仅部分解决了跨境运输中的运单问题。国际货约/国际货协运单仅仅是国际货协运单与国际货约运单的一种物理合并,只是在国际货协运单的基础上,新增了国际货约运单的内容。国际货约/国际货协运单仅仅统一了运输票据,但并不影响《国际货协》与《国际货约》的适用,也不改变其中内容,尤其是有关责任、赔偿问题等。因此,新的统一运单并不涉及《国际货协》与《国际货约》的统一问题,依然无法解决国际铁路运输规则破碎化的问题。[1] 有些地方（例如江西）也没有全部采用统一运单的方式。[2] 而且,跨境铁路运输中各国对于货物装载、包装、限界、安全、保险等方面的规定实际也不一致。适用法律和规则上的冲突,限制了国际跨境铁路运输效率的进一步提升。

　　其中,有人指出,国际铁路运输量远低于海运的重要原因之一是运输规则不统一,包括过境自由与国家主权之间的矛盾问题、《国际货协》与《国际货约》的对立问题以及相关运输规则之间的割裂问题。国家主权要求经过该国的国际运输遵守地方规则,导致国际运输面临规则冲突,而《国际货协》与《国际货约》在免责事由、运输合同及争议解决等方面也都存在差异,这毫无疑问给亚欧大陆国际铁路运输带来了风险和不便。[3] 也有人认为《国际货协》和《国际货约》在法律规定上的主要冲突表现在适用范围、货运合同规则、货损赔偿标准和技术标准等方面,并指出其原因在于过境自由与国家主权的矛盾、铁组与铁联的对立

---

〔1〕　参见李大朋友:"论'一带一路'倡议下以铁路运输为中心的国际货运规则重构",载《武大国际法评论》2017 年第 4 期,第 51 页。

〔2〕　其中一个原因是,《国际货约》和《国际货协》达成的统一运单规则《国际货约/国际货协运单指导手册》,由于做不到全票通过,因此采取了自主参加的单独协议形式。《国际货约》有 30 个国家的运输企业参加,《国际货协》有 17 个国家铁路加入。另一个原因是涉及实际操作层面的问题,许多国外企业习惯于原有的运单。江西中欧班列主要到达的是《国际货协》国,所以没有采用统一运单。

〔3〕　参见李大朋:"论'一带一路'倡议下以铁路运输为中心的国际货运规则重构",载《武大国际法评论》2017 年第 4 期,第 48~49 页。

和对话机制相对缺失三个方面。[1]还有人指出，从国内法角度看，中国没有完善的适用于跨境铁路运输的法律；从国际法角度看，《国际货协》和《国际货约》在运输的连带责任、费用清算、交货条件等主要条款上有很大的差异，且加入的国家有限，使得国际上缺少一个可供遵循的统一规则。[2]此外，有人更为具体地列举了《国际货协》与《国际货约》在适用范围、铁路货运合同的订立与变更、运送费用的计算及核收、特殊物品运送条件、归责原则、货损赔偿、争议解决机制和诉讼时效等方面的区别。[3]

还要指出，目前我国发货主要采取商定电报回复模式，需要我国铁路外事部门与相关国家铁路方联系，制定商定电报，协商本月经过该国列车的班数，相关国家进行商定回复。该种模式进程比较缓慢，非常繁琐。每个国家都需要进行商定，再进行回复。亦即，货物发运前，需要向全程运输中的到达铁路和经过铁路办理商定，使接运铁路对接运时间、接运车辆、货物换装有能力安排进行回函确认后，才能发运。然而，如此也是不得已而为之。因为需要综合考虑节约成本的问题。有人提出能否在《国际货协》国与《国际货约》国之间，从始发国到终点国之间，列车的班次数量有一个协商的固定值？如果没有增量，就不需要特别协商。若海关（检疫部门）没有特别需求，以前运送过的货物品名，能否按照以前的方式进行运送，而不需要重新商定？然而这一设想不符合实际，难以实现。其中海关检疫方面的商定就是一个难题：因为各种国情、气候环境、居民体质等方面的不同，检疫标准不同。例如，俄罗斯天气寒冷，许多俄罗斯的货物在本国运输没有问题，但运输到中国后，其货物中是否含有病菌、远古病毒等则不确定，海关检疫部门需要进行严格把关。

因此，在实践中上述因素可能影响贸易服务的质效，也可能影响通关的效率。

2. 铁路（运）提单通常没有物权凭证的功能，理论上对铁路（运）提单物权化问题仍存在争议，实践中处于试点、探索创新的阶段。

海运提单具有物权凭证的功能和作用几无争议，虽然商务部和国务院都提出

---

〔1〕 参见曾文革、王俊妮："'一带一路'视野下亚欧铁路运输条约体系的冲突与协调"，载《国际商务研究》2019年第1期，第62~63页。

〔2〕 参见张晓君、胡劲草："国际陆海贸易新通道跨境铁路运输规则现状、问题与完善"，载《国际商务研究》2020年第3期，第69页。

〔3〕 参见孙林："国际铁路货物联运统一铁路法研究"，载《铁道经济研究》2017年第2期，第3~4页。

要探索赋予国际铁路运（提）单物权凭证功能，但作为新兴事物的铁路（运）提单是否有必要和海运提单一样承担起物权凭证的角色以及铁路（运）提单在实践和理论上是否能够承担起物权凭证的角色都不无疑问。

有学者从经济学角度分析铁路运（提）单拥有物权凭证属性的可行性。其论文通过结合时空分析铁路运单属性的变化对于国际贸易成本影响（包括运输成本与资金成本），认为国际铁路直通运输的大发展使铁路企业等各贸易相关方对铁路运单的属性产生了新的需求，而铁路运单具备物权属性之后对于国际贸易成本中运输成本和资金成本的减少都有一定程度的积极影响。故而，其认为虽然提单物权化存在诸多风险及法律法规设置不足等障碍，但在经济学角度上仍是可行的。[1]

也有专家从法学角度分析了"一带一路"背景下铁路提单创新的正当性。其通过对海运提单学说的去伪存真，并对照司法裁判之注解，认为铁路提单具有物权凭证功能属性不仅在法理上可以证成，并且还具有深化"一带一路"建设的制度保障、促进贸易规则体系的完善、提升陆上国际贸易效率和安全性以及结算融资效益等价值。她还认为铁路提单质押既能满足权利质押的实质要件，又能在体系解释下满足权利质押的形式要件，且不违背法院对物权法定的司法立场。故，其认为物权化的铁路提单创新具有充分的法律正当性，对营造国际化、法治化、便利化多边贸易营商环境有重大的法治规则意义。而且进一步区分了铁路提单与铁路运单的本质及功能，从铁路提单的产生背景及意义角度进一步论证了物权化铁路提单的合理性和合法性，指出除货运方式不同外，铁路提单本质上与海运提单并无差别。其建议充分利用"一带一路"机制框架，从推广使用、统筹国内国际立法和构建铁路提单制度创新利益共同体等方面，通过出台铁路提单单证规则示范方案等方式，使物权化铁路提单制度成为国际惯例，形成国际影响力。[2]

又有人从降低企业融资成本、保障交易安全和促成私法自治与物权法定的良性互动三个层面证成物权化铁路提单的必要性，进而对相关规则的构建路径和法律适用提出了建议。[3]

---

〔1〕　参见高瑞琦："国际铁路直通运输中铁路运单物权凭证属性的经济学分析"，北京交通大学 2018 年硕士学位论文，第 55 页。

〔2〕　参见杨临萍："'一带一路'背景下铁路提单创新的法律正当性"，载《法律适用》2019 年第 1 期，第 13~15、21 页；杨临萍："'一带一路'背景下铁路提单与铁路运单的协同创新机制"，载《中国法学》2019 年第 6 期，第 66 页。

〔3〕　参见孙妍："铁路提单规则的构建路径与法律适用"，载《社会科学研究》2020 年第 5 期，第 139 页。

此外，有人认为，普通发票承认单证为物权凭证必须满足以下条件：①只有在无法"占有"或转让"占有"十分困难时，才需要假设有一份物权凭证的必要；②物权凭证必须可以流通/转让，包括转让推定占有权；③作为物权凭证必须是"最后单证"，不能是"初步单证"；④能够证明是习惯做法。[1]

诸如此类，这些观点对研究铁路提单物权化问题具有相当的启发和帮助。对此值得深入研究。

3. 相关国际条约中有些规则规定较模糊或者繁琐，海关监管质效水平有待进一步提高。其中没有规定的，又不易操作；有明确的不同规定的，会引发规则冲突。因此，因沟通不畅等形成的新问题成为中欧班列提档升级的隐忧。目前开行的中欧班列经常出现抵达沿线某国时，被当地海关要求将所有商品换用该国海关编码。如果是过境货物换用该国海关编码，那抵达目的国时又得重新更换，除了高额的换码成本外，企业还得承担货物滞留代价。有的通关手续繁琐。中欧班列途经国家较多，通关需要多国协调，时间在检疫和通关等方面存在不同程度地浪费。任何通过地的政治不稳定都会导致中欧班列通行受阻。

另外，即使在我国国内，海关与铁路联检落实也比较难，如此容易影响通关效率。尽管上级发文海关与铁路联检，但因海关与铁路检查的目的和标准不同，[2]所以迟迟难以实施。有的海关更侧重关注走私方面，对于安全方面侧重关注的相对较少。

4. 当前跨国铁路运输纠纷解决机制制约着中欧班列的运行质效。《国际货协》与《国际货约》的争议解决机制程序不同。在争议解决方面，《国际货协》奉行"先和解后诉讼"，必须先提出赔偿请求才能进行诉讼，和解是诉讼的前置程序；而《国际货约》对和解与诉讼的提起不作硬性要求，对争议解决和提起赔偿的形式与程序均未作出规定。另外，其中可能涉及铁路口岸站货物纠纷的法律适用问题。国际铁路联运沿途需要经过不同国家，由于途经各国参加的国际条约不同，其法律适用也可能不同。因此，对于其中涉及纠纷而没有达成一致意见的容易影响其解决问题的效率，也会制约着中欧班列的提质增效问题。

---

〔1〕 参见杨良宜、杨大明：《提单与其他付运单证》，大连海事大学出版社 2016 年版，第 23 页。

〔2〕 一是铁路规定所有发送的集装箱都必须开箱检查，而海关是随机抽检而不是必须全检。二是铁路检查为安全检查，涵盖安检查危、装载加固、重量品类等是否符合要求，而海关检查是核实运输货物与报关单是否相符，检查与报关单品名是否执行同一税率，品名可以执行大类。简言之，铁路检查是为了确保运输安全，而海关主要是收税，几乎没有安全压力。

（三）对策建议

1. 应参照《国际货约》《国际货协》及相关国际运输公约和运输习惯，结合国际和国内铁路运输中的实践，进一步完善铁路规则体系。要从碎片化统一迈向更进一步的统一。从实际出发，分步实施，逐渐消除既定规则的冲突。

商务部已牵头推动联合国国际贸易法委员会（以下简称"联合国贸法会"）开展可转让多式联运单证的立法探索。这是双轨制路径。商务部拟提交《中国关于联合国贸法会就解决铁路运单不具备物权凭证属性带来的相关问题开展工作的建议》。联合国贸法会继续开展相关工作，有关部门在第 54 届会议上提交关于多式联运单证的新文书初稿。在单轨制项下，我国国家铁路局牵头向 OSJD 委员会递交了《关于成立"赋予国际铁路联运运单物权属性"问题临时工作组的提案》。欧洲经济委员会（以下简称"欧经委"）专家组也提交了一份补充提案，建议在《统一国际铁路货物联运法律规范》草案中加入可转让单证条款，其思路与国家铁路局的思路大体一致。

在跨境铁路运输中，涉及运输的法律问题时，不同的体系应对具有不同的方法。两国边境应用不同的法律时，为了避免规则冲突，可以选择其中一个国家的规则作为准据；还可以签署双边协议，也由成员国对某些法律和规定进行统一；此外还可以使用区域性统一的方法，以欧盟为例，在欧盟范围之内，欧盟规则和规定是有强制执行力的，同时欧盟也可以作为区域的代表签订国际组织公约和协议，所以欧盟可以作为整体与第三国进行对接。现在更多的是碎片化的统一，在更远的未来应该实现进一步的统一。

当前阶段，可以采取铁路提单与铁路运单的协同运作方式，以国际铁路货运公约为基本遵循，合理利用铁路运单规则，确保铁路提单与铁路运单在铁路运输合同层面的统一性，实现铁路提单签发人、铁路运单发货人、收货人三者的同一性。目前应当将铁路提单与铁路运单"三合一"机制限定为单向机制，即仅当我国作为进口国时使用，除非他国明确认可铁路提单，否则在出口时接受铁路提单，可能会给他国进口商带来法律风险。铁路提单与铁路运单的协同运作机制是推动铁路提单制度创新的权宜之策，规则化和国际化才是推进铁路提单制度创新的长久之计。〔1〕其中，为了保障"一带一路"倡议的顺利实施，促进国际铁路货物联运，推进"一带一路"互联互通建设，我国有必要选择合适时机加入

---

〔1〕　参见杨临萍："'一带一路'背景下铁路提单与铁路运单的协同创新机制"，载《中国法学》2019 年第 6 期，第 66 页。

《国际货约》。

那么，铁路提单的发展将在很大程度上因循"贸易实践——商业惯例——司法判例——国家成文法——国际通行规则"的海运提单发展路径。

进一步的几点建议：一是着力推广使用铁路提单，切实发挥铁路提单的物权凭证功用。二是积极统筹国内法和国际法，依法推进铁路提单制度创新。相对于国内法，在国际层面形成铁路提单国际公约的难度更大。从我国国内法入手是相对合理可行的，可以探索通过司法判例或者司法解释甚至立法的方式，确认铁路提单的物权凭证属性，保障铁路提单在我国国内具有物权凭证的效力，继而在我国国内法律保障以及铁路提单商业实践的助力下，推动铁路提单的国际化发展。铁路提单规则的国际公约化则有两种可选方案：一种方案是修改现行两大国际铁路货运公约，另一种方案是直接制定铁路提单国际公约。相比之下，在充分吸收两大国际铁路货运公约的基础上另行制定铁路提单国际规则更为可行。三是充分利用"一带一路"机制框架，推动铁路提单国际化进程。建议将铁路提单制度创新纳入"一带一路"建设的范畴，实现硬件建设与软件支持的协同推进，利用"一带一路"议事机制和合作平台，开展双边、三方、多边对话协商，通过国际公约、双边条约、司法协议、备忘录等形式，助力铁路提单规则在"一带一路"沿线国家得到认可和应用。同时，要充分发挥我国国际商事法庭在化解"一带一路"争端中的积极作用，争取形成有广泛国际影响力的铁路提单纠纷司法判决。四是创新国际合作机制，构建铁路提单制度创新利益共同体。"一带一路"建设以共商、共建、共享为原则，推动铁路提单制度创新也要遵循共商、共建、共享原则。我国应与"一带一路"沿线各国共同商讨铁路提单货贸规则的制定，共同构建基于铁路提单的国际贸易机制，共同享受铁路提单制度创新成果。其中，最关键、最现实的问题是要实现成果互惠、利益共享。五是开展跨部门协作研究，尽快提出铁路提单单证规则示范方案。铁路提单制度创新涉及金融、贸易、运输、海关、司法、立法等多个领域的专门知识。建议在国家部委层面成立相关的联合工作组，形成工作合力，着力解决一些阻碍铁路提单制度创新的体制机制问题。[1]

---

〔1〕 参见杨临萍："'一带一路'背景下铁路提单与铁路运单的协同创新机制"，载《中国法学》2019 年第 6 期，第 66、83~84 页。

2. 立足于提升中欧班列运行的质量和效率，从完善国内立法和促进国际规则重塑两个层面，进一步完善中欧班列开行和发展中的法律体制机制。

（1）以政策和法律的形式，鼓励多种模式整合资源，合理布局中欧班列。要更好地落实国内外中欧班列运营协调机制，进一步建设国家级中欧班列集结中心，对中欧班列进行合理的布局规划。以国家引导为主，充分发挥市场主体作用，鼓励支持优势突出、运作成熟的线路和企业发挥更大的带动作用。

（2）进一步规范地方政府补贴行为，可适当倾斜扶持苏区发展。推进政府行为法治化，营造公平开放、竞争有序的市场环境。引导建立中欧班列各条线路互动协作机制，开展多种形式的合资合作经营：可以强强合作，形成领军企业；也可以区域联动，减少线路重叠运力浪费；鼓励建立联盟，建立信息互通平台，促进价格、货物集疏等协作。例如，赣闽两省区市的中欧班列运营企业联合成立"赣闽中欧国际货运班列联盟"等。

（3）继续优化中欧班列运输路径，合理解决返程货源不足问题，进一步提升中欧班列服务质量。完善运输组织过程，压缩列车运行时间；协调简化海关手续，提升通关速度；建立统一的信息平台，相互交换列车实时信息和货物在途跟踪信息。鼓励企业开拓海外市场，提升国际化水平。合理规划中欧班列干支线网络，由点到线、由线成网，使中欧班列成为内陆省份开放的重要平台。严把中欧班列服务质量，加强对中欧班列引导，统筹安排，加强资源整合，助推中欧班列提升市场化和国际化水平。

（4）在海关监管创新上应当进一步加强国际合作，争取实现更高水平的互联互通。各国应在"信息互换、监管互认、执法互助"方面不断加强更多务实合作，共同探讨制定有关快速通关、运输安全的协议，推行标准化海关监管，简化沿线海关的通关手续，互认报关申报信息、货物归类决定、查验放行指令等，进一步着力提高海关监管质效水平。进一步完善海关与铁路联检制度建设，统筹兼顾海关与铁路检查的不同标准，探索更为稳妥科学合理的联检方式。

（5）进一步完善跨境运输争端解决机制。

①有中国缔结或加入的条约的情况下，应适用条约的规定。这是解决问题最有效的方法。我国在早期和"一带一路"倡议过程中参加和缔结了一些相关条约，但在涉及铁路口岸站问题上仍有一些空白，对此值得研究和完善。②在没有相关条约的情况下，在涉及铁路口岸站建设规划、安全管理、货物清关、进出口

检验检疫等行政事务上，一般根据属地原则适用行为地法律。③在民商事法律关系中，根据《中华人民共和国涉外民事关系法律适用法》（以下简称《涉外民事关系法律适用法》）及司法解释，侵权行为一般适用侵权行为地法。货物运输合同，适用当事人选择的法律；没有选择的，适用公约或条约的规定；没有公约或条约的，根据《涉外民事关系法律适用法》选择法律。

理论上，根据国际法和相关国家的国内法，铁路口岸站涉及的相关法律问题都可以根据现有的法律找到解决方案，但由于涉及不同国家、不同的法律制度，因此会出现管辖的冲突和法律适用结果的不一致。解决方法，主要涉及两方面：①涉及行政管理事务，需要通过与相关国家之间的合作，通过政府间协议或安排解决；②商事关系如运输关系，尽量约定争议解决的方式（如选择法院或仲裁），并约定适用的法律，减少可能产生的管辖权争议和法律适用的不确定性。

除上述充分利用现有争端解决机制外，就私人争端的解决，还需要打造新的运输争端解决服务平台，构建诉调仲结合的多元化争端解决机制。以现有沿线国家的仲裁机构为载体，打造一个运输争端解决的仲裁服务平台，实行"一站式"受理和在线仲裁服务，资源共享，减少仲裁成本，解决仲裁执行问题。充分发挥调解在沿线国家之间解决争端的作用。调解的最大优点在于它非常灵活，可以在任何时候开始或者停止调解，并且其没有严格的程序要求和固定的调解员。要探索诉调仲有机衔接的多元化争端解决机制，充分利用仲裁、调解的灵活性和诉讼的强制性，整合仲裁调解专家团队，为当事人提供跨境运输争端多元化解决方式的选择。

3. 应当重视加强中欧班列疫情风险法律防控。中欧班列疫情风险法律防控问题，主要是海关和政法部门关注的问题之一，在中欧班列运行中疫情风险相对较低，但是仍要未雨绸缪，努力防患于未然。国家铁道部门也要积极配合，重视做好各种应急预案甚至主动作为。中欧班列在疫情期间发挥了显著的不可替代的作用。无论对于抗疫还是对于发展经济乃至对于"一带一路"的建设，都非常重要。正因如此，要确保其长期安全稳定运行。而运行中又会存在各种疫情风险：已知的和未知的、显现的和潜在的、现在的和未来的、已关注的和未关注的、出境的和入境的等诸多风险。但是，不可因为中欧班列的抗疫贡献而低估或者忽视其中潜在的各种疫情风险。务必注意物传人的各种潜在的、未知的、特定国际国内情势下人为的、可能更加危险的疫情风险。对于如何做好中欧班列的疫情防控工作,海关总署专门制定了出入境列车卫生检疫作业指引,对申报、审核、登临检疫、现场处置以及卫生处理等各环节都提出明确要求,同时严格司乘人员健康申报和健康监测,制定紧急处置预案。对可能被新冠病毒污染的列车,及时指导消毒,尽最大可能防止疫情通过班列传播。通过这些措施,海关总署全力保障中欧班列正常有序的运行。国铁集团和交通运输部也发布了相关通知,采取切实措施加强铁路交通疫情防控工作。各地方层面也采取了许多有效的措施。

尽管如此,通过文献调查、实地调研与访谈,课题组发现疫情风险法律防控体系仍存在一些不足之处。其中既有表层原因,又有深层原因;既有历史原因,也有现实原因;既有主观原因,又有客观原因。它们是相互联系的、交叉发展的。因此,应当进一步完善中欧班列疫情风险法律防控体系。通过调查发现,价值观、文化程度、媒体报道、职业、家庭环境、地区是影响公民对法律防控必要限度认识和评价的六大因素。[1]这些因素影响公民对法律防控措施的基本认识,影响其守法态度、执法方式和司法状况乃至法律监督的能力等。

其中,调查四类样本中对于"六因理论"的差异分析和总体分析大致如下:[2]

关于影响公民对法律防控必要限度认识的主要因素共进行了三次调查,在四类样本中,被调查者对影响因素的选择结果如表 1 所示。在问卷星 321 份样本中(Cronbach's α 系数为 0.757,信度大于 0.7,说明量表信度较好),排名在前六的影响因素依次为:价值观、文化程度、媒体报道、职业、家庭环境、地区。在问卷星 1053 份样本中(Cronbach's α 系数为 0.802,信度大于 0.7,说明量表信度较好),排名在前六的影响因素依次为:价值观、文化程度、家庭环境、媒体报道、职业、地区。这两次样本结果基本一致。其中六大因素全部相同,只是个别因素排序略有差异。因此其六大因素可信度高。在 102 份(来自东西南北中五大家庭)样本中,排名在前六的因素分别为价值观、文化程度、媒体报道、年龄、职业、家庭环境(职业与家庭环境并列第五)。在 294 份(来自东西南北中 10 所不同高校、不同专业在校大学生)样本中,排名在前六的影响因素依次为:价值观、文化程度、媒体报道、所学专业、家庭环境、年龄(见表 1)。

---

[1]　具体调研报告,参见陈彧奇、曾立伟等:《让"钢铁驼队"走得更稳更远更好——中欧班列抗疫贡献及其疫情风险法律防控的调查研究》,参见附录1。
[2]　内容详见上述调研报告。

表1　四样本影响因素排名表

影响因素	321 样本			1053 样本			102 样本			294 样本		
	计数	占比	占比排名	计数	占比	占比排名	计数	占比	占比排名	计数	占比	占比排名
价值观	257	80.1%	1	876	83.2%	1	58	56.9%	1	230	78.2%	1
文化程度	234	72.9%	2	755	71.7%	2	56	54.9%	2	194	66.0%	2
所学专业	95	29.6%	8	327	31.1%	8	20	19.6%	7	137	46.6%	4
媒体报道	163	50.8%	3	460	43.7%	4	52	51.0%	3	165	56.1%	3
地区	136	42.4%	6	420	39.9%	6	12	11.8%	10	63	21.4%	9
家庭环境	142	44.2%	5	541	51.4%	3	22	21.6%	5	107	36.4%	5
年龄	111	34.6%	7	339	32.2%	7	28	27.5%	4	73	24.8%	6
职业	152	47.4%	4	434	41.2%	5	22	21.6%	5	66	22.4%	8
党团员	42	13.1%	11	183	17.4%	11	13	12.7%	8	68	23.1%	7
民族	68	21.2%	9	228	21.7%	10	0	0.0%	13	29	9.9%	10
性别	41	12.8%	12	138	13.1%	12	2	2.0%	12	15	5.1%	12
地位	66	20.6%	10	249	23.6%	9	6	5.9%	11	18	6.1%	11
其他	5	1.6%	13	14	1.3%	13	13	12.7%	8	13	4.4%	13

进一步选取第1~8项影响因素做图（如图1所示），并得出以下结论：

（1）在四类样本调查中均排在第一位的是价值观，均排在第二位的是文化程度，这说明不管对于哪次调查的被调查者来说，价值观和文化程度均是非常重要的影响因素。

（2）在四类样本调查中排名均进入前六位的影响因素还有家庭环境和媒体报道，说明四类样本调查的被调查者均认为家庭环境和媒体报道较为重要，只是不同的被调查者对这两项因素的重视程度有所不同。

（3）此外，职业影响因素在四类样本调查中有3次进入前六位；年龄、地区影响因素在四类样本调查中有2次进入前六位；所学专业影响因素在四类样本调查中有1次进入前六位。这说明不同被调查者对于职业、年龄、地区及专业4项影响因素重要程度的评价存在一定差别。前两次（类）样本调查的结果可信度更高，而后两次（类）样本代表性误差较大（在家庭样本中少数民族人口数量占比过大，另外全部为在校生的样本只能反映学生的情况），因此后两次（类）样本结果可信度较低。

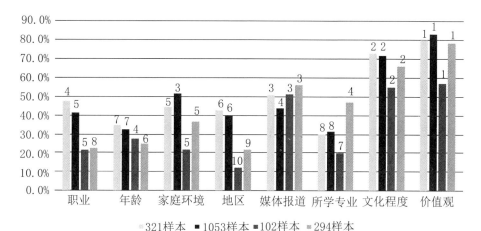

图 1　四样本影响因素排名图

因此，在完善中欧班列疫情风险法律防控体系（立体的防控体系）方面，特别要结合前述可信度高的六大因素，进一步完善相关立法规定，尤其要更加强调社会主义核心价值观的引导和宣传。而且要结合六大因素，改进执法保障工作。不仅要突出强调社会主义核心价值观的引导和更好地发挥媒体作用，也要重视结合执法对象的文化程度、职业、家庭环境和地区特点，活用"六因理论"科学地进行教育引导，提高执法效果和司法效果。尤其要注意六大因素在守法环节中的实际应用以及加强它们在法律监督保障方面的积极作用，营造更好的监督他人守法的大环境，增强法律监督力度和改善其监督效果。

4. 仍然要重视进一步强化中欧班列治安风险防控国际合作。尽管中欧班列治安风险防控问题主要是铁路公安部门关注的重点，在中欧班列运行中治安风险目前表现并不突出，但是仍要未雨绸缪，居安思危。对于中欧班列治安风险防控的国际合作，目前仍然面临沿线国家铁路轨距不同、货运规则与手续差异、风险防控能力迥异、管辖权不易确定、侦破动力不足等挑战。为了有效防控中欧班列面临的治安风险，建议继续从企业协作、政府合作、务实执法、刑法制度、国内协作五方面入手，进一步推动建立健全中欧班列治安风险防控的国际合作与国内协作机制，形成预防与打击涉及中欧班列违法犯罪的更强的国际国内合力。值得注意的是，为了有效防控这些治安风险，我国国内铁路运输企业、公安机关等进行了不懈努力，有效防止了国际班列在国内运行期间可能出现的治安风险，形成了"秩序好、发案少、打击效率高"的良好局面，为国际社会积累了可资借鉴的系统化的"中国经验"。[1] 但由于相关国际合作的不足，尚未从整体上有效防控国际班列治安风险。积极开展治安风险防控国际合作，已成为确保国际班列安全、平稳运行的关键。2019 年 7 月和 2020 年 11 月，中欧班列沿线国家运输安全联合打击行动会商会连续两年在重庆举办。其中就保障中欧班列整体运输安全、共建中欧班列沿线国家安全命运共同体、深化疫情防控常态化下国际执法合作等问题深入交流，特别是在前年与会各国共同提出多项倡议。对此，还值得进一步共同推进。

第二部分　地方分报告

此处选择四个不同代表性的省级区域进行研究，形成地方分报告，以作为对主报告的有益补充。

一、陕西分报告

……（略）……

二、重庆分报告

……（略）……

三、新疆分报告

……（略）……

四、江西分报告

（一）江西中欧班列的发展现状

江西开行中欧班列主要在南昌和赣州两地。中欧班列的开行，成为了江西经

---

〔1〕　参见兰立宏："中欧班列治安风险防控国际合作策略研究"，载《山东警察学院学报》2019 年第 3 期，第 114-115 页。

济增长的重要引擎。截至目前，江西中欧班列开行线路已达俄罗斯、德国、荷兰、瑞典、波兰、白俄罗斯、匈牙利、芬兰以及中亚五国等国家，货源辐射范围覆盖江西及周边浙江、广东、江苏、福建、上海等地区，为江西及周边地区与欧洲之间经贸往来搭建了双向"快车道"。近期，中国铁路南昌局还将连续向明斯克、莫斯科等地加密开行中欧班列，进一步助力"中国制造"走向欧洲市场。

江西中欧班列的首发是在 2015 年 12 月，第一列目的地荷兰鹿特丹。南昌首开中欧班列之初，补贴政策迟迟不出台。2016 年下半年，赣州市获得国家扶持政策，在龙岭镇修建铁路线（南昌专用线），后该专用线改名为赣州国际陆港。2017 年全省开行 26 列，2018 年全省开行 202 列，2019 年开行 553 列，2020 年开行 369 列。

其中，目前南昌铁路口岸有两个通道，一是中欧班列，二是海铁联运。南昌中欧班列已有八条线。俄罗斯莫斯科、白俄罗斯明斯克和奥尔沙等三个点常态化运行。2020 年新增法国巴黎、乌克兰基辅、波兰马拉三个点。到达荷兰鹿特丹的班列于 2015 年只开行一列。目前因政策原因也仅开行一列。到达越南河内的班列于 2017 年只开行三列，也因省市一些通知没有继续开行。南昌的模式，是由江西中远海运集团集装箱运输有限公司作为平台承运公司，其货物与场站和中铁集装箱公司合作，包括国内段、境外段运输。南昌中欧班列截止到 2020 年年底共开行 273 列。从体量上来看，南昌和赣州相比有差距，其具体体量情况为：2017 年 2 列，到发 110 箱；2018 年 24 列，到发 2002 箱；2019 年 120 列，到发 1万多箱；2020 年 127 列，发柜 5727 箱。南昌中欧班列努力走有自己特色的道路，结合南昌经济实际，规划发展道路。南昌中欧班列的线路，近两年主要开行俄罗斯莫斯科、白俄罗斯方向，如开往白俄罗斯明斯克的食品专列，开往莫斯科的地铁设备专列、家电专列、"江西制造"专列，还有 2020 年开往法国巴黎防疫物资专列等。在疫情影响下，南昌中欧班列 2020 年实现逆势增长。

赣州国际陆港是中国首个进境木材内陆直通口岸，是中国第八个获批的内陆国家级临时开放口岸和首个中国内陆口岸国检监管试验区。赣州国际陆港还获批汽车整车进口口岸、肉类指定口岸、粮谷口岸等。赣州国际陆港分为中亚线、中欧线、返程班列三条线，由三个不同平台公司承运，同时也通过中铁集装箱公司开展合作。赣州港成功开行至吉尔吉斯斯坦、乌兹别克斯坦、哈萨克斯坦、土库曼斯坦和塔吉克斯坦等中亚五国以及俄罗斯莫斯科、德国汉堡等欧洲国家的出口班列，组织开行俄罗斯莫斯科、彼尔姆、克拉斯诺亚尔斯克至赣州港的进口班列，实现了赣州港中欧班列"八进八出"，成为全国首个通过新亚欧大陆桥 4 个对外物流通道对接国际贸易的内陆口岸，为赣州进出口企业贸易交流提供快速通道。

在中欧班列方面，赣州国际陆港起步较晚，但是发展速度较快。从 2017 年开行首列，当时从俄罗斯进口木材，之后尝试双向对开，后又开通出口货物。从 2017 年到 2020 年，开行数量接近 800 列。2017 年开行 23 列，2018 年开行 150 列，2019 年开行 370 列，2020 年开行 238 列。进口的几乎全部是俄罗斯松木、桦木等木材，用于南康本地木材产业发展。出口主要源于华南、厦门、江浙一带的货物，本土货物不多。因为附加值不高不需要走中欧班列，故基本上通过海铁联运方式运输。去程班列覆盖中亚五国，以及俄罗斯、白俄罗斯、德国、波兰、匈牙利等。出口班列开行频次，每周大概 5 列，其中欧洲的大概 2 列，中亚的大概 3 列。

在海铁联运方面，其通过盐田、蛇口、广州、厦门、宁波等五个沿海口岸港口，把赣南乃至江西的出口货物通过铁路运输到沿海码头，再上船运输到全球各国。江西省实施"三同一"政策，即同港同价同效率。这一政策中的"同港同价"借鉴于沿海码头。目前赣州国际陆港和连云港集团深入合作。一单出口货物到达赣州等同于到达盐田。通过组合港方式，让货物到达赣州港后，直接完成海关查验、放行等工作，并通过加电子关锁方式满足在途的监管。亦即，货物进入赣州港闸口视同进入盐田港闸口，那么出口货物就可直接装船。这从 2020 年年底开始运行，目前运行比较稳定，下一步将在厦门、广州、蛇口也采取这种做法。

2021 年赣州国际陆港整个班列开行方案有所调整。其重点围绕以下方面：（1）为满足南康家具生产需要，开通进口返程班列；（2）结合赣州跨境电商综合示范区，把中欧班列和跨境电商结合起来（因为跨境电商对时效性要求较高，跨境货物较多较杂，每个小包裹有各自价格，这有价格优势）；（3）中亚线路主要针对粮谷口岸，通过中哈通道把粮谷运进来，也有本土货源销往中亚。而中亚没有海运方式，其对铁路运输属于刚需，所以继续保留。2021 年初定目标开行 360 列，这相当于实现天天班的效果。

南昌向塘国际陆港的面积是赣州港的两倍。向塘港定位为一个智能物流园区，物流产业将形成集聚效应。向塘港起步较晚，口岸不具备开放资质，指定口岸资质也不具备。因此在产业集聚方面，该港目前还没有如火如荼地发展起来。而今招商方面已经进入"选资"阶段，挑选符合向塘发展的企业。南昌向塘国际陆港和赣州国际陆港进行差别化发展。赣州港到俄罗斯的线路以进口木材为主，而南昌向塘港是把产品运出去，包括一些电子设备、机械设备、汽车汽配等。

目前江西正在争取纳入国家的集散中心或者输入点。突出江西区位优势，作为华东地区、华南地区、粤港澳大湾区中欧班列的后备力量，打造华南地区的集散中心。江西将其定位为集聚浙江、福建、粤港澳大湾区中欧方向班列的集散中心，推动高质量发展、提质增效。当前江西中欧班列本土货物比例在大幅度提升，服务当地企业的数量也越来越多。

另外，关于江西中欧班列疫情风险防控情况，国内发出的货物，只要不是中高风险区域的货源，目前没有明确防疫要求。如果有要求，也会下达规范性要求。在中欧班列返程方面，首先要在国境站进行核酸检测，对消毒消杀进行记录。在作业区配备防疫物资，包括防护服、护目镜。特别是冷链运输，需要上报到省级有关单位。非冷链物资按照国家铁路局下发的关于非冷链的来自中高风险区货物的防治要求操作，包括装卸作业人员现场不能接触，需要通过门吊，查看消杀记录、核酸检测报告。对货物进行核实，保障自己作业人员自身的安全防控。将防疫物资全部配发到岗位，保证岗位防疫物资充足。

（二）江西中欧班列开行和发展中面临的主要问题

1. 相对其他开行中欧班列的主要城市和省份而言，本省级和市级政府层面重视程度仍然不够。（1）许多城市由省级主要领导出面公关，而据有关人员反映，到目前为止赣州出面公关的最高领导层级相对较低。（2）全省缺少中欧班列发展的中长期规划，缺乏省级主要领导的高度重视，缺乏一条线、一条心去推进。没有大的规划，就缺乏大的信心，一点反对的声音，就可能打乱个别领导的决策和信心。在省级层面需要有中欧班列补贴的中长期规划，以及赣州和南昌分别开行线路和数量的规划。全省要有一盘棋，这有助于铁道部门按照铁路计划提前准备，特别是在口岸计划紧张的情况下，提前准备计划、准备调度是十分必要的。（3）城市竞争激烈，补贴力度明显不足。赣州市财政按比例给予补贴，但是省财政支持远远不够，而区财政又十分紧张。现在赣州港只能由企业决定，即是否掏全程运价，包括补贴，能掏就继续开行，不掏或者承受不了就停运。

2. 南昌没有获批口岸开放，本省货源太少。（1）目前对南昌向塘港而言，最大难点和困境是口岸开放问题。南昌没有获批口岸开放，这会影响后面一系列汽车指定口岸、粮食指定口岸、食品指定口岸等口岸的申请获批。没有这些指定口岸，外面的货物就无法直接到达南昌。（2）本省货源太少。上饶 2020 年中欧班列减少不是因为疫情原因，而是因为货源的原因。随着中欧班列数量的增长，班列开行计划越来越紧张，分配计划是按照城市的兑现力来分配的。而且，吸引外省货源，需要大量的经费补贴来支撑。

（三）江西中欧班列开行和发展的对策建议

可以通过进一步完善地方性的政策和法规以及铁路监管措施等方式，支持和助推以下几方面的发展。

1. 在顶层设计上，要进一步加强江西中欧班列发展的中长期规划。

2. 从省级层面要加强调度，避免撒胡椒面式的支持。其他地方已经出现联合发展，做大做强的趋势。成都和重庆今年的班列联合叫"成渝班列"，义乌和金华下一步也可能合并。江西的中欧班列也可以统一标识为"赣欧班列"，但是可以错位发展。例如，赣州的优势在于离华南较近，可以承接华南的货物，重点打造这种班列；南昌可以承载宁波一带的货物，因为南昌和宁波有海铁联运班列。

3. 结合贯彻落实赣南等原中央苏区振兴战略，争取国家给江西革命老区一个缓冲期，区别对待，给一点政策倾斜，扶持发展。因为江西中欧班列发展本来就比较晚，而且赣南是革命老区，底子较薄。如果和全国发达地方同一平台竞争，显然是不切实际的。但是，鉴于赣州港有一优势，打造海铁联运和海上丝绸之路有非常紧密的连接，现在和盐田港打造的"赣深港产城特别合作区"，就是通达海上丝绸之路。未来将其和中欧班列挂在一块，将成为"一带一路"的重要节点。因此，应争取国家政策倾斜，扶持发展。

附：两大公约及我国国内规定的初步比较[1]

项目/规定	国际货约（CIM）	国际货协（CMIC）	我国的规定
适用范围	适用于有偿的、始发地和目的地位于不同国家的运输合同，而与当事人的国籍无关。CIM可以适用的另一个条件是始发地与目的地的所在国均为CIM的成员国，或其中仅有一处位于成员国境内但合同当事人依意思自治选择适用CIM作为准据法。	仅适用于"协定各方"之间，即始发地和目的地均为成员国的情形。	中国境内

---

〔1〕 感谢北京交通大学陶杨教授的整理和智慧。

项目/规定	国际货约（CIM）	国际货协（CMIC）	我国的规定
运输单证	需要用两种或需要以第三种文字印刷时，应至少使用法文、德文或意大利文中的一种。运输合同须由符合统一范例的铁路运单加以确认，但该运单的瑕疵或丢失该运单不影响运输合同的成立和生效；铁路运单可以以电子数据的形式形成。在第 1 章第 6 条规定了一般应当包含的 16 项内容。在一些情况下可能还需要包含以下内容：在连续分段运输时已对此运单同意的最后承运人，托运人承诺支付的费用，交付货物时需支付的现金额，托运人声明的货物价值和货物在交付时的特殊价值等。	应当使用发送国文字、俄文及德文印刷。CMIC 也有关于铁路运单瑕疵或遗失不影响运输合同效力和办理电子运单形式的规定。在第 2 章规定了一般应当包含的 17 项内容。在必要时应记载以下事项：接续承运人名称、发货人有关货物的声明，港口附近的铁路车站和移交水运的港口，以及《货物运送规则》所规定的其他信息。	
托运人、承运人、收货人权利和义务	在涉及对托运人、收货人及承运人的权利义务规定时，二者并不存在太大差异，均规定了缔约承运人和接续承运人之间的连带责任等。CMIC 特别规定了铁路一方享有留置权，CIM 未规定。CMIC 没有规定责任限额，均按照账单的价格确定货物实际损失并进行赔偿。CIM 有相关规定。		
赔偿计算方法	货物全损或部分灭失的赔偿额按货物交付地的市场价格或同类货物的消费价格确定	货物灭失的赔偿额按外国供货者账单所列的价格计算，如因货物毁损、腐坏或因其他原因降低质量时，按降低价格的百分比进行赔偿	赔偿数额限于货物本身的实际损失，即货物的实际价值
归责原则	无过错归责原则	过错责任原则	严格责任原则

续表

项目/规定	国际货约（CIM）	国际货协（CMIC）	我国的规定
诉讼时效	一般由运输合同引起的诉讼时效期间为一年，但在五种特殊情况下可延长至二年。将时效期限的中止等事项划归受起诉所在国的法律约束。	对逾期货物运送提出赔偿请求的时效为两个月；因其他原因提起诉讼要求支付运费、罚款及赔偿损失的时效为九个月。规定了诉讼时效中止的事项，其中规定诉讼时效在提出赔偿请求时即告中止。	运输合同的当事人之间如果要求赔偿或者退补费用的时效是180天；托运人或者收货人要求承运人支付违约金的时效是60天。
合同订立	二者都规定，加盖了戳记的运单是运输合同的缔结凭证。托运人在提交运单时必须提供与运单记载相应的货物，铁路承运人应当核对货物与运单记载是否相符。在核对无误的情况下，铁路承运人接收货物并收取运费，在运单上加盖戳记，则双方的铁路货运合同即告成立。CMIC规定了运单的样式和填写办法；CIM未规定运单样式，只列出了运单中应当包含的事项。		无特别规定
合同变更	二者都规定了发货人和收货人可对运输合同作出哪些变更，而且都规定进行变更时不能使货物分票。CMIC限制发货人和收货人可各自变更一次运输合同；CIM没有限制变更次数。CMIC规定如果货物已通过到达国进口国境站，收货人只能按到达国现行国内规章办理运输合同的变更；CIM未规定。		在承运人将货物交付收货人之前，托运人可以要求承运人中止运输、返还货物、变更到达地或者将货物交给其他收货人。
争议解决前置程序	无	规定提出赔偿请求后才能提起诉讼。也就是先和解后诉讼，和解是诉讼的必经程序。	无特别规定
运费的计算及核算	没有规定货物运费计算办法。只规定如果发货人和承运人之间未商定其他支付办法，则运送费用由发货人支付。	应按运价规程所确定的经路最短里程计算货物运费。规定了发送路&到达路和过境路运送费用的相应核收办法。	
代收货款	没有规定	明确规定不准办理代收货款	

高铁安全法治保障研究（A+B）

强化高铁公共安全法治保障[1]
曾明生

　　□对于高铁公共安全法治保障的理论研究，要从以下途径予以加强：一是从全国动态法治系统角度认识和研究高铁公共安全的法治保障；二是从国际视角研究高铁公共安全的法治保障问题；三是突出实证研究方法的运用。

　　□对于高铁公共安全不同环节的法治保障，要从立法保障、执法保障、司法保障、守法保障、依法监督等途径予以强化。

　　安全和速度是高速铁路（以下简称"高铁"）的生命。为了维护好高铁这张"国家名片"，在全面推进国家治理体系与治理能力现代化进程中，我们要充分运用好法治智慧防控高铁安全事故的发生。尤其是，在防控突发重大疫情和确保铁路安全方面，应力求取得更多更好的成绩。因此，对积极加强有关高铁公共安全法治保障实践与问题的研究，具有重要的现实意义与理论意义。相关的检察理论研究也可在此基础上同步发展。

一、大力加强高铁公共安全法治保障的理论研究

　　当前国内相关研究的成效与不足。关于高铁安全问题的研究，我国学界早期主要是从安全技术角度来探讨的。之后，研究角度逐渐扩展到高铁安全法治保障方面。近些年，有关高铁安全立法研究已有一些有益探索，但目前对其的具体研究仍不够全面系统，也有待进一步深入。在执法保障上，学界已有较多研究。学界对构建高铁安保体系有不同认识。越来越多的专家学者关注铁路反恐问题，但

---

　　[1]　原载《检察日报》2021年5月27日，第3版。

研究仍不够全面、系统和深入。

总体而言，学界目前有关研究已为我国铁路安全保障提供了一些重要的理论参考和思路借鉴。然而，对高铁公共安全法治保障方面的深入研究仍相对较少，至今也尚无专门研究高铁公共安全法治保障的全面系统的著作，也缺乏有关实证研究的著作和论文。在涉及高铁公共安全法治保障的检察理论研究方面，也值得进一步加强，由此更好地指导铁路检察实践。

应注重在研究视角、方法和内容上的创新。一是从全国动态法治系统角度认识和研究高铁公共安全的法治保障。我国高铁公共安全法治保障发展完善的基本路径，涉及法治系统的五个环节。其基本路径包括立法保障、执法保障、司法保障、守法保障和依法监督的保障，形成一个法治保障体系。因此可对其开展五个专题的系统研究。

二是从国际视角研究高铁公共安全的法治保障问题。应当加强国内外高铁公共安全法治保障的比较研究。其中，可对日、德、法、英、美等国家高铁公共安全法治保障的现状展开相对客观和理性的、全面系统的探讨。在对代表性国家现行法律法规的内容加以梳理和经验总结的同时，仍要对其铁路执法、司法、守法和监督等法治实践进行研究，注意其缺点与局限，以找寻值得我国借鉴的他山之石。

三是突出实证研究方法的运用。对高铁公共安全的法治保障问题的研究，既要采用理论思辨方法，又要注重运用实证研究方法。可以通过对12309中国检察网和中国裁判文书网公开的涉及铁路安全的全部案例进行大数据研究分析；还可以选择东西南北中具有代表性的铁路检察院和铁路法院进行调研，并且对前述检察院和法院管辖领域高铁沿线的环境安全执法保障进行抽样调查实证研究。

在加强实证研究、多学科研究和系统化的理论探讨中，拓展前沿理论研究。其中包括对国外铁路安全动态法治实践的考察、强化法治系统五个环节的动态保障研究、"强人工智能时代"高铁安全的风险防范与法治理论前瞻等，拓展理论研究的新内容。亦即，从多学科视角开展交叉研究和系统化探讨，同时引入大数据实证研究方法和抽样调查法，使其定性研究和定量研究相结合、规范研究与实证研究相结合，实现我国在该研究领域的多视角和实证方法上的创新运用，从而积极推进我国高铁公共安全法治保障理论研究的新发展。

二、进一步加强高铁公共安全不同环节的法治保障

强化立法保障。高铁公共安全的立法保障，是高铁公共安全法治保障的首要

环节。2020 年，交通运输部、公安部等七部门联合发布《高速铁路安全防护管理办法》（同年 7 月 1 日起施行，以下简称《办法》），从高铁安全防护总体原则、线路安全、防护设施、运营安全和监督管理五方面作出具体规定。这对形成综合施策、多方发力、齐抓共管、通力协作的高铁安全防护管理格局，提升我国高铁安全管理水平，切实完善高铁综合治理长效机制，提供了重要的法治保障。但是，该《办法》只是部门规章，效力等级较低，未来需要升格为行政法规甚至法律，以增强其制度规范的约束力、执行力和保护力，强化和完善高铁公共安全的立法保障。其中包括完善铁路安全公益诉讼立法与铁路反恐立法，加强《铁路法》《铁路安全管理条例》等法律法规之间的衔接。各地也可探索制定地方性法规或者及时修订相关规章，进一步强化制度保障。正如 2020 年《上海市铁路安全管理条例》的出台，就是一种有益探索，进一步细化各部门监管责任和协同责任（如此也有利于检察机关进行监督），并要求建立智能安全技术防范系统，加强与长三角区域协作，形成常态化联合监管体系。其中上海市有关检察机关发挥了积极的推动作用。

加强执法保障。高铁公共安全的执法保障，是高铁公共安全法治保障的基本环节。其中，应进一步完善高铁立体化治安防控体系和加强铁路安全隐患排查工作，切实加强安检工作的科学规范与专业化建设。加强安检保护，积极引入并广泛运用新兴技术手段，全面提升安全监管智能化水平。进一步积极推进反恐动态智能化管理，重视和加强铁路反恐情报收集，大力健全反恐预警机制和积极提升应急反恐能力。严格依法实施疫情防控措施，坚决打击危害疫情防控的违法行为。执法部门应当依法执法，严格执法，维护法律权威，坚决预防和遏止"拦高铁等夫"、"脚绊"高铁、"锤砸车门玻璃"之类的荒唐闹剧。

强化司法保障。高铁公共安全的司法保障，是高铁公共安全法治保障的基本途径与关键环节。在积极促进涉高铁司法公正的同时，要努力提高涉高铁司法效率。其中，涉及司法解释的完善及民刑交叉、行刑衔接、检察公益诉讼、司法裁判等相关问题。与此同时，要加强维护高铁沿线安全专项检察监督，把推进国家治理体系和治理能力现代化融入检察实践的智慧与担当之中。可以采取以公益诉讼为主、多元化检察监督并举的形式，对行政管理部门不作为、乱作为的现象及时依法立案、督促整改，制发检察建议，与地方政府、铁路企业和铁路监管职能部门一道整治各类铁路安全隐患，形成防范和惩治相结合的全方位、立体化铁路安保体系。检察机关作为国家法律监督机关，既要治末端，也要重前端，防未病、治未然。

加强守法保障。高铁公共安全的守法保障，是高铁公共安全法治保障的基本环节与目的环节。旅客不携带危险物品乘坐高铁的守法行为，高铁沿线公民和企业保护铁路安全环境的守法行为，是保障高铁公共安全的重要手段。要继续加大铁路安全法治保障的宣传力度，强化守法保障。必须加强其长效机制的建设。一切组织和个人自觉守法是不断强化高铁公共安全守法保障的重要支撑。守法自觉是一种意识，更是一种行动。要进一步鼓励和提升守法自觉，依法行使权利和履行义务，鼓励人们积极养成守法习惯，以实际行动为疫情防控营造良好的法治环境，为高铁公共安全的守法保障尽责任、作贡献。

强化依法监督的保障。高铁公共安全依法监督的保障，是高铁公共安全法治保障的坚强后盾和不可或缺的环节。进一步完善高铁安全检察监督机制和政府监督的协作机制，鼓励充分发挥高铁安全的社会监督作用，强调高铁安全共建共治共享的法治化治理，强调人们对高铁安全的社会公共责任。其中，包括进一步明确安检员的职责，鼓励人们共同监督安检员是否忠于职守，对于失职者务必追责，强调日常监督，预防为主。也要充分发挥纪检监察人员的作用。纪检监察机关是全面依法治国的重要力量。纪检监察人员要以党章党规、宪法法律为准绳，不断提高运用法治思维和法治方式履职能力，在推进全面依法治国和强化高铁公共安全依法监督的保障中发挥重要作用。特别是，务必充分发挥社会舆论的依法监督作用。检察机关应当顺应改革大势，聚焦法律监督主责主业，着力在突出监督重点、拓宽监督渠道、规范监督程序、彰显监督效果等方面有更大作为。力求各种监督力量形成最大合力，通过依法监督，确保高铁的公共安全，真正形成齐抓、共管、共保高铁安全的良好法治格局。

高铁安全防护立法理念、原则及相关问题的思考

王岳森[1]

　　我国高速铁路发展迅猛，到目前为止营业里程已达 3.8 万公里，超过中国之外世界上所有国家高铁营业里程的总和。[2]因舒适、快捷，高铁已成民众出行的重要选择。在如此超长里程和高强度运营的情况下，确保高铁安全是一项高难课题，需要从技术到管理等以多重手段加以保证。本人主持承担了国家铁路局《高速铁路安全防护条例立法准备及相关重点问题研究》的课题。通过深入调研，深感高铁安全防护立法十分必要，同时对立法过程中的相关问题有些不成熟的粗浅认识和思考。

一、提高政治站位，以习近平法治思想和立法理念指导高铁安全防护立法

　　高铁建设和运营，事关人民群众生命和财产安全，必须要从讲政治的高度认识、把握和处理这类涉及面广、对社会影响大的敏感问题。具体到高铁安全防护立法，更要以习近平法治思想为指导，从立法理念的层面厘清和把控几个重要问题。

　　一是要把以人民为中心的立法思想贯穿到高铁安全立法及未来条例出台后执法落实的全过程。高铁安全立法的价值追求是保障人民群众的生命和财产安全。因此，应在建议稿总纲中明确人民至上、生命至上，把保护人民生命安全摆在首位。同时在紧急救援、事故处理等具体条款中，应突出先救人等关键性内容，防止出现过往网络上对铁路部门事故处理中优先救人还是优先保通车的议论。生命至上的理念，应在紧急救援先后次序的设置、救援重点的安排和事故等级的认定中明白无误地显示出来，尽量减少理解上的差异和未来落实执行中的不当行为。

　　二是要增加坚持党的领导的内容。在我国，法是党的主张和人民意愿的统一体现。从执行落实层面上看，安全工作对铁路系统、地方政府、相关单位都是十

---

[1]　王岳森，原石家庄铁道大学党委书记、校长，博士生导师，河北省法学会交通法学研究会会长，华东交通大学铁路法治研究院高级顾问。

[2]　参见"国务院新闻办就《中国交通的可持续发展》白皮书有关情况举行发布会"，载 http://www.gov.cn/xinwen/2020-12/23/content_ 5572784.htm，最后访问日期：2021 年 10 月 20 日。

分重要的工作，是一把手工程。任何单位的党组织都必须把安全工作置于十分重要的位置，要一把手亲自抓。从各类组织的实际情况看，一把手都是党委（党组）书记。因此，增加这方面的内容与现实工作体系和工作摆布亦是一致的。另外，2021年6月全国人大常委会通过修改的《中华人民共和国安全生产法》（以下简称《安全生产法》）中，亦增加了"坚持中国共产党的领导"等内容。[1]

三是关于条例名称中"防护"和"治理"争议的问题。课题组在讨论过程中，有的同志提出将名称改为"高速铁路安全治理条例"，认为这样与已有的《高速铁路安全防护管理办法》相一致，且符合党中央关于治理体系和治理能力现代化的要求。但本人和部分同志认为，还是回归到国家铁路局原拟的名称"高速铁路安全防护条例"为好。因涉及如何坚持以人民为中心的立法理念等关键问题，同时也影响到法的实施主体及效率问题。法是人民意愿的体现。法的执行和落实需要全体民众的共同参与，不是凭借少数人的治理就能达成目标，现行《中华人民共和国铁路法》（以下简称《铁路法》）中亦有"公民有爱护铁路设施的义务"等条款，用"防护"亦是突出了人民在高速铁路共建共治共享中的地位。同时，高铁安全需要广泛的"社会监督""公民监督"，对不良行为的举报都需要民众行动起来。国内外的实践证明，短期安全靠措施，长期安全靠管理和文化，[2]而安全文化和氛围的营造，必须在人民群众广泛参与的情况下才能实现。

二、突出预防为主，坚持正确的安全防护立法原则

我国《安全生产法》第3条明确要求，安全生产要坚持以预防为主，从源头上防范化解重大安全风险。该法第4条规定要"构建安全风险分级管控和隐患排查治理双重预防机制"。高铁建设工程量大，任务艰巨，质量要求高，风险系数也高。高铁运营由于列车速度快，车体动量和动能都非常大，一旦出现问题将会导致严重的后果。尽管已经采取了诸多技术手段强化安全保障，但仍需通过扎实有效的超前预防措施去杜绝或者减少事故的发生。从管理措施和制度设计等方面，应转变重处罚轻预防的监管理念。[3]从当前铁路部门现实工作来看，坚持

〔1〕 参见"全国人民代表大会常务委员会关于修改《中华人民共和国安全生产法》的决定"，载《人民日报》2021年6月11日，第19版。

〔2〕 参见王利群、孙二朋："第二炮兵某部依靠安全文化铸牢安全理念"，载 http://scitech.people.com.cn/n/2013/0709/c1057-22123494.html，最后访问日期：2021年10月20日。

〔3〕 参见刘畅："论我国药品安全规制模式之转型"，载《当代法学》2017年第3期，第50-58页。

每天夜间安排一定的窗口期，对列车、轨道、路基、供电线路、信号设备等进行巡检，实质上也是按预防为先的原则实施有效防护。基于现实，在《高铁安全防护条例》（立法建议稿）中突出和强调预防为主、预防为先。这既与中央政策和立法精神相一致，又与铁路部门现实工作高度契合，容易得到有效的贯彻执行。因之建议稿中在多个章节用了较大篇幅列出检测、维修、检查、查验等预防性制度条款。

立足于现实工作和现有制度基础完善安全防护立法，亦是铁路法规和制度建设应坚持的基本方针。在习近平法治思想中，坚持从客观实际出发立法执法是其核心理念。从当代中国的国情出发，谋划和推进法治中国建设是总书记多次强调的重要原则。坚持一切从实际出发，是党的思想路线的重要内容，也是科学立法的基础、民主立法的前提、依法立法的基本要求。为了落实这一重要精神，在建议稿撰写过程中，课题组走访调研了几十个单位，涉及几百位铁路一线工作人员和乘高铁次数较多的社会公众。为了与上位法和其他铁路法规相协调，课题组参考借鉴了上百部相关法律、法规和规章，以使其最大限度地符合基层工作实际，同时又确保能执行落地且高于现实工作目标。

在调研过程中对课题组触动最大的是地方政府、单位与铁路部门的合作问题。课题组走访的多数人员，特别是参与过事故处理的人员，反复强调铁路安全防护必须要想办法争取地方政府和相关单位、组织的配合。曾长期在基层负责安全工作的国铁集团安全总监康高亮认为"借助地方政府部门的力量共保铁路安全是铁路安全工作应遵循的最基本工作思路"。[1] 课题组部分同志亦认为高铁安全防护任务特殊，工作涉及面广，制定防护条例应将路地协同作为一项立法原则加以认识和把握。世界各国对高铁运行安全涉及的方面都提出了要求，德国等亦采取了多主体共同合作模式。[2] 因此建议稿中多处强调了争取地方政府配合的问题，许多条款亦对地方政府和相关单位提出了要求。在其中有一个问题比较难把握，就是对地方政府的要求规定到多少较为适宜。规定得少了，担心落实中出现主体缺位问题，规定得太多了，又担心社会公众和相关方会认为制定草案的铁路部门本位主义太强。对于这个尺度怎么拿捏，课题组也没有想出更好的办法，

---

〔1〕　参见康高亮："中国高速铁路安全保障体系研究与实践"，载《铁道学报》2017 年第 11 期，第 1-7 页。

〔2〕　参见亏道远、曹琪伟、李婧媛："德国高速铁路安全立法的经验及启示"，载《铁道运输与经济》2020 年第 4 期，第 89-93 页。

只是参照《铁路法》及已出台的相关法律，大致地从相同或相近程度上加以把握。

三、深入调查研究，着力探索安全防护立法中各类复杂和存在争议的问题

高铁安全涉及范围广，关联事项多。安全防护立法牵扯到众多领域和方面，需要深入探讨的问题很多。不少条款应更加具体化，增强可操作性，防止多是原则性要求和难以落实的套话。这就需要在建议稿的草拟过程中扎实充分地调研，全面客观地分析，广泛深入地参考借鉴，反复辩证地权衡比选，慎重有据地做出判断和结论。对各类复杂和存在争议的问题不回避、不躲闪，尽量在听取各方意见的基础上提出明确性的建议。

正确处理好路地关系，是高铁安全十分重要的保障条件。尽管在条例中不宜过多地对此作出具体的规定，但在各自的职责界定、路外安全环境的要求、监督管理的实施、安全保护区违禁事项处置责任等诸多方面，都会涉及这个问题。在建议稿中课题组有意识地在多个条款中强调了铁路部门的职责和义务，在遣词用字上与对地方政府的要求有些细微的差异。同时在建议稿之外，建议铁路部门以政策性文件的形式，对此类问题再行细化。具体的实践导向是争取地方政府和相关组织的支持。特别是出现事故时，铁路部门和单位要主动承担责任，不要把过失和过错推给地方政府。另外在地方铁路相关事项的管控、审批以及铁路专用线建设与运营等方面，对地方政府给予更多的支持和更大的权限，以争取地方政府对铁路部门和行业的支持。

与上述情况相关的如特定自然条件下保护区外人工物对高铁安全形成影响的问题，铁路部门亦应尽全力防护并及时排除影响，不宜将此类问题推给地方政府。因之，条例建议稿中对类似的事项没有过多地强调主体责任，此类事多数属于自然灾害。如某地瞬时大风将高铁两边保护区外的蔬菜大棚塑料薄膜吹起，挂附在接触网上，导致电力中断影响了动车运行。这类事项难以定性谁的责任，属自然灾害，只能采取相关技术措施加以预防。类似的事项还有很多。

与自然灾害给高铁安全运行带来的危害相比，人的不当行为给高铁安全造成的麻烦也不容忽视。如建议稿中对铁路沿线保护区外的放牧、烧荒、过度开采地下水、采砂、采矿、放孔明灯、玩动力伞、设置小型无人机和航模等，都做了明确的规定。座谈走访时部分一线工作人员提出现实中个别民事主体的行为虽无主观故意，但确实影响了高铁安全，这应该在条例中予以规定，如精神病人、有自

杀倾向的人员等，对此建议稿中提到了监护人的责任等。再如还有个别民事主体做出有违道德的行为，尽管没有危害高铁安全的故意，也应在新条例中加以规定，如霸座问题。课题组采纳了一线人员的意见。

对于部分存在争议的问题，课题组进行了深入调研，充分地听取了各方面的意见，但多是持慎重的态度，没有明确表态，在建议稿中也没有体现。此类问题需要持续深入地研究。如列车晚点索赔问题、站坐同价问题等均属此类。

面对科学技术快速发展带来的与新业态、新模式相伴生的安全问题，课题组仍在深入持续地跟踪和研究。由于认识深度还不够，趋势把握也不准，未能列入条例中。如电子购票顾客相关信息保密问题，只能原则性地提些要求。如网络抢票中的一些问题还难以做出具体的规定，包括前面提到的站坐同价问题亦是如此。对这类事项，课题组将持续跟踪研究，适时地向相关部门提出意见和建议。总的原则是按习近平总书记提出的"把改革发展决策同立法决策更好结合起来"，[1] 待条件成熟时，再通过立法程序明确解决这类争议问题。

---

〔1〕 参见张璁、徐隽、金歆："毫不动摇坚持、与时俱进完善人民代表大会制度——习近平总书记中央人大工作会议重要讲话引发热烈反响"，载《人民日报》2021 年 10 月 17 日，第 2 版。

地铁水灾事故防范问题研究

崔怡凡[1]　曾明生

地铁是城市公共交通的骨干线，具有便捷、准时、经济等优点，可缓解地面交通拥堵现象。但是，地铁车站的封闭性、客流量大及多为地下线的特点，一旦发生水灾事故，危险性极高。大量洪水短时间涌入地铁站容易造成人员恐慌，引发拥堵踩踏及淹溺事故，同时站内设备因积水受到损坏，给地铁安全运行带来隐患。[2]本文试图从地铁水灾事故的现象、成因及其对策等三方面进行初步探讨。

一、地铁水灾事故的现象

（一）地铁水灾事故案例概况

1. 国外主要情况。

（1）据英国《每日邮报》2012年6月7日报道，当地时间6日下午1点39分，泰晤士水务公司工程师试图修理一处位于斯特拉特福德站（Stratford）和堡站（Bow）之间的漏水管道，但是地面管道突然破裂，导致200万升水涌入附近地铁中。数百名乘客被困地铁中2个多小时，最后被迫沿着隧道中铁轨逃出，另有数千乘客的旅程被延误。泰晤士水务公司承认，工程师的严重操作失误是事故的主要原因。此次事故是伦敦地铁系统建立以来最大安全恐慌之一。[3]据英国天空新闻网报道，2021年7月25日下午，英国伦敦经历雷暴天气，暴雨引发严

---

[1]　华东交通大学2021级法硕研究生。
[2]　参见朱海燕："北京市地铁站暴雨内涝脆弱性评估研究"，首都经济贸易大学2018年硕士学位论文，摘要。
[3]　参见李金良："200万升水涌入伦敦地铁管道 数百乘客逃离"，载 http://news.sohu.com/201206 08/n345110519.shtml，最后访问日期：2021年9月20日。

重的城市内涝，多条地铁线路被淹，一些交通主干道被迫中断、延迟。[1]

（2）2007年8月8日，一场大雨引发纽约地铁严重积水，多条地铁线路大面积停运，地铁水灾造成混乱，设备老化引发市民不满。[2]2012年10月30日，受飓风"桑迪"影响，纽约市已有7条地铁线路和6座公交总站被淹，这是该市交通系统一个世纪以来经历的最严重的灾害。飓风"桑迪"造成至少11人死亡。[3]2014年8月31日，纽约遭遇暴风雨天气侵袭，纽约地铁遭洪水侵袭，乘客在齐膝深水中行走。[4]2018年4月16日，一场大雨让纽约地铁系统全部泡在水里，地铁入口和站台天花板大量漏水，甚至开动的地铁列车内部也一直漏水。[5]另据《华盛顿邮报》2019年7月8日报道，华盛顿特区的地铁站，因为暴雨变成了水帘洞。[6]2021年9月1日，飓风"艾达"又致美国纽约市1小时降水量高达78.7毫米，24小时内降水量超过180毫米，降水量"史无前例"，达当地"500年一遇"的标准。一时间，洪水涌入纽约地铁站，形成"水帘洞"，部分站台出现严重水浸，市区交通遭受严重影响。截至当地时间9月2日凌晨，纽约州和临近的新泽西州已有至少14人因暴雨死亡，约5300户居民断电。绝大部分轨道交通也宣告暂停。[7]

（3）1999年6月，日本福冈市博多站发生水灾，地下一层被完全淹没，造成1名餐饮店服务员死亡。[8]另据2013年9月17日报道，受第18号强台风"万宜"及其带来的暴雨影响，日本京都市营地铁东西线部分路段遭遇水患，御陵站到17日仍然无法正常运行。[9]据日本放送协会（NHK）报道，2014年9

---

[1]　参见汪晓宇："伦敦暴雨来袭引发严重内涝：地铁淹没 交通中断"，载 http://news. haiwainet. cn/n/2021/0726/c3541093~32173147. html，最后访问日期：2021年9月20日。

[2]　http://www. sina. com. cn. 2007年8月9日，最后访问日期：2021年9月20日。

[3]　http://www. chinanews. com/gj/2012/10-30/4287842. shtml，最后访问日期：2021年9月20日。

[4]　参见"纽约地铁遭洪水侵袭 乘客在齐膝深水中行走"，载 https://www. guancha. cn/america/2014_ 09_ 02_ 263069. shtml，最后访问日期：2021年9月20日。

[5]　https://www. guancha. cn/global~news/2018_ 04_ 17_ 453949. shtml，最后访问日期：2021年9月20日。

[6]　参见徐蕾："华盛顿遇罕见洪灾：白宫漏水、地铁站变水帘洞"，载 https://www. guancha. cn/internation/2019_ 07_ 09_ 508737. shtml，最后访问日期：2021年9月20日。

[7]　参见王世纯：" '史无前例'暴雨重创美国东北部：地铁被淹、马桶成喷泉……"，载 https://www. guancha. cn/internation/2021_ 09_ 02_ 605568. shtml，最后访问日期：2021年9月20日。

[8]　参见程晓陶："国内外城市水灾若干案例与启示"，载《中国水利》2012年第17期，第26页。

[9]　参见王瑜："日京都地铁部分线路因受18号台风影响陷入瘫痪"，载 http://news. ldnews. cn/zh-news/internationalnews/201309/233719. shtml，最后访问日期：2021年9月20日。

月 25 日，受大雨影响，日本名古屋市营地铁东山线的名古屋站的站台浸水，线路等全都浸泡在水中。为此东山线部分区间被迫停止运营。[1]

（4）据新华社柏林电，2017 年 6 月 29 日，德国首都柏林连日来遭遇暴雨袭击，导致道路积水，多个地铁站被淹，一些出入地铁站的乘客不得不脱鞋行走，多辆地铁直接驶过站台不停车。地铁部分线路一度关闭。[2]

（5）2017 年 7 月 11 日，法国巴黎遭暴雨侵袭，地铁站进水没过乘客脚面。[3]据法国国际广播电台报道，大雨袭击法国首都巴黎，雨量打破纪录，暴雨导致巴黎 15 个地铁站关闭，其中 3 个地铁站在周一早高峰期间仍处于关闭状态。[4]

2. 我国主要情况。

（1）我国台北捷运地铁站水灾事故。2001 年 9 月，"纳莉"台风袭台，导致台北捷运系统（地铁）严重淹水，直到 3 个月后地铁才恢复正常运营，导致数十万人交通不便。[5]2014 年 7 月 27 日凌晨零时许，台北捷运（地铁）地下街因邻近的机场捷运 A1 台北车站施工不慎，导致防洪墙出现裂缝，又恰逢涨潮，结果造成淡水河水倒灌进来，一度水深达 10 厘米，有 42 家店受波及。[6]

（2）上海地铁 15 号线涌水事件。2021 年 5 月 20 日，上午 9 时 20 分左右，受外部施工影响，突发大量水流涌入 15 号线桂林路站（在建中，暂未开通），导致区间隧道内积水。中午 11 点多，积水已升至影响列车安全通行的限度，部分地面轨旁信号设备等因进水无法正常运转，导致运营受阻。经全力排水抢修，下午 2 点左右，15 号线才恢复正常运营。[7]

（3）郑州地铁 5 号线水灾事件。2021 年 7 月 20 日下午 4 点起，郑州一小时降雨量达 201.9 毫米，极端强降雨造成郑州地铁 5 号线五龙口停车场及周边区域

---

[1] 参见程兰艳："日本名古屋遭遇暴雨 地铁站浸水部分列车停运"，载 http://www.chinanews.com/gj/2014/09-25/6628363.shtml，最后访问日期：2021 年 9 月 20 日。

[2] 参见田颖："德国柏林遭遇罕见暴雨袭击"，载 https://www.sohu.com/a/153585991_ 267106，最后访问日期：2021 年 9 月 20 日。

[3] 参见"法国巴黎遭暴雨侵袭地铁站进水没过乘客脚面"，载 http://tv.cctv.com/2017/07/11/VIDELWurWhv761VVKCKwKZHC170711.shtml，最后访问日期：2021 年 9 月 20 日。

[4] 参见赵怡蓁："豪雨袭击法国巴黎 降雨量打破逾 20 年纪录"，载 https://news.china.com/international/1000/20170711/30953448_ 1.html，最后访问日期：2021 年 9 月 20 日。

[5] 参见章希："台北地铁淹水的教训"，载《城市公用事业》2002 年第 3 期，第 9~10 页。

[6] 参见杜静："台北捷运地下街半夜淹水 42 家店面受波及"，载 http://www.chinanews.com/tw/2014/07-28/6431283.shtml，最后访问日期：2021 年 9 月 20 日。

[7] 参见刘倩："上海地铁 15 号线设备故障区段列车限速运行，官方发布情况说明"，载 https://china.huanqiu.com/article/43CXceGdxmu，最后访问日期：2021 年 9 月 20 日。

严重积水。18 时许，积水冲垮出入场线挡水墙进入正线区间，造成郑州 5 号线列车在海滩寺街站至沙口路站隧道列车停运。19 时许，多名亲历者和罹难者家属证言表示车厢内水淹到胸部，手机信号正常，拨打 110 后民警让联系地铁窗口。19 时 37 分，车厢内水淹到肩膀，不少乘客呼吸困难，少数体质较弱的乘客因缺氧溺水而亡。20 时许，车厢内断电，乘客开始讨论是否要砸窗，救援队到达现场。22 时许，救援人员将地铁内被困乘客全部救出。21 日凌晨 2 时 30 分左右，罹难者被送到医院。根据官方统计信息，郑州地铁 5 号线罹难者共 12 人。[1]

（二）地铁水灾事故的类型与特点

1. 地铁水灾事故的类型。结合地上水和地下水对地铁的影响，可以将地铁水灾事故划分为三种主要类型：（1）地面洪水侵入性：是指地面洪水超过了地铁出入口防洪设备的防洪能力进入地铁站内。（2）地下水侵害型：是指地下水和地下工程所处的岩土层、围护结构等外围介质相互作用的过程中，水对地下空间围护结构产生不利的影响（如侵蚀、渗透、渗流、侵蚀、浮托等）而造成灾害的现象。（3）内涝型：是指地铁站内部设施如给排水管爆裂、泵房故障等原因造成地铁站内洪水成灾。[2]

2. 地铁水灾事故的特点。（1）严重危害公共安全。地铁作为最重要的公共交通工具之一。一旦发生地铁水灾事故，站内电气化设备极有可能被水浸泡，钢轨、供电系统和信号系统受到不同程度的损害，极有可能伴随着漏电事故和脱轨事故的发生，严重危及乘客人身和财产安全，给公共安全带来极大威胁。（2）救援难度大。扑救地铁等地下密闭空间水灾时，车站内外往往有积水倒灌，大大影响了救援工作，贻误了救援时机，给消防救援带来极大困难。一是地铁等地下空间小，水灾发生后，站内氧含量降低，水内温度低，实施救人受到客观环境的严重影响。二是站内通讯信号不稳定，地面指挥人员和地下救援人员难以及时得知站内情况，影响救援的最佳时机。三是地铁电力系统崩溃后，地铁站和地铁隧道内照明能力偏低，救援疏散难度增大。

---

〔1〕 参见刘骞：“郑州地铁 5 号线 12 人遇难，事故原因公布”，载 https：//www.guancha.cn/politics/2021_07_22_599640.shtml，最后访问日期：2021 年 9 月 20 日。

〔2〕 参见高长伟、张向东、程续：“地铁灾害防治”，载《山西建筑》2018 年第 4 期，第 254 页。

二、地铁水灾事故的主要成因

(一)客观原因

1. 应急管理法律法规不完善。一是与气象灾害预警及防御各个环节有关的法律法规还不健全。特别是确保气象灾害预警信息能够及时发布传播,并得到政府相关部门的应急响应的地方性法律法规亟需加强。二是地铁突发事件应急管理法制的顶层设计尚需完善。我国 2007 年制定的《中华人民共和国突发事件应对法》(以下简称《突发事件应对法》)对突发事件的应急原则、监测与预警、应急处置与救援、事后恢复与重建等都作了规定,但因管理分散、行政和执法主体多元,突发事件应急管理法规制度尚未形成统一的体系。地方法规、规章中涉及地铁突发事件应急管理的细化规定可操作性不强,内容具有局限性,不能对地铁突发事件应急管理中出现的新问题提供有效的法律支撑和法律保障。[1]

2. 地铁站和地铁车内设施的防洪涝设计存在缺陷。当洪水从地铁出入口、风亭、出入段线 U 型槽和各穿越地铁车站结构墙的室外铁管线套管向车站或隧道涌入时,由于地铁车站或区间现有排水设备无法及时排出大量洪水造成车站或隧道被淹。尤其是遇到极端强降雨,大量雨水倒灌进入地铁车厢内,车厢门窗紧闭,车厢内氧气不足,极易导致缺氧休克。同时,由于位置不明显、使用频次低等原因,车厢内应急设施,如砸窗小锤、语音指导和监控设备等没有完全发挥应急作用。

3. 有关政府部门和工作人员应急管理能力较弱和经验不足。

(1)气象部门灾害预警有所欠缺。目前,由于对气象灾害影响缺乏预估能力,导致灾害预警信息往往难以准确给出灾害发生的区域、时间和具体影响,提出的防灾减灾建议有时也比较笼统,缺乏针对性,从而使地方政府、相关部门以及社会公众对其重视不够。[2] 同时,我国也没有建立统一的、专门的灾害预警信息发布渠道,气象灾害预警信息在政府和部门内传递效率高,但是对公众发布的途径和渠道却不够丰富,公共媒体资源自身的局限性往往制约着预警效果的发

---

〔1〕 参见贺定超:"推进中国特色应急管理法律法规体系建设",载《中国应急管理》2018 年第 6 期,第 39 页。

〔2〕 参见陈琼:"我国城市气象灾害预警中存在的问题及其对策研究",湖南大学 2013 年硕士学位论文,第 20—21 页。

挥。[1]

（2）应急处置机构缺乏良好的联动机制。地铁突发水灾事故应急综合处置的特点，决定了地铁突发事件应急管理需要交管部门与其他相关部门和主体协作完成。[2] 但是受现行行政体制的影响，平行部门之间的关系协调困难，特别是其中一些组织在应急处理中的功能和职责仍然存在一些模糊不清的地方，导致部分平行部门之间存在职能交叉，易出现协调机构缺乏权威性。此外，由于平时各部门习惯于各自为战，在应对综合性突发水灾事故时，部门之间职能交叉，缺乏实践经验，则时常存在职责不明、机制不畅、目的性不强等问题，难以协同应对，发挥综合应对突发水灾事故的能力。

4. 某些自然灾害本身的突然性和特别严重性。自然灾害形成的过程有长有短，有缓有急。有些自然灾害，当致灾因素的变化超过一定强度时，就会在几天、几小时甚至几分、几秒钟内表现为灾害行为，像地震、洪水、飓风、风暴潮、暴雨、冰雹等，这类灾害被称为突发性自然灾害。等级高、强度大的自然灾害发生以后，常常诱发一连串的其他灾害，这种现象叫灾害链。灾害链中最早发生的起作用的灾害被称为原生灾害；而由原生灾害所诱导出来的灾害则称为次生灾害。自然灾害发生之后，破坏了人类生存的和谐条件，由此还可能生出一系列其它灾害，这些灾害被泛称为衍生灾害。[3]

（二）主观原因

1. 部分干部群众缺乏强烈的地铁防灾意识。灾害危机意识是开展灾害预警和一切灾害管理工作的起点。然而，从目前来看，我国社会公众还普遍缺乏对各种灾害的危机防范意识，一旦发生突发事件，往往会损失惨重。[4] 如郑州的"7·20"暴雨事件就是很好的例证。由于缺乏危机意识，暴雨预警信息尚未转化为所有部门和公众及时普遍的避险行动。暴雨前，气象部门就及时发布了暴雨预报和预警，但在一些地方，公众仍照常上班通勤，参加各种户外活动，旅游景点照常接纳游客等，交通管理部门也没有提前到岗待命。

---

〔1〕 参见陈琼："我国城市气象灾害预警中存在的问题及其对策研究"，湖南大学 2013 年硕士学位论文，第 21 页。

〔2〕 参见刘卫红、尹冰艳："完善我国铁路突发事件应急管理法律机制路径探讨"，载《铁道运输与经济》2020 年第 5 期，第 111 页。

〔3〕 参见百度百科词条"原生灾害""次生灾害""灾害链"。

〔4〕 参见潘孝榜、徐艳晴："公众参与自然灾害应急管理若干思考"，载《人民论坛》2013 年第 11 期，第 123 页。

2. 部分干部群众缺乏抗灾救灾意识。事故发生往往是在顷刻之间，抗灾救灾必须争分夺秒。而抗灾救灾的意识决定了抗灾救灾的行动力。但是，我国社会公众还普遍缺乏使用应急设备的技能，没有养成自救的意识。同时也缺乏共同抗灾意识，不能自发形成自救抗灾圈，错失救援的良机。

3. 其他主观原因。国外的情况也可能存在其他主观因素。即使我国，也可能存在其他主观方面的原因，例如主要是过失因素，偶尔或个别可能有故意因素，也可能存在既无故意也无过失的情况。

三、地铁水灾事故的防范对策

（一）进一步增强全社会灾害防范意识

完善地铁防洪应急教育、培训和演练机制。地铁突发事件应急管理与社会公众息息相关。地铁突发事件应急教育和培训是应急管理最基本的工作。应将地铁突发事件应急教育纳入全体国民教育和精神文明建设体系，并将地铁突发事件应急演练制度化。加强跨部门、跨地区的地铁突发事件应急演练，提高社会公众公共安全意识和应急技能。加大地铁突发事件应急救援知识宣传力度，定期进行地铁突发事件应急演练，提高公众的铁路突发事件应急救援意识、应急救援能力和水平，[1] 提高乘客自救互救能力。建立地区民兵组织，充分发挥本地志愿者在安全防范和应急处置中的积极作用。

（二）建立健全地铁应急管理规范体系

1. 完善地铁突发事件应急管理法律体系，应完善地铁突发事件应急管理方面的相关立法。在总结《突发事件应对法》实施以来的经验和不足的基础上，修订《突发事件应对法》，制定配套的实施细则。将习近平总书记一系列重要指示写入《突发事件应对法》，如"两个坚持，三个转变"（坚持以防为主、防抗救相结合，坚持常态减灾和非常态救灾相统一，努力实现从注重灾后救助向注重灾前预防转变，从应对单一灾种向综合减灾转变，从减少灾害损失向减轻灾害风险转变）。《突发事件应对法》没有明确的执法部门，在实践中都由各级政府负责。现应明确新组建的应急管理部是《突发事件应对法》的主要执法部门，以

---

〔1〕 参见刘卫红、尹冰艳："完善我国铁路突发事件应急管理法律机制路径探讨"，载《铁道运输与经济》2020年第5期，第113页。

推进各级政府建立完善应急管理体制机制，落实责任，推进工作。[1]

2. 开展应急管理法规规章专项清理修订工作。依照应急法律规范的一般法理和不同效力等级，对现有涉及地铁突发事故的地方应急法规、规章和部门规章进行必要的修改、补充和废止，消除同一层次或不同层次应急法律规范之间的不统一、不协调现象。启动地方地铁突发事件应急预案修订工作，加强应急预案与法规规章的衔接协调，形成全方位、全过程、全层级的地铁应急规范体系。

（三）改良地铁车站防洪设计，完善应急设备设施配置

在地铁规划、建设时考虑地铁车站防洪设计对预防地铁水灾事故的发生至关重要。首先，地铁车站选址应避免设置于地势相对低洼、洪涝灾害多发等区域。这些地方的降雨短时间无法从排水管网中迅速排出，从而大量聚集于路面，形成积水。其次，出入口及风亭周边地面排水应与周边道路、护坡等设施相互协调，协同形成完整的排水体系。同时，合理增加出入口平台高度及风亭口部标高能有效地降低地铁车站出入口、风亭被积水倒灌的风险。再其次，设置出入口挡水、防水感应和挡水装置，如可用于出入口平台的沙袋、防淹门，用于通风口的防水感应器、风塔等。最后，站内应设置防淹门，因时因地开启防淹门，最大限度保证人员疏散，将灾害损失降到最低。[2]

当洪水漫过防水设施进入地铁车厢内，应急设施就是最后的"救命稻草"。地铁车厢是封闭空间，应考虑制氧、供氧的需求，有以下三种可行性设计：（1）可自动或手动打开车窗；（2）车厢顶部可打开透气；（3）车厢内有制氧设备。需要注意的是，虽然目前车厢内都有砸窗小锤，但是其位置不显眼，在危急时刻找不到。因此，所有地铁应立即整改，将砸窗小锤放在明显位置，并在车窗明显处，贴上"砸窗指导"。为安全疏散乘客，地铁车厢内已配备了监控和语音指导，但是必须保证车厢内监控和语音指导与驾驶室、调度中心实时连线。一旦发生突发事故，驾驶员、调度中心必须迅速应急处置。[3]

（四）提高应对地铁水灾事故的应急管理和协调能力

地方人民政府应将地铁纳入政府应急管理体系，结合本地实际制定完善应对

---

〔1〕　参见贺定超："推进中国特色应急管理法律法规体系建设"，载《中国应急管理》2018年第6期，第41页。

〔2〕　参见陈坚："浅析地铁车站洪涝灾害的成因及对策"，载《中国建设信息化》2021年第6期，第58页。

〔3〕　参见陈洁华："关于郑州'7.20'水灾的事前、事中、事后检验与建言及系统补救建议"，载https://mp.weixin.qq.com/s/97CeP0_68nr7CAYnSm7nrA，最后访问日期：2021年10月6日。

突发水灾事故的专项应急预案、部门应急预案，督促运营单位制定完善具体预案。建立突发事件应急处置机制，成立应急指挥机构，明确相关部门和单位的职责分工、工作机制和处置要求。地铁运营公司要建立完备的应急预案体系，编制应急预案操作手册，明确应对处置各类突发事件的现场操作规范、工作流程等。

建立协调联动、快速反应、科学处置的工作机制，强化地铁运营公司对突发事件第一时间处置应对的能力，最大程度减少灾害事故可能导致的人员伤亡和财产损失。公安、交通运输等部门以及地铁运营公司、街道、社区要密切协同联动。[1] 有关部门和地铁运营公司的工作人员要按照各自岗位职责要求，通过广播系统、乘客信息系统和专人引导等方式，引导乘客快速疏散。

总之，地铁作为城市化发展中最重要的日常交通工具，一旦发生水灾事故直接关系到广大乘客的生命安全。水灾事故的防范是地铁安全运营的基本要求之一。因此，优化地铁内部设施，完善应急设备设施配置，建立健全地铁应急管理规范体系，提高应对地铁水灾事故的应急管理和协调能力，进一步增强全社会灾害防范意识，以提高地铁水灾事故的处理能力，是地铁安全运营的所要亟待解决的。地铁水灾事故的防范不仅为其他地铁突发事故的防范提供了思考路径，也为建设现代化安全城市指明了方向。

---

[1] 参见"国务院办公厅印发《关于保障城市轨道交通安全运行的意见》建立双重预防体系 提升应急处置能力"，载《中国应急管理报》2018 年 3 月 27 日，第 1 版。

附录5:

全国检察系统历年来关于查办涉铁案件的情况统计[1]（1980~2020）

（资料来源:《最高人民检察院工作报告》《检察日报》《法制日报》）

时间（年）	各级铁路检察机关受理铁路公安机关提请逮捕人数（名）	各级铁路检察机关经审查批捕人数（名）	重大责任事故案件数（包括其中涉铁案件数）	审判监督涉铁案件情况	备注 +其他情况（涉铁治安情况+机构改革情况等）
1980	◎	全国检察机关上半年的起诉数:超过8.4万 涉铁:◎	◎	◎	铁路运输检察体制于1980年开始筹备重建。
1981	◎	◎	◎	◎	
1982	◎	◎	◎	◎	1982年恢复了三级铁路检察机关,同年5月1日起,铁路检察机关正式办案。
1983	◎	◎	◎	◎	
1984	◎	◎	◎	◎	
1985	◎	◎	◎	◎	
1986	◎	◎	◎	◎	

---

〔1〕 资料整理人:曾明生、李诗烨、陈彧奇、逄润瑞、余志强、沈明帅、崔怡凡、王亚红。

续表

时间 (年)	各级铁路检察机关受理铁路公安机关提请逮捕人数（名）	各级铁路检察机关经审查批捕人数（名）	重大责任事故案件数（包括其中涉铁案件数）	审判监督涉铁案件情况	备 注 +其他情况（涉铁治安情况+机构改革情况等）
1987	◎	◎	◎	◎	1987年，全国铁路运输检察院被撤销，最高人民检察院设置铁路运输检察厅，铁路运输检察分院和基层铁路运输检察院得以保留，铁路检察系统由三级建制转变为二级建制。
1988	7723	5744	◎	◎	铁路沿线刑事犯罪发案上升。
1989	10 812	9765	涉铁重大特大案犯 4643（名）	◎	①②

注：

"◎"表示缺少数据资料。

①1989年，检察机关立案查处万元以上的贪污、贿赂大案中，有一个案件是铁道部副部长罗云光受贿案。最高人民检察院铁路运输检察厅和河南省人民检察院在侦查郑州铁路局副局长潘克明和铁道部运输局原局长徐俊特大受贿案中，发现罗云光有严重失职和接受贿赂问题。在《关于贪污、受贿、投机倒把等犯罪分子必须在限期内自首坦白的通告》规定的期间，罗向最高人民检察院铁路运输检察厅自首，坦白了受贿四千六百余元的事实。国务院已决定撤销罗的副部长职务，并对他的问题继续进行审查。最高人民检察院检察委员会决定对罗立案侦查。

②1989年全国铁路运输检察院查处贪污、贿赂犯罪分子935人，其中，对32名处级干部、11名司局级干部追究刑事责任，促进了路风的整顿。

时间（年）	各级铁路检察机关受理铁路公安机关提请逮捕人数（名）	各级铁路检察机关经审查批捕人数（名）	重大责任事故案件数（包括其中涉铁案件数）	审判监督涉铁案件情况	备注 +其他情况（涉铁治安情况+机构改革情况等）
1990	◎	全国检察机关批捕数：超过 65 万 全国检察机关起诉数：超过 59.9 万 涉铁：◎	总件数：3894 涉铁：◎	◎	涉铁治安情况：1990 年，检察院与公安、法院、司法行政等部门密切配合，对重点城镇、铁路、公路沿线实行专项综合治理，取得了很大成绩，保证了社会稳定和"亚运会"的安全。各级铁路运输检察院与铁路公安、法院密切配合，大力整顿治安秩序，重点打击"车匪路霸"、犯罪团伙和重大盗窃犯罪活动，结合纠正"以车谋私"的不正之风，查办了一批贪污、贿赂犯罪案件，在整顿铁路治安、促进廉政建设中发挥了积极的作用。
1991	◎	◎	总件数：4102 涉铁：◎	◎	治安情况：个别交通沿线的某些地段，车匪路霸、流氓盗窃团伙活动比较突出，有的已经演变成黑社会性质的犯罪集团。
1992	◎	44 733（五年来批捕数） 46 395（五年来起诉数）	◎	◎	治安情况：各级铁路运输检察院严厉打击了"车匪路霸"；同时查办了铁路系统的贪污贿赂罪案 3329 件，对维护铁路运输安全，促进路风的整顿起了积极作用。
1993	10 596	9383	总件数：4605 涉铁：◎	铁道部运输局原局长助理魏国范受贿案，一审判有罪，申诉再审后判	全国铁路运输检察机关共立案侦查铁路系统工作人员以车、以票谋私的贪污贿赂等罪案 563 件涉及 640 人。 治安情况： 对发生在 3/4 次国际列车上的特大抢劫案，北京铁路运输检

续表

时间（年）	各级铁路检察机关受理铁路公安机关提请逮捕人数（名）	各级铁路检察机关经审查批捕人数（名）	重大责任事故案件数（包括其中涉铁案件数）	审判监督涉铁案件情况	备注 +其他情况（涉铁治安情况+机构改革情况等）
				无罪，检察院抗诉，再审后判有罪。	察分院提前介入公安机关的侦查活动，批捕了103名案犯。 工作重点：积极参加围歼车匪路霸、反盗窃、"扫黄"、除"六害"等专项斗争。
1994	◎	总件数：◎ 其中盗窃、破坏铁路、油田、电力、通讯设备的案犯4477名。	总件数：4665 涉铁：◎	◎	治安情况：全国范围内开展了"严打"整治斗争和"打团伙、追逃犯、破大案"斗争，反盗窃、反走私斗争，打击盗窃、破坏铁路、油田、电力、通讯设备犯罪活动，打击"车匪路霸"，打击倒卖车、船票，以及"扫黄""打非"等专项斗争。
1995	◎	◎	总件数：5052 涉铁：◎	◎	治安情况：有针对性地开展了打击盗窃、破坏铁路、油田、电力、通讯设备犯罪，打击拐卖妇女儿童犯罪，打击流窜犯罪，打击毒品犯罪等专项斗争。
1996	◎	◎	◎	◎	
1997	◎	◎	◎	◎	军事、铁路运输等专门检察工作有了很大发展，为促进部队建设，提高部队战斗力，为保障铁路系统改革和发展，保护运输安全作出了积极贡献。检察宣传、出版、检察理论研究和检察技术科学研究与开发运用取得了新的成果。检察外事工作更加活跃，增强了国际交流与合作。

续表

时间（年）	各级铁路检察机关受理铁路公安机关提请逮捕人数（名）	各级铁路检察机关经审查批捕人数（名）	重大责任事故案件数（包括其中涉铁案件数）	审判监督涉铁案件情况	备 注 +其他情况（涉铁治安情况+机构改革情况等）
1998	◎	◎	◎	◎	
1999	◎	◎	◎	◎	
2000	◎	全国检察机关批捕数：715 833 全国检察机关起诉数：708 836 涉铁：◎	◎	◎	
2001	◎	◎	◎	◎	
2002	◎	◎	◎	◎	铁路运输检察工作取得新的成绩。
2003	◎	◎	◎	◎	
2004	◎	◎	渎职人：2892（名）涉铁：◎	◎	
2005	◎	◎	◎	◎	
2006	◎	◎	重大安全生产事故渎职人：629（名）涉铁：◎	◎	
2007	◎	◎	◎	◎	铁路运输检察工作取得新的成绩，在保障铁路改革发展中发挥了积极作用。

时间（年）	各级铁路检察机关受理铁路公安机关提请逮捕人数（名）	各级铁路检察机关经审查批捕人数（名）	重大责任事故案件数（包括其中涉铁案件数）	审判监督涉铁案件情况	备注 +其他情况（涉铁治安情况+机构改革情况等）
2008	◎	◎	重大安全生产事故渎职人：918（名）涉铁：◎	◎	
2009	◎	◎	重大事故渎职人：1075（名）涉铁：◎	◎	
2010	◎	全国检察机关批捕数：916 209 全国检察机关起诉数：1 148 409 涉铁：◎	重特大事故渎职人：1037（名）涉铁：◎	◎	
2011	◎	◎	◎	◎	
2012	◎	◎	◎	◎	两级铁路检察机关正式移交地方，年底基本完成铁检改革。
2013	一年〔2013.05~2014.05〕2847件，3865人〔1〕	一年〔2013.05~2014.05〕批捕2469件，3234人；受理审查起诉	重特大事故渎职人：1066（名）涉铁：◎	◎	

---

〔1〕 参见许一航："全国铁检机关共决定、批准逮捕嫌犯3234人"，载《检察日报》2014年8月5日，第1版。

续表

时间（年）	各级铁路检察机关受理铁路公安机关提请逮捕人数（名）	各级铁路检察机关经审查批捕人数（名）	重大责任事故案件数（包括其中涉铁案件数）	审判监督涉铁案件情况	备　注 +其他情况（涉铁治安情况+机构改革情况等）
		案件 3513 件 5146 人，决定提起公诉 2882 件 4087 人。[1]			
2014	数月〔2014.04~12〕1856 件 2429 人[2]	数月〔2014.04~12〕批捕 1599 件 2024 人；受理审查起诉案件 2337 件 3198 人，移送起诉 2320 件 3175 人。[3]	◎	◎	加大查办和预防涉铁职务犯罪工作力度；2014 年 12 月，北京、上海两地分别依托铁检分院，挂牌成立北京人民检察院第四分院和上海人民检察院第三分院，探索跨行政区划检察院改革试点。
2015	接近一年中〔2015.01~11〕2162 件 2683 人[4]	接近一年中〔2015.01~11〕批捕 1870 件 2214 人；受理审查起	◎	◎	最高检公布涉铁刑事犯罪十大典型案例

〔1〕　参见许一航："全国铁检机关共决定、批准逮捕嫌犯 3234 人"，载《检察日报》2014 年 8 月 5 日，第 1 版。

〔2〕　参见王地："严打涉铁领域危害民生民利犯罪——铁检机关去年 4 至 12 月受理审查逮捕案 1856 件 2429 人"，载《检察日报》2015 年 2 月 10 日，第 1 版。

〔3〕　参见王地："严打涉铁领域危害民生民利犯罪——铁检机关去年 4 至 12 月受理审查逮捕案 1856 件 2429 人"，载《检察日报》2015 年 2 月 10 日，第 1 版。

〔4〕　参见李想："铁检机关将延伸跨行政区划检察院改革试点范围"，载《法制日报》2016 年 2 月 18 日。

续表

时间（年）	各级铁路检察机关受理铁路公安机关提请逮捕人数（名）	各级铁路检察机关经审查批捕人数（名）	重大责任事故案件数（包括其中涉铁案件数）	审判监督涉铁案件情况	备注+其他情况（涉铁治安情况+机构改革情况等）
		诉案件 2912件 3951 人，决定起诉2349 件 3097人。[1]			
2016	◎	◎	◎	◎	成立一年来，北京四分检办理新增管辖职能案件 44 件，其中办理海关所属公安机关案件16 件 21 人，跨地区重大民商事案件及行政诉讼案件 21 件。
2017	前 8 个月[2017.01～08]1584 件1593 人[2]	前 8 个月[2017.01～08]审查起诉案件 2189 件2796 人。[3]	◎	1～8 月底，全国铁检机关强化刑事审判监督，对审查认为确有错误的刑事裁判提出抗诉 17件；加强民行诉讼监督，共办理各类民行检察案件 239件，同比增长 143.9%。	最高人民检察院铁路运输检察厅下发通知，要求全国铁路运输检察机关开展"推动解决铁路线下安全隐患专项活动"，保障铁路运输安全。全国铁检机关依法坚决打击"一带一路"建设过程中的盗抢铁路物资、骗逃铁路运费、制假售假、合同诈骗，走私、运输违禁物品、拐卖妇女儿童等犯罪。

〔1〕 参见李想："铁检机关将延伸跨行政区划检察院改革试点范围"，载《法制日报》2016 年 2 月18 日。

〔2〕 参见徐日丹："全国铁路检察机关各项工作取得新进展　前八月受理审查起诉案件 2189 件 2796人，立案侦查职务犯罪 163 件 197 人"，载《检察日报》2017 年 9 月 22 日，第 2 版。

〔3〕 参见徐日丹："全国铁路检察机关各项工作取得新进展　前八月受理审查起诉案件 2189 件 2796人，立案侦查职务犯罪 163 件 197 人"，载《检察日报》2017 年 9 月 22 日，第 2 版。

续表

时间 （年）	各级铁路检察机关受理铁路公安机关提请逮捕人数（名）	各级铁路检察机关经审查批捕人数（名）	重大责任事故案件数（包括其中涉铁案件数）	审判监督涉铁案件情况	备注 +其他情况（涉铁治安情况+机构改革情况等）
2018	◎	◎	◎	◎	上海：跨行政区划检察院改革见成效。
2019	◎	◎	◎	◎	2019 年，最高检机构改革，最高检铁检厅被撤销。但最高人民检察院仍然指导全国铁路运输检察工作。 上海检察院第三分院内设机构改革：十一部门全新亮相，突出跨行政区划特色。 甘肃省检察院兰州铁路运输分院与四川省检察院成都铁路运输分院、广西壮族自治区检察院南宁铁路运输分院共同签署了《关于积极服务中新互联互通项目南向通道建设加强沿线铁路检察机关协作配合的工作意见》。亦即，三地铁检机关共签意见服务"一带一路"。
2020	◎	全国检察机关批捕数：770 561 全国检察机关起诉数：1 572 971 行政公益诉讼 13.7 万件 涉铁数：◎	◎	◎	最高检、国铁集团联合发布铁路安全生产领域公益诉讼典型案例。公益诉讼出手，保障铁路安全。 上海检察院第三分院：探索跨行政区划监督为高铁安全筑起"法治屏障"。
……					……

（资料来源：《最高人民检察院工作报告》《检察日报》《法制日报》）

注："◎"表示缺少数据资料。

◆ 本部分附转载节录文章：

铁路运输检察体制改革[1]

我国铁路检察体制是在吸收苏联社会主义检察制度经验的基础上，结合我国经济社会发展状况和民主法治建设实际设立的专门检察制度，经历了初创、恢复重建、改革移交和转型发展等阶段，在不同历史时期呈现出不同的组织形式。

（一）初建时期

我国在铁路运输系统设立专门的检察机关，始于新中国成立初期。1953 年，最高人民检察署开始筹划在铁路水上运输系统试建检察署，计划在各铁路局设立铁路沿线专门检察署（后更名为铁路运输检察院，相当于后来的铁路检察分院），在各铁路分局设立铁路沿线专门检察分支机构（后更名为铁路运输检察分院，相当于后来的基层铁路检察院）。1953 年 10 月，天津铁路沿线专门检察署成立，这是新中国设立的第一个铁路专门检察机关。至 1954 年底，全国铁路系统共建立 9 个铁路沿线专门检察署。随着最高人民检察署更名为最高人民检察院，已成立的两级铁路沿线专门检察署及分支机构，统一更名为铁路运输检察院、铁路运输检察分院。1955 年 1 月，最高人民检察院设立了铁路水上运输检察院，部分地方也相继设立了铁路运输检察院和水上运输检察院。1955 年，北京等 16 个铁路局所在地设立了铁路运输检察院，20 个铁路分局所在地设立了铁路运输检察分院，1956 年增至 45 个，1957 年增至 56 个，铁路专门检察业务工作得到全面展开。但是，因铁路运输检察院整体办案数量少，最高人民检察院于 1957 年向中共中央递交了关于撤销铁路水上运输检察院的报告。当年，三级铁路运输检察院被全部撤销。

（二）恢复重建期

党的十一届三中全会后，1979 年全国人大五届二次会议通过新的《中华人民共和国人民检察院组织法》，规定设立与地方人民检察院并行的专门人民检察院，明确专门人民检察院包括铁路运输检察院。到 1982 年，全国恢复成立了以全国铁路运输检察院为领导的三级铁检机关。根据最高人民检察院 1982 年 4 月 23 日下发的通知要求，各级铁路运输检察院从 1982 年 5 月 1 日起开始正式办案。

---

[1] 徐向春："铁路运输检察体制改革"，载《国家检察官学院学报》2015 年第 2 期，第 46~47 页。

重建后的铁路运输检察院分三级设置，即全国铁路运输检察院、铁路运输检察分院、基层铁路运输检察院。1987 年 4 月，最高人民法院、最高人民检察院联合下发《最高人民法院、最高人民检察院关于撤销铁路运输高级法院和全国铁路运输检察院有关问题的通知》，决定撤销全国铁路运输检察院，在最高人民检察院内设置铁路运输检察厅，保留铁路运输检察分院和基层铁路运输检察院，从而将铁路检察机关的三级建制变为二级建制。此外，该通知还明确铁检分院和铁检基层院由各铁路局管理，检察业务划归各铁路运输检察分院所在地的省、自治区、直辖市人民检察院领导，基层铁检院所属关系不变，从而形成了各铁检分院所在地的省级检察院、铁检分院、基层铁检院这一三级业务领导关系，最高人民检察院铁路运输检察厅则负责对全国铁路运输检察工作进行业务指导。目前，全国共设有 18 个铁路运输检察分院（含 2014 年新成立的吉林铁检分院）和 59 个铁路运输基层检察院。

（三）改革移交和转型发展期

进入 21 世纪，铁路检察院管理体制改革被纳入中央司法体制和工作机制改革的总体部署。2004 年，《中共中央转发〈中央司法体制改革领导小组关于司法体制和工作机制改革的初步意见〉的通知》提出，要改革有关部门、企业管理公检法的体制，将铁路公检法纳入国家司法管理体系。2009 年 7 月 8 日，中央编办印发的《关于铁路公检法管理体制改革和核定政法专项编制的通知》提出了铁路检察院与铁路运输企业全部分离，一次性整体纳入国家司法管理体系，一次性移交给驻在地省（自治区、直辖市）党委和省级检察院，实行属地管理的总原则。2010 年 12 月 8 日，中央编办、最高人民法院、最高人民检察院、财政部、人力资源和社会保障部、铁道部联合印发了《关于铁路法院检察院管理体制改革若干问题的意见》，对铁路检察院管理体制改革后的干部管理、法律职务任免、业务管辖、资产移交、经费保障等问题作出了具体规定。历经 3 年改革，至 2012 年 6 月 30 日，全国 17 个铁路运输检察分院和 59 个铁路运输基层检察院全部移交给 29 个省级人民检察院实行属地管理。根据《最高人民检察院关于铁路检察院管理体制改革的实施意见》的规定，整体接收后的两级铁路检察院均属于所在地省级检察院的派出机构，按照省（自治区、直辖市）直机构管理。省级检察院依照规定领导省（自治区、直辖市）铁检分院的工作；尚未设置铁检分院的省级检察院，依照规定领导本省（自治区、直辖市）区域内的铁检基层院的队伍建设、人财物管理等工作。铁检分院依照规定领导设置在本省（自治区、直辖市）区域内的铁检基层院工作，同时依法领导原所辖但设置在外省（自治区、直辖市）区域内的铁检基层院的检察业务工作。移交省级检察院管理后，铁检机关仍然是国家依法设置的专门检察院，铁路检察院的业务管辖范围、办案体制机制等暂时保持不变。

可见，铁路检察制度走过了曲折的历程，显示了强大的生命力和鲜明的中国特色。2012 年完成的铁检管理体制改革，将铁路检察院纳入了国家司法管理体系，为进一步推动铁检制度的完善和发展奠定了基础。

全国18个铁路运输检察分院历年来关于查办涉铁案件的情况统计[1]（2012~2021）

（资料来源：官方网站历年检察工作报告/工作总结/检察业务工作分析）

　　总体而言，江西省人民检察院南昌铁路运输分院、广西壮族自治区人民检察院南宁铁路运输分院、上海市人民检察院第三分院（铁检分院）、河南省人民检察院郑州铁路运输分院、山西省太原铁路运输检察分院、吉林省人民检察院铁路运输分院、黑龙江省人民检察院哈尔滨铁路运输分院、四川省人民检察院成都铁路运输分院、乌鲁木齐铁路运输检察分院等9个铁路运输分院，在其官方网站的检察工作报告/工作总结/检察业务工作分析等栏目，公开了有关办案数据信息。特别是有的分院的公开范围包括基层铁检院的信息。但是，其他9个铁路运输分院在其官方网站的前述栏目或者相关栏目中公开的相关数据信息较少甚至没有数据。由此可知，我国铁检系统的司法公开力度仍然有待继续加强，以促进铁路法治文明公正的更大进步。

---

〔1〕　资料整理人：曾明生、李诗烨、陈彧奇、逄润瑞、余志强、沈明帅、崔怡凡、王亚红。

1. 江西省人民检察院南昌铁路运输分院
历年来关于查办涉铁案件的情况统计

（资料来源：官方网站历年检察工作报告/工作总结/检察业务工作分析）

时间（年）	两级铁路检察机关受理铁路公安提请逮捕情况	两级铁路检察机关经审查批捕情况	两级铁路检察机关提起公诉情况	审判监督涉铁案件情况	备注 +其他情况（涉铁治安情况+机构改革情况等）
2012	◎	案件 135 件 163 人。涉铁：◎	案件 164 件 192 人。涉铁：◎	抗诉 1 件 3 人。坚持重大民行案件听庭制度和判决书定期审查制度。	重点办理了"5·11"破坏交通设施案、"9·26"旅客列车上故意伤害致人死亡案等严重危害铁路运输安全、旅客人身财产安全案件。按照高检院、铁道部统一部署，体制改革有序推进。在两省省院和铁路局大力支持下，分院和南昌铁检院于6月14日移交江西省院属地管理，福州铁检院于6月22日移交福建省院属地管理，均按时顺利完成移交属地任务。
2013	◎	案件 154 件 201 人。涉铁：◎	案件 116 件 148 人。涉铁：◎	◎	全年立案查办贪污贿赂犯罪15件18人，其中，大案12件15人。11月27、28日，高检院组织13家中央媒体，省院组织6家省内媒体，20余名记者以"看得见的正义"为主题，连续2天对南昌铁检两级院的执法办案亮点、先进经验、典型人物进行深度采访，陆续在中央、省内媒体发稿26篇。

续表

时间（年）	两级铁路检察机关受理铁路公安提请逮捕情况	两级铁路检察机关经审查批捕情况	两级铁路检察机关提起公诉情况	审判监督涉铁案件情况	备注 +其他情况（涉铁治安情况+机构改革情况等）
2014	◎	案件 113 件 140 人。 涉铁：◎	案件 143 件 196 人。 涉铁：◎	分院抗诉的郑开洪等人贪污受贿一案，历时三年，涉及福建、江西两级铁路法院，先后两次抗诉，最终法院采纳全部抗诉主张。	立案查处贪污贿赂犯罪案件 15 件 18 人，其中大要案 12 件 15 人。立案查办渎职犯罪案件 1 件 2 人。分院与南昌铁路局共同制定印发《南昌铁路局工程建设招投标领域行贿犯罪档案查询制度实施办法》，在路局管内工程建设招投标中，全面实行行贿犯罪档案查询制度。运用"三个载体"（铁路旅客、"阳光工程"、新闻媒体），提高预防工作的实效性。
2015	◎	案件 113 件 130 人。 涉铁：◎	案件 109 件 140 人。 涉铁：◎	向省院提请抗诉 2 件，首次举行民事案件申请监督公开听证会。开辟农民工申诉绿色通道。涉铁：◎	办理"7·3"杭深线破坏交通设施案等 4 起破坏铁路设施犯罪案件。共立案查办职务犯罪案件 17 件 18 人，其中大案 17 件 18 人。成功处置"2·12"农民工讨薪群体事件，有效维护农民工权益。
2016	总数：◎ 其中南昌铁检院：受理审查逮捕案件 51 件 62 人。 涉铁：◎	案件 93 件 112 人。 其中南昌铁检院：批捕案件 47 件 57 人。 涉铁：◎	案件 102 件 131 人。其中南昌铁检院：公诉案件 66 件 78 人。 涉铁：◎	◎	立案职务犯罪案件 16 件 19 人，其中大案 15 件 18 人。在全省率先完成电子卷宗上线，有力助推电子卷宗外部阅卷系统上线运行。法律文书公开率、案件程序性信息导出率两级院均为 100%。

续表

时间 (年)	两级铁路检察机关受理铁路公安提请逮捕情况	两级铁路检察机关经审查批捕情况	两级铁路检察机关提起公诉情况	审判监督涉铁案件情况	备 注 +其他情况（涉铁治安情况+机构改革情况等）
2017	◎	案件 81 件95 人。涉铁：◎	案件 105 件128 人。涉铁：◎	◎	立案查办职务犯罪案件 16 件 17 人。电子卷宗制作率、法律文书公开率、律师网上预约率均为 100%，始终保持在全省检察机关前列。与法院签订《关于加强民事行政法律监督工作的若干意见》。探索开展公益诉讼工作。
2018	◎	案件 77 件93 人。涉铁：◎	案件 97 件121 人。涉铁：◎	◎	重点办理峰福线"3·3"破坏交通设施案等重大案件，完成高检院铁检厅挂牌督办的 2 起线下安全隐患案件。立案行政公益诉讼案件 7 件，公益诉讼诉前检察建议数量一度占全国铁检机关总量近 1/8。
2019	◎	案件 128 件167 人。涉铁：◎	案件 145 件193 人。涉铁：◎	受理行政生效裁判监督案件 102 件，已办结 88 件，占全省同类案件总数近 1/3，依法发出全省检察机关 2016 年以来第一份行政诉讼再审检察建议，举办全省首例行政诉讼监督案件公开听证。涉铁：◎	公益诉讼检察稳步开展，共立案 10 件，其中发出行政公益诉讼诉前检察建议 8 件，同比上升 42.9%，推动解决了一批影响铁路安全的问题，有力保护了国家利益和社会公共利益。

附录 6　全国 18 个铁路运输检察分院历年来关于查办涉铁案件的情况统计（2012～2021）

续表

时间 （年）	两级铁路检察机关受理铁路公安提请逮捕情况	两级铁路检察机关经审查批捕情况	两级铁路检察机关提起公诉情况	审判监督涉铁案件情况	备　注 +其他情况（涉铁治安情况+机构改革情况等）
2020	◎	◎	◎	其中南昌铁检院：通过走访企业、查阅文书裁判网等形式对 2016 年以来南昌铁路运输法院办理民事裁判案件和执行案件开展摸查，排查出程序问题案件线索 3 件，依法发出民事审判违法监督检察建议。 涉铁：◎	3 个案件入选全国检察机关典型案例，9 个案件入选全省检察机关典型案例，29 项核心业务指标位居全省前列，为赣闽两省经济社会发展和南昌铁路改革发展提供有力司法保障。
……				……	

注：江西省人民检察院南昌铁路运输分院是江西省人民检察院的派出机构，在省人民检察院领导下，领导南昌铁路运输检察院工作，依法领导福州铁路运输检察院的检察业务工作，向省人民检察院负责并报告工作。

2. 广西壮族自治区人民检察院南宁铁路运输分院 历年来关于查办涉铁案件的情况统计

（资料来源：官方网站历年检察工作报告/工作总结/检察业务工作分析）

时间（年）	两级铁路检察机关受理铁路公安提请逮捕情况	两级铁路检察机关经审查批捕情况	两级铁路检察机关提起公诉情况	审判监督涉铁案件情况	备注 +其他情况（涉铁治安情况+机构改革情况等）
2016	◎	96人	◎	柳铁提请抗诉1件	职务犯罪31人
2017	总数：◎ 其中南宁铁检院：案件45件56人。涉铁：◎	总数：◎ 其中南宁铁检院：案件42件51人。涉铁：◎	总数：◎ 其中南宁铁检院：案件51件64人。涉铁：◎	提请抗诉1件	其中柳州铁检院：根据涉铁刑事案件特色，加大了对"两抢一盗"、破坏铁路运输设施设备、运输毒品等犯罪案件的打击力度。公诉部受理"两抢一盗"等多发性犯罪案件19件22人；受理破坏交通设施犯罪案件1件1人，毒品犯罪案件3件4人。同时加大职务犯罪审查工作力度，促进建立健全惩治和预防腐败体系。共受理职务犯罪案件13件14人，审结职务犯罪案件11件12人。 南宁铁检院：反贪部门全年立案10件11人，其中涉铁案件9件9人，均为贿赂大案。 2017年8月18日，南宁运输检察院受理了南宁铁路公安处提请逮捕的涉嫌假币犯罪的5名犯罪嫌疑人，对该案批捕的审查开展诉讼式审查试点，启动诉讼式审查办案模式，改变以往书面审查模式的局限。 另外，2017年12月22日，立案审查"南宁铁路局人民防空办公

续表

时间（年）	两级铁路检察机关受理铁路公安提请逮捕情况	两级铁路检察机关经审查批捕情况	两级铁路检察机关提起公诉情况	审判监督涉铁案件情况	备　注+其他情况（涉铁治安情况+机构改革情况等）
					室未及时督促缴纳南宁火车站改扩建项目人防易地建设费"一案，这是南宁铁检院办理的首例行政公益诉讼案件。
2018	总数：◎其中南宁铁检院：案件40件55人。其中地铁盗窃案21件27人。	总数：◎其中柳州铁检院：案件17件19人。南宁铁检院：案件36件46人。涉铁：◎	总数：◎其中柳州铁检院：案件21件27人。南宁铁检院：案件50件58人。涉铁：◎	◎	其中柳州铁检院：加强涉铁刑事检察监督力度，设立驻金城江铁路侦查监督办公室，与此前设立的桂林、贺州侦查监督办公室共同形成监督势能，基本实现管内侦查监督全辐射。南宁铁检院：立案监督案件1件1人。书面纠正侦查活动违法行为2件2人。提前介入公安机关案件7件21次。
2019	总数：◎其中柳州铁检院：案件27件32人。南宁铁检院：71件81人。涉铁：◎	总数：◎其中南宁铁检院：57件65人。柳州铁检院：受理各类一审刑事案件24件28人。涉铁：◎	总数：◎其中南宁铁检院：55件93人。涉铁：◎	其中南宁铁检院：依法受理申请人陈旭华因房屋租赁合同纠纷一案提出的再审监督申请。这是该院民行科成立以来办理的首例民事诉讼监督案件。涉铁：◎	其中柳州铁检院：落实涉铁刑事案件侦检联动机制，办理公安部挂牌督办的"南宁铁路公安局2·4专案"。共受理公益诉讼案件线索7件，其中立案6件，发出检察建议5份，行政机关均在期限内书面回复并积极整改落实。南宁铁检院：行政公益诉讼案件共立案5件，发出诉前检察建议5件，其中行政机关履行职责并书面回复整改落实情况3件，未到规定的回复期2件。
2020	◎	◎	◎	◎	◎
……					……

注：广西壮族自治区人民检察院南宁铁路运输分院，下辖南宁铁路运输检察院和柳州铁路运输检察院。

3. 上海市人民检察院第三分院（铁检分院）[1] 历年来关于查办涉铁案件的情况统计

（资料来源：官方网站历年检察工作报告/工作总结/检察业务工作分析）

时间（年）	两级铁路检察机关受理铁路公安提请逮捕情况	两级铁路检察机关经审查批捕情况	两级铁路检察机关提起公诉情况	审判监督涉铁案件情况	备注 +其他情况（涉铁治安情况+机构改革情况等）
2012	◎	◎	◎	◎	◎
2013	总数：◎ 其中南京铁检院：受理铁路公安提请批捕案件53件71人。 涉铁：◎	总数：◎ 其中南京铁检院：批捕45件58人。 涉铁：◎	总数：◎ 其中南京铁检院：提起公诉51件71人。 涉铁：◎	诉讼监督工作不断强化。	其中南京铁检院：立案查处职务犯罪案件6件6人，其中4件为大案，2件为特大案。知识产权案件"三审合一"改革试点工作取得进展。[2][3]
2014	◎	总数：◎ 其中南京铁检院：批捕39件45人。 涉铁：◎	总数：◎ 其中南京铁检院：提起公诉46件52人。 涉铁：◎	其中南京铁检院：向湖南省长沙县人民法院发出《刑事再审检察建议书》1份，法院撤销了前次判决，并作出新判决，此项工作经验材料被铁检厅和分院转发；提出二审抗诉案件1件。 涉铁：◎	其中南京铁检院查办和预防职务犯罪处于上海铁检系统领先地位。知识产权案件跨区域集中办理改革试点稳步推进。

续表

时间（年）	两级铁路检察机关受理铁路公安提请逮捕情况	两级铁路检察机关经审查批捕情况	两级铁路检察机关提起公诉情况	审判监督涉铁案件情况	备注 +其他情况（涉铁治安情况+机构改革情况等）
2015	总数：◎ 其中南京铁检院：47件51人。 涉铁：◎	总数：◎ 其中南京铁检院：批捕42件44人。 涉铁：◎	总数：◎ 其中南京铁检院：提起公诉48件56人。 涉铁：◎	其中南京铁检院：办理刑事抗诉案件1件，填补了全分院系统无刑事抗诉案件空白。	其中南京铁检院：全年反贪查案工作在上海铁检系统业务考评中获得"金牌"，处于全国铁检系统第一方阵。特别是与上海铁检分院共同查办的中国铁路总公司党组组织部副部长兼人事部副主任郭宏涉嫌受贿一案，在全国铁路系统产生了较大反响。另外，其跨区划集中办理知识产权改革试点工作有序推进。 徐州铁检院：发生在新沂西折返段的盗窃机车柴油专案，涉案18件38人，其中青岛机务段机车司机27人。该案是青岛机务段部分机车司机与新沂地区当地人员内外勾结、交叉结伙盗窃机车柴油的重大团伙案件。另外，"4·16"专案系上海铁路公安局2014年4月16日开始在连云港地区统一组织侦查的多家国际货代公司骗逃铁路运费涉嫌合同诈骗罪系列案件。该系列案件犯罪手段主要是采取"出口套过境"方式骗逃铁路运费。该专案涉案公司、人员多，2015年受理审查起诉17件18单位44人，涉及上海、广州、深圳、青岛、

续表

时间（年）	两级铁路检察机关受理铁路公安提请逮捕情况	两级铁路检察机关经审查批捕情况	两级铁路检察机关提起公诉情况	审判监督涉铁案件情况	备注 +其他情况（涉铁治安情况+机构改革情况等）
					宁波等地，犯罪单位涉及多家上市公司、国有公司、外籍公司。
2016	总数：◎ 其中南京铁检院：全年共受理提请批准逮捕案件46件49人。 涉铁：◎	总数：◎ 其中南京铁检院：批捕37件40人。 涉铁：◎	总数：◎ 其中南京铁检院：提起公诉54件58人。 涉铁：◎	其中南京铁检院：提起抗诉的赵汗青非国家工作人员受贿案获二审法院支持改判。	其中南京铁检院：深入推进知识产权案件跨区域集中办理改革试点。认真办理省院交办的跨行政区划民事行政诉讼监督案件。认真办理省院交办的跨行政区划职务犯罪案件。注重对跨行政区划一类案件的定期分析汇总，从中发现和解决行政执法标准不统一、处罚不平衡等典型性、倾向性问题。
2017	总数：◎ 其中南京铁检院：受理公安机关提请批捕涉铁刑事案件52件60人（其中未检案件1件1人）。 合肥铁检院：受理合肥、蚌埠两个公安处提请审查逮捕的案件75件83人。 徐州铁检院：受理涉铁审查逮捕22件28人。	总数：◎ 其中南京铁检院：决定批捕涉铁刑事案件52人。 合肥铁检院：批捕68件75人。 涉铁：◎	总数：◎ 其中南京铁检院：提起公诉48件55人。 合肥铁检院：起诉88件95人。 徐州铁检院：受理涉铁审查起诉31件42人1单位，提起公诉30件38人1单位。而且，仅四个月受理环境资源类刑事案件111件257人	其中南京铁检院：受理省院交办的民事行政诉讼监督案件中抗诉2件，提请最高人民检察院抗诉3件。 徐州铁检院：探索监督办案化工作机制，办理首起铁路领域以外跨区划行政诉讼监督案件。 涉铁：◎	其中南京铁检院：全院受理的知识产权刑事案件，民事行政监督案件已超过涉铁刑事案件数量，案件规模和案件类型结构已经发生了变化。另外，在铁路南京站建立了上海铁检系统首家侦查监督办公室。 徐州铁检院：经省院批准，自2017年9月1日起集中管辖徐州市一审环境资源类刑事案件的审查逮捕、审查起诉工作。

附录6 全国18个铁路运输检察分院历年来关于查办涉铁案件的情况统计（2012~2021）

时间（年）	两级铁路检察机关受理铁路公安提请逮捕情况	两级铁路检察机关经审查批捕情况	两级铁路检察机关提起公诉情况	审判监督涉铁案件情况	备注 +其他情况（涉铁治安情况+机构改革情况等）
			6单位，是同期铁路案件7倍多，其中提起公诉68件116人3单位。		
2018	总数：◎ 其中南京铁检院：办理涉铁刑事案件124件153人。 合肥铁检院：提请批捕案件71件82人。 徐州铁检院：受理审查逮捕案件71件134人（是同期涉铁案件3.3倍）。其中受理涉铁案件审查逮捕27件40人。	总数：◎ 其中南京铁检院：批捕70人。合肥铁检院：批捕65件75人。涉铁：◎	总数：◎ 其中南京铁检院：提起公诉64人。合肥铁检院：起诉案件62件67人。徐州铁检院：受理审查起诉案件185件491人14单位，其中涉铁审查起诉29件39人。	其中南京铁检院：办结江苏省院民行处交办的民事行政诉讼监督案件36件。其中抗诉3件，向江苏省高院发出再审检察建议1件，提请最高人民检察院抗诉5件，不支持监督申请决定27件。	其中南京铁检院：深入推进知识产权案件跨区划集中办理，服务保障经济高质量发展。围绕铁路线下安全隐患，促进公益诉讼工作新突破。徐州铁检院：探索办理涉铁新类型犯罪案件。开展公益诉讼工作，维护铁路运输安全。
2019	总数：◎ 其中南京铁检院：受理涉铁刑事案件155件180人，其中受理审查逮捕案件76件81人。另外，受理南京市	总数：◎ 其中南京铁检院：批捕66人。徐州铁检院：批捕64件106人，其中批捕涉铁刑事案件24件30人。	总数：◎ 其中南京铁检院：提起公诉67件81人。合肥铁检院：受理审查起诉案件127件185人。	◎	其中南京铁检院：涉铁刑事案件数量较往年大幅增加、新类型案件增加，犯罪嫌疑人有前科、流窜作案居多。 合肥铁检院：办理了发生在铁路涡阳货场货运装卸领域张某某等6人涉嫌恶势力犯罪案，实现了上海铁检机关扫黑除恶案件零的突破。

续表

时间（年）	两级铁路检察机关受理铁路公安提请逮捕情况	两级铁路检察机关经审查批捕情况	两级铁路检察机关提起公诉情况	审判监督涉铁案件情况	备注 +其他情况（涉铁治安情况+机构改革情况等）
	9个区的知识产权刑事案件135件277人。 合肥铁检院：受理审查逮捕案件94件114人。 徐州铁检院：受理审查逮捕案件93件158人。其中受理涉铁审查逮捕案件27件35人。		徐州铁检院：受理审查起诉案件156件378人15单位，起诉112件277人8单位。其中受理审查起诉传统涉铁刑事案件46件64人，起诉45件65人。		徐州铁检院：跨区划集中办理环境资源案件在不断探索中总体水平进一步提升。认真办好涉铁新类型案件。高质量办理了涉铁两个"首案"。一个是涉铁网络诈骗"首案"。另一个是监察机关移送审查起诉的涉铁职务犯罪"首案"。另外，精心办好涉铁公益诉讼案件。积极开展铁路线下安全隐患整治行政公益诉讼，立案调查7件，向有关行政机关发出检察建议书10份，取得明显成效。 2019年12月，南京铁路法院撤销后，经江苏省人民检察院检察长办公会研究决定，授权南京市人民检察院对南京铁路运输检察院进行案件管理和指导，南京铁路运输检察院办理的涉铁路案件，向上海市人民检察院第三分院报备，接受业务指导。
2020	总数：◎ 其中徐州铁检院：受理审查逮捕78件114人。其中受理审查逮捕传统涉铁刑事案件24件43人。	◎	总数：◎ 其中徐州铁检院：受理审查起诉296件533人。其中传统涉铁刑事案件提起公诉34件47人。	徐州铁检院：提出刑事抗诉1件1人。	其中徐州铁检院：调查行政公益诉讼案件线索16件，立案15件，向有关辖区应急管理局、交通局、镇政府等机关单位发送诉前检察建议书14份，清除京沪铁路、陇海铁路40余处较为突出的安全隐患。

附录6 全国18个铁路运输检察分院历年来关于查办涉铁案件的情况统计（2012~2021）

续表

时间 （年）	两级铁路检察机关受理铁路公安提请逮捕情况	两级铁路检察机关经审查批捕情况	两级铁路检察机关提起公诉情况	审判监督涉铁案件情况	备 注 +其他情况（涉铁治安情况+机构改革情况等）
……					……

注：

［1］上海市人民检察院第三分院（铁检分院）是全国第一家跨行政区划检察院，于2014年在上海铁检分院基础上成立。三分院（铁检分院）在上海市院的领导下，继续领导南京铁检院、合肥铁检院、徐州铁检院、上海铁检院、杭州铁检院等5个铁路基层检察院的检察业务；同时，作为全国首个跨行政区划检察院改革试点单位，围绕构建"普通案件在行政区划检察院办理、特殊案件在跨行政区划检察院办理"的新型诉讼格局的改革目标，开展跨行政区划检察院改革试点探索。其内设机构包括第一检察部至第八检察部、综合办公室、政治部、检务督察部。

［2］2013年9月16日，南京市中级法院、南京市检察院、南京市公安局会签《关于明确南京铁路运输法院、南京铁路运输检察院开展知识产权案件"三审合一"改革试点工作的意见》，根据该意见规定，自2013年10月1日起，南京铁检院负责南京市秦淮、栖霞、浦口、溧水、高淳五区公安机关侦查的侵犯知识产权罪案件的审查逮捕和审查起诉工作，以及南京铁路运输法院审理的知识产权刑事、民事案件的审判监督工作。

［3］未发现上海铁检院官网、杭州铁检院官网公布年度工作报告/总结报告及其相关数据资料。

4. 河南省人民检察院郑州铁路运输分院历年来关于查办涉铁案件的情况统计

(资料来源：官方网站历年检察工作报告/工作总结/检察业务工作分析)

时间(年)	两级铁路检察机关受理铁路公安提请逮捕情况	两级铁路检察机关经审查批捕情况	两级铁路检察机关提起公诉情况	审判监督涉铁案件情况	备注 +其他情况（涉铁治安情况+机构改革情况等）
2016		逮捕各类刑事犯罪嫌疑人76人62件。 涉铁：◎	提起公诉90件112人。 涉铁：◎	提起刑事抗诉2件，其中1起案件在二审直接改判。 涉铁：◎	认真开展铁检机关立足职能参与社会治理，维护铁路安全专项活动，严厉打击涉铁暴恐、破坏铁路运输设施等各类严重危害铁路运输安全和治安秩序的刑事犯罪，积极推进立体化铁路治安防控体系建设，突出维护高铁及重要站段安全稳定，有效防控各类安全风险。同步介入调查郑州铁路局"12·10"安全事故和"12·14"安全事故。认真开展涉铁领域农民工维权专项工作，努力实现保障民生和维护稳定"双丰收"。
2017	总数：◎ 上半年两级院共受理案件45件53人（受理检察机关自侦部门移送审查逮捕6件6人，受理公安机关提请批	◎	总数：◎ 上半年经审查提起公诉42件55人（检察机关8件9人，公安机关34件42人）。 其中分院2件2人，涉铁：◎	总数：◎ 上半年共受理案件线索15件（其中分院受理8件，郑州铁检院受理6件，洛阳铁检院受理1件）；线索分流14件（其中分院办理7	上半年民事行政检察，受理审查10件（其中分院5件，郑州铁检院3件，洛阳铁检院2件）。 审查处理4件（分院2件，洛阳铁检院2件）。

续表

时间（年）	两级铁路检察机关受理铁路公安提请逮捕情况	两级铁路检察机关经审查批捕情况	两级铁路检察机关提起公诉情况	审判监督涉铁案件情况	备 注 +其他情况（涉铁治安情况+机构改革情况等）
	捕 39 件 47 人）。 涉铁：◎		郑州铁检院 29 件 35 人，洛阳铁检院 11 件 14 人。	件，郑州铁检院办理 6 件，洛阳铁检院办理 1 件）。 办理控告申诉案件 5 件（其中分院办理 4 件，郑州铁检院办理 1 件）。 涉铁：◎	
2018	总数：◎ 郑州铁检院：受理提请批捕案件 57 件 63 人。 涉铁：◎	◎	总数：◎ 郑州铁检院：受理移送审查起诉案件 92 件 117 人。 涉铁：◎	◎	◎
2019	两级院共受理公安机关提请逮捕案件 81 件 107 人，分院受理数为 0；郑州铁检院受理 57 件 74 人；洛阳铁检院受	总数：◎ 郑州铁检院：批准逮捕 53 件 69 人。 涉铁：◎	受理审查起诉案件 107 人；退补 25 件；捕后全部起诉。 涉铁：◎	郑州铁检院：提出抗诉 3 件。 涉铁：◎	两级院适用认罪认罚从宽制度人数为 140 人，适用率为 85.9%，全省为 53.1%。两级院共受理民事生效裁判监督案件 3 件，受理民事执行活动监督案件 1 件，郑州铁检院为 0；两级院共受理行政检察监督申请案件 91 件，其中分院办理 86 件，郑州铁检院办理 5 件；两级院共受理行政公益诉讼线索 114 件，立案 106 件，诉前程序 53 件。

续表

时间 (年)	两级铁路检察机关受理铁路公安提请逮捕情况	两级铁路检察机关经审查批捕情况	两级铁路检察机关提起公诉情况	审判监督涉铁案件情况	备 注 +其他情况（涉铁治安情况+机构改革情况等）
	理 24 件 33 人。 涉铁：◎				
2020	其中郑州铁检院：上半年共受理提请批准逮捕案件 8 件 13 人。 涉铁：◎	其中郑州铁检院：上半年批捕 9 人。 涉铁：◎	上半年共受理移送审查起诉案件 21 件 42 人。 涉铁：◎	郑州铁检院：上半年受理、分流办理行政申诉信访案件 1 件。 涉铁：◎	郑州铁检院：上半年环境资源类刑事案件上升为主要类型案件。认罪认罚适用率高。行政公益诉讼线索受理案件线索 15 件，立案 15 件。办理对民事、行政生效监督案件 1 件。 涉铁：◎
……					……

注：河南省人民检察院郑州铁路运输分院，是河南省人民检察院派出机构，由省检察院直接管理，其下辖洛阳铁路运输检察院和郑州铁路运输检察院。其主要职能包括：按级别管辖规定，办理省内黄河流域环境资源刑事案件、郑州铁路公安机关和河南省公安厅第一、第二工程公安机关立案的刑事案件以及河南省公安厅高速公路交警总队（高速公路公安局）直接管辖路段发生的危险驾驶案、交通肇事案、重大责任事故案、破坏交通设施、故意损坏财物案、强迫交易案、诈骗案、招摇撞骗案、敲诈勒索案、妨害公务案等10类刑事案件；依据授权管辖省内黄河流域环境资源公益诉讼案件、县级以上人民政府作为被告的环境资源行政公益诉讼案件、自行发现并立案的重大疑难复杂环境资源公益诉讼案件；受理不服郑州铁路中级人民法院已发生法律效力的判决、裁定的申诉等。其共有 13 个内设机构：办公室（人民监督员办公室）、政治部、第一至第七检察部、案件管理办公室、司法警察支队、检务督察处和计财装备处。

5. 山西省太原铁路运输检察分院
历年来关于查办涉铁案件的情况统计

（资料来源：官方网站历年检察工作报告/工作总结/检察业务工作分析）

时间（年）	两级铁路检察机关受理铁路公安提请逮捕情况	两级铁路检察机关经审查批捕情况	两级铁路检察机关提起公诉情况	审判监督涉铁案件情况	备注+其他情况（涉铁治安情况+机构改革情况等）
2017	总数：◎其中大同铁检院：共受理公安机关提请逮捕4件5人。涉铁：◎	◎	总数：◎其中大同铁检院：提起公诉8件8人。涉铁：◎	总数：◎其中大同铁检院：提前介入公安侦查案件12件，立案监督4件6人。涉铁：◎	其中大同铁检院：组织开展铁路安全维稳摸底调研。组织四个调研组，由院领导亲自带队，分别深入大秦铁路、大张高铁建设施工项目部、北同蒲铁路以及大同地区各站段，对铁路线下安全隐患、涉法涉诉信访以及其他重大隐患进行摸底调研。
2018	◎	◎	◎	◎	其中大同铁检院：认真总结推动解决铁路线下安全隐患专项活动中的经验做法，剖析隐患根源，推动完善维护铁路安全的长效防控机制，形成常态治理。开展铁路行政公益诉讼试点，主动服务保障新时代铁路发展。积极探索跨行政区划检察院改革。
2019	◎	◎	◎	◎	
2020	总数：◎其中大同铁检院：受理公安提请批捕8人。涉铁：◎	批准和决定逮捕各类犯罪嫌疑人22人。其中临汾铁检院共批捕各类犯罪嫌	决定起诉41人。其中大同铁检院：提起公诉17人。临汾铁检	提出抗诉2件。受理各类举报、控告、申诉等信访案件5件。	适用认罪认罚从宽制度审结58人，认罪认罚适用率为95.08%。在适用认罪认罚从宽制度审结的案件中，提出量刑建议33人。通过公益诉讼检察办案治

续表

时间（年）	两级铁路检察机关受理铁路公安提请逮捕情况	两级铁路检察机关经审查批捕情况	两级铁路检察机关提起公诉情况	审判监督涉铁案件情况	备注 +其他情况（涉铁治安情况+机构改革情况等）
		疑人2人。太原铁检院：前三季度批捕各类犯罪嫌疑人11人。涉铁：◎	院提起公诉4人。太原铁检院：前三季度起诉10人。涉铁：◎		理了4000亩湿地的污染源，保护了湿地生态环境。督促清除违法堆放的各类生活垃圾70吨，确保了铁路沿线环境优美，安全有序。其中大同铁检院：公益诉讼立案54件，其中生态环境和资源保护领域43件，占立案总数的79.6%。临汾铁检院共受理行政公益诉讼案件线索50件，立案47件。
2021	◎	总数：◎其中太原铁检院：第一季度批捕各类犯罪嫌疑人2人。临汾铁检院：第一季度批捕各类犯罪4件4人。涉铁：◎	总数：◎其中太原铁检院：第一季度起诉3人。临汾铁检院：第一季度起诉2件2人。涉铁：◎	总数：◎其中太原铁检院：第一季度办理信访案件2件。涉铁：◎	其中大同铁检院：第一季度，公益诉讼立案21件。临汾铁检院：第一季度受理行政公益诉讼案件线索3件，均涉及食品药品安全领域，立案6件。太原铁检院：第一季度受理案件线索5件，立案3件。
……				……	

注：山西省人民检察院太原铁路运输分院成立于2006年7月28日。其下辖太原、大同、临汾三个基层院。2012年实行管理体制改革，移交山西省委、山西省人民检察院管理。其内设综合保障部（办公室、计划财务装备）、刑事检察部、民行控申检察部（控告申诉检察、民事行政检察、公益诉讼检察、刑事执行检察、12309检察服务中心、国家赔偿办公室）、检察业务管理监督部（案件管理中心、法律政策研究室、检察技术）、检务督察部门、政治部、机关党委和司法警察支队。

6. 吉林省人民检察院铁路运输分院 历年来关于查办涉铁案件的情况统计

（资料来源：官方网站历年检察工作报告/工作总结/检察业务工作分析）

时间（年）	两级铁路检察机关受理铁路公安提请逮捕情况	两级铁路检察机关经审查批捕情况	两级铁路检察机关提起公诉情况	审判监督涉铁案件情况	备注 +其他情况（涉铁治安情况+机构改革情况等）
2017	◎	办理侦查监督案件98件112人。 涉铁：◎	公诉案件152件186人。 涉铁：◎	对基层院2015～2017年刑事案件移送起诉意见书、起诉书、判决书进行评查，共发现5类8件案件在判决书中存在问题。 涉铁：◎	扎实开展铁路沿线、高铁线下安全隐患专项整治活动，取得显著成效。积极参与铁路社会治安防控体系建设。
2018	◎	批捕62件73人。 涉铁：◎	起诉100件115人。 涉铁：◎	受理刑事申诉案件2件，民事申诉案件1件。 涉铁：◎	1. 开展"推动解决铁路线下安全隐患深化巩固年活动"和"做好涉铁领域生态环境保护民行检察监督专项工作"两个专项活动，两级院共排除危及行车安全隐患28个，摸排公益诉讼线索55件，发出公益诉讼诉前检察建议21份，办理了铁检机关首起刑事附带民事公益诉讼案件。 2. 严查黑恶势力"保护伞"，持续深化推进站车交接案件专项检查工作。
2019	总数：◎ 其中长春铁检院：	审查逮捕案件75件87人。	审查起诉案件116件129人。 其中长春铁	◎	深入推进扫黑除恶专项斗争。深入开展铁路沿线及线下安全隐患排查。逐步提升认罪认

续表

时间（年）	两级铁路检察机关受理铁路公安提请逮捕情况	两级铁路检察机关经审查批捕情况	两级铁路检察机关提起公诉情况	审判监督涉铁案件情况	备注+其他情况（涉铁治安情况+机构改革情况等）
	审查逮捕案件37件39人。	其中长春铁检院：批捕32件34人。	检院：审查起诉案件50件55人，起诉34件39人。		罚从宽制度适用率。其中长春铁检院：共发出检察建议18份，其中公益诉讼检察建议13份，纠正非法检察建议1份，社会治理检察建议3份，其他检察建议1份。
2020	受理审查逮捕案件16件19人。其中长春铁检院：办理审查逮捕案件8件8人。涉铁：◎	◎	受理一审公诉案件76件92人。其中长春铁检院：受理刑事案件34件38人，审查起诉案件26件30人，不起诉5件5人。涉铁：◎	受理行政生效裁判诉讼监督案件15件。另外，长春铁检院：刑事申诉案件1件1人。涉铁：◎	聚焦服务平安铁路建设，持续开展维护铁路沿线环境安全检察监督。备案公益诉讼线索42件，立案30件，发出诉前检察建议23件。
2021	总数：◎其中长春铁检院：第一季度受理审查逮捕案件2件2人。涉铁：◎	总数：◎其中长春铁检院：第一季度批捕2件2人。	总数：◎其中长春铁检院：第一季度捕后起诉1件1人，审结后提起公诉5件5人。涉铁：◎	◎	其中长春铁检院：办理行政公益诉讼案件4件，办理行政审判监督1件。发出公益诉讼检察建议2份、再审检察建议1份。铁路沿线安全隐患排查7处，已排除隐患1处。调查辖区内涉铁文物遗
					迹保护线索3件。办理行政争议实质性化解1件。
……					……

注：吉林省人民检察院铁路运输分院的内设机构：办公室、第一检察部、第二检察部、第三检察部、案件管理部、检务督察部、技术信息部、政治部、机关党委、司法警察支队。其下辖长春铁检院、吉林铁检院、通化铁检院、白城铁检院、延边铁检院。

7. 黑龙江省人民检察院哈尔滨铁路运输分院
历年来关于查办涉铁案件的情况统计

（资料来源：官方网站历年检察工作报告/工作总结/检察业务工作分析）

时间（年）	两级铁路检察机关受理铁路公安提请逮捕情况	两级铁路检察机关经审查批捕情况	两级铁路检察机关提起公诉情况	审判监督涉铁案件情况	备 注+其他情况（涉铁治安情况+机构改革情况等）
2018	◎	◎	◎	◎	◎
2019	◎	◎	◎	◎	◎
2020	受理审查逮捕各类犯罪案件31件49人。涉铁：◎	批准逮捕和决定逮捕24件38人。涉铁：◎	受理审查起诉案件167件221人。起诉（含附条件不起诉后起诉）各类犯罪119件161人。涉铁：◎	按二审程序和审判监督程序共提出抗诉2件。对刑事审判活动违法提出纠正意见3件次，已纠正3件次。涉铁：◎	其中齐齐哈尔铁检院：第四季度受理公益诉讼线索3件，立案件数3件，诉前程序3件。涉铁：◎
2021	前两季度受理审查逮捕罪案42件56人。涉铁：◎	前两季度批准逮捕和决定逮捕26件31人。涉铁：◎	前两季度受理审查起诉案件60件87人。起诉（含附条件不起诉后起诉）各类犯罪44件74人。涉铁：◎	前两季度按二审程序和审判监督程序共提出抗诉2件。对刑事审判活动违法提出纠正意见3件次，已纠正2件次。另外，受理民事审判活动监督3件，针对民事审判活动监督提出检察建议2件，采纳2件。涉铁：◎	其中齐齐哈尔铁检院：前两季度受理公益诉讼线索24件，立案件数16件，诉前程序8件。佳木斯铁检院：前两季度受理行政公益诉讼案件线索9件，立案9件，诉前程序5件。涉铁：◎

注：黑龙江省人民检察院哈尔滨铁路运输分院的内设机构：办公室（新闻办公室）、第一

检察部至第七检察部、法律政策研究部、综合业务部、检察技术与信息化部、检务督察部（巡察工作领导小组办公室与其合署办公）、检务保障部、干部与基层工作部（警务部）、宣传教育部、政治部、机关党委。其下辖齐齐哈尔铁检院、哈尔滨铁检院、牡丹江铁检院、佳木斯铁检院。

8. 四川省人民检察院成都铁路运输分院 历年来关于查办涉铁案件的情况统计

（资料来源：官方网站历年检察工作报告/工作总结/检察业务工作分析）

时间（年）	两级铁路检察机关受理铁路公安提请逮捕情况	两级铁路检察机关经审查批捕情况	两级铁路检察机关提起公诉情况	审判监督涉铁案件情况	备注 +其他情况（涉铁治安情况+机构改革情况等）
2012	◎	◎	◎	◎	成都分院及下属的四个基层铁检院一次性整体移交给所在地省级检察院管理。
2016	总数：◎ 其中西昌铁检院：受理审查逮捕案件17件27人。 涉铁：◎	总数：◎ 西昌铁检院：批捕16件24人。 涉铁：◎	总数：◎ 其中西昌铁检院：受理起诉案件数18件26人，经审查后提起公诉10件13人。 涉铁：◎	◎	◎
2017	受理审查逮捕案件136件164人。其中重庆铁检院：受理公安机关提请批准逮捕各类刑事案件47件59人。 涉铁：◎	总数：◎ 其中重庆铁检院：批准逮捕44人。西昌铁检院：批准逮捕19件22人。 涉铁：◎	受理各类审查起诉案件201件249人。 其中重庆铁检院：受理审查起诉60件76人，提起公诉47件61人。 西昌铁检院：提起公	◎	创新"路地合作"打击和防控铁路沿线违法犯罪新机制，四川省院由此牵头组织成铁分院等15家单位共同会签了《关于加强"路地合作"打击和防控成昆线（四川段）违法犯罪行为的意见（试行）》，进一步推动铁路沿线社会治安综合治理。

时间（年）	两级铁路检察机关受理铁路公安提请逮捕情况	两级铁路检察机关经审查批捕情况	两级铁路检察机关提起公诉情况	审判监督涉铁案件情况	备注 +其他情况（涉铁治安情况+机构改革情况等）
			诉9件14人。 涉铁：◎		
2018	受理审查逮捕案件88件103人。其中重庆铁检院：受理公安机关提请批捕各类刑事案件14件17人。涉铁：◎	◎	受理审查起诉案件150件169人。其中重庆铁检院：受理审查起诉32件37人，提起公诉21件26人。涉铁：◎	总数：◎ 其中重庆铁检院：成功抗诉1件4人。 涉铁：◎	其中重庆铁检院：办理全国首例涉铁除草剂污染农田民事公益诉讼案，切实维护社会公共利益。全年办理公益诉讼案件4件，民事公益诉讼案件1件、行政公益诉讼案件3件（均为诉前程序）。
2019	受理各类审查逮捕案件75件104人。涉铁：◎	◎	受理各类审查起诉案件100件140人。涉铁：◎	◎	成铁检察分院会同四川省铁路护路联防工作领导小组、路局等共同组织了《四川省高速铁路安全管理规定》暨综合治理集中宣传活动。继续深化推动解决铁路线下安全隐患专项工作。立足公益诉讼等检察职能，积极参与联合督查，全力配合开展高铁沿线外部环境治理。分院会同路局，共同推动川藏铁路成雅段铁路沿线环境整治标准线的打造，推动全路铁路沿线环境治理的标准化和规范化。 其中重庆铁检院：全年受理公益诉讼案件线索14件，办结12件，其中，民事公益诉讼案件1件，行政公益诉讼案件11件。2019年8月，市院正式授权重庆铁检院办理长江流域重庆境内发生的跨区域生态环境和资源保护领域

时间（年）	两级铁路检察机关受理铁路公安提请逮捕情况	两级铁路检察机关经审查批捕情况	两级铁路检察机关提起公诉情况	审判监督涉铁案件情况	备注 +其他情况（涉铁治安情况+机构改革情况等）
					行政公益诉讼案件，以及不适宜由未依法履行职责的行政机关所在地基层检察院管辖的行政公益诉讼案件；2019年底，经市委深改委审议通过、最高检审批同意，依托重庆铁检院现有机构建制，新设立"重庆市两江地区人民检察院"，成为首个全国生态环境检察专门机构。
2020	总数：◎ 重庆铁检院：受理审查逮捕案件10件10人。涉铁：◎	◎	总数：◎ 其中重庆铁检院：审查起诉案件17件20人。涉铁：◎	◎	2020年1月11日、3月26日，最高检及重庆市人大常委会先后批复同意和批准设立"重庆市两江地区人民检察院"；5月15日，市院决定在"重庆市两江地区人民检察院"（重庆铁检院）设立广阳岛生态检察官办公室。全年受理公益诉讼案件线索22件，立案17件，其中行政公益诉讼案件16件，民事公益诉讼案件1件，发出诉前检察建议9件，收到整改回复8件，诉前磋商3件，整改完毕5件。持续抓好铁检特色公益诉讼工作。
2021	总数：◎ 重庆铁检院：第一季度受理审查逮捕案件2件4人。涉铁：◎	◎	总数：◎ 重庆铁检院：第一季度审查起诉案件3件3人，起诉3件3人。涉铁：◎	◎	重庆市两江地区人民检察院第一季度，受理公益诉讼案件线索11件，公益诉讼立案7件，其中涉生态环境领域案件6件，其他领域1件。涉铁：◎

续表

时间（年）	两级铁路检察机关受理铁路公安提请逮捕情况	两级铁路检察机关经审查批捕情况	两级铁路检察机关提起公诉情况	审判监督涉铁案件情况	备注 +其他情况（涉铁治安情况+机构改革情况等）
……					……

注：四川省人民检察院成都铁路运输分院的 11 个内设机构分别是：办公室、政治部（司法警察支队、离退休人员工作处），政治部内设干部处和综合宣传处、第一检察部（知识产权检察部）、第二检察部、第三检察部、第四检察部（生态环境资源检察部）、法律政策研究室、案件管理办公室、计划财务装备部、检务督察部和检察技术信息部。其纪检监察机构和机关党委（办），按有关规定设置。其下辖成都、西昌、重庆、贵阳四个铁路运输检察院。

9. 乌鲁市齐铁路运输检察分院历年来关于查办涉铁案件的情况统计

（资料来源：官方网站历年检察工作报告/工作总结/检察业务工作分析）

时间（年）	两级铁路检察机关受理铁路公安提请逮捕情况	两级铁路检察机关经审查批捕情况	两级铁路检察机关提起公诉情况	审判监督涉铁案件情况	备注 +其他情况（涉铁治安情况+机构改革情况等）
2018	总数：◎ 其中哈密铁检院：受理公安机关提请逮捕的案件 7 件 9 人。涉铁：◎	总数：◎ 其中哈密铁检院：批准逮捕 5 件 6 人，决定逮捕 1 件 1 人。涉铁：◎	总数：◎ 其中哈密铁检院：提起公诉 4 件 6 人。涉铁：◎	◎	稳步推进公益诉讼工作。
2019	总数：◎ 其中乌鲁木齐铁检院：接收公安机关移送审查逮捕案件 21	审查逮捕案件 45 件。其中乌鲁木齐铁检院：批准逮捕 16 件 21 人。	审查起诉案件 72 件。其中乌鲁木齐铁检院：受理移送审查起诉案件	◎	乌铁检察机关公益诉讼工作发展态势良好，在"车轮上的安全"专项活动中有 2 件案件入选新疆检察机关保障"三项安全"公益诉讼专项行动十大典

时间(年)	两级铁路检察机关受理铁路公安提请逮捕情况	两级铁路检察机关经审查批捕情况	两级铁路检察机关提起公诉情况	审判监督涉铁案件情况	备 注+其他情况（涉铁治安情况+机构改革情况等）
	件 28 人。哈密铁检院：受理公安机关提请逮捕的案件 5 件 8 人。涉铁：◎	哈密铁检院：批准逮捕 5 件 8 人决定逮捕 1 件 1 人。涉铁：◎	32 件 47 人，提起公诉 21 件 32 人。哈密铁检院：起诉 10 案 30 人。涉铁：◎		型案例。
2020	总数：◎其中上半年受理审查逮捕各类犯罪案件 4 件 4 人。涉铁：◎	总数：◎上半年批准逮捕 3 件 3 人。涉铁：◎	总数：◎上半年受理审查起诉各类犯罪 24 件 38 人。起诉（含附条件不起诉后起诉）各类犯罪 11 件 14 人。其中库尔勒铁检院：全年受理审查起诉案件 6 件 7 人。全年提起公诉 3 案 3 人。涉铁：◎	总数：◎上半年受理各类举报、控告、申诉等群众来信来访案件 7 件。其中申诉案件 5 件，控告案件 2 件。涉铁：◎	上半年受理公益诉讼线索 12 件，均为行政公益诉讼线索。立案 7 件，均为行政公益诉讼案件。其中诉前程序 2 件，均为行政公益诉讼案件。另外，库尔勒铁检院：全年摸排公益诉讼线索 70 件，已经立案 70 件，审结 25 件，发出检察建议 11 份，检察建议回复 4 件，公益诉讼工作取得了新发展。
2021	总数：◎第一季度受理审查逮捕各类犯罪案件 18 件 26 人。涉铁：◎	总数：◎第一季度批准和决定逮捕 12 件 12 人。涉铁：◎	总数：◎第一季度起诉 30 件 66 人。涉铁：◎	◎	◎
……				……	

注：乌鲁木齐铁路运输检察分院的内设机构包括：办公室、第一检察部（刑事犯罪检察与未成年人检察部）、第二检察部（刑事执行检察部）、第三检察部（民事检察部）、第四检

察部（行政检察与公益诉讼检察部）、综合检察业务部、检务督察部（巡察工作领导小组办公室）、检察事务保障部、司法警察支队、政治部和机关党委。其下辖乌鲁木齐铁检院、库尔勒铁检院、哈密铁检院。

注："◎"表示缺少数据资料。

　　另外，北京市人民检察院铁路运输分院（北京市人民检察院第四分院）〔1〕、云南省人民检察院昆明铁路运输分院〔2〕、山东省人民检察院铁路运输分院〔3〕、辽宁省人民检察院沈阳铁路运输分院〔4〕、湖北省人民检察院武汉铁路运输分院〔5〕、陕西省人民检察院西安铁路运输分院〔6〕、广东省人民检察院广州铁路运

---

　　〔1〕　北京市人民检察院铁路运输分院（北京市人民检察院第四分院）内设机构包括综合办公室、第一检察部、第二检察部、第三检察部、第四检察部、第五检察部（法律政策研究室）、检务督察部、机关党委（党建工作处）。北京市人民检察院第四分院是按照中央政法委、北京市委、最高人民检察院的部署要求，在原北京市人民检察院铁路运输分院的基础上于2014年12月30日正式揭牌成立。四分院是全国首批跨行政区划人民检察院试点单位。探索设立跨行政区划的人民检察院，是中央从制度上保障依法独立公正行使检察权、优化司法职能权配置的重大顶层设计，对于确保公正司法、加快建设公正高效权威的社会主义司法制度具有重要而深远的影响，是全面推进依法治国的必然要求，也是从检察工作实际出发，进一步深化法律监督职能的迫切需求。北京市人民检察院第四分院主要管辖以下案件：（1）北京市第四中级人民法院管辖的行政诉讼监督案件；（2）北京市第四中级人民法院管辖的跨地区重大民商事监督案件；（3）北京知识产权法院管辖的知识产权类诉讼监督案件；（4）北京市人民检察院指定管辖的跨地区重大职务犯罪案件及关联案件；（5）应由中级人民法院管辖的环境资源保护和食品药品安全刑事一审案件，以及北京市人民检察院指定管辖的其他跨地区重大环境资源保护和重大食品药品安全刑事一审案件；（6）应由中级人民法院管辖的发生在民航、公交、水运领域并由其所属公安机关侦查的刑事一审案件；（7）海关所属公安机关侦查的刑事一审案件；（8）北京市人民检察院指定管辖的其他重大案件。北京市人民检察院第四分院仍管辖涉铁路运输案件，业务领导关系和诉讼体系保持不变。其下辖北京铁检院、天津铁检院和石家庄铁检院。
　　〔2〕　云南省人民检察院昆明铁路运输分院目前有8个内设机构，分别是侦查监督处（与刑事执行检察处合署办公）、公诉处、控告申诉检察处（与民事行政检察处合署办公）、司法警察支队、政治部、检务管理部、监察处等。其下辖昆明铁路运输检察院、开远铁路运输检察院。
　　〔3〕　山东省人民检察院铁路运输分院是山东省人民检察院的派出检察院。其下辖济南铁路运输检察院和青岛铁路运输检察院。机关下设政治部、纪检组、办公室、法律政策研究室、反贪污贿赂局、侦查监督处、公诉处、反渎职侵权局、监所检察处、控告申诉检察处、检察技术处等11个内设机构。
　　〔4〕　位于沈阳市和平区，是国家设立的专门检察机关，为辽宁省人民检察院的直属机关。其下辖4个基层院，分别是沈阳铁路运输检察院、锦州铁路运输检察院、大连铁路运输检察院、丹东铁路运输检察院。
　　〔5〕　其下辖武汉铁路运输检察院和襄阳铁路运输检察院。
　　〔6〕　陕西省人民检察院西安铁路运输分院成立于2006年9月9日，下辖西安、安康两个基层铁路运输检察院。按照中央部署，2012年移交属地管理以后，两级三院管辖范围不变、职能属性不变、机构设置不变，管辖区域为中国铁路西安局集团公司（原西安铁路局）管内全部范围，覆盖8个省区市。两级三院职责范围包括：围绕打击涉铁领域普通刑事犯罪，依法对其他铁路司法机关立案侦查的案件进行审查批捕、起诉，以及对其立案、侦查、审判、执行等执法司法活动和监管场所开展检察监督；依法对其他铁路司法机关民事、行政诉讼活动开展检察监督；依法提起公益诉讼；在管辖区域内开展普法宣传教育等。

输分院[1]、甘肃省人民检察院兰州铁路运输分院[2]、内蒙古自治区人民检察院铁路运输分院[3] 等9个分院的官方网站公开的相关信息极少或较少，因而从略。

---

[1] 其下辖广州、衡阳、怀化、长沙、肇庆等5个基层铁检院。
[2] 甘肃省人民检察院兰州铁路运输分院下辖兰州、武威、银川、西宁四个铁路基层检察院。
[3] 呼和浩特铁路运输检察分院，下辖呼和浩特铁路运输检察院、包头铁路运输检察院、集宁铁路运输检察院、通辽铁路运输检察院和海拉尔铁路运输检察院。

附录7:

全国法院系统历年来关于审理涉铁案件的情况统计[1]（1980~2020）

［资料来源：《最高人民法院工作报告》（1980~2020）］

时间（年）	各级铁路法院受理铁路案件数（件）	重大责任事故案件数（包括其中涉铁案件数）	审判监督涉铁案件情况	备注 +其他情况（涉铁治安情况+机构改革情况等）
1980	◎	◎	◎	1980 年左右，全国铁路运输法院筹备建立。[1]
1981	1980 年 10 月至 1981 年 9 月，各级人民法院共审结一审刑事案件 209 600 余件、二审刑事案件 41 000 余件。 涉铁：◎	◎	◎	全国铁路系统已建立了铁路运输高级法院、20 个铁路运输中级法院、62 个铁路运输基层法院，配备了 1880 名干部。[2]
1982	各级法院共审结各类经济犯罪案件 33 265 件，依法判刑的罪犯有 37 123 人。 涉铁：◎	◎	◎	1982 年 5 月 1 日全国铁路运输法院正式办案。
1983	◎	◎	◎	
1984	◎	◎	◎	

---

〔1〕 资料整理人：曾明生、李诗烨、陈彧奇、逄润瑞、余志强、沈明帅、崔怡凡、王亚红。

续表

时间 (年)	各级铁路法院受理铁路案件数（件）	重大责任事故案件数（包括其中涉铁案件数）	审判监督涉铁案件情况	备 注 +其他情况（涉铁治安情况+机构改革情况等）
1985	◎	◎	◎	
1986	◎	◎	◎	
1987	◎	◎	◎	1987 年，最高人民法院撤销铁路运输高级法院。 铁路运输中级法院和基层法院的业务工作改由铁路局所在地的地方高级人民法院监督和指导。 最高人民法院设立交通运输审判庭，最高人民检察院设立铁路运输检察厅，分别对铁路运输法、检两院进行业务指导。
1988	◎	◎	◎	
1989	◎	◎	◎	
1990	全年各级法院共受理一审刑事案件 459 656 件；一审民事案件 1 851 897 件；共受理行政案件 13 006 件。 涉铁：◎	◎	◎	
1991	◎	◎	◎	严厉打击盗窃铁路运输物资的犯罪分子。
1992	◎	◎	◎	
1993	◎	◎	◎	一些铁路沿线"车匪路霸"猖獗，开展专项斗争，成效明显。
1994	◎	◎	◎	
1995	◎	◎	◎	
1996	◎	◎	◎	

续表

时间 （年）	各级铁路法院受理铁路案件数（件）	重大责任事故案件数（包括其中涉铁案件数）	审判监督涉铁案件情况	备注 +其他情况（涉铁治安情况+机构改革情况等）
1997	◎	◎	◎	
1998		◎	◎	积极参加全国范围内的严打集中统一行动和全国性的禁毒斗争以及打击"车匪路霸"、拐卖妇女儿童、"扫黄打非"等专项斗争，严惩犯罪分子。
1999	◎	◎	◎	
2000	全年共受理一审案件535 万余件，审结538 万余件（含旧存）。其中，审结刑事公诉案件50 万余件；审结各类民事案件473 万余件；审结行政案件8.6 万余件。涉铁：◎	◎	◎	
2001	◎	◎	◎	
2002		◎	◎	
2003		◎	◎	
2004		◎	◎	
2008		◎	◎	
2009	◎	◎	◎	
2010	各级法院全年审结一审刑事案件779 641 件，判处罪犯1 006 420 人；各级法院共审结环境污染损害赔偿等案件12 018 件；涉铁：◎	◎	◎	

时间（年）	各级铁路法院受理铁路案件数（件）	重大责任事故案件数（包括其中涉铁案件数）	审判监督涉铁案件情况	备 注 +其他情况（涉铁治安情况+机构改革情况等）
2011	◎	◎	◎	
2012	◎	◎	◎	全国铁路法院全部改制移交地方。（全国铁路运输法院纳入国家管理体系后，不仅有利于充分发挥保障铁路运输大动脉安全畅通的审判职责，同时也有利于合理配置司法资源，方便当事人参与诉讼，提升铁路运输法院的司法公信力。） 《最高人民法院关于铁路运输法院案件管辖范围的若干规定》于 2012 年 7 月 2 日通过，自 2012 年 8 月 1 日起施行。[2][3]
2013	◎	◎	◎	完成铁路运输法院管理体制改革工作。[4]
2014	◎	◎	◎	
2015	◎	◎	◎	
2016	◎	◎	◎	
2017	◎	◎	◎	
2018	◎	◎	◎	北京铁路运输法院撤销转设为北京互联网法院。
2019	◎	◎	◎	2019 年 2 月 18 日，最高人民法院批复，同意撤销南京铁路运输法院。
2020	最高人民法院受理案件 39 347 件；地方各级人民法院和专门人民法院受理案件	◎	◎	1. 甘肃法院及时化解涉铁路建设土地行政争议，保障银西铁路工程建设。 2. 重庆、郑州、成都、西

续表

时间（年）	各级铁路法院受理铁路案件数（件）	重大责任事故案件数（包括其中涉铁案件数）	审判监督涉铁案件情况	备　注+其他情况（涉铁治安情况+机构改革情况等）
	3080.5万件。审结一审刑事案件111.6万件，判处罪犯152.7万人。涉铁：◎			安、兰州法院妥善化解国际铁路联运合同纠纷。3.《最高人民法院关于修改〈最高人民法院关于人民法院扣押铁路运输货物若干问题的规定〉等十八件执行类司法解释的决定》于2020年12月23日通过，自2021年1月1日起施行。
……	……	……	……	……

注："◎"表示缺少数据资料。

［1］根据《最高人民法院工作报告》，"文化大革命"期间全国共判处了刑事案件120余万件，截至1980年6月底，各级人民法院已经复查了113万多件（其中，反革命案件27万多件，普通刑事案件86万多件）。从中改判纠正了冤假错案25.1万多件，涉及当事人26.7万多人（其中，反革命案件17.5万多件、18.4万多人，普通刑事案件7.6万多件、8.2万多人）。反革命案件中冤错比例约占64%，有些地区达到70%或80%；普通刑事案件中冤错比例约占9%。上述已改判纠正的反革命案件中，包括因刘少奇同志冤案受株连被判刑的案件2.6万多件，2.8万多人。此外，两年多来还处理了对"文化大革命"前后判处的刑事案件提出申诉的案件29万多件。〔1〕

［2］我国铁路司法系统经历了"两立两撤"。1953年，我国建立铁路运输法院，1954年，建立铁路运输专门检察院。天津铁路沿线专门法院和天津铁路沿线专门检察署是第一个铁路专门法院和铁路专门检察署。1957年，铁路两院被撤销。

1979年，我国设专门检察院、法院。1982年，我国开始重新组建铁路司法系统。但在1987年，国家又撤销铁路运输高级法院和全国铁路运输检察院，铁路运输中级法院和铁路运输检察分院的工作改由所在省一级法院、检察院领导，但铁路基层两院与铁路运输中级法院、检察分院之间的业务关系不变。这种铁道部门设立的垂直领导、自成体系的司法系统，有很

〔1〕　参见江华："最高人民法院工作报告——1980年9月2日在第五届全国人民代表大会第三次会议上"，载《人民日报》1980年9月17日。

大弊端，容易出现"儿子审老子"的情况。而且，铁路两院办理的某些案件，地方司法机关也能办，因此与地方司法机关在地域管辖范围上存在冲突。

2010 年 12 月 8 日，中央编办、最高人民法院、最高人民检察院、财政部、人力资源和社会保障部、铁道部联合印发《关于铁路法院检察院管理体制改革若干问题的意见》，明确改革目标，要求铁路两院同铁路运输企业全部分离，一次性整体纳入国家司法管理体系。2012 年 2 月 23 日，最高人民法院下发通知，要求尽快完成铁路运输法院改革，在 2012 年 6 月底前完成铁路运输法院向地方的移交。铁道部随后在 3 月 3 日发布消息称，在 2012 年上半年中国铁路基本完成铁路法院、检察院移交地方工作，纳入国家司法管理体系。〔1〕30 年来，全国铁路运输法院共办理各类刑事案件 24 万余件，依法判处罪犯 25 万余人，成功审理了"北京—莫斯科国际列车系列抢劫案"等一批具有重大影响的大案要案，并积极参与社会治安和社会管理综合治理，为铁路安全运营创造了稳定的治安环境。此外，全国铁路运输法院 30 年来共审结各类民商事纠纷案件 19 万件，诉讼标的总额近 340 亿元。在办理指定执行案件、清理执行积案中取得了良好业绩，执行各类案件 10 万余件，执结标的近 460 亿元。〔2〕

[3]据新华社记者报道，2012 年 10 月，全国铁路运输法院已全部完成签署移交地方管理的协议，17 个铁路运输中级法院、58 个铁路运输基层法院与铁路企业正式分离，3700 余名铁路法院干警转变隶属关系。〔3〕后来，2014 年 9 月，最高人民法院批准设立吉林省长春铁路运输中级法院（第 18 个铁路运输中级法院），其下辖长春、吉林、通化、白城、图们 5 个铁路运输基层法院。之后，北京铁路运输法院撤销转设为北京互联网法院。根据《北京市高级人民法院关于北京铁路运输法院撤销后调整相关案件管辖的规定》第 1 条第 1 款，"自 2018 年 9 月 9 日起，原北京铁路运输法院受理的铁路专门管辖案件由北京市海淀区人民法院受理。自 2018 年 9 月 9 日起，《北京市高级人民法院关于指定北京铁路运输中级法院和北京铁路运输法院受理案件范围的通知》中指定由原北京铁路运输法院受理的运输合同纠纷、保险纠纷第一审民事案件，依照《中华人民共和国民事诉讼法》的规定，由北京市其他相应的基层人民法院受理。"

2019 年 2 月 18 日，最高人民法院批复，同意撤销南京铁路运输法院，设立南京海事法院。自 2020 年 1 月 1 日起，原南京铁路运输法院涉铁路案件由江苏省南京市鼓楼区人民法院管辖，二审法院为江苏省南京市中级人民法院；上海市第三中级人民法院（上海铁路运输中级法院）不再审理原由南京铁路运输法院审理的涉铁路案件的上诉案件。

据此可见，铁路运输法院的改革正逐梦前行，始终在路上！

---

〔1〕 参见肖欢欢："两院不姓'铁'告别儿审爹"，载《广州日报》2012 年 6 月 6 日，第 A13 版。

〔2〕 参见刘奕湛、杨维汉："全国铁路运输法院全部完成签署移交地方管理协议"，载 http://www.gov.cn/jrzg/2012-10/29/content_ 2253467.htm，最后访问日期：2021 年 7 月 20 日。

〔3〕 参见刘奕湛、杨维汉："全国铁路运输法院全部完成签署移交地方管理协议"，载 http://www.gov.cn/jrzg/2012-10/29/content_ 2253467.htm，最后访问日期：2021 年 7 月 20 日。

　　[4] 一直以来，铁路法院作为国家设立在铁路系统的专门法院，充分发挥审判职能作用，为保障国民经济大动脉、维护铁路运输生产和经营管理秩序，做出了重要贡献。2012 年，按照中央关于铁路法院司法体制改革的安排部署，全国铁路法院完成管理体制改革，整体纳入国家司法体系。移交地方管理后，为谋求自身发展，特别是为有效破解司法权运行中的行政干预、地方干扰等问题，在中央、最高人民法院的领导监督下，全国各地铁路法院结合自身实际，积极探索设立跨行政区划法院等改革工作，审判执行、审判管理、队伍建设等方面取得了长足的进步与发展。但与此同时，在铁路法院改革过程中，改革模式不统一、改革不彻底、配套机制不完备等问题依然存在，一定程度上制约着铁路法院的进一步发展。为此，内蒙古呼和浩特铁路运输中级法院课题组在赴北京、上海、天津、西安、哈尔滨、济南等 9 个省（市）铁路中基层法院调研考察、书面征求全国 17 家铁路中院、51 家铁路基层法院意见的基础上，客观分析全国铁路法院改革工作的得与失，提出今后铁路法院改革发展的路径探析，以期为相关改革探索提供有益参考。〔1〕

---

　　〔1〕 参见内蒙古呼和浩特铁路运输中级法院课题组："铁路法院改革与发展路径探析"，载 https://www. chinacourt. org/article/detail/2020/11/id/5555800. shtml，最后访问日期：2021 年 7 月 20 日。

REFERENCE
主要参考文献

一、著作类

1. 国务院新闻办公室等编:《习近平谈治国理政》,外文出版社 2014 年版。

2. 徐显明主编:《公民权利义务通论》,群众出版社 1991 年版。

3. 王家福、刘海年、李林主编:《人权与 21 世纪》,中国法制出版社 2000 年版。

4. 李龙主编:《良法论》,武汉大学出版社 2001 年版。

5. 陈兴良:《刑事法治论》,中国人民大学出版社 2007 年版。

6. 陈泽宪主编:《公民权利与政治权利国际公约的批准与实施》,中国社会科学出版社 2008 年版。

7. 宓汝成编:《中国近代铁路史资料:1863~1911》,中华书局 1963 年版。

8. 张文显主编:《法理学》(第五版),高等教育出版社 2018 年版。

9. 葛洪义主编:《法理学》,中国政法大学出版社 1999 年版。

10. 沈宗灵主编:《法理学》(第二版),北京大学出版社 2003 年版。

11. 李步云主编:《法理学》,经济科学出版社 2002 年版。

12. 高铭暄、马克昌主编:《刑法学》(第九版),北京大学出版社 2019 年版。

13. 王作富主编:《刑法分则实务研究》(上),中国方正出版社 2010 年版。

14. 张明楷:《刑法学》(第五版),法律出版社 2016 年版。

15. 屈学武:《刑法总论》,中国社会科学出版社 2015 年版。

16. 张长青、孙林编著:《铁路法教程及案例》,中国铁道出版社 2000 年版。

17. 张长青、郑翔:《铁路法研究》,北京交通大学出版社 2012 年版。

18. 孙林主编:《运输法教程》,法律出版社 2010 年版。

19. 刘卫东:《中国土地利用和管理改革透视》,科学出版社 2016 年版。

20. 陈守实:《中国古代土地关系史稿 中国土地制度史》,复旦大学出版社 2016 年版。

21. 王朝辉主编:《交通行政执法总论》,人民交通出版社 2018 年版。

22. 邓建志:《WTO 框架下中国知识产权行政保护》,知识产权出版社 2009 年版。

23. 熊英、刘筠筠、郝琳琳：《知识产权法判例与制度研究》，法律出版社 2012 年版。

24. 陈晓峰：《企业知识产权法律风险防范》，中国检察出版社 2007 年版。

25. 杨解君、孟红主编：《特别行政法问题研究》，北京大学出版社 2005 年版。

26. 孔祥俊：《商标与反不正当竞争法：原理与判例》，法律出版社 2009 年版。

27. 毛瑞兆主编：《知识产权法》，法律出版社 2006 年版。

28. 张远煌：《犯罪学原理》，法律出版社 2001 年版。

29. 王淑华、谭志福主编：《行政法学》，山东人民出版社 2011 年版。

30. 熊文钊：《现代行政法原理》，法律出版社 2000 年版。

31. 张金平：《当代恐怖主义与反恐怖策略》，时事出版社 2018 年版。

32. 陈晖主编：《海关法评论》（第 9 卷），法律出版社 2020 年版。

33. 秦进：《铁路运输安全管理》，中南大学出版社 2011 年版。

34. 李显冬：《侵权责任法》，北京大学出版社 2014 年版。

35. 白建军：《法律实证研究方法》（第二版），北京大学出版社 2014 年版。

36. 李兰英、高扬捷等：《知识产权刑法保护的理论与实践》，法律出版社 2018 年版。

37. 曾明生：《刑法目的论》，中国政法大学出版社 2009 年版。

38. 曾明生：《动态刑法的惩教机制研究——刑事守法教育学引论》，中国政法大学出版社 2011 年版。

39. 曾明生编著：《经济刑法一本通》，法律出版社 2015 年版。

40. ［美］E·博登海默：《法理学：法律哲学与法律方法》，邓正来译，中国政法大学出版社 1998 年版。

41. Richard R. Young, Gary A. Gordon, and Jeremy F. Plant, *Railway Security：Protecting Against Manmade and Natural Disasters*, Routledge, 2017.

42. Helmut Koziol, *Die Haftung von Eisenbahnverkehrs ~ und Infrastrukturunternehmen im Rechtsvergleich：Deutschland, Frankreich, Italien, Österreich, Schweiz, Ungarn*, Jan Sramek Verlag KG, 2019.

二、期刊论文类

1. 张文显："国家制度建设和国家治理现代化的五个核心命题"，载《法制与社会发展》2020 年第 1 期。

2. 朱赤汇："加强铁路法治探讨"，载《法学杂志》1998 年第 4 期。

3. 刘海年："略论社会主义法治原则"，载《中国法学》1998 年第 1 期。

4. 石少侠："我国检察机关的法律监督一元论——对检察权权能的法律监督权解析"，载《法制与社会发展》2006 年第 5 期。

5. 张文显："在新的历史起点上推进中国特色法学体系构建"，载《中国社会科学》2019 年第 10 期。

6. 杨宗科："论法治学的创建及其学科范围"，载《法律科学（西北政法大学学报）》2020 年第 5 期。

7. 曾明生："铁路法治的基本范畴及其理论体系论纲"，载《铁道警察学院学报》2021 年第 4 期。

8. 江必新："全面推进依法治国的使命、原则与路径"，载《求是》2016 年第 20 期。

9. 孙林："铁路客运合同立法研究"，载《铁道经济研究》2009 年第 2 期。

10. 张丽英、邵晨："中欧班列铁路运单的公约困境及解决路径"，载《国际贸易》2021 年第 3 期。

11. 曾文革、王俊妮："'一带一路'视野下亚欧铁路运输条约体系的冲突与协调"，载《国际商务研究》2019 年第 1 期。

12. 张虎、胡程航："铁路提单的性质、风险及应对——兼评'铁路提单第一案'"，载《中国海商法研究》2021 年第 1 期。

13. 邢海宝："'一带一路'背景下铁路提单的法律支撑"，载《河北法学》2021 年第 4 期。

14. 孙雷："创新铁路用地管理机制的研究和思考"，载《上海铁道科技》2017 年第 4 期。

15. 王伟："合资铁路用地管理中若干问题的探讨"，载《上海铁道科技》2018 年第 1 期。

16. 蓝树英、郁煜、杨国永："铁路用地的特性与管理方式研究"，载《低碳世界》2018 年第 7 期。

17. 孙喜华："全面提升铁路用地管理水平的措施研究"，载《科技与创新》2019 年第 2 期。

18. 肖邕翔："论铁路用地资源和资产的并重管理"，载《企业科技与发展》2016 年第 3 期。

19. 张瑞峰："论铁路用地资源和资产的并重管理"，载《理论观察》2013 年第 9 期。

20. 黄振岭："关于对铁路土地管理的分析"，载《黑龙江科技信息》2016 年第 27 期。

21. 李兰波："关于合资铁路发展状况的思考"，载《铁道运输与经济》2002 年第 1 期。

22. 杨爱珍："创新合资铁路管理工作的思考"，载《铁道运营技术》2019 年第 3 期。

23. 杨庆国："关于优化合资铁路运营管理的研究"，载《铁道经济研究》2019 年第 6 期。

24. 李亮："铁路发展基金投资铁路项目股权管理模式的探讨"，载《铁道运输与经济》2016 年第 11 期。

25. 刘莹："浅议公司法人治理结构的完善"，载《辽宁行政学院学报》2009 年第 6 期。

26. 李亮、宋金海、周冬梅："关于合资铁路公司国铁股权管理的实践与思考"，载《铁道经济研究》2018 年第 3 期。

27. 陈强等："浩吉铁路建设设计管理创新与实践"，载《中国铁路》2021 年第 5 期。

28. 田根哲："加强铁路法制建设　促进铁路跨越式发展"，载《铁道经济研究》2006 年第 4 期。

29. 杨铜铜："论法律解释规则"，载《法律科学（西北政法大学学报）》2019 年第 3 期。

30. 刘文华："当前铁路公安机关执法中存在的问题及对策"，载《铁道警官高等专科学校学报》2004 年第 3 期。

31. 李朝勇："当前铁路用地执法监察存在的问题及对策"，载《河南铁道》2011 年第 4 期。

32. 沈国平："铁路安全行政监管执法体系构建的法治研探"，载《铁道经济研究》2013 年第 1 期。

33. 林稚晓："合资铁路更新改造计划管理模式探讨"，载《铁道运营技术》2019 年第 2 期。

34. 邓建志、单晓光："我国知识产权行政保护的涵义"，载《知识产权》2007 年第 1 期。

35. 戚建刚："论建设知识产权强国战略背景下的行政保护体系"，载《武汉科技大学学报（社会科学版）》2020 年第 6 期。

36. 曲三强、张洪波："知识产权行政保护研究"，载《政法论丛》2011 年第 3 期。

37. 陈波："知识产权'两法衔接'机制的立法完善"，载《西安财经学院学报》2015 年第 1 期。

38. 亏道远、张兰芳："高铁走出去知识产权风险防范"，载《河北法学》2017 年第 9 期。

39. 吴汉东："知识产权的制度风险与法律控制"，载《法学研究》2012 年第 4 期。

40. 刘云等："中国高速铁路实施'走出去'战略的专利策略"，载《科研管理》2017 年第 S1 期。

41. 王晓刚、于立彪："中国高铁在'一带一路'沿线国家和地区知识产权权益保护研究——以俄罗斯市场为例"，载《知识产权》2018 年第 7 期。

42. 马迅："我国知识产权司法保护体制之缺陷及完善"，载《中国科技论坛》2008 年第 2 期。

43. 唐学东："中国高铁'走出去'之专利战略展望"，载《北京交通大学学报（社会科学版）》2016 年第 1 期。

44. 董希凡："知识产权行政管理机关的中外比较研究"，载《知识产权》2006 年第 3 期。

45. 冯晓青、刘淑华："试论知识产权的私权属性及其公权化趋向"，载《中国法学》2004 年第 1 期。

46. 戴琳："论我国的知识产权行政保护及行政管理机构设置"，载《云南大学学报（法学版）》2010 年第 6 期。

47. 金永祥："铁路运输企业科技创新知识产权管理研究"，载《中国铁路》2020 年第 5 期。

48. 王晋琪、安源："铁路行业知识产权保护与管理分析研究"，载《中国铁路》2010 年第 8 期。

49. 刘卫、王名雷、曾明生："我国铁路反恐怖防范标准的实施问题探讨"，载《铁道警察学院学报》2021 年第 1 期。

50. 喻文光："论铁路改革的法治化路径"，载《国家行政学院学报》2013 年第 4 期。

51. 刘卫红："我国高速铁路安全监督法治化路径研究"，载《铁道运输与经济》2018 年第 5 期。

52. 陈宁、王小乐、张玲："我国多式联运海关监管中心业务模式探析"，载《物流技术》2016

年第 8 期。

53. 钱长源："加强管内铁路行包安检工作探析——以徐州铁路公安处为视角"，载《铁道警察学院学报》2018 年第 3 期。

54. 郎俊义、张国栋："试论知识产权刑事保护领域侵权产品正品化计价问题"，载《中国应用法学》2020 年第 4 期。

55. 林娟："论刑法规制假冒专利行为的困境——以刑事判决的阙如为视角"，载《广州广播电视大学学报》2020 年第 4 期。

56. 黄枫、张晓晋、黄金："论铁路企业的知识产权管理与保护"，载《中国铁路》2015 年第 5 期。

57. 高艳东、祁拓："互联网时代倒卖车票罪的规范解读——有偿抢票服务入罪论"，载《浙江社会科学》2017 年第 11 期。

58. 黄颖："实名制时代订购火车票行为的罪与非罪研究"，载《铁道警官高等专科学校学报》2011 年第 5 期。

59. 王志祥、李永亚、张园国："关于佛山代购火车票案定性的思考"，载《铁道警官高等专科学校学报》2013 年第 6 期。

60. 万志鹏："论铁路运营安全事故罪"，载《西南交通大学学报（社会科学版）》2009 年第 1 期。

61. 籍凤英、贾双文、郭婷："反恐怖防范标准体系研究"，载《中国标准化》2016 年第 6 期。

62. 孟川舒："铁路运输生产应急知识管理系统构建的研究"，载《铁道运输与经济》2016 年第 5 期。

63. 王春芳："中国高速铁路知识产权现状、风险及对策研究"，载《铁道建筑技术》2016 年第 2 期。

64. 胡云腾、刘科："知识产权刑事司法解释若干问题研究"，载《中国法学》2004 年第 6 期。

65. 赵有明等："铁路国际合作创新中心知识产权管理运行机制探析"，载《中国铁路》2020 年第 2 期。

66. 邱玉梅、荣晓红："对我国检察机关侦查职务犯罪机制的思考"，载《时代法学》2009 年第 4 期。

67. 赵正行："查办铁路系统领导干部职务犯罪案件的思考"，载《犯罪研究》2004 年第 4 期。

68. 苏华平、宋铃国："铁路重大工程同步预防职务犯罪机制研究"，载《法治论丛（上海政法学院学报）》2008 年第 1 期。

69. 廖文举："我国铁路反恐怖和治安防范标准的实施与完善"，载《铁道警察学院学报》2021 年第 1 期。

70. 姜丽丽、李明、孙丽娜："铁路反恐特点、难题和发展战略的理论探讨"，载《辽宁警察学院学报》2020 年第 5 期。

71. 高峰："新时代铁路反恐怖工作体系建设探究"，载《铁道警察学院学报》2020 年第 3 期。

72. 时娜、李柯凝："铁路安全与反恐研究的三重面向：现状、挑战与发展路径——第四届'铁路安全与反恐论坛'综述"，载《铁道警察学院学报》2019 年第 6 期。

73. 胡晓辉："粤海铁路轮渡反恐防暴工作研究"，载《中国刑事警察》2019 年第 5 期。

74. 曹琪伟、亏道远："完善铁路安全反恐机制的思考"，载《石家庄铁道大学学报（社会科学版）》2019 年第 3 期。

75. 沈伟嗣、张景韵："我国铁路运输系统反恐模式研究"，载《铁道警察学院学报》2019 年第 3 期。

76. 高峰："高速铁路反恐怖防范协作思考"，载《铁道警察学院学报》2019 年第 2 期。

77. 梁娜："我国地方铁路安全监管存在的问题及对策分析"，载《中国安全科学学报》2018 年第 S1 期。

78. 吕红戈："铁路反恐工作的总体原则和策略"，载《铁道警察学院学报》2018 年第 1 期。

79. 兰立宏："铁路反恐怖的研究现状及对策建议"，载《中国刑警学院学报》2017 年第 5 期。

80. 陈文彪："铁路轮渡反恐应急处置研究"，载《铁道警察学院学报》2017 年第 3 期。

81. 连义平、王艳艳："我国地方铁路安全监督管理分析"，载《铁道运营技术》2017 年第 2 期。

82. 胡晓辉、刘秋莲："铁路反恐怖机制建立路径探析"，载《政法学刊》2015 年第 2 期。

83. 丁丕功、闵耀兴、黄问盈："高速铁路的安全及其系统的构成"，载《中国安全科学学报》1995 年第 4 期。

84. 关宁宁、张长青："国外高速铁路安全立法及其启示"，载《铁道经济研究》2012 年第 2 期。

85. 康高亮："中国高速铁路安全保障体系研究与实践"，载《铁道学报》2017 年第 11 期。

86. 左卫民："迈向大数据法律研究"，载《法学研究》2018 年第 4 期。

87. 马怀德、孔祥稳："中国行政法治四十年：成就、经验与展望"，载《法学》2018 年第 9 期。

88. 曹晓东："铁路沿线外部环境安全现状分析及对策"，载《理论学习与探索》2019 年第 2 期。

89. 李志刚："铁路用地监察存在的问题与对策"，载《企业科技与发展》2016 年第 9 期。

90. 曹继根、李海涛："铁路用地管理方式改革探讨"，载《发展》2015 年第 5 期。

91. 刘瑞全："铁路安全执法的难点及对策研究"，载《铁道经济研究》2017 年第 3 期。

92. 姚迈："浅谈铁路公安机关行政执法中存在的问题、原因及对策"，载《铁道警官高等专科学校学报》2001 年第 4 期。

93. 高宏伟、王怀相："我国合资铁路运输管理模式探讨"，载《中国铁路》2019 年第 8 期。

94. 曾佳："合资铁路运营模式现状与对策探究"，载《当代会计》2020 年第 10 期。

95. 房舒："关于合资铁路发展问题的思考"，载《铁道运输与经济》2006 年第 5 期。

96. 刘卫红、尹冰艳、安世瑾："关于完善我国铁路乘意险保险制度的思考"，载《石家庄铁道大学学报（社会科学版）》2018 年第 2 期。

97. 古川伸彦「JR 福知山線脱線事故と JR 西日本歴代社長らの刑事責任（最高裁平成 29 年 6 月 12 日決定）」名古屋大学法政論集 6 号（2018）279~293 頁。

98. Pierluigi Coppola, "Assessing travelers' safety and security perception in railway stations", *Case Studies on Transport Policy*, Vol. 8, No. 4., 2020.

华东交通大学是一所以交通为特色、轨道为核心、多学科协调发展的教学研究型大学，受到国务院、中央军委和原铁道部（现为中国国家铁路集团有限公司和国家铁路局）以及江西省人民政府的深切关怀。为了建设特色鲜明、优势突出的全国知名交通大学，实现"百年交大梦"，紧密对接全面推进依法治国战略和交通强国战略，2019年10月，华东交通大学铁路法治研究院正式成立。这是全国首家全面、系统和专业的铁路法治研究院。本研究院的宗旨是：打造全国一流的铁路法治研究机构，造福中国，服务江西，为中国铁路事业和交通强国的建设贡献智慧和力量。研究院的研究方向是：铁路民商经济法治研究、铁路行政法治研究和铁路刑事法治研究，其中包括一切与铁路相关的立法、执法、司法、守法和法律监督等全面系统的铁路法治研究。

本研究院团队积极向上、奋勇拼搏、朝气蓬勃，研究机构的规模和实力日益壮大。目前研究院已经构建了全国一流的高级顾问团队、学术委员会，正在建设全国一流的铁路法治专职研究队伍以及兼职特聘研究员队伍。其中包括来自国内外知名大学、科研机构和司法机关等6位厅级博士领导和1位德国法学家组成的高级顾问团；来自中国社会科学院、中国人民大学、武汉大学、北京师范大学等一流高校和科研机构的11位博士生导师组成的学术委员会；还有13位法学博士组成的铁路法治专职研究队伍（其中1位德国法学博士、1位美国法学博士）；以及12位法学博士组成的兼职特聘研究员队伍（其中也有1位德国法学博士，2位博士生导师，3位铁路法专业毕业的法学博士）。

本书是本研究院组织编写的我国第一部有关铁路法治系统化全面研究的融学科基础理论与应用研究于一体的奠基性的和拓荒性的著作。因作者水平能力所限，其中仍然存在某些不足。对此有待在修订版中加以完善。欢迎读者提出改进意见，主编邮箱：mshzeng@126.com。特此致谢。本书写作班底及分工如下：

1. 曾明生研究员撰写：绪言、第一章、第二章、第四章第一节；

2. 李诗烨（研究生）、沈明帅（研究生）、曾明生研究员撰写：第四章第二节；

3. 曾立伟（研究生）、曾明生研究员撰写：第三章、第五章；

4. 逄润瑞（研究生）、曾明生研究员撰写：第六章第一节、第二节、第四节；

5. 胡雪雪（研究生）、曾明生研究员撰写：第六章第三节、第五节；

6. 曾明生研究员、崔怡凡（研究生）撰写：第六章第六节、第十章第三节；

7. 曾明生研究员、余志强（研究生）撰写：第六章典型案例评析、第七章第三节、第八章第二节；

8. 沈明帅（研究生）、曾明生研究员撰写：第七章典型案例评析；

9. 肖新远（研究生）、曾明生研究员撰写：第七章第一节、第二节、第四节；

10. 曾明生研究员、王亚红（研究生）撰写：第七章第五节、第十章第二节；

11. 曾明生研究员、李诗烨（研究生）撰写：第八章第一节、第三节；

12. 叶霖博士、谢诚超（研究生）撰写：第八章第四节及典型案例评析；

13. 陈彧奇（研究生）、曾明生研究员撰写：第九章；

14. 王梦路（研究生）、曾明生研究员撰写：第十章第一节、第四节及典型案例评析；

15. 梁杜娟（研究生）、曾明生研究员撰写：第十章第五节；

16. 杨晓培副教授（博士）、汤婧雯（研究生）撰写：第十一章第一节至第三节；

17. 梁杜娟（研究生）、曾明生研究员撰写：第十一章第四节及典型案例评析；

18. 熊永明教授、博导撰写：第十一章第五节；

19. 杨晓培副教授（博士）、曹静（研究生）撰写：第十二章第一节、第二节；

20. 胡羽颖（研究生）、曾明生研究员撰写：第十二章第三节及典型案例评析。

值此书稿提交出版之际，感慨和感激之情油然而生。

感慨的是，如此一部拓荒式的著作，从其酝酿到完成历经两年有余，时间虽有些仓促，写作班底也有一些青涩稚嫩的面孔，但是他们在本人亲自带领和认真指导下，多次攻坚克难，勇往直前，终于使之能够顺利面世。本书是我们研究院为我国铁路法治事业的繁荣发展贡献的一份力量，也是为庆祝中国共产党成立100周年献上的一份特殊的心意。

当然，感谢是主要的、必须的和不可省略的。首先特别感谢我的恩师、中国社会科学院法学研究所博士生导师屈学武教授。恩师的鼓励和支持使我坚定了不断前进的信心。感念中国社科院研究生院和老师们的教导，一流的学术氛围和一流的教育理念一直鞭策着我奋勇向前。

尤其要感谢我的恩师、博导王作富先生。恩师"学为人师，行为世范"的人格力量和学术精神，让我终身受益。中国人民大学"实事求是"的校训，"国民表率……社会栋梁"的校歌，以及恩师高屋建瓴的教诲，继续鞭策着我不懈努力，奋斗不止！

非常感谢国家铁路局科技与法制司领导同志、华东交通大学校领导、人文学院领导同志以及同事们给予我们研究院的大力支持和帮助。

特别感谢研究院的各位高级顾问、学术委员和特聘研究员以及法学界的诸多同仁对研究院成立和发展给予的大力支持、鼓励和帮助。感谢黄波博士和卢群博士在研究生写作中提出的宝贵指导意见。

我还要感谢我的夫人叶静女士给我的诸多理解、支持、宽容与帮助，同时也要感谢参与写作的研究生们的鼎力支持。

最后，衷心感谢恩师屈学武教授为本书作序，使之增色和添彩，也非常感谢编辑的出色工作使之顺利出版。

曾明生谨识于南昌寓所

2021 年 10 月 1 日